U0607770

光武重兴四海宁　汉臣无不受浮荣

光武帝刘秀

（上）

彭辉　著

山西出版传媒集团　山西人民出版社

图书在版编目(CIP)数据

光武帝刘秀 / 彭辉著. —太原 : 山西人民出版社, 2021.1

ISBN 978-7-203-11400-0

Ⅰ. ①光… Ⅱ. ①彭… Ⅲ. ①汉光武帝(前 6 - 57) - 传记 Ⅳ. ①K827 = 342

中国版本图书馆 CIP 数据核字(2020)第 264783 号

光武帝刘秀

著　　者: 彭　辉
责任编辑: 薛正存
复　　审: 傅晓红
终　　审: 秦继华
装帧设计: 子不语

出 版 者: 山西出版传媒集团·山西人民出版社
地　　址: 太原市建设南路 21 号
邮　　编: 030012
发行营销: 0351-4922220　4955996　4956039　4922127(传真)
天猫官网: https://sxrmcbs.tmall.com　**电　　话:** 0351-4922159
E - mail: sxskcb@163.com　发行部
sxskcb@126.com　总编室
网　　址: www.sxskcb.com

经 销 者: 山西出版传媒集团·山西人民出版社
承 印 厂: 天津画中画印刷有限公司

开　　本: 710mm × 1000mm　1/16
印　　张: 35.25
字　　数: 600 千字
印　　数: 1—5000 套
版　　次: 2021 年 1 月　第 1 版
印　　次: 2021 年 1 月　第 1 次印刷
书　　号: ISBN 978-7-203-11400-0
定　　价: 78.00 元(上、下)

前言

在中国军事史上，不乏以寡胜众的战例。远在东汉建国之初，有一位乱世英雄曾以三千人马大败四十三万敌军，而备受毛泽东主席的赞赏。他就是开创一个全新时代的旷世英雄、东汉开国帝王——光武大帝刘秀。

刘秀虽然出身皇族，但家道早已败落，加之九岁丧父，家庭屡遭变故，生活已经与平常百姓没什么差别。然而作为皇室子孙，他又有着普通百姓所感受不到的痛苦。王莽篡权，大汉江山摇摇欲坠。刘汉皇家子孙，无论近亲远枝，都备受猜忌压制，危险时刻潜伏在他们身边。

在这样的环境下，刘秀自小便显露出深不可测的城府。他埋头稼穑，安于平淡，一度避吏新野，卖谷于宛，似乎真的要甘心于默默无闻。就连他的胞兄刘縯也连连慨叹，没想到自己的弟弟竟如此胸无大志！然而正是外表的胸无大志，使刘秀从王莽爪牙的视线中淡出，风平浪静地化解了许多祸患。一个血气方刚的年轻人，竟能如此深沉老练，在历代帝王中并不多见，堪称翘楚。

王莽当政后，接连推出一系列改制措施，旨在实现自己儒术治国的宏愿。但王莽改制，大多照搬书本，并不符合社会实际，结果愈改愈乱。朝野上下，人情汹汹；大江南北，弱者饿殍填于沟壑，强者呼啸聚集山林。动荡之势，风起云涌。地皇三年，刘秀终于看准时机，乘势起事，和哥哥刘縯等宗族子弟，组建春陵汉军，公开走上了反莽建汉的道路。

开创新天地的道路漫长而坎坷。起事之初，为了增强实力，他们联合绿林、新市、下江等各路义军，逐渐成为反莽义军的中坚力量。特别是昆阳之战，奠定了刘秀勇武之首的地位。当王莽百万新军黑云压城，直逼汉军驻守的小城昆阳时，面对城小兵寡、敌我力量悬殊的极危险境，刘秀沉着冷静，以惊人的智勇，率领十二骑兵突出重围，从定陵和郾城调集救兵，以三千人马大败四十三万敌军。

昆阳之战后，在战友顷刻变成杀兄仇敌之际，刘秀的大智大勇再一次充分展现。面对胞兄被杀，他非但没有丝毫怨言，反而放弃兵权，主动进朝请罪。初步获得对手信任后，他又深居简出，装聋作哑，一副没有出息的模样。在兄长大丧期间，他热热闹闹地迎娶了心仪已久的新野美人阴丽华。偎红倚翠，耽于酒色，让亲者痛仇者快，就是自诩最有心机的对手也被蒙蔽。靠着深藏不露的忍耐力，刘秀最终金蝉脱壳，争取到出巡河北的机会。他离开洛阳出巡河北，不仅逃脱虎口，摆脱了对手的羁绊，更可以利用更始政权的威望，打着更始政权的旗号，开始独立创业。

刘秀不仅有极深的忍术，更有着常人难以企及的韧性。在群雄割据、竞相混战的河北地区，刘秀历尽艰险，屡次被王郎追杀，几乎到了山穷水尽的地步。他痛苦过、彷徨过，但从不曾有过放弃。经过上下周旋，宽厚待人，柔韧并用，他终于取得河北豪强的支持，实力不断扩大，最后成为河北广袤大地上的实际统治者。

当一切艰险苦难都成为往事，刘秀如愿以偿登上东汉开国皇帝的宝座后，他秉承自己的特色，坚持以“柔道”治国，使原本气息奄奄的大汉帝国不仅得以延续，而且再现盛世，史称“光武中兴”。

除能忍耐有韧性之外，刘秀还深谙应变之道。他虽是性情中人，尽管与阴丽华一见倾心，情深挚切，但当局势需要时，又能以大业为重，甘愿背上负心的情债，迎娶对手的女子，用联姻的方式，轻松地化敌为友。而在两个妻子之间，刘秀则巧妙应付，左右安抚，出人意料地维持了家庭的和谐美满。这与历朝历代后宫争风吃醋几成惯例，形成鲜明对比。能把感情和事业处理得如此协调，刘秀深为后人所称道。

这就是刘秀，一个崛于阡陌、忍术精深、韧性绝佳、城府深不可测的开国帝王。

这就是刘秀，一个英俊潇洒、饱读诗书、多情重义、感情事业兼顾的性情帝王。

为了让读者能够系统、全面地认识和了解中国历史上这位翘楚人物的传奇一生，本书充分尊重现代人的阅读习惯与思维方式，以现代人最容易接受的方式详尽描述了刘秀颇具传奇的一生，同时还从各个侧面展现了他鲜为人知的内心世界。相信能够为读者带来阅读快感的同时，使读者得到身临其境的美妙享受和丰富的人生启迪。

目　录

第一章　大巧若拙　性喜稼穑

暮春，汝南郡郡所南顿县街头，行人寥寥，白中透着黄晕的阳光下，杨柳迎风拂摆，枝叶婆娑，静寂而空旷。走过一个十字街口，路东头有株苍翠的柳树，亭亭如盖的柳枝下，掩映着一侧的红墙碧瓦。这便是南顿县县令刘钦的署衙。

这个衙门不大，小巧精致的飞檐斗拱上覆着青色瓦。从门口直进去，就是平日审讯案子的公堂。公堂旁侧有个角门，一条曲折幽径通向里院。里院面积不大，方方正正，简单而明快，处处树木掩冉，正中有幢两层小楼，坐北朝南，一缕缕红光遍洒屋脊，屋脊的飞鱼似乎跃跃欲飞。

刘钦这天公务不忙，一大早起来，沿院落溜达了半个时辰后，在院子正中的石头方桌前坐下，招呼妻儿准备开饭。

夫人樊娴都是南阳郡豪强望族樊重的女儿，自幼受到良好的教育，性情温和，知情达理，是刘钦的贤内助。他们眼下共有六个儿女，年龄不大不小，正是读书求学的年龄。不过刘钦并没请私塾先生，六个儿女和侄子刘嘉的礼仪诗书，都出自樊娴都之手。或许是受了她的影响，孩子们都也遇事谦恭明理，个个文质彬彬，全无纨绔气息。此时正是吃饭时间，公子、小姐都穿戴整齐，按长幼依次坐好。

刘钦在南顿县当县令已经有些年头了，日子过得本也富裕。但他崇尚墨家学说，向来主张节俭，因而每天的饮食和平常家庭并没有什么两样，不论长幼尊卑，都围在一张桌子旁狼吞虎咽，丝毫看不出大老爷派头。

一听到老爷招呼，刘妈慌忙从旁侧厢房里出来，到隔壁厨房中端出热腾腾的饭菜，一样一样地摆在石桌上。刘妈是刘钦的远方亲戚，因家乡连年天灾，丈夫、儿子外出逃荒，一去再无消息，自已无依无靠，便投奔刘钦来了，平时照顾孩子们的冷暖起居，吃饭时帮忙摆放碗筷，打打下手，平日里慢声细语地讲讲乡下趣事，倒也颇受孩子们喜欢。

刘钦很少有时间照顾孩子，难得一家其乐融融。他满脸慈祥地微笑着，招呼孩子们吃这个喝那个，边吃饭边漫不经意地询问他们近来在忙什么。

小儿子刘秀最为调皮，喷香的饭菜也吸引不住他的注意力，他扭动着身子，东看看西瞧瞧，还不时伸手抚弄一下身边的小草。老大刘縯看在眼里，心中十分不痛快。刘縯（字伯升）身为长兄，虽然疼爱几个弟妹，但遇到他们有不对的地方，教训起来也很不留情。因此几个弟弟妹妹都敬怕他如同敬怕爹爹。唯独这个最小的弟弟刘秀，软硬不吃，碰到他做错事，你刚拉下脸来要训斥他几句，他却看着你吃吃地笑，满脸稚气无辜，弄得你发不成火，好像一拳打在草堆上，无声无息，自己反倒觉得没趣，最让刘縯头疼。今天正好趁父亲在，心情也不错，赶紧参刘秀一“本”，也好解解自己的怨气。

“爹爹，近来几个兄弟都勤于修文习武，长进不小，大家都打算将来或高坐庙堂，或驰骋沙场，轰轰烈烈地干一番事业。可刘秀总是偷懒，跑的不知去向，并且他还老爱侍弄稼穑坪里的几根破禾苗，一干就是大半天，好时光都给荒废了。照这样下去，玩物丧志，连家业也继承不了，更别说什么光宗耀祖!”刘縯到底年轻，说着说着声音越来越高，义愤填膺。

刘钦频频点头，听他发完了牢骚，缓缓放下碗筷问刘秀：“文叔，你是不是不听你大哥的话了，你自己说，每天都干了些什么?”

刘秀本来正在一边往嘴里扒拉饭，一边去盘子里夹菜，听父亲问到自己，抓筷子的手赶紧收了回来，小脸望着父亲，眨眨眼睛却不开口。

刘夫人见老爷要训刘秀，生怕闹得大家都不痛快，赶紧打圆场：“老爷，孩子还小，现在还不明白那些大道理，过些时日，他自会通晓的。”

刘钦看着刘秀，又看了看刘縯，知道刘縯性情刚毅，已经明白刘家此刻所处的尴尬境地，故而雄心勃勃，时刻准备建功立业，对弟弟刘秀可能过于期待，便对刘秀说：“秀儿，以后千万要听你大哥的话，勤于修文习武，学成一身正经本事。常言说得好，贫不足羞，可羞的是贫而无志；贱不足恶，可恶的是贱而无能；老不足叹，可叹的是老而无成；死不足悲，可悲的是死而无补于世。人生一场，应当树立雄心壮志，争取做大事。至于稼穑之事，还是少去耽误时间为好。”

刘秀知道父亲并没有责怪自己的意思，心放回肚里，点点头表示听到了，又理直气壮地吃了起来，还偷偷冲大哥做了个鬼脸。刘縯见又是一拳打进水里连浪花也没激起几点，也没办法，只好闷头吃白饭。刘钦的大女儿刘黄看在眼里，不禁抿着嘴笑了笑，让刘縯更是觉得无味。

刘钦把这一切看在眼里，暗叹自己又何尝不知道刘縯的心思，只是感觉刘縯太过直率鲁莽，倘若再帮他说话，必定助其声势，对刘秀以及几个儿子心性发展反倒不利，也就默不作声。

大家吃过饭，刘钦难得一日清闲，便趁着兴致，带孩子们去了院子后边的演武场。这里很是宽阔，旁边架子上兵器齐全，平日里供衙役和几个儿子强身健体活动筋骨，遇到紧急时刻，也可以集合队伍。

有父亲在跟前，刘缜格外兴奋，自告奋勇要把近日演练的拳脚兵刃展示一下，刘仲、刘嘉也不甘示弱，都想好好表现一番。

刘钦在兵器架旁的竹藤椅上坐定，兄弟三人各自拿起自己擅长的兵器开始表演。顿时演武场一片沸腾，刀戈相碰，叮叮当当，时不时火花迸溅。

刘缜喜欢使用长矛，照他的话说，一寸长一寸强，将来上战场时，长矛上下翻飞，不等对方近前就让他一命呜呼，那才叫过瘾呢！只见长矛在他手中犹如出水蛟龙，时上时下，灵活自如，偶尔可以听见长矛刺出时的呼呼声，很是雄壮。另外两兄弟也不示弱，刀戈挥舞得如同天女散花，眼前满是刀光剑影。

然而趁哥哥们打得难舍难分之际，刘秀却趁父亲不注意，悄悄从一边溜走，径直去了演武场东边的“稼穑坪”。

“稼穑坪”是刘钦在公务之暇和几个衙役开垦出的一块荒地。几经收种，如今也渐渐变得肥沃。地里种着纤细的秧苗和瓜果蔬菜，平日里都是刘贵和刘福照看，刘钦闲时就过来转转。一到秋天，地里五彩缤纷，各种颜色凌乱地搭配着，随意而有致。每每看到满园的丰收景象，刘钦压抑的心一下子兴奋过来，恍惚中悟出，最美的生活不过如此而已，充实而平淡。

刘秀跟父亲来过园里几次后，就迷上了稼穑。这不，他一脚浅一脚深地走到田里，身后留下一串串小小的泥印，渐行渐远。暮春时节的禾苗绿油油的鲜亮，幽幽地泛着光，好像上面涂了一层油脂。果树也都开了花，红红白白映入眼帘，一阵风吹来，花簇调皮地上下跳动，让人目不暇接，夹带着花的清香飘进鼻孔，沁人心脾，格外舒畅。

自从迷上田地和田地里的庄稼，刘秀趁大哥不在跟前，偷偷看过许多关于种植的书，对于各种花花草草也都略知一二。这会儿，他细心地查看着每棵果树，从根到枝到叶到花，一丝一毫都不放过。还好，没有被虫害的迹象。慢慢往前走，突然眼前一亮，这是一朵野百合，乳白色的，叶子像害羞似的蜷曲着，花朵又极优雅地半开着。刘秀一阵高兴，自己曾在外祖父家的花园里看到过这种花，感觉它很高雅，当时印象非常深刻，只是没想到会在田里碰到。

正出神地陶醉着胡思乱想，就听见刘黄在后面边喘气边喊："三弟，快点回去，父亲找你呢！你怎么又跑到这儿了?"

刘秀没想到大姐会找到这里来，匆忙间再看一眼野百合，想到改日刘福锄草时，肯定会把它当野草弄掉，一狠心，把野百合连根拔起，藏到袖子里。

刘黄气喘吁吁地跑过来，拉起刘秀就往回走。一路上刘黄喋喋不休地责怪他不该乱跑，这下可好，大哥告的状不用说是实情了，想辩解都没借口。可是刘秀一句也没听进去，只是惦念着那株野百合，生怕一不小心给弄死了。

刘黄径直带刘秀到了演武场。刘縯兄弟三人已经练习完，个个汗流浃背，四散着坐在一边休息。刘钦一边喝着茶，一边听小女儿伯姬背诗。"关关雎鸠，在河之洲。窈窕淑女，君子好逑……"小伯姬把脑袋一歪，像模像样，清脆的声音和百灵鸟鸣叫一般，在静静的演武场上回荡。"君子好逑……君子好逑……"小伯姬的声音却越来越小。

"爹爹，我，我忘记后边是什么了……"伯姬终于涨红了小脸，低声向父亲解释。

"参差荇菜，左右流之。窈窕淑女……"一个声音从近旁传出，刘秀边走边很流利地把整首诗颂了出来，脸上带着自豪的表情。不过因为刚才在"稼穑坪"里侍弄果树，脸上一条一条的都是泥痕，这时的自豪倒让人感觉很有些滑稽。

刘钦听到刘秀的诵读，心头一动，略略宽下些心。不知为什么，刘钦隐隐觉得这个小儿子并不完全像刘縯说的那样胸无大志过于烂漫。凭直觉他倒认为刘秀机智而不乏迂回，深藏不露，很有几分大巧若拙的味道；而这一点，正是爽直的刘縯所缺乏的。不过刘秀众目睽睽之下又偷偷跑去了"稼穑坪"，这一次可不能一笑而过，否则刘縯大失面子，以后在弟弟们面前的威信就小了。

"刘秀，你不练武不习文，大好的时光往'稼穑坪'里跑，你自己说说，这是不是你的错?!"刘钦虽然脸色温和，但语气中透出不容置疑的严厉。

"爹爹，民以食为天，这是母亲教给孩儿的。当今天下，各地灾荒不断，路上连绵不绝地到处都是逃荒难民，说饿殍遍野也不算太夸张。我接近穑稼，务求根本，孩儿觉得并没什么不妥。"刘秀白皙的圆脸一扬，一副天不怕地不怕、据理力争的模样。

"刘秀，你怎敢这样和父亲讲话！"刘縯本来就气不顺，这下更是黑了脸，冲过来就要揪住他的前襟，刘黄赶紧上前挡住。

“大哥，三弟确实不对，不过你也先别发怒，待事情弄清、问明白他到底是怎样想的，再教训也不迟。”刘黄摆出大姐的爱弟劲头，拉住刘秀往身后拖。

“文叔，其实你的话未尝没有道理。不过话说回来，天下灾荒，以一人侍弄稼穑怎可挽狂澜于既倒？当年项羽说过，不学一人敌，要学万人敌，就是讲究胸有大志，能掌握经天纬地的大本领，到时候提纲挈领，才能实现男儿抱负……这样，你把你大哥教你的拳脚演练一遍给我看看，倘若可以，就准你再去园里，不然，就好好练武习文，不能瞎跑！”刘钦捋一把颏下短须慢慢说。

“好，练就练！”刘秀折身跑去拿自己平时使用的兵器。跑到一半，又慢吞吞地折了回来。

“怎么了，不会是不敢吧？”刘縯揶揄地笑道。

“我才不怕呢！只是我要回去换一下衣服。”刘秀满脸认真地大声回答，内心却担心着那株野百合，刚才只顾着赌气了，这才想起还有东西在袖子里。

“不会吧！练武还换什么衣服啊？你还是速战速决，别拖拖拉拉的了。”刘秀的二哥刘仲接着话头笑问。

“咱娘不是教过咱们，工欲善其事，必先利其器。这件衣服穿着不舒服，当然会影响我发挥，我赶紧去换一件紧身的。”刘秀伶牙俐齿地找理由辩解。

“你平日里练武不都穿这件衣服嘛，也没见有什么问题，今儿是怎么啦？莫非你看爹爹在跟前，想来个不鸣则已，一鸣惊人？”刘仲附和着大哥，颇有些幸灾乐祸。

“刘仲，你就少说两句吧！刘秀，你快回去换衣服，反正爹爹也没说不让换，别理他们。”刘黄比刘秀大出好多，刘秀小时候刘黄就帮着娘照顾这个小弟弟，关键时刻自然护着他。

过了半炷香的工夫，刘秀小跑着回来了，先向刘黄点了点头，表示感谢，然后大步走向兵器架，拿起父亲专门为他量身制作的短杆刀，自顾自地练了起来。起初动作零乱，渐渐地似乎找到感觉，刀刃上下纷飞，呼呼作响，搅得地下草叶左右飞旋，阳光下时不时溅起白光一片，惊得刘縯兄弟个个目瞪口呆。

一通刀法练习完毕，刘秀缓缓收刀，走到父亲旁边，额头上溢出一层汗珠。

太不可思议了！刘縯、刘仲和刘嘉在原地定神半天，怎么也想不出他什么时候练得这么好。刘钦则微微一笑："文叔，刀耍得还算不错。不过兵贵实战，我看这点还是你哥哥们更胜一筹，还要好好向他们请教。"刘秀恭敬地点点头，表示听明白了。这时有个差役跑来请刘钦过去，说是有人递状纸。刘钦刚走，刘秀顾不上和哥哥们打招呼，三步并作两步地跑开，一溜烟折进侧门。

那株被匆忙放在桌下的野百合已经奄奄一息，绿色的叶子卷成一团，颜色有些发灰，而白色的花朵也无精打采地蔫了。刘秀心急火燎地跑到井边折腾了半天，终于把花移到了花盆。

精心照料两天，花儿竟然又活了过来，原先几个花蕾也相继绽放，白的如雪一般，中间的黄色花蕊骄傲地站立着，仿佛仙女凌波。刘秀怕被刘贵发现了，一个男孩子成天侍弄花草，肯定会被大哥给扔掉的，末了还要让全家上下嗤笑。放在哪儿好呢，百般无奈中，刘秀忽然想起小妹妹伯姬。

在整个刘家，就刘秀和伯姬最小，而他们两个关系最亲密，虽然刘秀很爱面子，总爱在伯姬面前显示自己的能力，有时还会装模作样地教训她几句，但从内心深处，他还是最关心伯姬的。

"对，不如把花送给伯姬，这样自己仍然可以每天看看，也不会受到大哥的责备。"刘秀拿定主意，端起花盆走出屋。

小心翼翼地靠着墙根走，刘秀觉得自己贼头贼脑的，和小偷差不多。伯姬住在和母亲相邻的房间，和他们兄弟不在同一个院里。要走过去的话，必定要经过大哥刘縯的房间，这是最危险也最担心的几步。刘秀愈加小心，弯下身子，大气都不敢喘。"哎哟！"越胆小越容易碰见恶煞鬼，经过刘縯房间时，刘秀好奇地想看看大哥是否在房里，一抬头，却碰到开着的窗户扇上，疼得他大叫一声。

"谁呀！"正在伏案看书的刘縯腾地站起身来问道。

刘秀知道这下可躲不过去了，暗叫晦气，站在那里不知该怎么办。"怎么，又想逃，鬼鬼祟祟地干什么？"刘縯走到门口，目光严厉地盯着他，想看出一丝破绽。

"没有，没有，我是顺便过来看看大哥，既然大哥忙着，我就不打扰了。"刘秀转身就要跑。

"等等，这是什么？"刘縯指着刘秀手中的花盆。

"这……没什么，只是一盆花呀！大哥不会连花都不认识吧！"刘秀倚小卖小，耍着贫嘴。

“我是问你手中的花哪儿来的?”刘縯生气了。

“这花，这花是……”刘秀情急之下也找不出适当的理由。

“这盆花是我让弟弟拿出去晒晒太阳的。”不知什么时候，大姐刘黄从西厢房里走了出来。“文叔，去把花送到我房间，放在窗台上。”

刘秀长松一口气，端着花盆赶紧跑进姐姐房里。

“你怎么处处偏袒着刘秀，这样会惯坏了他的!”刘縯不服气地嘟囔一句。

“哥，我知道你的想法，可是你还要把事情反过来想，文叔喜爱草木，草木本是生灵，这也是他与人为善的一种流露。爹和娘都说过，真正成大业的英雄不是凶狠杀戮之辈，最后成功的往往是那些推己及人、善待万物的智者。我们倘若处处阻止他的心性发展，将来又怎么能使他爱民爱国?”

“算了，算了，真不知道你们怎么想的。叫我说，什么善待不善待，要想成大事，还得凭这个。下一次你再袒护他，我可不会放手了。”刘縯说着晃晃捏紧的拳头，气嘟嘟回到房里。

刘秀把花放在窗台上，忐忑不安地等着大姐回来。刘黄进了屋，什么也没说。刘秀知道大姐虽然在大哥面前替自己辩解，其实也不满意自己热衷于侍弄庄稼。他不好意思地往墙角一站，一声不吭。

“文叔，不是大姐说你，你应该知道，你不是平常人家的孩子，你是皇族的后代，而如今咱们皇族……咳!不说了。你也知道，你的使命就是建功立业，这也是你的宿命，注定你与稼穑无缘。”刘黄终于开口了，口气少有的严肃。

“大姐，以后我再也不让你们替我操心了，我一定好好长进，听大哥的话。”刘秀从来没见过大姐如此对自己说话，心里有些发怵，特别是“皇族”二字，让他感到肃穆，他连忙立下保证。

日升日落，斗转星移，天气暖了又热，热了又凉，日子像流水一样，从指缝间悄悄溜走，想抓也抓不住。倏忽间一个季节一个季节走马灯般地闪过，正如刘钦所感觉到的，充实而平淡。

虽然刘秀还是忘不了那些花花草草，但练习刀枪和阵法还是勤奋很多。刘钦近来时常很晚才回来，而且总是面带愁容。全家上下都莫名其妙，却不敢轻易询问政务上的事情，只能私下里猜测。这天已过亥时了，房外终于传来稳重的脚步声。樊娴都知道是丈夫回来了，马上吩咐刘妈去热饭。

“老爷回来了。”

刘钦点点头，径直走到书房，坐在书案前，沉着脸一声不吭。

“饭已经热上了，老爷还没吃饭吧?”刘妈小心翼翼地问。

“吃过了。”刘钦淡淡地说，面色越发阴云密布。

樊娴都有些惊奇，平日里就是再晚，老爷也会回家吃饭，从不喜欢和别人上酒楼，今天倒有些反常。

“刘福，你一整天跟着老爷，老爷在哪儿吃的饭?”樊娴都悄悄把刘福叫了出来。

“回夫人，是在太守衙署吃的。今天安汉公王莽派使者来汝南郡巡视，太守大人和属县的县令都要求陪宴，老爷也去了，回来后就不高兴了。”

“哎，知道了，你也快回去吧!”樊娴都叹了一口气，突然又想起了什么，“对了，我这儿还有点补品，你带回去吧！多给你媳妇加点好吃的，孩子马上就要生了，可要注意。”

“不行，我不能拿夫人的东西了。”刘福赶紧推辞道，“这些年来跟着老爷已经得到很多了，况且前些日子送的东西还没吃完呢，我不能再要了。”

“拿上吧！你也知道，我从来就没把你们当下人看，我们就像一家人一样，只要孩子健康，我们也就放心了。”樊娴都让刘妈把东西塞给了刘福。

转身樊娴都回到屋里，刘钦还在沉思，微闭着双眼。

“刘福的妻子马上就要生了，家里又要添丁喜庆了。”樊娴都有意找个高兴的话题打破沉闷。

“是啊！刘福这两天一直为此高兴着呢，毕竟，平民的幸福是如此容易，唾手可得啊!”刘钦说话的时候心里分明闪过一丝悲伤。

刘钦本是汉帝宗室一脉，高祖九世之孙，汉景帝的嫡孙，说来也是正宗的皇家血统。不过到了刘钦这一辈，已经渐渐和巍峨的皇宫相去甚远，官职上只是个小小的南顿令，一辈不如一辈，正如元帝以来汉室江山一样，一直在走下坡路。新近有消息传来，安汉公王莽的女儿已被聘为皇后，不日将举行婚礼。如此一来，本就控制着朝廷大权的王莽更是成了“太上皇”，整个宫室就是他的天下。对朝廷情形略为熟悉的人都会忍不住猜想，这汉室江山不久或许就要改姓王了。局势败坏到这种地步，刘钦感到汹涌湍流下更为险恶的潜流，他不仅为大汉皇室担心，更为自己一家的前途命运万分担忧。

刘钦表面上还是照常处理公事，市面上也仍然显得井然有序，但刘钦知道，这只不过是暴风骤雨来临前的片刻宁静，山雨欲来，阴风正在迫近。

当刘钦憋不住把内心的忧虑吐露出来后，樊娴都反倒格外平静。

“老爷，既然朝廷这么乱，咱想管也管不了，不论这天下姓王还是姓刘，反正我看这南顿令也做不多长久了，倒不如我们带着孩子一块儿回老家春陵，种几亩薄田安然度日过得安心。”

刘钦想了想长长叹口气：“唉，其实我又何尝不想归隐田园，独善其身？可你想过没有，真是那样，又怎么对得起列祖列宗？再说，如果王莽真的篡位，他会放过我们宗室子弟吗？我们无法享受像刘福那样的平淡幸福哟！况且还有这一大群孩子，他们的将来怎么办，也跟随我们默默无闻老死乡下？尤其是縯儿，他年龄不小了，而且性情刚烈，经常以天下大任自居，他甘愿回去侍弄几亩田地吗？”

“縯儿自幼就有一般人没有的魄力，说来颇有高祖遗风，况且他体格健壮，勤于习武，相信他能成就一番大事业。”樊娴都点点头若有所思。

“你说的是，不过我担心，縯儿性情豁达豪爽，容易结交士人，这是好事。但他不大喜欢看书，即便看书也是读些兵法，自己修养不够，遇事鲁莽，不懂得收敛锋芒，是其最大的弱点。如果将来兵荒马乱群雄并起，他的性格又怎么能应付得了那样的世道？君子外圆内方，才是制胜之道。从这方面讲，倒是秀儿机敏过人，性情温和，虽然热衷于农事，但我看他热衷农事也只是借此养性，深得韬晦真谛，未必不是可选之才！”刘钦阴沉的脸上忽然微微笑了一笑。

“人家都说老爷有相人之术，你说的话自然有道理。对了，听济阳百姓讲，生秀儿时红光满天，真有那么回事吗？”樊娴都猛然想起来，好奇地问。

“哪里有那么玄乎？当时正值寒冬，况且又是半夜，为了取暖照明，我让人搬来十几个炭火盆放在外屋，又点了许多支蜡烛，里面火光是红的，而窗外则银装素裹，所以常人看来就好似红光映天。夫人饱读经书，孔子不提神魔鬼怪，你怎么问出这种幼稚的问题？”刘钦温和地看着妻子，其实并没有丝毫责怪的意思。

“话是这样说，可哪个父母不希望孩子天生贵胄。”樊娴都眼中亮光闪闪。

“唉，我整日忧虑繁忙，整个家就靠你支撑，孩子们得到的教诲，说来全是你的遗风，我这个为夫为父的真不够称职了！但繁忙有什么用，眼看国将不国，家将不家了！”刘钦深深叹一口气，起身走到门外仰望着苍茫的天际。夜风凉如清水，刘钦禁不住连打两个寒战，但他仍然突兀地站立着，久久一动不动。

或许是连日忧心忡忡，或许是昨夜吃了凉风，早晨起床时，刘钦忽然发起了高烧，浑身无力，昏昏沉沉。樊娴都急切间不知如何是好，连声叫唤老爷。刘妈和丫头春萍听到声音，顾不上主仆名分，都冲进房里。

“萍儿，快去打水伺候老爷，刘妈，叫刘福请郎中来，要快。”樊娴都虽然很着急，但做事仍有大家风范，有条不紊。

春萍答应着飞快地跑去打水，迎头碰上赶来的刘縯、刘仲、刘嘉和刘秀四兄弟，他们四人早起练功，听刘妈说老爷病了，就急急跑了过来。

“没事的，可能昨天受了点风寒，你们都去忙自己的吧！縯儿，你去县衙让县丞王大人带人去城外设立粥棚，规模要大些。”刘钦略微清醒些，见几个儿子都在跟前，忙尽量大声说。

“爹，您都病成这样了，还管他们干什么？我就要陪在这儿，哪里也不去。”刘縯拧着眉头固执地说。

“你懂什么？方圆几十里难民有多少，他们当中有的已经饿了许多天，就等着官府施舍一点稀粥来活命。若是粥棚耽误一天，就得有多少人因此而饿死？你成天嘴里念叨以天下苍生为己任，事情到了眼前，你那些己任都到哪里去了？”刘钦说得急促，咳个不停。

“爹，孩儿错了，孩儿这就去，您快别生气。”刘縯见状忙不迭地说着，转身跑去找县丞了。

与此同时，刘福领着高郎中急急走进角门。高郎中是南顿县最有名的郎中，不但医术高明，而且诗文也不错，经常和刘钦吟诗唱和，关系很好。听说是刘老爷病了，丝毫不敢怠慢，背了药箱就赶了来。

仔细把脉后，高郎中沉吟一下，请樊娴都悄悄来到外厅。“高郎中，老爷的病到底怎么样？”樊娴都着急不安。

“夫人，在下方才仔细把脉，发觉老爷左尺脉强，右尺脉弱，分明是极虚积弱不止一天，贴近老爷身边，能闻见老爷口中甚臭，这是痰多气急的缘故。这样一来，该实的非常虚，该虚的反而很实。老爷的外症属于风寒病，吃几服药就好了，但严重的是，老爷的忧郁之疾年月已久，恐怕很难治愈啊！”高郎中说着摇摇头。

“高郎中，您是咱们这儿最好的医生，难道也没办法吗？”听他说得如此玄虚，樊娴都再也撑不住，一下子坐在椅子上。

“夫人，在下自然会尽力而为，您别着急，相信慢慢调养会有成效的。”高郎中见樊娴都脸色煞白，忙改了口，说了些安慰的话，沉吟着踱到桌边研墨开药方。

樊娴都在门厅旁定了定神，恢复了平常神情，这才折回内室，强装笑脸。

“我就说没事的，只是偶感风寒罢了。”刘钦半开玩笑地说，“我虽一介书生，倒也文武双全，这点小毛病，两服药过去，疾病小儿就不敢来登门造访了。”

一晃十多天过去，每日服用两三次汤药，整个院落都飘荡着浓浓的草药味道。但刘钦的病非但没有好转，反而越来越严重了，时而清醒时而昏睡，身子热一阵冷一阵，直打哆嗦。全家人看在眼里急在心上，连连搓手却无可奈何。这天高郎中复诊后又悄悄请樊娴都来到外厅，压低声音说：“夫人，在下实在惭愧，在下的医术，能治其标难治其本，能治其外难治其内，实在无能为力了。”

刘縯正好站在旁边，又急又火，怒吼一嗓子：“什么？什么叫治不好了?!你说吧，你想要多少钱?!”

“縯儿，高郎中是你爹的朋友，怎么能这样说话！高郎中，他还是个小孩子，您别介意。高郎中，南顿的医生里面你是一等一的好手，老爷的病就指望你了，可现在……”樊娴都话语凌乱，简直有点崩溃了。

“夫人，大公子，你们的心情我明白。老爷为官清廉，乐善好施，我怎能不全力以赴？只是老爷的风寒症状下掩盖着五内焦损，非独到良方不足以抵达病灶，小人医术浅薄，实在没有办法啊！”高郎中急切间几乎要掉下泪来。

“那就是说我们要眼睁睁地看着爹爹一天天憔悴病死吗？”不知什么时候，刘黄站在一旁，泣不成声地问道。

“让我想想，让我想想，哪里才有独到的良方呢？对了，能请到此人，老爷的病也许还有救！”高郎中低头喃喃自语，突然眼睛一亮，惊喜地说。

“噢？请到谁？只要能救我爹，不论什么代价都行！”刘縯忙说。见事情有了转机，樊娴都、刘黄也精神一振，盯住高郎中。

“宛城名医华云的后人华文，想来夫人一定听说过。他家有祖传专治忧郁之疾的妙方，传说很是灵验。不过华文医德败坏，可不是个善类，我们这些同行根本不同他往来。正因如此，这几天竟没想起他来。听人讲，请他看病很不容易，他看病有三不看之说。非朝廷命官不看，非地方豪族不看，非心情舒畅不看。请他看病尚且如此难，若要他出诊，就更非得大车小轿前呼后拥不可。而且他家世代行医，积累下家财万贯，违忤了他，出再多的钱他也未必动心。”高郎中不无忧虑地接连摇头，“在下看老爷此时根本不能乱动，只好请他来家里问诊了，能不能请得动他，实在难说。”

“只要能救父亲，他要什么都行。我就不信，难道他是天神，他就没有一点儿活人心肠！”刘縯挥一挥手坚定地说。

“既然大公子这么有决心，这里距宛城大约三百多里，一定要速去速回，不可耽误了老爷的病情。”高郎中再三嘱咐。

“是啊，縯儿，你一定要给人家多说好话，神是一炷香，人是一句话，说好听的总归没有错，切不可动怒，惹恼了人家到头来耽误咱们自己。”樊娴都也是千叮咛万嘱托。

草草收拾一下，刘縯立刻起程。刘仲左思右想，放心不下大哥一人上路，就快马加鞭追了去。

兄弟二人日夜兼程，终于第二天早上赶到宛城。进到城内时，太阳已经爬上山头，白花花的阳光照射下越来越热，街上熙熙攘攘，更让人感到焦躁。牵着马走在街上，两人又饥又渴，马也疲乏得不想再往前走一步。

“大哥，咱们找个地方先休息一下吧！我实在走不动了。”刘仲用乞求的目光看刘縯一下。

“二弟，父亲此刻正躺在床上，咱们现在却连华文住在哪儿也都不知道，救人如救火，岂能有一点点怠慢？”刘縯耐着性子解释一句，脚下的步子仍不放慢。

刘仲看了看大哥，也加快脚步。

“大爷，请问您知道华文吗？”刘縯看到路旁家门前坐着个头发花白的老人，想着他对这儿的情形应该会很熟悉，忙驻足问道。

“你是说城南会看病的华文吧？”老人问。

“是啊，是啊，我爹病了，人家说只有他能有办法，请问他住在哪儿？”刘縯问。

“不远了，你一直往南走，会看到一扇红漆门，门前有两磁石狮子。不过，他家来看病的人很多，小伙子要有耐心啊！”老人看刘縯黑着脸火急火燎，指路的同时还不忘提醒他一下。

“谢谢大爷了，我知道。”刘縯道过谢，牵着马急急往前走。

第二章　内忧外患　国仇家难

果然不远，走过两个十字路口，刘仲远远就看见前面围了不少人，想必就是他家了。两人抖擞精神，加快了速度。走到跟前一看，原来都是来找华文看病的。抬眼一看等在门口的众人，大多衣衫破旧面带愁容，有丈夫陪着妻子的，有孩子背着父亲的，严重一点的则用马车拉来，看样子求华文看病的人还算不少。既然这么有名气，医术自然应该很高明了，刘缜暗暗松了口气。

“这位大哥，你们怎么都等在外面，华文华医生不在吗？”刘仲靠近人堆向位年轻人打听一下情况。

“唉，我们天不亮就等在这儿了，可大门一直关着，敲门也没人答应，到底有人没人咱也弄不清，只能在这儿干等着，这日头毒的，俺娘本来就……”年轻人有些无奈地说，时不时抬手给躺在旁边生病的母亲扇几下凉风。

“怎么会这样？”刘缜看着被太阳晒得越发有气无力的病人们，腾地一股恶气涌上来，心里有些堵得慌。

刘仲还不信邪，上前跑去敲门，敲了半天果然没有反应。就在他准备折回来时，门吱的一声裂开一条缝，阳光都挤进那小缝里，外边等候的人恍惚觉得大门里面一派金碧辉煌，人人心头升起惊喜和希望，呼啦一下围了上去。这时从门缝里走出来一人，五十多岁，发髻油光闪亮，一身湖绉绸缎长袍看上去就感觉凉快，单从衣着上看，应该是管家级别的人。

“大家都回去吧！明天再来。老爷去城东王老爷家诊病了，天黑之前不会回来，即使回来了也要用饭歇息，你们不用等了！”那人并不看台阶下的众人，面无表情地如同背台词一般把话说完，转身就要关门。

“不可能吧，我等了半天，怎么没见华老爷出去？”刚才那个小伙子不甘心地说一句。

“这你管得着吗？老爷爱给谁诊病就给谁诊！再催，你们都别想看病了，赶紧回家准备棺材板去得了！”那人忽然动怒，粗鲁地骂道。

“哎，你是什么人，怎么这样说话?！治病救人本是你家天职，何必如此盛气凌人？”刘縯站在一旁，平时就看不惯有人颐指气使的做派，现在又急又气，说着就想冲上去伸拳动腿。众人忙过来劝阻，刘仲生怕出门在外凭空惹出事端，拉住刘縯粗壮的胳膊，“大哥，别和他一般见识，你忘了母亲的教诲啦？为爹爹，你就忍忍吧！”

刘縯哼一声，不情愿地撤了回来。只听见门吱的一声被重重关上了。

二人站在门前，看着人们长吁短叹地四下散开，不知该怎么办。

转眼已经正午了，太阳火辣辣的，街边露天的小商小贩都撤了回去。呆愣一会儿，想想站在大路上也不是办法，他们只好就近找了一家客栈，草草吃了点饭，走到客房闷坐起来。忽然楼下传来嚷叫声，声音越来越高。

“店家，您就再宽限几天吧，我和我娘千里迢迢来到这里，怎么能没治病就回去？”一个姑娘的哀求声。

“我这里是客栈，又不是粥棚难民所，你的房租都已经欠了五天了，就权当我行善不要了，你还要再赖多久？快走吧，算我倒霉，看你一个姑娘家又带着一病人，欠的房租我也认了，你马上搬走就成，不然……”老板操着浓重的方言，话语尖刻毫不留情。

“老板，再等两天，等两天我一定想办法把钱补上。”姑娘还在苦苦哀求。

“哎呀，你看你一个小妮子家，我已经仁至义尽了，天下穷人这么多，若是都像你这样，我不早喝西北风了！”老板说着也不听她分辩，一迭声叫来伙计：“你去，帮这位姑娘收拾东西，让她们马上离开，还有客人等着用房呢！”说完转身不再理会母女二人，任凭小二闯进屋里，胡乱收拾。

刘縯正斜倚在床头想心事，越听他们说话越烦躁，腾地跳起来，噔噔噔地走下楼梯。

“慢着，她们欠你多少银子？”刘縯手里掂量着一锭银子，冷冷地怒视着店主，“这些应该够了吧！她的店钱我替她出了！”

“公子莫生气，为商之人和谁都没冤仇，就图个赚钱，既然有人舍钞，我当然不会赶她们走了。小二，快走，下去招呼客人去！”店主从刘縯手里接过银子，笑眯眯地低头走开了。

“谢谢大哥，小女子今后一定牢记您的大恩大德。”那姑娘正急得不知如何是好，忽然有人从天而降解救危难，顿时松口气，上前连声道谢，抬起脸看看大恩人。不料眼光立刻聚在刘縯脸上，瞪大双眼说不出话来。

刘縯浑身一震，这张梨花带雨般的面孔是多么熟悉，难道真的是她，天下事情真有这么巧合？刘縯的内心洪波涌起，如同木雕泥塑一般钉在原地。

时间空间都仿佛凝滞了下来，四目相对，有千言万语，却又不知道该从何开口，他们只是诧异于机缘会如此奇巧，鬼使神差。

三年前，他和她因为比邻而居而情投意合，互订终生；也正是三年前，她的父亲忽然走了好运，升官被调到京师，他和她被迫分开，带着对对方的留恋上路了。本以为一段情缘就此了结，没想到三年后，竟然会在这里不期而遇。他还是他，但她似乎不是她了，她的脸上刻上了沧桑，神情烙上了岁月的残酷痕迹。

刘仲也认出来，这位小姐竟然是先前和大哥很要好的夏雪小姐。刚开始吓了一跳，仔细瞧瞧，确实没错，真是她。看大哥呆愣的模样，忙站出来说："大哥，夏小姐，别傻瞪着了，大娘让店小二撵出来，还在门外站着，先扶老人回去，商量正事要紧。"

刘縯和夏雪这才回过神来，忙把老人扶回房里。

"夏小姐，你怎么变成这样子了，家里发生了什么事?"还没坐稳，刘縯迫不及待要了解她这三年的境况。夏雪在刘縯对面坐下，抽噎一下鼻子，说出一段刘縯怎么也想不到的往事。

原来，夏雪一家去了京师并不是走了好运，而是踏进一个早就预备好的陷阱。王莽想要篡权，生怕引起公愤，就暗中想法子先整治对他不满的"绊脚石"。夏雪的父亲夏和就是其中的一个，他一向忠于大汉朝廷，虽然明知道汉室衰微，江山大有改姓势头，可仍然想要挽回局面，对于王莽的咄咄逼人，夏和坚持自己的主张，多次上书弹劾王莽心怀不轨。王莽也是个爱才之人，曾多次亲自拜会，希望夏和归顺他，但始终没能如意。没了耐心的王莽便表面保奏夏和升官，暗地里买通杀手，两个月前的一天早晨，趁街道行人稀少之际，在夏和上朝的路上将他暗杀。夏雪母亲连忙带着夏雪，在家人保护下，逃出京师。

"请问你怎么知道父亲是王莽派人刺杀的?"刘縯一边感叹朝廷黑暗，又有几分惊疑地问。

"那日父亲的一个长随家里有事，头一天请假了。那天早晨他返回来的时候碰巧看见了父亲遭难。当时他听一个刺杀父亲的蒙面人说了句，好啦，这下可以向王公交差啦。除了王莽，京城里还有几个王公？为了保护我和母亲，他从小路跑回来，草草收拾了点钱物，我们就慌忙逃走了。"

"那随从呢？他怎么没和你们一起?"

"他也被我们连累了。当时我们逃了一天一夜，母亲悲痛父亲的死，病倒了，她昏昏沉沉，嘴里一直喊父亲的名字。我也很想父亲，一直哭。长随不放心，他对我们讲，我再去看看，万一老爷只是受了伤呢？就这样，他决定回去看看情况，如果可能的话，帮父亲收了尸也好。他把我们安顿到客栈，自己就回去了，一晃十几天过去，他也没回来，我们出来时带的那些银两已所剩无几。母亲的忧郁成疾一直时好时坏，近两天越发严重，我们只得把身上仅有的首饰典当了买药，一面又向过路商人打探父亲的情况。”

“郎中说母亲的病撑不了多长时间了，我便也不太再理会那些已经发生的事，只想着给母亲治病，从京城到南阳，我们一路乞讨，风餐露宿，直到有一天碰到一个同乡人，他告诉我们，长随因为知道父亲被害的事让人给灭口了，奇怪得很，我那时倒很平静。这样一来，全部精力都放在了为母亲治病上，那老乡也不富裕，帮了一些钱物就再也无能为力，我们艰难地就这样挺过来了。”夏雪说这番话的时候，表情很平静，似乎在讲述别人的故事，但刘缜内心却阵阵痛楚。

“夏小姐，等把你母亲的病诊治好了，我就带你回家，不再让你吃苦。”刘缜一下子成熟许多，举手投足间忽然充溢着男子汉的气概。

这夜的月光分外明亮，远处天空的星星也一眨一眨，好像能听到细微的开合声音。听着飒飒的树叶婆娑声，看着窗外若隐若现的山丘，两人心底腾起崭新的希望。

第二天一大早，他们又去了华文家。这次华文正站在门口，一个白白胖胖的矮个子老头，大约五十上下，保养得很好，淡眉细目，一副似笑非笑的表情，得胜大将军似的看着门外等候的病人，仿佛这些人全是他的俘虏，任他宰割。

“华先生，麻烦您出趟门，给家父诊病，再多的钱也行。”听人讲这就是华文，刘缜虽然看他不怎么顺眼，但还是挤上前去恭恭敬敬地请求。

“不行，你没看见这么多人在苦等着吗？陪你走了，这儿的病人又该如何？”华文想也没想便冷冷回绝。

“那等你诊完这里的病人再去吧！”刘缜不敢动怒，只好退让。

“那也不行，你当我是谁，我的病人会有诊治完的时候？况且出门要风餐露宿，歇息没个准时，我这身子骨能受得了吗，你当我是铁打的？”华文还是面无表情，不过话音里显示他的心情还不错，否则不会说出这么多话。

“身为郎中，救人要紧。哪有你这样的？”刘缜到底忍不住了。

“嘿嘿，小子还有点脾气，有种你别找我啊！好郎中那么多，你去找他们，我就是不给你看，你能怎么样？”一向受人恭维的华文见有人竟敢如此无理，顿时瞪圆了小眼睛。

“什么狗屁医生！”一直在旁边站着的刘仲担心父亲的病，见眼前这个郎中比自己想象的还要难缠，火气冲上来，走到近前破口大骂。

“仲哥，你别这样，这不能较劲，越较劲越耽误事。”夏雪赶忙上去劝阻，但已经迟了，华文哼地冷笑一声，“今天我不高兴，谁也不诊治了，等我什么时候高兴了，你们再来吧！”说完扭身进了屋，大门咣地关上，不再露面。

等着看病的人心里都明白华文不是个东西，但对刘縯兄弟还是很不满，要不是他们搅和，也许今天会有希望看上病呢。众人无可奈何，一片长吁短叹中对刘縯兄弟怒目而视，然后议论着悻悻离去。刘縯兄弟憋着一肚子气没处发泄，这会儿面红耳赤，再想想卧病在床的父亲，竟抽搭了起来。

夏雪心里很清楚，他们兄弟吵闹一场，就算等到明天，就算你给他磕头，华文也不可能再去给刘钦出诊，而彼此父母的病又不能一拖再拖。那怎么办呢，她紧咬嘴唇，以至渗出血来。

“縯哥，仲哥，麻烦你们一件事，你们先回客店，我……我想到街上买点东西……”夏雪低垂眼帘，看不出表情。

正心绪复杂中的刘縯没注意到夏雪的变化，点点头：“那我们扶伯母先回去。”夏雪忙说：“不用，我想给娘买件薄衫，让她到那边铺子里试试，你们先回吧。”

刘縯仍没在意，只是嘱咐一句“那你们快些回来”，自己和刘仲慢吞吞走回客店。

看他们两人渐渐远去，夏雪沉吟片刻，咬咬牙，整理一下衣衫，拢一拢额前头发，走上前去，敲响华文的大门，抬高声音叫道：“华先生在家吗，华先生在家吗？”

喊声未落，昨天那个管家模样的人把门开一条缝，探出头来，见是一个年轻姑娘，虽然衣衫破旧，满面风尘，掩饰不住的端庄俏丽却一目了然，不禁心头一动。他知道自己主人除了弄钱，平生最喜好两大事情，一个是攀龙附凤，一个就是寻花问柳。这在当地已经是公开的秘密，借着给人家看病，到手的妞儿不知有多少。当地人流传着一句话，说宛城华文医术鲜，祖宗留下金饭碗，不爱吃酒不爱逛，最喜屁股能朝天。现在有这么个漂亮小妞主动送上门来，主人不定高兴成什么样呢！这样想着，顿时堆起满脸笑容：“姑娘是要看病吧，请，里边请！”

刚踏进大门，碰巧华文从内厅走出，夏雪让管家把娘扶到一边，自己鼓起勇气走上前去。

“华先生，麻烦您给我母亲诊一诊病，要金要银我都答应。”夏雪知道对这种人讲不得廉耻，但屈辱感仍让自己从心底在颤抖。

“噢？真的吗？”华文小眼睛盯在夏雪身上片刻，目光将她浑身上下抚摸了个遍，苍白的面色忽然红润起来，淫亵地一笑，说：“姑娘好孝顺，好，好，就冲你这好心肠，我这就给你娘诊病。不过，不过我还有一条件……我不要金不要银，只是嘛……行医的要讲医德，所谓治病救人嘛，就要救彻底。我看姑娘身上也有点病，你若是愿意先让我诊治诊治，我立刻就给你娘看病。怎么样？”说到最后，竟有些把持不住，话音开始发颤。

“好，我答应，这点要求嘛，好说。”夏雪涨红了脸，但声音很坚定，“不过我也有个条件，方才那两个小伙子是我的本家哥哥，他爹有恩于我家，你不但要给我娘治病，还得辛苦一趟，去给他爹出诊。”

“这……好，整天闷在家里，正想出去散散心，咱就这样说定了。姑娘，请到里屋，我来给你诊治诊治。”华文猥亵的声音还没落地，夏雪已经低头走了进去。

刘縯和刘仲在客店闷坐半天，越想心里越不是滋味。特别是刘縯，想到爹正在性命攸关的时刻，多耽误一时半刻就有性命之忧，而自己却在客栈闲坐，白白浪费时间，真如同千百蚂蚁在心窝乱爬，又疼又痒，难受无比却束手无策。再想想那个姓华的医生，纯粹就是个无赖，这种人若平时碰到自己手上，非得一拳头打死才痛快。而此刻，却要跪下向人家求情，恨不得叫人家一声爷爷。哎呀，真他娘的窝囊！刘縯狠狠地一巴掌拍在桌子上，震得碟盏乱响。

刘仲也万分窝火，不过他知道干生气也没用，还得反过来安慰火暴脾气的大哥，就没话找话地说：“大哥，咱们回来都两个多时辰了，怎么夏小姐还没回来？”

刘縯这才想起来，拧一下眉头正要答话，忽听门外有轻微的脚步声，接着隔壁房门一响，是夏雪回来了。刘縯和刘仲忙站起来走过去。

夏雪刚把她娘安顿在床上，扭脸见刘縯他们进来，闪过一丝惊慌，忙把头低下。

“夏小姐，你是不是生病了，怎么脸色这么难看？”刘縯这次注意到夏雪的神情，有些奇怪地问。

“夏雪……”是夏雪娘的声音，“娘要喝口水，在人家华先生家里吃了一服药，还真管用……”

“哎。”夏雪努力地笑笑，跑去倒水，没有回刘缤的话。刘缤和刘仲对视一眼，纳闷地想，华文那个畜生怎么忽然大发慈悲，给穷人看病了？什么时候开的门，怎么自己没听见动静？

侍候母亲喝过水睡下，夏雪轻轻叫出刘缤：“刘缤哥，你出来一下，我告诉你个好消息。”走到走廊一头，见刘缤满脸疑惑地跟在身后，哑着嗓子说，“你们现在就去华文家，我已经把伯父的情况给他说了，他答应跟你们去诊病，你们快去，时间一长说不定他就要反悔。我陪我娘先在这里养上几日……”

“什么？真的?!”刘缤兴奋地连连拍手，可是忽然又意识到什么，凑近一些看看夏雪，“夏小姐，你一定有什么事瞒着我，要不然华文那狗东西怎么会突然给我们看病了，你说，这是怎么回事？”

“别问了，你快带着华文回去吧！”夏雪一边推着刘缤，眼泪不由自主地往下落，嘤嘤地哭出声来。

“夏小姐，怎么了，到底怎么了？你快说，你要是不说，我就不去！”刘缤一颗心陡地悬起来，他想听夏雪说出其中原因，可又怕听她说出什么事情。

然而该发生的已经发生。当夏雪流着眼泪叫声“刘缤哥！”一头扑进自己怀里时，刘缤什么都明白了，他觉得脑袋嗡嗡作响，胸中已经不是烈火，简直是岩浆在奔流，碰撞着想要炸破胸膛。怪不得华文会那么大方，这个畜生！这是什么世道！

刘缤公牛一样冲动着想要前去和华文拼命。但他旋即又压抑住，只是痛苦地蹲到地上，眼泪和着屈辱洒落下来。父亲和夏雪是他生命中最重要的人，而现在这两个重要的人都受到了伤害，这该是怎样的一种伤痛？他不能想，不敢想，夏雪在耳畔“缤哥，缤哥”叫他的时候，他几乎失去了答应的勇气。

来到了华文家时，华文已经准备就绪，一辆高棚马车披红挂绿，停在前院。华文手持折扇，一副志得意满的神态，胖胖的脸庞更加白皙，仿佛刚宰杀出来的猪皮。

“我爹病得不轻，咱们需要快马加鞭，连夜赶路。”刘缤不愿看见那张脸，拼命压抑着屈辱冷冷地说。

“知道，知道，方才那位姑娘已经说了。你们看，我早已备好车马，就随你们起身，只是这车马劳累的费用……”华文的小眼睛闪了又闪。

“这个你不用担心，只要治好我爹的病，钱不是问题。”刘仲厌恶地斜视华文一眼。

刘縯兄弟急如星火，各骑一匹快马匆匆赶路，也不觉得累，大半天已经走了百十里路。开始华文还让车夫催促马匹，尽量紧随其后，慢慢就落了下去，刘縯和刘仲不得不走一段等一会儿，肚里一个劲骂遍华文祖宗十八代。不觉间天已黑透，如墨的夜色连星星也没一颗，阴风阵阵吹过，一阵紧似一阵，吹得人瑟瑟发抖，看来一场大雨就在眼前。一行人在漆黑的夜里艰难行走，趔趔趄趄好几次差点摔倒。

“哎呀，行医数十载，还从没这么辛苦过，早知道……我不行了，咱们还是休息一晚，明日再起程吧！”华文嘴里不住嘟囔，看见不远处有一客栈，星星灯光射了过来，如同遇见救星，铁下心来执意不走。

“不行！一刻也不能耽搁，我们要在明天早上赶回去！”刘縯态度强硬，厉声大喝，压抑的怒火一点一点迸发出来。

华文平日作威作福，耳边听的多是小心翼翼的奉承，哪受得了这样的话，也使出性子叫道：“要走你们自己走吧！我看你们怎么治病！”

“哼，你以为这是在宛城吗？你个作恶多端祸害百姓的小人，真不知道上天怎么瞎了眼，让你做什么医生！你相信不相信，你再把方才的话说半个字，我一刀宰了你，让你去阴曹地府当你的神医去！”刘仲冷不防靠到跟前，唰地抽出腰刀，一道白光闪动，刀架在华文的脖子上，前边的车夫吓得缩着脖子，一声不吭。

虽然天太黑，看不清华文的表情，但从他颤抖的身体和话语中可以觉察到，这个家伙表面上不可一世，其实无非是个胆小鬼。“两位大哥，别这样，我不过就是这么一说，你们就当真了？好，咱这就跟你们走。你们千万别冲动，想想你们父亲吧！”华文低声下气地说道。

刘縯暗暗冷笑一声，黑暗中往车夫手里塞一把银子：“你别跟着了，我们自己来赶车。刘仲，你的缰绳给我，你替华先生赶车！”车夫见这两个年轻人不像善人，生怕弄出事情来连累自己，乐得解脱，忙拿了银子跳下马车，一阵脚步声消失在黑夜中。

然而尽管紧赶慢赶，等他们回到南顿时，映入眼帘的，仍然是他们最害怕看到的情形。一串白幡挂在大门前，哀哀哭声老远就传出院子。路边百姓个个摇头叹息：“唉，刘老爷没有得到及时医治，结果说没就没了。真是好人不长寿，恶人活万年哟！”话语像利剑直刺刘縯心尖，他大喊一声：“爹！”跳下马匹，冲进院内。冲到二门外侧时，刘縯忽然又想起来什么，瞪着血红的眼珠扭身跑出来。

“华文，要不是你个王八羔子，我父亲肯定能治好，我，我宰了你！”刘仲坐在后边的马车上，此刻也明白发生了什么，他怒气冲冲大叫大嚷，可是一回头，却发现车内空空，华文不见了。

“狗东西，你以为这是宛城，想跑就能跑得了吗？爷爷我今天非让你一命还一命不可！”刘仲抽出短剑沿来路就去追赶。

刘縯此刻也来到街上，大声叫着：“二弟，快点，别让那畜生跑了！”说着自己脚下生风，和刘仲一起飞奔，眼光电光石火般扫视着迎面而来的每一个面孔。

可是一直跑到大街尽头，仍没发现华文的影子。刘縯和刘仲气喘吁吁，万箭穿心，简直快要支撑不住了。“这狗东西能跑哪里去？爷爷非把他揪住，用他的脑袋祭爹不可！”刘縯挥拳头直擂自己脑袋，又气又急。

“对了，大哥，我看咱们这是急糊涂了。华文那小子再胆大，也未必敢在大街上跑。他肯定拐了小道。”刘仲说着拉起刘縯穿过一道小巷，三拐两拐，来到城墙边上一条深沟里。刘仲到底心细，想起方才路过这条沟，沟不特别宽，但里面丘陵起伏，人迹罕至，最适合藏身。华文老奸巨猾，也一定注意到了，他此刻弄不清刘家兄弟在南顿有多大势力，定然往没人的地方钻。

两人在沟里上坡下坎，每个山洞都探进头去看看。走出老远也没见有半个人影。“大哥，君子报仇，十年不晚，咱爹没了，还是先去照看照看吧，咱娘不定难受成什么样了呢！”刘仲一屁股坐在地下，张大嘴喘着粗气说。

刘縯黑红的脸色似乎要滴下血来，他盯住远方凝视片刻，忽然捏紧拳头吼叫道：“不，冤有头债有主，不给爹出这口气，光回去趴在爹跟前哭有什么用?”说着，他大踏步走下山坡，沿着沟沟壑壑继续寻找。刘仲忙爬起来，跟在身后。

爬过两道斜坡，听到背后似乎有喘息声。开始刘縯以为刘仲走累了，刘仲以为刘縯太气急交加，都没在意。已经走出几十步，刘縯忽然觉得不大对劲。猛然转过身，眼光犀利如一道闪电，搜索着每一处草丛每一个坎。

“华文，你这个狗东西，爷爷已经看见你了，还不出来?! 是好汉的主动爬出来，爷爷还可以饶你一条狗命，要是劳爷爷大驾，那你就要立刻死在眼前！”刘縯恶狼一样吼出一嗓子。

没等刘仲回过神来，忽然身边一个小坑内浮土翻动，华文从里面钻出来，嘴里连声说："小爷说话算话，饶过我老头子这遭，下回看病，一定随叫随到。"

刘仲这才明白，别看刘縯暴躁，又在气头上，可粗中有细，一嗓子就把华文诈唬出来了。正这样想着，刘縯跳过去揪住华文脖子，恶声恶气地大叫："好你个狗屁医生，你以为爷爷还会叫你有下回吗？去你娘的地府里好好侍候我爹！"说着不等华文求饶，唰地拉过腰刀，只见血光一闪，华文的脑袋滚落到一边，没头的身子仍斜倚在坡沿上呼呼地蹿血。

"哎呀，大哥，咱们真的杀人了！"本来一心要抓住华文给爹抵命，现在见华文真的倒在血泊中，刘仲忽然十分害怕，失声惊叫着嚷道。

"哼，像这种东西，早死一天就少祸害几个人，死了活该！"刘縯并不在乎，动手把华文的尸体重新塞进洞中，手捧浮土盖在上边。看看自己和刘仲身上溅了不少血，招呼着两人把外衣脱下来，扔进壕沟里，这才长舒一口气："是咱们没本事，把爹给耽误了，走，给爹磕头去！"

刘府上下到处都是白色，从衙门前一直到后院，过道里摆满了灵幡，白纸糊成的纸人、纸马、仙鹤童子，还有各色彩纸做的金山银山。走到后院，十余面白色帐幔在风中飘荡张扬，仿佛一个个巨大的手，抚摸着前来悼念吊孝的人们。用金纸串的金锭哗啦啦作响，搅得人心慌意乱。所有这些，都在告诉刘家兄妹，爹真的不在了，他们再没有可依靠的父亲了。正戚戚哀哀的弟妹们听见一阵脚步乱响，抬头见是大哥回来了，内心更加委屈，歇息下去的哭声又响成一片。

樊娴都也病倒了，正躺在后房，听说儿子回来了，忙让刘黄和刘妈搀着走到院里。"娘……"刘縯扑通跪在地上哭着喊，"是孩儿不孝，没把郎中请来，孩子无能啊！"

"縯儿、仲儿，你们也不要自责。人的命，天注定，这都是你爹命该如此。生前他为朝廷操碎了心，整天没舒心过片刻，这下倒也好，就让他安静地歇息吧！"樊娴都几天里已经明显苍老了许多，脸上没一点红色，内心承受着很大的苦，但又不得不在儿女跟前装作坚强一些。

等心情略略平稳下来，樊娴都把刘縯叫到里屋，缓声嘱咐说："刘縯我儿，你爹不在了，你现在就成了家里的顶梁柱，为娘再怎么说也是个妇道人家，帮不了你，你就和几个弟弟还有刘福、刘贵他们多商量，打理你爹的后事吧！为娘的想心静几天。"

"娘，您别操心了，孩儿一定不让您失望就是。刘福和刘贵他们老实稳重，我们多合计，一定尽心做好。”刘縯一下子觉得自己肩上责任重大，从母亲信任的眼光里，他知道自己真的长大了，要当家了。

顾不上喘口气，刘縯立刻招来家人：“刘福，你去通知我爹生前的亲朋好友，去给他们报丧，你一直在父亲身边，想来这应该能办到。”

“是，大公子，我这就去。”刘福像对待刘钦一样，认认真真地答应着，马上去了。

“刘黄，你和刘妈准备孝服，打点家里的琐事。”

“知道了，大哥。”

“刘秀，你去陪咱娘，多说说话，别让她太伤心了。”

“是，大哥。”刘秀这会儿也收敛起一贯的顽皮神色，满脸严肃，顺从地听大哥安排。

“刘仲。”刘縯叫过来二弟，“你立刻去宛城一趟，把夏雪母女赶快接来，她们现在无依无靠，又帮过咱们大忙……”

“知道了，大哥，我会办妥的。”刘仲快马加鞭去了宛城。

一一安排下去，刘府很快结束前几日的混乱，一切都打理得井井有条，来来往往的宾客见状，听说这是刘家大儿子领头当家，纷纷称赞刘钦果然教子有方，家里出了这么大的事，几个半大小子就能稳住阵脚，不简单。

樊娴都看到夏雪和她娘到来后，先是吃了一惊，后来听夏雪把整个事件的始末讲述一遍，更是又惊又悲。忙亲自张罗着安顿夏雪和她的母亲，让她们好好休养几天。当初做邻居时，樊娴都就很喜欢夏雪，她知道，若不是他们家要搬去京城，或许刘縯早就和夏雪成婚了。现在两家都遭不幸，同病相怜，樊娴都便更加对夏雪和自己的几个女儿一样，甚至更宠爱她几分。

就在丧礼忙乱而有序地进行着快要下葬时，这天刘福忽然慌乱地从前边跑来找刘縯：“大公子，不好了！有人找上门来闹事，手里拎着家伙，口口声声叫喊着杀人偿命，公子快去看看吧！”

“是吗?！怎么这么快！你别嚷嚷，不要惊动别人，我先出去看看。”刘縯立刻猜测到是华文家的人找来了，脑子飞快地转动一下，却想不出如何对付，只得放下手边的活，走出门外，到时候见机行事。

走出大门，刘縯悬着的心忽然放回肚里，暗骂刘福一句，什么来闹事的，真是太大惊小怪了。原来门口只站着两个十来岁的半大小伙子，虽然个子不低，但脸上神情依旧未脱稚气，分明年龄还小。他们并排站在门口，后面的树上拴着两匹白马，两人都是疏眉圆眼，面色白皙，模样很俊俏，穿的衣服也大略相似，淡蓝色湖绉短袍，腰束五色丝带，显然一副公子气度。他俩双手叉腰，高昂着头，做出天不怕地不怕的样子，神气活现。

刘縯看他们样子有些好笑，也不说话，先是上上下下把他们打量一番。

“谁是刘縯?”对视片刻，长得稍高一点的问道。

“我就是。”刘縯也不怕，很轻松地回答。

“那不用问，就是你杀了我舅舅，好你小子，今天小爷来就是让你赔命的!”那人说话间从腰里拔出宝剑，支好架势，似攻似守一本正经。

“你们是从哪跑出来的孩子，还是赶快回家吧！免得贪玩被罚抄书。”刘縯根本没往心上去，斜膀子站着嘲笑地说。

“大哥，这家伙竟敢嘲弄咱们，看来不亮一下，他也不知道咱们的本事!”小个子被激怒了，涨红了脸也抽出宝剑。

“好！就让黑大汉见识一下什么叫马王爷三只眼，别以为咱们小就好欺负!”那个当大哥的答应一声，向前紧走几步，唰地一道寒光直刺过来。

刘縯根本不当回事，看剑到眼前才侧身躲避一下，连躲三招没伸手。谁知，对方还真有两下子，剑锋越走越快，突左突右，眼花缭乱。小个子见状也跟上来，宝剑上下挥舞，一时间竟让刘縯出头冷汗，好家伙，别看人小，还真得认真对付。当下不敢大意，顺手拉过门闩，腾挪跳跃，一来一往地斗到一处。街上行人纷纷驻足，里三层外三层地看热闹。

刘福远远地跟在后边，开始见他们只是斗嘴，并不怎么担心。后来看他们话不投机，真的打了起来，又惊动半条街的人围观，当时害了怕，自己又不敢冒着刀光剑影去拉架，赶紧跑去告诉老夫人。樊娴都不知道怎么回事，听刘福说什么杀人、抵命，顿时着慌，顾不上叫刘黄过来搀扶，风风火火地跑到前院。

“哎呀，两位小兄弟，这是干什么?！咱们有话好好说，先收起兵器好吗?”三人正打在兴头上，忽然听见母亲说话，刘縯知道不妙，忙跳出圈外，规规矩矩站在樊娴都身旁。那两个半大小伙子见来了个妇人，从气宇上看分明是主事的主母，神情和话语都很温和，也都住了手，瞪大眼睛听她说话。

“我看你们都是好孩子，不至于无赖到街头打架，肯定有原因。这样，街上人多，都看着你们打闹，毕竟不是好事。你俩跟我进来，咱们到屋里好好说。有什么事情，我老婆子自然会给你们做主。”樊娴都冲他俩笑笑，平静地说。

两人互相看看，末了还是哥哥拿主意：“进去就进去，不怕他们摆鸿门宴。走！”

围观众人见刘老爷的夫人出来，都赶忙散开。樊娴都引导小哥儿俩走进内厅，招呼着落座，又让刘妈献茶，很是热情，倒让原本气鼓鼓的哥儿俩不大自在了。等忙活完了，樊娴都才盯住他俩问：“这两位小兄弟，听你们说话不像本地人，大老远地跑来打架，想必定有原因，你们认识我家几个儿子？”

两人你看看我，我看看你，最终还是做哥哥的回答说：“看你这位老妈妈也不是坏人，有话咱们就说到明处。我叫李通，我兄弟叫李轶，宛城名医华文是我们亲舅父。前几天我舅父跟着两个南顿的人来出诊，临走时我俩也在跟前。结果他一去不回，我舅母每日哭哭啼啼，我俩看不过去，便沿路来寻。走到你家门口，正看见门庭内拴的马匹，我记得很清楚，就是那天找我舅父出诊的人所骑，又看见你家办丧事，想着十有八九是我舅父没给你家人治好病，你们不怨自己病得的不好，反而怪罪我舅父，把他给暗害了。”

樊娴都一脸惊异地看看刘縯：“你不是说请来的医生没进家门就给送回去了吗？到底是怎么回事？”

刘縯本不想让母亲担忧，但事到如今也没法再抵赖，只好嗫嚅着把华文如何医德败坏推三推四不来诊病，最后耽误了父亲的病情，自己一怒之下把他给杀了的事情一一道来。说完又辩解说：“娘，这根本怨不得我们，你若是亲眼见识华文什么德行，你一定会明白他早就该死了！”说着扭脸看着李通和李言道：“你们俩还小，根本不懂得自作孽不可活的道理，若是你们替那些每天排在门外等候看病的穷苦人想想，你俩就知道，你们那舅父真不是东西，替他这种人报仇，真是有损你们将来的侠义名声！”

“縯儿，你住口！即便他作恶多端也自会有官府处理，你杀了人还狡辩！”樊娴都忽然生气了，随即幽幽叹息一声，“两位小兄弟，这件事我们的确有错，要打要杀还是要告官，都怪不得你们。不过方才我也听明白了事情的经过，说实在话，有德有才固然好，没才有德也需是好人，最怕那些有才没德之辈，他们若横行起来，百姓受害不浅啊！别人不说，我家老爷就是因为诊治迟了而死的，现在棺材还在门厅，不信你们可以随我看看。”说着站起身来。

到底是两个单纯的孩子，听刘縯方才慷慨陈词一番，大为心动，现在看看樊娴都平静而悲哀的神色，更感觉自己未免鲁莽。听樊娴都说让他们去看棺材，两人立刻心软下来，火气全消，李通摇摇手说：“我弟兄两个虽然年龄小，但最佩服杀富济贫伸张正义的英雄好汉，我们前来为舅父报仇，就是要当一回那样的英雄。既然你们这样说，我们倒要仔细打听打听，若我舅父真如你们所说，那什么事情没有。如果你们是胡乱编造，为你们开脱，哼，我们还会找来，反正你们也跑不了!”

樊娴都赞赏地点点头：“没想到你们人小，见识却不差。那好，两位小兄弟请先回，等处理完夫君的丧事，老身会亲自登门谢罪的。”

“哥，那咱们还是先回吧!”弟弟站起来冲樊娴都一抱拳，两人转身走出大院，上马回去了。

“没事了吧！我说这两个小毛孩子，能兴起多大风浪来。看你们紧张的，还以为是个多大的事儿昵?!”刘仲看看全家人都站在外边，故意装作漫不在意地说。

“人命关天，什么叫没事？本来以为你们兄弟俩最老成，怎么能这样冲动？两个小孩子找来还好打发，倘若他们回去四处宣扬，惊动了官府，我看你们怎么交代？唉，你们这样莽撞，日后出去闯荡，叫娘怎么能放心?”樊娴都这几天骤然苍老许多，哆嗦着干枯的嘴唇叹口气，“以后若是你叔父来了，叫他关照一下，看看怎么把事情压住。真是不叫人省心!”樊娴都自从刘钦死后，身体明显一天不如一天，说不几句咳嗽起来，刘黄忙扶她回了房间。

刘仲看看樊娴都背影，仍旧大大咧咧地对大家说：“我看没事，那俩小家伙人小志气可很高，想当行侠仗义的名士，他们和大哥虽然不大了解，但彼此惺惺惜惺惺，保管回去不说我大哥杀了人。你们放心就是!”

果然一连几日平静地度过，再没人来找麻烦。

丧事终于办完了。这天傍黑时分，樊娴都让刘福招来家人，慢慢商量返回家乡的事情：“你爹临终前说过，他不在了，这里无依无靠，住下去也没意思。倒不如搬回春陵老家去，那儿有我们的一些田产，勉强可以度日，不然坐吃山空也不是办法。再说刘家族人都住在那儿，有什么事儿好商量。”

众人互相看了看，没怎么犹豫立刻纷纷点头表示同意。只有刘秀嘟起嘴，一副不情愿的样子，张了张嘴却不说话。

“秀儿，难道你不想回去吗?”母亲最心疼刘秀了，看出他的异样表情，探着身子问。

“不是，娘，我当然想回去啦，只是……”刘秀虽然伶牙俐齿，这时众目睽睽之下，却不知该如何是好。

刘黄一下子猜中了刘秀的心思，马上就要到丰收的时令了，刘秀昨天去“稼穑坪”时，稻谷已经颗粒饱满，颇有大丰收的迹象，他怎么舍得就这样看着一年的努力成果白白扔掉？

“文叔，你怎么还没有觉悟，就知道惦记你那点庄稼，小国寡民！父亲是怎么为朝廷忧劳而去世的，难道你不清楚吗？”刘縯也猜到刘秀心里的想法了，瞪着铜铃般的眼睛，虎视眈眈地大声说。

“我也没说不走啊！我怀念一下都不行吗？”刘秀抽一下鼻子，不再吭声。

既然全家都同意，况且樊娴都心里还有几分隐隐的不安，刘縯和刘仲杀了华文，这事只怕不会就此不了了之，还是早走为妙，要是孩子们出了差错，那自己可担待不了。刘钦在南顿县上任职三年，旧属吏都要一一前来拜别，府中田产、家具等杂物，能带的则带，带不走的就要卖出去。这样又折腾了好几天。

终于忙活完了，樊娴都让刘福和刘贵招呼儿女们准备起程。但临走时却发现少了夏雪和她母亲。开始还以为她们身体弱，收拾得比较慢，也就没在意。后来让刘秀跑去催促时，才发现她们已经走了，桌上留下两封信，指明一封给樊夫人，一封给刘縯。

其实在临行前一天夜里，夏雪找过刘縯。“刘縯哥，说老实话，你觉得男儿在世，事业重要还是儿女私情重要？”夏雪一改平日忸怩，大大方方地问。

“那还用问吗？当然是事业了。我自小勤学苦练，为的就是有朝一日能驰骋沙场，拼出一番天地。”刘縯不假思索地回答。

“是啊，伯父一过世，刘家全部的希望都寄托在你身上了，况且你家又是皇族后裔，你的命运只能建功立业啊！”夏雪说这话时眼中闪过一丝哀愁，并没再多说什么，转身回自己房里去了。

第二天就要动身回乡了，作为大哥的刘縯忙里忙外，也没特别在意，等夏雪走后，自己便忙着去兄弟们房间询问收拾的情况去了。

此刻手里拿着信，刘縯觉得有千斤沉重。这些日子，他从来没有关心过夏雪，更别说别的什么温情了。现在想起来，刘縯忽然觉得十分愧疚。

夏雪给樊娴都的信里很简单，无非就是感谢这些天关照的客气话，告诉她，自己和母亲已经回老家南阳，那里有些祖业，也有不少族人，可以安身立命。这样一来，没了自己和母亲的拖累，伯母和众位兄长也就可以静下心来安顿家业。而给刘縯的信则是几幅画，前三幅都一样，一个盛装女子坐在大树下，只是每幅画的落款时间不同，第四幅还是同一棵树，但树下坐着两个人，一男一女，样子很是亲昵。这四幅画的时间是从父亲丧期那天开始，每幅时间间隔为一年，也就是说，等守孝三年结束后，恰好是第四幅画的时间。

刘仲、刘嘉看过画后十分纳闷，连连摇头，猜不透其中哑谜。只有刘縯明白，这是夏雪和自己的一个约定，那棵树也许就是他们的许愿树，诚心许愿，感动上天？但愿如此吧！刘縯匆匆地感慨一句，小心翼翼地收起来放在胸前衣襟内。

天空很蓝，似乎有点透明，一切单纯而忧伤。和风徐徐中，一行人默默无语，走上了返乡的道路……

第三章　冷落竹篱　上下求索

推究起来，南阳郡蔡阳白水乡原不是刘钦曾祖春陵侯刘买的封地，当初刘买作为汉景帝之孙、长沙定王刘发之子被封为春陵侯时，春陵乡在零陵郡冷道县，那里地势低潮，山林中多有毒气，生活很是艰苦。刘买的孙子刘仁在汉元帝初元四年（前45）上书，愿意削减自己封地和统辖民户，将封地内迁南阳郡蔡阳的白水乡。元帝恩准以后，就将封地迁徙此处，但仍以春陵为国名。

刘家上上下下十几口，行走在返乡的路上，也颇有点气势。此时已是深秋，到处都是衰草落叶，瑟瑟秋风哀婉凄凉，更增加了每个人心头的凝重。

春陵老家刘钦的胞弟刘良听说哥哥一家返乡的消息，一方面准备安葬的事项，另一面收拾房子，倒也忙得脱不开身。刘良早年曾被举为孝廉，受推荐做过萧城县县令。后来他深感于汉室颓败，臣强主弱，不是好兆头，再加上自己是皇家后裔，将来一有风吹草动，自己必然先要引祸上身。于是就上书托病，辞官归隐，在家乡以种田为生，倒也自由自在。

因为饱读诗书，又当过几年地方官员，比起一般百姓来，刘良见识远大，心胸开阔。他早就听说刘钦的儿女们个个文武双全，颇有成就大业的志气，便也希望借刘縯兄弟成就汉室的一番事业，因此忙活起来心情格外舒畅。

经过一番跋涉，一行人终于回到了阔别的故乡。刘良带着妻子儿女，早早站在村口迎接。刘縯兄弟一见到刘良，孤寂的心似乎立刻有了依靠，就像看见父亲一样，奔跑过去，抱在一处哭作一团，好半天才平静下来。

在刘良的安排下，隆重而又不甚张扬地为刘钦举行了下葬仪式。忙忙碌碌中，寒风渐渐冷入肌骨，冬天来临了。隆冬时节，白水堤上多了一块松柏苍郁之地，后面是一排简陋的草屋，在风中瑟瑟发抖。

刘縯四兄弟跪在坟前，脸色冻得发青，沉重刚毅，默默地向父亲致哀，这是他们每日必修的功课。刘钦的死使他们失去了父亲，没有了可以遮风挡雨的大树，但也让他们很快懂得了男子汉的责任，更加明白作为他们汉室子孙的特殊命运。

依从古礼，为人子者要守孝三年。但寒暑之际，大多数人都受不了，往往搬回宅里，等春秋时节，再尽孝道。但刘縯兄弟却不只满足于表面文章，他们坚持吃素穿素，天天忍受着寒风，为父亲扫墓守灵，年轻轻的就如此深明大义，深受同乡人的赞赏。刘良每次远远地驻足观望，总要赞叹地颔首：好，孺子可教！

这天天还不亮就呼呼地刮起了大风，樊娴都在睡梦中被风拍打窗纸的响声惊醒，看着印在窗户上摇曳的枯枝，想到儿子们此刻一定冷得打战，尤其是刘秀，没吃过什么苦，体格弱小，特别怕冷，她便再也睡不着了。

好不容易挨到天亮，樊娴都赶忙让刘福叫孩子们回来，并特别吩咐说：告诉孩子们，这天寒地冻的，他们要是冻坏了，不但她这当娘的心里受不了，就是他们埋在地下的爹爹，也不会答应。孝也得讲究个程度，太过了就是愚孝！

刘縯兄弟一晚上被冻醒好几回，没奈何，刚过半夜时分就都早早地爬起来。看着茅屋上的茅草乱飞，雪花已经絮絮扬扬地洒落下来。他们掖紧衣服蜷成一团，互相安慰着直哈热气。

刘縯不声不响，从茅屋中拿出自己的兵刃，举起来晃晃说：“与其在这里干冻，倒不如咱们这就开始练习武艺。别看天这么冷，一趟拳脚下来，保管全身出汗。你们没听说过吗，冷风是小人，专拣怕的欺。来，咱们齐头并进，把风雪当成对手，狠狠地砍杀！”

其余三兄弟都很赞同，各自拿起武器，操练起来。伴着片片雪花，在风中尽兴地舞动，仿佛父亲正在看着他们一般。

刘福披着厚厚的衣服，一脚浅一脚深地艰难跑过来。老远就能听见刀剑撞击的声音，知道是大公子他们在舞刀弄枪，赶紧快走几步。

听到母亲叫他们回去，他们不知道有什么事情，不敢怠慢，草草收拾兵器就随刘福下山坡去了。樊娴都正呆望着铅灰色的天，焦急地等待孩子们回来。大门嘎吱一响，刘福他们像雪人一样，银装素裹地往门厅走来。

樊娴都快步迎上去，一迭声招呼刘妈给孩子们扫雪，看着刘秀冻得发红的小脸，樊娴都过去拉住他，却猛地一打哆嗦，原来他的手冰冷得如同一个冰坨。樊娴都忍不住鼻子一酸，把刘秀揽在怀中，眼泪一个劲儿往下滴，落进刘秀的脖子里，温热成一片。刘秀抬起头，发现母亲哭了，赶忙安慰说：“没事，娘，我们天天跟着大哥练武，还出汗呢！”

樊娴都转过头看着刘縯：“刘縯我儿，我看你们还是搬回来住吧！你爹也是去了的人，没必要非守孝三年不可。再说这么冷的天，万一你们有个三长两短，你爹在九泉之下也会挂心的。”

“娘，爹是为国忧劳而去世，孩子们理应守孝，没什么大惊小怪的。况且要完成爹的遗愿，不经历一番磨炼怎么成呢?”刘縯知道母亲要这样说，早有准备。

“可是，娘就是怕你们被风寒伤了身体。”樊娴都知道刘縯的执拗脾气，可又心疼他们，正不知如何是好的时候，刘良进来了。

刘良和刘钦从相貌到品行都颇为相似，而且为人处事公良方正，深得刘縯他们兄弟的尊重。刘良刚进门厅就听见有人七七八八地说话，仔细一听，没想到刘縯他们也在，很是高兴。等听了樊娴都的顾虑，刘良摆摆手说：“嫂子，我看这个不妨，男子汉要成大业必定要经历磨难，他们兄弟自小虽说没有娇生惯养，但也没受到什么挫折，这也算是锻炼，对以后的建功立业有益啊!”

樊娴都是个识大体的女人，她只是以一个母亲的身份关心孩子，却没从这一点上想过他们的前途。既然刘良也这样说，她只能眼睁睁看着孩子们回去守灵。

刘縯他们拜别叔父，在母亲的一再要求下，拿了几床被子出去了。刘良其实是有事来找樊娴都，等他们兄弟走后，坐下来慢慢对嫂子说：“嫂子，这几天来我一直合计着，我们刘家虽是皇族，却一辈辈地衰落到了这穷乡僻壤。如今朝廷上王莽掌握大权，汉室命运很难预料，我再三观察，宗室子弟已成人者，唯刘縯兄弟可成大事。在他们之前，子侄辈如刘赐、刘玄、刘稷、刘社都闲在家里，不但憋闷得慌，而且无事生非，越发不成气候。因此我想让他们跟随刘縯兄弟练习武艺，操演兵法，然后我再找一私塾老师教授他们学业，尽量使他们文武双成，将来一旦天下有变，强者可以风起云涌，弱者可以明哲保身，咱们做长辈的也算是尽心尽力了，嫂子您看怎样?”

樊娴都知道小叔一向很有见识，听他这么一说，也觉得单凭刘縯兄弟未免势单力薄，能联合起其他族兄弟，一来势力大增，再者也算替族里做点事，当下便答应了。

刘良见嫂子如此支持，便立刻回去召集孩子们。

刘縯看着漫天飘舞的雪花，心里不由得牵挂起夏雪母女的安危。她们为什么要离开，孤儿寡母的，又能去哪儿呢？她给自己定了三年之期，三年说来不算长，但等待的滋味，谁又受得了？刘縯偷偷把那几幅画看过摸过几百遍了，每天晚上只有把它们压在枕头下才能睡得安稳。回头想想，夏雪又何尝不比自己更苦？刘縯心里多了一份心思、多了一份期盼，希望三年的时光快点过去，幸福马上来到……

次日凌晨，刘縯、刘嘉弟兄又像往常苦练不止，忽然刘秀停下来盯住远方："大哥，你们看！"山坡下一大片黑影透过浓雾正缓缓地向这边靠近。会不会又是华文家来人报仇？大家紧张地握紧兵器。等对方走到近前一看，不禁为自己的紧张兮兮感到好笑，原来为首的是叔父刘良，背后跟了一大帮同族兄弟。

"刘縯，这都是咱们族里的人，说来都还比你年龄小，以后这些人就由你管教，你教他们习武学文，将来助你成就大业。"刘良赞赏地看着满头是汗的刘縯。

刘縯答应着，把这帮年轻人挨个细看打量一番，发觉他们虽然身材挺直，但大都有气无力，满脸倦容和无奈，一看就是好吃懒做被叔父硬逼着来的角儿。不过尽管如此，刘縯想着以前操练阵法时，就他们四个，连个队伍都列不成，现在一下子有了像模像样的队伍，还是兴奋得不得了，那些郁闷愁虑立刻烟消云散了。

从此，旷野墓地不再孤寂，每天都是人喊马叫，刀戈撞击声不绝于耳。开始几天，他们还感到新奇，练得很起劲，但时间一长，就都受不了了，除了一个叫刘稷的以外，大多叫苦不迭，唉声叹气。不过刘縯已经俨然成了百夫长，训练起来丝毫不放松，天天逼着他们，稍有偷懒便严加惩罚。

这天的天气格外晴朗，寒风似乎也不那么刺骨。刘秀见大哥忙得无暇顾及自己，便偷偷溜下山坡。圈在方寸之地这么长时间了，刘秀终于耐不住性子，信步四处瞎转。为了不让大哥发觉，刘秀迈碎步跑了好远才停住脚步。

走出一段后放慢步子四下观望，满眼层峦叠嶂，起伏不断的丘陵中，东边两座山峰略微高些，白雪中几树松柏郁郁苍翠，分外醒目，山丘间云气浮动，颇有几分神秘气息。在云气缭绕中，大小山峦丘壑形态各异，变幻无穷。刘秀看呆了，没想到这儿还有如此绝妙的世外意境。

正看得痴痴呆呆，忽然听见后面的草声响动，好像不是风吹，这荒郊野外的，会是什么呢？刘秀心里打了一寒战，甚至没勇气回头，只是无意识地想，这会儿要是大哥在跟前就好了。明明害怕大哥追来，这会儿心里又急切希望有大哥的保护。

"嘿！"草丛中猛地站起一人，冲刘秀挥手扮个鬼脸。

刘秀下意识地向后退一步，仔细一看竟是另一个叔父刘子张的儿子刘玄，顿时气不打一处出，暗骂这个猴精，平日里好吃懒做，惯耍小聪明，这回自己好不容易溜出来，他倒眼尖，不但悄无声息地跟在屁股后头，还装神弄鬼吓唬自己。这要是让大哥知道，两人还能好过！

“刘玄，你是不是一直跟着我？”刘秀气得憋红了脸。

“文叔，窥视跟踪，岂是我辈所作勾当？我只不过是看看你发现了什么好东西？”刘玄嬉皮笑脸地说。

“你不好好练习阵法，注意我干什么？我出来拉泡屎，有什么好看的？”刘秀害怕刘玄回去告诉大哥，急忙换成和善脸色，撒了个谎说。

“好，好，我们谁也不说谁了，就当我们都是出来拉屎的。”刘玄鬼机灵地打圆场，跟在刘秀后边，慢悠悠地东看西逛。突然刘秀惊喜地叫道：“快过来，快过来！”

刘玄正悠然遐想，听见刘秀叫他，还以为有什么好玩的，就兴冲冲跑了过来：“文叔，你发现了什么了？”

“看，麦苗，等到夏天，麦苗就能结出麦穗子，想来这里一定是块肥田，倘若精耕细作……”刘秀自顾自地说着，全然不顾身边刘玄失望的样子。他眼前仿佛就是一片金浪，胸中洋溢着丰收的喜悦。

刘玄是个富家公子，虽然说不上钟鸣鼎食，但每年的田租，也足够他吃好的喝好的了，况且他对出苦力种田完全没有兴趣，如果不是长辈催促帮着收租，他甚至不知道什么时候麦子成熟。

“唉，风雪酒家天，往常这时候，我正在酒馆和几个朋友吆五喝六呢，现在却……文叔，你说咱们容易吗？我那伯父非得逼着咱们练习兵法，舞刀弄枪的，一不小心还磕破手脚。美其名曰什么振兴汉业，其实如同蹲了监牢，完全没有自由。文叔，你知道振兴汉业到底是要咱们干什么吗？”刘玄百无聊赖，想起了练武的事，不禁长吁短叹。

“我也不大清楚，反正大人们喜欢说，想来是个大事情。”刘秀有心无心地说着，其实心思仍在麦苗上。

“哼，等我长大了，我一定要做天下最大的官，到时候我想干什么就干什么，谁也管不了我，包括我爹还有伯父。”刘玄站起身来，眼神迷离望着远处，好像眺望自己将来当大官时的景象。

“这你就说差了，天下最大的官是皇帝，谁胆敢生出做皇帝的非分之想，那是要杀头的，不但要杀头，还诛灭九族，你敢吗？”

“是吗？”刘玄下意识地摸一下脖颈，“那我就不做了，我可不想死，好死不如赖活着。”

“我不怕砍头，我长大了做皇帝！”刘秀忽然抬高声音，一字一顿地说。

“就你？人家都说你一心扑在庄稼上，你都敢做，那我也不怕，我也要做皇帝！”刘玄不甘示弱。

“天下怎么能有两个皇帝呢？”

“那怎么办？”刘玄也犯难了，好像真的他们都是皇帝了。

“算了，我还是不做皇帝了，我做宰相，帮你治理天下吧！”

“好啊，好啊！”两人都高兴地又跳又叫。

玩了半天，两人又悄悄回去。从背面爬上山坡，见大哥还在手把手地教刘赐他们，好像没注意着自己，两人放下心来，若无其事地大摇大摆着从大哥眼前走过。刘𬘡看见他们叫道：“别在这里，到一边练去，练习累了就歇歇，我正忙着呢，刀枪可没长眼睛！”两人三步并作两步跑到茅草屋里，捂着嘴偷笑。

夜深人静时，刘秀一觉醒来又想起了那几棵禾苗，但又不能跟大哥说，左思右想犹豫不定，毫无睡意。

第二天一大早晨练时，刘秀眼睛布满血丝，快快地打不起精神。刘𬘡见状关切地问：“文叔，你怎么了，是不是没睡好？”

“大哥，我想……”刘秀话到嘴边，还是忍住没说出口，“没事，昨天喝水喝多了，半夜起来好几次。”

“哦，注意点儿。你没听人说吗，不觅仙方觅睡方，睡不好觉什么都干不成，今天宽限你一回，瞌睡了就去睡。”刘𬘡说完便去招呼其他兄弟了。

刘秀一个人坐在土堆上，看着昨天去的那块田地的方向，怔怔地发愣。忽然他看到一个身影从远处走过来，到跟前才认出是刘福。他立刻想起什么，像抓住了救命稻草一样跑去迎住刘福。刘福好多天没来了，一见刘秀，便一把抱住他，紧紧地搂一搂才松开手。

“你来干什么？是不是来送粮食的？”刘秀关切地问。

“也没什么事，就是夫人想你们了，让你们都回去吃顿饭。我特意从集市上买了些新鲜蔬菜，虽不能吃荤，但身子骨还是要保养的。”刘福三言两语讲了樊娴都派自己来的用意。

“是吗？我也想母亲了，我这就去叫大哥他们，大家一块儿回去。”刘秀说着跑去找刘𬘡，心里却打着自己的小算盘。

回到家中热热闹闹吃了午饭。好久没吃过可口的东西了，大家一个个肚皮溜圆，懒洋洋地斜躺在床上休息。

刘秀趁机跑到母亲身边，拐弯抹角地说起是不是应该在墓地旁边开垦几块良田，也好更富足一些。樊娴都知道刘秀的心思，况且家业现在已经不如从前，刘縯又生性豪爽，喜欢广交朋友，吃喝花销如流水，确实捉襟见肘，开垦田地倒不失一个办法。

樊娴都当即叫来刘福商量了一下，刘福也觉得种地可以添补家业，就这样匆匆拿定主意。下午，樊娴都把孩子们叫到一起说："后面山坡上有一大片荒地，秀儿说那里可以种麦子稻谷，我想你们可以趁闲暇时一块儿开垦一下，顺便帮助春种秋收，也权当磨炼筋骨，你们看怎么样？"

"哎呀，娘，这样一来就是让我们当农夫种地啊！"刘仲先是抱怨道。

"你们每天习武，种地不仅可以修身养性，也是另一种锻炼，我看尝尝当农夫的滋味也没什么不好。"樊娴都已经听刘秀讲过一番大道理，不慌不忙地开导他们。

"我看娘说得对。二哥，你是不是不懂种地，一锄头下去能把脚脖子砍了，所以才这样说的吧？"刘秀暗暗激将。

"谁说的，我干什么不是一把好手？"刘仲好胜心强，拧着脖子大叫。

"二弟，三弟，你们都别吵了。我看娘说得也有道理，种地虽是毫末小技，但锻炼锻炼并没什么不好。再者说，咱们可以种自己喜欢的东西，自给自足，流自己的汗吃自己的饭，也别有情趣。叫我说，还是听娘的话，先干干再说！"还是大哥有威信，刘仲当下不再说话，乖乖地随了母亲。

转眼冰雪消融，又是一个春天姗姗而至。刘福领着刘縯兄弟一大帮人，扛着锄头等农具，来到白水河畔，开始垦荒种地。刘縯、刘仲自小不近禾苗，这会儿看着别人干，自己握枪拿刀应用自如的手，挥动起锄头来却分外别扭，片刻工夫气喘吁吁，腰酸腿疼，叫苦不迭。倒是刘秀很有经验，各式农具都用得得心应手。没几天时间，一大片田地已经松土深翻，干干净净平平整整，只待下种。为了方便来往，他们还在白水河上建了一个小桥，在地头搭起几间窝棚。一个小小的庄园初具规模。

渐渐春暖花开，各种农活越来越多。刘縯他们平时从未正眼瞧过犁锄耙耧等农具，此时对于他们来说，可比刀剑不听使唤好几十倍，一不小心就伤了手脚。刘秀站在一旁，看着他们一帮人大呼小叫以及夸张的动作，想笑又不敢显露出来，想上前纠正又怕大家不听，只能不声不响地独自干，好让他们心服口服。

过了几天，他们慢慢觉出刘秀还真有两下子，遇到耕作问题，也主动过来请教。刘秀当然乐于指导。很快，大家都摸出了点门道，耕作速度大为加快。没过多久，便在原先田地旁边又开垦出一大块良田，紧接着种上麦子和各种蔬菜。看着嫩绿小苗生机勃勃，一天比一天高，大家无形中有了期待也有了动力，从最初的应付差事慢慢变得喜欢上了耕作。每日只要不练功，他们便跑到地里看禾苗长势，时不时浇浇水，拔拔草，原先阴郁的心情也开朗许多。

到了秋收时节，看着一望无垠黄灿灿的一片，大家心里都笑开了花，颇有成就感。就这样一季又一季，三年一晃如白驹过隙般地匆匆流逝。三年的时间不长也不短，他们中连最爱偷懒的刘玄也练就了一身武艺，其余人就更不用说了。这期间慕名而来切磋技艺的江湖人士也不少，比比画画中刘縯结交了许多朋友，天南海北的都有，听他们讲述天下形势，更是眼界开阔，增长了许多的见识。

这一年，年仅十四岁的汉平帝病死，王莽趁机把持朝政，在姑母王太后的支持下，立年仅三岁的广戚侯刘显之子刘婴为帝。这样一来，皇室更加孤弱，根本没了和王莽抗衡的力量。而德高望重的王太后又对王莽一直很是欣赏，更令王莽感觉前景一片光芒。他开始大展手脚，仿效当年的周公辅佐成王，居位摄政，称摄皇帝，实际上把持着实权，是不坐在龙椅上的真正皇帝。

对于朝廷实情，许多关心时政的人都很清楚。大家在一起议论时，无不认为，汉室被王莽所取代只是迟一天早一天的事情。刘縯目睹时局的发展如此步步紧逼，深为汉室江山的摇摇欲坠而痛心疾首，但考虑到眼下自己尚未成势，时机未到，只好作罢。

这一年，父亲的孝期终于守完，他们兄弟搬回家中。

这一年，刘縯终于等到了和夏雪小姐相聚的时间。

也是这一年，宗室安众侯刘崇起兵反莽，但寡不敌众，结果很快失败。

怀着复杂的心情，刘縯奉母亲之命，去南阳接夏雪和她母亲前来相聚。一路上马不停蹄，还是嫌慢。终于进到南阳城内，望着满街熙熙攘攘的人流，刘縯满腹心事，一个人愣着头闷闷地直往前走。忽然耳边一阵骚乱，脚步声嘈杂地响起，有人惊叫着连哭带嚷。

刘縯在沉闷中悚然惊醒，抬头一看，一个五大三粗的男人拉着一个衣衫单薄的年轻女子在大街上横冲直撞，路边不少的摊点，都遭了殃。他身后的女子哭叫着使劲挣扎，却无济于事，跌跌撞撞地被他拉着跟在后边。不用问刘缜也知道，准是哪个地痞无赖又在欺负良家女子。往常碰到这种情形，刘缜总要上去打抱不平。可今天有事情要办，又不是本乡本土，他暗自告诫自己，忍一忍权当没看见。可是再仔细一看，刘缜顿时呆住了，被那男子扯拽着的，不正是夏雪吗？他娘的，真是巧得让人不敢相信了。

刘缜全身的热血不由得往脑袋上涌，拳头嘎巴攥紧。什么也来不及想，他扔下马缰绳，分开人群，跑过去对着那男子的脸上就是一拳。那男子只顾奔跑，没有防备，一下子挨了个正着，半个脸登时红肿一片。他停下来，怒气冲冲地看是什么人如此大胆。

刘缜见他停下来了，毫不放松，另一拳接着又打了上去。不料那男子并非普通地痞，身手竟出奇地矫捷，伸手一把抓住迎面而来的拳头，顺势一拽，刘缜收脚不住，踉跄着上前两步，那男子趁势飞起一脚，直踢刘缜裆部。刘缜没想到会碰上对手，情急之下不得已就地一滚，顺便来个扫堂腿，在那男子躲避时，旋即鲤鱼打挺，跳起来再补上一拳。两人你来我往，就在大街上开始大打出手。

夏雪从慌乱中回过神来，一眼就认出搭救自己的正是刘缜，又惊又喜，立刻来了精神，双手挥舞，大叫误会，让他们赶紧停手。可是街上人声鼎沸，他俩注意力都集中在对方的招式上，根本没听见，仍斗个不停。

这时一阵马蹄踏地的巨大声响滚滚而来，见识多些的百姓知道今天这事情怕要闹大，赶紧你拖我拉地溜之大吉。声音越来越近，夏雪扯破嗓门喊道："追兵来了，你们快住手呀！"

因为嘈杂人声少了些，加上都听见了马蹄声音，那男子先停了手，跳出圈外，依旧拉起夏雪就跑。夏雪一时也和刘缜说不上话，只是扭过头叫喊刘缜的名字。刘缜不明就里，见这家伙如此嚣张，更加恼怒，撒开腿跟着跑。

三人沿着大街小巷左拐右拐，看样子那男子对这里地形很是熟悉。大约跑了有三里多路，男子拉着夏雪转进了一个小巷，侧耳听听，没了马队的动静，便放慢步子。刘缜冲到跟前，大喝一声："好你个地痞混混，大天白日的竟敢为非作歹，偌大一个南阳就没王法了吗？"说着横眉竖目，两眼火星相撞，挥动拳头又要上来厮打。夏雪见状，忙站过来立在他们中间，脆声说："缜哥，你误会了，人家也是冒险来救我的！"

听她这样说，刘缜顿时摸不着头脑，半抡的拳头停在空中不知该怎样放下来。夏雪嗔笑他一眼，三言两语讲了事情的大概经过。

原来，夏雪和那男子也不认识。夏雪和她母亲回乡后，一面依靠微薄田产养活自己，一面也纺线织布拿到集市上卖。今天夏雪在街上卖布时，不巧被内乡县县令的儿子撞见了，这家伙无赖泼皮，吃喝嫖赌无恶不作，又喜欢带一帮子恶少打手成群结队到周边县市游逛，到处打砸抢杀地横冲直撞。在南阳街头闲逛时，无意中看见夏雪貌美清纯，心头一动，便上前调戏，又让打手找轿子，说是接夏雪去内乡县衙享福。正纠缠着不知如何脱身，被这个男子碰上，自告奋勇地上前劝阻，三说两说动起手来，县令儿子人多势众，也不是好惹的。继续打斗下去怕吃亏，这个男子便拉着自己夺路而逃。幸亏跑得快，不然被他带来的官兵追上，不定有什么灾祸呢。

原来如此。刘縯松口气，立刻不好意思起来，红了脸冲那人一抱拳："在下春陵刘縯，实在对不住得很……"

"哦？原来这位大哥就是刘縯?"那男子一脸惊诧，"春陵刘縯，武艺高强又喜欢结交英雄，久闻大名，今日一见，果然不一般啊！"

刘縯不知道他的话是褒是贬，只得尴尬地一笑。

那男子却神色严肃，拱手回礼："在下是安众侯刘崇族人刘德安。"

刘縯没想到会和刘崇族人碰在一起，也很吃惊。安众侯刘崇是景帝八世孙，袭安众侯，世代显贵，与刘縯逐渐衰微的家族高低贵贱差别很大。刘縯知道刘崇的封地在南阳，但由于地位不同，虽然同是皇族，却几乎互不往来。今日刘德安满口说久闻自己大名，实让刘縯不知所措。

"哎呀，这可真是大水淹了龙王庙，一家人不认识一家人了！不过也好，不打不相识，打中相识交情实嘛！今日一见，以后便是朋友了，幸会，幸会！"还是刘縯机灵，马上拿出交结英雄豪杰的豪放本色，呵呵大笑着再抱一下拳。

"刘縯兄弟，说实在话，这些日子我正准备去春陵府上拜会你，没想到咱们竟这样见了面，不但有趣，更加有缘哟！"刘德安也大咧咧地连说带笑。

两人互相称兄道弟了一番，转脸看见站在一旁的夏雪，刘縯这才想起此番来南阳的目的，拍了一下后脑勺，不好意思地抱歉笑了一下。刘德安是个乖巧聪明的人，立刻看出他们之间不寻常的关系，虽然想再和刘縯说会儿话，但又不好搅了人家兴致，便告辞回家，相约改天再聚，说是要共商一件大事。

看刘德安消失在胡同尽头，刘縯和夏雪相顾无言。相隔三年，仿佛恍若隔世，彼此凝望，千言万语在两人胸中上下翻腾，却不知该如何表述。沉默半晌，刘縯终于吐出一句语气平淡的话："夏雪，我今天就带你回家。"

夏雪母亲的病也已经好多了，大家匆忙收拾好东西，刘縯不敢耽搁，害怕再出别的什么乱子，便带着夏雪母女回到了家。樊娴都看到她们母女，既激动又兴奋，很久以来灰黄悲哀的脸色红润许多，拉着夏雪左看右看，直说："哎呀，真是有苗不愁长，转眼工夫，都成大姑娘了！"

待把她们母女安顿下来后，让她们吃喝过歇息一阵，樊娴都一个人来到夏雪母亲的房间。

"夏夫人，当初夏雪执意要走，这些年你们可受苦啦！我看夏雪和刘縯自小青梅竹马，情投意合，现在他俩都老大不小了，况且历经那么多艰难，要不，咱们及早给他俩定下婚事，大家彼此都了却了一桩心事。你说呢？"樊娴都很小心地问。

"唉，夫人说的何尝不是。这事我也想过，现如今管事的人也没了，家也败了，只要儿女们愿意，和和美美地成一家人，咱们这当老人的，总算临死也能闭眼。"夏雪母亲如释重负地冲樊娴都笑笑。

既然这样，婚期很快就定下来。刘縯每天除了教弟兄们习武修文外，就是准备婚事。这几年他也着实结交了不少朋友宾客，大家闲时都来帮忙，简陋的门庭异常红火。夏雪也很懂事，知道珍惜这来之不易的幸福，和刘元、刘秀等弟弟妹妹们相处得很是融洽。

婚礼这天出乎寻常的热闹。族里族外，往日亲朋好友，甚至于慕名而来的各路豪杰，都很卖力地捧场。樊娴都一大早动身，带着刘縯、夏雪去祭拜祖坟，告诉丈夫，儿子如今就要成家，让他放心就是。全村红红火火闹腾了一番，欢声笑语猜拳行令不绝于耳，一直闹腾到新人双双入洞房后，大家才逐渐散开。

看着眼前的爱人，双方都不知道该用什么言语来表达心情，两人相拥无言，一切的感情都在这紧紧的拥抱中了。

婚后第三天，刘德安庆贺新婚后再次风尘仆仆地赶来。大家一见如故，刘縯热情招待。席间推杯换盏之际，刘德安看看四下无人，悄悄说出来意。原来他看到汉室衰微，王莽正一步步地加紧篡权，心中愤愤不平，是来相约起事的。

刘縯纵观天下形势，其实早有起事讨伐王莽的意愿，只是顾虑自己人单力薄，没有把握，一直韬光养晦。这次见刘德安主动提起，想到人家是赫赫显贵，手中有钱有人，能和他合作，事情估计已经成了大半，当下很是高兴。立刻叫来叔父刘良和舅父樊宏，把刘德安的意思说出来大家商量。刘良沉吟片刻，觉得时机不够成熟，各方面条件都没有，连说这事太玄，既然是大事，就要不干则已，干则必成，否则万劫不复，很难再有反复的机会。刘縯一向很敬重刘良，听他这样分析，想想自己眼下除了几个兄弟，几乎没有一兵一卒，确实没把握，便婉言推脱了刘德安，让他勿过急躁，暗中把握时机。

送走刘德安，刘良沉思许久，缓缓对刘縯说："反对王莽篡权恢复汉室雄风的事，以前大家都是心照不宣。现在既然已经提到桌面上，我想，也就不必藏着掖着了，索性放开了奋斗一番。但王莽绝非平庸之辈，此人心计颇多，弄不好就会坠入他的彀中。咱们现在身处僻壤，对外边的情形很不了解，如同自己蒙住自己眼睛，大不利于将来起事。刘縯，我想建议你去长安学习，一来见见世面，开阔心胸，再者也可了解一下当下确切局势，广泛结交各层豪杰，为以后起事准备，你看如何？"

刘縯也正为自己憋屈偏僻一隅感到苦恼，况且他平生一向以事业为重，听叔父这样说，当然不能放过机会，立刻连声答应。刘仲、刘嘉听说大哥要去长安，也都吵着要去，樊娴都本来担心孩子们有个三长两短，但毕竟这是正事，自己阻止不了，索性反过来一想，都出去也好，彼此有个照应，便答应他们同去。

后来，刘稷听说此事，也坚决要求跟着一同前往。刘縯本来就很喜欢刘稷，觉得与自己很对脾气，便很爽快地答应了下来。

夏雪闻听消息，一边收拾衣服，一边默默流泪，半晌不说一句话。刘縯回到自己房中，望着夏雪娇小的身影，心情从激动中平静下来，开始感到喜忧参半。喜的是建功有望了，愁的是苦苦等候三年，新婚刚过就要再次分离。

"要不我也一块儿去吧！我给你们做饭、洗衣，也好照顾你们。"夏雪想陪在刘縯身边，琢磨半天，终于鼓足勇气说。

"这……怕不大妥当。你想，我们是去求学，又不是安家。到长安城里，人生地不熟的，说不定会遇到什么情况。你一个女人家哪能吃了这样的苦？你还是待在家里，替我照顾两边老人，有你照顾她们，我出去也放心。"刘縯不忍心让夏雪跟着他受苦。

"唔，我明白了。那你就放心去吧，家里的事不用操心，我自会和刘黄安排妥当的。"夏雪见刘縯不答应，立刻猜出他的心思，想着就要离家，他心里一定不好受，自己就别添乱了，便也不再坚持，顺从地点点头。

"雪儿，你放心，我出去后一定会把握时机，努力成材，到时候出人头地，让你过好日子！"刘縯实在不知道说什么好，对着夏雪捏紧拳头大声说。

“出人头地不出人头地的有什么关系？人生在世，尽力而为也就问心无愧了。只要你能平安回家，不论成没成材，都是咱家的福分。”夏雪话语很轻，口气淡淡的，宛如屋里袅袅的新婚气息。

终于到了动身的时候。全家人围在一起吃送别饭，还是平日的饭桌旁，但此刻一片沉默，再没了往日的说说笑笑和面红耳赤的争论。吃着吃着，刘黄先忍不住小声抽噎，悄悄用手绢抹眼睛，竭力不让眼泪掉下来。别的人也都没有心情吃饭，低头大口吞气，离别的伤痛仿佛阴云笼罩在头顶。

“哎呀，这是做什么?！大家都别这样。大哥只不过出去学东西，学成就回来了，有什么好哭的，难道非得大家都躲在屋里才好？若是这样，倒不如一人一个乌龟壳穿戴上，蜷缩着不动就是了！”刘秀见状，假装大大咧咧地高声叫嚷，其实心里也挺不是滋味。

草草吃过饭，兄弟几人上路了。大家送到村口，彼此默默地摆手。刘缜等人不敢回头，怕一回头就没有决心再走了。

第四章　梦似落花　志进太学

哥哥们走后，原先拥挤喧闹的庭院一下子觉得大出许多，房间里也空空荡荡，了无生气。就连空气也比平时静了，静得刘秀有时忍不住要到野外去吹吹凉风。哥哥们不在家，刘秀成了唯一的儿子，顶天立地的男子汉，他不自觉地开始有了责任感。每天早上不用人催促，便不声不响地爬起来温习拳脚和诗文，然后和刘福去田里收拾庄稼。农闲时节，就躲在房里看书，诗文兵法、农书骡经，什么都看。日子倒也过得很平静，只是偶尔觉得没了大哥的教训，不太习惯罢了。

这年秋天下起了连阴雨，白水河两岸的谷子都遭了殃，要么谷穗零落，要么野草丛生，满眼望去，一派荒芜。唯有刘秀的那块地和往年一样，一片金黄，浪涛一样翻滚，丝毫没有受损的迹象。夏雪和刘黄前来帮忙割谷，看见地里的丰收景象，忍不住啧啧称赞刘秀。刘秀脑袋一偏，暗暗高兴，大伙忙着把稻谷装上车时，刘秀还沉浸在兴奋中，站在一边愣怔。

“三弟，你发什么呆，赶紧来装车呀！”刘黄叫道。

“姐，今年收成普遍不好，谷子一定很贵，咱们不如把谷子卖了，一定能卖个好价钱。”原来刘秀在思忖着卖谷。

“三公子说得对，反正家里的谷子还够吃两年，新谷子卖了，正好能贴补家用。”刘福立刻应和。

刘黄作为大姐，毕竟是掌管家事的人，家里的情况她也了解，想了一下答应说：“也好，赶紧抢收了，尽早去集市上卖。”

忙完农活，所有谷子都收仓后，刘福和刘秀忙活着套马装车，准备进城卖粮食。樊娴都虽然有些担心，但还是放手让刘秀去了。毕竟孩子大了，总得出去闯荡，况且县城不远，又有稳重的刘福跟随。碰巧刘玄闲得无聊，过来找刘秀，见刘秀要去新野卖谷，顿时来了兴趣，叫嚷着也要一同去。

“玄哥，我是去新野卖谷，又不是游山玩水，你跟去干什么？”刘秀笑着问。

“你去卖谷，我也去，反正我们家谷子多着呢！你先等着，我回去说一声。”说完，一溜烟跑了回去。

“三公子，刘玄公子好吃懒做的，我可不想和他同去。”刘福满脸的不情愿。

“算了，既然他要去就一同去吧！路上也好有个照应，都是自己家里人，多一个总比少一个强。”刘秀满不在乎。

刘玄回去跟父亲说要去新野县城卖谷，见平时游手好闲的儿子今天这么懂事，他父亲高兴得直夸他懂事，就差没激动得落泪了，立刻叫了管家过来，又找了个赶车的好把式，装了半车谷子，打发儿子出门。

两辆车一前一后，相跟着来到新野城内，三拐两拐，到了谷市。谷市场面很大，却没什么来卖谷的。可能收成不好，都没有多余的粮食吧，刘秀思忖着停稳车子，一边等买谷的人来。

刘玄站在牛车旁，左瞧右瞧，这谷市一片空旷，没个好玩的，不一会儿，他便耐不住性子。反正出来也只是为了玩，在家被父亲管教快憋死了，出来了怎能傻坐一天，那不真成干苦力的了？这样想着刘玄立刻站起身来。

“文叔，谷子让刘福看着，咱们到街上转转，看看有什么有趣的。”

“这怎么行？咱们出来是卖谷子的，况且你爹还派了管家和车夫来，你知道不知道，他们很重要的一个任务就是看着你！”刘秀压低声音。

“哦，原来是这样，怪不得我爹又叫管家又叫车夫的，还是不相信我！文叔，到底你机灵，一下子就看透了我爹的用意，我一直当是我爹心疼我呢！哼，恶煞鬼碰见霹雳神，一物降一物，这你不用担心，我自有办法对付他们！”刘玄愤愤地说着，向刘秀使了个眼色。

“哎呀，疼死我了！”刘玄方才还神气活现的脸，立刻痛苦得变了形。

“少爷，怎么了？快让老奴看看。”管家和马夫都跑了过来。

“我把脚扭了，不能动啦！”刘玄装得挺像，哎哟哎哟地叫唤个不住。

“让我看看，肿了没有，公子没走过长路，乍出门难免崴脚。”管家过来就要看刘玄的伤势。

刘玄见马上就要露馅儿了，连忙向刘秀这边看。

刘秀会意，急忙跑在管家前面，假装用手摸了一下刘玄的脚踝。“哎呀，肿得不轻啊！快，我带你找郎中！”两人一唱一和，管家车夫没弄清楚到底怎么回事时，刘秀已经搀扶着刘玄，一瘸三拐地走出谷市。

临拐弯时，刘秀转头对着刘福喊：“我去给玄兄看脚，若有人来买，你看价钱差不多就卖了吧！”

“知道了，公子。”刘福答应着，看着刘玄的身影直发愣。

两人装模作样走出一大截，回头一望，早没刘福他们的影子了，便拍拍衣服，大摇大摆去了集市。

新野是个小城，除了做一般做小买卖的之外，确实也没什么新奇的，两人不知不觉走到了南城门边上。刘玄忽然叫道：“文叔，你看，这么多人在看什么?”

刘秀顺着刘玄手指的方向一看，城墙根下围了很多人，都伸长脖子在看告示。

“管它呢，现在朝廷这么乱，无非都是通缉令之类，没什么好看的。”刘秀对这些不感兴趣。

“我看未必。你瞧，这么多人都在看，并且津津有味，定然不是普通的文告。就算是通缉令，或许也是非同小可的通缉犯，走，咱瞧瞧去。”刘玄好不容易找了个热闹地方，便死拉着刘秀挤进人群。只见人们围在告示下议论纷纷，大多数唉声叹气，脾气大些的则吹胡子瞪眼，小声嘀咕着骂娘。刘秀正纳闷这告示上写了什么，大家如此关心，旁边一个老婆婆站立不稳险些跌倒，刘秀忙伸手扶住。

就听老婆婆絮絮叨叨地说：“老天爷呀，这是什么世道啊！这分明就是从穷苦人家里明抢呀，我可怎么活啊!”老婆婆说着又哭又闹，场面混乱起来。

刘玄这会儿趁着乱挤到了前面，一句一句念了起来。

“奉天承运，摄皇帝谕旨：近观天下币制紊乱，无宜货殖。今废止正月所颁行之布币和刀币，现存大钱、五铢钱姑且流通，待新币铸出，另颁布诏告天下。为防止私铸和抢换货币，诏令列侯不得私藏黄金，送交御府，可得等值，特谕。”

刘秀在后面听得很明白，眼珠子一转，打个激灵，叫声“玄兄快走!”便自己先跑出人群。刘玄一时没弄清怎么回事，在后面一边追一边问：“文叔，到底怎么了?”

刘秀来不及解释，飞快跑回谷市。刘福此时正和刘玄家的管家、车夫闲聊，两辆车上空空如也。

看见公子们回来了，刘福高兴地说：“今天谷子卖得特别顺手，价钱也高，这不，一会儿就全卖完了。”管家也一面关心刘玄的伤势一面高兴地拿出卖谷子的钱，全是刀币!

“完了，全没了!”刘秀泄气地往地上一蹲，“摄皇帝王莽颁旨废止了契刀币和银刀币，这些钱没用了。”

“什么？”众人一惊，“怪不得谷子会卖得这么顺手，原来是这样！都怪咱们消息闭塞，叫人家钻了空子！”

“文叔，诏书上不是说可以等值兑换吗？”刘玄抱着最后一线希望。

“你还不了解如今的政令吗？说是那样说，可这钱废止了就是一堆废铁，你想想，谁愿意要一堆破铁？”刘秀气愤地说。

“我看既然朝廷金口玉言地发出话来，咱们还是去看看吧！能兑换多少是多少，总比全都白扔了强。”刘玄的管家也不知道如何是好，又害怕回去老爷责怪，就坚持着去试试。

一行人如同被打劫了一般，无精打采走在街上，看见路两边不时有洒落的刀币，一群孩子在路上拾着玩。再往前走，看见一翩翩男子，衣着华丽，颇有富贵相。刘秀远远望见他气度不凡，忙上前打听兑换的情况，走近一看，竟是刘德安。

“哎呀，许久没见，公子都成大人了！”刘德安认识刘秀，客气地问候一声。

“刘公子，我们也挺想你的，刘公子怎么会在这里，这是干什么去？”刘秀在生人面前显得彬彬有礼。

“这不是，诏书下来，刀币废止了，我赶忙去通知店铺，别再收刀币了，以免损失更严重。”刘德安告诉刘秀，他家在这里还经营着好几家店铺。

“哦，我们来谷市卖谷，不知道刀币废止了，结果收了些刀币，准备去官府兑换。”刘秀说。

“小弟别去了，去也没用，官府不给兑换的。”刘德安一脸气愤和失望，想一想又问，“对了，听说大公子兄弟三人出去求学了，可好？”

“他们自从走后还没消息，具体情况也不太知道，不过有我大哥在，应该没问题。”刘秀听他说兑换不成，快快地垂下头。

“噢，去了也好。”刘德安若有所思，却不把话说清楚，客气几句就告辞走了。

没奈何，大家只得转头上路。此时已过正午，都饿得饥肠辘辘。刘秀因为自己辛苦了一年，丰收的谷子说没就没了，心情沮丧地没心思吃饭。刘玄并不在乎一车谷子，倒不觉得怎么样，早饿得受不了，叫嚷着说：“文叔，咱们先吃饭吧，我都要饿死了。”

听他这样说，刘秀才发觉自己的肚子也咕咕直叫，可一摸身上，全是些刀币，等于没有钱，怎么吃饭？刘玄看在眼里，忽然笑道："兄弟，没事，跟着哥哥我，有钱没钱的保准你吃好喝好。"

"刘兄，你别想着用刀币坑害人家，要是那样，我宁可不去。"刘秀知道刘玄鬼点子多，可这人生地不熟的，除了用刀币骗人，他实在想不出刘玄还会有别的什么办法。

"不会，要不然这样吧……"刘玄说着把身上的刀币掏出来扔在车上，"这下你放心了吧！"

大家在一家酒馆门口停下，刘玄先跳下车，刘福、管家、车夫都不下来，毕竟衣是人之威，钱是人之胆，自己身上没一文可以用的钱，他们又知道刘玄说话靠不住，闹出乱子来回去不好交代，便推辞说不饿，在这里看车。

刘玄见他们不走，拉起刘秀走进去。

酒馆装饰简陋，不过收拾得还算干净。只是几排桌子空荡荡的，并没有客人。刘玄四下里打量一番，惊奇地发现墙角处有个年轻女子正在独自喝闷酒。这女子用的是特大号的酒杯，喝起来一口一杯，连眉头都不皱一下，看样子不是等闲之辈。刘玄看她的片刻工夫里，她已三杯酒下肚，而她面前满桌的佳肴却丝毫未动。刘玄灵机一动，计上心来，拖着刘秀凑过去。

"女侠好酒量，真让我们兄弟大开眼界！"刘玄故作豪爽地大声说道。

那女子醉眼迷离地抬头一看，面前站着两个面皮白净的年轻公子，文文雅雅，并没多少豪爽气象，嘴角一撇，不理会他们。

"姑娘不用生气，在下并无其他意思，只是见姑娘一个人喝酒，想必有什么烦恼，如若可以，在下愿意陪姑娘几杯，以解姑娘忧愁。"刘玄说着拉刘秀一起坐在旁边。

"哼，此话当真？"那女子懒洋洋地看他一眼，"你有多大酒量，也想陪姑奶奶饮酒？"

"请恕在下实话实说，我们兄弟酒量不大，不过一斗半斗的还行，自恃应该不会让姑娘失望。"刘玄不知道对方底细，仍旧嬉皮笑脸地海阔天空胡乱吹。

"好，够豪爽！"那女子已经有几分醉意，啪啪地拍着桌子，大声叫道，"那咱们就打个赌，你们也看见了，就这一桌子饭菜，谁先醉了谁付账，敢吗？"刘玄自认为还不至于连个女子也喝不过，况且有酒有菜又有美女相陪，即便输了，她一个弱女子又能拿自己怎么样？便高兴地答应了。

刘玄和那女子边喝边聊，刘秀坐在桌子一侧，只顾埋头吃喝，也不理会他们。刘玄惯于油腔滑调逢人说人话逢鬼说鬼话，竟和那女子渐渐谈得投机。正在兴头上，忽然厅堂外传来一阵沉重的脚步声，只觉得光线陡然一暗，大家扭头看去，一个身材魁梧方面大耳的男人大踏步过来，径直走到那女子面前。女子方才还神气活现，和那男人一打照面，顿时吓得变了脸色。

“哥。”她怯生生地叫道。

“你还有脸叫我哥！找了你半天，居然在酒馆喝酒，你看看你这模样，伤风败俗的哪里还像个女儿家？”那男子怒气冲冲，把桌子拍打得通通直响。

“哥，咱们今天索性把话挑明了，你就是打死我，我也不依你。”说着姑娘委屈地哭了出来。

“你说什么，放着游击大人你不嫁，偏和这些市井无赖之徒混在一起，你瞧瞧，他们当中有几个好东西?!”那男的气红了脸，用手在刘玄脸上指指点点。

“哎，这位兄台，有话好说，既然是自己妹妹，何必这么粗声大气?”刘玄见自己也跟着挨了骂，忍不住不知深浅地插话说。

“你小子是什么东西，敢勾引我小妹，老子叫来官府兵马，把你们这帮小混混捆绑起来，一顿板子打死!”那男的正有火没处发泄，见刘玄答话，立刻掉过头来，恶狠狠地怒骂。

“我是高祖皇上的九世孙，刘玄刘圣公。”刘玄说完把头一扬，很是自豪。

“哈哈，亏你还有脸说，你们这群聋子瞎子，这世道就要变了，什么皇族家世，一文不值!”男子冷冷嘲笑。

“你敢说我们一文不值?”刘玄仗着几分酒劲，也怒气冲冲地拍案大叫，提高了声音。

“哟嗬，怎么样，小子，想动粗的？老子今天正想收拾收拾你们这些东西，看你们以后还敢不敢胡闹!”那男子说着“嗨”地一用力，巴掌拍在桌上，咔嚓一声脆响，一块板子断裂成两半。

刘玄和刘秀一看傻了眼，知道遇到好手，不敢再说三道四，转身就往门外跑。那男子不肯放过，横身就要追赶，被姑娘伸手给拦下。那男子纠缠不过妹妹，冲他们的身影大喊一声：“爷爷我叫韩虎，有种的下次再叫我碰上!”

好不容易来一趟县城，却是赔了夫人又折兵，白白受一场惊吓，大家心里都不痛快，闷闷不乐地回到家。樊娴都听刘福说了事情的经过，并没怎么往心里去，反过来安慰刘秀。

一车谷钱倒也没什么，更让刘秀耿耿于怀的是那男子说的话，还有他藐视的眼神。刘秀想，难道真如他们说的，汉室江山真的要改姓了？刘秀一个人琢磨不出个结果，大哥不在，又没人可讨教，只好闷在肚里一连几天默不作声。

第二年的秋收时节，刘家谷子又大获丰收，夏雪却在这个时候病故了。原因不太清楚，诊病的医生也说不出个所以然。开始时她只是咳嗽，后来越来越厉害，以至于咳出血来，胸部也阵阵疼痛。本来消瘦娇小的身材越发轻飘飘的似乎能顺风飞走。医生含混地说这是饮食不周加之心绪过重。大家想来，或许是刘缜出门时间过长又杳无音信，她思念太多的缘故吧！但不管怎样，夏雪一日一日地衰弱下去，最终香消玉殒。

刘缜求学还没有回来，夏雪死前也没能见上刘缜最后一面，这是一个将死之人最大的遗憾，自然也使整个刘家特别是刘缜终生悔恨。农忙余音将过未过的时分，刘家人很快将夏雪安葬，希望她早点转世投生。悲伤蔓延在整个庭院的上空，不过大家心头阴云不散的，其中一大部分还是悲叹摇摇欲坠的刘室江山。

樊娴都几年时间里经历了两次生离死别后，更加明显地苍老。她的话语少了，每天只是站在村口张望，盼着儿子们赶快回来。家里大小事都由刘黄和刘秀接管过来。

这日一大早，樊娴都还没出卧房，刘福趔趄着跑进大门，扯着嗓子喊："快，快，大公子回来了！"

樊娴都听到喊声，顾不上整理头发和衣衫，跌跌撞撞地跑出去，刘妈在后边"夫人夫人"地叫着要去搀扶，刘家上上下下顿时一片沸腾。没等大家走出院门，刘缜和刘稷已经衣衫破旧满脸灰尘地闯了进来。迎面看到母亲，两人扑通一声跪倒在地，连叫好几声娘，樊娴都眼泪决了堤般地流个不停，抱着刘缜和刘稷不肯放松。

相对流泪半晌，樊娴都忽然发现还有刘嘉和刘仲没回来呢，急忙问："仲儿和嘉儿呢？你们怎么没一起回来？"

刘缜一句话也不吭，顺势往地上一蹲，耷拉下脑袋。

"大哥，求得功名了吗？怎么搞成这样了？"刘黄也迫不及待地发问。

"嗨，别提了，世道黑暗，真把人气破肚皮！"见大哥不说话，刘稷一脸狼狈相地长叹一声，说出事情的原委。

原来，他们去长安求学，顺利地进了太学。后来主讲《尚书》的老师许子威见刘缜学业优秀，便想荐他做官。刘缜对王莽把持的朝廷心存耿介，开始不想去，后来王莽下令改革币制，他们身上带的刀币都不能用了，为了维持学业，刘縯只好答应。没想到朝廷竟然明确下令，不任用刘姓担任朝官，根本不看刘縯是什么模样就把推荐他的奏折给驳回了。

气愤不已的刘縯和兄弟们一连几天无心读书，便在街上闲逛。沿途所见，到处都是流离失所的难民，刘縯脾气火暴，加上本来就有气，也不顾街上人多嘴杂，指手画脚地怒骂王莽无道，不看实际情况地胡乱变法，结果越变越乱，总要把天下变回战乱纷争才罢休。越骂越来劲，引得很多人都侧目而视，结果有差役悄悄报告了官府，说发现几个大逆不道的家伙。这下立刻招来祸患，大队官兵前拦后截要捉拿他们，他们四人只好各自逃窜，三跑两跑地就失散了。

看看眼前孩子们的狼狈样，再想想生死未卜的刘仲、刘嘉，樊娴都心如刀绞，但又不能让他们看出来，只能忍住悲痛叫刘黄安排他俩吃饭，自己则叫来刘良商量。

刘縯稍加休息，立刻风风火火地回房找夏雪。刚才回来时夏雪没来迎接，他心头就有不祥的预感。回到自己房里，冷冷清清，空无一人，显然好长时间没人住了。正搓手着急，忽见刘妈路过，刘縯忙拦住刘妈问道："夏雪呢？"刘妈吞吞吐吐，欲言又止，问急了索性就说："公子，你还是问夫人去吧，我……"

刘縯越发觉得不对劲，三步两步跑到厅堂，正好弟弟妹妹和母亲都在。

"娘，夏雪呢？她怎么不在？"刘縯多希望听到回答说她进城买东西了，但一百个不情愿下，他还是听见了最不愿相信的话。

那几天或许是刘縯人生最黑暗的日子了，温暖的小家和事业几乎在一瞬间都没有了，他经常傻呆呆地发愣，却怎么也猜不透这世界的玄机。

就在刘縯无法摆脱充溢胸中的哀伤时，樊宏听说外甥刘縯等人回来了，急急赶来。大家坐在一起，边饮酒边讨论天下形势，都觉得眼下不是时候，还是要忍耐一阵，等时机成熟了再有所动作，以免生出祸端，造成弥补不了的损失。过了两天，刘仲、刘嘉也先后逃了回来，虽遭遇不比刘縯好多少，但好歹是回来了，一家人总算又团聚了。大家把心放回肚里，慢慢地又有了些欢声笑语，而刘縯的心，也在家的温暖中渐渐复苏过来。

时光荏苒，岁月飞逝，弹指一挥间，两年匆匆而过。

这两年期间，斗转星移，时事变化，运况更迭，刘家家势由盛转衰，一切的和美天伦都已成过眼烟云，静静地沉于大家追忆的脑海里。面对故园，满眼的疮痍，整腹的凄凉……看着看着，刘縯满蓄在眼眶里的泪水扑簌簌地滑落下来。再看看母亲，枯黄的双颊深深地陷了进去，两眼无神更无光，表情麻木地眺望着前方，仿佛一双看穿世事的眼睛审视和预测世道的沧桑变化……

“一张一弛，文武之道；一忧一喜，修养之福。该给刘家冲冲喜了，好让母亲有一丝笑颜。”刘縯默默地想，“爹不在了，什么事情就由我挑起来吧。”于是他主动向母亲提起，托媒人搭桥牵线，在舅父樊宏的撮合下，与新野令潘临的侄女潘氏订下亲事。等各种礼仪一一完备后，双方选下黄道吉日，择定良辰佳时，拜堂成亲，父母共庆亲族同贺。人逢喜事精神爽，母亲紧锁的眉头稍稍舒展开了一些。

潘氏过门以后，对待全家上下都很谦和，特别是对婆婆樊娴都更是细心周到，形影相随，如同亲女儿一般。刘縯为重新娶到贤妻而欢欣，更为母亲脸上难得的一笑而宽慰，冷清的家中，渐渐又恢复了以前的欢声笑语。

刘縯娶妻后不久，也为二妹刘元在新野城找了一家安逸富庶的门户，小伙子姓邓名晨，一表人才，相貌堂堂，性情也很随和，大家对他很是满意。

刘縯对家里的一切操之以手，忧之以心，时时处处不忘自己重振刘姓江山的责任和使命。而刘秀，却似乎与刘縯的壮怀激烈格格不入，在刘縯看来，他实在太胸无大志了。虽然刘秀每天也要抽出一些时间习文练武，但他心中念念不忘的却是白水河岸边那块他亲自开垦的良田，把很多精力和心思都放在了田地上。每天日出而作，日落而息，看上去似乎还不是有意装装样子，而是甘之如饴，别有一番滋味在其中，日日怡然自得，天天知足常乐。刘縯将这一切看在眼中，痛在心里。

“难道刘秀真是这般懦弱，面对百姓受难，生灵涂炭，也不管天下将要姓啥，就此沉沦于琐事而无动于衷吗？他不把百姓水深火热放在心中倒也罢了，那他就连自己的功名利禄都不计较了吗？事不关己，高高挂起，是常理，也在情理之中，但事与己关而不生忧患，就未免匪夷所思，出人意料了。”每次看着刘秀扛着农具悠然走出庭院，刘縯总要望着他的背影想上半晌：“三弟呀三弟，你正值青春年华，难道就注定甘愿这一生默默无闻碌碌无为？‘人生非金石，岂能长寿考？奄忽随物化，荣名以为宝……’整天朗诵这首诗，你难道一点触动都没有？退一步说，不求取功名以免得利欲熏心，招惹是非也罢了，可是当今形势下，作为皇族子弟，岂是一个躲避退让就能了结的……”从刘秀想到自己，刘縯千愁万绪集在心头，眉头皱上半天都展不开。

为此他也旁敲侧击地和刘秀谈论过，但无论他怎样想方设法点拨开化，刘秀似乎总不能领会他的良苦用心，反而常常是刘秀引经据典，出口成章，妙语连珠，娓娓道来，让刘縯面红耳赤地对答不上来。他忧心忡忡却又束手无措。

自己本来是想劝劝刘秀树立起远大志向，不料却无端地被弟弟一大套一大套的道理所搪塞，白费口舌倒没关系，最重要的是根本起不到丝毫作用，刘縯简直要摇头苦笑了。不过当他把心事无意中说给新婚妻子时，事情好像突然有了转机。

刘縯的妻子潘氏，虽不是出自名门望族，但也算得上大半个大家闺秀，不但聪明贤惠，而且乖巧伶俐，常常有令刘縯意想不到的奇谋巧计。正因如此，刘縯对妻子很是佩服，说话也不那么粗声大气，舒眉展眼地分外温和。刘秀和刘玄曾开玩笑地在刘縯面前朗诵一首他们胡诌的诗：大江过去是黄河，风波迎船可奈何。丈夫若有凌霄志，谁肯低头拜老婆？

刘縯当然听出他们调侃的意思，不过自己并不以为然，依旧我行我素。刘縯把自己想让刘秀务正业、立大志的想法告诉妻子后，潘氏当即微微一笑点点刘縯的鼻子："都说夫君精通兵法，读过许多计谋韬略，怎么轻易就被表面现象所迷惑？你可听说过养精蓄锐韬光养晦，叫我说，三弟不是不出头，是时机未成熟，他大智若愚，此乃真人不露相，露相非真人呀！"

"哼，我就不相信，他会有如此心计。再说，即便是真人，总也得出山才能显出他胸怀天下的鸿鹄之志，一直这样打哑谜也不是办法。我就是想让他放弃什么老牛般的耕作，我们弟兄每日练兵习武，将来有机会，一道出去干番大事业！"听潘氏竟然夸奖开刘秀，刘縯更不服气，瓮声瓮气地说。

"若是这样，其实也不难。夫君，自古以来都讲究千求不如一唬，劝将不如激将……"

"妙，妙，真是高屋建瓴，如拨云见日！"潘氏说到半截，刘縯已经茅塞顿开，恍然大悟地一拍脑袋，连连赞说，"娘子所言极是，我明白了！"

暮春夏初总是天朗气清，艳阳高照。这是干农活的最好时节，刘秀比平时更加忙碌，几乎一整天都泡在地里辛勤耕耘。他前腿弓，后腿蹬，一丝不苟地用力拉锄，干枯的地皮被划开，露出松软的土壤，仿佛一大块地毯正徐徐展开。歇息时四处眺望，田岗的禾苗长势可人，绿油油的随风摇曳，预示着丰收年景即将到来。纵使挥汗如雨，腰酸背痛，每次看到这情景，刘秀心里总是欢喜不已，他看着一棵棵禾苗，就像看到一个好收成，看到一个大前程。面朝黄土背朝天，他知道，这就是生活，就是功绩，是让皇天和后土来见证的功绩。

白水河的对岸，刘钦墓地旁边，刘縯和一群宗室子弟还有新结交的豪杰朋友朱祐，正在舞枪弄剑，挥戈跃马，人的喊叫声，马的嘶鸣声，加上兵刃碰撞声，回荡出老远。看看腾起的尘埃，就能想象出他们人欢马叫的情形，真是分外淋漓酣畅。开始时刘縯试图以这种杀破天的巨响来惊动刘秀，激发他放弃农活。可是一连几天过去，刘秀似乎两耳不闻对岸声，一心只为稼穑用，并没表现出对他们羡慕的神情。刘縯自然不甘心，他暗暗安排下去。要接着激将。

有天操练完毕后，刘秀仍在田地里除草。刘家兄弟一班人马悄悄绕到刘秀的背后，刘縯站着看了片刻庄稼地，第一个发话说："三弟，你整治的庄稼长得不错嘛！人就怕专心，一专心起来，没什么事情干不成的。就拿种地来说，这玩意儿虽说是最末的雕虫小技，但不专心还真干不好。我看你别的不比弟兄们强，就这还能拿得出手，这方圆百里的，谁能担当起种田能手的美誉，自然是文叔了。我看文叔甚至都可以跟高祖皇帝之兄刘仲相媲美了！"

"是呀，是呀！"刘縯引开了头，大家便按照安排好的唱和起来。"刘仲虽然没有高祖皇帝'大风起兮云飞扬，威加海内兮归故乡，安得猛士兮四方'的踌躇壮志，一生无所作为，但能称得上一个种田行家，也算不错了！绿叶衬红花嘛，没有抬轿子的哪有坐轿的，人命天定呀！人的造化在呱呱坠地时就被注定了，有人如大鹏展翅，有人如老牛拉犁，不认命也不行呀！"朱祐借机添油加醋。

其他人也不甘落后，你一言我一语地装模作样议论着："文叔有自知之明，不能在男儿之志中占上风，就索性远离尘世，享用人间清静悠闲之福，这样不是足可以和天地同朽吗？哪像我们，每天立志要站在峰头浪尖，要振兴什么家业，要不负刘家皇族后人。唉，放着清福不享，傻哟！"

刘玄更是手舞足蹈地唱了起来："眼看世事两茫茫：光阴倏忽消长，何必四处奔忙？你看那种田的小事一桩，却不知人家聪明无量，既不用伤筋动骨，又不用费心思动愁肠。管他天下怎动荡，我文叔就是一介农夫，你们能把我怎样！"

众人调笑中分明有一层嘲讽的意思，刘秀听了很不是滋味，暗想你们倒不如骂上一顿来得痛快，但自己的心思，他们岂能明白？忽然间刘秀眼前闪过父亲即将撒手人寰的一幕。当时大哥和刘仲不在，父亲将自己叫到身边，握住自己的手，缓缓而有力地嘱咐说，你们兄弟要勠力同心，共扶汉室……

这样想着，刘秀再不想听他们胡言乱语，扔下锄头，闷着头出了田地，分开众人，一声不响地往家走。刘縯兄弟和朱祐等人见状，个个相视而笑，刘縯得意地想，这下好了，刘秀终于上当了！

其实自从大哥他们从京城回来，刘秀就开始有了个想法，只是这个想法还不成熟，正在脑子里打转。现在他忽然坚定了自己的这个信念，到京城去，进太学观望朝廷动向！为什么会有这么个大胆的想法，他自己也说不清楚，他只是看到大哥他们如此狼狈地回来，从而引发了他强烈的好奇心和好胜心。大哥如此英武却碰了一鼻子灰回来，京城到底是什么情形，是龙潭虎穴？哼，我偏不服气，若是我闯荡一番，风风光光地回来，看你们是否还会对我说三道四？

这样琢磨着，他加快脚步回到家中，也不遮掩，把自己的想法一一说给母亲。樊娴都听他滔滔不绝，对刘秀的转变先是一阵惊喜，惊喜过后，一阵淡淡的忧愁又袭上心头。刘秀年龄也不小了，按理说该历练历练。但他从来没有离开过家门，照顾自己都是一个大问题。再加上刘縯他们刚从京城回来不久，差点儿闯出大祸，刘秀孤身一人，能放心吗？

不过让樊娴都略微放心的是，刘秀脾性稳重，和他哥哥们风风火火的性子大不相同。刘秀舅舅樊宏前几天来家中闲坐，也正好提到，说外界纷纷传言王莽已经不满足摄皇帝，他一边安排心腹大臣联名上奏，让自己登基坐殿，一边调兵遣将，准备软的不行就来硬的，总之刘家江山就要完蛋了。当时樊宏感慨地说，可惜咱们现在如同井底之蛙，消息闭塞。应该派个人到京城当作耳目才好。但让谁去，却是个大问题。

当时刘良也正好在，他和樊宏相对默坐，拿不定主张。樊宏忽然说，遍观整个宗族子弟，有胆有识者莫过刘縯，但他遇到事情过于急躁，不肯容忍，太刚则易折，这是一大不足。其余的或勇力不够，或耽于安乐，都不让人放心。唯独刘秀，别看平日里不声不响，其实肚子里的道道倒不少。这孩子秀在内，拙在外，隐忍不发，或许哪天能一鸣惊人。刘良也点头说，刘秀这孩子我看是条潜龙，不妨就叫他去京城游历一番。

樊娴都听他两人把刘秀抬得这么高，一时竟估摸不透刘秀是否真如他们所说。不过他们都有一套见识人的本领，想来是不会错的。现在刘秀主动要求去长安，似乎正应了那天的谈话。樊娴都虽然还是不大放心，但却没让刘秀费多少口舌就答应下来。

接连几天，樊娴都细心地替他收拾行李，每一件衣服都要检查好几遍，唯恐哪儿没有缝好。刘秀看着油灯下的母亲，想着关山万重，前几天被激荡起来的雄心忽地又沉沦下去，甚至不想走了。但箭在弦上，不得不发。刘秀默默地垂下头，心情变得异样沉重。刘府上下都知道了刘秀要游历京师的消息，惊讶之余纷纷过来劝勉。刘福主动请命，让自己的儿子刘斯干做随从，说刘斯干别看年龄小，人很乖巧，又能和公子谈得来，路上可以和公子有个照应。

终于到了离别的时刻。这天天空很暗，阴云重重，似乎有意增添一点忧虑惆怅。刘縯、刘秀，还有妹妹刘伯姬等人走在大道上，刘斯干紧随其后，怏怏地谁也不说话。特别是刘縯，他总觉得是自己一番激将让刘秀赌气要出去闯荡。他既感到兄弟同心同志的兴奋，又有一丝不安，他怕此去路途艰险，万一有个好歹，对不起刘秀，也没法给母亲交代。“三弟，此去长安，路途遥远，切要保重，来，把宝剑系上，让它来为你消灾避难！”刘縯仍拿出大哥的派头，神情尽量显得平静。

“嗯，说不定还真能用得上。”

“三弟，入了太学，要学得一身安邦治国的真本领，凡事要谨慎为上，伺机行事，等你学成归来，咱们兄弟又多了双手脚，大家一起恢复汉家基业……”

“大哥尽管放心，小弟谨记在心。”刘秀一一答应。

“三哥，你只身在外，一定要照顾好自己，别管他什么‘修身、齐家、治国、平天下’的大道理，只要你能平平安安完好无损地回来，咱娘就放心了……”伯姬抽噎着说。

“小妹，这又不是生离死别，你看你，脸上两条泪痕都刻在哥哥心里头了。来，三哥为你擦拭，不许哭了。哥就要走了，说不定要好几个月好几年才能见面，还不留给哥哥一个笑脸吗?”刘秀故作轻松地说，伯姬勉强地苦笑了一下……

走出老远，刘秀停下来对大家说：“千里搭长棚，没有不散的筵席。你们请回吧！照顾好母亲……”拱一拱手跃身上马，刘斯干紧随其后，荡起滚滚灰尘，不大工夫就消失在大路尽头。

熟悉的家乡渐渐远去，刘秀反而坦然许多，既然游历，索性就好好游他一游。主仆二人走在通往新野的道路上，刘秀全然一副踌躇满志略有所思的神情，悠然四下观望。刘斯干第一次出远门，一路上更是美滋滋乐呵呵的，东瞅瞅西看看，脑袋像个拨浪鼓似的摇来摇去，还悠闲地哼起小调。

走了有一大晌，空气的气氛好像渐渐喧嚣起来，穷乡僻壤的青山绿水，不知什么时候溜出了视线，开始看见小商小贩们在路边摆的小摊和熙熙攘攘赶集的人们。虽然街道狭窄，但车水马龙，人山人海，景象也很壮观，满耳尽是嘈杂叫卖声。路过一个江湖卖艺的地摊时，刘斯干听他爹说过，知道那全是骗人的伎俩，他不解地问："既然我爹都知道他们在骗人，为什么还有那么多看上去满脸聪明的人上当?"

"这还不好理解，因为你站的角度不同，卖艺的在背后捣鬼，前面那么多人谁是透视眼，能看到他背后的作假行为?"刘秀心情很好，耐心地为刘斯干剖析。

"我要揭穿他，让他黔驴技穷，看他还干不干这骗人的行当!"刘斯干小孩子气上来，气呼呼地说。

"斯干，这你就不懂了，俗话说戏法人人会变，手法各有不同。其实他们这种骗人不过是小打小闹，让大家图个乐子。真正骗人的家伙你连面都见不着。再说，夺人买卖，如杀人父母，断人财路，破人饭碗，会招惹祸端的。咱们初来乍到，何苦惹这等不相干的麻烦?"

"我听你的，公子。"刘斯干乖乖地答应，"听说二小姐家就在新野县城里边，咱们既然来了，总该过去歇歇脚，顺便认认门也好。"

这话倒提醒了刘秀，自从二姐出嫁后，他已经很长时间没见过她了，连她家的门朝哪边开都不知道。二姐回门时曾嘱咐过他们兄弟，有机会一定去玩。现在来到城里了，不去瞧瞧未免说不过去。况且和二姐夫说过几次话，感觉他很豪爽，和他聊聊，说不定能受到启发也未可知。

新野城本来就不大，两人一路打听，很快找寻着来到二姐夫邓晨家。只见朱红的大门足有两丈高，门前两礅石狮更威风抖擞，高大的墙壁上隐约能看到院内蓊郁的枝条，气象非凡，果然是大户人家。

踏上青石条铺就的台阶，刚迈进门槛，立刻有一个衣着鲜亮的仆人迎了出来。那人一看刘秀，模样和少夫人有几分相像，就知道是亲戚来了，连忙热情寒暄，小跑着领到正堂。正堂空空无人，仆人一拍脑袋说，哎呀，对了，少夫人正在后花园呢，少爷您等着，我这就去请。

刘秀初次来这里，还有点拘谨，忙说："不用，反正我也没急事，你带我一起去看看。"他们一前一后来到邓府后花园，未进拱月圆门，就听见一连串娇声娇气的笑声，不是二姐，看来有别的女眷。

这样想着进到门内，迎面看见刘元正和一个少女在嬉笑逗闹，由于她们玩得高兴，丝毫没有察觉有人进来。两人凑在一起嘀咕几句，不知说些什么，忽然二姐红了脸，高声叫道："好你个不知害臊的死丫头，看我不撕烂你的嘴!"那少女咯咯地笑着跑开，二姐跟在后边紧追。跑着跑着那少女一头撞到站在门口的刘秀怀里，抬脸一看，竟是个皮肤白皙体格魁梧的大男人，那少女呀地尖叫一声，捂住脸跳到一旁。

刘秀已经看清楚，那少女不过十五六岁，个头不算很高，体态袅娜，娇小可爱。高高的发髻油亮乌黑，在和她十分贴近的那一刻，刘秀下意识地注意到她脸庞的轮廓简直就如精雕细刻一般精致，几乎美到无懈可击，她的肌肤那样娇嫩柔滑，淡淡的芳香扑鼻而来，让刘秀一瞬间禁不住想入非非。他一下子痴呆在原地。

看两人呆若木鸡地对立，刘元抿嘴一笑走过来："哟，是三弟，你怎么来啦?"

"我……正好路过这里，顺便来看看姐姐、姐夫，你们可好?"刘秀红了脸喃喃地回答。

"好，有吃有喝的怎么不好？姐姐已经习惯了这里的水土，对了，咱娘、大哥和小妹他们都还好吧?"

"一切顺意，二姐放心。"刘秀跟二姐说话的时候，还时不时用余光瞟一下旁边的那女子。刘元佯装没看见，接着问："三弟呀，你刚才说路过这里，莫非你想出远门?"

"二姐，我要去长安进太学，也像大哥那样，学些本事，见见世面。"刘秀想起当初大家都笑话他像个老农的情形，忽然有点不好意思。

"真的？那再好不过了!"刘元高兴地拍起手来，"好男儿志在四方，癞蛤蟆憋屈家乡。我早就说嘛，三弟你是潜龙在野，迟早要飞腾起来的。这不，真叫我说应验了不是?"说到高兴处，拉住那少女含笑看一眼刘秀，"三弟，我来介绍一下，这是你姐夫朋友阴识的妹妹阴丽华，她经常跟随哥哥来家里玩，时间一长有时也自己跑来，我们现在都成无话不说的闺中密友了。"

刘秀忙上前行礼："见过阴姑娘。"

阴丽华面红耳赤，急忙回施一礼："刘公子辛苦。"

还没等他们寒暄完毕，刘元快言快语地接着说："三弟，可别小看我这个妹妹，论出身，阴家先世是辅佐齐桓公'九合诸侯一匡天下'的管仲一脉，顶尖的名门望族。论人才，阴妹妹是新野城里数一数二的大美人。整个新野县的人谁不知道，阴府门前说媒的都排起了长队，想迎娶阴小姐的人，不是富甲一方的公子哥儿，就是才识超人的后进俊才。这些阴妹妹都看不上眼，放出话去说，不当将军不封侯，阴小姐我头都不扭!”

“瞎说，就你嘴贫！这回我说什么也不能饶你!”阴丽华娇憨的神态更加楚楚动人，迈碎步上来就和刘元撕扯，两人笑着叫着又扭作一团。

敏感的刘秀能听出来，姐姐这话分明是特意说给自己听。刘秀趁乱大胆地打量着阴丽华，越发感觉她身段窈窕，花容月貌，秋波一转，让人魂销。刘秀胸中如藏个小鹿一样通通直跳，这种感觉以前从来没有过，来得如此突然，简直不能自持。他暗下决心，阴丽华不是要找个当将军封王侯的夫婿吗？我此去长安，说什么也要混出个名堂来，等功成名就回来时……

思绪飞扬的刘秀并不知道，女伤春，士悲秋，面对满园草长莺飞，杨柳依依，阴丽华也正心旌摇荡地注意着自己，以最微妙的心思揣摩着眼前这个风度洒脱、相貌俊秀的年轻书生。临了大家回到厅堂坐下，言不由衷地闲聊几句，阴丽华忽然问刘元：“嫂子，你为什么不穿你出嫁时的那套衣裳，我很喜欢上面的刺绣图案。”

“小妹呀，这你就不懂了，好马不吃回头草，好女不穿嫁时衣，这才能表现咱们女人的尊贵和在夫家的地位。”

阴丽华认真地点点头：“嫂子好志气，我想看一下你出嫁时那件衣裳的绣花，回去在我衣裳上也刺上一副。”

“哎哟，阴妹妹，你还会刺绣？以前可没听你说起过。看来阴妹妹真是贤妻良母式的大美人，将来谁要是娶了你，那可就掉进福窝里啦……”刘元边说边示意丫头去取那件衣服。

“嫂子见笑了，小妹不过略通一二罢了……”阴丽华羞红了脸低声解释。

不一会儿，丫头将衣服取来，刘元交给阴丽华，阴丽华说回去还有事，告辞而去。她匆匆走开，一方面因为刘秀在跟前，总让她感到矜持，既想偷偷瞄一眼，又鼓不起勇气，老大不自在，再一个是她想抓紧时间把刺绣做好，尽量在刘秀走以前赶出来，以便在他面前展示一番，满足一下自己的虚荣心，也可以不露声色地让这个英俊后生记住自己。

刘元若无其事地打个哈欠：“那好，走就走吧，什么时候想来再来。对了，我的夹衫忘在后院了，让风吹走可就沾上土啦。文叔，你替我送送阴小姐。”说着站起身来。

“我……”刘秀嗡地一下感觉头发涨，张嘴结舌正要分辩，刘元却意味深长地冲他一笑，转身从侧门走出去。再四处看看，丫头不知什么时候也已经走了，刘斯干又在门房喝茶，屋里就他们两个。空气顿时凝固下来，刘秀手脚像束缚住一般，僵硬得全身都失去知觉。

此时倒是阴丽华忽然大方起来，站起身来抿嘴轻轻笑一下：“刘公子慢坐，我先走了！”一边往门外走。刘秀如梦初醒，机械地跟着站起：“好，好，我……我送送阴小姐。”跟在后边亦步亦趋。

来到大门外，阴丽华忽然扑哧一笑：“刘公子不是要到京城夺取前程吗？令姊方才说的也不全是杜撰，公子此去，我再送公子几句话。胜人者有力，自胜者强；自恃无恃人，恃人不如自恃。愿公子早日拜将封侯，我在家中静候佳音！”说着慢慢登上车。

刘秀忽然从中悟出什么，心头一阵激荡，冲动着想牵一下她的手，但不知怎的头脑里忽然冒出一句书上文绉绉的话：“情欲之感，无介于容仪；宴私之意，不形乎动静。”君子书生，即便心仪，也不能显得太虚浮了。刘秀热乎乎的心冷静许多，忙把手缩了回来，惘然若失地望着远去的车。

车子很快消失在尘土飞扬中，阴丽华的倩影却深深印刻在刘秀的心上，挥之不去，抹之不掉……站在大门口，刘秀怏怏地想，自己在这里最多只有一两天的时间，恐怕不可能再见到阴丽华了，可是若等到自己混出个人模人样来，世事瞬息多变，那时候谁知道她会花落谁家呢？但不管怎样想，总不能抑制住怦怦乱跳的心。人言一见钟情，自己还觉得不可思议，现在总算感觉到一点味道了。

姐夫邓晨外出谈生意回来后，知道刘秀来了，又听说他要去长安游学，更是满心的欢喜溢于言表，为祝贺小舅子重返正途，重务正业，忙备办了一桌丰盛的酒宴，特地为刘秀把盏饯行。

殊不知刘秀忽然增添了满腹心事，对此了然无趣，在他看来，纵使满桌山珍海味也比不上阴丽华莞尔一笑。那双含情脉脉水灵灵的眼睛，开合间足以使他销魂落魄。刘秀一副心不在焉的神情，邓晨尚没有觉察，刘元却一一看在眼里。她发现整个席间都是邓晨频频举杯，盛情款待，而刘秀却是赘言虚应，敷衍了事。最后两人都酒意阑珊，邓晨祝他早日学成凯旋，建功立业衣锦还乡，而刘秀却满脑子想着，我一定要在那方富贵喧嚣地、龙争虎斗门，打造出自己的一片天地，不辜负自己的锦绣年华，更要尽快实现自己心中梦想——到阴府提亲，成就如意姻缘。

正心照不宣地遐想着，邓晨站起来为刘秀斟满一杯酒，刘秀忙谦让说：

“姐夫切勿折煞我，哪有尊者斟酒的道理？”

邓晨爽朗地呵呵一笑：“哎呀，小弟什么时候拘泥起礼节来啦？今天你姐夫我做东，哪能让新客吃喝不痛快？来，干了！”两人脖子一仰，一饮而尽。

砸吧砸吧嘴，邓晨笑眯眯地问：“对了，文叔啊，你什么时候起程？”

“明日。”刘秀忽然决定下来。

“明日就起程？何不多逗留些日子，姐夫知道你求学若渴，但也不用急在一时呀？”

“姐夫是不是有什么事情？”

“倒没什么大事，我有一个族弟，名叫邓禹，字仲华，虽说年仅十二，但小家伙往往能微言大义，语出惊人，以小见大，碰到事情见地很高，是块好料子。我想咱这县城到底是小地方，能有多大出息？长安是首善之区，不但能增长见识，受人推举的机会也多……”邓晨酒劲上来，说话很是利落。

“姐夫的意思，让他也去长安求学？”

“唔，我是这样想的，他家人也愿意叫他去，你们可否结伴同行？”

“文人相遇，又是亲戚，切磋讨教，当然是件好事了，而且路上有伴，既可解解闷，又可相互照顾，就听姐夫安排。”

邓晨一听刘秀应允，当天晚上就到邓禹家传信，让他尽快打点行装，后日起程。

没想到邓禹听说可以进京城了，心绪格外亢奋，叫嚷着连夜准备就绪，翌日一大早全副武装来到邓晨家，怂恿着刘秀立刻就走。邓晨见他猴子屁股似的片刻也坐不住，只好让他们上路。临告别时，各赠三个十两的银锭作为盘缠，以供路上开销。大家推辞半天，邓晨假嗔说：“我读书不多，你们总是知道的，君子喻于义小人喻于利，推推搡搡的多不雅观，快接住！”

“那好，我们收下就是。”两人让刘斯干和邓禹的书童文峰分别把银子收好，拱手告别而去。

第五章　世事离奇　乍感纷扰

一连几天，风和日丽，正是出门行路的大好时候。刘秀、邓禹执辔并肩，相伴而行。刘斯干和文峰年龄相仿，更是天真烂漫无忧无虑，跟在主人身后有说有笑，并不觉得旅途劳累。穿过河南平原，道路逐渐崎岖起来。峰回路转，山道盘旋，景色和家乡更是不同，大家指点着议论，不觉间已出南阳地界，进入到弘农郡。

站在路口举目遥望，一座不算太高，却也蓊蓊郁郁的小山横亘眼前。这段时间，天气似乎暖和许多。阳光白花花地洒在山川溪水上，仿佛有些云雾蒸腾。刘秀和邓禹直起身子，眯着眼睛看见前方山腰处葱绿间有一条亮白，宛若银带，分明是山泉萦绕。“贤弟，仁者乐山，智者乐水。眼下山水相间，仁智俱全，真是咱们平原地界难以见到的绝佳胜境。走，看看去！”刘秀拍手大喊，招呼邓禹一前一后飞奔而去。刘斯干和文峰忙撒腿猛追。

终于来到山脚，却发现路口有十余名官兵衣甲整齐，刀枪并举，正来回晃动着把守封锁。以为他们是照例巡逻，刘秀没有在意，依旧往前走。一个兵卒见状快步上来挺枪阻拦：“两位公子，快些停住！”

刘秀见他说话还算客气，知道是一身儒服起了作用，便勒马问道：“怎么，要封锁山路，这山里有猛虎伤人？”

“那倒不是，有一个亡命之徒逃遁山中，我们奉命堵截。那凶徒恐怕比猛虎更能伤人，看你们文文弱弱，正好被他当成人质，最好还是不要进去。”那兵丁一本正经地回答。

刘秀听他说自己文文弱弱，顿时不服气的劲头上来，心说你们这些小兵，还没见过我练习武艺的情景呢。如果你们看了老子舞刀弄枪如何利索，你们就不会说老子文弱了。这样想着，哈哈一笑：“我当什么大事呢，不过就是个小蟊贼吗？你们怎么不进去捉拿？”

那兵丁还没回答，另外有人插嘴说：“凶顽之徒，狗急跳墙，难免会做出穷凶极恶的举动，我们要在这里等大队兵马过来，一同进山围剿。”

“一个蟊贼还用大队人马，未免小题大做了吧？你们不用着忙，我们先进去看看，若发现了那个凶徒，替你们捉拿了送出来便是。”刘秀越发得意，信口开河地说。

“就你们？”听见他们说话的兵丁纷纷撇嘴，“别让人家一手一个拎了当盾牌，到时候我们奉上司命令，可顾不得照顾你们，一阵乱枪戳过去……”

刘秀被他们七嘴八舌说的红了脸，抢白一句：“哼，人家都说贼是木梳，兵是竹箅，老百姓见了当兵的比见了贼还胆怯。叫我说，贼人是被逼出来的，哪有你们说的那么凶恶？我这就进山给你们看看！邓禹，咱们走！”

邓禹却有些怯懦，忙附在刘秀耳边轻声说：“刘兄，刀子见血不认人呀，这是生死攸关的事情，我看还是先不要进山为好，免得赌气一时，后悔一世。”

“仲华，到时候碰见凶犯你就明白我的本事了，区区一个山贼不过贫苦百姓被逼无奈，能有多大能耐？”刘秀把自己推到风口浪尖上，此刻也只得硬着头皮叫嚷。

邓禹还是有些犯怵，底气不足地劝告说：“刘兄，君子恃智不恃力，自古智者不立危墙之下，还是小心为妙，我看我们还是不要冒险了。”

那几个兵丁挨了骂，心里不大舒服，有人冷笑一声：“叫我说还是进去瞧瞧的好，省得说话没个屁响。说不定那贼人心善，看你们磕头求饶，不但能放过你们，还会把抢来的银钱分给你们一些也未可知。”

刘秀听他说的尖刻，更加赌气，在马背上拉住邓禹，招呼刘斯干和文峰：“走！”不由他们分说，已经跑进山口。

沿山路走出一大截，渐渐平静下来，感觉山中胜景叠连，一处美过一处，各具千秋又浑然一体。远望青山苍翠、树木葱茏，近观花草茂盛、蝶飞鸟鸣。刘秀渐渐忘记刚才的争执，心旷神怡地环顾四周，调侃地说：“仲华，怪不得既要读书又要阅世，大好江山本身就是一部无字天书哟！”见邓禹微攒着眉头，似乎还在害怕刚才说的凶徒，便故作轻松地笑笑，说：“放心，偌大一座山，咱们怎么会那么巧就碰上？这都是那些官兵过于胆怯，虚张声势。你没听说过吗，有人编过个顺口溜讽刺那些所谓兵将，‘贼来官兵不见面，贼去官兵才出现。不知贼与兵，何日能相见’。”

邓禹听他说得有趣，也笑了。

主仆四人正边聊边走，忽听山路拐弯处有人高声叫喊：“好呀，大胆的狂徒，竟然也敢在光天化日之下拦路劫抢，天下还有没有王法？”

邓禹悚然一惊，停住脚步，靠在马跟前，做出随时上马跑走的姿势：“刘见，可能是逃犯！”

刘秀也是一阵惊慌，不过方才自己放出大话，不管怎样，总得顾及面子，立刻装作满不在乎的样子，将马缰绳一把丢给刘斯干，顺手拉出腰间短剑：“不要慌，你们先待在这儿，我过去打探一下。”

刘秀稳住怦怦心跳，握剑在手，慢慢走到拐弯地方，蹲在一块巨石后边，向前张望。只见大约五十步开外有一手持利刃的蒙面人，正截住一儒生模样的年轻人，两人面对面正争辩什么，声音时高时低。令刘秀感到疑惑的是，那蒙面大盗面貌似凶狠，却并不行凶，只是一味地和对方说话。有这么抢劫的人吗？刘秀奇怪地想。后来又见两人说到激烈处，开始撕扯起来，但也就是撕扯，并没动刀，也没大打出手。

本来刘秀心头还有些胆怯，现在见这个盗匪不过尔尔，想来也不过是个只会说不会练的绣花枕头，一个平常儒生尚且能和他撕扯，何况自己多少练过武艺？他立刻放下心来，大喝一声仗剑冲过去。

蒙面人听到响动似乎一惊，见又来了一个儒生，忙往后撤开一步，沉声说：“这位兄弟，识相的走开，不然我就不客气了！我们江湖中讲究三不杀，凡云游方士、江湖行院妓女、犯罪流配之人，都不可作为戕害对象。儒生虽然不在其中，但书生大多手无缚鸡之力，正所谓‘百无一用是书生’。老子一个杀人不眨眼的混世魔王，跟你们穷书生较劲，可就把大丈夫的脸都丢尽了，你们留下银两，快些滚开！”

听他絮絮叨叨说出一大套，从口气中刘秀立刻明白过来，这个所谓的蒙面大盗，也不过是个读书人，大概生活无着，才学着书上的样子做起盗贼。心头更加宽松之余又有些酸楚，冷冷一笑说：“你以为我是谁？告诉你，我乃城中捕头，正带了弟兄们来抓你这蟊贼。”说着从腰里掏出一大块银锭扔过去，看他扬手接住了，“我们的人已经集中到山前路口，有本事的别从后山走，从前边出去试试！”

那蒙面人倒还机灵，立刻听出其中意思，冲刘秀弯腰深深一揖：“山不转水转，改日相见！”一溜烟地向后山跑去。

方才被劫持的儒生惊魂未定，见那蒙面盗贼真是走了，才长舒口气说：“好家伙，真是有惊无险，我还以为那家伙图穷匕见，一会儿不耐烦了要兵刃相加呢！多谢恩人搭救，若不是你们，他动起粗来，恐怕我早到阴曹地府见阎王爷去了，还说不定现在无常正逼着我过奈何桥，喝迷魂汤呢！”

听他说的有趣，刘秀心里很是得意，颇有几分英雄气概地说：“滴水之恩，何足挂齿，这还是他识相，若真动起粗来，只怕此刻他已经束手就擒了。这位老兄，看你的装束，莫非也是要进京游学吗?”

那儒生意味深长地看一眼刘秀，颔首笑道：“小弟严光，字子陵，会稽余姚人。确实是要进京城游学。敢问兄台尊姓大名?”

“舂陵刘秀，刘文叔。”刘秀爽快地回答，“易走同条路，难逢有缘人。走，咱们不妨结伴而行。”

三言两语间，刘秀感觉这个严光谈吐儒雅得体，正对自己心思，没几句话就甚是投缘，大有一种相见恨晚的激动。刘秀等人一路上昼行夜宿，谈天说地，各抒胸中志向，不知不觉中，已经穿过潼关，来到京城长安。

京师长安果然是首善之地，气派不凡！进入雄伟的清明门，宽阔的街道横亘在眼前。城中店铺林立，商贾云集，瓦肆遍地，满眼都是各色人流，满耳都是鼓乐喧天。刘秀等人本来自恃见识不少，但面对如此繁华景象，仍然被这宏伟的气象深深震撼了。

几个人沿街道漫无目的走着，闷热中一缕清风吹来一股浓浓的香味。这才发觉已经正午时分，走了半天的路，肚子还真饿了。刘秀跳下马来，把缰绳交给刘斯干，抬手指着路边一座三层酒楼说：“咱们反正也没什么急事，何不先上去享用一顿，你们看呢?”

邓禹摸摸瘪平的肚子，眼睛看着四周说：“好啊，反正已到京城了，也不急在一时。”

刘斯干和文峰先把马匹、行李交给店伙计安置好，随后也到楼上来，两人早就饿坏了，心想着甩开腮帮子吃吧，难得这么可口的饭菜，也尝尝京城的味道。

五人也不分主仆，坐在一桌就着菜小酌。酒过三巡，严光忽然放下酒杯说：“两位兄弟少喝些，我看咱们还是赶紧吃饭，尽快到太学报到，免得耽误大事。以后大家求得了治世济民的真学问后，再从容欢宴也不迟。”

刘秀却不在意，把玩着酒杯：“急什么，书中大世界，酒中小乾坤，什么都是学问。世界之大，岂是太学几个老先生几本旧书本能包涵尽了的?”

邓禹点点头：“刘兄到底是皇家子弟，见解跟我们就是不一样。”

严光并不清楚刘秀的身份，他只是一直有些疑惑。路上观察刘秀的言行举止，总感觉有一种只有皇家才有的雍容和豪情，以致他早就有一点怀疑他的身份了。根据当时规定，只有两类人才有进太学的资格，一类是当朝臣辅的后代，一类则是由各郡县举荐的在当地有一定威望和社会地位的官宦子弟。

严光、邓禹自然属于后者，但刘汉皇室子弟却享有特权，入太学不必经地方举荐，只需向宗室注册登记即可。

刘秀方才听邓禹忽然提到自己是皇家宗室，顿时醒悟到自己的身份，这一醒悟，恍然觉得自己有一种另类的感觉，好像被隔离得与邓禹、严光很远很远。他忙掩饰着放下酒杯："虽然你们去太学注册，我去国师府刘歆处投书注名，但这并不影响我们兄弟交情，进到太学后，咱们仍然要相互切磋，有朝一日各自实现心中抱负。来，干了这杯就吃饭，吃罢饭各忙各的去！"

但话虽这样说，刘秀心里却忽然发虚，自己方才说要去国师府投书，但能不能进人家府门都没把握。国师刘歆不仅是摄皇帝王莽的国师，而且和其父刘向都是当世儒家经学的鼻祖，名声造就，四海皆知。这样的人，自己能轻易见到吗？

酒足饭饱之后，结账下楼，各自向各自的报名处走去。和刚才的神采飞扬相比，刘秀顿时委顿下来，与刘斯干漫无目的地走在大街上。大街小巷交错纵横，人生地不熟的，谁知道哪儿是国师府？问了好几个百姓模样的人，都说不知道，正要打起精神再问时，忽听身后有人高声叫道："刘兄，第一次到长安吧？要去哪里，我可以为你带路。"

刘秀看了看周围没有人，正纳闷谁能认识自己，只见一个矮个子儒生向自己走来，仔细看看，素昧平生，试探着问："兄台，刚才是你在跟我说话吗？"

"当然是啊！"矮个子儒生毕恭毕敬地弯弯腰说道。

刘秀更加疑惑，呆愣一下不知怎样应对，就听那矮个子儒生接着说："刘兄不必惊讶，我是在吃饭的时候，听别人叫你刘兄的，在下蜀郡梓潼人哀章。"

原来如此，刘秀放下心来，看哀章一脸的恭维相，不知为什么，凭直觉感到这家伙不像个好人。他主动和自己套近乎，恐怕有所企图。当下便推托着说："难得哀兄留意我这一介白衣书生。我还有事情，咱们以后再叙。"拱拱手就要走开。

哀章却抓住救命稻草似的不肯放松，凑近一步满脸动情地大发感慨："刘兄且慢，纵然有事在身，也不妨街谈巷议几句，耽误不了多少工夫。在家靠父母，出外靠朋友，大家彼此认识一下，说不定将来起大作用呢！"

听他满嘴市侩，刘秀不大耐烦，但与陌生人初次见面，总得多少讲点礼节，只好耐着性子稍施一礼："哀兄见教的是，幸会，幸会。"

哀章顿时激动起来："刘公子果然通达，那好，从现在起我们就是朋友。唉，说来惭愧，小弟万里之遥来到京师，简直如同一叶浮萍归大海，日后恐怕还要高攀兄台能多多帮忙呢！"

看来这家伙果然另有企图，刘秀反而心里踏实一点，索性单刀直入地问："哀公子不必客套，有什么事情尽管说就是，只要能帮忙的，当然乐意效劳。"

哀章低眉顺眼，露出了令人干哕的笑容："刘兄不愧出身高贵，真是爽快人。那好，碰上刘兄这样的人物，咱也不拐弯抹角，索性直说了罢。在下从远隔重山万水的巴蜀来到这儿，已经在这金粟银面的京师逗留十多天了。本想进太学深造，为将来进身打些基础，可由于在下出身卑微，又没有钱财孝敬地方老爷，地方上不予举荐，所以终难遂小弟我的心愿。方才我无意中听到刘兄乃皇家子弟，又要去拜会国师大人，这才情急之下不顾廉耻，恳请刘兄在师公面前多多美言，只要国师大人嘴皮子略微一动，就能成全小弟，这怕是小弟最后一次机会了，再耽搁下去，小弟盘费用尽，折回巴蜀，就只能老死牖下，永无出头之日了。请刘兄千万莫推辞！"

刘秀虽然厌恶他的媚态，但听他说的情真意切，也不禁为之动容。想想也是，太学乃当今最高学府，是多少士人儒生梦寐以求魂牵梦萦的地方，到这里攻读几年经书，不但能开阔胸中见识，出去后还能有一官半职，从此改变贫贱的命运。哀章能忍受屈辱，费尽心机，也完全可以理解。

但刘秀想想自己，又苦笑着摇摇头。自己空挂一个皇室子弟的名声，但却是一个家道中落的远支，和人们心目中的皇亲国戚不可同日而语。现在连自己的前途尚且担忧，哪能谈得上帮别人？但刘秀知道，这话说出来，哀章是万万不会相信的。他不愿哀章再在大街上死缠，只好点头答应，抱着试一试的态度，让哀章前边带路，径直来到国师府大门前。

刘歆正端坐大书案前，面对一堆天文图谶，拧眉沉思。正房夫人周氏为他沏好了一杯茶，端过来关切地问："老爷都年过五旬了，身体为重啊，我看你这几天寝食难安，起居失调，整日心绪不宁六神无主的，真为你担心啊！可是问你有什么犯难事，你总不肯对我们说。唉，哑谜难猜哟！"

"夫人不必多虑，其实也没什么，我只不过想静一静。"刘歆声音沙哑，心不在焉。

"都这么多年了，我还不了解你吗？老爷平日里豁达开朗，屋里满是你的笑声。只是有了难解的心事才会这样坐立不安。常言说高兴的事越分越多，愁苦的事越分越少。老爷不妨说出来，让我们也为老爷分担忧愁，哪怕是一点点也好。”

刘歆与周氏青梅竹马，感情一向很好。刘歆暗暗感叹，少年夫妻老来伴，还是结发妻子最懂得自己的内心疾苦啊，情不自禁地叹了口气直起腰来：“唉，不是我不讲，是你有所不知，眼下这事关系重大，关乎国运啊！其实告诉你倒也无妨，但却隔墙有耳，吵吵出去不但无益，还会惹来杀身之祸，反而不如不讲。”

“话虽这样说，但总憋闷在肚里也不是办法。”周氏轻轻在旁边椅子上坐下。

其实书房蜷缩在国师府内花园的一角，连仆从也很少过来，静得只有风吹树叶的沙沙声，但刘歆仍然警惕地向窗外四处张望一番，确信无人窃听后，才慢条斯理轻声细气地对周氏说：“夫人深居后宅，对天下时事有所不知。现如今不比从前，世道大变啦！三年前，司空谢嚣向朝廷献丹书白石，丹书上写着：‘告安汉公王莽为皇帝。’据此神兆，安汉公王莽于是南面居摄，称摄皇帝，而谢嚣也因此连升三级。此风气一开，大家似乎立刻发现了升官的捷径，一发不可收拾，献图谶禀报奇异情形的，不绝如缕。”

“前几日，又有朝臣向摄皇帝呈上符命，饶侯刘京在金殿上禀奏说，齐郡临淄县一亭长夜做奇梦，梦见有一上天使者下传天文，上书‘摄皇帝应登基’。车骑将军扈云则不甘示弱，立刻禀明摄政王，说巴中发现一石牛，上刻‘风水流转，人中有王’。究其意思，为皇帝者，理当为王姓，那当然是安汉公了。太保属官臧鸿也上书说，扶风天降雍石，此乃符瑞之物，眼下已被摄政王下令火速运往京师。唉，你看看，人言纷纷，简直要吵破金殿！”

周氏急切地问：“老爷在天文图谶方面深有研究，那老爷可否参破，这些奇异征兆，到底预示着什么事情就要发生？”

“三种符瑞尽管说得离奇，其实不过都在暗喻天降圣命，就是摄皇帝当承天命，代汉自立。关于符瑞是否属实，还待进一步旁证，不排除有些人是故意造谣生事，或者别有所图。”

“老爷不是钻研符瑞图谶之说几十年了吗，他们或真或假，想来难不住老爷。”周氏在一旁关切地盯住刘歆皱纹交错纵横枯树皮一样的脸。

“唉，天下人如果都像夫人想问题这么简单，那天下早就国泰民安了！”刘歆更加沉闷地叹息，“这已经不仅仅是钻研学问的问题。天人感应的说法，如今是引领一代时尚的潮流，即便怀疑，也不得不信啊。况且，我们做臣子的，有时并不能按自己意愿办事，伴君如伴虎，不说违心话，不做违心事，触犯了龙颜，那后果是不堪设想哟！”

周氏终于领悟到，一句意味深长的话，道出了刘歆作为人臣多么辛酸的内心。夫妻两人一时相对无言。正默坐着，一个贴身仆从小心翼翼地踅进来通报：“老爷，门外有人求见，本来要回绝，但其中一位自报是南阳宗室子弟刘秀。他说和老爷还沾亲带故，小的不知深浅，不敢造次，这才过来打扰老爷。”

刘歆虽然这时候是摄政皇帝王莽面前的红人，是人人羡慕的对象。但从他自己心底，总感觉不踏实。作为汉家宗室的一员，王莽会真的信任自己吗？即便现在信任，将来他真的登基做了皇帝，还会如此看重自己吗？只怕到时候人家来个卸磨杀驴，那时生杀大权操纵在人家手里，后悔也来不及了。

抱着这个想法，刘歆潜意识里还是对刘氏宗族感到亲切。再者他也考虑到，如果能维持住刘家庞大的威信，对自己在王莽面前的分量，自是有很大的好处。为此他曾上奏折，婉转地请王莽不要对刘氏宗室打击太大，并请求王莽给予刘家嫡系子弟增加封地和俸禄，恢复以前的爵位。正因为这种心理，一听说宗室子弟前来拜谒，刘歆忙叮嘱管家：“吩咐下去，好生招待，切勿怠慢。让那个叫刘秀的在正堂客厅等候，我随后就来。”

心腹家人一躬身说：“是，老爷。”退出门下去安排了。

刘歆整理一下衣衫，也要出去。忽然从半掩的窗户吹进来一阵风，把桌子上那些用布帛画就的天文图谶吹得满地都是。周氏知道这是老爷的命根子，赶忙起身收拾。刘歆也随手从脚下捡起一块绵帛，无意中扫过一眼，见上面写着：“昔乃一禾夫，今为金卯刀。”顿时呆住。

刘歆原本就是故经旧文的开创者，而此时天下又大盛天文图谶，正对应了他的脾气。他更加注意这方面的收集研究，逐渐成了阴阳学说集大成者，名满天下，享誉八方。面对这条谶语，凭着超人悟性，他立刻看出了蕴藏在其中的玄机。暗自思忖，莫非预言刘秀正是这呼之欲出的乱世英雄，是未来的真龙天子？“禾”和“乃”组成一“秀”字，“金卯刀”加起来，正好组成一个“劉”字。不是刘秀又会是谁？

“啊，这么凑巧，难道这就是天意？”刘歆双腿一软瘫坐在椅子里，呆滞着目光喃喃自语。

周氏忙问：“老爷，你这是怎么啦？”

刘歆不说什么，也没法说清楚。脑子里好像有两股潮水在争相涌上涌下，脸上的内容似乎很复杂，又显得很沉静。周氏见他今天特别奇怪，知道问不出什么，只好满腹心事默默地退了下去。

半晌工夫，刘歆才从杂乱的思维中爬起来，略微拿定一点主张，从容地整了整衣装，朝正堂走去。

客厅里，刘秀张望着四周豪华的装饰，心情激越而亢奋。能得到国师公的接见，对于一个普通书生来说，真是此生难得的荣耀啊！方才听传话的家人说话相当客气，看来国师对自己还是真诚相待的。那自己进太学受提携的事情，就有几分希望了。刘秀在心里暗暗嘀咕，借以掩饰紧张的心情。

枯坐许久，刘歆终于庄重严肃满脸威容地走进客厅。刘秀慌忙上前跪拜施礼："晚辈刘秀刘文叔见过国师公大人。"

"快请起，此乃私宅，非比府衙，况且又是宗亲，不必行此大礼。"刘歆和颜悦色，一边出手相扶，一边仔细打量着刘秀，按照多年烂熟于胸的相人之术，他发觉这个年轻人细腰宽背，高挑身材，清秀面庞中剑眉凤目，皮肤白皙，书卷气浓又不浓，英武气淡而不淡，似乎很难琢磨。按照相书上讲，头骨丰起而峻厚，额头方润而突兀，一定是上上富贵相，是贵相之首。贵相之首有多富贵，不就是皇帝吗？刘歆像被针刺了一下，往后倒退几步。

"国师公……您，不舒服吗？"刘秀见他神态异常，忙关切地套个近乎。

"啊，没有……没有……"刘歆自知失态，摇手大叫上茶，虚掩过去。

宾主落座后，刘歆为进一步试探刘秀的心理，以验证是否和相书上说的一致，若无其事地闲聊说："你此来京城游学，很好，很好。盛年不重来，一日难再晨，年轻人就应该胸怀天下。你不妨说说，对以后发展，可有什么雄心大志？"

刘秀不敢造次，很谨慎地回答："晚辈造化不佳，注定命必福薄，也没过高要求，能有个官做，混几两俸禄银子，吃喝不愁，也就心满意足了。"

"太过谦虚，太过谦虚！"刘歆哈哈一笑，"世人忙忙碌碌，多半人心不足蛇吞象，登上这山还看那山高。你年纪轻轻却能抱着知足常乐的平和处世态度，难能可贵！"嘴上虽这样说，但刘歆深知越隐晦者越难把握，如果这个小子滔滔不绝大讲一番雄心壮志，自己反倒不必担心了。下意识里，刘歆忽然决定，不管是真是假，先羁绊住这个乳臭未干的黄毛小子，毕竟他笃信的图谶相术预示这家伙非同寻常。将来即使他真是有作为，自己也要把握住他，将他充分为自己所用。

这样想着，刘歆忽然脸色一变："你到底叫什么，报上姓名！"

刘秀被他问得发愣，心想，让管家传话的时候不是就报上姓名了吗？况且刚才又自报家门一次，怎么转眼就忘了？难道真是贵人多忘事？这事忘得也太快了。

“怎么不报？”见刘秀发愣，刘歆更加严厉。

刘秀回过神来，人在屋檐下，该低头时就得低头，让报就报吧。忽然想起怀里还有履历，忙将一份写有自己姓名的帛书双手递给刘歆。

刘歆略微一看，神色更加大变，气愤地将帛书甩在地上，如狂狮怒吼般地大叫大嚷：“大胆小子，无理之甚，竟敢在太岁头上动土，公然不避尊长名讳，你是不是存心犯上作乱？”

刘秀被他吼叫得丈二和尚摸不着头脑，一脸迷茫地看着刘歆：“国师公何出此言？”

刘歆仍做出气恼的模样；“哼，你以为你装作不知，老夫就不治你的罪了吗？那么老夫就明白地告诉你，老夫本来姓刘名秀，你一个毛头后辈，也敢自称刘秀？”

刘秀这下更是如坠迷雾，勉强分辩：“国师公的姓名，天下谁人不知晓，可我怎么就没听说过大人叫这个名字？”他哪里知道，刘歆方才忽然转开了脑筋，要把这个预示吉兆的名字安在自己头上，一来可以借此压制这个相貌不俗的后辈，防止他真的超越自己。再者如果图谶有灵，自己说不定还能借着这个名字更上一层楼。不管怎么说，有百利而无一害，自己就叫刘秀了！

刘歆不容刘秀多说，气哼哼地强词夺理：“难道老夫取名还要经过你的同意吗？看你文质彬彬，竟如此不懂礼仪，想站在老夫头上作威作福！现在老夫就明确告诉你，只有老夫才配得上这个名字，你以后不准再自称叫这个名字，记住了吗？否则不准进太学！”

刘秀这才半通不通地明白一些。当即又气又急，还有几分可笑，倔强性子上来，人之姓名，得之于父母，若随意改了，岂不是对父母的大不敬？刘秀一改恭顺态度，拉下脸来毫无惧色地硬生生顶撞说：“进不进太学倒无所谓，只是改名字的事，恕难从命！”说着一拱手，扬长而去。留下刘歆呆若木鸡。

府门一侧的门房里，哀章等了老半天也没听见动静，不知人家国师对刘秀到底热情不热情，自己煞费苦心的事情有没有希望，好似热锅上的蚂蚁团团转，片刻不能安坐。刘斯干也有些着急，不停地在屋里踱来踱去，心想不就是盖个章吗？怎么这么长时间还不出来，难道国师有意刁难，发生了变故？正眼巴巴地向门外张望着，刘秀脚步通通地从门亭如一阵风似的闪出。来不及察言观色，哀章迫不及待地迎上去："刘兄，事办妥了吗？"

刘秀脸色通红，都有些变形。也不搭理哀章，厉声叫道："斯干，咱们走！"

两人一看刘秀这脸色，顿时猜出个十之八九。在国师府大院里，也不敢多问什么，只好悻悻地跟在刘秀的后面走出了国师府。

在繁华热闹的街道上闷头疾走，刘秀心下一片茫然，太学是进不去了，现在漫无目的，去哪里呢？就此回去，不但白白浪费了盘费，也没法给家里人交代。这样想着，脚步沉重起来，真想找个地方躺一会儿。

垂头丧气地对路上人声充耳不闻的时候，忽听前面有人大声喊叫着开道："行人躲闪两边，磕着碰着不管，巴郡石牛和扶风雍石进京了！"

话音刚落，行人纷纷惊慌地躲闪到两旁。一队禁军官兵押着两辆六匹马的马车呼啸而过，轰隆隆的碾得脚下直震颤。刘秀站在路边，见车上拉的不是什么金银珠宝，却是听似名字神奇，实则一块块的普通石头，不过个头大些罢了。前面车上是那个大约直径有三四丈长的巨大的扶风雍石，后面车上就是那个硕大的巴郡石牛，看样子少说也有几千斤。两边行人叽叽喳喳，争相观看。刘秀一头雾水，扭头问哀章："这石头有什么特别之处吗？为什么要这么多人押运？"

哀章正为自己的前途忧虑，听刘秀这么问，摇摇头苦笑："摄皇帝钦命的东西，就是普通石头也不敢出差错，有了问题脑袋会搬家的。"

刘秀还是不大明白，追问说："摄皇帝为什么要这些石头玩意儿呢？"

哀章心绪不宁，已经不大耐烦了："你没听说过？这巴郡石牛和扶风雍石，都是符瑞之物，是神灵所降，预示着天下将有巨大的变动，比那金银要珍贵不知多少倍呢！"

刘秀对于王莽借用各种天降符瑞来为篡权找借口的事，也略微听说过。虽然哀章说得含混，他立刻明白过来，当下义愤填膺地大叫："什么征兆符瑞，不过掩耳盗铃自欺欺人！身为人臣之首，如此瞒天过海欺世盗名，难道也不怕天下耻笑。哼，窃国者用的都是此等下三烂手段……"

刘秀这一激动把哀章给吓坏了，抬手就想捂住他的嘴。看了看周围没人注意，才放下手来，压低声音说："刘兄，快噤声，诋毁摄皇帝可不是闹着玩儿的。古书上不是说了吗，水为智者，能顺地形。咱们还是顺应大势的好。再说现如今摄皇帝已经坐稳了江山，人家只是想找一个看起来充分的理由让大家信服罢了。胳膊是拧不过大腿的，我劝刘兄还是不要强出头，以免自讨苦吃。”

提到“自讨苦吃”，刘秀又想起了那个瞬息万变的国师刘歆，不禁咬牙切齿：“这个该死的朝廷鹰犬。什么他娘的巴郡石牛、扶风雍石，不过都是他的杰作罢了，真是一个典型的贼臣奸僚！唉，可惜眼下都是见风使舵趋炎附势者做开国功臣，真正主持正义者反而要遭殃！”

刘秀嘟嘟囔囔随口骂着来给自己解气。旁边的哀章却忽然眼睛一亮，似乎受了某种启发，被指点了迷津。他掩饰不住内心的狂喜，蹦跳了起来，对刘秀长长一揖：“多谢刘兄指点，我明白了！”不等刘秀反应过来，他已经一溜烟地跑了出去，眨眼混在人群里不见了。

刘秀不明白他要干什么，招招手却没喊出声。刘斯干瞪着眼睛奇怪地说：“公子，现在这人怎么都这样，一个个神经兮兮的。”

第六章　冷观时局　群丑献技

一轮皎洁的银盘挂在遥远的天际，霜雪般的月光遍洒千门万户。墨绿色的夜空如帘幕笼罩了万事万物，夜阑人静，一切都进入到静谧的睡眠中。偶尔几声虫鸣，点缀映衬得夜晚更加寂静而甜美。

伴着虫鸣如同听着悠扬小夜曲，本是一阵阵的睡意袭来的时候，但王莽却迎来一个让他激动欢喜的不眠之夜。他所在的宫殿——未央宫依然灯火通明。这位“摄皇帝”经常大半夜大半夜地勤政，或批阅宗卷，或制定新法。宫女黄门对此早已司空见惯，大家习以为常，各自坐在值班房里，准备随时听候召唤。

但今天情形异常。堆积在御案上的文书没有丝毫翻动的痕迹，摄皇帝王莽已经没有心思静坐下来。他被兴奋刺激得全无睡意，浮躁得让他无法安下心来批阅奏章，只能不停地来回踱步，一停下来，仿佛就会全身膨胀得承受不住。

今天五鼓刚过，王莽御光明殿主持早朝。等群臣对着他和他身边的小皇上跪拜山呼万岁之后，太仆出班上奏：“启奏摄皇帝陛下，今天上朝前有一个穿黄衣的儒生来到午门外边，自称梦中有一人身穿金黄铠甲，手持镶龙宝刀，分明是天神模样。那天神将一铜匣和一金策书交于他，嘱托让他面呈皇上摄政王。那儒生一睁眼，果不其然，枕前真有一个铜匣和一卷金策书。此人恐耽天意，特驰疾马于三更送到午门外，一并交予仆射。”说着双手将铜匣和金策书献上。

又是所谓的敬献符瑞，有几个大臣脸上显露出几分不耐烦来。王莽却兴意盎然，并无半点厌倦的意思，脸放红光，笑盈盈地听着。善于察言观色而又好献媚取宠的一个心腹大臣见状，碎步走出队列：“启奏摄皇帝，臣有事要奏。臣舍下有一人自幼颇通天文，臣命他夜观天象，旧星摇曳，新星夺目。分明是预示汉家气数已尽，应由王姓继承帝业。依臣看，摄皇帝秉政以来，国势蒸蒸日上，百姓安居乐业，真正是上承天意，下应民心，大势所趋，人心所向啊！若臣预料不错，这铜匣和金策书，必定是上天旨意，请摄皇上正位的。”

王莽含笑点点头，招手让黄门郎把铜匣和金策书放在御案上，抖抖衣袖，慢慢拆开锁扣，启封金策书和铜匣上的封条。

开启之前，王莽小心翼翼地起身离座，绕到御案前边。对铜匣和金策书恭敬而虔诚地拜了三拜之后，才又转到案后，打开铜匣子，从里面取出一卷黄帛来，轻轻放在御案上。在众人注目下，慢慢展开，仔细看去。上面用梵文写了一行黄字，密密麻麻，却一个也不认识，有些似天竺文字，可也说不准。王莽早年虽勤政好学，直到如今也没有荒废，但所读的书都是经史子集等儒家经典。至于蛮夷文字和文化，有国师刘歆研究就够了，犯不着他伤神费思。伏在案上看了半天也没看出个所以然来，王莽皱眉喊道：“国师公刘歆！”

刘歆正站在班中胡思乱想。符瑞图谶以及各种奇异传闻，几乎每天都有，但总是没有能让大家都信服的。这一次进献的瑞符到底是不是上天的旨意，能不能合乎摄皇上的心思，他弄不清楚。只是他感到惊讶的是，以往敬献这些东西的，基本都是官员和方士，现在连心地还算纯洁的儒生也来凑热闹了，看来情形真是愈演愈烈呀！他正胡乱寻思着，忽听摄皇帝喊自己，忙回过神，到阶前跪倒在地。

“臣在！”

刘歆博学多才又处事稳重，为人小心谨慎，年轻时与王莽同学，相交甚厚，王莽对他相当尊重。王莽见刘歆一本正经地跪拜叩头，忙说：“国师公平身，赐座！”

御前小黄门赶紧搬过一个铺软锦缎的墩子，放在台阶下。刘歆谢过圣恩，走到金阶旁，一副老态龙钟的样子，缓缓坐下。王莽让黄门侍郎把金卷交给刘歆，刘歆双手接过，恭恭敬敬捧在胸前，生怕有半点亵渎之意。眯缝着眼睛看了半晌，才如释重负地长出口气说：“摄皇帝陛下，这金策上画着天道行玺金匮图，其图文下附有解说。”

“国师公不妨说明白些，金策上到底讲了什么事情，是吉是凶？”

“臣方才仔细看过，其大意是说，摄皇帝乃黄帝嫡裔，对待万民恩德如山，应顺天命做真皇帝，故玉帝陛下特降符命，这就是赤帝行玺传予黄帝的金策书。”

尽管早有预料，但王莽还是感觉一颗悬着的心终于落下。王莽一直想找一个看起来天衣无缝，至少让一般人看起来无刻意斧凿和修饰痕迹的理由或者说是托词，让他光明正大、顺理成章地登上九重之位。消息放出去后，符瑞图谶献上来的倒不少，可惜不是太露骨，就是让人感觉力度不够，难以服众。现在这金策书不意而至，似乎既不过俗，又和上天拉扯在一起，看来真是踏破铁鞋无觅处，得来全不费功夫。

王莽努力克制住心头的喜悦，神情谨慎而虔诚，看起来十分稳重，他要让殿下的文武百官都能看出来，他王莽做皇帝是由于贤、德齐天，感动了上苍，而不是窃国篡汉、玩弄阴谋。沉静片刻，王莽佯装懵懂地接着问："赤帝行玺传予黄帝，到底是什么意思？"

刘歆大半生阅人无数，王莽这点伎俩自然瞒不过他的眼睛。不过他更加老练，站起身来，面向群臣，如同宣读圣旨般解释道："赤帝即驭天的高祖皇帝，摄帝乃是黄帝转世。上天特下此金策书，表明高祖在天示意，愿将汉室江山禅让给摄皇帝。"

群臣见状，并不理会是真是假。反正人在朝堂，多磕头少说话，总归没错。大家不约而同跪伏在地，高呼道："摄皇帝本应位至九重，但仁德深厚，迟迟不肯登基。现在上天屡降符命，望摄皇帝勿再推辞！"

"恭请摄皇帝早一日登上金銮宝座，天下早一日得到贤君恩泽！"

众大臣大呼小叫，整个金殿嗡嗡地满是回音。坐在御座上年仅四岁的孺子皇帝不明白发生了什么事情，吓得哇哇大哭。站在背后的宫女们轻声地百般哄劝。王莽见状忙侧过身来抱住小皇帝，出奇耐心地拍打逗哄。小皇帝受了惊吓，仍然啼哭不止，王莽索性把他抱起来，自己似乎无意地坐在御座上，把小皇上放在自己膝盖上摇晃，见哄劝不奏效，交给身后的宫女："抱回去！"

王莽又重新回到御案前坐下，面色冷峻地打开铜匣。里面又是布满梵文的金帛，他严肃而庄重地让人递给刘歆。刘歆看后，郑重其事地说："这是天命辅政之臣的符命，上天指定了十个人作为新朝的辅臣，这里有详细名单。"

话还没说完，群臣中已有一阵骚动，到底这十人中有没有自己，每个人都在心里不停地祷告。倘若金策中有自己的名字，那自己分明就是新朝的开国大臣了。像这样轻松捡来个辅佐重臣，丝毫不费力气，这便宜哪儿找去？方才还哄闹不已的金殿，此刻令人窒息，群臣面面相觑。谁也不说什么，同党的祝彼此好运，有的则暗自诅咒自己平日对头，千万别有他的名字。

大家屏住呼吸，只听刘歆高声宣布出十个名字，除了平日就执掌大权的王莽心腹，如刘歆自己和王舜、平晏外，还有几个很陌生的名字，像王兴、哀章以及王盛等。刘歆宣读完毕，将铜匣和金策书重新裹好盖住，又放回御案上。谢过圣恩，踱下玉阶，回到班首位置上。

王莽一脸为难地沉吟半晌才说：“唉，摄朕本怜惜汉室，决心辅幼。但上天数降符命，孤一贯以忠孝立身。不但忠孝于人，更忠孝于天。自古都是天予不取，必受其咎。唉，摄朕身处进退两难境地，真羡慕诸位爱卿。空说无益，摄朕只好仰承天命，不敢违逆。所以摄朕不日将废汉建新，至于筹备即位事宜，就交于国师公全权代理。不过，摄朕不知道这哀章、王兴、王盛是何方英雄，群臣之中似乎并无此人。”

太仆闻言忙奏道：“献铜匣与金策书的人，正是蜀郡儒生哀章。”

“为何不早些奏报？差点儿怠慢了神者！”王莽语气轻松地责怪道。

“臣愚昧，开始认为他只是一介草民而已，哪能承此大恩？他虽然自报姓名，但臣并没在意。现在听到金策中有此姓名，方才醒悟。罪臣该死！请皇上降罪。”

“说漏嘴了不是？我大新还没建，什么罪臣不罪臣，皇上不皇上的。摄朕命你马上找到哀章，摄朕将起用他为越骑校尉。另外，王兴和王盛也要尽快找到。”王莽当即拟了圣旨。

“谢摄皇上隆恩，臣谨遵君旨。”太仆叩头退下。

摄皇帝王莽就要废汉自立的消息不胫而走，迅速从明光殿传遍皇城大内乃至整个长安城。虽然人们预料到迟早会有这么一天，但一经成为事实，在大汉朝廷生活多少代的人们总或多或少觉得震撼。特别是读过几句书的文化人，更是聚在一起议论纷纷。说得最多的，还是感觉错看了王莽。许多人都清楚记得，当初王莽初登仕途，是何等谦逊，何等规矩，为了儿子怒杀一个奴婢，竟逼迫儿子自裁，这是何等勇气！当初大家都以为天降圣人，真乃大汉福分。谁知短短几年间，王莽却步步转变，从一介儒生代表成了手握实权的野心家！

“唉，权力如染缸，红的能染黄哟！”一个少年书生大为感叹。

“也未必尽然，主要还是人的问题。当年周公摄政，那也是大权在握，怎么没有自己当皇帝？”一个年老的儒生摇头叹息，“以前我们应举孝廉时，曾见过王莽一面，发现此人眉黑而粗短，犹如一柄扫把，据说这样面相的人，野心极大，并且善于隐藏。当时大家也没在意，现在想来，果然应验了”。

不过小民百姓的谈论，也不过是茶余饭后的谈资。随便聊一聊，也就过去了。风水轮流转，皇帝代代传，小百姓照旧奔波于吃喝，哪能顾及这许多？而住在长乐宫中王莽的亲姑姑——太皇太后王政君听闻这个消息后，她的心情就和众人大不一样了。

汉元帝正宫、汉成帝之母王政君年逾七十，却保养得很好，除了星星点点几块老年斑外，肌肤仍很白皙，没多少皱纹，红光满面，体格健壮。掐指算来，太皇太后王政君已经有数月没走出长宁宫一步了。一方面出于惰性，感觉年纪大了，不愿在大臣面前露脸。更主要的，她一直很相信自己的侄儿王莽。王莽前些年的表现，堪称德才兼备，正如许多大臣所说，有圣人遗风。把这样的人提携上来，一则照顾了娘家人，再则也确实对国家有好处，这么一举两得的好事，太难得啦！王政君始终没怀疑过，王莽一定有能力把年幼皇帝刘婴辅佐好。

有侄子在前边挡着，自己再也不用劳神费力，也不想多操这闲心了。回想起自己操纵汉室四十余年，极大地满足过强烈的权力欲望，总算没有虚度此生，做一回女人也值了。

但王政君也知道，不管怎么说，毕竟自己是女人，权力太过难免会遭人非议，即使大臣们当面歌功颂德，但背地里议论是少不了的。恰好这时也有些力不从心，就索性放手，让王莽去做吧，反正都是娘家人，手心手背都是肉。而这几年，王莽也没让自己失望，自居摄以来，国泰民安，四海太平。随着新法的接连实施，朝野不断有人进献祥瑞，歌颂摄皇帝恩德的奏折歌谣更是铺天盖地。

王政君身居后宫，这样的传闻也不时听到。她很为自己的眼光感到满意，感觉自己独具慧眼，识得了一匹真正的千里骏马。而这匹千里马又出自她王家，真是于公于私面面俱到，皇亲外戚，亲上加亲，真是最好的结果了。根据王莽以前的言行，她从心底认为王莽完全会扶持刘婴泽被臣民，开创一代旷古未有的奇特政局，比上古的周公有过之而无不及。

但王政君始料不及，祥瑞符命如决堤的洪水般很快泛滥，而且谶纬之说也开始变味，从歌颂大汉王朝变成歌颂王莽本人，最后又隐约提到最好让王莽自己来称帝。开始自己并没特别在意，但事情发展越来越露骨。什么巴郡石牛、扶风陨石，还有最近哀章进献的铜匣和金策书，无一不像利针刺痛王政君的心。

她虽然政治嗅觉不再像以前那样灵敏，消息来源也不太畅通，但她还是敏锐地觉察到这点政治动向。王莽要做窃汉的野心家，她已经透过他的伪善面孔看到了他内心的实质。看清楚以后，王政君开始反复自责，自己风口浪尖上摸爬滚打几十年，怎么就会老眼昏花看走眼呢？王莽当初何等高洁，没想到这么快就被权欲迷住了心窍。或许他根本就不高洁，那只是他获得自己信任的一个手段。唉，打了几十年大雁，最后反而被雁啄瞎了眼，惭愧呀！

不管怎么考虑，总之，王莽不再是以前的王莽了。王政君感觉自己和王莽之间已经有了一条宽宽的裂痕，并且不是简单的裂痕，简直就是鸿沟，是难以逾越、无法填补的鸿沟。以前姑母对侄子的亲情荡然无存，她现在讨厌看到王莽。从内心深处来讲，尽管不愿意承认，但实实在在，她也怕见到王莽。

而王莽对这个当初一手把自己提拔起来的姑母依旧殷勤备至，时不时地就过来问候。但是王莽越对她好，越亲热，她就越觉得这是一种温柔陷阱，原先憨厚真诚的面孔，这时也感觉阴险似乎魔鬼，让人周身发冷。

不仅仅是这种表面感觉，而且在灵魂深处的潜意识里，她也对王莽开始极端地排斥。想当年，自己是显赫一时的一国之母，普天之下，没有谁的权势和威望超过自己。那种凌云的感觉，真是让她留恋。而现在代之而起的王莽，虽说是自己提携的后进，但其威慑力越来越大，渐渐摆脱了自己的控制，自己稳坐幕后指手画脚的愿望成了泡影。这就越发显得王政君老而不合时宜，在朝廷上微不足道了。

王政君是一个争强好胜、绝不轻易认输的人，几十年的政治斗争让她养成铁的性格。她已经无法忍受被人看轻看薄，无法再去做个不足挂齿的微小人物。早已习惯了众星捧月般的生活，现在让她从权势阶梯上彻底跌落下来，她怎么情愿？思来想去，她决定来个垂死抗争，只要有一线希望就不能放弃。

她考虑过，虽然王莽登基不会伤她性命，但对于她来说没有权力和地位，没了汉家的正统江山，自己这个汉室的太皇太后，往哪儿摆放？不，不行，坚决不行！王政君开始向王莽主动进攻，要求他下旨，禁止朝野再进献那些有僭越汉室之意的祥瑞符命。

但王莽依旧一脸憨厚，脸不红心不跳地向王政君耐心解释：“姑母的圣意，侄儿自然不敢违迕，但姑母也应该明白，天降符瑞，岂是侄儿能控制得了的？上天决定人事，天命不能违啊！希望姑母能体谅侄儿才是。”哼，装得多么无可奈何，说得多么情真意切！王政君心里暗骂，但又无法反驳，胸中越发憋闷。

和王莽第一次交锋失利后，王政君茶不思饭不想，渐渐害起了大病。王莽倒也不含糊，和以前一样，于日理万机之际，忙里偷闲，硬挤出空闲跑过来侍奉王政君。正如前几年刚受宠于姑母时的情形，他衣不解带，发不梳洗，日夜伺候榻前，亲手端汤喂药，捶背捣腿，照料得无微不至。消息传出去，自然博得如潮称颂。

后宫众人都好生嫉妒和羡慕，大家情不自禁地想，要是自己有王政君老太后的命，哪怕只享受上一天就死掉，也心甘情愿。可是，王政君却没感到享福。她昏睡中一睁开眼睛，就气哼哼地要把王莽哄走，嘴里毫不留情面地骂骂咧咧：“你还不滚，非得把我这老骨头气死才心安吗?”

每当此时，王莽总是垂手静听教训，既不反驳辩解，也不显露出丝毫愠色。有时听王政君发火太过激烈，就心平气和地说，“姑母，侄儿不想让您老人家大动肝火，怕伤了身子，侄儿只好先行告退”。然后说几句保重的话，匆匆离开。

王政君病中经常昏睡，但她心里很清楚，这个侄儿之所以仍像以前对待自己，那是自己手里还有一样他特别需要的东西，象征皇家正统的玉玺。只有自己将这东西交给他，王莽才能完成篡权的最后一个步骤，而这个步骤又至关重要，不可缺少。

王莽接连探视过几次，都是碰了钉子而去。虽然他一直毕恭毕敬，王政君却凭直觉知道，他的耐心是有限的，逼宫的时刻就在眼前了。果然，隔了一天之后，王莽轻车简从，一个人来到后宫。先一脸悲戚地询问太医和宫女，看姑母病情是否减轻，接着又说姑母需要清静，打发他们全退出宫院。

等四周寂静下来，王莽咳嗽一声坐在床头，眼光游移不定地盯着王政君：“姑母，大概姑母也听说了，近来有神策降临，让侄儿……侄儿本想竭力辅佐汉室，但据星相官禀报，汉家火德已衰，应有新朝替代，否则百姓就要遭灾。现在神策中又指明让侄儿主政，有道是民心不可欺，天意不可违。侄儿宁可负亲，不可负天。姑母深明大义，那玉玺……”

王政君侧身躺着，微闭眼睛似乎睡着了。王莽并不着急，扯扯袍摆，伸儿下腿，做出要长谈的姿势。沉静片刻，王政君忽然全身抖动，紧接着发出一阵哀号痛哭。然后她忽地坐起身，冲门外高声喊叫，让最贴心的黄门郎到内室去，请出镇国玉玺。

玉玺捧出来后，王政君将它紧紧搂在怀里，歇斯底里地哭喊道：“我对不起汉家的列祖列宗啊，我培养出了一个窃国大盗啊，将死之年，我有何颜面去见你们哟！想当年高祖皇帝南征北讨，东荡西除，才从子婴手中夺得这块传国玉玺，一统江山，创下了汉家基业。后历经惠、文、景、武、昭、宣、元、成、哀、平十帝，传到今日孺子皇帝，已有二百多年，这期间，经历过多少动荡和战乱，但都没有动摇汉家江山的根基。可是眼下……作孽呀，作孽呀！”

王政君自言自语半晌，忽然又咬牙切齿：“我……我生为刘家人，死为刘家鬼，我是一个堂堂正正的汉妇，老婆子我索性就来个以身殉国，也算为错眼看人赎去罪过！”

哭嚷着王政君厉声喝令身边的侍女、太监：“听本宫号令，立刻在宫中搭建灵棚，设上汉祖灵位。宫中所有男女，一律穿戴孝服，随本宫哭祭汉祚！”

宫女、太监正要习惯地答应，抬头却看见王莽就坐在旁边，这些平日里乖巧伶俐的奴才顿时愣住。他们知道，眼下姑侄两个正在紧张地对峙，一个要保汉，一个要篡汉，到底该听谁的，不该听谁的，弄不好一句话说错就要脑袋搬家，大家一个个面如土色，僵硬站在原地如木雕一般。

正在这时，王莽发话了，他声音沉闷而严厉：“你们这帮奴才，怎敢不听太皇太后旨意？耳朵聋了？”

众人见王莽表了态，好像吃了定心丸，赶忙给摄皇帝跪下。

王莽并不朝这边看，轻轻对王政君说：“姑母，他们按您的话去做了，姑母一定注意颐养天年，让玉体康泰，福寿齐天。”

“康泰什么？福寿什么？你不来烦我逼我这个将死的老婆子，就算上天保佑了！”王政君声音虽然很高，但明显底气开始不足，颤巍巍地站起身来，指着王莽便骂：“你用不着装神弄鬼假心假意地装好心，你巴不得我现在就去死，好搬走我这块绊脚石。你就要成为新皇帝了，我这条老丧家狗，何德何能，担当得起您的跪拜？你分明是在折煞我，让我早点入土为安！”

王莽被指指点点地骂个狗血喷头，脸上终于有些挂不住，不过他并不显露出来，只是转脸看着那帮跪倒在大殿门口的太监、宫女，厉声喝道：“都是你们这帮狗奴才给搞的，让太皇太后生这么大的气，来人，给我拉出宫门，杖责一百！”

宫女、太监们莫名其妙，却没有人敢分辩，喊哭着被侍卫拉了出去。片刻工夫，外边传来阵阵惨叫，让人听了撕心裂肺。王莽依旧神色冷静，保证似的对王政君说：“请太皇太后放心，以后谁要再敢不听您的话，儿臣对他们绝不姑息，不就是几个狗奴才吗？全天下人都是太皇太后的奴才。”

王政君正在气头上，不但不为侍奉自己多年的奴才们说句话，而且还指桑骂槐地骂他们是猪狗不如的东西。她骂完了又冲王莽高声说：“可惜天不佑汉室，你每天假戏真做，我这老婆子却被蒙住了双眼！说到底你这狐狸尾巴终究还是露出来了，你不是一直想得到这块传国玉玺吗?”说着，把怀中的玉玺举过头顶，“你来吧，从老妇身上踏过去，否则你休想取得玉玺!”

几缕阳光从窗棂闪进来，正照在玉玺上，更加显得晶莹剔透。多么美妙绝伦巧夺天工的工艺品啊！王莽不动声色地在心里感叹一声。翔龙盘踞在不大不小的方正底座上，似有乘云驾雾，一飞冲天之势，这就是权力，是权的象征。谁得到了它，谁就真的“一飞冲天”了。王莽蠢蠢欲动，但他竭力克制住自己，凡事不能太激烈，尤其对这个倔强固执的老太太，免得玉石俱焚，得不偿失。

王莽尽管在玉玺光芒下顿觉一阵眩晕，浑身血管膨胀、血液沸腾，但还是强抑住激奋，面色平静、心平气和地告诉王政君：“姑母误会了，侄儿并非为玉玺而来，太皇太后尽可放心，将之置于身边。不过话又说回来，太皇太后能守住玉玺，却不能阻止天命。”

王政君一怔。这时侍卫回来复命：“启禀摄皇帝陛下，长乐宫全部宫女黄门都被打死!”

王政君倒吸一口凉气，立刻醒悟过来，原来自己又中王莽小儿的圈套了，没了这群熟人，每天要生活在重重监视之下，毫无一点行动和言语自由，这可如何是好!

王莽满意地点头笑道：“做得好！传摄朕旨意，着内务官员另派几名上好的宫女和黄门，到长乐宫来侍候太皇太后起居。”

“遵旨。”

王莽交代完毕，对王政君百般恭敬地说：“侄儿方才听太皇太后吩咐，要在宫中搭建灵棚，设汉祖灵位，哭祭汉室，是吗?”

“是又怎么样，你尽管降罪好了，我身为汉妇，难道没有资格哭祭汉室吗?”王政君仍不松口，但声音却小出许多。

“侄儿岂能让太皇太后不高兴?汉室将亡，侄儿完全理解太后此时的心情。所以不仅太皇太后，而且侄儿也要一道去哭祭汉室。来人，速命内府搭建灵棚、灵位，明日前准备就绪!”

“遵命!”

王政君看过多少世事变迁，领教过无数风云变化，可就是猜不透王莽的心思。她认为王莽不可能答应，便可以钳制王莽的招数，可王莽恰恰以宽宏大量之心对待，他葫芦里到底卖的是什么药?王政君简直怀疑自己是否真的老糊涂不中用了。

王莽就是要王政君倍感自惭，就是要看到王政君心灰意冷，一步步瓦解她的意志。而事实上，王莽的确按照自己设定的方向，稳步前进。

自从王莽陪她一道哭祭汉室后，王政君细细思量一番，哭祭了汉室又能怎样？不过在宫里烟雾缭绕地闹腾一场，能说明什么问题？后来她终于想明白，其实她王政君根本算不上汉家节妇，人们不会因为她大吵大闹而改变对她的看法。而自己，也用不着心存留恋之情，只要天下人不说她是王莽的帮凶，改朝换代后，她依然做她的太皇太后，吃吃喝喝，了此残年，又有什么不好？她渐渐动摇了，觉得已经没有任何适当的理由再坚持下去了。

王莽像伏在草丛中等待猎物的猛兽，他一连好几天没来后宫，估摸着王政君应该到了回心转意的时候，便派安阳侯王舜来后宫取玉玺。

在王氏子侄中，王政君原先最喜欢聪明智慧勤学好问的王莽。但自从他居摄以后，声名日隆，权力逐渐盖过王政君。王政君不能再将其玩于手掌，落寞之际，就开始最喜欢政见和自己一致的王舜了。几次闲谈中，王政君发现王舜也反对王莽代汉自立，可谓志同道合，一来二往，王舜便成为王政君最最贴心的娘家人。

正坐卧不定的王政君一听说王舜来了，激动得老泪横流，没等王舜行礼就把他拉进内屋。两人寒暄着落座后，王政君要侍女献上糕点，然后冷冷地扫视她们一下，厉声说："全给我退下！王莽让你们这群贱货看住我老婆子，你们放心好了，我跑不了！"

宫女们噤若寒蝉，无声退下。

待众人全退出门外后，王政君流露出难得的笑脸，对王舜柔声细气地说道："今儿我让她们这群王莽的走狗滚远点，咱娘儿俩好好聊聊，这帮奴才全是王莽新换上的耳目，咱们说话绝不能让他们听到。"

王舜却不以为然，十分坦荡地说："姑母不用担心他们去打小报告，咱们娘儿俩堂堂正正，又没有什么伤天害理的密谋。"

王政君却有些神经兮兮，略带担心地说："舜儿，你不明白，为政表面最风光，其实最残酷。俗话说，兄弟争财，父遗不尽不止；妻妾争宠，夫命不死不休。琐碎小事尚且如此，更何况争当将相帝王？为了权势，父子相残多的是，我这个老太婆算什么？还是小心些好。"

王舜反而轻松地一笑："姑母是不是有些杞人忧天了？不过，姑母的提醒和关照，自是有理。我虽然一向反对王莽废汉建新，但这些日子仔细分析，天行有常，不为尧存不为桀亡。凡是一物兴起，必然有其道理，若一味敌视，反而是不识时务胡搅蛮缠了。再者说，天下之治乱，不在一姓之兴亡，而在万民之忧乐，江山易姓，有时并不代表风俗制度就非得易换，也不代表人心非得更改，所以一变，前景反而有望走好了！”

王政君听他说的话忽文忽白，还有几句不怎么明白，但大体意思是知道的，一声不响地顺着王舜的思路继续听他说。“就是退一步说，王莽毕竟是咱王姓家族的枝叶，人不亲血还亲。我想，要是咱们自己人搞内讧闹分裂，不但引得外人嗤笑，也正好给心存不轨者可乘之机。姑母可能还不知道，汉室衰微，一个孩童坐在皇位上，不知有多少人对这个王位虎视眈眈哟！与其让奸人坐上龙椅，咱们跟着倒霉，倒不如助王莽登上宝座，既是我王氏家族的荣耀，又可对汉室遗孤有个照应，咱们这些皇亲国戚也不至于有血光之灾，照旧吃香喝辣，安享余年，何乐而不为呢？”

王政君听他说的头头是道，虽有心斥责他怎么和王莽搅到一块，但道理确实如此，竟不由自主地点了点头。

王舜接着话茬又说：“姑母，事到如今，我看咱们只能是艄公跟着水走，生死都押在一条船上了。人家都说纸船铁艄公，如何把好舵最为关键。王莽眼下就是那艄公，咱们把他逼急了，或者让他一心慌，把船给撞到礁石上，大家谁也走不脱。所以考虑来考虑去，还是顺应形势为上策。”

话说到这里，王政君发觉自己与王莽好像不再那么遥远，也不再那么水火不相容。其实自己与这个痛恨的伪君子如同拴在一根绳子上的两只蚂蚱。唉，人强命不强，没办法呀！她忽然冲动地想，要不要拱手献出玉玺，交给本该掌握他的人？王政君意味深长地看一眼王舜，冷冰冰地问：“舜儿，咱们娘儿俩也不用绕弯子了，实话说，你是不是奉了王莽的命令，来取玉玺的？”

王舜倒也不隐瞒，坦率地说：“叫姑母猜中了，确实如此。”

近两年来，王舜和王政君接触的最多，当然最了解太皇太后的心思。王舜挑了王政君最想知道的关键字眼，轻声慢语地告诉她：“姑母可能还不知道，摄皇帝特拟，等将来建立新朝时，要把姑母太皇太后的封号改为新室文母太皇太后，孺子皇帝改封为定安公，皇太后称定安太后。可见王莽并非无情无义之辈，他想得很周全，如此改朝换代，亘古未有啊！”

“唉，说这些有什么用？只要祖上的江山能安然无恙，百姓各得其所，就是我的福分了，哪还计较我个人得失？姑母都这把年纪了，早就把名利地位看淡了，不在乎一己私利啦！”王政君干瘪着嘴唇说得有气无力，连连摇头叹息，心里却一阵宽松。

说着话，她转身取来金匣，双手捧出玉玺，忽然又面带泪痕，哽咽道："舜儿，姑母不幸，遭逢这等事变。但姑母也是深识大义的人，本来要和王莽拼争到底，不过为了刘氏家族不被王莽赶尽杀绝，也不使我的舜儿过于为难，今天就把玉玺交给你，顺便也让他给你记上开国第一大功。自古计莫毒于断粮，功莫大于救驾，你这次拿回玉玺，也算救了他一驾，稳稳当当做你的开国功臣去吧！"

王政君说话的时候，目光百般留恋地看着玉玺，咬咬牙抬高了声调："汉家祖宗，事情逼迫到这份儿上，别怪我一个孤老婆子哟！"甩手把它扔在地上，只听咣当一声，金石碰撞声震得王舜心里发颤，他慌忙扑上去。幸好玉玺质地坚硬，只是一只角上碰掉玉米粒大小的豁口，整体上并无大碍。他长出口气，顾不上说别的，一溜烟跑出后宫。

长安城里，最为热闹的地方要数西市大街。市面上人声鼎沸，高高低低的店铺沿着宽广的街道一字排开，不见尽头。店铺前写着商号名字的各色旗子迎风摆动，远望去犹如千军万马奔腾一般，煞是壮观。

西市大街中最热闹的场所，要数南北交叉的十字路口了。路口沿四个方向蔓延开，人头攒动，店铺云集，这里有南方来的水果和稻米，有北边来的兽皮和羊毛，有从全国各地甚至波斯、天竺收集来的各色珍奇珠宝，还有从城内城外牵来的牛、羊和骡马等大牲口，也有鸡、鹅、鸭等小家禽。分门别类地排开去，三转两转前不见头后不见尾。街上人流如潮，卖家从各地云集，买者也是千奇百怪，有从北方赶来的，也有从南方远到的，还不时能碰见三三两两或单独一个手牵骆驼、高鼻子蓝眼睛的西方人。

在路口东北角，坐落着一个旺盛客栈。这里有得天独厚的交通便利，有最大的客货流量，四方珍奇多聚于此，所以人潮胜海潮，一波接一波，附近的酒家生意，自然也就红火起来，来这里消费的人，养活喂肥了不知多少家规模不等的酒楼。旺盛客栈正是看准了这点，既招待客人住宿，也兼卖酒肉。

经营此店的主人是王兴、王盛弟兄二人，每日里蚁附而聚的客人和滚滚财源，让他们兴致高昂，如同看着一枚枚铜钱投进蓄银罐中，两人仿佛睡在钱堆里，本来已经疲不可支了，但银钱的力量像抽打陀螺的皮鞭一般，催促两人腿脚勤快待客热情，绝不把一丝一毫困倦之意写在脸上。

他们招待殷勤，把客人侍奉得顺心开怀，乐融融的气氛塞满酒楼的各个角落。客人们大都是称心而来，满意而去。兄弟俩的乖巧伶俐给客人留下很深印象，大家赞不绝口。凡是来过此地的人都会竖起大拇指称赞，名不虚传，不虚此行啊！他们兄弟最让人拍案叫绝的活计就是捋袖提壶，注目凝神，盘空轮注，不洒点滴。有很多人就是专来欣赏这儿干净利索的作风的，经他们倒出来的苦荼，亦即后人所称茶叶，碧绿圆润，香气四溢，熏得客人爽快利落地掏茶钱。书生们常喝菊花茶，因为菊花高洁，借此可以表明自己的心性和追求。喝完了茶，接下来就享用美酒和佳馔，满口清爽，比起其他酒楼，更有风味。

王兴、王盛兄弟俩挂在嘴上的一句话就是，“饺子就酒，越吃越厚；酒就饺子，越喝越滋”。意思是说，饺子就上酒，吃饺子留在嘴里的香味又被酒冲到胃里，一点都不浪费，人若能如此知道节俭，日子就会过得一天比一天好起来；酒就上饺子，饺子把人的肚皮填了一半，酒最多只能占去一半，越到后头就越如丝一样喝不下去了，这样就无形之中让肚子约束了你，让你既少花钱，而又吃得过瘾，何乐不为？这话折服了多少人，大家纷纷传为名言。

尤其近几天，天气暖和，又不是农忙季节，正是跑生意的好时候，来吃饭住店的人相当多。旺盛酒楼分为两层，楼下沸沸扬扬，满是人们互相打听追问小道消息的喧嚣声，楼上则略显沉闷，静悄悄的没人说话。正对着路口大街的窗子被紧紧地关上，住店人对外面的花花世界，了然无趣。刘秀神情郁闷，不时发出一连串叹息。刘斯干搜肠刮肚地找寻宽心话，但不管怎么说，刘秀始终无动于衷。刘斯干恐慌了，他从没见过主人这么沉闷过，不知道到底发生了多么严重的事情。

本来就窄小的屋子，空气都因刘秀的不畅快而凝固窒息了。刘斯干急得如坐针毡，面部表情不停地变来化去，没话找话地打破沉寂：“三公子，许大人那儿不行的话，我们还可以找别人嘛，要不，我把邓公子和严公子请来，说不定大家一合计，就会找到出路。”

许大人就是中大夫许子威，太学里的大师。当初刘縯入太学时，就是拜他为师。许子威专攻《尚书》，也是名满天下的大儒。那日刘秀一怒之下离开国师府，就径直去了许子威府上。许子威很欣赏刘秀，双方正谈得投机，不料刘秀无意中提起自己如何遭到刘歆冷遇的事情，许子威立刻神色大变，不再谈论别的，更不再提让他进太学的事，推说自己还有应酬，把刘秀给轰了出来。

直到此刻，刘秀才明白，许子威既然知道了国师刘歆不喜欢自己，迫于威压，害怕因此而得罪了国师，自己成了烫手的山芋。刘秀无功而返，后悔不该多嘴，结果堵死了自己的路，也就更加颓然，索性躲在店里任自己憔悴下去。

“斯干，找他俩有什么用？你是成心想让我在邓公子和严公子面前丢尽颜面吗？我堂堂五尺汉子，好歹也是大汉宗室的后代，到头来还不如一般的富家子弟，你让我的脸往哪儿搁？哼，十足的一个馊主意！”刘秀满腹郁闷没处发泄，挑鼻子瞪眼。

正在刘斯干不知所措时，楼梯传来了轻碎的脚步声。门轻轻打开，是店家王兴上来了。王兴一见他们主仆俩，赔了笑脸温和地说：“刚才在楼下我就看出来了，只是客人太多，没顾上招呼。客官为何愁肠百转，闷闷不乐？莫非有什么心事？”

刘秀皱着眉头推辞道：“自家有病自家知，谁能代替得了谁？我就是告诉你，又能怎么样？快去忙你的吧！”

“哎呀，客官的话还真是有道理。不过古话说得好，忧能生疾，还是想开些好。楼下有最好的长安花雕，客官何不到人堆里坐坐，品着酒听大家闲聊，或许能松快些。”

刘斯干见刘秀有些犹豫，忙在一旁怂恿。刘秀心想，反正闲得越发无聊，去就去，便带了刘斯干跟随王兴来到楼下。人声熙攘中，找个靠窗户的空桌坐下，王兴在下首陪着，几杯烈酒下肚，心情渐渐舒张。

正喝出些滋味，忽听有人在外面大声叫嚷，闪开！闪开！越骑校尉到了还不避躲！话音刚落，两名禁军已大摇大摆地走到店前，看也不看地高呼乱叫：“王兴、王盛，快出来见过越骑校尉大人！”

王兴从没和官家打过交道，见威风凛凛的官兵指名道姓地叫唤自己兄弟俩，顿时一阵慌乱。不过他知道，人家找上门来了，是福是祸都躲不过去，况且自己做事明明白白，又没干偷鸡摸狗的勾当，大概没什么灾殃，或许只是收取乱七八糟费用的，便硬着头皮出来答应：“军爷有何贵干？”

“你是王兴还是王盛？快快报上名来，一会儿越骑大人就到了，没时间跟你啰唆！走，出去见越骑校尉！”

“小民王兴，王盛是小民的胞弟，现在不在店里。”

刘秀平素最看不惯这些狐假虎威的小人，他们在上司面前唯唯诺诺，装得比孙子还低贱，在百姓面前耀武扬威，比老爷还神气。他看到王兴的两条腿像不当家似的在原地哆嗦，自己仗着酒兴，索性走出门来，对兵卒大声说：“百姓最怕兵，有理说不清。你们何必这么凶巴巴的，有什么事情直接告诉他不就完了？”

两个兵卒听他话里带着训斥之意，恼怒地睁圆了眼睛："好你个大胆狂生，天下这么多事都犯得着给你交代吗？真他娘的吃了熊心豹子胆了！老子看你是不是寿星老吃砒霜——活得不耐烦了？来，爷儿们今个就抓你个作乱，给越骑校尉大人送个见面礼!"

说着，就有几个人上了手，准备拳打脚踢，好好教训一下这不知天高地厚的东西。刘斯干见闯了大祸，惊慌地要哭出来。刘秀见他们要动真格的，也有些发毛。京师重地，真的闹出事来，又没熟人搭救，这可怎么办？

没等他想妥当，几个兵卒已经凑到跟前。正在这时，一匹快马疾驰而来，马上跳下一人，没头没脑地大声斥责那两个兵卒："一帮狗奴才，刘公子是你们几个能动的吗？幸好没伤了一根汗毛，否则叫你们……"

只见那人俨然一副高级武官的样子，只是个头有点矮，穿上那身威武庄严的官袍，越发显得矮小，仿佛一个小孩穿着宽大的戏袍，看上去总有点滑稽可笑。刘秀暗暗奇怪，这人的面容和声音都给自己一种曾经相识的感觉，可无论怎么思量，总想不起来他是谁。

"小人叩见大人!"兵卒们忙抽身回去，恭敬地施礼。

那武官并不看他们，注意力全集中在刘秀身上。他轻轻一笑，走到刘秀面前，声调轻佻地说道："怎么，刘公子，才几天不见，就不认识下官了？"

刘秀仔细打量了一番，好不容易才想起来，失口叫道："哀章，怎么是你!"

"大胆！竟敢肆无忌惮地乱叫，你有资格吗?！这是越骑校尉大人!"哀章贴身侍卫立刻大声斥责。

侍卫一叫唤，可真把哀章给衬托得更加高高在上，哀章得意地一笑，却立刻绷紧了脸皮："蠢材，你狗眼不识泰山，刘公子是原汉家宗室子弟，你算什么，还不赶快滚一边去!"

"大人教训得极是……"那人低头退出几步。

前几天走投无路的蜀郡儒生，如今的越骑校尉，真是一夜之间飞上枝头做了金凤凰。刘秀百思不得其解，始终弄不明白，哀章用了什么伎俩，这么快就做了朝廷显贵？不过此刻不容他多考虑，也客气地回施一礼说："哦，原来是校尉大人，怪我眼拙，对大人多有冒犯，还望大人多多海涵!"

见刘秀如此恭顺，哀章哈哈大笑，官腔十足地说："什么大人不大人的，不过一个虚名罢了。古人说得好，君乘车，我戴笠，他日相逢为君揖。贫贱之交不可忘嘛！何必客气？"

刘秀言不由衷地接着客气说：“多谢大人见谅，看来是在下以小人之心度君子之腹了。”

“本官来此是办差，没想到能遇上刘公子，倒是真有缘分。”

“敢问大人来这酒楼上办什么差?”

“说起来也是个天大的好消息呀！那王兴、王盛两小子命好，上天降下圣命，让他们做新朝开国辅臣，摄皇上令我速速召之入宫，拜官受封!”

王兴蜷缩在旁边，不敢相信自己的耳朵，他惊异地四下看看，见大家都把目光投向自己，才将信不信地拍拍脑袋，怎么天上掉下个馅饼偏偏就砸在自己头上了呢？是不是平时积德行善、济穷助贫让上苍感动了？他忙连滚带爬地来到哀章面前，叩头便拜，感激涕零地抖声说：“大人恩德，小人没齿难忘。”

“起来吧，去，还不快把你们店最好的酒菜端上来!”

“哎，哎，小的遵命!”

王兴亲自端菜斟酒，哀章更显得意。以往在这儿吃饭，点菜得看价钱，看别人花花绿绿摆一桌子，只有咽口水的份儿。而这次不一样了，来吃饭是赏给他脸面，所有以前想吃却吃不起的，今天为所欲为。他先端起酒杯：“刘公子，为我们重逢，干杯!”

刘秀从一开始见到他，就感觉不大舒服，厌恶他的满身世俗味道。但刘秀也明白自己眼下处境，表面文章还是要做的，忙谦让一句：“谢大人厚爱，方才我已喝了不少，对不起，那我就以茶代酒，为方才冒昧赔罪了。”说着刘秀举杯饮干，然后拱了一下手，转身上楼了。

哀章热脸贴上了刘秀的冷屁股，被晾在了那儿，望着刘秀背影冷冷地哼一声。王兴见哀章脸色不好看，怕慢待了福星，忙讨好地凑上去：“大人别和他一般见识，这种榆木疙瘩，一辈子混不到好处的。”

“好了，看你倒伶俐，还算本官没看错人。我宽宏大量，和一个小人一般见识，岂不太失大体了，是人的绝不愿意和狗斗，对吧?”

“对，对，对，大人……”

“走，跟我进宫去……”

“哎……是!”

王兴欢天喜地，屁颠屁颠地跟在后头，眼前晃动着做梦都不敢想的锦绣前程。

第七章　多情少年　吐露心声

刘秀躲在小屋内，辗转反侧，一夜难眠。好不容易进入了梦乡，却见阴丽华一脸羞怒，满口怨气地对自己说："文叔，你知道不知道，自从那日一见，我一直都盼着你荣归故里，衣锦还乡。苦苦地等你归来，多少如意郎君我瞧都不瞧。可惜我一百次的回眸，换来的却是你白衣在身，我一千次的回眸，换来的却是你功名无成。文叔，你让我好失望啊，我已经不能再等了，趁着青春年少，还是给自己找个比较好的归宿吧，这只能怪你自己……"

刘秀惊叫着："不要走，丽华，你不要走！你不知道，我长安落魄是事出有因，不是我存心让你伤心。你回来吧！丽华，我求你回心转意，再给我一次机会，好吗？就一次，行吗？我会好好把握的……"但梦中的阴丽华头也不回，决然地消失了……

刘秀翻身大喊："丽华！不要走！"一缕阳光洒在刘秀的床上，他睁开眼，心如敲鼓，刚才是个梦吗？

刘斯干闻声跑上来，问道："怎么了，公子？都交巳时了，快起来吧，邓公子和严公子在楼下等着呢！"

刘秀不予理睬，他不相信，邓禹和严光怎么能找到这儿呢？肯定是刘斯干又在搞鬼，他顺手抄起了一卷书，读了起来。

刘斯干着急地叫道："三公子，人家都等半天了，你怎么又看起书来……"

看刘斯干一本正经的样子，刘秀也有些将信将疑，反正也不早了，出去转转也好，便懒洋洋地下了床，刘斯干忙伺候着穿好衣服。

刘秀一下楼，果真看见邓禹和严光正坐在桌前闲聊。刘秀忙整理一下衣装，疾步上前。见刘秀来了，邓禹和严光也起身相迎，拉扯着手寒暄不已。故人遇故人，知己见知己，刘秀几天来满腔的悲哀，一股脑儿倒了出来，末了竟眼泪汪汪地说："仲华，严兄，你们怎么会找到这儿？"

严光并不急着回答，调侃地说："文叔，进不了太学，也不找我们商量，太不够朋友了吧？"

刘秀紧皱眉头长叹一声："并非如此。唉，说来话长，本来进太学是顺理成章的事，只是不知怎么回事，那刘歆老贼故意与我作对。人家势大，即便告知你们兄弟，也只能徒增烦恼，于事无补啊！"

邓禹却满脸含笑地说："刘兄不必烦恼，我们来就是为了这事。其实进太学也不一定非得经过刘歆老贼的同意。也是凑巧了，如今天降贵人，他答应助我们一臂之力。此人乃新朝显贵，我们就是奉太学许子威师傅之命请你进太学的。"

刘秀转忧为喜，松快一大截，忙说："竟有这等好事？真是踏破铁鞋无觅处，得来全不费功夫。只是不知道你们说的那个天降贵人是谁，他怎么会平白无故地帮助我。"

邓禹抢过话头说："刘兄当然不知道了，这人正是向摄皇帝进献铜匣和金策书的蜀郡儒生哀章，人家现在是新朝十大辅臣之一，上天派下来的，连刘歆也得让他三分呢！"

刘秀一听原来如此，陡然升起一股怒气，恨恨地说："怎么是他所为？我最讨厌这等装神弄鬼的小人行径。哼，就是现在立刻打道回府，我绝不会仰仗他的权势求得功名！"

严光见刘秀这么气愤，不解地问："贤弟，原来你们早就认识，不知你何时和这位当朝显贵结识的？"

刘秀站在桌边，重复了一遍与哀章的来往交情。严光了解刘秀的为人，知道他生性高洁，凡事不想借他人之力尤其像这种他厌恶的世俗小人。但眼下情势复杂，顺水推舟、借风行船也许才是智者所为，忙婉言劝说道："文叔，你的心志当然再好不过。可什么事情都得来回想想。全家人节衣缩食，拿出盘费让咱们千里迢迢来到京师，为的还不是多寻条出路？如果轻易放弃这次机会，恐怕有悖初衷，也对不起令堂大人吧？再说了，机不可失，时不再来，运气不是人人时时都能碰上的，错过了岂不太可惜？若不进太学，天下之大，何处可以帮助咱们完成志向？有道是能屈能伸大丈夫，将就一下，又有什么不可以？"

听他说的入情入理，刘秀忽然想起方才梦中的阴丽华。要嫁非嫁大将军，可是如果不进太学，怎么入仕做官，那梦中的情形迟早要变成真实。他心头突地一动，沉吟一下对严光说："严兄，还是你说得对，事到如今，也只能忍气吞声了。"

刘秀进太学当日，太学大夫许子威、博士江翁，亲自到圣宫门前迎接。

面对刘秀的器宇轩昂，许子威婉转地表示歉意。刘秀显得毫无芥蒂，谈笑风生地当场拜许子威为师傅，习学《尚书》。邓禹拜江翁为师，专攻《诗经》，严光则潜心研读《春秋》。

太学是当时天下的最高学府，这里汇集着天下各类书籍，分不同的课业，且每一门都有名师讲授点评。王莽摄政后，为笼络人心，加上他本人就醉心儒学，掌握权力之初，便降下诏旨，特意扩充太学，增加博士和太学生名额，给太学新建万间房舍，把通晓礼仪、古书、天文、历算、针法、医药、方技的人邀请至京师，记述所学。钻研《诗》《书》《礼》《易》以及天文图谶，是学生最多的功课。董仲舒的《春秋繁露》也堪称是当时学习典籍，因为他提出的“天人合一”说和“天人感应”说，很得王莽赞赏。

刘秀从小就有喜好读书的习惯，视书如宝，酷爱至极。自进入太学，更觉天下好书汇集于此，读也读不完，愈显得自己见识浅薄，便愈加勤奋刻苦，不知疲倦，日日用功夜夜挑灯。他以攻读《尚书》为主，但也会翱翔到其他学说中，在那里涉猎一二。

太学生的日常生活也颇丰富多彩，充实有趣。读书读得累了，可以玩投壶等游戏，也可以在林荫小道旁花草丛生处，和朋友对弈聊天。还可以到艺术馆习字或绘画，如果想看看外面的花花世界、想出去散散心，就可以约上几个好友逛街，看热闹，日子过得挺有滋味。

太学学宫门前就是京城最热闹繁华的长安街。长安街虽然毗邻学宫，但学宫墙高院深，能把一切嘈杂和喧嚣拒之宫外，太学生的学习环境还是比较安静。学习之道，一紧一松，在绿荫掩映花木交错的地上歇一歇，不失为一种缓解疲劳的方法，将注意力暂且转移一下，有助于更有效地干最有意义的事。刘秀平日里涉猎老庄，自然深知这样的道理，不过这幽雅恬静、鸟语花香的养性之地，却很少能见到刘秀的影子。刘秀意识到像自己这样的落魄皇族，能来这里读书，已经是相当不容易了，机会难得，在这里学习时间又毕竟有限，必须抓紧时间，疲劳了就换本书接着读。这样既可争取时间，又避免过于劳累，倒也很充实。

闲暇之余，刘秀经常去后院的一条小径上溜达。那条小径两旁树立了圣贤孔子和他的弟子七十二贤人的石像，仿佛这里有圣人指点，可以让他思路敏捷，少绕弯路，顺利地揣摩出书中的真义。

然而太学也并不像刘秀原先想象的风平浪静，神圣纯洁。时间稍长，他发现，这里也有你争我抢、聚众闹事，甚至大打出手的现象。那天刘秀正在吟咏诗书，不知从哪里窜过来五六个大大咧咧小混混模样的人来。转脸一看，为首的一个刘秀认识，就是王莽的孙子王吉。这家伙歪戴头巾，一身绸缎长袍皱皱巴巴，袍摆掖在腰间一条宽大的五色丝带里，乍一看去，如同骤然发迹的屠夫。其他人都像保镖一样站在王吉身旁，这是王吉进太学时带进来的众多书童侍从。

王吉在太学里早就臭名昭著、恶名远扬了。他每天倚仗权势，横行霸道，欺小凌弱，为非作歹。学宫里的规矩，在他眼里简直狗屁不如。刘秀生怕捅了这个马蜂窝，往往敬而远之。现在看他们站在自己眼前，情知来者不善，正要堆起笑容和他打招呼，却被两名护卫打扮的人死死按住肩膀，动弹不得。不等刘秀反应过来，王吉冷笑着说："姓刘的，明明见老子过来了，还端坐着不动，也不跟老子搭话，怎么，皇家子弟就看不起老子了？"

刘秀还是装出笑容："哦，原来是王公子呀，你看我读书都读迷了，这才看见，失敬，失敬！"

王吉嘴角一撇，不屑地说："说句失敬顶个屁用！你今天冒犯了老子，咱也不难为你，如果跪下磕个头，赔个不是，老子就饶了你，如若不然……"

刘秀见他不依不饶，蹬着鼻子上脸，心头腾地蹿出一股火气，尽量克制住不卑不亢地说："王公子，你我同窗求学，俗话说，一辈子同学三辈子亲，应无贵贱之分，况且实在是没看见，何故行大礼？"

王吉忽然仰天哈哈大笑："说得好听！你也配跟我做同窗？你眼瞎耳聋的也不打听打听，摄皇帝今天登基，家父被立为太子，老子出去就是上公，比起你小子来，老子就是天鹅，你小子充其量也不过癞蛤蟆拉出的屎！你以为你们刘家还是皇族吗，摄皇帝从刘家夺得了天下，老子我也要让刘姓的什么猫狗之类，拜在我脚下！"

刘秀一听，火冒三丈，气不打一处来，再也按捺不住。王莽篡汉今日登基的消息，如同晴天霹雳，刘秀的脑袋"嗡"了好一阵，才冷静下来。怪不得王吉今天无缘无故来找碴，原来刘姓大汉的天下已被人家篡夺了！

"蔫了吧，你小子怎么不说话，啊？"王吉得意地催促道。

刘秀回过神来，仰首挑眉却依然忍耐着怒火："可是，公子你现在尚在求学之列，算不得正式王公，所以在下可以不拜。"

王吉本以为自己刚才的话釜底抽薪，刘秀知道自己失了势，会乖乖下跪，没想到仍被顶撞一句，顿时气得脸色发青，咬牙切齿地吼叫："好！既然你小子敬酒不吃吃罚酒，老子今天就给你点颜色看看。小子们，给我狠狠地打，打得他趴下，爬过来向爷爷我讨饶！”

那群奴才早就手心痒痒，听到一声令下，立刻蜂拥而上，又是拳打又是脚踢，冰雹般地砸向刘秀。一拳紧接一拳打在刘秀脸上，一脚又是一脚踢在刘秀身上，不但浑身生疼，那疼痛直钻在心里。他伏在书案上，许多念头闪过来又闪过去，他真想雄狮般吼叫而起，跟他们拼了。但刘秀更加明白，眼下自己身在何地，他必须忍耐。纵有天大的委屈，也要忍耐。智者要吃得眼前亏，待日后东山再起时方能报仇雪恨，否则一招不慎，满盘皆输，小不忍则乱大谋。刘秀在心中不停地默念，双拳握得嘎巴响，却一动不动。

刘秀死挨，对方狠打，喧闹喝骂声一浪高过一浪。不知道过了多长时间，忽然有人在门外喊道：“住手！”闻声望去，原来是师傅许子威来了。许子威是一代儒学名家，王莽向来很看重儒学，崇尚以儒治国，很尊敬许子威这帮儒学大师。也正是这个原因，王莽特意把不受约束、不听管教的王吉交给许子威，让他严加教导。王吉深知许子威的威严，忙令下人住手，自己则乖乖站在墙角。

许子威看看血头血脸的刘秀，一阵心痛，倍感失职。二话不说，先过去用衣袖擦去刘秀脸上的斑斑血迹，关切地问：“文叔，没事吧？”

“没大碍，老师！”刘秀反过来安慰老师似的笑笑。

许子威转过身来，瞪王吉一眼。王吉正想找个借口辩解，却被许子威阻止住，厉声呵斥说：“不用辩解了！你纵有千万种理由，但打人首先就是不讲道理，恰恰和儒道相悖！你知道吗，新皇登基，以贤德之名闻于天下，公正无私乃是新皇的难得品性，你难道忘了新皇当年大义灭亲的事迹了吗？若今天的事被太学生联名上书，新皇发怒下来，你的后果将是怎样，你想过没有？老朽眼下做的，只能是尽量不让新帝失望，悉心传授你知识，将你平安送出太学，以备征用罢了，老朽自然不会直接上奏皇上，但你要引以为戒。”

经许子威一提醒，王吉想起十年前他的伯父，也就是王莽的长子王守，因为掺和进平帝外家卫氏家族和公侯之间的斗争，参与了血门事件，结果逼迫出人命。王莽毫不犹豫地将其以药酒赐死，丝毫没有吝惜亲情的意思。想到作为儿子的尚且这样，更何况自己一个孙子，王吉顿时不寒而栗。不过听许子威说无意秉承皇上，而刘秀又要被惩处，自己虽然挨了一顿骂，但心里怨气全消，反而脸上显出洋洋得意之色。见刘秀和许子威走远，他幸灾乐祸地冷笑一声，领着狗腿子们走开了。

刘秀跟在许子威身后，慢吞吞走着，越走越感到气愤难平，分明是王吉飞扬跋扈，为什么自己挨了打还得受罚？这天底下难道就没有公理了吗？怎么连太学圣地也这般黑暗污浊？他本来开始钦佩许子威的学问人品了，但此刻，忽然觉得闻名大儒也不过如此……眼看就要到督学处门口了，许子威突然站住，不知什么时候，慈祥挂满脸上，他声音和蔼地说："文叔，你走吧！我刚才只是给王吉演戏罢了，毕竟人家是新皇子孙，得让他下得了台才行。唉，世事如此，单凭公道二字实在难以说清，得忍耐时须忍耐哟！"

刘秀立刻明白过来许子威的良苦用心，激动得眼泪夺眶而出。再想想老师刚才那种关切的语气如同父亲一般，更是泣不成声。扑通一声，刘秀跪倒在地，满面泪水地抬脸说："多谢恩师照拂，学生知道以后该怎么做，一定不负恩师苦心！"

"明白就好，来，起来！"许子威双手扶起刘秀，"老夫观你行闻你言，你是老夫教过的所有学生中最有才气的一个，也是最有气度的一个，将来一定成大器，老夫自信不会看走眼。相信这一天很快就会来临，你必不会久为人下。"

告别了许子威，刘秀径直向住所走去。半路上碰上了神色慌张的刘斯干，刘斯干见刘秀鼻青脸肿，还有鲜血从伤口处汩汩流出，更慌了神，忙问："三公子，你去了哪儿？怎么会这样？哎呀，我可是奉了主母的吩咐，专来侍奉保护公子的呀！主母再三嘱咐我要和公子形影不离的，谁知道我洗衣服回来，你就不见了，我正到处找你呢！你就……我该死呀，公子，我该死呀！"

在刘斯干一声声的自责中，邓禹、严光和一个叫强华的儒生闻讯来到，他们也是去学堂找刘秀谈论一些学问上的事情，没想到刘秀不在，就寻到了这里。大家一见刘秀惨状，惊诧万分，异口同声地问："这是怎么了？"

刘秀轻描淡写地说了一下刚才王吉挑衅的事情，严光不解地问："文叔，你不是会武艺吗？怎么搞得这般狼狈？"

强华刚与他们相识，对刘秀还不太了解，惊羡地啧啧连声："怎么，刘兄还懂拳脚武艺？看不出来，真是了不起！"

刘斯干竭力挽回主人的面子，忙插言说："你们不知道，以我家公子的武艺，绝对是一个将才。要不，新野有名的大美人阴丽华小姐，怎么会对我家公子有意思呢？"

邓禹当然听说过阴丽华大名，羡慕地说："阴丽华小姐才色绝美，多少官宦富家子弟都看不上，能打动她的心思，刘兄真是魅力超群。不过话也说回来，她看上刘兄，也颇有眼力。"

严光不清楚他们说的话，也凑热闹打趣："看你们把那个阴小姐说成地上第一，天上没有，刘兄艳福不浅哟！"

刘秀忙红着脸矢口否认："我乃庸碌之辈，有何德何能，怎么会讨得阴小姐芳心？斯干，休要胡说！"

虽然嘴里这样说，但一提到阴丽华，刘秀忽然觉得身上痛楚立刻全消，心情格外的好。于是岔开话题提议说："诸位好友，连日来埋头书本，今日难得大家聚在一处，我们何不上街一游？"其余四人当然乐得答应。

今天是王莽即位的日子，街上气象非比寻常。路面早被打扫得一尘不染，店铺的牌子都刷新了，道路两旁彩旗遮天，隔三岔五地悬挂了串串丈余长的条幅，条幅上写的无外乎歌功颂德之辞，场面壮观得胜似逢年过节。

五人走在干净利落、宽阔悠长的大街上，除了刘秀感到失落痛心外，其余人则更感觉新鲜。边看边谈论朝政更迭，预测将来世运。正议论不已，忽听前面一阵锣声响过，有人扯嗓门高喊："执金吾大人到！行人回避！"

五人赶忙闪在路旁，街上的行人也纷纷让到道边。只见一队执戟卫士走在最前面，脚步整齐，身上铠甲叮当作响。再往后是执长刀马队，个个神气活现，在百姓眼里宛如天神。马蹄嘚嘚敲击地面，震得人心里直发虚。马队过后才是侍卫皇帝的军校官员执金吾。只见车骑仪仗，整齐威风，前呼后拥下，身穿甲胄的执金吾，骑着装饰华丽的高头大马，衣甲在阳光下熠熠闪着金光，被全副武装的御林军簇拥着一路走来。执金吾眼高于顶，根本不正视路旁行人。而两边的护卫们则一双凶光闪烁的眼睛扫来扫去，准备着一旦发现行为不轨的刁民，马上拉出来一刀斩掉。执金吾的职责就是巡视检查维持秩序，保证皇上出行时不能出差错，以免折煞了新皇帝的威风。

站在人丛中，刘秀目不转睛地盯着执金吾大将军。执金吾的威风凛凛给刘秀留下深刻印象，他隐约感觉自己此刻如此卑微而渺小。同样是堂堂男儿，凭什么人家就虎视眈眈俯瞰众人，而自己却只能仰视人家尊贵容颜？王侯将相，宁有种乎？刘秀忽然想起这么一句，心头猛然一动，忘情地脱口大声说道："仕宦当作执金吾，娶妻当得阴丽华！"说完后自知失态，红了脸低下头。

严光就站在旁边，听见平时内向的刘秀竟然"口出狂言"，不禁啧啧咂嘴说："真看不出，原来贤弟也是个多情种子。不过，无情未必真丈夫，有爱才是大英雄。看你一声不响，心里却志向远大。我早就看出来，贤弟绝非平常之辈，只要不懈努力，瞅准机遇，出头之日恐怕是不远了！"

听他这样说，刘秀又想起许子威的话，心头一振，在人声嘈杂中说："多谢严兄吉言。”

执金吾队伍缓缓而过，渐渐远去，敲锣吆喝声和马蹄响动声归于沉寂。人们纷纷散开，刘秀仍伫立在原地，出神地久久凝望。

举行完登基仪式后，王莽正式废掉了汉室名号，改国号为新，并把当年年号定为始建国元年。王莽妻子王氏被册封为皇后，小儿子王临立为皇太子，其余子孙也都分别封侯。

新朝伊始，照例要宣布全国大赦。天牢里的死刑犯统统罪降一等，被发配边疆充军。最希望王莽登基的大概就是这类人了，他们欢天喜地，高呼皇恩浩荡。接着就是依照铜匣和金策书的序列，册封辅佐大臣。

王莽颁布诏令，命王舜为太师，赐封安新公；平晏为太傅，赐封就新公；刘歆为国师，赐封嘉新公；哀章为国将，赐封美新公。这就是所谓的新朝四辅，位列上公。甄邯为大司马，赐封承新公；王寻为大司徒，赐封章新公；王邑为大司空，赐封隆新公，此为三公。另外还封了四将，甄丰为更始将军，赐封广新公；王兴为卫将军，赐封奉新公；孙建为立国将军，赐封成新公；王盛为前将军，赐封崇新公。

王莽本来心性就特别敏感，加上刚刚执政，感觉江山根基尚不稳固，生怕有些人打着反新复汉的旗号，趁机兴风作浪。他的担心也并非完全多余，前些时候的刘崇起兵反叛就已有了前例。

王莽在摄政时曾大封汉室宗臣的后裔，前后达七百人左右。他这样做，自有他的目的。而结果确实也得到了大汉宗室的支持，骗取了大汉宗室对他的信任。本着这个经验，王莽决定对大汉宗室继续采取安抚政策。况且这样做，还有一层意思。王莽的姑姑王政君毕竟是刘家人，自己的女儿也是刘家媳妇，自己的外甥也是刘氏血统，总不至于把他们全当成旧朝余孽除掉，这太不符合儒家风范。而安内招远，才是儒术的精髓。

于是，王莽赐封孺子刘婴为定安公，并把原来大鸿胪官署作为定安公府邸，他的女儿即汉平帝的皇后改称为定安太后，太皇太后王政君改称新室太皇太后。不过王莽分封有个原则，但凡刘姓皇族中为郡太守之类掌兵权官，全部调任谏议大夫，虽然表面上看起来官职高了，却丢掉了实权。他们手中没有兵权，自然就大大减少了造反的可能性。对于刘姓称王者，王莽则坚决废除，将刘姓诸王改称为公。

除此之外，王莽为了显示自己在新朝的威信，特意派巨威将军王奇，向边疆少数民族颁发新室印绶。收回原先大汉朝廷发放的印绶，把原来汉朝加封的游牧民族王爷改为侯，降低一级。北方异族中比较强大的当数匈奴，王莽称帝后，派专使收回单于的“玺”，重新颁发“新匈奴单于章”。接着王莽又下令，分匈奴为十五单于，并派人到边境招降韩邪单于诸子，一起都封为单于，分化了他们的兵力。

始建国二年（10），王莽又接连下令，把匈奴单于改为“降奴服于”，这当然就包含有轻视侮辱的意思了。匈奴也不傻，立刻觉察出新朝对他们不友好的态度，叫嚷着起兵反抗。王莽也正需要通过对外用兵，来达到镇服国内的目的，在国内广征兵士准备进攻匈奴。王莽对匈奴的战争历时最长，规模也最大，耗费掉大量人力财力。

对少数民族发动的战争不仅在北方，在东方，因高句丽人没有及时对王莽新政权前来朝拜，王莽感觉威严受损，派严尤征服了高句丽，并轻蔑地将其改为“下句丽”。在西边，因王莽发动战争，西域各国纷纷抵抗，与之断绝往来，在西南，匈奴五部起兵反莽，响应北方。王莽派冯茂等巴蜀军队镇压句町，大规模的战争历时三年，因为西南气候水土和中原大不相同，士卒不断发生大范围疾疫，死者十之六七。尽管王莽在后方赋敛民财，把整个国力虚耗殆尽，但始终未能使这些所谓的蛮夷屈服。自新朝开始，四境战乱便时断时续，始终未停止过。

不仅对外战争如火如荼，新朝对内策略也花样迭出，各种新政策三天两头就出台一个。王莽摄政时就力图把自己从儒家学说中得来的为政理论付诸实践，现在终于爬上权势的巅峰，更是毫无顾虑，极欲大展雄心，革新所谓弊制，意图开创前无古人、后无来者的新局面。

汉成帝时，王政君的兄弟王凤、王商、王立和王根等四人相继被委任大司马大将军。而后，王氏封侯者前后达九人之多。朝廷中一些位重权大的职位及州刺史、郡太守等，多出自王氏门下。这样一个强大的家族后盾，也使王莽推行新法信心十足。

家族后台为王莽撑腰，王莽为家族后台做主，两者相得益彰，似有一番天翻地覆的迹象。王莽好不容易耗尽心机，不择手段，才戴上这顶桂冠，登上权力顶峰，他靠沽名钓誉发迹，当然不肯错失这个施展抱负证明雄心的天赐良机。于是，王莽凭借他十余年的辅政经验，锐意改革。长期的朝堂斗争中，他自诩深谙从政之道，感觉自己的洞察力比较敏锐，深深明白汉室之所以衰败，是由于一些政策落后而引起尖锐的阶层矛盾。为此，他对症下药，颁发诏令，进行改革，其主要内容包括，实行“王田”、实行五均、赊货及六笼制、改革币制。

除此之外，王莽还仿效一统天下的秦始皇，下令统一度量衡。王莽于始建国元年（9）推行关于度量衡的制度，制造标准的度量衡器，颁行天下，让各地作为统一的法则，不得随意加减，违者要严加惩处。

络绎不绝的各种新法规接踵而至，令人眼花缭乱、应接不暇。但王莽还不满足，他接着对中央地方的官员、官制郡地名以及行政区划，按照儒家学说的礼仪规章，屡次加以更改。甚至连新朝的国号也做了多次变更，前后用了“新家”“新室”“黄室”“新成”“薪世”和“薪”等多种名称。地名、官名和国号还有各种措施的来回变更，不但普通百姓弄不明白，就连朝廷大臣甚至专管礼仪的官员也记不清楚，时常犯糊涂。

对于王莽改制的评价，上至王公大臣，下至平民百姓，私下里众说纷纭，议论来议论去，谁也说不出个所以然来。王莽深信儒家学说所包含的治国理念，可以齐家、治国、平天下，所以他事事都以此为标准。他实行的“王田”制，试图把上古时代周公作为政治模范，也就是所谓的“托古”改制。然而王莽没有看到，这种托古而不顾今的做法，根本就不合时宜，今人毕竟不比古人。所以王田令一推出，立刻引起强烈的反响，轰动朝野，怨声四起，一个个敢言直谏的大臣纷纷上书，请求王莽收回成命。

但踌躇满志的王莽并不承认自己的失败，为了表示推行新法的决心，也为了杀一儆百，树立威信，他怒气冲冲，在朝堂上就把几个闹得比较凶的谏臣推出午门斩首了，吓得大家战战兢兢，再不敢吭声。

然而王莽没有料到，虽然朝堂上的百官缄口不言，对他的每次新法唯有称颂赞叹，但他的美好愿望最终还是夭折在全国一片愤怒的声浪中。王莽仔细思量，从良心上来讲，自己推行新法的本意原是以民生为本，是要为百姓谋福利。但因为呆板的新法和现实格格不入，加之吏治腐败，新法推行到百姓中间已经完全变了味，成了贪官污吏中饱私囊的借口。他们趁众人不了解新法为何物之际，胡乱解释，鱼肉百姓，搜刮民财，百姓痛骂新法的时候，他们正躲在内室喜滋滋地整理自己的钱财。

这样的情形多不胜数，执掌五均赊贷大权的富商大贾，如洛阳薛王仲、张长叔和临淄毛伟等人，个个腰缠万贯，挥钱如水，家中金库充盈，富得流油，和满城饥寒交迫的百姓形成鲜明对比。正是他们这类人，让全国经济每况愈下，各地府库财源枯竭，广大百姓苦不堪言。似乎是有意的讽刺，王莽最信奉儒家学说，而儒家向来提倡天地之间人为贵，可恰恰是新法的推行，让百姓流离，使人比什么时候都低贱。

不但地方上如此，朝堂中的公侯卿相也和地方绅吏勾连在一起，官官相护。另外，豪强大户、名门望族，富富互庇，政策从朝廷一级级执行到地方，很快就面目皆非了。有的被添油加醋，有的被偷汤换药，有的被另法炮制，有的则被折枝减叶。总而言之，好处尽被豪强官吏占得，百姓们得不到半点实惠，反而埋怨朝廷欺世盗名，致使自己负担比以前更加沉重，日子更加难熬。王莽高坐庙堂之上，做梦都没料到，自己已经逐渐失去万民拥戴，哪来江山永固！

第八章　太学四生　智除残暴

四时交替，季节轮回，一年一度的春季如期而至。和风如羞涩的少女般姗姗来迟，但更显娇美艳丽而难得。大地回春，莺歌燕舞，繁花似锦，芳草萋萋。满眼望去，鲜绿夺目；侧耳倾听，泉水叮咚。站立在溪水边，潺潺水流清澄见底，春花绿叶竞相倒映，真正一幅绿如喷、红如绣的人间绝春之画。这个季节正是文人雅士踏青抒怀、涤滤心性的绝佳时候。

长安城的大街上也春意盎然，路上行人全换成了春装，在春天里四处走走，充分感受着荡漾春意。灞水岸边的驿道上，有四个骑着骏马的年轻人纵情奔驰。这四人正是刘秀、严光、邓禹和强华，他们从书堆里钻出来，兴致勃勃地赏看美景，伴着良友，骑着骏马，颇感爽心，正是墨客雅士洗涤心灵的最好享受。

很快走完驿道，拐入田间小路。灞水尽头一片山坡上，放眼四望，一排排的桑树，枝繁叶茂，交错叠翠。走到近前，桑叶上软软的茎骨脉络细如游丝，在阳光照耀下几乎透明。采摘一片放到鼻子边，一阵淡淡的幽香沁入鼻孔，这就是春天的味道。可惜桑树还有些少，如果一大片林子的话，那清香就可以弥漫在四周，远远地就能嗅到。

刘秀四人感叹地站立良久，大家这时候才真正体会到，为什么有那么多清雅贤士要放弃出仕而选择归隐，果然归隐有归隐的妙处啊！这里不仅远离街市充满利欲的喧嚣，空气清新，天空明净，而且可以忘记官场的尔虞我诈，忘记仕途的跌宕起伏，物我两忘，身体轻松的似乎要飞起来。

四人正陶醉着，忽然一阵悠扬的歌声从远处桑林中传来，细微而清亮。曲调是不经雕琢的纯粹乡音俗曲，比起青楼里婉转绮靡、乐声哆哆的歌曲，更显直爽透彻。四人勒马停步，侧耳静听，辨别出是哪个方向传来的美妙歌声后，又策马跑出几步，忽见万绿丛中点点红，原来是一群穿着红裙的采桑女，正在双手翻飞，忙着采摘桑叶。她们手忙嘴也不闲着，你唱一句，我接一句，嘻嘻哈哈，没有妩媚，但再可爱不过。

刘秀赞叹地说："自古佳音，生于民间，最终却毁于华堂。没想到咱们能在这里听到如此自然天籁，真是难得一闻的人间极品了！”

邓禹也兴奋地点头：“是啊，诗贵言志，更贵言真，她们所唱的曲子，保留了诗歌的本色，不含一点与自然相悖的世俗杂物，实在难得！”

严光和强华走在前面，边仔细听边附和：“今儿有幸欣赏美景，又无意领教了原汁原味的所谓自然之音，不虚此行了。”

由于林间道路狭窄，四人下马执辔慢慢悠悠往前走，走近桑林，曲调更是清楚可辨，清丽婉转。他们停下脚步时，刚好看见一位正值豆蔻年华的少女在放喉歌唱，歌声正如她一样清纯：

自古西北有好女，身段婀娜颜如玉……若问女中谁最佳，长安城南秦映霞……

纤细的声音袅娜缥缈，在枝叶间回旋流淌，宛如潺潺溪水流淌在大家心间，沉静而松爽。四人沉浸在这歌声里，谁也不说话。良久，邓禹才幽幽地说：“诸位学兄，这个曲子我以前听人讲起过，人们都说有首歌唱秦映霞的曲子最为好听，可惜一直无缘欣赏，今在此一闻，果然名不虚传。哎，你们听说没有，不但是曲子唱得好，而且听说长安城南有个叫秦映霞的美女，正如歌里唱的，是个只应天上有、地上难找寻的绝妙美女。这歌就是根据她编写的！”

强华听他说的热闹，忽然有所感触，感叹一句：“唉，如果人间真有此绝代佳人，我有幸一睹芳容，那就今生别无他求了。倘若能和这样的人约定终身，纵然让我粉身碎骨……”

严光年龄稍大一些，并不和他们一样冲动着信口乱说，他冲强华半是开导地说：“你呀，真不知人情世故。没听平常百姓们说吗，情是虚的，事是真的。纵然你真情实意，就这样穷书生样去，人家能看上你?！要是换了我，就应该把对美人的思念化为动力，潜心钻研《春秋》《左传》，将来学有所成，出仕做官，到秦家登门提亲，让她心甘情愿地陪我一生一世！”

刘秀听他说得认真，便笑着调侃：“严兄，没想到你思想转变得如此实在了，不过我看还是你说的有道理，如果秦映霞小姐公开招婿，你一定能名列前茅！”

严光自然听出他的意思，但还是一本正经地答应：“多谢文叔美言。”

刘秀劲头上来，接着调侃：“严兄不必客气，‘窈窕淑女，君子好逑’。爱美之心，人皆有之嘛!”

四人你一言我一语正乱侃得起劲，歌声戛然而止，随后传来一声娇声斥责：“听，哪里来的野男人，在人家妇女背后聒噪不停?”四人听对方这么厉害，都吐了吐舌头，还没等回答，人家已经透过树叶看见了他们，而他们也看清了附近采桑叶的那两个女子。

那两女子见他们一副书生腼腆模样，不像坏人，又冲她们连做鬼脸，纷纷扑哧笑出了声，道：“哎呀，还是四个读书人呢?看起来你们温文尔雅的，怎么说起话来竟像妇人一般絮叨?”

刘秀红了脸辩解说：“大姐们误会了，我们只是觉得两位唱得动听美妙，才略发议论一二而已，并没什么恶意。”

两女子第一次听见有陌生男人夸赞自己，不觉脸上泛红，早就把刚才的愠怒忘在一边，吃吃地笑着说不出话来。

刘秀看出她们并没有厌恶自己的意思，忙又凑热闹地问：“听姑娘方才所唱，那映霞貌似鲜花，美若天仙，我们听说这个歌是从城南一位叫秦映霞的小姐受到启发而作的，如果真有此人，是否可以帮我们兄弟引见一下，我们一定不胜感激。”

两个女子突然哈哈大笑起来，越笑越来劲，笑得刘秀四人莫名其妙。直着眼睛看她们笑够了，其中一个个头高挑一点的抬手向四人说：“就凭你们，不是开玩笑吧?”

这分明就有轻视自己的意味了，大家不免愤愤，严光正色说：“你笑我们不自量力?哼，告诉你们这些无知女子，我们兄弟都是太学生，将来出去后要做官的。”

两名女子稍稍放得庄重了一些，依旧笑意未绝地说：“看看，把咱们的好心当成什么了?我俩这样说，是不想让你们去碰壁，到时候下不来台，年轻轻的，脸往哪儿放?去年这个时候，就有个朝廷使臣路过这儿，听说映霞姑娘名声在外，就特地绕路来求取佳人，你们猜结果怎么样?”

“怎么样?”四人异口同声，关切备至地问。

“映霞姑娘对着媒人，自己不便回答，就让自己的贴身使唤丫头应对说自己已经有夫婿，乃朝廷重臣。那使臣听她这样说，只得知趣地走开。你们听听，人家正经大官来了，映霞姑娘都没答应，更何况你们这些将来才能当官况且还未必能当上的?”

听她们这样说，强华立刻着急起来：“这么说，原来映霞小姐已经……”

其中一女子看他眉眼都拧到一块儿，抿嘴笑道："哎哟，你们真是书呆子，你以为人家映霞姑娘都跟你一样呆头呆脑吗？人家这样说，是不想和那些官老爷多啰唆！"

强华轻吐一口气："多谢小姐教诲，看来我们经历世面还是太少。不过话虽如此说，但我还是希望两位大姐能帮忙，劳烦引见一下映霞小姐。"

"唉，看你也是真情实意，你们读书人就喜欢犯这个多情的病。不过可惜，虽然同住城南，人家是大小姐，我们不过是在庄园里干活的丫头，哪有这个机会？不但是我们这些下人，就是一般人，也没有几个能见上她的真面目的。映霞小姐每日被锁在高楼深闺里，不是有地位的提亲官人，是和人家说不上话的……不过我们倒是知道她家在哪边，告诉你们也无妨。"

"那样也好，两位姑娘就给我们指点一下方向，我自己前去，说不定比引见更显得有诚意。"本来大家是开玩笑图个乐子，没想到强华是个多情种子，一来二去，真是来了劲。刘秀三人见强华认真起来，也不好意思阻拦，只得顺着他。

"领路不行，我们是人家庄园的下人，跟你们说话已经耽误了干活，要是再私自走出庄园，那还不叫人把腿打折了？不过看你们心诚，到林子边上指指路还成，就这也得快点。"两个女子神情有些紧张，看看四周，正要走开，忽然不远处树叶晃动，还看不清是谁，先有一个妇人破锣般地扯开嗓门喊道："两个不要脸的东西，又在勾引哪个男人了？你们总是贼心不死，看老娘告诉了老爷，怎么收拾你们！"

两名女子闻声顿时惊恐万分，脸色唰地苍白，用眼神示意他们快走，自己则三步并作两步退回桑林，埋头采摘起桑叶来。没等刘秀他们回过神，从对面桑林中脚步嗵嗵地出来一个妇人，四十上下年纪，五短身材，丰乳肥臀，不知是由于太胖而显得矮了，还是由于太矮而显得胖了，总之是又矮又胖，浑身肥肉抖动，几乎滚动着过来。她发髻斜梳，一脸的嘟囔肉，更增添几分凶神恶煞蛮狠霸道，不用问，肯定是个一拍大腿便脏话连篇的骂街泼妇。四人还没想清楚怎么应付，那妇人已经阴沉着满是沟壑的脸怒骂起来："我说两个贱蹄子一天到晚采不了几担桑叶，原来是你们这帮野小子，放着正经事不干，勾搭人家庄园丫头。你们知道吗，勾搭丫头是什么罪名，报到官府里，可是要把你们阉割了的！"

听她一个女人家说话这么难听，刘秀先是忍不住，硬生生顶撞说："你这婆娘，放尊重些，嘴里比灌进了屎尿还要臭！"

“哼，你嘴里的屎本来就多，关老娘屁事！要是不想找事，趁早赶紧离开这儿，这可是我们老爷的庄园。惹恼了老娘，告你们一个入宅院偷盗，叫你们尝尝三十斤铁夹板的滋味！”

强华本想着快点让两名采桑女带他去会会映霞小姐，没想到被这个老丑女人中间插了一杠，不免更加气恼，没好气地说：“别一口一个官府，一口一个老爷的，告诉你，我们现在是太学生，将来都是要做官的，你就不怕哪天栽到我们手里，先叫你挨一顿带刺大杖的味道。”

听他们说是太学生，想必是有身份有来头的人，看看他们的装束倒也像，那妇人略微收敛一些，不过还是向他们乜斜一眼说：“你们当了官又怎么样？别看我们家老爷是给官当差的，比起那些小官还风光着呢！说不定几年后，你们还得给我家老爷当差！看你们年少不经事，也就罢了，若是你们知道这是谁家的庄园，你们就不敢冲老娘说大话了！”

四人虽然万分厌恶，想就此走开，不过听那老妇人的话，似乎她主子还有些来历，于是严光问道：“那我倒真要问问，你家老爷是何许人？”

“怎么，想跟我们家老爷斗？你们这些乳臭未干的黄毛小子，真他娘的不知天高地厚。要说起我们家老爷，吓死你们！这方圆几十里，谁不知道他是太师爷跟前红得发紫的大人物，这方圆多少里全是我们家老爷的田产……”

她一句一个“我们家老爷”，仿佛比她爹还亲热，让人听了恶心得浑身发冷。耐着性子听了半天，大家才总算明白，这方圆十几里田地全是当朝太师王舜的心腹管家李养的庄园。虽说太师的管家无品无级，无非是个奴才，但宰相家奴七品官，他依然借着主子的光，称霸一方，飞扬跋扈，强取豪夺弄出偌大家业。

“怎么样，知道厉害了吧？告诉你们，老爷是太师爷的管家，我呢，就是我家老爷的管家，这帮妮子，都是我们花钱买来的丫头，要是一天摘不够十大筐桑叶，那是要受罚的。你们要是心疼她们，就赶忙离开，也好叫她们少受点苦头。哼，如果出了什么差错，别怪老娘我没把话说在前头，我们家老爷可不是好惹的！”说完，扭动腰肢回林子里去了。

看那妇人趾高气扬地走进桑林不见了，严光气愤地说：“怪不得饥民遍野，饿殍遍地，原来庄园一下就圈这么多土地，这还是小奴才，那些正经大老爷还不定肥成什么样了！唉，你我苦苦求学，一口一个将来要当官，难道追求的就是这些吗？”

邓禹见他说的气愤，声音很高，忙劝阻道：“严兄，说话小心些，这不比在太学，要是被那女人听去，对她家老爷翻翻舌头，我们就没好果子吃了，何必自找麻烦?”

强华则别有心思。他见和映霞小姐相会化为泡影，顿觉没了兴致，一声不吭地折回去，跳上马就走，无论三人在后头怎么叫，他就是装作听不见，仍旧缓缓往前赶。毫无目的地走着，强华只感到心烦意乱，顺着林间小道缓慢前行。

三人见状忙跟了上去。大家出了桑林，跟在强华后边并辔而行。沿小道走出一大截，不觉来到道路尽头。抬眼望去，见有一座巨大庄院威严地矗立在面前。驻足细看，红漆院墙里边，露出各式建筑，足足有数十丈长的游廊悬空而建，在楼群中蜿蜒穿梭。高低房舍参差错落，真正不愧是五步一阁，十步一亭，豪华富丽，比起长安城内王侯将相的府有过之而无不及。再看院落外边，坞壁高矗，门楼触云，不时有家兵蹿动巡逻，大小装饰华丽的车辆停靠在半掩的大门内。不用问，这一定是方才那妇人说的李养的庄园了。

强华闷头只管走路，不料竟然来到这里，犹豫着停下来，怕惊动了家兵，再招惹是非。正犹豫间，回头一看却不见了三人的踪影。猜想他们一定走得慢，还在后边，就掉转马头轻轻往回走。走出一段路，看见刘秀他们的马匹站在路边，人却没影儿，心下奇怪，忙紧走几步上前。

等到了跟前才发现，原来刘秀他们三人正站在路边林子里。再仔细一瞧，只见一棵粗壮老桑树的树杈上，有一条长长的白布，白布套在上面，白布下面吊着一个女子。原来是有人想不开寻了短见。

四个人站在树边，相互看看，强华年纪尚轻，从来没见过这等恐怖场面，心慌意乱不知到底该怎么办。邓禹与强华年龄相当，也缺乏经验，也是手忙脚乱但却帮不上忙，着急地干搓手。

刘秀还算镇静，见邓禹手忙脚乱地去解绳子，急忙说：“这样怎么行，会延误时辰，让开手!”说着拉出腰间短剑。他们当中还数严光年龄大些，也最镇定，见刘秀抽刀，自己忙在下面接着。嘴里对邓禹和强华说：“你们还不知道，但凡上吊之人，解下来时，断不可立即放倒躺在地下，否则血脉倒流，即便神仙也难救活。必须让她保持原来站立的姿势，等她血脉畅顺，缓过一口气，才可以放下。”

说着话那女子已经被严光接住，邓禹和强华忙上去，先扶她靠在树旁站了片刻，再找块平地轻轻放下，用手一拭鼻息，还有一股丝丝游气，却细微若无。

刘秀看女子脸色，尚未发青，依然是雪里透粉，粉白粉白的，好像还有救。可是怎么救呢？大家束手无策。刘秀站起来犹豫片刻说：“我倒是听说过一个办法，只是男女有别，这法子太损，若万一女子醒来，知道是这样被救活的，又要寻死觅活，该如何是好？”

大家见他说的玄乎，纷纷指点着刘秀：“文叔，你一向干脆利落，现在人命关天，你倒卖起关子来了，快说，怎么个救法？”想想也是，这是关键的时刻，顾不得去多想，赶紧说出来：“以前在南顿的时候，大哥练习武艺前，我爹说练武就可能伤人或者自伤，所以练武之人必须懂得一点救护方法。其中提到一个最紧要关头的法子，就是若气息若有若无时，该人神情昏沉，不能自主呼吸，此时就得用嘴对着被救护人的嘴，向他口腔吹气，强迫他被动呼吸，这样慢慢就能缓过来……”

原来如此，大家听罢面面相觑，也颇感为难。沉默片刻，忽然强华说：“别管怎么说，人命毕竟最重要，我愿冒天下之大不韪，试上一试。如若能把女子救过来，她有什么怨言，或者要怎样赔罪，只管找我一个人就是。”说完上前开始救治。

办法还真管用，不大工夫，已经离开身体的悠悠魂魄又附回身体。那女子慢慢睁开眼睛，见自己平躺在地上，周围有四个年轻男人正眼睁睁地注视着自己，慌忙坐起来，两手交叉捂住胸部，慌乱问：“你们是什么人？”

四人见她活了过来，都放下心，这才有心思仔细打量她。见这个女子虽然刚刚经受一场生死磨难，但脸色生动鲜活，粉白相间，十分匀称。五官精致而紧凑，竟是个楚楚动人、风情万种的绝色女子，大家都不由得心头一动。那女子开口说话时，一口糯米般的细牙映衬得更显清纯，四个人看得都出了神，片刻工夫竟没人回答。

刘秀最先反应过来，忙说：“姑娘不要误会，我等是太学生，踏青路过这里，正逢姑娘欲寻短见，这才过来搭救。”

女子惨然地叹息一声：“阎王爷要收我，我在世上也没什么可留恋的，已经把绳子打成死结，一口气憋过去就算了，你们怎么能救活我，这真是天意不成？”

四人相互对视，觉得难于启齿，强华嗫嚅地说：“是我……姑娘若是怪罪，我也就豁出去了，任凭姑娘处置。”

那女子听得半懂不懂，觉得四人好像也不是什么无赖，挣扎着施礼说：

“多谢恩公相救，可是我……”说到半截忽然想起自己的处境，吧吧嗒嗒地滴下泪珠。

寻短见的人当然有伤心事，大家也不感觉奇怪。严光关切地问：“姑娘是不是有什么难言之隐？这里也没旁人，但说不妨，我们都是热心肠的人，如能帮助，自然会尽心协力，光掉泪解决不了问题。”

不料这话更触动那女子的伤心处，当下哭得更厉害，边哭边说：“爹，娘，是我害了你们，我真该死呀！你们，你们为什么要救我，为什么不让我和爹娘去见面……”

几个人索性在一旁坐下来，从那女子断断续续的哭诉中，终于了解到事情的大概。只是令大家特别是强华意想不到的是，眼前这个女子，竟然是刚才还牵肠挂肚的秦映霞。

“我本是离此地十五里的秦家湾人。这方圆几十里都被李养霸占了，成了他家的庄园。小女子家自然也不例外。这还不算，那李养欺男霸女，有朝廷里的大官庇护他，谁也奈何不了人家，只能忍气吞声。他听说我有几分容貌，就让人传话，想强纳小女子为妾。那李养家里妻妾成群，他又性情暴躁，让他折磨死的女子不计其数。这火坑自然不能跳。不但小女子执意不从，就是父母兄长也不答应。后来李养就派家兵来我家抢娶，父亲兄长和他们辩理，后来又厮打起来。人家人多势众，结果我爹和兄长叫人家活活打死，母亲也当场就昏死过去，再也没有醒来。后来我被掳到李家，李养一直想……我也没办法，只好假借‘来红’搪塞他几次，也是老天爷照应，眼看躲不过去的时候，他跟随太师爷去巡视齐郡了，又侥幸逃过他的纠缠。可这样下去毕竟不是长远法子，听丫头们说，李养就要回来了。我，我还是死了的心静！”

哭着哭着，那女子渐渐沉静下来，忽然一咬牙：“既然阎王爷不收留我，我就好好活下去，到京师去告状，给我爹娘和我哥申冤！即便他李养的庄园有方圆几百里，我也要逃出去！要是真逃不出去，大不了再死一次！”说着振作起精神站起来，“多谢四位恩公相救，小女子就此别过，敢问恩公们尊姓大名？”

严光忙说：“区区小事，不足挂齿，君子救人重义，不图回报，报姓名干什么？”

强华无意中问一句：“敢问姑娘怎么称呼？”

“小女子姓秦，乡亲们都叫我映霞。”

“什么？”四人立刻惊叹起来，“原来你就是歌里唱的城南秦映霞。”

刚才强华心里还想，这女子长得就够如花似玉了，不知那映霞要美到何种程度。是不是真如天女下仙？没想到这就是映霞，这样意料不到的相遇，真是奇特。

这下大家更热心了，邓禹问道：“姑娘打算去哪里？”

是呀，去哪里呢，这方圆几十里都有李家的家丁四下巡逻，自己又走不快，让他们碰上，还不是照样死路一条？映霞垂下头。

面对映霞，最激动的还要数强华。他主动提议，姑娘如不嫌弃，可以和在下同坐一匹马，让在下来护送姑娘逃出狼窝。

还没商议妥当，听见外面有一阵脚步杂乱，接着传来粗暴的叫喊声：“咦，谁的马这是？快出来！”

映霞吓得脸色惨白：“不好，让他们发现了！”

刘秀虽然心里也没底，但在一个姑娘家面前，总应当英雄些，他忙小声安慰道：“姑娘不必惊慌，我们自有办法。”

说着也是急中生智，站起身向林外大喊：“叫什么叫，正方便呢，等一会儿！”

稍过片刻四个人一起出去，林外的家兵看见他们是读书人模样，圆睁的眼睛立刻眯起来，举起的刀枪也随手放下，其中一个老成点的说道：“原来是四个儒生啊！你们是踏青的吧，这可是人家庄园，不要轻易进来。我们奉命巡逻，也不难为你们，赶紧走开！”

严光躬身说：“谢诸位提醒，我们也是随意走走，这就离开。”

等家兵走远，他们返回林中，惊奇地发现，映霞姑娘不见了。他们不敢大声呼喊，只能悄悄在林中寻找。本以为那姑娘害怕家丁碰见她，躲在了附近草丛中。可是大半晌过去，附近林子都找遍了，仍然不见踪影。这就怪了，她一个姑娘家，片刻工夫，能走到哪里去呢？更让他们担心的是，这里到处都隐藏着危险，弄不好让家丁们撞见，就真的麻烦了。

他们一路走，一路找，不觉已来到官道上。正疑惑间，忽然听见后面传来一阵追杀声，四人急忙往后一看，竟是一群家兵正在追赶映霞姑娘。见情况紧急，刘秀顾不得藏拙，拿出以前练习的武艺，纵马迎上去，将到映霞跟前时，一个海底探针，把映霞轻轻提起。然后掉转马头，追上三人，把映霞放在强华马上，大喝一声：“抱住！快跑！”然后自己仗短剑殿后，让严光、邓禹和强华跑在前面。

本以为追赶一个姑娘家，是个很好玩的事。家丁们虽然大呼小叫，跑得并不很快，要来个老猫戏弄老鼠，不料斜刺里杀出这么几个人，恼怒之余，家丁们更加来劲，吆喝着冲上来。

见对方人数太多，而自己武艺又不如大哥精通，指望一柄短剑怕很难抵挡。再说兵刃无情，伤着了人，麻烦就更大。怎么办？刘秀急出一头汗来。正退缩间，忽然被路旁垂下来的大树枝扫了一下，头巾都被挂掉了。刘秀灵机一动，赶忙挥剑砍断一根胳膊粗的树枝，连枝带叶被砍了下来，握在手中，仿佛几十杆长矛。家兵们靠近时，手中树干一舞，呼呼啦啦枝叶飞舞，顿时扫倒一大片。

家丁们见来人还真有两下子，不敢轻敌，有人咣咣地把铜锣敲响，声音一波远过一波，犹如烽火台上点燃了烽火一般，附近巡逻的家兵闻声而动，立刻从四面八方聚拢过来。刘秀暗叫一声糟糕，这下万难逃脱了！他勉强稳住神，使劲挥动树枝，但人越来越多，前后左右一起聚拢过来，一根树枝渐渐不起作用。邓禹他们也被前边的家丁截住，首尾不能相顾。这下完了，落到那个什么李养手里，不死也得掉层皮。刘秀脑海中忽然闪过母亲和哥哥们的影子，阴丽华小姐似乎也正深情地注视着自己，怎么办？汗水蚯蚓般从额头流下，他却浑然不觉。

就在这千钧一发之际，南面官道上忽然尘土飞扬，马蹄声震动得地面微微颤动。眼前很快闪出一支庞大的队伍。这支队伍彩旗飘扬，前后护卫铠甲鲜亮，看情形来头不小。队伍正中间的车轿中端坐着新朝太师王舜，总管李养和宗卿师李守一起，一左一右陪在太师身边，小心翼翼地护驾，由此前往京城。少年将军严尤骑一匹黑骏马，手持方天槊，走在最前面。他看见前面人喊马叫乱作一团，不知发生了什么事，生怕太师有危险，往后扫了总管和宗卿师一眼，意思叫他们小心看顾好太师，然后自己夹马跑到前方去探察情况。

一群家兵蜂拥而上群起共击，正打得热闹，不提防严尤在旁边打霹雳似的大喊一声："大胆刁民，竟敢聚众斗殴！没看见龙、凤、日、月四面新皇室旗号吗？胆敢冲撞太师鸾驾，长了几颗脑袋，还不赶快滚到一边去！"

只一嗓子，众人立刻束手，那一群家兵知道太师爷的厉害，忙丢下家伙跪伏在路边，静候太师。刘秀也趁机跑到另一侧，跳下马来跪倒。

严光、邓禹和强华比刘秀离得太师队伍稍近一些，他们已经下马跪拜。

这时李养和宗卿师李守扈从着太师也来到近前。见他们都跪下了，严尤才问道："看你们几个身穿儒服，不像是贼人，怎么在这里大打出手？你们到底何种身份，快快报来！"

四人一起回答："回禀将军，我们是京城太学生，来这里踏青，没想到引起误会。"

严尤眼光一闪，忽然指着映霞问："那，这个女子是干什么的？"

这时李养也注意到映霞，突然蹦上前来，用手指住映霞，破口大骂："好啊，这个装得正经的死妮子！你，你这不知道羞耻的奴才，竟敢大天白日的，在我的家门口勾引四个男子！这分明是没把我放在眼里。哼，看我不剥了你的皮，抽了你的筋！"

映霞抬脸一看，正是她恨之入骨欲宰不能的李养。一时间仇恨充溢胸膛，也忘了害怕，指着他便骂："你仗势欺人，残害我爹娘还有我哥。我，我今天就是死了，你也休想得逞，我就是成了鬼，也要变成厉鬼来找你……"又气又急，话还没说完，竟然气厥昏了过去。

李养怒气冲冲，转身对严尤说："严将军，你不知道，这是我的家事，家丑不可外扬。不劳烦将军亲自处理，还是让老奴自己解决吧！其实说出来不怕将军笑话，这个死妮子是我新近花大价钱买来的丫头。不料这贱人水性杨花，早和这些白面书生有奸情。这不，趁老奴不在家，他们四个故意将她骗出来，实在太有伤风化！这些家兵都是老奴家的，现在正好将军在跟前，那就来个不情之请，请将军速速将他们拿下，别让他们再败坏太学生的名号！"

严尤新贵，年少猖狂，遇事总要表现一下自己的将才，况且李养虽然是太师身边红人，说到底还是个奴才。正因如此，他却并不着急拿人，转脸问李养："李总管，你一会儿说是你家奴才出去勾引四名男子，一会儿又说是四名男子上门拐骗你家奴才，你看看，这是不是自相矛盾啊！但凡将兵，必须从细微处思虑，否则就是莽夫一个。你倒再说清楚些。"

李养没想到他会当众驳了自己面子，气得一时语塞。刘秀却从中看出一线生机，立刻毫不犹豫地辩解说："都说新朝起用的全是英俊，果不其然，还是严将军目光犀利，一眼看破端倪。我等是堂堂正正的太学生，平日熟读经书，怎么能不知人伦礼义？别的先不说，单有一样，就足以证明严将军目光何等锐利。"接着他又转向李养说："新朝立国不久就颁布了王田令，禁止兼并土地和买卖奴婢。而你却知法犯法，当着严将军和太师爷的面，一口一个你新买的丫头，离你家这么远了，还说是你的家门口，你把严将军和太师爷当成什么了？严将军，恕我直言，李养作为一个奴才，不但不小心谨慎维护主人名声，竟然霸占这方圆几十里的田产，还毒打百姓，逼民为奴，猖狂至极，这样的人不知该当何罪？”

“罪当灭族！”邓禹年少气盛，也来了劲，紧跟着气愤地说，“你心无朝纲，目无法纪，口无太师，眼无新皇，身为太师手下的管家奴才，不但不想着如何维护太师英名，反而处处为非作歹，败坏太师声誉。知道的百姓说是你本人作恶，不明底细的百姓就会误会到太师头上。哼，你这分明是给太师败家！今天人证俱在，你以为太师会念旧情，放你一马吗？只怕没那么容易，据我们这些太学生所知，太师爷向来以精明严正著称，你就瞧好吧！”

严光和强华也接过话茬儿，句句有意将太师的军，声言太师如果不治李养的罪，太学生们可能就会联名上书，到时候连自己的名声也败坏了，不就是一个奴才吗？命贱如狗，远远比不上一世英名重要，切不可一块臭肉坏了满锅汤！再说了，是李养恶贯满盈，并不是太师强加罪名杀了他。拿他开刀，还有利于推行新制。是李养先不义才招致不利的，怪不得任何人。

王舜在车中听得清清楚楚，手捻胡须沉吟一番，让人把李养叫到身边：“李养，我问你，你瞒着我究竟干了多少伤天害理欺上瞒下的事？你从实招来还好说，如若玩花样，等我查实后一定加倍处罚，到时候可别怪老夫不讲这么多年的情面。”

见主子对自己的态度发生了转变，李养吓得赶忙跪倒在地，不敢隐瞒，把他前前后后怎么抢夺人家田地，逼得人家流离失所，以至于沦为奴隶等情形，都清楚详细地讲了一遍。李养本以为自己主动承认错误，看在当了这么多年奴才的面子上，就可以没事了。没想到官威难测，话刚说完，王舜忽然变了脸色，满面怒容大声斥责道：“国家有你这样的蛀虫，还谈什么新法？来人，把这个该死的奴才砍了，扔到沟里去喂了狼！”

“遵命！”

两名羽林军走上前来，扯扯拽拽地就要拖走李养。李养这才发了急，挣扎着叫道：“太师爷，奴才知道罪过了，奴才愿退还田产，只求留下条狗命，再好好侍奉太师爷。”

王舜也不忍心就此把跟随自己多年一直忠心耿耿的奴才就这么解决了，毕竟找个合乎心意的奴才也不容易。不过看看旁边跪着的四个太学生，他还是咬咬牙语气坚定地说：“不是老夫心狠不念旧情，你若早回头，可能还有救，可惜你觉悟得太晚了，我若放了你，天下人就不会放过我。你明白吗？”

李养知道王舜的脾性，为了他自己，什么都能舍弃，自己一个老奴才又算得了什么。他不再辩解，死狗一样地被拖走。

就这样扳倒了李养，大家似乎还有点不敢相信，直到李养被拉走老远了，他们才反应过来，用充满赞叹的口气异口同声地说："太师英明，实在是朝廷之福，请受我们一拜！"

王舜虽然有点心痛，但受他们这么夸赞，日后一传十、十传百地把好名声传播出去，仍然还是值得的。他含笑逐一打量这些年轻人，不打一点官腔，反而故意用江湖义气的口吻说："尔等行侠仗义，抑强救弱，让老夫深感钦佩！四位豪杰姓甚名谁，不妨一一报上来。"

刘秀乖巧，忙顺着他的意思说："太师过誉，我们实在担当不起。不过，这一次扶困救弱，说起来太师应记首功！我们回去后，一定联名写书，张贴于街衢，让天下人都知道太师何等英明！"

"是啊！"其他三人也接着赞不绝口，然后按年龄依次报上姓名："学生会稽余姚人，严光严子陵。""南阳春陵人刘秀刘文叔。""长安上林人强华字少仪。""南阳新野人邓禹字仲华。"

王舜一一点头，转向映霞和颜悦色地说："请这位姑娘放心，你们家田产自会如数归还，只是姑娘家害了三条性命，老夫颇为同情，不知姑娘还有没有其他可以投靠的地方？"

映霞见轻而易举报了大仇，身心畅快，连忙回话："太师爷为民申冤，小女感激不尽，父母兄长在九泉之下看到今天的情形，也能安息啦。多谢太师爷关心，我还有个远房的姑姑，可以投奔到她那儿。"

王舜好言安抚几句，这才动身前行。望着缓缓前行的队伍，五人在车后又各叩了一个头，真心实意地表示感谢。

险情已过，四人要与映霞姑娘告别。虽然相识短暂，但经历一番生死磨难，大家都显得有些难舍难分。情绪最激动的当属强华，他竟然忘情地一把拉住映霞的纤纤玉手说："与姑娘相遇是哪辈子修来的福？和姑娘相识实属三生有幸，不知今日一别，何时才能再相见？"

映霞羞红了脸，但也没有抽回手，柔声安慰："这位公子，咱们原本素昧平生，不也就这么相识了吗？如果我们有缘，以后自然会再相见的。"

话虽这样说，但强华毕竟还是有些不舍。看他满脸难过的神色，邓禹调笑着宽慰说："强兄，人家都说，士大夫爱钱，书香化为铜臭。咱们也不妨套用一句，太学生爱美，离别总会相逢。好啦，缘分在天合，缘不到时合不得，凡事总得耐心才成。那就烦劳你送送映霞姑娘，我们先行一步……”说着三人上马先行一步，给强华和映霞留点私人空间，让他们说说心里话，说不定也能成全一份奇特姻缘。

第九章　巧取辞令　惩处恶少

回到长安太学学宫，已是夜幕降临时分，夜幕如同一块巨大的墨布缓缓移动，周围渐渐黯淡下来，将天空最后一点明亮吞噬。四人经历一天的惊心动魄，虽然觉得身体困乏、骨头似乎就要散架，浑身酥软，但心里却很充实。躺在床上，舒展一下腿脚，回想白天的事情，都感觉收获颇多，从书本中根本学不来这么离奇的东西。平常他们回到卧房后，都要吹灭蜡烛，斜卧在床头谈论到半夜，今天由于感慨颇深，谁也压抑不住内心的激动，草草扒拉几口饭，比往常稍早一点就聚在一起讨论开了。没谈论几句，由于对待映霞姑娘的印象上有点分歧，邓禹和强华争得面红耳赤，不可开交。刘秀和严光见他们动了真，忙在中间调停。

正在这时，太学合函走了进来，先冲大家拱了拱手，恭敬地询问道："哪位是南阳春陵刘秀刘公子？"

刘秀起身答道："学生正是。"

"啊，你就是刘公子，好，好，李守李大人有请，轿子都抬在外面了！"合函恭敬有加地连忙说。

刘秀心里纳闷，自己和李守并不相识，他怎么会请自己？就算今天太师爷褒扬了他们几个，也不至于让他屈尊下驾地亲自派人来请吧？再说了，要请为什么不四个人一起请，而偏偏只我一个呢？

合函见刘秀有些发愣，忙解释说："李大人方才打过招呼了，说请公子也没什么大事，只不过叙叙同乡之情。公子你是南阳春陵汉室后裔，而李大人是宛城人，彼此是再近不过的老乡。"

"哦，原来是这样，多谢合函大人。"刘秀将信将疑，但也不便再说什么。

跟着合函一路来到院中，只见院子当中果然站着一个锦绣衣衫打扮的人，身后还有一乘绿呢轿子。见刘秀过来，那人忙给掀起轿帘，刘秀暗想，事到如今，是凶是吉也只能听天由命了，一屁股坐了进去。

不过虽然这样想，一路上，刘秀还是忐忑不安。他忽然想起，很早以前舅父樊宏对自己提起过这个人，说宛城李守和华文是至亲，当年找上门要替华文报仇的两个小孩李通和李轶，就是李守的儿子。如果真是舅父提到的那个宛城李守，说不定就麻烦了，十有八九就是要摆鸿门宴了。

刘秀琢磨不准，但一下子感觉凶多吉少。当年大哥刘縯为了给父亲治病，一怒之下杀了李守的至亲华文，他的儿子李通、李轶还曾去刘府寻过仇，好不容易在母亲的劝说下才打发走了那二人，这次人家是不是旧事重提旧账重算呢？怎么办？刘秀心里七上八下，拿不定主意。

轿子东拐西拐，转了大半个时辰，终于到了李府。轿子落下那一刻，刘秀反而镇静下来。他想，反正人已经来了，只能见机行事吧，是福不是祸，是祸躲不过。黑暗中也看不清李府宅门有多雄伟，刘秀从容地出了轿子，刚进大门，抬头就看见正厅阶前站着一个人，那人正是宗卿师李守。不管心里怎么想，表面样子总要做到，刘秀忙趋步上前，要行跪拜大礼，却被李守伸手阻止住。李守双手扶住他说："文叔，咱们既然是老乡，就不必来这一套俗礼，否则就见外了。请!"

见他似乎是真心实意，刘秀略微放心，还是深施了一礼，说："您为尊长，我为下辈，况且下辈又是儒生，礼仪怎能从简，请受我一拜。"

李守颔首笑道："好，口齿伶俐又识大体，果然是干才。不过在这里没有什么尊卑，咱们不谈公务，只是随便聊一聊这几年乡里的变化罢了!"

见李守今天如此平易，似乎有些过火，刘秀又敏感起来，他想，这帮城府深厚的家伙，往往善于先给你颗枣，随即再来一榔头。他如此热情，肯定图谋不轨，别有用心，看来还得提防，总之小心不为过。

进到内厅落座后，刘秀以攻为守，先试探着说："李大人，当年……"

不料没等刘秀说下去，李守立刻打断了他的话："文叔，世事如烟云，转眼就消散，往年的那些琐屑事情，都快让老夫忘得干净了，陈年旧账，提它干什么？今天咱们说一些新鲜事，别让那些陈芝麻烂谷子扫了兴。初次相见，老夫略备薄馔，聊表同乡之情。咱们边饮边聊。请!"

刘秀此刻真是摸不透李守心里的想法，机械地跟在后边，走进备有丰盛晚餐的客厅。厅内并无旁人，连仆从也不见。两人落座后，李守抬手替刘秀把酒斟满了，含笑说："文叔，今天你可要跟我说说咱们那儿的风土人情，有什么小吃，有哪些英雄豪杰，有谁是文章高手。哎呀，说老实话，老夫今天心里高兴呀，看见你在路上唇枪舌剑，让太师爷不得不除暴安良，一席话简直抵得上百万雄兵，真是大快人心啊！我看文叔非同一般人物，想来定是胸有抱负、以后要做大事业的人。"

刘秀还不知道，李守平生也擅长钻研谶语之术，他近来忽然听有传言说什么“刘秀发兵捕不道，四七之际火为生”，这当然是一条谶语了，今天当他听一个太学生自称叫刘秀时，心头突然一动，他想看其面听其言观其行，来证实一下这个刘秀，是不是真有能力，有没有可能是传言中的那个刘秀。

刘秀听李守这样说自己，不免警惕，况且他向来藏拙，一直奉行谨言慎行的原则，立刻做出漫不经心的样子说：“大人过奖了，咱一个吃粗茶淡饭、穿百衲布衣的草民，能有什么大志向？不过要说没有志向，那也不全对。人嘛，总应该有点志向。”

李守立刻瞪圆了眼睛，忙问道：“是什么？”

刘秀装作摇摇晃晃的样子，给李守产生酒后吐真言的错觉，他摇头晃脑地说：“太学的同学都知道，我一直有个雄心壮志，仕宦要做执金吾，娶妻当得阴丽华。”

李守心里一冷，但还试图再套些话，就顺藤摸瓜问道：“执金吾当然好，但那也不过是侍奉皇上的武官，事事要受人摆布。文叔还有没有更大的志向，比如说，恢复宗庙，挽救天下？”

刘秀佯装酒酣的样子，洋洋得意地说了句：“万事天定，随遇而安，我觉得我现在就挺好，唯独遗憾的是丽华小姐美貌绝伦，却至今未能与她……”

李守完全失望了，没想到这个看起来颇有气概的年轻人，竟是一个爱色而不重名利的男人。他暗自撇了撇嘴，真是，作为男人只想小家，还不如燕雀呢，实在太龌龊了。李守考查目的达到了，说不上来是放心还是遗憾，但还是满意地给刘秀斟了一杯：“刘公子视名利如粪土，安于现状，知足常乐啊！很好，很好！”

刘秀一饮而尽，把酒樽往桌上一放，扶着桌子摇摆不定地站起来，故意结结巴巴地向李守拱手道别：“谢大……大……人……款待，刘某……告……辞了。”

李守故作挽留之态，其实内心觉得他现在已经没了任何价值，让别人知道自己请这么个没志气、没出息的无名小卒喝酒，还真丢人败兴！李守巴不得刘秀快点离开，最好是路上也碰不上人，免得传出去降低了自己的身份，因此也不挽留，送他到厅门口，便转身回去了。

春寒料峭，冷意阵阵，晚风习习，吹在身上还真有点瑟瑟。刘秀本来就喝得不多，凉风一吹，头脑格外惊醒。望着满天的星光，他想，对江山的改易，恐怕刘家人应该感触最深，最应该有所动作。新野卖谷，太学受辱，这一幕幕飞快闪过，哪一件不是因为没有了权势而造成的。想着想着，刘秀简直要呐喊起来，王莽贼子，我要让你怎么拿走的江山，再怎么还回来！

绿水绕孤村，青山围小屋，小鸟有声，野花无数。和风薰暖中，不知不觉，春社的日子临近了。社日分为春秋两次进行，春天的为春社，秋日的为秋社，但论起热闹程度来，当数春社。在家里憋闷了整整一个冬天，终于能出来透口气了，况且农活也不很忙，新野城内外的人们，无论男女老少，都约好了似的来到缓起山坡上和清清小河边，或席地而坐，或四下闲逛，或钻在人群中争看各种稀罕杂耍。此刻连隐身深闺的大家小姐和平常百姓女儿也不用避忌讳，特别是碰上豁达开明的父母，往往让她们尽可放心大胆地出来看看。这是人们最开心的季节。

“小姐，小姐，你倒是快点啊！”已换好衣裳的丫鬟小燕，心早已飞到了外面，催促正在收拾的阴丽华。两个人早盼着在这一天出去转转，散散心呢！

因为新朝初建，各级衙门都要奉命庆贺，今年的春社比往年更加热闹。不但城外游人如织，城内还搭起戏台，吹吹打打唱大戏，也有的衙门组织起乡民，耍开舞龙戏珠狮子滚绣球之类上元节才有的热闹。

街道上车水马龙，人来人往川流不息。阴丽华不喜欢那些人看人的热闹，她领着小燕，径直来到城外。城外虽然人也不少，但毕竟幽静恬淡许多。如玉带般绕城一周的小河边，成群的男男女女老老少少散步的散步、嬉水的嬉水、打闹的打闹，或如银铃，或如洪钟，各色笑声此起彼伏。在这春光凑兴的季节中，人们暂时忘记了生活的忧伤、忘记了劳作的苦楚，放开了享受悠闲。特别是女眷们，更如蝴蝶一般上下翻飞，花丛中时不时地传来一阵阵清脆的笑声。

阴丽华和小燕两人正陶醉在这无拘无束的放纵春光中，她们时而摘来盛开的鲜花，时而你追我赶追逐花丛中纷飞的蝴蝶。“小燕，快来帮忙！帮我扑住这只花蝴蝶……啊，你别跑，我要逮住你，看看你的翅膀怎么这么多颜色！”阴丽华忘情地跑着跳着，用手绢扑着打着，可就是捉不住那只漂亮的大花斑蝶。

“哎，我来啦，小姐别着急。蝴蝶通人性的，它见小姐这么漂亮，有意要和小姐比美，飞不走的。”小燕喊叫着，迈碎步跑过来拿着手绢也帮着追赶。这只蝴蝶好像会变戏法一样，似乎真是和小燕说的，有意要和人比美，围着两人翩翩而飞，眼看两人的手绢要扑住它了，可它扑闪扑闪翅膀又变到前边去了，两人焦急地追赶了一大会儿，仍然捉不住它。

“为什么，为什么，这家伙总是若即若离，哼，我偏不要你了！”阴丽华跑累了，忽然愣在那儿，望着蝴蝶呆呆地喃喃自语。

声音虽小，小燕却听清了，可是又觉得这话没头没脑，疑惑地走到她身边，问道：“小姐，你刚才说什么？你怎么了？”阴丽华忽然心绪全无，缓缓地摇了摇头，就势坐在草地上。

望着小姐忽然恍惚而充满忧郁的眼睛，小燕恍然之间明白了什么。“噢，对啦，我知道小姐的心思了！”

“嗯？”阴丽华扭脸看一眼小燕调皮的眼神，“这鬼妮子，我的心思我都捉摸不到，你怎么能知道？”

小燕嘻嘻一笑，凑到阴丽华耳边，假做悄声说：“小姐在想某位公子吧？”

“什么？哪里的话？看你这妮子，真是越大越没规矩了，当心我……”阴丽华正要举起拳头照小燕背上捶打，却被小燕灵巧地闪到一边，“看，露馅了吧，还说没有？小姐急得脸都红了呢！嗯，叫我猜猜，能叫小姐思念的那位公子好有福气，应该就是刘三公子吧！是吗，小姐？”

这话正说到心坎处，况且周围就她们两个，阴丽华此时全无少女的忸怩娇态了，忽然满脸严肃地认真说：“小燕，你说，那刘三公子仪貌堂堂，一表人才又知书达理，看他那模样，不但温文尔雅，似乎还隐含着许多忍而不发的东西，的确称得上是个好男儿。”

“好呀，那小姐就是承认刚才思念的人是刘三公子喽！”小燕拍手跳脚地欢叫。

阴丽华笑着瞪了她一眼：“人家想跟你说句实在话，你却总没正经，不跟你说了。”话音未落，她突然觉察不远处的小树林里，隐约闪过一张熟悉的面孔。“刘三公子！”阴丽华失声叫道。一边紧张地张望着，情不自禁地起身朝小树林寻去。可是那张俊秀的脸庞随着她的惊叫，早已消失得无影无踪。

小燕也跟着跑了过来，说：“小姐，你看花眼了吧？怎么会是刘三公子，要真是他，他看到小姐，是条大河也敢跳，怎么可能不来找你呢？坏了，小姐！我看小姐神情恍惚，一定是得相思病了，怎么办呀？”

看小燕一惊一乍装得和真的一样，阴丽华从痴痴中回过神来，扑哧一声笑了。小燕更加得意，叽叽喳喳地说：“小姐也不想一想，刘三公子这时候正在长安求学，怎么可能会出现在这里？我看是因为小姐太思念他的缘故，才产生了幻觉。”

“难道真是幻觉？转眼已经三年之久了，自从那次相识他，已有三年不曾相见。可为何对他仅有一面之交，却如此念念不忘呢？唉，人呀，真就是怪！”阴丽华怅然若失却不甘心，又向四处张望，仍是一无所获。她叹口气，摇了摇一片混沌的脑袋，准备转身离去。

“小姐，小姐这样苦苦地寻觅，是在找我吗?”一个男子的声音从后面传来，阴丽华眼前猛地一亮，她急忙转过身，张口正要说话，刹那间脸上的笑容僵住了，眼前的这个人，哪里是心中的他，而是一个绸缎衣衫的矮胖子，正色眯眯地朝自己身上打量。

阴丽华大吃一惊，心知不妙，勉强极力保持镇静，不理睬对方的问话，拉起小燕转身疾走。

“哎，哎，怎么？小姐，你一直苦苦寻找的不就是我吗？现在我就在你身边，不陪大爷我乐一乐就走，能忍得下心吗？还是常言说得好，择日不如撞日，找人不如撞人，何必挑挑拣拣?”那家伙嘴上不干不净地挑逗着，大踏步跑到前边，一伸胳膊拦住了两人的去路。

阴丽华见对方不肯罢休，情知遇上了地痞无赖，顿时着了慌，故作严厉地呵斥：“你，你是何方狂徒！大天白日地调戏良家妇女!”

“就是，你赶紧走开，要不，我可要喊人啦，抓到官府里一顿板子打你个半死!”小燕心里也是胆怯，但还是挥舞双手护住阴丽华。

“哟嗬，我的美人儿，本大爷你都不认识，真是钻在绣楼里成了一只呆鸟。告诉你吧，我就是新来的游徼大人——王怙为。不是要叫喊吗，使劲儿地叫，官府本来就是我家开，板子就在我手中，你们还是……”说着一步步凑上来。

听到有人吵嚷，附近游玩的许多人立刻围观上来。见是无赖地痞调戏纠缠人家姑娘，这种事情大家司空见惯，每年春社都不止一回两回，也就并不奇怪，只是远远地看热闹。人群中也有血性年轻人想上前来个英雄救美，不过大家一听到那人自称是王怙为，“王怙为”这三个字仿佛长了刺，想管闲事的又都悄悄放下袖管往后退了几步。

城内城外的百姓大多都听说过，王怙为是新上任的游徼，官职不算大，却早已是臭名远扬，“威”镇八方了。因为据说他在新朝很有后台，连新野的县令也惧他三分，更何况是这些经不得一点变故的普通老百姓。

见大家束手不动，王怙为知道这是众人都惧怕自己，就更加嚣张，放心大胆地凑上来。“嘿嘿，大美人儿，瞧见了吧，整个新野，哪个不怕本大爷，哪个不服本大爷？嫁郎嫁郎，要比谁的力量强。怎么，回心转意啦？你们还愣着找死呀，还不把小姐给我请回去！”

话音刚落，从人群中走出两个淡青色丝绸短衣的奴才，二话不说，一左一右地扯拽住阴丽华的衣衫就走。阴丽华死命挣扎，却身不由己地被推搡着。小燕急得直朝那两个人猛扑过去，想把小姐拉住，却被王怙为一拳打得跌坐在地上。阴丽华见此情景吓得早已六神无主，一边挣扎一边喊救命，可是人们只是眼睁睁地看着这场面，个个面无表情。阴丽华慌乱中绝望了，她狠下心想，斗不过人家，就只有拿命来挡，干脆一头跳进河里算了。

这样想着，趁他们拉扯不紧的时候，闪身要往河中猛撞。就在这个当口，突然从人群中传来一声大吼：“你们都住手！”

一刹那间，仿佛就像好戏开场前的片刻，人群中鸦雀无声，顺着声音，大家的目光全部都集中到人群的东南角。随着吼叫声，有人挤进圈中。围观百姓敢怒不敢言的沉重压抑立刻活跃起来了，又有好热闹可瞧了。但愿能出来个什么高人，把这家伙狠狠整治一番，也好出出自己心头的闷气，这年头，恶人太需要整治了！几乎在一瞬间，哗啦一声，大家让开了一条通道。

在众人期盼的目光中，走进来一位英俊挺拔的青年，高鼻梁、宽额头，双目炯炯有神，身穿一袭青衿，英气而不乏儒雅。然而大家不免一阵失望。本以为能跳出来个五大三粗的英雄好汉，打抱不平，痛痛快快打斗一番，给大家出口恶气。谁想不过是个儒生，这胳膊腿脚的，还不是照旧让人家给痛揍一顿，解决不了问题，白白增长了人家的气焰。唉，人群中发出一阵叹息。

“刘三公子！”慌乱中，阴丽华还是看清楚了，惊叫一声，怀疑自己是否又看花了眼。定睛仔细再看，那脸庞、那气宇，不是他又能是谁?！顷刻间，阴丽华满是泪水的眼眶中充满了喜悦，能见这冤家一面，就是死了，也少几分遗憾。

乍听吼叫，王怙为暗吃一惊，待看清走过来的不过是个青衿儒生，立刻放下心来，耀武扬威地迎上去。“呸，我当蛤蟆堆里蹦出刺猬来了呢，原来还是个蛤蟆！从哪跑来这么一个不知天高地厚的家伙，不瞧瞧你那一阵风就能刮走的小样，也敢破坏爷爷的好事！赶紧滚一边，爷爷现在心情好，不和你计较！”王怙为撇着嘴，斜视着文质彬彬的长衫青年，大咧咧根本不当回事。

不料对方也不肯示弱，理直气壮地上前走两步，高声说：“天下法理最重，命倒还在其次！我看真正不想要命的是你！有道是人善人欺天不欺，光天化日之下胆敢强抢民女，你就不怕天理不怕王法吗?”

“王法？哈哈，你跟我说王法？真他娘的乌鸦昏了头，和狼抢狗肉，竟有这么糊涂的书生！小子，大爷今天就告诉你！”王怙为伸出拇指指着自己鼻尖，“大爷我，就是这儿的王法！制定王法的，就是大爷我王家，你听懂了吗？”

“笑话！新朝刚刚建立，皇上三令五申，禁止官吏曲解条令。当初皇上大义灭亲，连自己亲生儿子也要绳之以法，你算得了什么？叫我说，你哪里是王法，分明就是王八！乡亲们，大家说说看，他一个王八羔子和皇上十竹竿都打不着的远亲，竟然也口口声声把朝廷抬出来，平日鱼肉乡里，横行霸道，今日又强抢民女，他是人还是王八？我前几日在太学还亲耳聆听皇上训旨，皇上明确提到，法正天心顺，官清民自安，并责令我们，如果遇到地方上有歪曲新朝法令狐假虎威者，可以专递奏章，一经查实，严惩不贷！对于这样的人，大家说，该怎么处置？”

刘秀越说越来劲，想都不想地就编造出许多来历，立刻使自己来头大出许多。听眼前这个年轻人说自己是太学生，刚从京城里见过皇上，大家似乎恍然大悟，怪不得人家敢挺身而出，原来不是一般人呀！有人撑腰，百姓也胆大起来，纷纷起哄，“这家伙不是人！”“真是个大王八！”“赶紧给皇上写奏章吧，处置了他！”

人言鼎沸，气势汹涌，王怙为不禁开始胆怯，弄不清这个年轻人到底是什么人，但在众人面前又不肯失了脸面，气急败坏地涨红了脸，“你……你……你们……造反呀！”他瞪着凶狠而虚弱的目光，指着周围的人声嘶力竭，“快，废物！还不把这小子给我打成肉酱！看他再胡言乱语！”

正和阴丽华拉扯不休的两个家奴一听家人吩咐，虽然情知众怒难犯，但也只得硬着头皮丢开阴丽华，挽起袖子气势汹汹朝刘秀逼来。刘秀后退两步，朝人群大喊：“诸位乡亲父老，我从京城回来时，已经奉了新朝皇上旨令，为非乡里者，按法令治罪之外，群殴无罪！咱们人多力量大，难道还怕他们？与其白白受气，索性自己先惩治了他们，等我禀奏了朝廷，大家都护法有功！”

此时已经群情激愤，又听他说奉朝廷旨意，看他这模样也像，大伙宁可信其有，刚才跃跃欲试的，早已按捺不住胸中的怒火，纷纷朝这三人聚拢过来。不等王怙为有所反应，有胆气的已经带头拳打脚踢地扑上去。一时间热闹非凡，呐喊的呐喊、助威的助威、出力的出力，如同狼烟四起，喊打声响成一片。王怙为被挤在人堆中，分不清谁是谁，只看见一大堆人抡拳头的抡拳头、踹脚的踹脚，漫天里都是拳影，身上被冰雹猛砸一般，分不清哪里疼痛，那场面真是好不壮观。

刘秀趁乱钻出人群，见阴丽华正站在河边，赶忙走过去，顾不上多说，拉起她的手就往林木深处走，一直走到听不见人声的地方才停下来。这时阴丽华才发现自己的手紧紧攥在刘秀手里，羞红了脸。刘秀却不觉得，转过身面对阴丽华打量一下，满是爱怜又责备地说："阴小姐，你一个年轻女子家，不好好待在家里，随便乱跑什么？即便非得出来，也应该多带些人才是，怎好只带着丫头就出来？像今天这种情形，遇着歹人该如何是好？"

"遇着歹人也不怕，因为……不是有刘三公子相救吗？"阴丽华绯红着脸却不肯认错。面对日思夜想的人，她一时不知该怎么说，忸怩半天才吐出一句："人家都说'相识满天下，知己能几人？'也真是的，围观的人那么多，刘公子倒是第一个挺身而出的人，小女子感激不尽。"

等心绪从刚才的紧张中稳定下来，刘秀忽然有些面红心跳，讪讪地说："小姐快不要这样说，能够为小姐做事，我只感到荣幸，若不是机缘，还只怕没这个福分呢？"

阴丽华听他这样说，眼睛猛地一亮："公子当真这样想？"

"不瞒小姐，其实我一直仰慕小姐。至于为什么只一面之缘就如此仰慕，我……我也说不清。"刘秀深情地望着阴丽华水亮的双眸，终于鼓足勇气说。

阴丽华此时又感动又惊喜，暗想自己何尝不也是这样。不是冤家不聚头，真是前世的冤家哟！但一时间又不知该如何向对方表达自己此时的心情，想想脱口说道："公子说的可是真心话？"

刘秀坚定地点点头："怎么，小姐信不过刘某？"

"不，不，不是那个意思。我只是有些疑惑，为什么……我是说既然那样，为何公子迟迟不来我家？"阴丽华说到最后微微低下了头，她的脸颊已是通红通红的了。

"嗨，说来一言难尽哪！"刘秀方才还雄气英发的眼神忽然暗淡下去，他长长地叹了口气，抬起头来失神地望着头上那方瓦蓝瓦蓝的天空，许久没说话。

"公子你有什么难言之隐，若不便相告的话，小女子也就不问了。"阴丽华见刘秀沉默下来，不知道他想什么，赶忙好言宽慰。

刘秀摇摇头，忽然间脸色发灰，红红的眼圈儿中热泪盈眶，"不怕小姐笑话，刘某真是没有颜面再见故人！长安求学三载，本指望能求得一官半职，出入朝廷，不料……"面对柔情脉脉的阴丽华，他像找到了知心老友，索性敞开心扉，向她娓娓道来自己长安一行的遭遇。

原来，刘秀在长安求学三年，正好赶上新朝第一次举荐孝廉。刘秀不仅顺利地被举荐，而且举荐人还是当代硕儒。他的考核成绩名列榜首，受到老太师王舜的青睐，若无意外，定能在朝堂上谋个好差使。不料造化弄人，就在这个茬口，汉景帝七代孙徐乡侯刘快，在临淄举兵反叛，然而刚刚起事就遭到镇压。紧接着，又有张充等人策谋，企图拥立汉宣帝曾孙刘纡为帝，但他们势小力弱，又未能成功，只落得个身首异处的下场。屡次的叛乱，使得新朝上下胆战心惊，而王莽对刘氏宗族更是恨之入骨，忌讳有加，一笔将名列举荐榜首的刘秀给勾了去，且凡新近举荐的刘氏宗族，一概不用。

朝廷所谓的孝廉榜张贴出来后，刘秀榜上无名。虽然他深知其中缘由，知道这不是自己没有能力，但未免垂头丧气，对新朝更是心灰意冷，便决定打点行装回家。不料祸不单行，又逢王莽第三次改币，五铢钱贬值，身边带的盘缠几乎被贬得不够饭钱。不但刘秀一人如此，太学同窗无不顿时成了穷光蛋。刘秀为接济其他被举荐上的学友，不得已将坐骑卖了，再加上回家途中各种法规迭变，地方官吏借着推行新法的当儿，想着办法敲诈，害得刘秀又破费许多本来就不多的资财，带领着刘斯干日夜奔波，才弄得这样狼狈不堪。

刘秀动情地讲着，阴丽华听得很仔细，她能想象出一个人志向追求破灭的痛苦。她的眼睛一刻也不离开刘秀那早已泪下潸潸的面庞。刘秀的眼泪一滴滴地，似乎滴进了她的心房，让单纯的她忽然也觉得人生酸苦而厚重。当听刘秀愤慨地说宗庙被毁的时候，她更不禁黯然神伤，这个纯真的少女完全被她所想不到的、实际上已经风起云涌的现实所震撼了。

阴丽华知道刘秀的苦楚，很想给他一点慰藉，但自己也实在不知该怎么做，只好做出笑脸说："公子也不必难过，方才我看你和那个恶人斗智斗勇，真真假假的一席话，就把百姓给掀动起来了，确实了不得。别的不说，就凭这点，刘公子将来必定不是常人。天高海阔，公子何愁没有出路而死在新朝这棵树下呢?"

刘秀很勉强地笑了笑："其实道理我也明白。况且我本意也并非一定要在新朝谋个一官半职。可我仰慕的一位小姐曾说过，决不嫁白衣女婿的。为了她，我也得想办法出人头地才行。"

"难道，你是为了……你这个傻瓜，竟然把那些话当了真?"阴丽华俏丽的凤尾眼瞪得溜圆。

刘秀情绪稳定了一些，但仍旧满脸阴郁："不错，那位女子就是你阴小姐。我一直奇怪，自己究竟中了什么魔，仅仅一面之交，就如此念念不忘。只可惜，我没能达到目的，还是一介平民。"说着叹口气，失落地摇了摇头。

"公子！"阴丽华霍地站直了身子，严肃地说，"小女子当时所说的话，虽然不是戏言，但意思却被公子曲解了。我之所以这样讲，并非为贪图富贵，只希望我的郎君是一个胸怀天下的大丈夫。而现如今的新朝，果然如公子所说的那样苛政暴敛，你若是入朝为官便算为虎作伥，哪里谈得上胸怀天下，大有作为？我虽然是个小女子，却自恃并不愚昧，又怎能不明此理呢？"说到这里，阴丽华停顿一下，脸颊泛出一层如粉霞般的红晕，"只不过，不曾料到公子竟肯如此为小女子付出，我……我真的不知该怎么说，也不知道怎样报答公子的一片真情。"

阴丽华双目含情地望着刘秀俊秀的面孔，刘秀一听又惊又喜，直觉告诉他，自己和朝思暮想的阴小姐之间的情意，已经水到渠成了。他看着阴丽华如秋波荡漾的眼睛，恍惚间心都要化了，竟忘情地将阴丽华拥入怀中："那我回家后就托人到府上求亲，好吗？"

阴丽华微闭了双眼，徜徉在突如其来的幸福当中，听他如此说，轻轻睁开眼睛柔声道："公子又何必急于这一时？况且我所说的誓言也是不便轻易更改的呀。公子明白我的意思吗？"

刘秀知道，阴丽华曾发过非将军不嫁的誓言，既然誓言不能改变，还是一介草民的自己又如何向她求亲呢？从京城到新野，一路之上，他清楚地感觉到，王莽篡汉接连变法，已经不得人心，而自己作为前朝的宗室子弟，宗庙被毁，前途被阻，欲求封王侯做将军，别无他路，只有推翻新朝暴政匡复汉室，才有出头之日。这些日子，一系列遭遇，使他渐渐萌生反莽之心。现在听了阴丽华一席话，立刻更坚定了自己的信念。他温柔地扶着阴丽华的双肩，缓缓而坚定地说："小姐，放心！刘秀绝对不会辜负小姐厚望的，只是苦了小姐，只能……"

阴丽华却不让他继续说下去，赶紧把手指放到了他的双唇上："公子快不要这样说，只要能等刘公子凯旋，再长时间我也心甘情愿，我一定会等你回来。"

"丽华！"刘秀说不上来是感动还是欣慰，再次将她拥入怀中。正当两人缠缠绵绵难舍难分时，忽然从林中传来一声叫喊："小姐，你在哪儿呢？该回府啦！"阴丽华听出这是小燕的声音，然而两人又怎舍得分开。他们执手相望，默默无语，心中纵有千万个难分难舍却又无可奈何。

沙沙的脚步越来越近，眼看小燕就会找到这里。刘秀解开身上的玉佩放到阴丽华手中，“丽华，这次一别，不知何日才能相见，这个玉佩你留着，看到它就像看见了我一样，就让它先替代我守护着你吧！”阴丽华秀目闪动，使劲儿点点头，眼眶已是泛红，晶莹的泪滴挂在眼角，她赶紧摘下头上的金钗递与刘秀，“文叔，你记着，我会一直等你回来……”

第十章　英雄本色　初显端倪

刘秀长安一行，转瞬已是三载。三年时间虽然说短不短，说长不长，但此时他的心境却与三年前截然相反，他分明感觉到，自己从内到外，都发生了翻天覆地的改变。此刻自己所念叨的已不再只是求得功名，而是要改变天下。刘斯干在没到新野时，就已经被他先打发回家报信去了。此刻刘秀独自一人想着走着，不知不觉地，已走到了姐姐刘元的家门口。而在这段不长的路上，他似乎想通了许多事情。当他抬头望见那熟悉的大门时，浑身轻松，脸上挂着微笑举步走进院子里。

正在客厅门口照顾孩子的刘元听见有脚步响动，一抬眼望见了翩翩而来的刘秀，高兴地招呼一声，把孩子交给侍女，拍拍衣裙迎上来，“三弟，左盼右盼总算回来了，哎呀，发生什么事了，弄得这一身狼狈相？远看你衣衫整齐的，凑近了才发现这么多撕扯破的地方，还脏兮兮的，几天没换洗了？快进屋歇息歇息”。

“二姐，其实也没什么，你看我这一去，倒让二姐不少费心。”刘秀见姐姐看到自己如此高兴的样子，久违而浓郁的亲情让他感动得声音都有些发颤，一时竟不知说什么才好。这时内屋的门帘被掀了起来，有人风风火火闯进来。“哎哟，是文叔回来了！你姐这些日子总念叨你，还真把你盼回来了！恐怕这就叫苦心人天不负吧！”姐夫邓晨还是那样豪爽，嗓门粗声大气，却掩饰不住激动和高兴。

刘元和刘秀两人一听笑了起来，笑得邓晨莫名其妙。“姐夫说的话竟跟二姐一模一样，你们可真是心意相通啊！”刘秀也仿效邓晨的口气，开玩笑地说。

刘元顿时脸红了，正想要说什么，却被邓晨抢先说了去。“原来这样啊！”他毫不在意地哈哈大笑，“文叔这一去，就是整整三载，别的先不说，这次回来就先在新野盘桓几日。我们也好在一处聊聊天，喝喝酒。”

“这……”刘秀离家日久，一想起家中的娘和哥哥便归心似箭，可是姐夫一片真情实意，又怎好拒绝？于是吞吞吐吐不知如何回答。还是刘元看出了刘秀的心思，埋怨丈夫说："你也真是的，只想到我们在一起团聚了，却一点都不考虑三弟想娘心切。况且咱娘一直念挂着三弟，盼望他早日回家呢!"

"不妨事的，我昨日才从春陵回来，岳母身体安康，一切都好，几个兄弟也都生龙活虎，三弟就不用太过记心了。你嘛，先在这里住上几日，岳母那边，我会派人通知的。你就权当这是中途休息，好好调养身体，回去后该干什么就干什么，也不用特意再休养，岂不更好？况且我还想和你痛饮一场说说话呢！你们还别说，我躲在这新野，山高皇帝远，都快成瞎子和聋哑人了，得好好向文叔讨教讨教外界的动向。"刘元知道丈夫的秉性，看刘秀其实也有不舍离去的意思，便起身出去，一面吩咐准备酒菜，一面要派人骑快马奔春陵报信。刘秀跑出来说，刘斯干已经先回去了，报不报信都不要紧，但刘元害怕家里人担心，仍旧坚持让人再去说一声。

客厅内，邓晨此时也注意到刘秀洒脱背后的狼狈相，便关切地问道："文叔遇到什么事？怎会变得如此模样？可曾求得功名？邓禹怎么样了？"

刘秀最害怕他问到这事，但又知道他必然会问，当下苦笑一声缓缓说："小弟没能博得一官半职，让姐夫失望了。邓禹兄弟比我还要好些，能继续留在京师读书。"接着又把自己在长安的遭遇细细讲给邓晨听。

歪着脑袋听完之后，邓晨好像全在意料之中，既不悲又不气，面色极其平静地说："王莽篡汉，看似风平浪静，其实完全违背人心，前段时断时续的反莽起义就是证明。要做贼嘛，难免心虚，他生怕你们刘氏家族的余波再掀起狂澜，自然也就极力加以排斥和镇压。你是正宗的刘氏子弟，被排斥在朝堂之外，也是意料之中的事情，完全不必介意。"

听他轻描淡写地一说，刘秀更加感觉轻松，赞同地点了点头，把自己方才在路上的想法讲了一遍。话音未落，邓晨忽然高兴地一拍大腿："王莽揭下原先伪善的面纱，手下官吏暴虐恣肆，他本人又爱夸夸其谈，施政不切实际，使得百姓日益穷困，生灵涂炭。眼看着天下即将大乱，此时血性男儿就应该准备着奔走沙场，建功立业，造福天下苍生。文叔原先只顾农耕稼穑，而今天却如此胸怀大志，真是没有白学三年，果然大有长进。三弟能这样想，真是好极了！看来这次长安一行所得匪浅，不虚此行了啊！如今新朝统治专横跋扈，百姓民不聊生，对新朝可谓是恨之入骨，这正是咱们兴复汉室的大好时机呀！你大哥刘縯，正在搜罗天下豪杰，暗地里做着准备。如今你归来，正好助他一臂之力。"说话说到投机处，邓晨两眼放光，滔滔不绝。

刘秀却并没有表现出太多的兴奋，他只是微微一笑，很平静地说："姐夫说得极是，不过我觉得，做事情应当从大处着眼，小处着手。有句话说得好，下情上达，天下罔不治；下情上壅，天下罔不乱。王莽之所以没有达到他预期改革天下的目的，正是因为下情上壅。所以咱们要想干大事，就得消息灵通，仔细考虑成熟。不动则已，动则必胜。否则还不如藏精蓄锐，以静制动的好。想当初，陈胜、吴广扯旗造反，势如风卷云涌，人们揭竿而起，应者如云，西楚霸王项羽巨鹿之战，九战九捷，大破秦军。然而最后得江山者，不是陈胜、吴广，也不是力可拔山的项羽，却是为人谨慎小心不露锋芒的高祖。这说明了什么问题？做大事者万不可急功近利。君子藏拙，大拙即是大巧，目下咱们还需耐心等待，等良机一到，必成大业。”

邓晨接连两次为刘秀的一番言语所惊叹，情不自禁被他的眼光和谋略所折服，他点点头赞叹地说道：“三弟说的再对不过。举事反抗朝廷，没有几成把握，的确不能轻易动手。不过，王莽篡汉违背天时和人愿，必不长久，这也是不争的事实。说来也巧，我正好有一位姓蔡的好友，其父是南阳一带有名的谶纬先生。今天他要在新野家中摆晚宴，我接到请帖，正要前去闲聊，不如三弟一同前去，听听蔡公高见，也不无裨益，或许能受些启示。”

虽然刘秀并不相信什么谶纬之说，更不相信那些所谓谶纬名家，总觉得他们不过是迎合别人意思，把这当成一种邀功请赏的工具而已，哀章的事情就给他留下很深的印象。但既然姐夫这么说，他也不便推辞，就答应了下来。

正在两人谈得尽兴时，刘元走了进来，见他俩头碰着头，唾沫飞溅，不禁笑道：“你们俩谈什么呢？谈得这样上心？酒席预备好了，随你们痛饮去吧！”

“好，三弟，咱就先痛饮上几杯，权当给你接风，只是先别急着吃醉，一会儿还有事情呢！”刘秀会意地微微一笑。

当晚，蔡府灯火通明，门庭内外不断有人进进出出，一派热闹景象。蔡公不愧为新野名士，前来赴宴的人多为有名气、有声望的老者，也有个别新近崭露头角的年轻一辈。宴席上，气氛很是热烈。大家聚在一处，纵情谈论天下时事，也谈诗论画，兴致所至，随意闲聊。但说来说去，也不外乎慨叹改朝换代，世事沧桑，更有人提议，既然人生无常，就应该及时行乐，今朝有酒今朝醉，哪怕明天喝凉水。说得大家连连称是，频频举杯。

这些名士们毫无新意甚或颓废的谈论，搅得刘秀心烦意乱，人声吵嚷让他焦躁不安。他很想由着自己原来的性子转身离去，但现在自己已变得成熟，遇到事情能较为理性的前思后想。为了不让姐夫难堪，他还是沉默地一直静坐下去。

谈论着谈论着，忽然有一位宾客发问道："我一直有个疑问想请教蔡公，新近流传一句谶文，说是'刘秀发兵捕不道，四七之际火为主'，该做何解释呢?"

刘秀一听顿时吃一惊，自己名字怎么会出现在谶文中呢? 邓晨在旁边也迷惑地望着刘秀。不过两人在灯影里都没说话，看他们如何议论。蔡公听那人提到这句，脸上的笑容陡然间消失得无影无踪，他抿一把羊角胡须，故作冷静地说："这句谶文老夫也早有耳闻，老夫钻研谶纬之学多年，虽不能说精通，也还能算较为擅长，当然也知晓其中一二含义。但是因为事关重大，还是不说为妙。"

众人听了都知趣地不再追问，只有刚才发问的那人仍旧不肯罢休，更加来劲，他似乎是想炫耀自己高见似的，大声说道："噢，我明白了！其实意思很简单，就是说新朝将要被一位名叫刘秀的人推翻，刘秀将取代新朝皇上成为新一代的天子，请问我的解释对吗，蔡公?"

蔡公脸色登时灰暗，他本认为刚才自己的话会令这个发问者缄口不言，不料他却将话语说得如此明白透彻。看着到处走动的仆从丫头，人多嘴杂，要是传播出去，反叛罪名还不轻易加到头上? 所谓祸从口出，简直比暗箭伤人还要厉害哟！蔡公这样想着，一时之间，竟不知如何作答。

其余宾客一听这番解释，直接议论到朝政上来了，也都大吃一惊，个个捏一把冷汗，真想立刻溜开，免得招惹飞来横祸。再看蔡公表情，分明又表示这解释的确就是这个意思。"那么这个刘秀到底是谁呢?"有些胆大的宾客引起好奇心，开始议论纷纷。

"莫非就是国师公刘秀?"

"不对，国师公叫刘歆，怎么变成刘秀呢?"

"可是听说前些时候他忽然自称改名为刘秀。估计他也知道这谶文了，所以将名字改换成了刘秀。"

"哦，依你的话，那也就是说，下一个皇帝就是我们现在的国师公了?"

人们七嘴八舌地议论着，忽然听见椅子挪动，刘秀拉开椅子站了起来。邓晨不知他要干什么，心弦一下子绷紧了，心里七上八下得敲着小鼓。在众人目光中，刘秀脸上漾着自信的微笑，他缓缓开口，声音清朗："诸位，若说谁能挑起复汉的大任，我倒有一个最佳人选，舂陵刘秀，刘文叔……"

"刘文叔是谁?"一位长者见说话人是一个年纪轻轻又"轻率鲁莽"的小

子，便不耐烦地打断了他的话。另一个也奇怪地发问：“这位小哥面生，请问你又是谁？”

大家看到，这个面容清秀的年轻人并没有因为两人对自己轻视而生气，反而哈哈大笑：“不瞒各位，晚辈正是舂陵刘秀，刘文叔！”

话音未落，一石激起千层浪。“哼，我当是谁呢，原来是个稚气未脱的年轻人，丝毫名气都没听说过。还想当皇帝？要这样说，天下刘秀何止一个，那还不满街上跑的全是皇上？哈哈！”

“年轻人就是经事少，你以为当皇帝就那么容易？姓名对上号就能当？癞蛤蟆想吃天鹅肉哟！”

“唉，难怪世风日下，如今的年轻人都太狂妄了！”

宾客们纷纷讥笑着，没一个人正眼看他。刘秀毫不理会众人的嘲讽，淡淡一笑，朝四周抱拳施礼，大踏步转身离去。

邓晨正为刘秀今日的反常举动感到吃惊和迷惑，这和三年前做事小心谨慎的刘秀大不相同呀！然而还没等他缓过神来，刘秀已大步流星地朝门外走去了。情急之下，邓晨也顾不上礼节，匆忙起身告辞追了出去。

刘秀气昂昂地走得很快，邓晨一直追到蔡府大门外才追上他。他拍了拍刘秀的肩膀问：“文叔，刚才是怎么回事？这可不是你挂在嘴上的藏拙蓄精呀！”

刘秀对他笑了笑，并没解释什么，只是一直沉默地朝前走。邓晨愣了愣，停住了脚步。“文叔应该不是轻狂之人呀？啊，现如今的年轻人，真是搞不懂了！”他摇了摇头又赶紧追上去。

两人默默地走出一段路，星光闪烁下，夜空幽静而高远，凉风吹来，似乎要凌云而去，感觉很是舒服。路边一个酒幌子静静地悬在门旁，里面灯影幢幢，看样子还没有打烊。刘秀忽然停下脚步朝酒店指了指，对邓晨说：“姐夫，咱们到那儿再喝两盅，怎样？”

“怎么，你还想喝？半天不到，咱们已经喝了两次了，再喝真会醉的。”邓晨示意刘秀赶紧回家。刘秀却执拗地说：“不妨，小弟今日高兴，就想痛饮一番。反正也到家门口了，咱们不如就来个不醉不归。”说完，也不等邓晨答应，转身迈进酒店。邓晨无奈，也只得跟了进去。

“哟！今儿怕是遇到了最后一位财神爷。两位客官，想要点什么？”店里的伙计正收拾桌椅，一见进来两位文质彬彬颇有贵公子风度的客人，赶忙过来招呼。刘秀走到一墙角桌旁坐了下来，“把你们店里的上等好酒好菜端些来，喝酒要用大碗！”

“好咧，二位客官稍等，酒菜马上就来。”伙计笑吟吟地说完转身离去了。不消一刻工夫，两人面前的桌子上已是美酒佳肴俱全。看伙计走开，整个店堂就他们两人，刘秀端起斟得满满的一碗酒放到桌上，也不打招呼，仰脖子一饮而尽，用袖子拭了拭刚才因喝太快而流到嘴角的酒滴。邓晨抱起酒坛又给他斟了一碗，刘秀举起那碗酒，送到邓晨面前：“来，姐夫，这一碗轮你喝，等你喝完了我想跟你说说心里话。”

邓晨看着刘秀严肃的表情，不像是喝多了胡言乱语，二话没说，接过碗来一饮而尽，然后将碗口转向刘秀晃晃，随即放在桌上，说：“兄弟，有什么事呢？尽管说就是！”刘秀先不答话，又斟上酒，自己一饮而尽。

“姐夫，这话原本不好意思说。这不，才只好借着酒力。不是有句话吗，事是人干出来的，话是酒逼出来的。其实这次进京游学，我的真正意图不只是争得一官半职。我之所以如此孜孜以求，很大原因是因为一位女子，她就是阴府的千金阴丽华，想必姐夫你也应该知道。虽然我与她只有一面之缘，可却已把她当成一生至爱。幸运的是，她对小弟也是情有独钟。只是因为她曾说过不嫁布衣的誓言，因此小弟才更加迫切求取功名。不想世事蹉跎，竟碰了个大跟头。现如今在新朝混出个人样来已经没有可能，我想，不如索性举兵反莽，兴复汉室，做一位大将军也并无不可能。只是，刚才在蔡府听得那句谶文又提醒了我，我忽然感觉，其实做一名大将军实在没有出息，男儿大丈夫，能攀多高就攀多高，既然谶文言刘秀当作天子，我何不顺应天命呢？因此我决定负起这担子，打一场漂亮的王朝争夺战，颠覆新朝，匡复汉室！”

邓晨本来一直以豪杰自居，想法从来都不安分，此时也受了鼓舞，情绪变得异常激动，他高兴地拍案而起，叫了声“好！”还准备接着说下去，却被刘秀扯着臂膀坐了下来。他突然醒悟，机警地朝四周望了望，见远远的门口处，两个伙计打着哈欠在柜台旁聊天，没有人注意到他们。他轻轻舒了口气：“哎呀，多亏你提醒，我太大意了，高兴得都忘记是在酒店了。”随即又压低点了声音，继续说：“文叔，不但是我，你大哥听了这话肯定会更加高兴，他一直有这个意图。我早就对你姐说过，你们刘家兄弟，个个是人中龙虎，不做事情便罢，一旦要做，那可是要惊天动地的。看来，匡复汉室指日可待了呀！这可是天大的喜事！来，为了这喜事，干杯！”

白水河畔，鲜花盛开，绿草如茵，一片春意盎然的景色。几株高大挺拔的翠柏簇拥着南顿令刘钦的墓碑。刚落葬时栽下的小树苗，现在已经亭亭如盖。水天花木映衬下，坟墓并不显得寂寥，反而有几分热闹。碑前，刘秀庄重地双膝跪地，刘縯、刘嘉、刘稷兄弟，也都个个神情肃然。

“爹，孩儿不孝，这次长安一行，三年都没能看望您老人家，还望爹能谅解孩儿的苦衷。虽然这次孩儿去长安并未如愿以偿，也没能光耀门庭，但孩儿并没令您失望。长安三载，孩儿经历了不少磨难，也尝尽了人世间的酸甜苦辣。”

“爹，现在我才体会到，也终于明白了天下被夺、宗庙被毁是何等的奇耻大辱，也终于了解了您在世时的良苦用心。咱家虽然是皇族远支，或许对于先前那些皇亲国戚来讲，微不足道，但是肉食者鄙，关键时刻，往往还要微不足道者来拯救。儿子愚钝，此时才明白作为一个汉室子弟的责任和义务。不过请您放心，孩儿一定谨记您的遗愿，杀贼灭新，匡扶汉室，建功立业，光耀门庭！”刘秀字字真真切切，铿锵有力，在场的人无不受鼓舞。

刘縯跪在一旁，静静地听着，内心汹涌澎湃，激动得热泪盈眶。在他心目中，刘秀自小就古怪刁钻个性倔强，不管自己如何苦口婆心地劝导，始终不受管束，依旧我行我素，一天到晚只顾侍弄自己的那几亩田地。他曾不止一次地慨叹，这个弟弟算是完了，胸无大志，真是麻绳提不起来的豆腐。不想长安一行，刘秀的变化竟如此之大，着实让自己吃了一惊。此时刘縯的心境不单单用言语就能表达出来。望着父亲的坟冢，想到这几年苦心维持这个家，刻苦练习文才武艺，无论如何，总算没让九泉之下爹爹伤心失望。想着想着，刘縯终于抑制不住自己的情感，铮铮铁骨的男儿，两行热泪顺着脸颊淌了下来。

泪眼蒙眬中，刘縯看到刘秀站起了身，正盯着自己，忙用长衫将眼泪揩去，红肿着眼睛努力笑笑。刘嘉、刘仲和刘稷也跟着站了起来。刘縯走到刘秀身边，拍着他的肩由衷地说：“三弟能不忘咱爹的遗愿，肯担起这个重任，足以告慰咱爹的在天之灵了。好，这些也不用再提起。如今，新朝虽然初建，却吏治腐败，新法被这帮人糟蹋得好处全无，落到百姓头上时，尽是弊端。现在大小官员骄奢淫逸，而百姓却受尽磨难，民不聊生，总之新朝不得民心。眼下是人人怨愤之时，也正是我等举大计之日。文叔，你的归来，更使我们兄弟如虎添翼，真正是上天不灭刘家。”

“是啊！大哥、文叔，现在正是举事的大好时机。文叔也已经回来，不如我们赶快商量一下举事的详细事宜吧！”刘仲、刘稷也迫不及待地说。

刘秀皱起眉头，望着大哥疑惑地问：“你们说，现在就举事？”

刘縯庄重地点了点头，看看刘秀满脸不解的神情，便耐心解释："文叔，现在正是天赐良机，你从长安来，一路上应该看到，人心慌慌，无不欲助我反莽灭新，现在不举事，又更待何时呢?"

刘秀淡淡地苦笑一下，摇摇头说："哥，我看有些操之过急了。这不是种庄稼，种不好可以从头再来，实在不行也就耽搁一季。这等事情若是出了差错，那就是万劫不复！根本不会有缓冲的机会，所以叫我说，咱们切不可因图一时之快而误了大事。想那安众侯刘崇、东郡太守翟义、徐乡侯刘快，他们先后举兵反莽，按理说他们比咱们势力更大、影响更广，为何均遭失败呢?我们都知道新朝日趋灭亡，觉得它就是朽木一根，其实并不尽然。俗话说，百足之虫，死而不僵。凡事都有定数。新朝内部虽已腐朽不堪，但它还有苟延残喘的余威，忠心于它的党徒为数不少，还不到灭亡的时机。现在咱们匆忙举事，固然轰轰烈烈分外痛快，但只怕用不了几日，它就还有力量将我们扑灭，徒然弄出无可挽回的损失。叫我说，我们既已下定决心反莽复汉，反而就更得谨慎小心，更表现得安分守己，只有这样，才能暗中从容调遣，一旦时机成熟，再发兵起事也不迟。"

刘縯听了这一席话，不由得对这位曾令他异常头痛苦恼的三弟，顿生钦佩之情。不想三年历练，让他从一个不谙世事的毛头小子，变成了头脑冷静、思维缜密而有眼光有谋有略的智谋之士了，他的确长大了。刘縯赞同地点了点头："文叔现在真正像书上说的，笔如刀、舌如剑、胆如斗、细如发，好，好!"

刘仲、刘稷却对刘秀所说的话颇为不满，嘟嘟囔囔地反驳说："文叔，照你这么说，我们就只能在这儿死等了?"

刘秀轻轻一笑："哥哥误会了，当然不是这个意思，等是要等，但不是死等。其实我觉得，等机会本身就是在和新朝作对。咱们现在要做的，就是为将来致命一战做准备。咱们尽可放心地跟着大哥继续苦练武艺，操练阵法，总有一天会派上用场的。"说着话，大家准备和刘縯一同离去，不料刘秀刚走几步忽然想起什么，停了下来对刘縯说："大哥，你们先回去吧，我想再去看看我的几亩田园，几年没见，不定荒废成什么了。放心，不会影响我读书习武的。"说着也不等他们回答，转身离去了。

望着刘秀的背影，刘縯虽心里不大痛快，可转念一想，刘秀已经长大了，有了自己的思想，也不便再管束他，就由着他去吧，或许他做的有自己一番道理。他望了望刘秀远去的身影，意味深长地叹了口气。

王莽如愿以偿篡得皇位，将国号改为新，登上了以前只有在梦中才会出现的令他眩晕的宝座。但他并不满足，他要做千古一帝，要做一个前无古人、后无来者的帝王，要让世世代代的人都知道，他王莽篡夺汉室皇位，不是篡夺，而是上天交给他拯救万民的意愿。他要完成心中以儒道治国的宏图，使新朝成为人们心目中伏羲尧舜时代。

为此，王莽踌躇满志且不遗余力地推行各种改制政策。同时，为了显示至高无上的权威，他又给边邑各族册封了新的封号，但这些封号多数含有鄙视和侮辱性，只是为了区别显示新朝的高贵和夷族的低贱。

生性耿直的四夷头人，断然不能容忍新朝的如此欺凌和践踏，纷纷奋起反抗。高高在上的王莽更容不得狄夷对新朝有丝毫不满，若是任他们在边境胡为，百姓遭殃倒还在其次，关键是太有损自己的威严。于是，他不计成本，调兵遣将前去镇压。一时间，边境一带剑拔弩张，风云突起。没多长时间，新朝的边境因战争而惨不忍睹，郡县萧条破败，人民流离失所无家可归。到处是嗷嗷饥民，阴阴白骨；到处是无奈的悲叹，痛苦的哀号。而这种流弊随着难民的流窜，逐渐影响到内地，使原本就危机四伏的内地更是雪上加霜。

无尽的战争已使人们深受其害，兵役徭役征了又征，花样层出无穷。而新朝上下却借此对百姓进行无度的搜刮，大小官吏更是层层剥削、层层压榨。此时的百姓有田的不如无田的，无田的不如战死的。那惨状真可谓是白骨露于野，千里无鸡鸣。尤其是边境一带，十室九空，宛如一座大坟墓。

当无数人被逼得走投无路、幡然醒悟之际，也正是新朝开始动荡不安之时。

天凤四年（17），琅琊郡海曲人吕母为冤死的儿子报仇，率众起事。周围走投无路之人，闻听风声争相投奔。义军迅速攻下海曲城，杀死县宰。初步胜利的消息一经传开，琅琊沸腾了起来。与此同时，王匡、王凤兄弟自立为渠帅，聚众起事。之后，王常、马武、成丹等地方豪杰英雄也相继投其麾下。他们以荆州绿林山为根据地，时人号称“绿林军”。地皇元年（20），荆州牧调集大军三万前去围剿绿林军。王匡等将领率众积极应战，结果大败官兵，杀敌数千人，一时间，“绿林军”声名鹊起，令新军闻风丧胆。

风起云涌一年后，琅琊人樊崇被征发徭役的官吏逼迫，无奈落草为寇，聚众一百多人于营地起义。樊崇虽然一介农夫，却有勇有谋，英勇善战，经常率众劫富济贫，锄强扶弱，深得百姓爱戴。一年之内，投奔者近万，义军队伍迅速壮大。为防止作战时自己的兄弟与莽兵混淆，樊崇别出心裁，让弟兄们把眉毛描画成红色，一方面好区别，可以避免误伤，再者散发赤眉，简直如同天兵，也可增加自己的气势，让敌人没等接战而胆寒，故称为“赤眉军”。同时，在冀、幽之地的“铜马军”也逐渐发展，悄悄壮大起来而成为一支重要的武装力量。而接连的征战，已使新朝无论从兵力还是财力，都逐渐开始捉襟见肘，顾此失彼，显得疲惫不堪而难以为继了。

就在此刻天下大乱之际，南阳春陵正蕴藏着一股强大的力量，它悄无声息地积聚着，在刘秀刻意安排下，表面风平浪静，实为彻底爆发的那一天忍耐等待。

“大哥，你的武艺是越来越精进了。”刘秀微笑着对刘缜说。他们兄弟在白水河边练完武艺，又余兴未尽，以一当十地列好队，演习一番阵法，这才兴冲冲地回到家中。刘缜抹一把额上的汗珠笑道：“这些日子天天苦练，有点进步也是应该的，功夫不负有心人嘛！就盼着起事那天早日到来了。”

话音未落，管家刘福忽然慌慌张张跑进来，喘着粗气叫道：“大公子，不好了！官府又来征马了！”众人一惊。近来朝廷忙于应付四处战乱，不但强行拉丁，还隔三差五地到百姓家搜集马匹。刘家兄弟在春陵是有名的世家子弟，都知道他家有些骡马牲口，这就成了地方官吏注意的重点目标，曾几次要征用马匹，都被刘缜找借口塞点银子打发走了。大家都明白，战马可是将来起事时征战必不可少的，只怕到时候花钱都没地方买。若被征走，将来还怎样冲杀呀？

“哼，只怕是那些当差的在别处又没弄下，怕挨老爷的板子，这才蹭过来了。”刘缜想一想吩咐刘福：“还是老办法，对他们说我们家里没有马匹，实在不行的话，就取些银两打发了他们。”

“大公子，你都吩咐几回了，我也是这么做的，但是这回他们不吃这一套，不要银两，只要马匹。看样子和以往不同，他们气势汹汹地像要硬闯进来搜查。”

“简直岂有此理！好歹我们也是大汉宗室子弟，真是欺我汉室无人？刘福，即刻带人前去，对他们说咱家没有马，看他们敢怎样！实在不行就给他们点颜色瞧瞧！”刘缜正意气风发，说话也嗓门很高。

“是！”刘福得到命令，顿时来了精神，转身昂首挺胸地就要叫人。

“慢着！”刘秀连忙喊住已走出大厅的刘福。“三公子还有什么吩咐？”刘福只得疑惑退了回来。

“大哥。”刘秀严肃地对刘缜说，“家中百事兴，全靠主人命。可不能意气用事呀！如今还不是时机，咱们还未做好准备，一旦闹腾起来，手忙脚乱的是咱们。所以，万不可轻举妄动，否则引起官府怀疑，会误了大事！”

刘福年纪大了，毕竟老成，听了也赞许地点点头。刘縯拧一下眉头：“那依三弟看，我们又该如何应付？”

刘秀嘴角拂起一丝捉摸不透的微笑，很轻松地说：“他们不就是要马吗？挑选几匹羸弱的马匹送与他们，敷衍过去就是了。”

刘縯听后想一想，忽然哈哈大笑，拍一把刘秀肩膀：“三弟高见，好主意！刘福，就照文叔的话去办吧。”

立在一旁的刘福得令后，快步离去。

众人刚坐下来休息，伯姬扶着已经白发苍苍的樊娴都走了进来。刘縯兄弟见娘来了，赶忙起身相迎。樊娴都伸出一只手示意子侄们坐下，不过刘縯还是走上前去，搀着年迈的母亲来到正中间座位旁。樊娴都颤巍巍地坐下后，逐一打量着子侄们，忽然抖动着脸上的皱纹激动地说：“孩子们，刚才你们说的话，我都听见了。你们长大了，确实都长大了啊！娘知道你们要干一番惊天动地的大事，为娘的很欣慰，这也算对得起你们爹的在天之灵了。虽说这事要担风险，不过娘不阻拦你们。可是有句话还是要交代，娘看着你们一点儿一点儿地长大，不容易啊！你们兄弟个个都是娘的心头肉，你们一定要记住了，无论什么时候不准干傻事，先得想办法保全了自己才成，要是有个三长两短的，干大事不是一句空话吗？”

兄弟四人忙点头表示记住了。樊娴都喘一口气接着说：“娘老了，也帮不上你们什么忙，但也不想拖累你们。娘也没别的心愿，只求能保全咱们这个破家，老死在春陵，和你爹一起等候你们的佳音。”

刘縯不等樊娴都说完，赶忙插嘴道：“娘，看您想到哪儿了，咱家不会出大乱子的。如今新朝已是土崩瓦解，必不能长久，儿子一定会让您看到汉室复兴，到时候您最少也能封个诰命。”

樊娴都苦笑一声摇头叹息说：“娘老啦，别的什么也不想了。只是，儿啊，推翻新朝复兴汉室，说起来固然是好事，但这可不是儿戏，凡事都得谨慎小心，万不可粗心大意，鲁莽冲动只能坏事。娘就每天烧一炷香，让天神和列祖列宗保佑你们平安吧！”

众人听了，心里都很不是滋味。自古忠孝难以两全，以前都是在书上看到这样的话，不想他们如今也得做出如此抉择。要起事势必得东西南北地驰骋奔波，舍下母亲一个人在家，虽然大家都不能忍心，但也只能是无可奈何。

望着满脸慈爱的母亲，大家都低下头，心如刀割。

正沉闷着谁也不说话时，刘福兴冲冲地跑了进来。刘縯忙岔开话题问："办得怎么样？"刘福笑模笑样地还有些得意："回老夫人，诸位公子，我遵照大公子所说的，把圈里五六匹老马拉出去交给他们。这帮家伙蹬着鼻子上脸，还不肯罢休，又是嫌马瘦，又是嫌马老。我假装生气说：'你们知道不知道，当今皇上有圣旨，刘家皇族还和以前一样尊贵，谁要想欺侮，打出人命来可是不犯法的。'说着让几个人持刀弄棍地赶到门口，怒冲冲地盯着他们。这帮家伙向来都是吃柿子拣软的捏，哪里见过这阵势，二话没说都吓得抱头溜了。"

"干得好！刘福，想不到你还真行啊，性子也够急的，不过这次急到点子上了，就让他们见识见识舂陵刘氏的厉害！"刘縯乐呵呵地拍手大叫。

刘福听了夸奖，不好意思地搔了搔头发，憨憨地笑了。

刘秀却高兴不起来，双眉紧锁，忧虑地说道："大哥，我看事情不会这么简单。这样一来，我们表面讨了便宜，实际上反而惹了麻烦。你想如今各地反叛新朝的如风卷云涌，在这动荡之际，朝廷更会对我们刘氏加以防范，假传圣旨虽然能够唬住一时，但他们回去一禀报，就露馅了。这样，结果恐怕对我们更为不利。"

众人听了，也都立刻意识到事态的严重性。樊娴都一个妇人家，见刘秀说得严重，况且又是和官府作对，更为焦虑，担忧地说："三儿说得对，你们万不可轻敌，还是早做防范为好。再者，能好言应付过去就别来硬的，人家势力大，说到底吃亏的是咱们。你们兄弟要是出个差错，将来我可没法给你们的爹交代。"

刘秀眼睛转两转，忽然微微一笑说："娘您放心，我知道该怎样应付他们了。您看您也累了，让伯姬扶您回房歇息会儿吧！"

"嗯，也好。"樊娴都点了点头，仍不放心，却又没话可说，就让伯姬扶起自己，慢吞吞走了出去。

正如大家所担心的，刚过正午，一大队官兵人马杂沓，扬起漫天尘土，朝着刘家进发过来。刘縯弟兄正与这些日子投奔而来的各路宾客们在客厅里商议目下形势，只听门外一声大喊："大公子，快，大事不妙了！"

众人不知发生了什么，惊慌得纷纷离座而起。只见刘福正飞也似的往客厅跑，边跑边喊，跑到门口来不及喘息，手指外边，断断续续地说："外面来了大队官兵，个个凶神恶煞的……他们堵在府门口，扬言要我们交出五十匹马，否则就对我们不客气。这，这……”

“王莽狗贼，真正欺人太甚！”朱祐和臧宫两名宾客，手拍桌子啪啪作响，气得咬牙切齿，吼叫道，“刘大哥，咱还等什么？反了吧！人家都把刀架到咱脖子上了！”

其余宾客也应声高喊：“对，反了吧！杀了这帮官兵，用他们的血祭旗！”

其实刘縯也正有此意，但他深知自己行事一向不够谨慎，容易鲁莽冲动，便不敢擅作主张。他故作沉思状，在厅内踱来踱去，等一等看有没有人提出别的见解。宾客们的目光随着刘縯在厅内来来回回，空气沉闷而紧张。朱祐、臧宫已经急不可耐地又喊道：“刘大哥！下令操家伙吧！我们来打头阵！”

哄然纷乱中，刘秀从容地站起，沉吟一下然后坚定地说：“诸位英雄，大家冷静一下，目前，大事尚未周划完密，切不可贸然行动，乱了大计。自古君子不跟牛斗力，这帮小兵，并不值得咱们拼命。不如这样，此事还是交由小弟处理，你们少安毋躁，一会儿见机行事。”众人知道刘家三公子性情沉稳，关键时候往往能出乎意料，况且刘家眼下也没多少兵马，若真打起来，谁心里也没底，也就纷纷点头表示赞同，看着刘秀飘然走出门去。

走出大厅，已经能听见人声鼎沸了。刘秀沿游廊来到前院，三步两步走到门口一看，不由愣住。原来，带兵而来的头目正是上次所遇的那个游徼王怙为。两人四目相对，王怙为也马上认出了他。

“哈哈！我当吃了哪路天神的亏呢，原来你小子是刘汉宗室啊，真是天助我也。看我今天怎么整治你吧！”王怙为油腔滑调，歪把子脸上充满了复仇和得意的奸笑。

然而刘秀看起来却出奇地冷静，丝毫没有惧怕也没有退缩或者讨饶的意思，这让王怙为心里很不痛快，他心里暗暗骂道：“你别煮熟的鸭子光嘴硬，等会儿爷爷要你好看！”

对峙片刻，刘秀忽然变了脸色，僵硬的神情温和下来，快步来到王怙为面前，施礼笑道：“不知游徼大人驾到，有失远迎，还望大人见谅！”

“嘿！见谅？怎么，几天不见变得识相了？都说狗脸变得快，我看你比狗脸变得还快，真他娘的一会儿云彩一会儿晴，便宜都让你们这帮狗东西占尽了！”王怙为冷笑道。

“大人说的话，小民不大明白。”刘秀谦恭地拱手回答，一点听不出有强压火气的意思。

王怙为一听他这样说，再也按捺不住自己的怒气，脱口骂道：“小子，你忘了你干的好事，本大爷可没忘！咱们上回在春社结的账还没算完呢！”

“大人，小民还是不大懂，春社时候咱们见过面吗？不错，今年春社时候小民曾出去转悠过，只记得那天路见不平，惩罚了一个强抢民女的无耻之徒。怎么，难道大人也在现场？那么大人一定看见了，那个强抢民女的家伙何等嚣张，简直不把官府看在眼里。现在小民想起那市井无赖的狼狈就非常痛快，大人是否也有同感？”刘秀一本正经地说道。

话音未落，便有人扑哧一声忍不住笑出声来，此时旁边几个官兵也满面通红强忍着不笑出来。王怙为强抢新野美女阴丽华，没有得逞反遭毒打之事，几乎是无人不知无人不晓，这群官兵自然也不例外。当他们听到刘秀如此戏谑讥讽平日专横跋扈的王怙为时，都把笑藏在肚里，憋得肚皮疼。威严的队伍顿时有些骚乱。

王怙为根本想不到他能这样对付自己，又羞、又气、又恨。他最不愿意听到别人提起这件丢人的事，当日刘秀让他丢尽脸面，如今又让他在下属面前威严扫地，他愤怒得只想立刻把刘秀撕成碎片，不顾一切地怒吼道：“大胆刁民，胆敢顶撞本官，还抗拒官府不交马匹，来人，绑了他！”

“大人，且慢！”刘秀依旧微笑着，“小民怎敢跟大人过不去呢？不交马匹更是从何谈起呀？不瞒大人说，上次把家里的几匹马全捐献出去后，小民又连忙把佃户的牲口全集中起来，这不，一共积攒了三十匹精壮黄骠坐骑，正准备献给大人，可巧大人就来了，那就烦劳大人带回去得了。”

正怒火冲天的王怙为张牙舞爪，闻听这话，立刻变了脸色，眯起小眼睛细细打量刘秀，不相信似的问道：“精壮黄骠坐骑？三十匹？”

刘秀坦然一笑：“是的，大人。小民一家一直是尽心要为朝廷出力的。”

王怙为虽然很想惩治一下刘秀，出口心头恶气，但一听刘秀愿捐献这么多马匹，怒气转眼消了大半。这些天来，上面征马任务催得实在太紧，而有马的人家早把马藏了起来。他强征硬拖，折腾大半个月，也没弄到几匹，上边脸色已经开始不大好看，估计再拖下去，完不成摊派，不但这耀武扬威的小官当不成，弄不好还要挨板子，自己正为这事大伤脑筋。如今，刘秀竟然一口气答应捐献三十匹，而且还是精壮骠骑。这样的话，上面一高兴，肯定少不了自己的好处。这好事去哪儿找去？想到能升官受赏，他高兴得忘记了一切不快，连忙清了清嗓子放低声调：“好，好。看在你捐献马匹的分上，本官就姑且饶了你这次，还不快去把马匹牵出来？”

“是，小民这就去，大人且稍等片刻。”刘秀谦恭地说着，转身走入家门，

“大公子，三公子回来了。”刘福看到刘秀回府，赶忙跑到客厅禀报。

刘縯见刘秀迟迟不归，唯恐他一个人有所闪失，早已是如坐针毡，正要带人出去接应，忽然听刘福禀报，说三公子回来了，刘縯马上起身相迎，众人也都赶快围了上来。

“三弟，怎么样?”刘縯焦急地询问，不过见刘秀神态自若，略微放下心来。

“是啊，三公子，怎么样啊?”众人也都齐声问道。

刘秀微微一笑冲大家说：“诸位放心，一切都好，没什么大事。刘福！快去集齐三十匹马，一会儿牵出去交给那些官兵。”

“什么？三弟，你……你要把马匹给他们?”刘縯吃惊地问道。

刘秀不动声色地点了点头。

“这还好什么好？他们就是咱们将来的敌人，马都给敌人了，这不是断自己的后路吗？以后打仗还怎么打法！”臧宫气呼呼地吆喝道。其他人听了也都纷纷点头附和，有人冷笑着冲刘秀大声说：“我当三公子有什么妙计呢，原来不过是苟且偷生，这点本事谁没有？还用得着自告奋勇？唉，我看咱们千里迢迢从四面八方赶来投奔，算是白跑了。正应了百姓常说的那话，张豆腐，李豆腐，连夜商量来致富；商量来，商量去，明天照样卖豆腐。人没勇气，算是完了！”

这话相当刻薄，但刘秀听了，丝毫没有生气的意思，依旧面带微笑地耐心解释说：“诸位兄长莫生气，且听我说。小人可以让他畏惧，可以让他称心，就是别让他怀恨。小人若怀恨了你，什么坏事都可能突然降临。王怙为正是这样一个小人，咱们要干大事，犯不着和他计较。大家想想，若是我们现在就和官府对抗，挑起事端的话那就是立刻一场恶战。而现在开仗，形势对我们非常不利。首先我们还没摸清敌军的底细，他们的兵力到底有多少，在宛城新野的布置情况，也尚未清楚，盲目作战只会陷于被动。另外，我们尚未与各路豪杰取得联系，孤军作战缺乏外援，也是犯了兵家大忌。所以说，为了能一举成功，我们也只得再忍耐一次。三十匹马对咱们来说，当然重要，但有句话说得好，毒蛇咬手，壮士解腕。孰重孰轻一定要分清楚。咱们的目标是整个天下，几十匹马算什么，何必看得这么重?”

一番鞭辟入里的分析，众人听罢无不点头称是，只有臧宫沮丧地捏紧拳头说：“可我就是不甘心把马匹送给官府那帮狗贼，太便宜他了！唉，三公子的话确实有理，眼下似乎也只能如此了。”

刘秀笑着环视一下周围："大家不用气馁嘛！如今我们用三十匹马换得个平安，可以从容准备，等将来我们大事一成，他就是用五百匹马来换他性命，咱们也不答应！"

众人听了很是解气，都哈哈大笑起来，不愉快的阴云霎时被驱散到九霄云外了。

正在大家激烈地讨论将来要如何联络各地英雄、如何尽快扩大力量时，刘福焦急地跑了进来："大公子，府里的马除了几位公子和众位英雄的坐骑，总共加起来才二十九匹，恰好缺一匹，这可怎么办？"

刘縯疑惑地低语道；"怎么会这么巧？刘福，确定是二十九匹没错？"

刘福肯定地点点头："哎呀，大公子，都火烧眉毛了，我还敢马虎？肯定没错，我认认真真地数了好几遍。"

刘仲不以为然地开口说："大哥，二十九匹就二十九匹吧，想那狗官不会刁钻到如此程度。他若揪住这一匹不放，那就分明是找碴儿了，索性揍他个稀巴烂！"

刘秀冷笑一声，摇了摇头，语气坚定地说："不行，一匹都不能少！大家有所不知，这次前来征马的头目，与小弟有些瓜葛，他正想寻机报仇呢，如果马匹少了一匹，他肯定会寻衅报复，那事情就闹大了，咱们的苦心也白费，与其功亏一篑，还不如咬咬牙挖肉补疮。不如这样，刘福，去把我的泥花马牵出来，凑足三十匹送出去吧！"

众人听了都吃惊地呆住，刘福也一动不动立在原地，就像没听见吩咐一样。

"不行，三弟。泥花马可是你最心爱的坐骑。还是用我的黑龙驹吧！"刘縯急忙起身劝阻。

刘秀严肃地说："大哥，万万不可。将来咱们起事，你就是军中主帅，主帅怎可以没有战马呢？况且……"说到这里他忽然淡然一笑，"我还有耕地的大黄牛呢！耕地时它是我的好帮手，作战时，我照样可以骑着它冲锋上阵，杀敌人个片甲不留！"

众人一听这话，顿时哄堂大笑。

待刘福备好三十匹马，刘秀立刻亲自率家人把马牵出大门外。王怙为看见这三十匹马果然个个膘肥体壮，嘶鸣着欢腾一片，乐乎得嘴都要合不拢了。看着恭恭敬敬的刘秀，他心里暗想，想不到这冤家今天给我办了这么件好事，哈哈！我官运来喽！接着他命令官兵驱赶马匹，声势震天地回新野去了。而王怙为自己却并不着急回去，他想趁着今天运气好，再去附近搜刮搜刮，说不定再碰上一家这样慷慨的，那真是撞大运了！他这样盘算着，带上一批精壮些的兵丁，继续挨家挨户闹腾去了。

第十一章　沉稳豪杰　小试牛刀

终于打发走了瘟神，刘秀轻舒一口气，和众家人回到内厅，见众人不知谈论到什么问题，又露出愁眉苦脸的样子。刘秀摸不着头脑，也不便多问，一声不响地在刘縯旁边的座位上坐了下来。只听刘縯叹息说："正如大家方才所讲的，若是我宗族子弟也都个个能胸怀天下，有匡复汉室的志向，那么只要我们能齐心协力，反莽一定不是什么难事。只可惜贪生怕死之人处处都有……唉！令人心焦啊！"

"最可恨的是有些人，身为宗室子弟，不但不把反莽放在心上，还生怕我们将来会连累他们，故意和我们疏远。"刘稷气愤地说道。

越听越奇怪，刘秀禁不住插口问："他们，他们指的是谁?"

"还不就是刘玄刘圣公兄，还有他爹！最叫人气愤的是，子张叔父竟然都不让圣公兄跟咱们来往了！如果人人都这样，我们反莽反的还有什么劲头?自家人反倒不如远道而来的英雄豪杰了！"

刘仲也气呼呼地说："真叫人捉摸不明白，为何我们大汉宗族子弟如此胆小怕事？王莽毁的可是我们的宗庙，夺的可是我们的天下呀！怎么他们一点荣辱心羞耻感都没有？说来说去，就他们有家产，有妻儿老小？难道说人家赤眉军、绿林军、铜马军的兵士们就无家无父母妻子兄妹?"他越说越激愤，脸竟然涨得通红通红的。

刘秀一听立刻感觉不对劲儿，还未举事，大家都尽说些丧气话，这还了得？得赶快振奋士气才行。于是他微微一笑，轻声对大家说："我看咱们都把问题看得过于严重了。谁说我宗室子弟不为复兴汉室出力？只是他们都还没有意识到反抗的迫切性。咱们不妨设身处地想想，宗庙被毁，固然不是好事，相信任何大汉子弟都感到痛心疾首，都对新朝恨之入骨。但是刘家宗室世代受朝廷厚禄，积累下不少家产，有吃有喝的谁愿意动弹，当然更没人愿意凭空惹是生非。虽说新朝对刘家宗室心存忌惮，百般压制，但也没到公开治罪的程度。人都是这样，不为几斗米，谁愿起五更？只要不至于无路可走，总有人希望苟延残喘。他们不想反莽复汉，其实也在情理之中，不必过于苛责。

而赤眉军、绿林军、铜马军则不同，他们的部众，多为走投无路的穷困子弟，不反莽就只有死路一条，反莽或许还有一线生还的希望。所以，他们宁愿铤而走险，总比坐以待毙要强上百倍。如今举大事的一个关键，就是要唤起宗族子弟的反抗意识，只要咱们齐心协力，相信复兴汉室指日可待。”

众人听他说的头头是道，脸上阴云一个个逐渐消散。只是这样一来，又一个问题摆在大家面前，如何才能唤起宗族子弟的反抗意识呢？这可是个难题。大家沉默着不说话。

正在相对无言地沉默着，忽听门外传来一声凄厉的哭喊：“伯升兄，文叔弟，不得了啦，快帮小弟报仇啊！”

听那声音不对头，似乎不是小事，众人的心弦猛地绷得紧紧的，纷纷起身向门外张望。没等大家缓过神来，就见一个人连跑带爬地满副狼狈相，朝客厅踉跄奔来。他鼻涕眼泪糊了满脸，嗓子都哑了，嘴里还哭喊着“报仇”。等他冲到客厅门口时，被门槛绊倒摔了个跟头，此时他已顾不得疼痛，连爬几步，艰难地用满是鲜血和泥污的手支撑着地面站了起来，又向前跑。直到此时，大家才看清了他的面目，原来正是刚才说到的刘玄。

刘縯、刘秀见状就知道出了大事，赶忙上前扶住又将倒下的刘玄，焦急地问：“出什么事了？快说！”

刘玄折腾半晌，浑身已毫无力气，半跪在地，哽咽得半天说不出话来。过了片刻，才哭着说道：“我爹他……他被人杀了！”

“什么？”两人不约而同地齐声喊道，众人也都腾地站起身来，整个厅堂顿时紧张起来，大有山雨欲来之势。

“我爹被那个新野的游徼王怙为……杀了！”刘玄哽咽地说道。

刘縯怒目圆睁，大喊道：“快说，到底怎么回事?!”

刘玄强忍住悲痛哭丧着脸说： “那狗官来我家征马，恰好我那时不在家……”

原来，王怙为离开刘縯家后，想着刘氏宗族家里看来都藏有不少东西，得软硬兼施地敲诈出一些来。于是便径直去了不远处的刘玄家中。那时刘玄刚好出门耍去了，只剩他爹刘子张，刘子张一个老头，碰上气势汹汹的官府差办，又没人商量主意，一时不知该如何是好。

听那官吏说要征用马匹，刘子张大半辈子积攒起来的家产，什么都不舍得动，但又不敢得罪官府，便心痛肉痛地拉出去几匹羸弱的马，想以此敷衍了事。

可惜他还不知道王怙为是何许人，也没领教过新朝官员的蛮横、刁钻，不清楚王怙为是成心要大捞一把有备而来。正因如此，王怙为只征到几匹羸弱马匹，自然不会善罢甘休。他有了在刘秀家的经验，不达目的不肯罢休，横冲直撞地带人进家里搜查。来到后院，果然听到有马的嘶鸣，便叫嚷着要循声去找，刘子张惊慌失措，赶忙跑到前面拦住去路。王怙为恼羞成怒，也不和他啰唆，叱喝官兵将他一阵痛打。

待听到声音，家人赶来把他扶起时，王怙为等人已来到了马厩门口。看着满圈膘肥体壮的高头大马，王怙为心里乐开了花，冷笑着点点头，抬手指了指马厩。官兵们自然会意，蜂拥着挤进马厩里牵马。见辛苦积累的最宝贵的家产就要这样被抢走，刘子张疯了一般，不顾一切地跑到马厩门口，堵着要牵马出来的官兵，声嘶力竭地大喊："诸位官爷，你们行行好，不要牵走我这些马呀！这可是我老头子的命呀！"

前面的一个官兵猛地把他推开，不耐烦地呵斥一句："走开吧你，别挡我们大爷的路！不识时务的老东西！"一把将他推得滚倒在地。

刘子张见拦也拦不住，一时急得在马匹中间来回跑，却不知该怎样办。忽然他瞥见站在一旁得意扬扬的王怙为，好像遇到了救星，跑上前去，扯住王怙为的袖口哀求道："王大人，您老开开恩，不要牵了我的马吧！我家可就这些家当了呀！"

王怙为瞟了他一眼，用力甩开他的胳膊，不耐烦地说道："去，去，别来烦我！"扭头看马匹都被牵了出来，便下令说，"这下好了，完成了任务，你们也能陪老婆睡两天大头觉了！牵着马匹回府！"

刘子张也是被逼急了，两只眼睛血红，忽然猛跑到大门口，三下两下关上门，扯嗓子大喊："不许走！你们哪里是官差，分明就是强盗，把马匹留下！"

王怙为正在兴头上，哪里把一个土财主放在眼里，况且这又是个落魄的皇族，落毛的凤凰不如鸡，连一般财主也不如。王怙为立刻大怒，气哼哼地说一声："他娘的，你以为你是谁，你祖宗都完蛋了，你还逞什么强？方才刚对付了一个愣子，这又来个不要命的！爷爷叫你知道什么是厉害！"说着走到刘子张跟前，抽出钢刀对着他猛劈了下去，不等刘子张反应过来，便连哼都没哼一声，咕咚栽倒在地，鲜血染红了整个大门，景象惨不忍睹，众家人吓得浑身战栗，纷纷往后面退缩，眼睁睁地看着王怙为带领手下扬长而去。

当刘玄回到家时为时已晚，父亲死了，满地血污，杀父仇人已经走了，而他又没有勇气一个人跑去报仇，他只能抱着父亲的尸首痛哭大骂。末了想着自己毕竟身单力薄，要报杀父之仇，只有刘縯兄弟可以商量，这才跌跌撞撞地赶了来。

讲着讲着刘玄早已是泣不成声，到了最后几乎哽咽地说不出话来。众人听完个个恨得咬牙切齿，摩拳擦掌，恨不得立刻就要冲出去与王怙为拼命。刘縯本来就气性大，遇到这事，国仇家恨一起涌上心头，更是气愤犹如怒火在胸中焚烧，他心里唯一的念头就是报仇，一定要手刃这个狗贼！看了看已哭成泪人的刘玄，他忽然又有些恨恨地斥责道："这时候还哭什么哭！现在最要紧的是报仇雪恨，哭有什么用？你要是男子汉，就给我站起来！"

朱祐、臧宫也齐声道："对！欠债还钱，杀人偿命，王怙为如此惨无人性，我们也要他血债血偿！"

"只要伯升兄一句话，我们立马去取下那贼人狗头！"众人纷纷应和。

"好，既然如此，我们还等什么，抄起家伙，跟我走吧！"刘縯把手一挥，手持大刀就要往外走去。见情况紧急，刘秀一个箭步冲上前去拦住刘縯，急切而严肃地说："大哥，冷静些！我的话你可以不听，难道你不记得娘的嘱咐了吗？"

刘縯脑袋发热发胀，什么也不想，愤怒地大喊大叫："冷静，这时候还怎么冷静?！我们再忍耐下去，只会让天下人认为我刘汉宗室软弱可欺，我们还如何激励子弟们奋勇杀敌?！娘的嘱咐我不是不记得，但是自古忠孝难以两全，我们既然举事，就肯定会有危险、会有流血、会有死亡，就是再过十年起事，也是这个道理，难道要一直忍耐一直退却吗？"

刘秀耐心地解释："大哥，小弟并没有说要再忍耐再退缩，叔父的仇是一定要报的。我的意思是大家先稍等片刻，我有个一石二鸟的办法。"

刘縯一听这话，知道刘秀往往能关键时刻出奇谋，再说就这样前去和官兵交手，他心里也真没把握，眼睛猛然发亮，伸手抓住刘秀肩膀，道："三弟，大哥虽然莽撞，但不到万不得已，也不会拿着鸡蛋碰石头，你有什么好主意，快说出来！"

刘秀并没有立刻回答刘縯，只是对他微微一笑，扫视一眼剑拔弩张的众人，然后快步走到刘玄身边，拉起他的手问："圣公兄，叔父惨死，这是咱刘家，更是你自己的奇耻大辱，我问你，若是给你机会，你可有手刃仇人的勇气？"

刘玄虽然软弱，此刻却被激烈的气氛激励起来，抹干眼泪，双手紧握住刘秀的手，咬牙切齿一字一顿地说："我刘玄就再不是人，也知道父母之仇不共戴天的道理。不报杀父之仇，我誓不为人!"

"好，难得你有这个勇气，那么一切听从小弟安排，就在这几天里，我给你个机会!"

三天以后，刘玄在春陵最热闹的十字大街望春酒楼大摆酒宴，当地德高望重的人都收到了请帖，毕竟还是前朝皇族，在当地仍是大户，所以众人也都捧场，应邀前往。

同时收到请柬的王怙为也大摇大摆地坐在席间。他此时甚是得意，不但是出色完成了征收马匹任务，受到上司夸赞，升官很有希望，也因为他觉得自己已被列入有名望有权势的行列当中，成了当地名流，很有些飘飘然。

此时他还不知刘玄就是刘子张的儿子，杀掉个土财主，对他来说并不是什么大事，早忘在了脑后。席间他大口吃菜，大杯饮酒，吆三喝五，忙得简直是不亦乐乎。正在他喝得尽兴时，忽听席中有人放声高歌道："朝烹两都尉，暮煮王游徼，做成一锅粥，果然味美好!"

王怙为一听，差一点儿被刚咽下的酒给呛着，他咳嗽了两声，拍拍胸膛，心里暗骂："是哪个不识相的小子，胆敢如此侮辱本大爷，骂得这么恶毒，看老子怎么收拾这小子!"他循声望去，却见两个三十多岁的壮汉正以箸击案，纵情高歌，还时不时相视着放声大笑。

见他们旁若无人的傲慢样子，王怙为怒火中烧，一股恶气腾地蹿上来，愤怒地眼光直逼那两个壮汉。来不及多想，他霍地起身离座，奔到两个壮汉前，猛地一拍桌子，震得满桌碟子全打个趔趄。

两人同时转过头来看看站在身后的王怙为。王怙为撇嘴角冷笑一下，高傲地伸手示意其中一人站起来。那壮汉佯装什么也不知道，吐了一口唾沫随后用手揩一下嘴，缓缓站起身来。王怙为不等他反应过来，忽然抽出拳头就往壮汉脸上砸。可是没有想到，他的拳头很轻易地就被壮汉握在手掌里动弹不得。那壮汉略一用力，王怙为觉得手上骨头都要碎了，钻心地疼，咧着嘴哎哟直叫。

壮汉怒视着王怙为，粗嗓门怒吼道："好你个王怙为，什么游徼大人，哼，狗屁！大小也是个堂堂朝廷官员，如此大庭广众之下，平白无故欺我一介布衣，也不怕丢了你身份?"说罢将王怙为往后一搡，差点儿让他翻倒在酒桌上。王怙为噔噔后退几步才站稳脚跟。

王怙为见对方不好对付，不敢再硬拼，可就这样灰溜溜走掉未免又太丢颜面，便抓起身边的席桌用力一掀，把席案翻了个底朝天，杯盘碗盏哗啦乱响，被摔得粉碎。他指着两壮汉虚张声势地叫嚷道：“好呀，算你厉害，有种的别走开，你们等着，欺侮朝中要员的下场，就如这些碎了的杯盘，哼，有你们好看！”说罢，就要拂袖离去，思谋着去搬救兵，带人前来大闹一番。

不料刚走出两步，却被那两个壮汉给架着膀子拖了回来。“你一个堂堂游徼大人，好不识相！人家好酒好菜地款待你，你却砸了人家的酒席，扫大伙儿的兴，简直就不是东西。让大家说说该怎么惩治你！”其中一个半是愤怒半是戏谑地说。

在座的多为刘汉宗室子弟，即使是前来赴宴的名流，也大半对汉朝有依恋之情。自王莽篡汉以来，这些人不同程度地都受到朝廷压制，只不过一直把火窝在心里，敢怒不敢言。此时面对为新朝卖命的走狗，更是气不打一处来，纷纷趁乱开口大骂，更有甚者，哄然而起，仿效上次法不责众的经验，围上去拳脚相加。

王怙为正值官运得意之际，再遭凌辱，更加气愤，也不看形势地破口大骂：“反了，我看你们真是反啦！我可是堂堂游徼，正儿八经的朝廷命官！今天爷爷就是认了栽，明天官府派下人来，把你们都收捕了去，伤害朝廷命官是什么罪，你们还不知道新朝法律吗，那就得车裂，叫你们白花花的骨头露出来也断不了气！想享享那福的，尽管再冲我来！”

这话一出口，顿时起了作用，场中马上冷静下来，刚才骂得正起劲儿的都赶紧闭了口，撸起袖子要出气的也闪在了一边。王怙为微眯着眼睛冷笑一声，到底还是怕死的多，这就是官家威风！

正要慢悠悠地离开这个是非之地，就在此时，刘秀疾步从人群中走了出来，指着王怙为的鼻子厉声呵斥：“你这狗官，你以为你还有明天？今天就让你这助纣为虐、丧尽天良的走狗升天去！”

王怙为一见到刘秀，暗中感觉这家伙最不好对付，早已吓得浑身发软，再一听他的话音，更是魂飞魄散。他此时才明白过来，这场宴席是专为他而设的，方才的挑衅，都是人家提前安排好的。可是明白过来为时已晚，后悔也来不及了。刘秀逼近他，手指戳在他脑袋上，历数他的种种罪状：“新野春社，他强抢民女，被民众教训后仍不思悔改，依旧欺压百姓，鱼肉乡里！更不可饶恕的是，为了征得几匹马，他竟将宗族叔父刘子张活活砍死，此等行径，天地不容！自古官吏对待百姓，应当执法如山，守身如玉，爱民如子，去蠹如仇。而当今朝廷官员，却有法不执，对民如仇。既然朝廷不惩治此等蠹虫，我们便来替朝廷执法，将这个蠹虫去掉！”

话音刚落，只见一个年轻人手持钢刀，怒目圆睁，一步步地走了过来。王怙为脸色煞白，只觉口干舌燥，勉强抬手指指对方，却张口说不出话来。刘玄充满愤怒的双眼如利剑般直射向王怙为，慢慢逼近。空气凝滞下来，两人距离越来越近。突然，王怙为似乎醒悟过来，发出一声嘶哑的喊叫：“救命啊！”边喊叫边狠命地往后退缩，企图挣开两个壮汉铁钳般的大手。但如何能挣得脱？只见刘玄举起钢刀突然落下，寒光一闪，随着一声惨叫，血光四射，溅得刘玄满脸都是鲜血。接着就见刘玄的钢刀咣当坠地，人也随即晕倒瘫软在地上。

人群中的刘嘉、刘稷一见这情形，赶忙冲上前去，扶起晕倒的刘玄。刘嘉长舒一口气笑了：“原来是吓晕了，也真是，咱这兄弟见杀鸡都要躲得远远的，别说亲手杀人了，真够难为他的！”

刘稷也微舒了口气，摇头低语说：“这都是他爹一向娇惯的，说不定从此以后开了杀戒，真成英雄好汉了。”

两人嘀咕着一边把刘玄从血泊中拖到旁边。见真的杀了人，而且是朝廷官员，人群有些骚动，胆小的就要溜走。这时一个白胡须长者走到刘秀跟前，皱纹和胡须一起颤抖地说：“果然是英雄出少年呀！好，干得很好。老朽素闻伯升兄弟有仁有义，有勇有谋，我刘家宗室将来就靠二位了！这也是天意，天不灭刘哟！”

正说着人群中不知谁带的头，爆发出一阵热烈的欢呼声：“既然开了头，就索性结个尾，我们愿听从伯升差遣！”

原来正在刘秀和老者说话的时候，众人见一向为非作歹穷凶极恶的王怙为被杀，大部分异常兴奋，不禁握拳高呼：“杀得好！”但也有一些怕招惹是非的急匆匆地调转身子就走。这时，刘缜快步走到王怙为尸首前，慷慨激昂地说：“诸位乡亲族老，我刘氏本为高祖子孙，却不料王莽狗贼违背天命，篡权夺位。自他登基来，不仅百般压制我刘汉宗室，还祸害百姓，弄得怨声载道民不聊生。现在的情形是人家步步紧逼，难道大家就甘受凌辱，甘愿受控于人吗？”

“不甘心！”众人齐声高呼，刚才转身要走的人也停下脚步，要看看事态到底怎样发展。但也有人小声发问：“人家是朝廷，咱们是百姓，不甘心又能怎样呢？”

“问得好！”刘缜接过话头，激昂兴奋地高喊，“大家或许还不知道，如今，各路豪杰都已经认清时局，纷纷揭竿而起。新朝已是腐朽不堪，千疮百孔。眼下的天下动荡不安，正是我等举事良机！我们应早做准备，待势而发，一举推翻新朝，匡复汉室。否则，我们将永无出头之日，任人践踏任人宰割的日子就永不会完结。刘玄父亲叫王怙为杀害，便是明证。况且今日游徼被杀，官府一定不会善罢甘休，我们应早做防范，以备万一！”

“那，刘公子的意思，就是要我等造反了？”一提到造反，大家虽然气愤，仍不免惴惴。

一直缄口不言的刘秀这时开口了：“人都有好生怕死的心思，诸位的担忧，当然在情理之中。不到万不得已，谁也不愿让大家拿性命做赌注。可如今的情况是，事情已经做下，谁都逃脱不了，若是揭竿而起能拯救大家，那也未必不是件好事。更何况一旦我们成功，一则可兴复汉室，光宗耀祖，二则可享受荣华富贵，不再受人欺凌，我们又何乐而不为呢？现在别无退路，干下去或许能生，退回去必然是死！”

虽然仍旧忐忑，但想想确乎是这个理。把王怙为给杀了，自己又在跟前，官府追查下来，不是凶手也是凶手，谁能说得清？与其让官府下到大狱里宰割，还不如跟这帮人干他一场，弄不好还真是条出路。这样想着，再有臧宫等人摇旗呐喊制造声势，很快群情激昂。望着这场面，刘縯、刘秀等人相视而笑了。

堂堂游徼大人被杀，官府震动不小，整个县城立刻紧张起来。第二天天刚破晓，街道上已是马蹄嘚嘚，尘土飞扬，刀枪盔甲撞击声和官兵吆喝声不绝于耳。灰暗的天空如锅盖一般倒扣在地面，无语地预示着某种焦躁与不安。

刘縯与刘秀正在院内和大家商议下一步打算，忽听家人来报：“公子，不好了！今天早上大队官兵冲进刘玄公子府中，又抢又烧，还抓了不少人呢！”

“抓了什么人？”刘縯紧张地追问一句。

“别的不知道，至少有几个得力家人让带走了，我们正好在附近，亲眼所见。”那家人见刘縯神情严肃，忙一五一十地回答。

刘縯忽然有些着急，疑惑地转脸问刘秀：“三弟，圣公府上你没有安置好吗？”

刘秀丢了地图，拍了拍双手，并不担心：“放心吧哥哥，一切都安排妥当。圣公兄昨晚就被小弟护送着投奔了绿林军，家中佣人也都打发走了。”

“那为何还抓走了人呢？”刘縯又疑惑地问刘秀。

“这……”刘秀沉吟片刻，“会不会是抓了另外的族中人呢？咱们看看去。”

两人稍做安排，收拾了收拾带着几个人直奔刘玄家。刘玄家距离刘縯兄弟住所大约四五里地，也就是片刻工夫就到。刘縯一行还未走多远，就看见远处天空一片红光，如早晨的朝霞映红了半边天。大家料想必是官兵放火焚烧房屋，暗想刘玄家算是彻底完了。个个心急如焚，一阵疾走。

匆匆走出一段路，众人来到刘玄家大门前。只见府内火光冲天，火舌仿佛一条条凶猛的恶龙往上空冲，烟雾缭绕，残椽断梁崩塌声一阵接着一阵。离大火不远，百余名官兵正恶狠狠地用马鞭抽打几十个被捆绑的族人。旁边一个身穿游徼官服的人骑着高头大马，用力地抖着手中的马鞭，发出啪啪的脆响，不时地朝官兵喊：“给我打，不说出凶犯逃到哪里，就朝死里打！横竖一帮刁民，论罪也该处死！”

“我劝你们还是识相点，再不说的话，扔进火堆里有你们受的！”见众人咬着牙没人吭声，那武官接着恐吓，“你们想想，被活活烧死会有多难受！”

然而还是一阵沉默，只听见皮鞭噼啪乱响。那游徼见问不出话来，又急又气，正准备扬鞭大骂，忽听后面传来一声大吼：“住手！”声音来得粗壮而突然，正举鞭抽打族人的官兵立刻停了手，顺着声音朝这边看。那游徼冷不丁也吓一跳，回头一看，见是一位威武的青年公子，看衣着不是官员，论器宇却不似平常百姓，一时摸不清来头，便谨慎地问道：“阁下是谁？我们在这里奉公办差，有何指教？”

那游徼一回头，着实让站在刘縯身后的刘秀吃了一惊，“为何此人如此面熟？总有种似曾相识的感觉，可到底在哪儿见过呢？”仔细想想一时也想不起来。只听刘縯不卑不亢地回答：“小民刘縯。请问大人，我族人犯了何罪，要烧要打的？”

那游徼一听“刘縯”二字，心头不由一震，怪不得气度不凡，果然不是个小人物。在舂陵这几年来，早就听说有个刘縯，为人慷慨有为，文韬武略样样精通，又好结交八方豪杰，知己朋友遍及河南河北。今天我韩某倒要见识见识，看果真有点能耐，还是徒有虚名。

略微忖度一下后，换了凶神恶煞的脸色，笑笑说：“不错，本人正是此地新任游徼大人韩虎。前任游徼大人王怙为在此地惨遭杀害，凶犯一哄而散。后来经查证，为刘玄宗族子弟所为。我奉命前来缉拿案犯，这可非同儿戏。刘伯升，听说你是地方豪杰，我一向佩服这等人物。不过眼下非常时期，奉劝你还是莫要插手为妙，否则……”

韩虎一报上姓名，刘秀顿时恍然大悟。怪不得觉得此人面熟，原来他们几年前有过一面之缘。当时他和刘玄到新野卖谷，在酒店遇到一位正在豪饮的女子，刘玄和人家死皮赖脸地套近乎。后来人家哥哥找到这里，把妹妹给拉走了。记得当时那人报过姓名，正是眼前这个韩虎。事隔这么多年，韩虎容貌倒未大变，只是体形有些微胖，比以前更显凶恶，因此刘秀还能认出他来。而韩虎当时只顾着拉回妹妹，并未对旁边的刘秀、刘玄多加留心，所以并未认出他来。不过眼下上前和人家拉关系，也好像不合时宜，刘秀只好默默站在刘縯身后，静观事态发展。

只听刘縯恭敬地答道："原来是新任游徼大人，失敬，失敬！既然是公务，在下自然不敢干涉。只不过凡事都有个因果，大人有所不知，还是说明白的好。刘玄杀害前任游徼王大人，并非凭空生事，实属私人恩怨。王大人征用马匹妄杀其父，刘玄一怒之下手刃仇人为父报仇。是是非非全是他一个人的干系，现在他畏罪逃窜，应当贴出榜文，捉拿他本人才是正理。这事并不与我族人相关，拷打他们，似乎……还望大人明鉴。"

"好你一个刘縯，看来还真不是沽名钓誉之辈，遇事沉着冷静毫不慌张，能泰然自若者为真丈夫。不错，不错，不过你的话却分明漏洞百出。我即便再粗鲁，难道就捉摸不出来，单凭刘玄一个人，绝不可能杀死王怙为。哼，你还一口一个与族人无关？鬼才相信！"韩虎上下打量着刘縯，冷冷一笑，"那照你的意思，刘玄真是一个人就将堂堂游徼大人给杀啦？"

"小民之言句句属实。刘玄一怒之下杀了王游徼，这是小民和春陵百姓亲眼所见。"

"大胆！你竟敢胡言乱语混淆是非，企图蒙蔽本官，阻挠本官办案，难道要造反吗？"韩虎突然凶相毕露，横眉怒目呵斥道。

刘縯毫不退缩，哈哈大笑："大人，小民只不过说了几句实话，怎么就扯到造反上，难道造反就这么好造？再者说，你游徼大人不抓犯人，却要与我族人为难，这分明是舍本逐末，大人的做法不仅小民不服，春陵百姓怕也没有一人会服的！"

"对，不服！我们不服！"刘秀和众兄弟宾客立刻应和着叫喊，许多围拢过来看热闹的，也趁机起哄，场面一下子混乱起来。

韩虎惊疑地四下看看，发现周围不知何时聚集了众多百姓，人们愤怒的脸在火光映衬下更加通红，分不清是火光还是愤怒。听到刘秀等人的吼声之后，人群中的刘福更是起劲地挥动拳头大喊："大人不讲道理，我等就是不服！”旁边的百姓受到鼓舞也纷纷吼道：“大人不讲道理，我等不服！”许多人有了上次的经验，也不怎么惧怕，呐喊声一阵高过一阵，原先不可一世的官兵，忽然显得渺小一大截。

韩虎一时间着了慌，看情况刘氏兄弟是有备而来，若是再僵持下去，肯定会激起众怒，更严重者或许会引发冲突。王怙为的教训就在眼前，他可不敢造次，弄不好真要步其后尘。可是就这样罢休，放了人走开，又未免太丢面子，以后威严何在？况且许多部下正眼睁睁地看着自己，退缩了谁还会惧怕他，再乖乖地听命于自己？

想到这里，他不禁犯了愁，走开也不是，不走也不是，心中紧张地忖度了片刻，仍然不知如何是好。正在左右为难之际，忽见旁边刀光一闪，灵机一动，立马有了主意。现在你刘氏人多势众，双方若是短兵相接，于我肯定不利，但若是单打独斗，对付一个刘縯应该不成问题。只要能把刘縯给收拾了，他们群龙无首，自然散去。到时候不但自己挽回了面子，还能从此名扬一方，好办法！

主意拿定后，韩虎又转换了脸色，从容地一笑说：“刘伯升，看来你今天是非要我放人不可了。我呢，也很想送你个人情，毕竟你是个豪杰，我也是痛快人，大家惺惺惜惺惺，交个朋友，也未尝不可。但有一条，我也是奉公办差，要是就这样把人放了，实在不好交差。我看不如这样，你既然担当着豪杰的名号，咱们就切磋一下武艺，你若胜得了我，我马上放人，回去说起来也有个由头。但你若输了，就得跟我一道去给上面一个交代，如何？”

刘縯自下定决心反莽复汉后，虽然一直练武不辍，但每日都是演习，还没真正和人实实在在地交过手，一听此言，当然求之不得。若是赢了，一则可使族人获救，再则可以鼓舞民心，激励宗族，也顺便试试自己到底有多大本事。这样想着，刘縯手就痒痒起来。不过他表面上仍装出极为平静的样子，谦恭地答道：“大人既如此说，小民就恭敬不如从命了。只是，小民坐骑被王大人征去，所以只能两条腿跑着陪大人走两招了。”

韩虎一听暗自高兴，自己骑在高头大马上，居高临下，胜算会更大，越快解决刘縯越好。到那时看刘氏宗族还怎样威风？于是，他毫不谦让，伸手拔出虎背大砍刀，抚摸一下刀刃冷笑道：“刘伯升，这刀追随我多年，也算老伙计了，还未曾失利过，所以今天你要多加小心，以免叫我这老伙计咬住了。”

刘縯也以笑对笑：“谢大人提醒，小民自会小心。只是，小民来时仓促，没带兵器，可否随便借一件用用？”

韩虎不屑地笑道：“当然，我手下的兵器任你挑选！”

刘縯拱手谢过，身影一闪，抢到一官兵眼前，那官兵惊得一怔，忽然明白刘縯的意思，小心地将手中长矛递给他。刘縯手持长矛抡了个圈，先熟悉一下轻重，几个箭步来到韩虎对面站定，沉声说：“大人您请！”

韩虎急切地想杀掉刘縯，出出自己风头，并不多说，抄起大刀朝刘縯头上劈去，刘縯稳住心神，等他刀刃风声呼地刮过耳畔时才猛地一个闪身，躲开了砍刀，随即抖手一矛急刺韩虎胸部。韩虎见长矛突如其来，只得在马上仰身躺倒，勉强躲过，还没等直起身，又见长矛陡地一沉，变矛为棍，直砸下来。好快！韩虎心里暗叫一声，横过刀柄招架。一来二往，几个回合很快过去，刘縯枪法粘连，一招紧接着一式，毫不放松。韩虎平时和人交手，从没这么被动过，很快就显得有些疲惫，东遮西拦，大汗淋漓。

而刘縯也有些着急，很显然在这之前，刘縯一直稳占上风，虽然韩虎位于马上，居高临下，但骑马也使得韩虎行动不太灵活。刘縯就利用他这个弱点，多次展开猛攻，有几次韩虎差一点招架不住。但刘縯也感觉出来，韩虎绝不是王怙为那种浪荡公子可比，还真有些本事，虽然论灵活不如自己，但若是比气力，自己似乎还稍逊一筹。所以他也不敢大意，招招都很到位，格外聚精会神。这是与新朝官兵的第一次“交战”，旁边还有众多的宗室子弟看着呢，若不拿点真本领迅速制服这姓韩的，怎么激励宗族子弟？有了这样的念头，刘縯求胜心更加迫切。

跳跃腾挪间，他手提长矛突然大喝一声：“着！”长矛一抖，如无数长箭，上上下下直向韩虎射去，这些枪影似真似假，似实似幻，让人看得眼花缭乱，分不清哪个才是刘縯手中长矛。韩虎见状知道无法招架，陡然变了脸色，慌慌张张地左躲右闪，旁边官兵看得更是心惊肉跳，个个攒着手掌焦急地来回摩挲。刘氏宗族则是欢呼雀跃，高兴地大喊：“好！伯升必赢！”

刘縯听到喝彩声更是信心倍增，长矛“刷刷刷”攻得更猛更急，韩虎此时已毫无还击之力，只能被动地来回躲闪。见对方方寸已乱，趁着韩虎疲于招架之势，刘縯挥矛刺向韩虎胯下坐骑的脊背。那坐骑疼得一声暴叫，前蹄腾空而起，只听“扑通”一声，马背上的韩虎被结结实实摔在了地上。

“好啊！”众族人激动得齐声呐喊，相拥着，跳跃着，噼里啪啦直拍巴掌。

韩虎被摔得浑身疼痛，羞得满面通红。他一手捂着扭伤的腰，一手撑着地面艰难地站起，忽然脚一软又倒了下去。身边的兵卒慌忙跑上前去将他搀起。刘縯也赶忙紧走两步，故作搀扶状。韩虎毫不理会，扶着官兵来至马前。刘縯上前施礼赔罪，故作惊讶地说："哎呀，小民该死。刚才一不小心碰到大人那匹马，可不料它如此不禁痛，竟敢把大人摔倒在地。"

韩虎心里很清楚，自己武艺确实在刘縯之下，即使自己不被摔到马下，硬撑几个回合，也会败得很惨。更何况，很明显，刘氏早已有造反之心，今天值得庆幸的是打着比武的旗号动手，若真的火并，刀戈相向地对打起来，结局恐怕不会是从马上摔下来这么简单，或许连小命都难保。

想到这里，他忽然觉得一丝庆幸。但自己毕竟是新上任的游徼大人，不能打了败仗就此了结。为了给自己找回面子，韩虎做出怒气冲冲的神情，对刘縯吼叫一嗓子："刘伯升，你等着，待我换匹战马，再来与你一决高下！走，我们走！"然后让人扶着硬爬上马背，由众官兵簇拥着狼狈离去。

然而让刘氏兄弟庆幸的是，两天过去，韩虎他们并没再来找麻烦。再过几天，仍没动静，事情似乎就这样平息下去。

时间飞逝，转眼已是秋天。

刘秀和刘稷并肩坐在牛车上，身后的车厢里装的满是谷子。大黄牛有节奏地缓缓行走在苍茫大道上。道路两旁的田地里杂草丛生，一片荒芜景象。一路行来，见到的行人多是衣衫褴褛、面黄肌瘦的行乞者。往年这个时候，正是人们喜庆丰收的日子，然而今年却是如此的萧条和冷清。今年南阳旱荒，粮食大为减产。再加上新朝对外对内作战，粮饷补给数量惊人，税收也就狠命地往百姓头上加，使得原本就困顿的百姓，更加食不果腹，衣不蔽体。

刘秀敏锐地看到，如此一来，天怒人怨，时势对舂陵刘氏起事极为有利。于是，刘縯等人加紧为起事做准备。韩虎败退后，官府虽未再派兵前来，但暗中却也对刘氏严加防范。为人处事一向谨慎的刘秀猜想到这一点，为了安全起见，他向大哥请命，以卖谷为名，到宛城探听一下虚实，好为日后起兵攻打宛城做准备。

牛车缓慢而平稳地行走在去宛城的驿道上。

望着一片片荒芜的田地，驾车的刘稷慨叹地说："可怜天下苍生又要忍饥挨饿了！不过，我倒没料到，这年头你的谷子仍是大收，看来文叔真是天生的庄稼命。"

刘秀惨淡地一笑："单我一个丰收又有什么用？正如你所说，天下苍生还照样挨饿！"

刘稷打断了他，咬牙切齿恨恨地说："这都是王莽狗贼篡位胡乱变法的

‘好处’，真想立马砍了他!”

刘秀沉默地望着前方，良久，他转过头叮嘱刘稷：“稷哥，咱们眼下是人家的眼中钉肉中刺，一定得谨慎才成。等一会儿进到城里，说话行事千万小心，切不可一时冲动莽撞行事。”

刘稷笑笑：“知道啦！大哥都叮嘱我多少回了，你尽管放心，我知道该怎么做。”

刘秀释然，对刘稷微微一笑。

日头偏西时分，宛城土黄色城墙出现在两人的视野里。慢慢靠近城门口，进城的百姓排成一列长队，几十个官兵持刀执矛对人们逐个盘查。“文叔，不想如今的宛城戒备这么森严，咱们能进得去吗？别让他们看出咱们心思来。”刘稷不禁担忧地问。

“咱们如今是去宛城卖谷，是做生意的。放心就是，你越想得多，越要叫他们刁难，把心放稳些。”刘秀低声宽慰着，眼光却盯着高大的城门。

刘稷见刘秀稳重自信，也坚定地点了点头，赶着牛车径直朝城内驶去。他们一副泰然神色，果然没受到盘问。

第十二章　突遇危机　机智脱险

牛车进了城便直奔粮市。粮市也是冷冷清清，仅仅几家卖谷的，还担挑肩扛，少得可怜。刘稷赶着车走到一块干净地方，跳下车，将盖在车上的布揭了下来，开始等候买主。这时，沮丧地蹲在另几家谷车旁边的饥民顿时面露喜色，纷纷涌了过来。

他们带着乞求的口吻央求说："这位公子，这年头难得您能弄这么一车谷子来。谷子多少钱一斤呢？行行好，便宜卖我们一点吧！一家老小清汤寡水的，都快熬不住了！"听他们七七八八抢着诉苦，刘秀渐渐听明白了，南阳旱荒，大多卖主为赚取高额利润，囤货居奇，谷子贵得要一两金子一斛，穷苦人家谁又能买得起？其他几家零星卖主也都跟着要价特别高，他们买不到谷子，只能在这里苦苦等待，等待奇迹出现，希望会再来一家卖主卖得便宜些，否则他们只能继续挨饿。

刘秀望着这一群面容憔悴骨瘦如柴的饥民，心里不禁一阵难过。他正要说话，忽见一个小小的脑袋在人群中晃来晃去，颤颤巍巍地抖动，马上意识到不妙，赶快拨开人群，扶住一个将要晕倒的半大男孩。

"小兄弟你怎么了？"刘秀关切地问，其实不问他也知道，是饿的。

那男孩抬了抬沉重的眼皮，细若游丝地低声回答："我两天没吃东西了，饿得浑身没一点力气，站都站不稳了。好心的公子，你能卖便宜点吗？我爹爹饿死了，我再买不回谷子，我娘也会……"他说不下去，低头抽噎着，肩膀耸动，背上骨头翘起老高。

刘秀扶着男孩一起一伏的肩膀，望着他干瘪失去血色的脸颊上被泪水和灰尘涂抹得乱七八糟，心里一阵酸楚。他又抬起头望着周围面黄肌瘦的百姓，他们眼神是如此忧郁，忧郁中透出绝望的神情，让人看了既伤心又愤懑。

"这就是新朝新气象！王莽狗贼，你怎么不到地方上睁开眼睛看看，你把百姓坑害成了什么样？儒术治国！儒术治国？难道孔子就是让百姓缺吃少喝，空等着饿死？有朝一日，我定要将你碎尸万段！"刘秀浑身热血沸腾，沉浸在推翻新朝、拯救处于水深火热之中的百姓遐想中。忽然他的目光落在了那车谷子上，他突然意识到，让这些饥民“买”到谷子才是当务之急。他怜惜地替男孩拭去脸上的泪水，亲切地说：“小兄弟，放心吧！来，我卖给你，这就称谷子！”

那男孩哭红的眼睛忽然有了光彩，顿时来了精神，他兴奋地问：“真的？公子，喏，我这儿有钱。”说着举起小手，松开手掌，几枚五铢钱在阳光下闪着暗黄的光。

看到五铢钱，刘秀就不禁想起自己在长安游学，因五铢钱贬值而受的苦。虽然此时的五铢钱因王莽几次改革币制，已经被贬得一文不值了，可对着孤苦无依的小孩，自己又怎能说得出口呢？沉思片刻，他微笑着接过那几枚五铢钱，然后让刘稷称十斛谷子倒进了他破旧的布袋里。

男孩高兴地接过布袋，忽然扑通一声跪倒在地，磕了个响头：“请问公子叫什么名字，临出来时，我娘嘱咐我，有恩必报，这辈子可能报不了您的大恩了，下辈子我做牛马也得报答您！”

刘秀赶快上前扶起小孩，他本不想说出自己名字，可转念一想，正好可借此机会宣扬刘氏名声，于将来起事大有裨益。于是，他故意大声地说“我们是春陵刘氏，刘縯刘伯升府上的！”周围的百姓一见遇到了大善人，急忙全都跪地乞求：“刘公子，行行好吧！也救救我们这些穷人吧！”

刘秀赶快劝众人起身，他屈身扶起跪在最前边的一位老妇人，劝慰她说：“大娘，您放心，一定会有谷子吃的。不但现在有，以后更会有！”老妇人听了，虽然半懂不懂，但饱经沧桑沟壑纵横的脸上还是绽开笑容，笑得眼泪哗哗直流，她紧紧握着刘秀的双手，颤抖着嘴唇却半天说不出一句话。“大娘，你的意思我明白，我都明白，你不用说什么。”刘秀也激动起来。老妇人重重地点了点头，两行热泪缓缓地顺着脸颊淌了下来。

刘秀又抬起头，温和地对众人说：“诸位乡亲不要着急，我刘氏向来乐善好施，如今虽然自己也不宽裕，但决不会眼睁睁地看着大家挨饿而不管。大家一个个来，人人都有份儿！”说罢，催促刘稷赶紧称谷子。

刘稷不解地望着刘秀，就是不动手。刘秀明白他的意思，这谷子若一一称给他们，简直就是白给。但在众人跟前，又不好解释，只得使个眼神对他说：“稷哥，你先按我说的做，其中自有道理，过会儿我再给你详细解释。”

刘稷知道刘秀点子多，这么做必然有他的意图，因此虽然心疼，也只得照办。他边量谷子边嘀咕：“这小子怎么了？这么大方！难道一年的辛苦劳作，就这么给‘卖’出去了？”

这批买谷的饥民还未走完，又一批围了上来。不一会儿，一大车谷子就被“卖”完了。望着空空如也的车子，刘稷摇摇头叹口气：“整整一年的汗水啊！”说罢忽然又露出满足的笑容，扭脸对刘秀说，“文叔，我知道你的意思。平民若肯好善施德，便是白衣卿相。看到刚才难民们得到谷子时的幸福眼神，我理解你的心情了。我觉得咱们还真是做了一件很有意义的事。”

刘秀颔首笑笑，望着远方说：“稷哥，其实这还不是我的全部意图。想我刘氏欲兴复汉室，就必须得到百姓支持。所谓人身之所重者元气，国家之所重者人才。什么是人才？人才人才，有才还得有人，所以咱们不但要广交天下英雄豪杰，还要在百姓中间扩大影响。这次卖谷，一则赈济了那些灾民，二则我刘氏名声大振，岂不是一件很好的事吗？况且，我们利利索索卖了谷，甩掉了包袱，正好可以办正事了。”

刘稷听了这番高论，立刻恍然大悟，点点头若有所思地说：“还是文叔想得周到。怪不得大哥一再叮嘱我要按你计划行事呢！读书人做事果真不一般。”

正在两人谈笑着，忽听身后有人问：“请问两位是春陵刘氏何人？”

两人转身一看，见一位衣着华贵手摇折扇的年轻公子朝他们缓缓走来，正上下打量着他俩。

刘稷顿起疑心，不客气地问道：“阁下又是谁呢？”

年轻公子对刘稷的态度毫不在意，仍微笑着说：“还是请公子先回答我的问题，之后，我自会回答你的问题，正所谓来而不往非礼也。”

听他口气不像有意来挑衅的地痞恶棍，刘秀客气地拱手答道：“在下刘秀，这位是族兄刘稷。”

一听刘秀答话，年轻人顿时惊喜地睁大双眼，满脸激动地说道：“哎呀，真正是寻人不如撞人，果真是文叔兄！在下李轶，文叔兄可还记得？”

刘秀霍然醒悟。十多年前，李轶与其兄李通追赶到家中，要为被刘縯怒杀的舅舅华文报仇，但后来被劝解开后，二人就再没出现过。事隔多年，大家都已经给忘记了，不想竟能在此相遇，刘秀忙笑答：“原来是李公子，在下失敬了。”

“所谓不打不闹是冤家，一打一闹成亲家。文叔兄不必客气，这也是咱们的缘分。”李轶兴高采烈地说道，“我和兄长这几天正预备到春陵拜访你们兄弟，要商量一件很重要的事，不想天意安排，让我们在此相遇了。那正好，文叔兄快随我去见兄长吧！”

刘秀见他如此热情，似乎热情得有些过度，一向敏感的他不禁起了疑心。十多年前，二人还对我刘氏恨之入骨，虽听说后来李通文武双全，很讲正义，坚决不到新朝做官，并且为人仗义，在乡里名声很好，但……自己和他们毕竟有人命干系，这次盛情相邀，会不会是个圈套？迟疑片刻，觉得还是少惹是非的好，就客气地推辞说："李公子，大家既然是朋友了，就不必客气，只是我还有要紧事，就不叨扰令兄了，咱们改天再约定时间，如何？"

"客气？我跟你客气什么？实在是有要事相商，才烦请文叔兄随我走一遭的。"李轶看出对方不信任自己，忽然有些焦急，皱着眉头解释道，说完了见刘秀仍迟疑不决，不禁冷笑道："常听兄长说舂陵刘氏兄弟有勇有谋，却不料如此胆小，况且我家又不是当年高祖皇帝前去的鸿门。唉，圣人悲世悯俗，贤人痛世疾俗，众人混世逐俗，小人坏世乱俗。我看阁下，当然不是小人，但也难称得上圣贤，不过众人罢了，实在令在下失望至极。"

刘秀听他话中似乎别有深意，呵呵笑道："好，凭李公子这句话，在下就是再忙也必得走这一遭了！稷哥，你先在此等候，我去去就来。"

"不用了，刘稷兄也不是外人，一同前去吧。"李轶这才又高兴起来，热情地说。

于是三人坐上牛车，按照李轶所指路线缓缓前行。

李府离粮市不远，所以牛车虽慢，也并不多时便到达地方。刘秀兄弟和李轶三人下了车，早有两个门人跑过来，赶忙施礼相迎。李轶一面命人进府通报，一面安排下去，要他们好生招待刘稷，家人领命，把刘稷请到一边客堂酒肉款待。接着，李轶便领着刘秀朝后院客厅走去。

后院相当宽敞，花木葱茏，颇有富贵人家气派。两人刚穿过庭院，刘秀透过树叶的缝隙，隐隐约约看见从正厅走出一位高大而魁伟的男子，他焦急地在门前台阶踱来踱去，还不时地朝这边张望，似乎正等着什么。

两人转过了个弯，绕过假山堆叠的屏障，走上直通客厅正门的小径。那高个男子看见两人走过来，慌忙迎上前，也不问姓名，似乎早就知道，朝着刘秀深鞠一躬，恭敬有加地说道："大汉宗室驾到，李通有礼了！"

见对方如此客气，刘秀为之深深震撼，心头腾起一股莫名的感动。自从王莽篡权夺位，汉室尽失后，刘氏宗族备受压制，人人唯恐躲之不及，除了官府百般骚扰外，几乎没人对刘家这么尊重过。现在却不料在一个富贵之家，仍有人如此尊崇大汉宗室，意外地受到如此高的礼遇，难免心头震动。刘秀见对方要行大礼，慌忙伸出双手屈身去扶李通。不料，忽然从袖中落下一物，只听咣当一声，掉在地上。李通兄弟低头一看，却是一把利刃。李通不禁疑惑地冲刘秀问道："文叔，你这是……"

刘秀顿时腾地脸红，窘迫地答道："因事出突然，为防不测，故才出此下策。"

"好！有什么说什么，文叔够爽快！不过也多谢文叔的坦然相告，让我意识到我们之间似乎尚有些小误会未能化解。多年前，我弟兄二人年纪小，不明事理，我舅父医德卑劣，实在死不足惜，可当时我们被亲情蒙蔽，鲁莽行事，还给你们兄弟带来许多麻烦。想来真是不应该，李通在此向你赔礼道歉了。"说完又是躬身一拜。

刘秀感动不已，不禁暗骂自己以小人之心度君子之腹，实在不应该。他连忙扶起李通，爽朗地答道："要说赔礼道歉的，其实应该是在下。二位大仁大义，不计前嫌，而我却如此猜忌二位……"

"那些是是非非就不要再提了吧！既然干大事，何必婆婆妈妈？"李轶费了半天劲才把刘秀请来，听他俩一直客气谦让而不能进入正题，不免急躁，便忍不住打断了刘秀的话，向李通说，"大哥，咱们不是还有要事与文叔兄相商吗？文叔兄人已经到了，那还等什么？"

"对，既是如此，那我们就开门见山的好。来，咱们到客厅一叙。"

三人先后进入客厅，落了座，早有仆人献上自己家制作的野茶，李通呷了口，示意仆从可以离开了，然后笑吟吟地问刘秀："文叔，你是高祖子孙，不妨说说，你对于王莽代汉自立有何看法呢？"

刘秀一听这话很是吃惊，这是很敏感的话题，真说假说，很不好把握。特别是自己并不知李通究竟是何意图，一时不知该如何作答，便端起杯子也呷了一口，皱着眉头做沉思状。李通见他沉默着不说话，自然知道他的心思，便又坦言说："文叔兄不必为难。实不相瞒，家父专研谶纬之术，做了王莽的宗卿师，这个你已经知道。前不久，我弟兄二人去长安时，家父曾告诉我说，他近来听到一句谶语，感觉非常有道理，必然为后来所应验。这句谶语就是'刘氏复兴，李氏为辅'。细细想来，刘氏宗族只有你们兄弟最有威望，可成大计，而谶语中的李氏，不客气地讲，我兄弟愿意担当。咱们珠联璧合，或许正要应验这个上天安排。所以这才邀文叔来府相商，不知你们意下如何？"

明白对方的意图后，刘秀不禁心头突地一喜，和以前所听到的什么"刘秀发兵捕不道"之类的谶语结合起来，他想，是否真的是天降大任于自己？若真如此，那……他来不及仔细思虑，抬头见李通兄弟正期待地看着自己，忙收回思绪。

既然李通兄弟如此坦诚，又如此信任自己，刘秀也就不再隐瞒，一五一十地把实情告诉他们："其实我刘氏也早有反莽之心，只因时机未成熟，起事的诸多事宜未能安排妥当，才一直隐而不发。如今，新朝虽然还新，但已经渐显衰败气象。各路豪杰并起，正是我等举事良机。此次来宛城，名为卖谷，实则想探听宛城官兵部署，为将来攻打宛城做准备。"

这才是真心话。李轶听完不禁哈哈大笑："文叔兄，这次你算是来对了。你所需要的情况尽在我们掌握之中。我们为着这一天可已经忍了好久了！不过，也总算不枉我们如此苦苦等待。"

刘秀听李轶这样说，更是喜不自禁，拍手叫好："还请李贤弟不吝赐教。"

李轶兴致勃勃地说道："茫茫四海人无数，哪个男儿是丈夫？遍观河南河北，舂陵刘氏有勇有谋，完全可以成就大事。你们杀游徼、败韩虎，其实已引起南阳官府的高度警觉。但他们却至今未派兵找你们的麻烦，为什么呢？不是他们不想派兵，而是如今南阳局势动荡不安，他们根本无力应付。就现今形势而言，东方有赤眉军攻城略地，屡战屡胜，新近又大败新军。南方有绿林军与莽军在云杜交锋，打得莽军落花流水，溃不成军。新军统帅荆州牧还算命大，耍了点小聪明，扮成妇人模样抄小道逃跑了，勉强逃过一劫。哈！全军覆没，真够惨的！"

"打得好！如此一来，新朝覆灭便指日可待了。"这些情况刘秀也听人说起过，不过再听他们描绘一番，仍分外激动，忘情地拍着双手说道。他似乎看到了小男孩与他的家人幸福地朝他微笑，感觉到那位老妇人因激动而不停颤抖的双手，听到那些饥民兴奋快乐的呼声，他心满意足地笑了。

可是正当刘秀沉浸在欢欣鼓舞中时，忽听李通叹了口气，神情沉郁下来："本来东边赤眉、南边绿林，如果能南北夹攻，王莽必无回天之力，新朝覆灭就在眼前。不料，恰在此时，也就是前些日子，关东闹蝗灾，加上疾疫流行，使得绿林军陷入困境，义军将士染疾而死者已过万余。王莽趁此机会，加紧攻势，派心腹大将纳言将军严尤、宗秩将军陈茂，合力攻击绿林军，形势对绿林军极为不利。最终，绿林军被迫下山，兵分两路继续作战。由王常、成丹、张印等统领的一支为南路，向西挺进，号为'下江兵'。另一路由王匡、王凤、马武、朱鲔等率领，北入南阳，号为'新市兵'。虽然气势仍然浩大，但毕竟不如从前，王莽开始占据优势。"

这个消息刘秀倒还没听说过，不禁双眉紧锁，开始担忧起来。

“不过……”李通平静一下脸色，换了语调继续说，“绿林军下山也不完全是坏事。平林兵陈牧、廖湛受绿林军影响，聚众千人于平林起事，号称‘平林兵’。这样一来，他们的队伍又壮大了。我们只是想说，在此天下大乱兵变并起之际，春陵刘氏还在犹豫什么呢？要知道，这可是天赐良机呀！时乎时，不再来，得把握住良机才是。”

受到李通情绪的感染，刘秀此时也感觉血液沸腾，心潮澎湃。他好像看见了天下正风起云涌，而自己正站在风口浪尖之上，挥挥拳头激昂地说：“春陵刘氏早已蓄势待发。如今再加上二位相助，还有什么可担心的呢？那就开始干吧！”

李通却忽然从亢奋中冷静下来，缓缓摇摇头，打断刘秀的话：“文叔万不可大意，据我所知，王莽为防南阳再起风波，已遣心腹甄阜为前队大夫，南阳太守梁丘赐为属正，还特意派绣衣使者苏伯阿出巡地方。所以说，尽管天下动荡，但南阳形势仍然十分危急，咱们时刻都有遭受突然袭击而陷于被动的危险。所以我们要早做准备，以备不测。另外，李通有一想法，不知是否合适，想拿出来商量。”

“愿闻其详！”

“根据可靠消息，半月后，便是选材官考试骑士的日子。甄阜、梁丘赐必定亲临校场检阅骑士。我们就来个出其不意，发动校场兵变，趁机劫持了他二人。这样，城内官兵群龙无首，必然大乱。你们则率众攻入城下，造成更大的声势。头领被劫，新军肯定会军心不齐，如一盘散沙四散逃窜，那么宛城就是唾手可得了。有了宛城这个根据地，我们进可以北上洛阳，和王莽争夺下半壁江山。退可以守住宛城，和绿林、赤眉取得联系，打成一片。这样，局面就闯开了！”说到最后，李通竟兴奋得不能自已，伸出右手掌捏住杯子，使劲摔在地上，眼中流露出热切的神情。

“太棒了，李兄！李兄高见，实在让在下……”刘秀深受感染，双手抱拳，脸色通红，“佩服！佩服！”

李通放心地笑了：“文叔过奖，我这人一向比较粗糙，讲究随性而来，自己怎么会想到这么周全？说来还有轶弟的功劳。”

李轶忙摆摆手，对李通也对刘秀说：“大哥！我怎么从来没发现你是这么谦虚呢？明明是你想出来的，偏要我居点儿功，我这脑筋嘛，哎呀！”他又摇了摇头，闪过个鬼脸，“还真转不过来这个弯。”

听他这样说，李通故作无奈地指了指李轶，三人会意地大笑起来。

刘秀一想到举事就在眼前，而且找到个绝妙的契机，顿觉畅快，笑得正开心，忽然他想到了什么似的，脸上的笑容立刻僵住了，很是严肃地对李通说道："李兄，虽说此计较好，可是，王莽既然能轻易篡权夺了帝位，说明他不会是一个简单人物，咱们对他了解的还远远不够。所以我想，咱们还是应该非常谨慎，即使机会再好，也要小心把握，千万不能浮躁。这样吧，有什么需小弟帮忙，李兄尽管开口，春陵刘氏一定鼎力相助，决不推辞！"

李通拍拍刘秀肩膀，爽朗地哈哈大笑："文叔放心，这个计划我已想了多日，万事俱备，应该不成问题。只是家父尚在长安，一旦起兵，可能危及他。不过，我早已命族人李季动身去了长安，如无意外，家父很快就能回来。放心，起事之日尚早，他一定能平安归来的。到那时候，没了后顾之忧，肯定没问题。"

刘秀听后放心地点了点头，再看窗外，天已是暮色沉沉，最后一抹晚霞已经完全收敛，不觉间竟坐了大半天。李通大声叫喊，命人置办酒席，又赶忙派人请来刘稷。刘秀三言两语把三人商讨的事情讲给刘稷听。刘稷听后又惊又喜，他瞪大双眼，简直不敢相信自己的耳朵，此次卖谷竟有如此意外收获！他高兴得忙给李通兄弟行礼，大家彼此见过，又是一番客套。

酒席准备好后，四人已经不再客气，很随意地纷纷入座。酒席上觥筹交错，谈论着美好前景，不一会儿四人已喝得满面通红。但他们仍不罢休，激动地举杯对饮。不知不觉月亮悄悄爬上树梢，桌子上一片狼藉，四人已是酩酊大醉。

第二天清早，刘秀、刘稷便动身回春陵。李通、李轶兄弟一直将两人送到城门外。将走时，刘秀想一想，回转身来又再三叮嘱："李兄，万事小心！宛城就拜托你了。咱们目前人少势力弱，经不起挫折，所以只能成功，不能失败。一定要见机行事，能干则干，不能干宁可继续等待时机，决不要硬上！"

李通庄重地点头答道："文叔尽管放心，事关重大，我一定会慎之又慎的。"

刘秀这才双手抱拳说："那好，我先代刘氏宗族、代天下苍生，向二位兄弟道谢了！"说着长长一揖。

两人赶忙扶起刘秀。刘秀和刘稷二人一起道声"后会有期"，翻身跳上牛车，沿着苍茫的大道向远处驶去。走出很远，还能看见李通和李轶站在路旁向这边眺望。

"驾！"刘秀挥起手中的鞭子啪啪啪地甩到了大黄牛的身上。

"咦？文叔，你平时那么爱惜它，可是从不打它呀！今天这是怎么了？"刘稷笑着问道。

刘秀看了看刘稷，笑而不答，仍继续赶他的牛。

这头大黄牛春种秋收，很是卖力，为刘秀干了不少的活，出重力全靠它。因此刘秀很是喜欢它，从不鞭打它，喂的是上等草料，有空还给它洗洗刷刷，简直当成了个老伙计。可今天刘秀却很是反常，接连大声呵斥，鞭影不住晃动。大黄牛从没受过如此虐待，也不知主人是怎么了，今天会对自己这么不讲情面。于是它登时火了，牛脾气上来，不用主人再吆喝，使出全身力气没命地往前冲，边跑边呼哧呼哧地喘着粗气。

牛车飞快地行驶在大道上，引来很多行人侧目而视。刘秀露出满意的笑容，他是多么想赶快回春陵，好把这个令人振奋的消息告诉宗族子弟。大哥知道了后，不定会乐成什么样呢！

刘稷望着拼命奔跑的大黄牛，忽然想起刘秀曾说过要骑牛上战场的话，不禁哈哈大笑道："文叔，瞧这牛的腿脚，真够利索，看来你骑这头大黄牛冲锋杀敌，挺有可能哟！"

"这有什么可稀奇的？骑牛上阵，古已有之。黄飞虎曾骑五色牛冲锋陷阵，助西岐讨伐无道商纣，最终打下了周朝天下，成为千古美谈。还有道家的李耳，不是也骑一头青牛，最终得道成仙了吗？所以，我所说骑牛杀敌，并不是一句玩笑话，到时候你就知道了。"刘秀一本正经地答道。

"那等将来汉室复兴之日，咱们的这头大黄牛算是大功臣一个喽！"因为心情格外好的缘故，刘稷望着大黄牛诙谐地说，"大功臣，快跑吧！"然后伸手拍了拍它滚圆的屁股。

大黄牛正卖命地狂奔，忽然感觉有人爱抚地拍了拍自己，顿时精力倍增，不觉脚步又加快了。刘秀两人见此，又禁不住哈哈大笑。

正在谈笑间，忽然刘稷惊愕地大喊："不好！快看，前……前面有官兵！"

刘秀仔细看去，果然有一长列官兵缓缓朝这边走来，队列中间一面杏黄的绣着飞龙在天的彩旗随风猎猎飘摆，旁边另有一面红色旗子，绣着大大的"苏"字。

"飞龙旗！肯定是皇室显贵！快，停车回避！"刘秀边说边赶忙拉牛缰绳。可是，牛跑的速度太快，也意识不到前边是危险之地，只是仍旧一个劲地狂奔。刘稷也着慌了，赶紧帮刘秀拉着缰绳，两人使劲往后拽，"吁，吁，吁……"

忽然，缰绳一松，两人被弹倒在车里。还没等他们缓过神来，大黄牛哞的一声惨叫，发狂似的向前疯跑，两人赶快起身再拽缰绳，却发现缰绳早已无踪，牛鼻子被拉穿了，鲜血一股股地涌了出来，滴洒在大黄牛身后的路面上。

正如刘秀所料，前面来的正是王莽心腹大臣、特意派遣下来巡视各地的绣衣使者苏伯阿。如今他刚在新野巡视完，正返回宛城的途中。苏伯阿车轿左边，一个粗壮高大裸露着胸毛的汉子，手执大刀背挎弓箭，肉块纵横的脸上得意扬扬，傲视一切地骑着高头大马，他就是新野尉冯正劲。旁边是他的心腹爱将朱金虎，前后左右簇拥着数十个羽林军。沿路浩浩荡荡，百姓纷纷躲避，好不威风。

正趾高气扬地行进着，忽然望见前方滚滚黄尘，席卷而来。羽林军不禁惊诧怪异，这是什么东西？仔细看去，那怪物转眼已经冲到跟前，却是一头发了疯的大黄牛，正低了头仗着犄角朝这边猛冲。保护大人多年，各色刁民见过几个，还真未遇到过今天这样的对手，大家纷纷着了慌，一时不知该如何是好。再眨眼的工夫，黄牛已来到眼前。随着几声惨叫，十几个羽林军躲避不及，被撞倒在地。两边的羽林军赶忙闪躲开，眼见大黄牛就要撞到苏伯阿的车轿了，万分危急时刻，忽见一壮汉迎着大黄牛跑来，狠命抱住了大黄牛的头部。大黄牛呜的一声惨叫，四蹄踏地，因为冲力太大，腿弯曲着跪倒在地，身子竟一动不动地未能前进半步。

刘秀、刘稷被甩倒在牛车里，车子向前滑动一大截，跟在大黄牛后边，冲到队伍跟前。两人知道大事不妙，赶快从车厢里爬起，正要下车，却被众人刀剑并举架在脖子上。朱金虎骑在马上，横着手中的兵刃，大喝一声："好呀，哪里冒出来的浑小子！敢冲撞苏大人的仪仗，居心何在？活得不耐烦了！"

刘秀虽然惊慌，但心里很清楚，此时暴露身份必死无疑，不如碰碰运气诈他一下。他暗中给刘稷使了个眼色，刀尖之下，不敢动弹，慌忙跪倒在车厢里，满脸木讷地磕头求饶说："大人！小民该死，没赶好牛车，让牲口受了惊，冒犯了大人，还望大人您大量，放我们一条生路……"

刘稷也跪地求饶，故作惊慌地祷告："大……大人，饶，饶命啊！"

"跟他们啰唆什么，说不定他们是故意来以此行刺苏大人的，杀了得了！"冯正劲一脸卖弄地松开牛头，不耐烦地叫道，"你们还愣着干什么，来人，把这两个小子给我拉到河边活埋了！"

“闹哄哄的，发生了什么事？”忽听车轿内有人懒洋洋地问道。接着，车帘被掀起一角，一个年过半百的人探出头，张开口打了个大大的哈欠。

冯正劲慌忙躬身施礼道：“苏大人，这两个人冲撞大人的车驾，很可能是乱民，下官认为，安全起见还是杀了为好。”

“让开，叫我看看。”苏伯阿眯起细眼，仔细端详了两人一阵，又打了一个大哈欠，朝冯正劲摆了摆手，放下了轿帘。

“苏大人命令，你们还愣着干什么?！拉到河边砍了！”冯正劲更加来劲儿地命令道。

羽林军遵命，纷纷上前拖拽车中的刘秀和刘稷。到这种时刻，刘秀见别无选择，只有反抗还有可能活命，否则必是死路一条。情急之下，他还能稳住自己，纷乱中向刘稷使了个眼色，又朝朱金虎努努嘴。刘稷也是急过了头反而镇静下来，会意地微微点点头。

刘秀佯装瘫软地被两个羽林军拖着下了车。见刘秀手脚都打哆嗦，一副任人宰割的模样，官兵知道，这是被吓坏了。他们这类经验很多，平常处置小民百姓时，哪个不是这样？也就没放在心上。正当他们没注意时，刘秀忽然挺身而起，抽出一脚狠狠踹倒一个羽林军，随即转身扼住另一羽林军脖子，顺手从那人腰间抽出宝剑，嗖地向马匹上的朱金虎投去。

朱金虎本认为“行刺”事件已结束，不过就是杀掉两个吓傻了的老百姓而已，便调转马头准备离去。忽听后面有动静，而且风声怪异，情知有变，赶忙转身向后看，刚转过身，眼前一道白光闪电般射来，不容他看仔细，宝剑便直直地刺入了胸部。随着扑通一声，朱金虎跌下马去，一命呜呼，连哼都没哼一声。

刘秀趁势推开手上的羽林军，翻身一纵，跃到了朱金虎的马上。这边刘稷也不含糊，迅速将另两名羽林军打翻，纵身上马，落到了刘秀身后，两人趁冯正劲和众羽林军还未反应过来，拍马便跑。

事情来得太过突然，几乎在一瞬间发生，众人木偶一般看着他们一连串动作之后飞奔而去。冯正劲就在旁边，等他大吃一惊反应过来，刘秀两人已跑出十几步远了。他冷笑一声：“这两个刁民身手这么快，真是王母娘娘坐月子——天下少见。可惜你们却遇见了咱，活该倒霉去吧！”

嘴上说着，从背后取下牛筋强弩，右手把一支雕翎羽箭搭在弦上，用力拉满，瞄准了二人。猛然松手，雕翎羽箭“嗖”地朝二人方向窜去，如同流星追月，转瞬即到，恰好射中了马的屁股。那匹马疼得咴儿咴儿嗷叫，前蹄腾空而起，立了起来，两人猝不及防，都被摔到马下。冯正劲见他二人跌下马来，大喜地抖动缰绳，翻身上马喊道："快追！把他们乱箭射死！"

两人摔下马后顾不得疼痛，爬起来就往前跑，忽然听得耳边嗖嗖嗖箭如飞蝗般密集地射过来。刘秀大喊："快趴下！"两人趴到地上一动不敢动。可是片刻之后，刘稷扭头往后一看，不禁惊叫道："不好，他们追上来了！"

刘秀回头一看，也惊出一身冷汗。数十名羽林军边射箭边往这边追来，立刻就要来到眼前。"怎么办？这样下去不被乱箭射死也会被他们活捉，若被捉住，那是必死无疑。"刘秀焦急地四处张望，忽然看到离自己不远处，就是通往春陵的白水河。他顿时有了主意，对刘稷喊道："右边，快，跳河！"

然而箭太急太密，在很低的上空飞来飞去，二人无法站起。刘秀就蜷缩起身体，如纺布梭子般就地滚向右边的白水河。刘稷已经辨不清南北，也不管河是在哪个方向了，紧跟着刘秀往右边滚去。随着扑通扑通两声，二人消失在了羽林军的视野中。羽林军冲到岸边，看到水花翻起处水面一片平静，只好对着白水茫茫的河流乱射一通，回去复命。

"混账！一群饭桶！你们几十个人还抓不住两个？还有你，冯正劲，老夫一向认为你办事沉稳，勇猛果敢，怎么今天如此麻痹大意?！老夫看这两个人身手不凡，必是人们传言的春陵刘氏。"

"是，小人太过疏忽，小人知罪。"冯正劲知道这位大人的脾性，不敢分辩，慌忙俯首认罪。认过罪后停顿一下，抬头偷瞟苏伯阿一眼，见他怒气稍微消了些，便表功似的小心说道："既然大人说他们是春陵刘氏，那，为绝后患，我们何不调些人马，包围春陵他们的老巢，一网打尽呢?"

苏伯阿乜斜一眼冯正劲，冷笑道："一网打尽？两个人你们都对付不了，一网打尽谈何容易？本官曾遥望春陵，见那里地势虽然平缓，然而丘陵连绵不绝，摆成一条阵势，既沉再沉，沉而稳，起而昂，仿若一尾真龙，摇首摆尾，穿山越水，当真是龙气郁郁，气象万千。再加上这条河，龙遇水则兴，了不得。并且老夫望见其上空云雾迷蒙，隐约呈龙虎状，有天子征兆。看来刘氏终为新朝大患。不过眼下当务之急，还是要灭了绿林逆匪，这是朝廷交代给老夫的任务。至于灭春陵刘氏，还是请朝廷另派人选吧！"

冯正劲在一旁恭敬地叉手站着，不敢多言语半句。等苏伯阿自言自语似的说完了，冯正劲忽然想起了什么，忙向苏伯阿禀道："大人，时候不早了，还是赶快上路吧，宛城的甄大人和梁大人还在等着呢。"

苏伯阿忽然忧郁地叹了口气，点点头，转身上了车轿。

第十三章　巧妙用计　应对突变

刘秀和刘稷潜入河水中，侥幸躲过了羽林军的追击，在水中使劲儿憋住气潜出老远，才敢露出头来。从水波中望去，见官兵已经缓缓移动着走开，忙手脚并用，游向河对岸。爬上岸来，拧干湿淋淋的衣服，好在天正暖和，衣服潮湿点也不碍事。

侥幸逃过一劫，死里逃生，应该倍感庆幸，然而一路上刘秀却闷闷不乐，愁眉苦脸的。刘稷明白，他这是在记挂着那受了伤的大黄牛，便劝导刘秀说："文叔，其实你也不必难过，我想他们只顾上抓人，不会对一头牛怎么样的，早把它给忘一边了，说不定过一天那牛就自己找到府上了。"

刘秀听了并不以为然，仍伤心地摇摇头："唉，可怜的大黄牛，为咱们耕作不知出了多少身汗，现在鼻子也被……唉！不管怎么说，将来汉室复兴，先得给它记上一功。"

两人回到家后，把在宛城遇李氏兄弟，以及他们兄弟二人计议起事的计划，一五一十地告诉给了刘縯。刘縯一听果然高兴得不得了："太好了！早听说李通不仕新朝，是个硬汉、义士，他们兄弟在南阳也颇有些威望，召集人马比较容易，看来此事应该不会有错。有他二人相助，匡复汉室便指日可待了！真是上天有意帮助咱们呀！"

刘秀和刘稷等人也很兴奋，都表示赞同。"既然这样，我们应早做准备了。三弟，你去派人通知府中各位英雄来客厅，我们商量一下起事事宜！"

"好！"刘秀转身走出客厅。

接下来的日子里，刘縯府上人来人往，一片繁忙景象。他们索性放开手脚，以地方治安混乱要保护家中庄园为由，张贴出招兵告示，又忙着打造兵器，买马备粮。大家都在为宛城一战忙得不可开交。

这天，刘縯刚指派家人去通知各路豪杰，又吩咐增加人手给前来报名应征的人登记造册。忽然看见刘嘉和刘仲神色慌张地从外面走了进来。刘嘉一进门便大嚷大叫："大哥！"

"发生什么事了？看你们这副样子，是没有人来应征还是官府又来找麻烦？”刘縯不放心地接连发问。

“应征倒没多大问题，已有很多人来报了名了。只是，也有少数宗族子弟胆小怕事，不愿造反，还说我们是在坑害他们。另外……”刘嘉神情稍微缓和一些，皱起眉头，停顿了一下，欲言又止。

“另外什么？说啊。”刘縯百事缠身，不耐烦地催促道。

“竟有人造谣说，叔父大人要到官府告发我们密谋造反。”刘嘉气愤地答道。

“此话当真？”刘縯不大相信。

“这……我也不太确定，是听一个宗族子弟说的。”见大哥变了脸色，刘嘉又有些支吾。

“唔，叔父一向开明，许多复兴汉室的大道理都是他教给咱们的，应该不会……不过凡事都有意外，你方才所说的确也有可能。前些日子，咱们商议和李氏兄弟里应外合攻取宛城时，叔父极力反对，说对李氏兄弟信不过，说他们不是干大事的人，应该小心。后来话不投机，争执了几句。并且他与咱们发生争执之后，就再没出现，如此说来……不行，一定得去证实一下，事情重大，万不可大意。你快去把三弟找来！”刘縯不无担忧地说道。

刘嘉转身准备离去，又被刘縯叫住：“还有，这事关乎人心动向，一定不要张扬出去。”刘嘉点头离去。

得了大哥吩咐，刘秀不敢怠慢，疾走在去叔父刘良家的路上。凭直觉，他坚定地相信大哥所说的都是谣言。他相信这个平日最疼爱他的叔父决不会背叛刘氏宗族，之所以有这样的谣言，一定是其中发生了误会。而这个节骨眼儿上发生误会，恰恰又可能会造成致命的后果。

他耳畔又响起自己刚刚对大哥所说的话：“叔父一向教诲我们要有匡复汉室之志，况且他为人正直坦荡，断不会做出这种事情的，一定是别有用心的人造谣中伤！”刘縯也皱着眉头说：“三弟怀疑的有道理，不过谣言无根，遍地生花，一定得弄清楚才行！”这样走着想着，不知不觉来到叔父刘良家门口。

刚进大门，门人一见刘秀来到，忙含笑上前施礼道：“三公子来了。”

刘秀点点头随口问门人：“叔父可在家中？”

“在。”门人施礼答道。

刘秀听罢，也不用他通报，直奔刘良书房。进到书房，却见书房内空空如也，冷冷清清好像好久没人来过了。“奇怪，以前每次来家，叔父总是在书房，可今天为何……难道那些谣言还真有几分影子?”刘秀开始紧张，整颗心像是被线吊着悬了起来。不容多想，他赶忙往客厅奔去。

急奔客厅的路上，他偶然透过花格砖墙瞥见后院花园的空地上，一个人正在腾挪跳跃，练习拳脚。熟悉的身影让他倏地停下脚步。“叔父?”他这是怎么啦，这个时候还有心思……一肚子疑惑，他赶忙转弯往后院走去。

刘秀走到刘良身边不远处停了下来，静静地驻足观看，看着看着，脸上露出一抹淡淡的微笑。

刘良练习得很专注，但也感觉到有个人正一直在望着自己，便停了下来。“秀儿，你怎么来了?”刘良并不惊讶地问道。

“叔父!”刘秀快步走上前来，施个礼说，“侄儿受刘氏宗族子弟之托，特来邀叔父。我记得，从小叔父就教诲我们有匡复汉室之志，如今举事在即，匡复汉室必指日可待，叔父不会不支持我们吧?”刘秀知道刘良的性格，也不用拐弯抹角，直截了当地说。

刘良冷笑一声，并不作答，捡起地上的大刀默默走开。

“叔父!”刘秀一见势头不对，知道其中必有原因，赶忙追上去，边跟在后边边说：“叔父，王莽篡汉，弄得民不聊生，贼盗猖獗。难道你就忍心看着天下苍生继续受苦吗?”这话虽是老生常谈，说了多少遍，但情急之下，刘秀也只能再这样说。

刘良仍不作声，疾步朝前走去。刘秀在后紧随。

忽然刘良快步拐进客堂后边的一间狭窄而高耸的房屋，刘秀抬头一看却是祠堂，不明白其中意思，便小心地跟了进来。

刘良默默上前，先给祖宗神位上香，上罢香虔诚地跪倒在香案前的毡子上，只听他轻声念叨道：“不肖子孙刘良刘次伯拜见列祖列宗。求列祖列宗保佑刘縯儿秀儿等兄弟能举事成功，匡复汉室，光复我大汉河山，拯救我黎民百姓。”

刘秀一听从心底里感动，鼻子一酸，差点儿哭了出来。他颤抖着声音叫道：“叔父，你有什么话为何不早说呢?害侄儿替你担心。若是吵吵出去，弄得人心惶惶，反而坏了大事。”

刘良听出刘秀感动之余，仍有些不解和不满，忽然幽幽地叹了口气，面向神位，背对着刘秀缓缓地说：“文叔，你是个聪明的孩子，或许你现在想不通，但迟早能明白。不是叔父不支持你们，而是实在不愿看你们白白去送死。你仔细思忖过没有，那个李通，你们不过一面之交，你对他了解多少?靠得住吗?”

原来是这样，刘秀放下心来，走上前劝慰说:“叔父放心，虽然我们过从很浅，但李通兄弟为人早有口碑，肯定靠得住。侄儿行事一向小心谨慎，叔父难道还不知道吗？你还不止一次地夸赞过我呢!”

刘良拍拍刘秀肩膀:“我年纪大了，未免想得多些。唉，世上的事情，往往半靠人力半靠机缘。事有机缘，不先不后，刚刚凑巧；命若蹭蹬，走来走去，步步踏空。李通到底怎样，只有你亲自打过交道，既然你这样说，叔父这把老骨头，就只有双手赞成了。咱们共同努力吧!”

刘秀点头满意地笑了。

刘良对起事怀疑的态度彻底转变，激励了更多的年轻人前来报名，刘黄的夫婿田牧从棘阳赶来，新野的邓晨和湖阳的樊宏，纷纷带了亲朋好友前来投奔。为着起事，人们紧张而又有条不紊地忙碌着。

为了不使举事的消息泄露出去，刘缜下令把春陵周遭封锁起来，只准进不准出，距离起事之日前三天的上午，春陵刘家到处活跃着执戟持刀的兵士。

春陵新建的演武场上，春陵子弟们个个全副武装，士气高昂地等待着起义将领的出现。三通鼓响之后，身披红色大氅的刘缜登上了点将台。望着台下整齐的队列，迎着天边绮丽的彩霞，刘缜心中如波涛般汹涌澎湃。祭告天地之后，便开始誓师起兵。人头攒动的演武场上，刘缜粗壮豪迈的声音在四下里在每个人的心头回荡。

“诸位壮士，王莽伪善君子，阴谋篡汉，夺我江山，毁我宗庙，使我大汉蒙上奇耻大辱。如今莽贼又横征暴敛，欺压百姓，使得民不聊生，盗贼猖獗。我等身为大汉宗室子弟，理应奋起抗敌，反莽覆新，匡复汉室，还天下百姓一个清平世界！今日特祭告天地神灵，保佑我春陵子弟旗开得胜，攻下宛城，杀奔长安，推翻莽贼!”

祭告完毕后，应者轰然，宛若滚滚巨雷。台下飘起两面大旗。一面是人们阔别已久的杏黄色汉室飞龙旗，另一面赫然印着一个斗大的“刘”字，迎风招展，仰脸望去，似乎高耸云际。接下来刘缜宣布，自己为柱天都部，总领义军。任刘秀为将军，其余众人，各有任命。春陵刘氏子弟兵称汉军，各宾客豪杰暂无称号，等攻下宛城胜利归来之后再论功赐号。

刘缜宣布完毕之后退到了一旁。随着通通的脚步声响动，人们的目光忽然齐刷刷地转向一位年轻将军身上，只见他头戴金盔，身披锁子黄金甲，内衬蜀锦的大红袍。腰间束一条玲珑碧玉扎带，左挂雕弓，右悬羽瓴箭，佩一柄长剑，外披绛色斗篷，威风凛凛，宛如天神。

“啊？我当是谁，原来是刘三公子呀！”

“啧啧，真想不到，平常柔弱洒脱、文质彬彬的刘三公子，穿上戎衣竟然如此威风，的确有大将风度！”台下的刘氏子弟一见刘秀登上点将台，个个大吃一惊，纷纷交头低语，“看来，是列祖列宗显灵保佑我们，成事大有希望！”

刘秀登上点将台，环顾台下，稍顿片刻，威严地喊道：“全体肃立，清册点名！”

“遵命！”众人双手抱拳，朗声答道。

稍过片刻，各队小队长便点兵完毕：“汉军将士八千人全部到位，并无遗漏！”

“好！八千乃是吉祥数字，正是上天有意安排。当年楚霸王项羽以八千子弟兵横扫天下，大败秦军。如今我们也要以八千子弟大战新军。亡莽灭新，匡复高祖帝业。刘秀不才，愿与诸君同仇敌忾，誓死效力！”刘秀一向能言善辩，这次也不例外，他慷慨激昂的言辞顿时激起众子弟内心深处高昂的斗志，他们纷纷高举手中刀戈大喊：“愿为匡复汉室誓死效力！”声音回荡，经久不息，伴着两面大旗威武地在风中飞舞。

仍是这轮红日东升西落，无比沉稳地斗转星移。很快便到了与李通兄弟策谋起事的前一天晚上了，可直到现在，仍是没有宛城方面的任何消息。派去打探消息的人，很快折回来说，宛城戒严，不许出也不许进，里面什么情形根本看不出来。而李通他们，也没任何渠道前来通风报信。

消息不通，就好像闷在葫芦里一样，众宾客弟兄开始有些着急了。刘良更是沉不住气，得了理似的不断抱怨说：“我就说那李通不可靠嘛！都到了这个时候，竟然一点消息也没有，这事难道是儿戏，能到时候看着办的？明日就要起事，缜儿，依你叔父看，还是赶快另作打算，以防万一，咱就这点本钱，折腾不起呀！”

刘秀听他说的倒也有理，但仔细想一想又冷静地说：“不行！我们既已商定，声势已经造出去，中途自己夭折，那就是自寻死路。叫我看，还是要照原计划进行。李通为人，据我观察，应该没问题。除非那边出了意外，否则他一定会派人联络的。我们还是再耐心等待一下，明日应该会有消息。”

想想也确实没有更好的办法，众人点头应允，刘良只好颓丧地坐回原处。

空气越来越紧张，整个庄园，几乎没人能睡个安稳觉。第二天清早太阳还没露出山头，刘縯等人就来到春陵最高处，望眼欲穿地朝宛城方向引颈翘望。黑黢黢的城墙若隐若现，却丝毫没有半点风云突变的气象。可是直到中午，仍音信全无，气氛沉闷到极点，许多人搓着手唉声叹气。刘秀想站出来说几句鼓气的话，可又不知从何说起。

正在大家焦虑不堪时，邓晨从家中跑了来，边跑边喊，嗓音都变了调：“公子，不好了！前去打探消息的人回来啦，他们探听出确切消息，说南阳太守甄阜和属正梁丘赐要派兵血洗舂陵。现在军中人心惶惶，可怎么办呢?”

这话无异于雪上加霜，众人也顿时慌乱起来，不知所措。

“大家先不要慌!”这个至关紧要的时刻，刘秀突然显得更加镇静，从人群中站出来，从容地看看四周，沉声对大家说，“大家先别听风就是雨，我料定这是有人故意造谣，企图扰乱军心。为什么这样说呢，因为如今甄阜、梁丘赐正在全力应付平林兵和新市军，还无暇顾及我们，如果能顾及，他们早就杀过来了。不过，到现在宛城还音讯全无，很有可能出了差错。现在这种时候，什么都有可能发生，大家也要有思想准备。一定要记住，咱们是干大事的，泰山崩于眼前而不惊，才是真正的大丈夫。大哥，小弟想亲自前去探察一下真相，也好做出相应调整。还请大哥坐镇军中，稳定军心。也请诸位各自守住本队，不要轻易行动。”

刘縯本来黑红的脸色更黑了，僵硬着神情沉吟片刻，点点头答道：“也好。我感觉形势似乎不妙，三弟此行千万小心，我们还要等你这个大将军大军师回来共同指挥咱们作战呢!”

“嗯！大哥放心，小弟定会小心谨慎，安全归来。”刘秀满怀信心，郑重地答应一声。

“好，一个人毕竟没有照应，还烦请两位贤弟随三弟走一遭吧!”刘縯在人群中搜寻一下，对刘稷、朱祐说道。

“小弟正求之不得，与其在这里闷葫芦憋着，还不如前去看个究竟爽快。”刘稷答应着和朱祐走上前来。朱祐毛茸茸的大手拍拍胸脯答道：“伯升兄尽管放心，我们一定会护送文叔安全返回，一根毫毛都掉不了!”

由于事态紧急，也顾不上再说什么。三人辞了众人，迅速换了衣服，装扮成行商模样，暗藏利刃飞身上马，往宛城奔去。

快到傍晚时分，三人赶到了宛城南门外。刚近城门，他们就大吃一惊。正如前几天打探的人所说，城门口的官兵比平日要多得多，而且个个全副武装，刀剑出鞘。未到跟前，杀气扑面而来。刘稷见状失声叫道：“哎呀，一定发生了什么大事！你看官兵盘查如此严密，前几天来打探的兵丁都说既不让进，也不让出，咱们能不能进城都是个问题。”

刘秀不吭声，倚马站在路边仔细观察半天，悄悄对两人说：“没事，我看进城不成问题，你们看，那些官兵虽对进城的人严密盘查，但最终全部都放行了，可能全面戒严了这几天，城里存的货物消耗不少，又对进城经商的放松些了。不过，进去容易，只怕出城时就麻烦了。”

两人眯起眼仔细一看，的确如此。朱祐挥挥手说：“他娘的，怎么这么凑巧，这时宛城里能有什么大事？走，管它出城难不难，先进城看看形势再说，总不能无功而返。”

刘稷也这样想，答应着就要骑马进城。刘秀正在皱眉沉思，见他俩要走，慌忙拦住说：“别着急，这样不好。咱们骑着马，而且一看就不是普通客商所骑的那种，太过显眼了，就这样恐怕自找麻烦。还是把它们留在城外，咱们徒步进城吧！”刘稷、朱祐这才想起还有这层意思，两人立刻表示赞同。

三人兜身回去，把马寄养在离城不远处的客栈里，步行来到城门口，这时已经有些暮色沉沉，官兵见三人都是行商模样，除了有个大汉粗黑一些，其余两个细皮嫩肉，一脸善相，也没多盘问便放三人进了城。

进得城来才发现，如今的宛城已经和前段日子的宛城大不一样。街道上冷冷清清，走出很远，竟不见几个行人。道路两旁的店铺也大多关门，生意都不做了。天气阴沉沉的，一阵秋风刮来，街上的枯叶随风打着旋儿，漫天飞舞，落到街道另一侧，仿佛纸钱飞扬在坟场，格外凄清。

宛城的肃杀不禁让三人心里凉了半截，也大感困惑。整个宛城陷入一片可怕的死寂。唯一能让人觉得这还是座活城的明证，便是一队队官兵横冲直撞，惊得鸡飞狗叫。三人小心翼翼地靠路边往前走，一面为李氏兄弟担心不已。可是越担心就越不敢径直去找他们，向谁打听一下情况呢？

正在三人踌躇之际，忽然看见不远处一个年约五十的老人，挑着担子在路旁停下喘气，担中满是胳膊粗细的干柴。刘秀猜想他一定是担了干柴要卖，便假装要买东西的模样，到他跟前先仔细看看柴火，一边装作无意地问道：“老人家，城中都这个样了，你还怎么做生意呀？”

老人打量一下他，见是个斯文人，放下心叹口气说：“没办法呀！在这兵荒马乱的年月，什么生意都难做，可是不干又不成，一家老小总不能喝西北风去！公子，你是想买柴火吗？咱这柴火，包管透干。”

“噢，不。”刘秀微笑着对老人说，“我是向您老打听一件事。”

老人忽然皱起眉头，有些失望，随即又惊疑地望着刘秀，“年轻人，你是城外的吧？这个时候，怎么还往城里跑？有多少人想出去避风头还出不去呢！你想知道什么？不过，年轻人，我劝你还是少知道为妙。”

“老人家，还真叫您猜准了，我从洛阳那边来，正好路过这里。我想跟您打听一下，你知不知道这宛城发生了什么大事？为何如此萧条？”刘秀故作惊讶不解的样子，似乎纯粹出于好奇。

老人听他这样说，顿时变了脸色，赶忙惊恐地环顾四周，见一队士兵刚刚远去，并没人注意他们，摇头摆手神秘兮兮地说：“公子看样子也是常出门的，怎么就不知道，见人只说三分话，未可全抛一片心。有的事情，知道了反倒还不如不知道，尤其是咱这宛城近来非同寻常，不要再过问了，否则会惹祸上身的，还是小心为好。小心不亏人哟！”

见那老者也是个实在人，否则不会和自己啰唆这些。刘秀想一想，从袖中掏出一块银子，掂量掂量放到老人枯藤般的手中，依旧温和地对他说：“老人家，您说得对。不过呢，我刚来宛城，虽则路过，见这里是南北必经的要道，也有在这里行商的打算。所以才想知道这里到底发生了什么事，弄清楚根由，才能安心在城中做买卖，您说是不是这个理儿？您就告诉我吧，反正咱一个小民百姓，知道了也捅不出多大的娄子。”

老人接过大块的银子，握在手里沉甸甸的，比得上自己卖十天半月的柴，皱着的眉头顿时舒展开，更加热情。他机警地四下看看，忙把刘秀拉到一处断墙后，低声说：“公子有所不知，这城中有李通兄弟两个，他爹在京城当大官，日子过得比谁都滋润。谁知道中了哪门子邪，竟思谋着聚众谋反。都准备得差不多了，却不小心走漏了风声。你看，这不是自作孽不可活吗？太守甄大人当即就把李氏全家大大小小六七十口全抓起来了。不过，老汉听人说，李家兄弟得信儿早，拔腿跑了，逃过这一劫。只可惜，唉！被抓的李家人全被斩首示众，六七十个人头满地乱滚，连小孩他们都不放过，官法厉害呀！砍了头还不算，还要继续焚尸。城中的人都被官兵赶到西市街上看杀人了，你说看到那么血腥的场面谁不害怕？这不，回来之后，就没人敢上街了，生意也没人敢做了。”老人惊恐地说完之后，无奈地摇了摇头。

刘秀听完，不觉热血上涌，气愤得浑身颤抖。万万没料到，一心兴复汉室的李氏兄弟竟遭此大劫。他极力忍住内心剧烈动荡，装作恍然大悟的样子告别老人，三步两步跑回来，把打听到的情况告诉给朱祐和刘稷。两人听完，又是叹息又是愤怒，特别是朱祐，气愤得胡须怒张，拍打着胸脯怒吼道：“狗官！我一定要取你性命为李家兄弟报仇！”怒吼罢紧握着拳头，不等刘秀开口便拉起刘稷转身往府衙方向大踏步走去。

“且慢！两位仁兄万不可鲁莽行事！”刘秀见状大惊，连忙追上前去拦阻说，“追本溯源，什么事情都要考虑到根底。杀死李家全家的不单单是一个甄阜，更主要的还有幕后真凶王莽狗贼！更何况事情明摆着，咱们此时去报仇，赤手空拳，必是死路一条，枉送性命。不如先回去，同大哥商议一下，再整顿兵马，攻打宛城，活捉甄阜复仇也不迟！”

说完了，刘秀见二人仍是怒气冲冲，一心叫嚷着想找甄阜报仇，看看四周随时会出现官兵，不禁有些发急，但耐住性子又说：“上次叔父被官府走狗杀害，我们除掉了王怙为，但刘玄一家不也就此破败，他本人也在家乡存身不住。这次李通兄弟全家惨遭杀害，我又何尝不心痛？但接受上次教训，只是冲动鲁莽，并无济于事。听我一句话，咱们还是赶紧回去吧，只有杀了王莽狗贼，才算真正替他们报仇，也不枉他们付出这么大代价！”

两人听刘秀讲起刘玄家的事，想想确实如此，慢慢抑制住心上的怒火。朱祐闭上眼睛长吐出一口怒气：“文叔兄弟说得对，好！我们就听你的，先回春陵再说！”

城内官兵搜捕反贼的风声依然很紧急。况且天色已经黑下来，三人唯恐再发生意外，不敢贸然出城，在城墙脚下找了家客店住下来，一直等到夜深人静时，才从客店后门出来，跃城墙逃出宛城。好在他们人少，又分外小心，没有惊动守城官兵。三人在路旁隐藏半晌，等天色微明，便取上战马，飞也似的赶回了春陵。

刘縯等人在家中左等右等，始终不见三人回来，越发焦虑。其中最为心焦的，莫过于刘縯了，他点起蜡烛，端坐在客堂上。“夜已深了，三弟他们不会出什么事吧？怎么还不回来？”一直坐到三更天，再也坐不住了，他焦急地在客厅中踱来踱去，紧紧握住的双手浸出一层汗，滑腻腻的，却也顾不上擦洗。焦虑中，晨曦渐渐映上窗纸。刘家兄弟和英雄豪杰们不约而同地赶来，正当他们忖度着是否再派人去宛城打探消息时，门人磕磕绊绊地来报：“大公子，三公子他们回来了！”

刘縯一听，腾地蹦起来，立刻亲自出门，迎接归来的刘秀三人，其余宾客弟兄也迎了出去。

原本还因三人归来而异常高兴的众人，听刘秀的一番叙述之后，个个义愤填膺，争相向柱天都部刘縯请战，叫喊着要为惨死的李氏全家报仇。刘良也早已是涕泪横流，他愧疚地说：“唉，我……我真是太疑神疑鬼了，竟错怪如此难得的豪杰之士。李氏家族全因我刘氏大业而死，刘縯，我们若不发兵宛城，实在太对不住他两兄弟，也对不住他们一家惨死的冤魂啊！”

见一向稳重的叔父也这样说，刘縯更坚定了自己的想法，气昂昂地对刘秀说道：“三弟，李通事败，春陵起事的消息必已外泄。与其在这里坐等围剿，还不如主动出击，这样胜算还大些。要不，咱们就立刻发兵，攻打宛城，好歹轰轰烈烈地大干他一场！”

刘秀却出奇冷静地摇摇头，不容丝毫质疑地劝阻说：“大哥千万不要存在侥幸心理。自古如若有成大事的心，哪怕山高水深，再着急也不在乎这一时一刻。据我分析，事情还没糟糕到这一步。若是咱们起事的消息已经泄露，恐怕此刻我们就不能安然坐在这儿了。你想，甄阜、梁丘赐如果确切知道我们和李通定好内外联合，会傻到按兵不动给我们喘息机会的地步吗？而我们现在硬打死拼，他们早已有了防范之心，如今肯定有重兵把守，我们八千子弟兵若无内应外援，怕很难取胜。尤其是，这是咱们起事以来的第一仗，就显得更为重要。若失败了，士气就会低落。这对我们以后发展非常不利。”

听刘秀说得头头是道，内中道理滴水不漏，众人立刻想明白目前面临的处境，也都慢慢冷静下来。刘縯仍不甘心，皱紧眉头问：“那……咱们现在进退两难，三弟可有何计策？”

刘秀早考虑妥当，顿一顿继续说：“内应虽断，但我们还可寻求外援。一路上我听人闲聊中提到，如今新市兵、平林兵正与新军展开激战。新军兵力充足，而新市军、平林兵相对来说势单力薄。我们若与两军联合起来，必然声势壮大。三股兵力群起而攻之，攻下宛城必不成问题，而且这于我于彼都有利，料定他们不会不答应。”

“原来这样，好是好，只是……”刘縯忽然面带难色，“他们再怎么说，毕竟是山林贼寇，而我大汉宗室堂堂正正地起兵，结果却与山野贼寇为伍，似有不适。将来传扬开去，也不大好听。”

“大哥，你若这样想，那就未免太偏颇了。”刘秀没想到大哥会这样考虑问题，眼光中闪过一丝焦急，却仍耐心地劝解说，“虽然我们起事的宗旨是匡复汉室，可不覆灭莽贼，又谈何复汉呢？眼下，我们处于弱势，合则共享其利，分则都受其弊。我们若不合兵，则正中新军下怀，以利他们将我们逐个歼灭。这在兵法上，就是所谓各个击破。那我们何不联合起来共同抗新呢？”

一番话，说得众人心服口服。刘縯也不得不承认确有道理，即刻点头说：“三弟言之有理，既如此，与平林兵、新市兵联络一事便交于三弟了。”

“好！我马上动身去随州、郢州，找到他们的两位渠帅共商大计。”刘秀见大哥答应下来，立刻收拾行装。

但刘縯仍不放心，在人群中看看，感觉刘嘉行事一向稳重，武艺也不错，便命他与刘秀一同前往。

刘秀也顾不上休息，喝了口茶，又飞身上马，与刘嘉消失在漫漫黄尘的驿道上。

第十四章　移孝作忠　骑牛挥戈

春陵距随州四百里，说远不远，说近不近，刘秀二人马不停蹄地赶了半天一夜，到第二天辰时，总算是赶到了随州地界。此地山峦起伏，山上树木蓊蓊郁郁，映得山间小路异常阴森，在昼犹昏。疲惫不堪的两人见此景象不禁猛的一打战，顿时来了精神，不动声色地一笑。刘嘉没有注意到刘秀的表情，不无担忧地说："文叔，你看此地山高险峻，林木浓郁中最容易藏人，只怕会有贼寇出现。"

刘秀这次笑出声来："现在咱们已经进到随州地界，这里已经被平林兵所控制，就算有贼寇也是平林兵，咱们还正愁找不到他们呢，他们能自动出现岂不更好?"

说着放慢脚步，两人继续在山中小路上行走。刘秀在前，手持缰绳四下观望，刘嘉紧随其后，竖起耳朵紧张地听周围动静。走着走着，小路不见了，青青野草中乱石嶙峋，似乎路已到了尽头。无奈中两人只好硬着头皮往前摸索，渐渐走入一片密林中，山中极静，马蹄"嘚嘚"声异常清脆响亮。每一声马蹄音回荡，都叫两人的心提到嗓子眼上。

两人正在找寻路口，忽然一张大网从天而降，一下将刘秀、刘嘉及两匹高头大马当头罩住，不等他们反应过来，接着一阵锣响，从四周蹿出一群衣衫破旧的汉子。到了这种时候，刘秀知道挣扎也是徒劳，索性坐在网中不动，对刘嘉低语说："这些人极有可能是平林兵，咱们就将计就计，让他们把咱们带到他们渠帅那儿，岂不更好!"

刘嘉一向相信刘秀，也就不再惊慌，点头答应一声："好主意!"

这时，这群汉子已聚到两人身旁。一个小头目模样的人走上前，细细打量了两人一番，得意地哈哈笑道："哈！看样子挺肥，交给渠帅，又是大功一件。来人，绑了!"

几个汉子听到命令，立即拿出绳子，将两人捆住，然后用黑色布条把两人眼睛蒙上。

"带走!"只听那个头目一声令下，几个人上来押着刘秀和刘嘉上了路。

凭直觉，小头目脚步通通地走在前边，边走边哼着小调。走出没有几步，忽然又喝令停下，然后冷笑着说："哼，就凭你们也想来替狗官刺探消息，不瞧瞧谁把守的第一道关。安集掾已经说了，碰上这类探子，先就地打上一百军棍，再拖回去审问。来人……"

"慢!"刘秀一听要挨打，着慌了，其实挨打倒也没什么，就怕如此一来会误了大事，况且也不知这帮人狠不狠，倘若一百棍子没打够，就皮开肉绽地送了命，岂不太冤枉？这样想着，赶忙打断那小头目的话，但一时又想不起有什么话为自己辩解，支吾着说不出个所以然。

"怎么？哼！你这奸细还有什么话说？"小头目冷冷地说道。

刘秀心里一急，也是急中生智，忽然想起了刘玄。刘玄杀了王怙为的当晚，是刘秀亲自送他出了舂陵的。当时，刘玄说过要去投奔平林兵，至于有没有投奔，投奔的是平林兵哪一部分，却都不清楚。

"碰碰运气吧！说不定圣公兄真的就在这儿呢！若是这样，事情就简单多了。"想到此，他扯嗓子大喊："刘玄刘圣公何在？我是舂陵刘文叔，有急事相告!"

一听这人提到刘玄，小头目忽地变了脸色，忙问道："你说什么，你真是舂陵刘文叔？"

听这话，知道有门，刘秀一下子放宽了心，正要答话，忽听远处有人高声问道："刚才抓来奸细在哪儿呢？"

虽然这么长时间没见，但刘秀还是立刻就听出是刘玄的声音，忙惊喜地喊道："圣公兄，是我，文叔！我们在这儿呢!"

刘玄一听声音甚是耳熟，赶忙跑过来，扯下两人遮眼布："文叔、嘉兄，你们怎么在这儿？"

眼前突一亮，竟有几分眩晕。但刘秀顾不得这些，仔细盯了刘玄一眼，见他衣衫虽然比先前还要破旧，但毕竟有了点头目的气派，便笑着说："唉，从小没娘，说来话长，一言难尽啊！我们还是进了山寨再谈吧!"

"啊！对，对!"刘玄这才猛然记起自己是这儿的主人，赶忙将二人让进树林后边的山寨客厅。坐下来喘息几口，刘秀说明来意后，刘玄高兴地说："好，想不到伯升兄这么快就决定起事了。我看你们的计划很好，也真对路。如今平林兵和新市兵确实势单力薄，不能够对新军展开大规模攻势。听说两军也准备联合，如若再加上咱们刘家，那就如虎添翼了，我想两军渠帅会答应的。好！平林兵渠帅陈牧，就在随州，我带你们去见他。文叔也知道，你哥我从小就没出息，就是在这儿弄个小头目，也是被逼出来的，恐怕帮不上大忙。不过送你们安全到达随州，见到我们大帅，肯定不成问题。”

“好！那我们即刻出发。”刘秀和刘嘉担心着舂陵的安危，同时说道。

刘玄明白两人心思，他们太急于见到渠帅商讨大事。所以也不耽搁，立刻出来安排马匹。三人正准备动身，忽然从客厅后房走出一个秀丽女子，衣着虽然质朴，却遮掩不住她俊俏的天生丽质。那女子款步上前，对刘玄莞尔一笑：“相公，听说舂陵来人了？”

刘玄看那女子一眼，并不答话，却满脸笑意神秘地说：“文叔，你还认得她吗？”

刘秀忙仔细打量了那女子一番，感觉面熟，却一时记不起在什么地方见过。刘玄提醒说：“文叔还记不记得有一年咱们去宛城卖谷，在一家酒店遇见了一位豪饮女子？”

“难道？你就是韩氏女？”刘秀恍然大悟，脱口叫道。

“是的，正是小女子，难得公子还能认出来，足见小女子并不十分丑陋。”那女子落落大方，说笑着上前，给刘秀道个万福，“当年，我兄长韩虎逼迫我嫁给了冯正劲做妾。可是，冯正劲脾气急躁，一有不顺心就对我拳脚相加，我实在受不了，一门心思要逃离火坑。后来圣公逃难躲入冯正劲管辖地带，恰好被我碰见，帮他躲过了官兵的搜捕。之后我们就一起逃了出来，投奔了平林兵。”

“原来是嫂夫人，小弟有礼了。”刘秀听了赶紧上前施礼，心里却想，原来刘玄逃出舂陵后还有这么离奇的事情，以后有机会非要让他详细说说。

“哎呀！咱快别耽误时间了，还是速去随州要紧。”刘嘉在一旁焦急地催道。

三人不敢再耽搁，立即骑上马，飞奔而去。

有刘玄护送，一路上确实通畅无阻。还不到一顿饭工夫，三人便来了陈牧营中。恰巧新市兵渠帅王凤也来随州与陈牧商议军情，四人便先坐下来谈起合兵之事。

陈牧本是铁匠出身，性格耿直爽快，说话直来直去，从不拐弯抹角。四人一入座，他便瞪起大眼珠子问刘秀：“这位小哥，你是知道的，俺们起兵反莽，实在是官府那帮龟孙太霸道，俺们走投无路，被逼无奈，才铤而走险，出此下策。可你们舂陵刘家就不同了，你们好歹是汉家皇族，虽说落毛的凤凰不如鸡，但话又说回来，瘦死的骆驼比马大，你们要吃有吃、要穿有穿，为啥还要拎着脑袋反莽呢?”

刘秀对此早有准备，也做出直爽的口气微笑说：“王莽新朝，苛政暴敛，欺压百姓，尤其对我刘氏家族，更是百般迫害。我们如今虽说还有点儿家财，但经不了王莽几年折腾，就会比你们也强不到哪儿去。趁着如今尚有点家底做军费，愿与天下各路豪杰一起反莽，总比坐以待毙强上百倍。”

“是吗?”相对于陈牧，出身讼师的王凤则含蓄得多，也更显城府深沉而老练。他不紧不慢地问：“你方才说的倒是实话。但我想，却未必是实话的全部。王莽篡汉，毁了汉制，身为刘室子弟，你们怕不甘心吧！此次举兵，是否另有意图？或许还有夺回江山的意思？若是这样，我们这些贼寇，岂不成了你们和王莽争夺天下的工具，到时候别管你们谁胜谁败，我们照样都没好果子吃，你说是不是?”

刘秀听了哈哈大笑：“自古天下，贤者居之——谁英明神武谁便可称王，兄弟我无德无能，并不敢有此奢望，起兵只是想换个朝代，寻条生路罢了。至于将来的朝代是谁来主宰，那就只有天意能定了。不过，这都是后话，不论天下将来归谁，当前我们共同的敌人都是王莽，只有合兵，才……”

“合兵之利我早已清楚，不必细说。”王凤打断了刘秀的话，看看陈牧，“其实我们两家早有合兵之意。既如此，那就来个三合一，来，闲话少说，我们来一起商议具体的作战方案才是正事!”

说着起身，四人一起来到贴着地图的屏风前。刘秀、刘嘉走在两人身后，对视一眼，露出了满意的微笑。

天下风起云涌之际，前方平林兵等各路义军和王莽新军烽火硝烟正纠缠浓烈。急切等待时机的舂陵军队，也在紧急筹备当中，忙里偷闲地训练，井然有序。刘秀和刘嘉出去这么长时间了，音信全无，刘縯和诸将虽然极力维持着表面的镇定，但大家心里都忐忑不安，把握不定下一步该如何走。

这天众人正围坐在庄园后边两三里地远的大帐中，商讨倘若宛城方面先发兵来攻，该如何应对。忽听帐外马蹄声起，由远及近，迅速来到跟前。大家听声音就知道不是一般兵将，刘縯虽然初为统帅，但约束兵将一向很严格，没有谁敢在大营跟前这么纵马飞驰。对此刘良很是赞成，他不止一次地说，古理说得好，恩怕先益后损，威怕先松后紧。若紧就应当从开始抓起，否则意识到纪律松弛时再抓，就已经抓不起来了。

正因如此，马蹄声这么急切放肆，大家猜测着肯定是有紧急情况。不等主帅发话，纷纷迎出去看个究竟。只见满是浮土的黄尘大道上，两匹马夹杂在烟尘中滚滚而来，顷刻飞奔到大帐辕门前。马蹄溅起的尘埃落定之后，大家才看清来者何人。原来正是这几天日夜念叨的刘秀、刘嘉。他们浑身上下，甚至鼻子眉眼，都蒙上一层厚厚的黄土，简直就是刚从土堆里爬出来一般。若不仔细看，都认不出来这就是平日潇洒俊秀的刘三公子。

两人从马背上翻身跳下，顺手把缰绳递给站在跟前的兵卒。虽然风尘仆仆，但他们却面带笑容，昂首挺胸地迎向众人。大家见二人这副表情，未曾开言先在心里松口气，原先紧锁的眉头都舒展开来，急忙走上前去迎接。

簇拥着走进大帐，刘縯一手一个，把他们拉到座位上，来不及寒暄，劈头就问："怎么样，成了吗?"刘秀和刘嘉也是按捺不住心头喜悦，当着众人的面，把他们和平林兵以及新市军成功达成联合的情形讲述一遍，末了又把他们三路兵马如何分路攻打新军的计划，也一一讲给大家听。

话音未落，大帐内已是一片欢腾。众人眼睛发亮，分明看到了希望，摩拳擦掌地士气一下子高涨起来。再听刘秀绘声绘色描述一番各路义军如何英勇杀敌、新军如何狼狈、天下反莽形势如何前景不可限量等盛况，众人更加兴奋，也分外解气。刘縯坐在一旁黑红的脸上放着光，咧开大嘴嘿嘿直笑，一双大手不自觉地拍得"啪啪"作响。从聚众决定起事以来，气氛前所未有地热烈。

就在大家欢欣鼓舞的时候，忽听帐外有人大呼："禀将军，有人……"话还没说完，一个女子踉踉跄跄地冲进来，声嘶力竭地哭叫着。刘縯正在兴头上，见此情形，勃然大怒，吼叫道："谁家的眷属，这么没有规矩，快拖出去!"刚吼叫完却瞠目结舌地呆立住，原来此时他才看清，进来的这个女子却是自己的妹妹刘伯姬。伯姬本在家中照顾老母、料理家事，这个时节她来干什么？又是这副样子。他本能地有种不祥的预感。

刘秀等人也认出了是伯姬，大家一头雾水，正疑惑之际，就听刘伯姬瘫软地半坐在地上，对着刘縯泣不成声哽咽着说："大哥，快去看看吧，咱娘，咱娘……不行了。"

"啊!"伯姬低微的声音宛如一声炸雷，大帐中顿时寂静下来，个个呆若木鸡。刘縯呆在原地片刻，终于回过神来，一把将伯姬推到一旁，旋风般冲出帐外。等大家纷纷跟出去时，刘縯已经飞身上马，双腿用力蹬踹着马肚，伴随着滚滚烟尘，飞驰而去。刘秀等刘家子弟也来不及交代什么，个个胡乱拉匹马，紧随其后，向家中冲去。

秋风瑟瑟，原本生机盎然的田野一片荒凉，枯枝败叶在风中飘舞，风声从树梢间发出呜呜的凄鸣，仿佛一切满是哀伤地奄奄一息。顷刻间冲进家门，刘縯在前，刘秀兄弟前脚踢着后脚，一阵风冲进厅堂后边的内室。未进门大家先不约而同喊一声："娘!"

樊娴都躺在病榻上，正安详地闭目静养。唯有此时，她那柔弱而操劳不息的身躯犹如婴儿般稳静，祥和的表情仿佛正沉浸在淡淡的喜悦中。经过了一辈子的风风雨雨，在多少次艰难的动乱和挫折面前，她从未畏缩，始终心平气和地面对，默默无闻地料理着家中的大小事情，面对生活的种种磨难，用隐忍化解了一切。而今她静静躺在花费了多半辈子心血来操持的繁大家业中，如同波涛汹涌汪洋大海中一叶沉静的扁舟。

刘家众兄弟在大哥带领下，一头扑到母亲榻前，铁血汉子们此刻再也坚强不起来。刘縯抬起头来看看平日如此熟悉的娘，才几天没见就变得有些陌生。他的心如刀绞般疼痛，心中有千言万语又如何吐得出？滚烫的眼泪在他沙尘满面的脸上冲出两道泥沟。

樊娴都听到响动，挣扎着侧过身子。望着盈满泪水的刘縯，嘴角费力地微微翘起，枯槁的手臂已大不如前灵活，微微向这边伸来。刘縯领会母亲的意思，上前挪动着，伸手紧握住母亲那印证着几十年来沧桑变化的枯叶般的手，直起腰身，用粗大的手掌，轻抚母亲那布满皱纹的额头。作为家中的长子，刘縯虽然性情不是很细腻，但眼前不断闪过那曾经如瀑的青丝转眼间如何染上一缕缕清霜。

刘秀就跪倒在大哥身后，心在无声地滴血，看着母亲那温和而深邃的双眸，他无比惭愧。为成就大汉祖宗的基业，母亲在背后不知做了多少牺牲，她贤淑勤俭，任劳任怨，积极开导子女，以身作则，家事国事同等对待；而在人后，她不得不独守空房，多少年来，从未享受过天伦之乐，反而为了能让儿女们有个可以发展的良好环境，她宁愿带病跟随子女四处奔波，其中苦痛又有何人体谅？想到这里，刘秀抑制不住懊悔自责，上前一步，趴在母亲身边泪如泉涌般号哭起来。刘秀这一哭，刘縯也忍不住哭出声来，其余兄弟顿时也抽噎成一片。

樊娴都已经非常虚弱，看着百事缠身的儿子们能赶回来看望自己，一家人终于聚在了一起，她嘴角掠过一丝心满意足的微笑。但此刻她心里很清楚，知道儿子们的处境，也意识到刘家面临的一个巨大转折，而这个转折，非同寻常，要么青云直上，要么万劫不复。把握这个转折的，就是自己眼前的儿子们，她不能因为自己而分了他们的心。

一如往常柔和坚毅的眼光逐个在他们身上注视片刻，樊娴都抖动嘴唇，尽量抬高声音说："你们都起来，都起来，人常说英雄气短，儿女情长。咱们家不能和别人比，你们也别学人家孩子悲悲切切的。你们能来看娘，娘已经很满足了。娘明白你们都是成大器的，千万别因为家里的琐事影响了前途，若是那样，见了你爹，他也会责怪我的。你们都起来，该忙什么就忙去。"

"娘，您千万别这样说，真真是折杀我们了！"刘縯带着哭腔说，"是您把我们养育成人，要是没有您多年来的教诲，我们兄弟哪能有半点出息？现如今我们大了，却只顾忙活自己的事，都把您忘了。娘，您就骂我们吧！"

"是啊，娘……"刘秀不忍再听娘和大哥说下去，强忍着眼泪说，"娘和大哥说得都有道理。我们如此付出，不但要复兴汉室，使国泰民安，也要完成我爹多年兴复汉室让天下太平的夙愿，这都是我们做儿女的应该做的。可话又说回来，不管找什么样的借口，总之是我们不孝，只顾着外边，竟没能为您分半点心，反倒要您为我们担忧。娘，我们没有尽到做儿女的义务，您还是骂我们几句，我们心里也痛快点儿！"

说着，全家儿女全部跪倒在床前，顿时又哭成一片。

樊娴都打量众儿女一番，分外平静地嘱咐说："縯儿，我走后，你就是一家之主了，兄弟姊妹日后的生活也要靠你张罗，知道吗？这样我在九泉之下也可与你爹爹安心了。"

刘縯兄妹听娘这样说，分明是遗嘱了，哀痛之情愈抑愈强。大家点着头，眼泪糊住眼睛，只顾抬衣袖擦拭。过了片刻，不见娘接着往下说，感觉有些奇怪，凑上前一看，樊娴都已经轻轻合了双眼，安详地离开了这纷乱无常的人世。"娘！"一声长号，窗外瑟瑟风起，万木败落，树叶飘零。

众人的哀痛尚未平息，平林兵和新市军便派人来联络，战事紧逼到眼前。在这非常时刻，大家匆匆商议一下，不得不紧锣密鼓地匆忙张罗樊娴都的丧事。在临时搭建的灵堂前，刘縯、刘仲、刘秀、刘黄、刘元、刘伯姬几个兄弟姐妹，长久地跪立着，几天来的悲痛，已经使大家欲哭无泪，大家只是默默地沉静着，一任历历在目的亲情往事在思绪中飞扬。

站在近旁的樊宏却是踟蹰不安，倒背着手来回踱步。妹妹的去世，他自然哀伤，但毕竟是年长许多，他更清楚逝者长已矣，而要紧的是如何应对眼下时局。不过见几个外甥个个悲伤憔悴，本来想把自己的意思给他们讲清楚，可又不忍心打扰他们那份诚挚的孝心。

正当他焦虑不定时，一个士兵跑入灵棚内，先跪在刘縯身后，给太夫人跪拜一下，随即小心翼翼地禀报："将军，新市军、平林兵都派人来报信，说他们大军已经向新军营寨移动，请将军如约带兵前去接应。请将军训示，迅速发兵。"

正满面悲伤无精打采的刘縯闻听这话，登时来了精神，霍然挺立起身子，满脸坚定地沉吟一下，欲言又止。刘秀就跪在旁边，听得清清楚楚，也立刻跳起来，目光热切地看着大哥，等着他发号施令。

但刘縯双拳紧握，咬着牙沉思一下，犹豫不决得像是对周围的人，又像是自言自语地缓缓说："娘亲辛苦一辈子，特别是近来，闹腾着起事，害得她老人家也跟着担惊受怕，临了临了也没享上一天福。按说咱们应该守孝三年才是，即便眼下形势危急，也不能把娘扔下不管吧?!"说着这话，对娘的愧疚之情愈加热烈，眼泪不觉又涌了出来。刘秀等人见大哥这样说，自然不敢再辩解，只得陪着流泪。

樊宏站在旁边，见此情景，原先的焦虑之感顿时化为激愤，大踏步走上来厉声呵斥说："刘縯儿，没想到你竟然这么糊涂！舅舅算是看错你了！大战在即，你也不想想孰轻孰重，不要为捡芝麻而丢了西瓜！你方才也说了，你娘这些日子担惊受怕，她到底为了什么，还不就是为了眼下你干的事能成功?你犯糊涂不要紧，这么多将士的性命都掌握在你的手上啊！你有娘，他们难道就没有娘?你为你娘尽孝心耽误了大事，他们就得因此而丢命！你想过没有，他们的娘到时候是什么心情?"口气凌厉地说出这番话，见刘縯面红耳赤地低下头，樊宏也觉得指责得有些过分，便缓和了一下语气，"你娘的丧事，你们兄弟不必操心，一切由我和你叔父代办。我想，九泉之下你娘一定能谅解你，不但谅解，还会高兴。"刘縯听樊宏这般训教，仿佛被人狠狠掴了一个耳光，从里到外火辣辣的，马上起身冲向帐外。刘秀兄弟也跟在后边，临出灵棚时向樊宏作了长长的一揖，意思是就拜托舅舅了。

樊宏这才赞许地点点头，恢复了平日的慈祥，挥手催他们上路。听到渐趋渐远的马蹄声和扬鞭声，樊宏安心地长舒了一口气，却再也抑制不住，任凭眼泪哗哗地流了满面。

刘縯率领众兄弟赶赴营地，立刻召集八千子弟兵集合待命。大家都知道刘家主母新丧，悲哀气氛中，士气反而别样高涨。刘秀知道，这就是哀兵必胜的道理。他想，娘为他们付出的实在太多了，就连她的去世，也要为自己的事业增添一点力量。这样一想，更忍不住心酸。

柱天都部刘縯一举令旗，应者云集，舂陵子弟兵八千人马浩浩荡荡地向长聚方向急进。在人马杂沓的急行军队伍中，最引人注目的便是刘秀。众位大将都有自己的坐骑，实在没有坐骑的，便和士兵一道徒步前进。唯有刘秀，骑着那头险些丧命，两天后又回到家中的大黄牛，夹杂在队伍中，像模像样地要冲锋上阵。

众将士见刘秀和那大黄牛在军中简直是鹤立鸡群，特别显眼，一个个都忍不住哄堂大笑起来。就连主帅刘縯，见弟弟与那黄牛的"完美"结合，本以为他平时也就说说，没想到竟然真的要骑牛上阵了，也禁不住抿嘴笑起来，哀伤心情倏忽缓解许多。

刘秀见大家看着自己发笑，知道他们想什么，并不介意，爱惜地抚摸着大黄牛肥厚的脖子，等大家笑过劲了，便咳嗽一声清清嗓子，郑重其事地向大家讲述说："诸位别笑，这黄牛来得不容易啊，辛苦耕作流了无数身汗不说，就是上次，它一高兴，冲进苏伯阿的仪仗队伍中，被羽林军砍了十几刀，竟然能死里逃生，捡回这条牛命，后来又自己血淋淋地跑回了家，也算古今少有的一大奇事吧！看来这大黄牛命大必然福大，我就骑上我这个老伙计，到时候大家就知道了，它的劲头，不会亚于各位将军的火龙驹。"

刘稷听刘秀侃侃而谈，况且有些事情是自己亲眼所见，按捺不住激动，赶忙抢过话来："文叔的话没错。当年黄飞虎骑五色牛冲锋陷阵，帮助西伯侯姬昌打下周朝天下，道家祖师李耳骑着一头青牛，得道成仙，名载汗青。如今文叔骑牛上阵，说不定也能建功立业，名留史册呢！"话音刚落，又是一阵哄笑，不过这次笑声里充满了善意，大家纷纷交头议论，说刘秀真是奇人奇事碰到了一起，说不定将来要做出什么更奇的事情呢！

正兴意盎然地边走边议论，走在军队前面的探马快马加鞭地赶回来，一直冲到刘縯面前，拱手禀报："禀刘将军，前面五六里发现有大队新军，人数约有一万人。"

这是他们自起事以来，第一次正儿八经地遇到新军，空气顿时紧张起来，大家都不说话。刘秀催牛上前，走到一个土坡上，手搭凉棚登高而望，果然看见不远处烟尘腾起处，一片军旗高扬，黑压压的军马夹杂着尘土浪涛般涌来。

略微看看，刘秀心里疑惑起来，按计划不应这么早就和新军相遇的。难道是新市兵、平林兵追堵不利？这是春陵汉军与新市兵、平林兵第一次配合作战，长聚又是第一战场。如果这次作战失利，将会影响全军上下的锐气，后果必将很严重。可是敌人已经出乎意料地出现在眼前，怎么办？

而当前形势已不容刘秀再作周全的规划，他急中生智，脑子里迅速转个弯，索性就把现在的突变当成原先的作战计划，在尽可能短的时间内调动士气，冲锋上阵。

想到这里，刘秀调转牛头，先看一眼大哥，然后面对八千军士，大声喝令："我们和友军已经按计划把新军围困到这里，咱们要斩灭新军，开个好头。来呀，擂鼓进军！"

隆隆战鼓骤然间震天敲响，众将士在舂陵长期演练，早已是蓄势待发，浑身力气着急地要发泄出来。战鼓声响彻天宇，更使他们热血奔涌，齐声呐喊着，加快脚步冲了上去。

新市兵、平林兵本是在新野抵抗新军。但甄阜、梁丘赐早已做好防备，增添许多兵力，这就使得兵力相对不足的新市兵、平林兵无隙可乘，只得另想办法。随着战争情势的推移，要和宛城、新野一带的新军决战的局面越发明朗，生死角逐一触即发。战场也由新野开始转移至长聚。长聚是战略要地，聚积着大量军用物资，所以这一战万分关键。因为时间紧迫，新野尉冯正劲临时调动新野官兵与游徼韩虎，共同增援长聚。按他的计划，要在长聚抓住叛军的主力，一举消灭掉。而令冯正劲没料到的是，他们杀奔长聚，没有和平林兵、新市军交手，倒先碰上了舂陵刘家兄弟。

两军对垒，既是武力的较量，更是斗志的拼搏。新军中的士兵，大部分都是强拉硬拽来的，大家本来就满腹怨气，又担心家中老小的安危，处处弥散着颓丧的气息。颓丧的新军在长官的威逼下，被动地挥舞着矛盾，岂可与英勇的汉军相匹敌？刚交手没多大工夫，眼看新军兵力人数虽多，却节节败退。

冯正劲本以为凭借宏大的气势定能压过汉军，不料形势突变，连他也弄不清楚，眼前这些人马，到底是平林兵还是新市军，为何比以往更加勇猛？但此时已不容他再重新调度，后备军被其他反贼军队拖着，又跟不上来，没办法，他只好硬挺着不要命地杀将过去，尽量挽回不利局面。

刘稷、朱祐对冯正劲总与舂陵刘家作对，早就怒火中烧，这次岂可放过杀敌的好机会？但刘稷和朱祐没有坐骑，而冯正劲人高马大，来往冲突动作迅速，因此很容易对付他俩，连碰几个照面，他们竟没占到丝毫便宜。见对冯正劲久攻不下，刘秀在旁边瞥见，暗暗发急，正想三下两下解决掉一个和自己纠缠的兵卒，冲上去来个三打一。不料，就在这关键时刻，他的大黄牛又不听使唤了。事先刘秀并没考虑到，大黄牛虽然有天生蛮力，而且和自己配合很是默契，但它并没有参加过战阵演练，在战场上没有经验。看到人山人海地聚成一堆，大喊大叫，杀声震天，不知道发生了什么，胆胆怯怯地有些畏缩，对冲上来的人马左闪右躲，不管刘秀如何费力地鞭打，牛的犟脾气始终如一，就是不往人群中钻。

眼看冯正劲越战越勇，手中长矛轮起来如风车一般，刘稷、朱祐二人越发不是对手。冯正劲交战中，见汉军势大，甩开二人，就要突出重围。再不上手，冯正劲就要跑掉了，若是他这次跑掉，不但以后很难有机会再对他围困攻击，而且这样一员猛将，对汉军以后肯定是个很大的威胁。焦急之下，刘秀迫不得已，对心爱的大黄牛下了狠心，咬咬牙一刀戳进黄牛尾部。大黄牛冷不丁挨了主人一刀，顿时被惹急了，哞的一声长啸，不管前方有人没人，不顾刀光剑影在眼前晃动，低下脑袋，直冲过去。

刘秀紧紧抓住大黄牛犄角，眨眼来到冯正劲跟前。冯正劲正和刘稷、朱祐厮杀得聚精会神，猛不防眼角余光中有个怪物横冲过来，吓他一大跳，还没等看仔细，刘秀已经贴到他跟前，手持大刀嘿的一声劈下来。血光迸溅中，冯正劲莫名其妙地已经身首异处。

“好啊，杀得好，简直像天神！”刘稷横刀兴奋地大喊。但刘秀来不及高兴，他被大黄牛驮着依旧没命地继续向前冲，简直控制不住。这样下去，还不叫人一枪给捅下来？刘秀吓出一身冷汗，正不知所措，忽然看见前面有一匹青骊马，马背上的新军将领已经叫人拉下来杀掉。他赶紧抓住这个机会，在大黄牛即将接近青骊马时，双脚用力一蹬，纵身一跃，恰好落在那马背上。望着发疯一样跑开的大黄牛，刘秀长舒了一口气，又苦笑着摇摇头，转身向战场中心方向眺望过去。

形势对汉军越来越有利。刘家汉军虽然人数相对较少，但是个个如初见世面的牛犊，毫不畏惧，让硬着头皮应战的新军疲于应付，节节败退。就在这时，忽听不远处吼声震天，继而地平线上人头攒动，战鼓敲击声震耳欲聋，仔细望去，分明是平林兵和新市军的旗帜。

游徼韩虎见状大惊，不想原先被压制住的新市兵、平林兵怎么会突破围击，合拢了过来，这就完全打乱了自己和甄阜、梁丘赐合计好的各个击破的作战计划。一个汉军尚且对付不了，他们三家要是一合围，那还有自己的活路？眼看战败已成定局，韩虎转过一个念头，还是先逃命要紧，于是调过马头就要逃跑。

然而堂堂将军，甲胄分外显眼，在万众瞩目下，逃跑谈何容易？韩虎略一有动作，他的想法立刻被刘𬙂看出来。机不可失，刘𬙂策马奔至韩虎面前，横刀立马，挡住去路。

“韩虎，现在你应该明白，你已难逃我汉军掌心。若早日投降，念你也是一条汉子，尚有条活路！”不等刘𬙂说完，韩虎火冒金星，络腮胡须简直要倒竖起来，呀呀怪叫着。他嗤的冷笑一声：“睁开你的狗眼看看，我堂堂淮阴侯的后人，岂是你们破落子弟如今又是反贼之人所能比的？你们哪有资格和爷爷讨价还价，爷爷我今日宁可战死沙场，好歹总是正统朝廷的战将，也不会上你这贼船与你同为反贼！”

韩虎粗着嗓门，一口一个贼，刘𬙂也是火暴脾气，怒吼一声：“你这不知死活的蛮货，那就别怪我不给你活路！去死吧你！”两人叫嚷着打马互相杀将过来，叮叮当当刀枪撞击，转眼一盏茶工夫，已经杀过了几个回合。韩虎除了蛮力大些，论武艺本来就不如刘𬙂精湛，特别是此刻兵败如山倒，人心惶惶不安，韩虎难免分心，一不留神，挨了刘𬙂一枪，扑通掉下马来。没等他翻身爬起，早被败退下来的自己人踩踏在脚下，眨眼间，堂堂新军大将成了一摊肉泥。

主帅接连战死，又被两股势力夹在中间，新军逃无可逃，大家正好乐得解脱，纷纷扔下刀枪投降，归顺了义军。战事很快宣告结束。

这次攻占长聚，既快又狠，给了新军一记重创，同时，也使汉军势力大振，一扫先前犹豫彷徨局面，将领和士卒的战斗激情可谓如日中天。战斗告捷后，汉兵首领刘𬙂和平林兵主帅陈牧、廖湛，新市兵主帅王匡、王凤、朱鲔、马武等人，在刘秀介绍下，相互抱拳相见，大家谦让着走进临时搭建起来的营帐中，商议下一步进军计划。

论起长聚之战中的功劳，刘𬙂要算东道主了，他黑红色的大脸庞上带着微笑，掩饰不住兴奋，目光炯炯地环视半周，满眼看到的各路将军，都是自己久闻大名仰慕已久的江湖豪杰，素爱结交朋友的他更是激动万分，也不客气，放开嗓门大声说：“好，这回弄得好！早就听说平林兵和新市军两军势力威猛，果然是强将手下没有孬种！别的大道理咱先不讲，如今咱们能共同抗敌，我刘𬙂万分荣幸，希望将来合作愉快，狠狠猛揍王莽狗贼！”

王匡忙起身客气地回答：“哪里，哪里，将军言过了，我们这等无名小辈，还指望您多多关照。”其余众将领也纷纷附和着说：“就是，就是，俺们说到底也是草民出身，比不上将军文韬武略，有什么指教，尽管下命令就是！”

看大家热情地七嘴八舌，刘缜思忖一下，忽然面露难色，欲言又止。刘缜知道，刚经过一场激战，应该趁此机会休息休息，养精蓄锐。但他又有个心思，眼下的情形是，战火还远远未尽，不过刚刚开始。新军虽然受了损失，其实并没消耗掉多少元气，他们说不定正组织更大规模兵力前来四处围攻。而且，湖阳离长聚不过三十里地，既已攻下长聚，湖阳便是小菜一碟，自己放着娘的丧礼都不能在家。加之李通满门惨死，大家对王莽军恨之入骨，恨不得立刻将王莽身首异处。现在新军初战失利，应当给他一个措手不及，正是主动进攻湖阳的大好时机，刘缜打心眼里不想错过。可是，自己毕竟刚和这帮义军朋友结识，客气话虽然说得好听，人家真能听从自己的意见吗？

正当刘缜犹豫不定时，就听旁边一个声音说："刘兄的心思不用说我就明白。俗话说，救人救活，杀人杀死。要干就干个彻底，干个痛快。现在我看最要紧的还是再接着杀下去，一鼓作气，拿下湖阳，给咱们找个喘气的地方。再说，多杀几个新兵，比喝酒痛快得多！"

大家扭头看去，原来是一向心直口快的陈牧，他说着腾地从椅子上跳起来，挥舞着双手似乎立刻就要出发。众人听后略微一想，也纷纷点头称是。刘缜这才长舒了一口气，暗想，文叔见解果然不差，这帮兄弟们个个爽直，还真是值得交往的朋友。这样想着，也就不再客气，站起身来胸有成竹地宣布说："那好，既然大家一致同意立即冲锋上阵，我们就来部署下一步的作战策略！"

得知接下来还有好仗要打，聚集在帐外的士兵们无不摩拳擦掌，赶紧动手开始紧张的筹备，谈及将来推翻新朝后，自己当家做主的日子，人人无不欣慰振奋，愁苦了多少年的脸上露出久违的笑容。在这样的好心情下，干什么都有劲。帐篷旁边，来回穿梭着急步前行的士兵，有搬运粮草的，也有收拢马匹的，大家虽已疲惫不堪，但必胜的信心鼓舞着他们，就连平素最胆小的人都意识到，要活下去，只有就此拼出一条血路。有人边干活边哼唱着："漫漫烽火路，怎堪英雄回顾？好男双手握乾坤，扶摇直上轩辕台！"

帐内气氛热烈而紧张，三路军马将领头一次围坐桌旁，指指点点地分析地形、地势，讨论着各条进军路线的利弊。

就在基本讨论妥当，只待发令时，只见一个小队长模样的士兵，满面通红地进到大帐里来，小跑几步，来到新市军渠帅朱鲔身旁，俯在他耳旁低语几句，然后起身，略带歉意地向其他将领深鞠一躬，退出帐外。

听自己的士兵说完话，朱鲔神情明显地一愣，却随即恢复平静，故作不慌不忙地笑看刘縯，语气似乎淡淡而分明又满是不平地说：“刘縯兄，听说这次长聚之战，你们出力最多，所以所缴获的财物统归你们春陵军所有，这是怎么回事？”

刘縯大吃一惊，大战在即，最忌讳离德离心，朱鲔这话言辞虽不激烈，但处理不好，就会弄出尴尬局面。而战利品的分配，大家都还没顾上安排，这话从何说起？飞快地一想，刘縯立刻猜测出来，一定是春陵汉军不明大体，在下面私自吵嚷，结果搞出不大不小的内讧。

场面立刻静冷下来，大家的目光都集中到刘縯身上。刘縯极力保持镇定，正要对众人解释，身旁刘秀忽然慢条斯理地开口说：“朱将军这话就见外了，咱们三军既已合兵，就不必再分彼此，哪有什么你们我们的？事情是这样，只因为了准备应战，春陵军提前设营地于此，地方比较宽绰，所以暂时保管，横竖咱们有个宗旨，有粮食大家一起吃，有银子大家一起花，各位将军不必担心。要不这样，春陵军要全体出动，全力进攻湖阳，那些战利物资就由新市军和平林兵的弟兄看管，咱们省得操心，也正好方便集中精力攻打湖阳，哥哥你看如何？”

刘縯立刻点头：“那好，就这样办。把所有东西都交给平林兵和新市兵弟兄们，反正大家的东西，谁保管都一样。”

朱鲔听刘秀和刘縯一问一答，从容自然，不觉赧然，羞愧地低下头来。王匡心机灵活，忙站起来推辞说：“刘兄误会了，其实我们别无他意，不过下边有人提出来，随便问问而已。既然如此，别的话也不多说，平林兵和新市军也会全力以赴，尽快攻下湖阳，再打他个漂亮仗。至于什么军粮银饷，些许身外之物，不必管它。”

刘秀立刻拍手叫好：“王将军说得好！贪他一斗米，失却半年粮；争他一脚豚，反失一头羊。为了一点小误会而叫王莽偷笑，这样的蠢事咱们断然不会做。王将军做事情从小处着手，大处着眼，真是英明！”

听他说得这么利落，王匡高兴地笑了。

刘縯拍案而起：“好，那我们即刻发兵，进军湖阳！诸位多保重，咱们齐头并进，争取尽早凯旋！”

根据安排，刘秀和刘稷、朱祐为一路，率领一部汉兵，从侧面进攻湖阳。按照计划，他们的任务是先占领新军的粮仓，阻断其粮食供给，从而给其他进攻将领创造条件。此时三人领兵在前，身披锐甲，各骑威猛的坐骑，气势比长聚之战前，顿时又浩大几分。

三人并排策马而行。刘稷在朱祐旁耳语："怎么样？看我们家文叔，当初他在田地里摆弄庄稼时，你还笑话过他呢！现在你看看，人家凭着实力，不但千军丛中手刃敌军大将，还用一头大黄牛换来一匹上好坐骑，比你这大胡子还要强几分吧！"

朱祐本是个粗鲁人，听完顿时面红耳赤，怒冲冲地大声说："好小子，你小看我！咱们走着瞧！"

刘秀就在旁边，见朱祐如此忠诚恳切，朴实得可爱，会心地一笑。但他忽然想到，眼下正是用人之际，万不可鲁莽，莽撞只会坏事。于是他佯作无意地悠然说："朱祐兄，你这口气，让我想起了当年跟着高祖打天下的樊哙，果然豪壮。不过现实情形却要胆大心细，虽然刚打一场胜仗，但咱们毕竟处于弱势，遇到事情一定要考虑全面，不能意气用事。如果真想证明自己，就来他个君子斗智不斗力，又何必冒那么大危险非得去拼命呢？"

朱祐虽然听得不是特别懂，但他知道刘秀肚里道道多，说出话来肯定有理，庄重了脸色点点头。

再行进一段，湖阳已经遥遥在望了。前去打探消息的士兵回来禀报说湖阳已经有很多戒备，似乎如临大敌，气氛很是紧张。刘秀不禁皱一下眉头，本想快刀斩乱麻，打他个措手不及，但现在人家既然已经防备，如何实施作战计划，就成了一个问题。是临时见机行事，还是不管三七二十一，按原先商议好的死打猛冲？他一时拿不定主意。

见刘秀踌躇，刘稷忽然诡秘地一笑："文叔，碰到难题了吧？嘿嘿，智者千虑，必有一失；愚者千虑，必有一得。你别说，这话还真有道理。湖阳有所警觉，我在出发时就料想到了。长聚一战，杀声震天，再说难免有漏网的逃亡士兵到湖阳报信，人家能不知道吗？不过也不要紧，你瞧，我已经想好了对策。"说着附在刘秀耳边，说出自己的计划。

刘秀仔细听罢刘稷的计策，当即表示认可，可是又摇摇头叹口气。刘稷知道他是对自己的安全不放心，一拍胸脯，满是英勇气概地向刘秀承诺："没事，我知道怎样保护自己。还不是你教给我的，遇到危急时刻，不管有天大的事情，保命是头一条。命都没有了，还能做什么？放心吧，我都记住了。你们就等着看一场好戏上演吧！"

刘秀这才勉强同意。刘稷得令，信心满怀，立刻把预先准备好的衣服从囊中取出来，迅速换上，黑衣帽红扎裤，俨然一新朝小吏，不仔细看，还真认不出真假来。临走时，刘秀递给他一把短柄利刃，让他藏在身上，以备不时之需。刘稷准备停当，冲大家挥挥手："你们也赶紧做好准备，听我给你们发暗号，到时候叫你们知道什么是痛快!"

告别众将，刘稷单枪匹马向前一阵飞奔，很快来到湖阳城门外。只见湖阳城门紧闭，吊桥高挑，城墙上雉堞处三五一群地聚集着全副武装的士兵，正张弓搭箭地向远处张望。刘稷知道，一定是长聚之战新军惨败，湖阳新军打草惊蛇，顿生惧怕之心，加紧了防卫。他暗暗得意自己未卜先知，对胜利愈加有望。

虽然这样想，刘稷却丝毫不敢大意，快马加鞭赶至城门下，隔着护城河和吊桥对城上的守军大声高呼："喂，守城的弟兄听着，我是江夏派来的使者，有军情向县令禀报，军情关系重大，耽误不得！快让我进去!"

此时防守正严，人人绷紧着一根筋，上峰再三命令要严密防守，一只飞鸟也别放进来。黑云压城的情况下，谁敢有一丝马虎？但听城下的小吏说是江夏来的人，奉了上司的命令，耽误军情可是顶大帽子，谁也担当不起，又怠慢不得，因此立刻有人撒腿飞奔着前去禀明湖阳令。

湖阳令此刻正与都尉坐在衙门内，紧张而忧郁，商量着万一贼军从长聚直奔湖阳，这座孤城应当如何抵御？还没商量出个所以然，忽听兵卒报告说有江夏使者来联络，顿生狐疑："在这紧要时刻，怎会有江夏来的使者呢？前两天不是就已经安排下来，说要各自为战，死守城池吗？难道先前的安排有变？或是这个使者有问题?"

湖阳令猜测着，不敢大意，立刻和都尉一起，随兵卒来到城墙上，手扶墙砖向下俯视，果见一个新军小吏在城门外等候。再穷极目力向远方翘望，一马平川的原野上，野草萋萋，林木幽静，一片风平浪静，并没有大军尾随的迹象。他这才略微放心了些，沉吟片刻下令说："先把他放进来，如果真有诈，凭他单枪匹马，谅他也不会折腾到哪里去!"

吊桥吱吱扭扭放下来，城门犹犹豫豫着闪开一条缝。刘稷见第一步如愿，立刻打马冲了进去。根据刘稷的计策，他也想到了，新军队伍如此壮大，想要直刺入其心脏谈何容易，况且其内部军事部署严密与否尚未明确，但不入虎穴，焉得虎子？对此他做好了充分的准备。

进得城来，让一个士卒带上城头，湖阳令远远打量一下刘稷，半信半疑地问："大战在即，江夏有何指令?"

看他装束，听他问话的口气，刘稷知道眼前这个老头就是湖阳令了。他做出谦恭而理直气壮的神情："确如大人所料，近来战局有所变化，江夏方面作了紧急调整，每个县城都要做出同样变动。小人有一份紧急情报需面呈都尉大人。”刘稷说着似乎无意地上前一步，向湖阳令半弓着身子施礼。

湖阳令听他说到战局，敏感的神经顿时又紧张起来，眼睛看看都尉，都尉心里也着急，忘记了警惕。两人上前两步齐声说：“情报呢，拿来我看！”

“在这里，请大人过目！”刘稷一边继续躬身施礼，一边装出掏东西的样子。突然以迅雷不及掩耳之势，将准备好的匕首抽出，闪电般侧身转到湖阳令和都尉中间，先是不等两人看清自己手里是什么东西，准确无误地刺入了都尉的心脏，一匕致命。都尉来不及喊叫，瞪大恐惧的眼睛疑惑地看了刘稷一眼，似乎怀疑事情的真实性，然后歪扭着躺倒地下。

事情实在太突然，几乎没人挪动半步，眼睁睁看着这一切，似乎和自己没有关系一般。趁着众将士兵卒没缓过神来的时候，刘稷已经迅速转身，将身旁的湖阳令抓入怀中，白光一晃，匕首横在他脖子上。

直到此时，大家才意识到发生了什么事情，众人发一声喊，正要仗刀枪上前捕杀，湖阳令的脖子被狠狠划了一刀，血顺着匕首往下滴。湖阳令本是一介书生，一向胆小怕事，见武官出身的都尉都让人家眨眼间杀掉，早已吓得手脚瘫软，赶忙低声下气地求饶：“你……你们，先闪在一边。好汉，是什么人？意欲如何？”

“真人不打妄语，我乃春陵汉军猛将刘稷，今日特来取你等莽贼奸臣狗命！识相的要活命的，就听爷爷吩咐，赶快下令撤出湖阳，免得怪我汉军不给你们活路！”

果然越怕鬼越有鬼缠身，贼军这么快就来了，而且还要了诡计！湖阳令心头咯噔一下，战战兢兢伸头斜视，却见城外一片寂静，顿时狐疑，但人家手中的刀子就在脖子上架着，又不敢有任何反抗举动。眼珠一转，软中带硬略带蔑视地说：“将军果然英勇，浑身是胆，下官佩服。但春陵汉军仅你一人，即便你杀了老夫，你自己也难出城，何必两败俱伤？以老夫所见，倒不如大家坐下来，心平气和地谈谈将军有什么具体要求。你看？”

刘稷哈哈一笑：“你的意思我明白，你说春陵汉军仅我一人？这样一来你便侥幸反守为攻？哼，大错特错！你仔细看看，要不了一时三刻，你手下的兵卒便也要成汉军了！”说着鼓起腮帮子，连吹三下响亮的口哨。哨声激越，在空旷的原野上回荡。响声未落，但见城外树林里、草丛中、河沟下，突然冲出无数汉兵，眨眼间，汇聚成汹涌澎湃，呐喊着向城门下攻来。

见此场景，湖阳令早已吓得魂飞魄散，语无伦次地发出微弱的命令：“放刀投降，快!”说着身子软绵绵地委顿下去，再站立不起来了。

湖阳一战，几乎未动用一兵一卒，更无血肉相残。汉军兵力不但无损，反而士气更高，人数也增加出许多，比原先所预定的偷袭计划，来得还要精彩，刘稷的名声也因此大震。虽然刘稷自己觉得并没有多了不得，但盛誉之下，还是兴奋异常。刘秀等后续部队一上来，先把事情经过详细说给了刘縯，为刘家兄弟出现这么智勇双全的人物高兴。

刘縯素来喜爱人才，更何况是自己刘家人，欢欣鼓舞也就更强烈，当着众将士的面，赐封刘稷为大将军。

然而还没来得及仔细品味高兴，却又出现了差错。

进入湖阳城后，大家草草收拾一下，把将军营帐就设在县令府衙中。安置妥当后，赶忙着手讨论下一步行动，考虑如何与平林兵和新市兵分头行动，以便尽快扩大影响，取得更加实质性的进展。正谈论得热火朝天，忽听有急促的脚步声跑来，大家抬头一看，却见朱祐神色慌张地边说边比画，急切间完全听不明白他说什么。等他连喘几口气，话语说慢了些，大家才知道，原来是外战尚且遥遥无期的当口，“内战”却发生了。

原来，湖阳虽是座县城，却因地处南北交通要道，物产富饶，并且城中坐落着好几个河南分派到各地的官署，这些虽处地方而分管全河南的府衙，都是难得的肥差，署中藏有大量金银珍宝。

新市兵和平林兵都是穷苦农民出身，生平从未见过这么多耀眼的财宝，再加上出来卖命，本来就是为了弄口饭吃，弄俩钱花花，现在面对这些宝物，眼珠都红了，恨不得一把搂过来，都归自己所有。于是乎士兵们极尽疯狂之举，搜刮财物，身上能掖的地方便掖，能藏的地方就藏，走在大街上，身上珠宝金银碰撞，叮叮当当作响，简直成了一大奇观。哄抢财物倒也罢了，但哄抢过程中，难免会你多我少，吵闹争夺，最后秩序越来越混乱，那场面比盗贼下山好不了多少。百姓本以为来了救星，一看这情形，顿时大感失望，都躲在家里不敢出门。最后在一个衙门里发现满满两箱赤色足金，这比珠宝更能当现钱花，大家更是争夺得激烈。然而金锭太大，一人一个显然不够，弄碎了又大小块不匀，一时无法定夺，急红了眼的人们开始乱拿，拿不上的心里不服，竟然开始兵刃相加，自家弟兄在街上真刀真枪地打起来。

刘縯听朱祐讲完，能想象出来乱哄哄的情景，顿时火上心头，腾地站起身，大眼珠子瞪得溜圆。久战沙场，生死都牵扯在一起，本应当是最亲近的弟兄，没想到这次却因财物搞得你死我活。太差劲了！照这样的军纪、名声传播开去，哪里的百姓还敢拥护？这仗还能打下去吗？

可是刘縯虽然气愤，却明白其中牵扯到和平林兵、新市军合作的问题，不是自己一句话就能解决了的。有了上次的教训，在处理友军的问题上，大家都分外敏感，小心翼翼，所以他尽力克制住自己不发脾气。照常理想，缴获的财物本应充作军饷，哪能让士兵瓜分了事？再退一步讲，即便瓜分，春陵汉军也应多得些，因为此战刘稷功劳最大，是春陵汉军打的头阵。

可是，作为堂堂春陵将军，因这事而斤斤计较，若伤了和气，似乎不值得。但如果不说，以后还是个问题，说不定会造成更大的问题。正焦急地想着如何办才好时，旁边的刘秀缓缓站了起来，慢声细语安慰刘縯说："大哥，眼下刚刚有了点起色，所谓继续合则继续胜，一旦分裂，便正中王莽下怀，必败无疑。所以现在最要紧的是如何维持关系。若因这等不足挂齿的小事而影响了三军和气，对我们目前的处境必是有百害而无一利。所以，当前必须以和为贵。至于具体该怎么做，大哥你不用操心，一切交给小弟处理就是。"

刘縯近来越来越尊重这个本以为胸无大志的弟弟了，对他的要求，当然应允，又听他对这件事分析有理，正如自己所想，便放心地在刘秀肩上拍了拍，眼中充满信任。

刘秀从衙门里出来，看到果然如朱祐说的，街上乱糟糟一片，仍有零星士兵抢夺财物，刘秀顾不上管这些，三步并作两步来到营地。此刻不但平林兵和新市兵为争夺东西大打出手，春陵汉军也纠缠在一块，闹腾得不亦乐乎。

正在这时，把守辕门的兵丁大喝一声："三将军来了！"

大家从忙乱中抬起头，果然看见刘秀将军正怒目而视，春陵汉军便立刻停止搏斗，迅速整好队伍，悻悻站立一旁。新市兵和平林兵满腹怨气地站起来，有的拍打身上的尘土，有吃了亏的，则一边活动着受伤的胳膊，对着这边嘟嘟囔囔，有的还没来得及从地上爬起，一片狼藉。

恰在这时，朱鲔也闻讯跑过来察看情况。朱鲔本是一向豪爽讲义气够朋友的，听说自己的弟兄受伤，赶忙来看。看到果然有许多自己的兵卒衣服被撕破，有的还挂了彩，顿时怒从中来。加之平日里他就对刘氏兄弟掌握三军行动大权很是不满，如今更是火上浇油，怒气冲天，也顾不得合兵与否了，恨不得立刻就你死我活地干上一场。

刘秀则不慌不忙，先是走到新市军、平林兵面前，伸手拉起几个还躺在地上的士兵，帮他们拍打泥土，然后恭敬地深鞠一躬以示歉意，含笑说："兄弟们，有道是不打不相识，现在大家已经相识，就不必再打了。刘秀管教不严，约束部下不力，得罪诸位，刘秀在此赔礼了。”

朱鲔等人满腔怒火，正想说出难听的话，见汉军将领主动道歉，都是吃软不吃硬的硬汉，现在反而没话可说了。不等朱鲔等人有所反应，刘秀已转身来到春陵汉军面前，忽地变了脸色，厉声训斥他们说：“你们是高祖子孙、汉室宗族，如今王莽篡汉，宗庙被毁，天下尽失。试问天下有多少城池、多少金银财物都被王莽强行霸占，你们怎么不去争去抢？在这里与助我们起兵反莽的兄弟争夺，不觉得羞耻，不感到愧对祖宗吗？你们看看面前的人是谁，那是我们自己的兄弟，是患难与共的兄弟！试问，这世上有谁还能和你们把性命都拴在一起？你们谁想过这个问题吗？兄弟如手足，财物如粪土，兄弟都没有了，要财物有什么用？”

刘氏子弟被刘秀一场不但严厉，而且入情入理的训斥后，大家仔细一想，也觉得刚才实在急昏了头，未免太荒唐，一个个羞愧难当，耷拉着脑袋，一声不响地把抢到手的赤金和所有财物送到新市兵和平林兵的面前。

而那些平林兵和新市兵见状，刘秀虽然教训别人，自己又何尝不是如此？现在人家又把东西送到手上，反而更加不好意思，红着脸推让起来。朱鲔等人不怕硬的，最怕来软的，此时简直不知如何下台，索性悄悄地走开，放手让刘秀管理他们去。

刘秀三言两语，温文尔雅，不但春风细雨般化解了三军的矛盾，而且使士气更加高涨，各队兵士关系更加融洽。刘秀的威信也在三军面前得到了认可，每提到刘三将军，没有不信服称赞的。在此后的合战中，三军的凝聚力越来越强，给刘縯带兵提供了许多方便，省去不少不必要的心思。

根据目前局势，刘縯的下一目标已经基本确定。在召集各路将领商议对策时，新市兵、平林兵渠帅们因前两天刘秀恳切的话语对自己震撼极大，惭愧之余，便毛遂自荐，向刘縯请战，要求由他们为主力，来攻打棘阳。

刘縯和众渠帅点头同意，为大家如此默契而高兴。最后由朱鲔和陈牧配合，在短短两天内，就将棘阳小城攻下，守将岑彭从北门杀出一条血路，逃向宛城追寻妻小。局面迅速打开，大家都感觉到，如果不出意外，反莽义军将会前途一片光明。

紧张忙乱中，时光恍然闪过，转眼又是初春时节。和煦的阳光普照在棘阳周围，草木发芽，绿茸茸的直延伸到天际，蓝天白云下一派生机。刘秀骑马缓缓前行，熏风吹来，直觉心旷神怡，身体似乎要无限度地舒展开来。

连日战捷，将士战功累累，而且士气一直高涨，势头发展之好之快，出乎自己预料。刘秀心中涌起阵阵暖流，他相信，匡复汉室指日可待。不过，眼下王莽毕竟还统治着绝大部分江山，如此美妙的春天，却是为天下众多百姓悲唱挽歌的季节。因为自从王莽篡汉，连年战争不息，带来一个直接的后果，就是苛捐杂税猛增，百姓挣扎于水深火热之中。特别是春天，青黄不接，更是一般百姓最难熬的时候，走在路上，他亲眼看到路有饿殍，布衣游商鹑衣百结，满脸菜色，原本喜悦的心情立刻冲淡了不少。刘秀不忍再看下去，仰望苍穹，一缕缕白云从眼前飘过。刘秀一向对事情抱乐观态度，心情也转变很快，悠悠苍穹下，思绪又活跃起来，他相信，否极泰来，终有一天，汉室家族会撑起这一片蓝天。

连日大捷，刘缜内心也抑制不住兴奋，由平日的严肃沉默变为开怀畅饮。酒是英雄侣，刘缜当然不例外，更何况连日的胜利值得大家庆祝。就在杯盏交接时，又有喜讯传来，叔父刘良料理完樊夫人丧事，率领族众和新野豪杰阴丽华之兄阴识，一起来投奔接应汉军。

刘缜、刘秀闻讯，连忙率家族子弟亲自到郊外迎接。初见刘良，刘缜的兴奋中又情不自禁地掺杂了伤心，母亲贤淑的一言一行回闪脑际，他甚至不敢问起母亲丧事的具体情形。

刘秀一向内敛，喜怒之情易放易收，比起哥哥刘缜相对沉稳许多。但是在压抑住对母亲思念的同时，他的内心也同样掀起波澜。就在见到阴识的一刹那，他立刻回想起丽华的音容笑貌和窈窕身材。新野一别这么长时间，一直都是戎马金戈，里里外外，大小事情接连不断，尽管这么耗心匆忙，但刘秀始终无法忘却丽华的一举一动。

可是刘秀明白，自己既然选择了不同常人的奋斗道路，要取得不同常人的人生结果，又岂能因为要与心上人长相厮守，而弃国家振兴于不顾？况且，这也是心高气傲的丽华小姐所不愿意看到的。面对热烈拉手言欢的众人，刘秀已不容自己再想下去，他仰望两只惊鸿掠过头顶，转移一下注意力，心情舒畅些许，赶忙热情地招待远道来客。众子弟聚集在一起，叙说家事，畅谈别后情形，亲人相逢，分外亲热。大帐内外，一片欢腾，仿佛逢年过节一般。

第十五章 群雄落难 前程迷茫

随着汉军接连不断地攻城略地，紧紧逼近，新军一直找不到喘息之日。正所谓一家欢喜一家愁，王莽如愿以偿执掌皇权后，经过一段时间雄心勃勃的改革，终于不情愿地发现，天下并没有像自己原先设想的那样大治，并没有回到周礼盛行的仓廪实知礼节时代，而真实的情况是，境内境外矛盾重重，在许多郡县和边远地方，大新政权甚至名存实亡，摇摇欲坠。

所有这些，都让野心勃勃要当千古一帝的王莽分外沮丧。他决心要挽回败局，要重新开始。但是连年战争，消耗很大，不但财力物力上难以为继，就是军事力量上，尽管不断强行拉丁，也出现严重不足。在这样捉襟见肘的情况下，王莽开始放弃军事进攻，转而寻求与四境达成和解，以便集中精力对付境内的叛乱。

曾为和亲而献出自己青春的王昭君远嫁边疆后，生下一个儿子取名叫须卜当。须卜当成人后，被封为匈奴右骨都侯。或许由于半个血缘的关系，匈奴右部从不侵扰新朝边郡，于是王莽趁机抓住这一关系，想直接派兵威慑匈奴，另立须卜当为匈奴单于，帮其新建匈奴王廷。在王莽想来，须卜当与汉民有血缘关系，血浓于水，必不会侵扰汉民的边境。

但这个在王莽看来相当巧妙的策略，却被受宠的大司马严尤婉言否决。严尤是进击匈奴的前锋司马，对匈奴地形及作战方式有更透彻的了解。严尤直言进谏，认为以前兵强马壮时进兵匈奴尚且没有占到便宜，眼下兵力疲弱，更是难上加难。特别是用兵力改造匈奴政权，改变他们的力量格局，远非想象的那么简单，因此不宜轻易发兵。

王莽见他敢于违抗皇令，大发雷霆，斥责严尤是被匈奴吓破了胆，根本不懂得进退时机，叫嚷着要御驾亲征。正在发怒之际，将军王骏投其所好，自告奋勇，愿进兵匈奴。虽然对王骏能否完成这一重大任务深感怀疑，但形势所迫，王莽无计可施，只得遵照太师王舜的建议，调动全国大军，部分军队随王骏北上，部分随严尤平息南阳刘氏叛乱。

棘阳与宛城相距只有区区二十里，几乎转瞬即到。这一带由于连年灾荒，沿途简直寸草不生，狂风起处，黄沙满天，一派人间地狱的凄凉景象。就在这条人烟稀少的大道上，两边各行进着一支庞大的队伍，他们将在这里相遇并交战。

初期小规模的接触中，新军节节败退。没想到几个小小的叛乱贼子，才这几年，竟然发展到不可收拾，真是泥鳅变龙，世道大乱了呀！战场上不利的形势困扰着王莽，让他整日坐立不宁，心急火燎。实在不得已，王莽使出了最后招数，动用所能动用的兵力，首先派出南阳近十万人马，由前队大夫甄阜、属正梁丘赐做主将，来攻打汉军。同时，在千里之外的长安城内，纳言将军严尤、宗秩将军陈茂立刻整顿兵部，奉命向南阳进发，以做储备力量。必要时来个两面夹击，务必将他们就地消灭，决不允许他们继续向外扩展。

汉军屡战屡胜，此时士气愈加高涨，正浩浩荡荡地行进在去宛城的途中。自从三军合兵，加之新野宗族子弟和阴识所率乡勇的加入，兵力日益强盛。兵力日益强盛的同时，汉兵队伍中又出现了新气象，那就是女眷们也不甘落后，和男兵们一道，跨马出征，成了单调兵营中一道亮丽的风景。

在最前列的是刚满二十岁的刘伯姬。只见她身着戎装，戴一顶凤翅银盔，身披柳叶镀银铠甲，内衬白绫绣蟒战袍，不仔细看，俨然一派俊俏男儿打扮，骑着一匹桃花马，英姿飒爽，抬头挺胸，显得格外引人注目。坐在旁边车中的刘元情不自禁地感慨："三妹真是才貌双全，女中豪杰啊！如若哪个男子娶了你去，必是他前世修来的福分！"

伯姬尚属清纯女子，虽然时常跟着哥哥们练习武艺，人情世态却并没接触多少，被二姐如此说笑，霎时脸颊绯红，扭头剜她一眼："小妹哪里比得上二姐，有二姐夫这位大英雄相伴，真是羡慕不已。"

刘元却并不在意，继续含笑说："你还别说，小妹确实长大了。心中是否有如意郎君？说出来，让你三哥出面，也算了却咱娘的遗愿。"

"三哥连自己的事都没谱呢，哪有精力管我！只愿三哥能先成家立业，我便可毫无牵挂地解决自己的事情。"说到正经家事上，刘伯姬由原先的害羞转而变为严肃，一本正经地说。

刘元听她这样说，不以为然地摇摇头："傻妹妹，咱们女子和他们男人不同，你没听人说吗，女大不中留，留来留去结冤仇。人家男人就不一样了，本来就是人家的家，也就无所谓留不留了。你三哥虽说都二十多了，但好男儿建功立业在先，娶妻妾在后，大可不必操心婚姻大事。而咱们女子则不同，婚姻好比是女子第二回投胎，这次投胎投得好了，一辈子都顺当，投不好，那就有苦头吃了，而且再没了出头之日，不可轻视。男怕干错行，女怕嫁错郎嘛！”

坐在车子前面的刘縯夫人潘氏听她姐妹俩絮絮叨叨地说闲话，也凑兴探出头来，用大嫂身份的口气说道：“元妹所言极是，三妹若真为你三哥考虑，就应尽力帮他们打败新军，匡复汉室，可现在咱们非战非眷，只在军后作累赘，唉，我总觉得心里不大安稳。还不如给你哥哥说声，把咱们先安置在随便一个荒村中，也别拖累人家了。”

不等潘氏说完，刘伯姬便催马上前，与潘夫人并行，笑着安慰嫂子说：“嫂子什么时候会发牢骚了？莫非是我大哥这两天没顾得上来看嫂子？不过话又说回来，嫂子说的也倒真是实情。不过这些不用嫂子操心，我听大哥说了，等打下宛城，咱们就有了安身之处，也不必再让眷属随军了。”

队伍正整齐地前进着，忽然有流星探马飞驰到主帅刘縯面前，就在马上拱手禀道：“大将军，前方不远处发现新军向我军袭来。粗略看上去，人数不少，应该有将近十万人！”

刘秀听完，脸上神情一凛，看看大哥沉吟不语，正紧张地盘算，唯恐他死打硬拼的脾气上来，忙抢着说：“大哥，人数过倍则避之，人数相当则击之，兵法上讲得明明白白。据当前形势，敌军十万，我军还不足六万。即便我军也有十万，能不能轻易取胜还得考虑。更何况力量如此悬殊，是万万拼不得的！”

刘縯依旧沉默着思索对策，同时他也想听听其他将士有什么看法。此时刘稷忙抢过话头说道：“文叔言过了，兵法上也说过，战贵在气，气盛则战胜，气败则战败，可见人数对比并不是胜负的唯一标准。当年西楚霸王项羽不就经常以少击多吗？再者说来，新军惯于虚张声势，他们扬言十万人，实则不会超过九万。而咱们当前士气正旺盛，大家渴望一战，以发泄蓄积起来的精力。只怕一躲避，只会消磨大家的士气。如果就此一鼓作气干他一家伙，即使我们不能勇获全胜，也可以一当十，全力给新军一个下马威，削削其锐气！”

刘縯一听说要打仗，手都痒痒了，其实在内心深处是想痛痛快快杀他一场的，只不过因为自己是主帅，不便于大呼小叫地要出战。现在听刘稷也引用兵法来驳斥刘秀，似乎立刻找到了拼杀的依据，当即表示同意刘稷的说法，笑呵呵地对大家说：“稷兄言之有理。想必甄阜是想以十万大军来震慑我们，要我们乖乖地打退堂鼓，哼，这办不到！我们不可轻敌，但也不可惧敌。而且如今是我汉军子弟报仇雪恨的最佳时机，他们是猪羊走进屠户家门，一步步地来寻死路，岂可错过?”

见主帅这样说，大家自然没话说，有许多人立刻响应。刘秀甚是焦急，张张嘴，却说不出什么，末了只能暗自轻叹口气。见没人反驳，决计已定，刘縯满怀信心地把长矛一举，高吼：“弟兄们，撒气的时候到了，走，发兵宛城!”

一阵急行军，快到小长安村的时候，正和汹汹而来的新军狭路相逢。走近了，只见新军在宛城外成“一”字形排开阵势，分“新”“甄”“梁”三路呈扇形分布，明显要造成夹击形势。新军准备充分，人员众多，装备精良，气势宏伟浩大。刘縯再回过头来看自己的军队，由于大半天行军，跟上来的仅有舂陵汉军，其他平林兵和新市兵的部队，则有的还在后边，有的奉命分散四围，相比之下，人数就很寥落，而且满脸疲惫，阵势明显不如对方。

眼看就要兵刃相接，刘縯这时也看出问题，想下令重新调整，却已没有时间，所谓兵势如山，一旦形成冲劲，谁也阻止不住，没办法，只好硬拼硬打，碰运气了。

然而真刀实枪的战争中，几乎没多少侥幸可言。结果不出半个时辰，汉军惨败，四散着败退，人人自顾不暇，丢盔弃甲，满地狼藉，锐气大减。更严重的是，敌军趁势猛冲，深入后部眷属车队中，如狼入羊群，结果一阵肆意砍杀后，哀号连天里景象惨不忍睹。

慌乱中，刘秀骑上一匹青骊马，慌不择路地向后奔逃。耳畔喊杀声一浪高过一浪，时远时近。刘秀顾不上察看周围的环境，一心想着先跑出战场，然后再回头商量如何对付眼前这猝不及防的灾祸。

正策马奔跑着，忽然看见前边有个女子跌跌撞撞地跑出几步，摔倒在路旁壕沟里，挣扎着爬不起来。刘秀仔细一看，那不是妹妹伯姬吗?他慌忙放慢脚步，等来到跟前时，从马上探出手去，拉住伯姬的衣裙，使劲儿一拎，把伯姬带到马背上。飞快地再往前走，看见二姐刘元披头散发，正扯拽着小女儿往前跑。刘秀看见，自己的小外甥女实在跑不动了，几乎是被拖着往前滑动，边跑边哇哇地哭叫：“娘，我实在跑不动啦!”而二姐看情形也累得够呛，身子努力前倾着，有好几次险些翻个跟头。刘秀快马跑到她们身边，叫声：“姐姐，快上来!”

小外甥女看见了刘秀，高兴地大叫：“舅舅，快让我骑上马，我……我跑不动啦!”

可是刘元看看他们，忽然厉声说：“文叔，别傻了，一匹马能坐几个人?到时候大家都走不了！快，别管我们，赶快走!”

刘秀使劲儿一勒马缰，正要跳下马去抱小外甥女，这时身后一片乱喊：“还有人，快截住，别走漏了一个贼人!”接着一阵马蹄踏地的声音滚滚而来，似乎转眼就要来到跟前。刘元急了，黑了脸色大吼一声：“文叔，能走一个是一个，姐……”后边的话刘秀没听清楚，就见刘元弯腰捡起一根木棍，照马屁股上咬牙使劲儿打去，青骊马负痛向前猛地一蹿。刘秀回头正要喊叫，却见姐姐和小外甥女迎着追上来的骑兵缓缓走去。他眼泪哗地流出来，撕心裂肺地大喊：“姐姐!”然而随着青骊马的飞驰，两个身影消失在漫天尘埃中……

事后清点战场，刘縯的妻子、儿女，二弟刘仲，妹夫田牧，二妹刘元及甥女、叔父刘良的妻子周氏难逃一劫，惨死在敌军屠刀下，其他将士的随军眷属也多遭不测。整个残存队伍，接连倒退三四十里，才勉强站稳脚跟。

一时间，临时驻扎下来的汉兵营中，悲声阵阵，阴风凄凄。作为长兄及一家之主，刘縯更是悲痛欲绝，沉痛万分，自责与愤恨集在一身，他痛恨自己的莽撞，痛恨新军的狠毒，恨不得现在就把甄阜等狗贼杀个精光。他整整一天，不吃不喝，只是丢掉战盔，垂着脑袋，狠抓自己的头发。

仗打到这种地步，刘秀心里也是说不出的沉痛。但是见哥哥痛不欲生，他不忍再看下去，想一想猛地抬头，慨然向众人大声说：“自古行军打仗，胜败乃兵家常事，大家大可不必如此。打仗总要死人，这原也在意料之中。但是，亲人的血不能白流，此仇不报，愧对祖先！现如今大敌当前，新军正蓄积力量，说不定明天就会卷土杀来，要把我们彻底消灭而后快。因此，当务之急是寻求计策将新军斩杀干净，消除我军一口恶气。众位弟兄，一定要尽力振作起来，将甄阜、梁丘赐两狗贼的命拿来，方能解咱们心头之恨!”

刘秀这番话及时而切入人心，众人立刻恍然如从梦中醒悟过来，纷纷直腰抬起头，擦干眼泪，吼叫着要请战打头阵，低迷的士气很快被鼓舞起来。刘縯擦干眼泪，先是感激地看刘秀一眼，随即面对众将，定了定神，又显出原先的豪气。正要分派各路进攻将领，新市兵渠帅王凤忽然起身说：“刘大将军，在下有句话，不知是否妥当，讲出来大家商酌。以我看，甄阜、梁丘赐新胜，气焰嚣张，而我军新败，兵少将寡，士气低落，难以抵敌。硬打下去，只会损失更大。咱们就这点老本钱，拼光了岂不可惜？将来再从头起步，那就难了。依我之见，倒不如在新军冲上来之前，赶紧退入丛林隐蔽起来。我的意思并非弃城逃跑，也不是胆小贪生怕死，而是为了保全实力，又可寻机反击，我们以前一直采取这个法子，灵验得很。”

王凤的意思，大家一听就明白。这是绿林军对付新军的一贯战法，打得赢则打，打不赢就逃，忽左忽右，飘忽不定，来去无踪，官兵很难剿灭他们，因此他们渐渐得以发展壮大。这个战法确实有可取之处，但是仔细考较，弊端也不少。其中最大的一个缺点，就是这个山大王式的边跑边打，很难攻占大城市，影响力不能迅速扩散，势力发展到一定程度，从而又会限制进一步发展。

听王凤这样说，原先的新市兵、平林兵都善用这种战法，所以纷纷表示同意。可刘縯心里有自己的想法，棘阳费了很大的劲才攻下，就应重兵把守。否则轻易被新军重新占领，那弟兄们的血岂不就白流了？再从另一方来讲，新市兵、平林兵都退走了，守城之事当然就落入春陵汉军手中。春陵汉军刚刚遭受重创，兵力损失不小，再单独困守孤城，危险性极大。可是若随同他们一道躲避，作为堂堂汉军首领，像盗贼一样躲入山林，着实难为自己。思来想去，刘縯实在拿不定主意，只得先退一步表态说：“诸位少安毋躁，就像刚才三弟说的，胜负乃兵家常事，我们再计议一下如何？”

朱鲔是个急性子，见刘縯掩饰不住满脸悲戚，说话也不如以前底气十足，再也坐不住，腾地起身大声说道：“这次惨败，固然怨我们太过急躁，但也是天意使然，没什么大不了的。刘大将军宗室遭到不幸，我们无不伤心悲痛。但大敌当前，万万不得因心情耽误了军事行动啊！大丈夫既然干开了大事，就索性以天为屋，以地为席，连性命都能丢，还有什么放不下的？刘大将军一定要细思量，万不可逞妇人之仁，意气用事！”

这话如醍醐灌顶，刘縯在自己最脆弱的时候，听到生死共存的弟兄直言劝导，心里涌上阵阵暖流。然而如果盲目下令，终觉不妥，仍沉吟不语。正犹豫间，刘秀忽然开口说话了：“众位将军先不必着急，凡事预则立，不预则废。我们须先分析一下当前形势和敌方动向，然后再作决策，否则一旦发现有误，后悔也来不及。正如方才王将军所说，先逃进山林躲避敌军锐气，这当然不失为一条重振士气、养精蓄锐的好办法。但我们不妨从另一面设想一下，这样一来，我们必然首先失掉棘阳，先前收获尽数丢失。这当然还在其次。更危险的是，我们的行踪已经被敌军掌握，他们就驻扎在不远处，一旦新军尾随追来，我们不但无法还击，反而要被动地让人家围困起来，这局面将会使我们更加寸步难行。这就叫作独坐穷山，放虎自卫，实在太过冒险。”说着四下看看，见大家正听得聚精会神，有人面露赞许的神色。刘秀不慌不忙，接着有条不紊地说：“现在应该做的，首先要分析一下我们失败的原因。我方才仔细想过，我们之所以失败，而且败得如此之惨，一个主要原因固然人数相对太少，但这并不是全部。我们还犯了个致命的错误，那就是军力分散。面对洋洋十万新军，我们必须投入大量军力和武器，集中打其一点，这样才略微有获胜的把握。而我们却不但没有这样做，反而故意扩大攻击面，这样就更使我们兵力稀薄，能不失败吗？再有一个主要问题，我军骑兵少，靠人的两条腿，眼看冲到敌军跟前时，就已经力竭，被人家马队一冲，定然是白白送死。还有一点，我们如今居无定所，眷属跟在屁股后头一大堆，机动性差，如此战阵布置，岂有不败之理？”

逐一分析后，大家纷纷称是。刘縯边听边点头：“三弟所言极是，就是这个道理。灯不拨不亮，话不说不明，这样看来，我军败就败在应敌对策不对，如果能从容布置，把能考虑到的因素都考虑进去，倾尽一切力量，一定能将新军消灭！”

众人听到刘秀一番分析，已经有所顿悟，现在听刘縯一番慷慨激昂，更是心动。陈牧点点头，眼珠转动着想一想，忽然跃身而起，一脚踏在椅子上，扯着粗大嗓门说道：“刘大将军和三将军说得有理，哪里跌倒哪里爬起，我们不能就此善罢甘休！老子打了这么多年仗，从来都是新军叫咱们爷爷，屁滚尿流。如此仓皇失措地逃跑，还是头一遭，想起来真他娘的窝囊。就凭咱们三军合起来的势力，我就不信这个邪了！不管你们有什么打算，我已经决定率平林兵部下留下来。看他甄阜还有什么招数，我一定要会会他！”

听平林兵发了话，新市兵自然也不甘落后，众人齐呼：“留下来！和他硬对硬地干一场，叫那甄阜知道知道马王爷到底几只眼睛！”

刘縯看着大伙儿激愤昂扬的神情，顿时忘了丧妻丧子之痛，激动得眼眶发红，微笑着说道：“谢谢大伙儿对我刘氏的支持，我一定努力拼搏，死而无憾！”

朱鲔大手一挥：“一家不说两家话，客气什么?！刘大将军现有何破敌大计？如今关键时刻，我们还是早做准备为好。”

此话倒实在，一语中的，提醒了情绪热烈中的刘縯，他转身看看刘秀，刘秀当然理解哥哥的心情，安慰般地向哥哥坚定地点了点头。刘縯会意，转而向众人说：“刚才三将军大概说了一下敌我情况，现在我们来具体分析一下。所谓‘知彼知己，百战不殆’，我们先来分析一下新军情况。新军以兵力强盛取胜，并无技巧所言。这次我军失利，新军必乘胜追击，想一举歼灭我们……”

还没说完，探马冲进营帐内来报：“禀柱天大将军和各位渠帅，甄阜、梁丘赐留辎重于蓝乡，自领精兵，渡过黄孪河，席卷而来，还放火烧掉了黄河上的浮桥！”

若是刚才听到这消息，一定会引起一片混乱。但现在人心已经安定，大家正要等着他来好好再交手一次。因此并没人惊慌，众人反而皆含笑对视，让急匆匆赶来的探马莫名其妙。刘縯提高嗓门，胸有成竹地说：“好，来得好！看来我们推理无误，照此情况，我们更不能弃棘阳而不顾。如果我们弃城而逃，新军必定紧跟过来，我们防卫还来不及，岂有回转山林的机会？”

王凤却有些疑惑地说：“刘将军，甄阜和梁丘赐断桥塞路，看来是死心塌地要与我军决一死战。根据目前情形，我们棘阳还能守得住吗？”

刘縯毫不犹豫地回答：“请渠帅放心，据情报来看，甄阜、梁丘赐完全是虚张声势，方才交战时我已经看出来，他们扬言十万大军，实则不过六七万。我们虽然新败，但绝大部分兵力尚且完好，我料想新军暂且也不敢冒昧进攻。”

刘秀抬头看看外边，见已经日影西斜，从敞开的窗户望去，余晖普照山冈，血红血红的分外惨淡而壮观。他想了想，许多事情或许并不复杂，但需要静下心来仔细品味，于是起身便向众人说：“诸位将军，我看时候已不早了，多天来收拾残局，想必大家都身心疲惫，还是早些回去休息吧！”

“是啊！养精蓄锐方能上阵作战，大家回去想想有何妙计，明日再做定夺。”刘縯也想到这层，心平气和地说道。

也只能如此了，大家又随口说了几句，纷纷散去。

待众人离去，屋里沉静下来，刘縯忽然感觉身心万分沉重。他独自踱着凌乱的步子，不知不觉来到窗下，见夕阳映红半个天空，瑰丽的云彩千奇百怪，好像有很多手正挥舞着向自己召唤，千头万绪立刻被唤起，回想起那触目惊心的一幕幕，这才明白，最亲最近的人再也见不到了，眼眶霎时红作一片，呆呆地站立了许久，似乎想了很多，但其实又什么也想不出。直到斜阳渐渐沉入山下，晚霞收敛作越来越小的一团，升腾到无穷的天际，刘縯忽然转过神来，仰头吸了口长气。他心里明白，自己是一军之长，肩上挑着复兴汉室的重任，这个时节，绝不是想这些事情的时候。必须克制，一定要克制！

甄阜率领大军渐渐靠近。按他的思路，汉军上次大败，必然吓破了胆，不等交战，就会匆忙后退躲避，到那时自己就可以趁机追杀，不费多少力气拿他个全功。然而窥探汉军许久都没有举动，既不冒险主动进攻，也没有躲避后退的迹象，不禁开始急躁万分。又等了一天，终于耐不住性子，派五千人出营，前去攻打棘阳。自然，攻打棘阳太过冒险，他的目的仅在于“引蛇出洞”。在甄阜看来，就怕他汉军不动，只要他一行动，自己就能趁乱进攻。而如果他不动，那自己反而无从下手。

前往棘阳的新军遵照甄阜命令，并不急于动手攻城，只是围在城门外大骂叫阵，企图用激将法使刘縯被迫出兵。没想到这点招数对汉军根本无济于事，任新军在城下谩骂，却是口干舌燥白费力气。

一计不成，新军又开始第二步方案，虚张声势，佯装进攻。一番忙碌，新军所有攻城武器都运到城下，有数十丈高的云梯，丈许长的带钩长矛等，配备齐全。然而，不等到新军攻城发威，他们略一靠近城墙，汉军便开始突然反击，一阵箭雨檑石，让五千新军顷刻损失大半，其余的纷纷后退，再不敢靠前。

甄阜闻讯大发雷霆，没想到战败的贼寇还如此顽强，他咆哮着，正要动用兵力发动大规模攻城战役，梁丘赐忙从旁劝阻说：“甄兄其实不必心急，汉军此次兵败，不但人员伤亡不少，更主要的，他们所带的粮饷都扔到了战场上，兵之大患在于无粮。谅他们也不敢轻易主动侵犯咱们。那我们索性就来个瓮中捉鳖，把汉军一网打尽。”

甄阜气冲冲地仍不能平静：“话虽这样说，可是这好几天了，汉军并无动静，这样拖下去，对我们大为不利。这还不说，朝廷怪罪下来，说咱们连一小撮贼寇都要费这么大周折，咱们可怎么说？听人讲，近来诸事不顺心，皇上动不动就发火，心情坏得很，咱们可不能碰到刀尖上。”

梁丘赐点点头，沟壑纵横的脸上依旧很冷静，他扳着指头分析说：“甄将军你看，汉军已被我军逼得无路可走。他们之所以按兵不动，出路只有两条。要么守城待援，但如今各路贼寇自顾不暇，哪有援可待？要么退守山林，重新过他们的贼寇生涯，但这样他们必然得弃城出逃，我们正好趁机尾随消灭。所以说，不管他们如何做，都逃不过我军的进攻，也免不了灭亡的下场。你就等着看刘縯这贼首跪着向我们投降吧！”

说罢，两人诡异地相视而笑，然后并肩出门，悠闲自得地到后院花园中游逛去了。

梁丘赐分析的没错，刘縯也考虑到，目前自己的处境是动辄得咎，而不动又会自困而死，左右为难之际，迟迟想不出什么主意。

转眼又过了两天，刘縯正焦急地如坐针毡，心急如焚，刘秀陪坐在旁边，帐中一阵沉默。侍卫们都屏气敛息，唯恐发出声响惹恼了这位脾气暴躁而心情正坏的大帅。忽然刘稷风风火火闯了进来，脚步声急促而烦乱，进到屋里后，却一脸的笑容："刘三将军，你猜谁来了？"

刘秀看一眼黑着脸的刘縯，向刘稷示意，叫他声音低些，然后没好气地说："别卖关子了，这个时候能有谁来？说吧！"

"是李通、李轶两兄弟来了。"

这话很是出乎意料，刘秀立刻把原先的愁容放在一边，喜上眉梢地说："两位在哪儿？赶快把他们请进来！"

"就在门外。"

刘秀忙与哥哥刘縯并肩走到门外，果然看见一身戎装的李通、李轶。乍一见面，刘秀欣喜万分，经历了这么多次劫难，特别是在这最困苦的时刻，李通兄弟的到来，实在叫他感觉如同一缕清风吹过苦闷的心田。

"李通兄，多日不见，身体可好？自从上次谋划变故，我曾到宛城去打探消息，得知你家惨遭不幸，也知道你们兄弟侥幸逃脱。但至于你们去了哪里，我们追寻许久，却就再没有你们的消息，这一直以来，着实让兄弟担心。"

听刘秀一口气说完，李通淡淡一笑，忙回答说："唉，逝者已逝，往事不堪回首，也就不去说他了。我们兄弟两个当初也是天照应，只身逃出城来，害怕连累你们，没敢去舂陵，所以咱们才没有联系。现在我们兄弟投靠到下江兵，情形基本还可以。近来听说汉军有难，我和轶弟这才急忙赶来。原先担心敌军围城，怕进不来，谁想新军却远远地驻扎监视，并没有激烈地攻城，这是怎么回事？"

"唉，说来话长啦，我们还是进屋细谈吧。"刘秀一手拉住一个就要往屋里走。

正准备进门，李通抬头望见刘縯，看他装束与众不同，黑塔般威风凛凛，立刻猜出来，忙拱手拜道："这位就是鼎鼎大名的柱天都部刘縯将军吧！"

刘縯忙拱手还礼："正是在下！"

"久仰大名，今日得见，真乃我李通荣幸。"李通上前深施一礼。

“哪里哪里，上次实在是天不照应，致使你我两军不得分战新军，错过一个绝妙机会。府上为此付出的代价，我刘家永难补偿。既然是自家兄弟，客气话也就不必多说。现我军又陷入困境，你们兄弟冒险前来，想必定是有良策在胸，我刘縯必不胜感激。”刘縯此刻正是用人之际，况且李家兄弟真心实意地跟自己合作过，所以话就格外多些。

“我与文叔兄情同手足，今后我们就是一家人，一家人不必说两家话。如今伯升兄有难，我必倾力相助。”李通谦让一句，拉兄弟李轶和刘縯见过，彼此又寒暄几句。

说着大家走进客厅内，落座后，刘秀急不可耐地把压在心头许久的疑问说出来：“李通兄，当初我潜入宛城，听到你家人不幸遭难的消息，大家都深感悲痛，对新军更是恨之入骨。只是不明白，为何事情发展那么不可思议，究竟是哪个环节出了漏洞，以至于走漏了风声？结果未等到我舂陵汉军出战，你全家遇难的消息，就已传遍军营内外，因为不知敌军底细，我们干着急也只好守城观望。本以为你兄弟肝胆碧血，从此要被埋没，没想到今日还能与君相会，此乃天意啊！”

听刘秀提起往事，李通想起全家遭难的惨相，不禁黯然神伤，灰暗下脸色轻声说：“唉，好好的一场大戏给演砸了，还真是天意使然。其实不消文叔问，我也会把事情的来龙去脉向你们讲清楚。当时，我们在宛城已做好周密的布置，只等约定之日一到，就向甄阜和梁丘赐发难。当时我也向文叔提到过，为了家父的安危，必须赶在起事前把父亲从京城接回来。为了稳妥起见，我特意派族侄李季前往长安，请家父秘密潜归南阳。咳！孰料天有不测风云，就在去长安途中，我那侄儿突然染病死了。他带的随身家人遵其遗嘱，带上密信单独去了长安。但他毕竟只是一个随从，对我家所要办的事情不是很了解，一时大意，误把密信送到了家父友人黄显手中。黄显是何许人？他与官方勾结，害百姓，又在王莽面前密谋灭你们汉军，真正一个随风倒的墙头草。收到信后，黄显当然不会放过这个告密求宠的大好机会。于是，王莽立即派羽林军把我们在京的眷属全部逮捕。可怜家父还被蒙在鼓里时，新军从天而降，我李家在京的亲人尽遭莽贼毒手。”李通说着声音沙哑起来，李轶也抑制不住眼里打转的泪水，捂住脸唔唔地哭出声来。

众人见状也是一片恻然，忙起身劝告说：“李兄不必难过，人生在世就是这样变幻莫测。尤其是要干大事，更是不如意事十之七八，这也正常。现在有我们大家的力量拧成一股绳，李兄的家仇必然有一天会报，王莽狗贼的猖狂之日也为数不多了!"

一片劝说声里，李通擦干眼泪，挺起胸膛，振作一下精神，看着众人的目光，心情平和许多，顿一顿继续讲道："王莽在京城杀人的同时，立即颁急诏飞马传递到南阳，甄、梁得知我兄弟谋反，又是'圣命'催促，当然不敢怠慢，立刻亲率新军捕快，包围了我家。趁我们没有防备，新军就已先下手为强。当时我们弟兄二人正巧外出联络各路豪杰，侥幸躲过了大难。听说家里出现变故，就没敢回去，径直投奔了外地。唉，现在想来，热热闹闹的一大家子人，转眼竟落到就我兄弟俩孑然漂泊，往事已成空，真好像一场大梦呀!"

李轶听哥哥讲述，也想起往昔在家时的乐融融场面，抬手直抹眼泪，抽泣着接口说："所幸那封信中没有提到同春陵一起起兵之事，否则，你们也难逃一劫。我们潜出宛城后，大哥怕牵连你们，就没敢投奔春陵，径直投下江兵去了。"

听他们讲起家人，刘縯忽然想到自己，想到刚刚惨死在两军阵前的妻子儿女，眼圈儿也红了，扼腕长叹说："听李通兄弟这番叙述，家仇国恨一起涌上心头，真叫人肝肠寸断。不瞒两位兄弟说，不久前，我刘氏宗亲就有多人葬身于新军的屠刀之下，一想起来，我浑身就忍不住要冒汗，真想把新军杀得碎尸万段，亲自拿莽贼狗头以报家仇国恨!只是以当前情况，我军已被甄、梁逼得无路可走，想来想去，竟然无计可施。眼看着将士们元气渐衰，我军濒临溃败。唉，真真是急煞人也!"

李通听他这样说，情绪忽然缓和下来，忙放下手中的水碗欠起身子说："我们兄弟就是来雪中送炭的。现在各路义军虽然各自为政，但其实已经连成一片，形成一张天网直向王莽头上罩。王莽现在极力要在这网上撕开一个缺口，然后顺着这个缺口再往下撕，最后把咱们一一攻破，把这张网撕成碎片。所以说，咱们义军是牵一发而动全身，决不能看着弟兄们危亡而不管。听说春陵军被围攻，大家无不紧张担忧，后经渠帅王常同意，我们火速赶来，要与你们共商对策。刘兄不是把春陵汉军和平林兵、新市军联合起来了吗，大家索性再联合起更多的弟兄来，人多力量大嘛!"

"想必李通兄已想好了破敌之计?"听他说得热闹，刘縯从颓废中振作起来，想赶紧弄清楚他们的来意，急不可待打断他的话问。

"这个……若说万全之策，现在恐怕还没有想妥当。不过我考虑过，如果有可能把下江兵说服，让下江兵前来接应，在这里和新军来一场决定性的战斗，不但你舂陵军应该有回转之力，就是整个义军被动的局面也可以得到改观。”

“那样太好了，从刚开始起兵，我就一直赞成合兵，俗话说合则强分则弱，这话再有道理不过。只是……自从开战以来，下江兵的名声倒经常听说，可下江兵有何战绩，打过什么漂亮的大仗，目下势力如何，都不太清楚，也从未有机会接触过。两位兄弟，你们看，如果就这样冒昧前去请人家和咱合兵一处，下江兵渠帅会同意吗？”刘縯对李通兄弟的提议很感兴趣，但一想到和平林兵、新市军合并以来，发生过的大大小小摩擦和不愉快，深感合作的难处，不免又有些犹豫。可是不联合，眼下的形势又是这样。想一想，刘縯放缓了语调，试探着问。

“这个无妨，刘兄不必多虑。自我兄弟投奔下江兵后，就在渠帅王常的带领下，不断与新军对抗，大大小小的战斗不下几十次，每回都让新军哭爹叫娘，狼狈逃窜，当地百姓大为解气。我们王渠帅向来礼贤下士，有慷慨之气，是个干大事的人物。也正因为如此，下江兵目前已发展为有万余人的精壮队伍。特别是近一段日子以来，我们与新军连战连捷，大有攻城略地割据一方之势。以咱们汉军眼前的形势，元气尚未大损，如若再能得到下江兵的帮助，必能突出甄、梁包围。而且不仅仅能突破包围，或许还能反戈一击，杀他个回马枪，最后反败为胜也未可知。”

“哎呀，太好了，这话可总算说到咱心坎上啦！”刘縯、刘秀还有在场的众位将领听后，顿感眼前一片光明，无不欣喜万分，多日来紧锁的愁眉终于舒展开来。

见大家高兴，李通和李轶兄弟也深感兴奋，李通搓着手掌进而说道：“以李某之见，要想达到联合，并非难事。下江兵渠帅王常平日非常仰慕柱天大将军和刘三将军，只要双方一接触，他必有合兵之意。现在的问题是，另两位首领，一个叫成丹，一个叫张印。和王常豪爽喜欢结交天下英雄不同的是，成丹、张印出身于山大王，以前打家劫舍，深为豪门大户所忌惮。而他们也一向对豪门大族心存芥蒂，由此延伸开去，他们对大汉宗室也难免会有成见。这就需要刘兄费些口舌，只要说得有理，晓以双方利弊，我看问题不大，合兵之势指日可待。”

“这也不是什么大问题，十个指头伸出来还不一般长短，百姓百姓，百人百性，大家性情不同，原是正常。”刘縯信心倍增，说着激动地站起身来，当场就要让李通兄弟动身，带自己去见下江兵渠帅，以便立刻达成联合目标，早日破甄、梁兵，吐一口胸中怨气。

见大哥又犯了急躁的毛病，刘秀忙拉一把他的衣袖阻止说："大哥，切不可如此，你乃一军之长，群龙之首，你走后，军中无头领，必会乱作一团。如果新军乘机进攻，到时候三股力量合不到一块儿，我军必遭惨败，棘阳恐怕有可能失守。如果棘阳失守，那就是再有回天之力，也追悔莫及。这样，不如让我同李通兄弟一起去。"

话虽这样说，从刘秀心里来讲，还有一层不能说明的意思。刘縯作为春陵汉军乃至三路兵马的总头领，亲自去和谈联合的事情，在人家眼里，会让人家觉得自己这边急不可待，先掉了架子。如果开始给对方留下这样的印象，以后合作起来，反而不美。

但刘縯急于成事，根本顾不上考虑这么深，一拍桌案语气坚定地大声说："此次和谈，关系重大，况且我们是去请求下江渠帅帮助。虽然说是联合，但现在我们在难处，很明显的是人家先帮助咱们解围，然后才能联合。这样说来，怎么能不表现得盛情一些？我是春陵军首领，如果我不去，又何谈诚意?！因此，我必须亲自去！"

刘縯说得斩钉截铁，刘秀纵然有一千个理由，也没法说出来了，只好就此打住缄口不言。李通见他们争执，想一想看着两人微微一笑，点头说："刘将军对人豪爽实心实意，大家都是知道的。其实谁去谁不去，倒不是太大的问题，关键是去就要把联合的事情弄成，否则一旦谈崩，以后再想联合，就谁也不好意思提了。以我之见，不如两位同去。文叔兄是能言善辩之人，这个我不但闻名，而且亲身领教过。况且我们兄弟又与王常有旧，这样既体现了诚意，合兵之举又多了几分把握。咱们速去速回，棘阳这边，应该不成问题。"

听他这样说，果然有道理，两人点头称是，就这样定下来。

事不宜迟，刘縯立刻下令召集各军将士，说明目前形势以及他们商量好的对策。众渠帅各将领纷纷点头，表示赞同。朱鲔猛地站起，豪气满怀地说："刘大将军尽管放心前去就是！棘阳有我和兄弟们守着，甄阜和梁丘赐胆敢提着脑袋来冒犯，我们必与他们决战到底，我等在此期盼大将军带来好消息。等将来大家合兵一处，把甄阜和梁丘赐捉住，亲手宰了他们，用他们的脑袋当夜壶！"

刘縯很少掩饰自己心情，此刻更是激动万分，想着曾经对自己百般猜疑磕磕绊绊一路走过来的众渠帅，在如今危难时刻，对自己表现出万分信任，顿时觉得自己连日来所做的努力没有白费，匡复汉室的希望又增大了几分，亲人的血没有白流！看着一个个生龙活虎勇猛雀跃的渠帅，刘縯露出了欣慰的笑脸。

和众将告别后，刘氏兄弟和李通、李铁四人匆匆上马，趁月黑风高时候，神不知鬼不觉地出了城，急速向宜秋方向奔驰而去。

第十六章　联兵破敌　内讧暗滋

棘阳距宜秋将近三百里，是个不远不近的路程。刘缜四人不分昼夜，快马加鞭，来不及歇息。加上路途有新军人马来往，他们害怕暴露身份，引起不必要的麻烦，耽误了大事，尽量只顾赶路，少作停留。有时候遇到饭店，匆匆扒拉几口便饭，灌一大碗水进肚，便又动身向北疾奔。

尽管马不停蹄，他们用了一天一夜的时间。到第三天黎明，四人灰尘满面、精疲力竭，终于赶至宜秋下江兵军营。

进得军营，但见一座座帐篷整齐排列，扛枪巡逻的士兵一队队地往来走过，显得很有秩序。远远听见演兵场上喊杀声震天，一眼就能看出，下江兵军纪很好，而且兵力不弱，这更让刘缜充满希望。

走出一段路，李通站住脚，向旁边指了指，对刘氏兄弟说："咱们连日奔波，实在太辛苦，这下总算可以略微松口气了。要不这样，请二位将军先随二弟去帐中歇息，吃上几口热饭热菜，再洗涮洗涮。我先去禀明三位渠帅，给他们打个招呼，相见的时候不至于太突然。"

刘缜虽然心头着急，恨不得立刻见了王常等人，三言两语就带了兵去解救棘阳。但李通说的也是正理，只好强压焦急，点头答应，和刘秀一道，跟随李轶进到大帐中。

两天来不断地奔波，四人都是累得半死不活，腹中空空，现在终于得以放松一下，三人就在简陋的营帐中大吃大喝，真正是饥不择食，粗米糙饭也觉得香美无比。比起哥哥李通来，李轶一向腼腆，遇事想的多说的少。他边扒拉饭边皱眉思索，皱了半晌眉头，方才犹豫着向狼吞虎咽的刘秀提到个话头说："文叔大将军，上次咱们在宛城分别时，我曾向你提到过一个事情，或者说是一个请求吧，你考虑了吗？"

刘秀刚放到嘴边的面饼忽然停住了。他绞尽脑汁搜索记忆，却始终无法想起李轶提到过什么事，提出过什么要求。实在想不起来，他只好红了脸不好意思地说："李轶兄弟，真是非常抱歉，你也知道，这段日子兵荒马乱的，还真给忘了，不知李轶兄弟说的是哪回事？"

“将军真是贵人多忘事。不过刘兄的话倒也是实话。咱们在宛城相会时，我曾提到过，说有意加入将军的春陵汉军队伍，只是后来宛城事败后，大家疲于奔命，我再没有机会。今日得以和刘兄见面，也是老天有眼，要是将军有意，现在我就能了却一桩心愿啦!”

说到这里，刘秀才似想起而实际上仍未能真切想起，不过李铁曾提出过这个要求是肯定的。他忽然想到，自己刘家和他们李通兄弟素昧平生，而李通和李铁却对自己是何等钦佩和信任，实在太难得啦！李铁急切希望在我们汉军手下效力，但因最后一波未平，一波又起，汉军性命都难保，何来精力考虑这事？

正想着，不知是该答应还是该推辞了。刘縯放下饭碗客气地回答说：“李铁兄弟，我家文叔以前对我提起过你的想法，只是自打起事以后，百事同时袭来，简直没有片刻心静的工夫，结果竟没能细细考虑此事，我也得向兄弟赔个不是。不过话又说回来，李将军对我们的信任，我们兄弟心领了，可是李将军现在身居下江兵军营中，我看混得还不错，将来自然会有一番作为，为何偏要投我汉军门下呢？我们现在的处境，你也是知道的……”

李铁摇摇头苦笑一下：“世事无常啊！看事情往往不能看表面。二位只看到下江兵目下气势颇显得雄壮，其实有所不知，下江兵多半是草寇出身，以前打家劫舍杀人放火，无所不为。后来被官府四处捉拿，迫不得已，才起而造反。在兄弟看来，同样都是造反，但造反和造反又有很大区别。君子造反，胸怀天下，小人造反，蝇营狗苟。现如今下江兵其实说白了，就是小人造反，他们胸无大志，只满足于和新军兜圈子，占领一片小地盘得过且过，并没有多少发展前途可言。而春陵汉军就不同了，柱天大将军是大汉宗室，胸怀中兴汉室之志，有回转时代之魄，前程不可限量。我兄弟若跟随刘氏将军，虽然眼下有些挫折，但终究必会前程似锦。只因上次情况危急，我们也无计可施，才不得已投奔了下江兵，但我们的目标始终没变，仍一心想跟随刘大将军，一举推翻王莽政权，创立一个崭新天下！”

见不好言语的李铁滔滔不绝说出这番话来，刘秀不禁啧啧称赞。刘縯正要爽直地答应，却被刘秀抢先说：“李贤弟果然见识非凡，就凭这一点，将来你也定有一番前程。不过现在你应该清楚，我们不是不情愿接受你，而是在这非常时刻，如果你转而投靠我们，必会引起下江兵怨愤，对合兵之势也会造成不利影响，最后反而不美。我想，只要有心，就不怕没机会，李贤弟先委屈一时，暂留在下江兵内，待日后时机成熟，再水到渠成投我汉兵不迟。”

李轶低头想一想，事实确实如此，虽然不大情愿，最后也勉强答应下来。

三人吃饱喝足了正说着，李通兴冲冲地跑进来：“二位将军，三位渠帅特遣末将迎接二位入大帐叙话。我看他们兴致很高，两位无须担心，只要说明来意，讲清楚双方利益即可。他们都是干大事的，这话一说，都应该明白。”

听他这样说，刘縯更觉得希望增大了几分，抹一把嘴上的饭粒就走。四人相伴而行，一起向中军帐走去。沿营帐中间的大路走出一段路，远远望见路尽头有一座营帐特别雄伟，辕门宽大，彩旗猎猎，显然是主帅营帐了。

四人忙加快脚步，来到辕门外。只见一面铁杆大帅旗直冲云霄，呼啦啦随风作响，数十员将校盔甲鲜明，在阳光下，刀枪熠熠生辉，在大帐周围列队整齐，气象分外森严。再走近些，发现将校后边还有几个吹鼓手，似有大庆宴饮之势。

李通悄声说，这都是专门为迎接刘将军特意准备的，因为仓促，恐怕要让将军见笑了。刘縯摆摆大手：“既然都是自家弟兄，客气什么?”说着已经来到大帐门口。从营帐屏风后边闪出几员衣着整齐的将领，为首三个大高个，显然就是下江兵渠帅了。刘縯和刘秀紧走几步，向前来相迎的下江兵渠帅王常、成丹、张印等人，深深作揖行礼，刘縯粗着嗓门客气说：“承蒙三位渠帅大礼相迎，刘縯万分荣幸!”说罢，又与刘秀同时行礼相谢。

王常、成丹、张印也趋步上前，忙还礼客气地说：“久闻春陵汉兵柱天都部的威名，今日才得识英雄风采，果然不凡!”

走在前边的王常见刘秀一身戎装，风流倜傥，尽显豪气，比往日更加沉稳有素，谦恭中不乏英武。他绕过刘縯，上前拉住刘秀笑道：“恩公在上，请受王常一拜!”

此举着实把刘秀吓了一跳。以往刘秀虽一步不离地跟随刘縯征南战北，但因为自己是弟弟，凡事总要由哥哥出面，自己在后边拿主意，所以军中威信总比刘縯略低一筹。今日见渠帅王常向自己行此大礼，不免大吃一惊，不知他是什么意思。

王常也顿时醒悟，自己的做法有些突兀，让大家目瞪口呆，不知道这是怎么回事，于是笑着向大家解释说：“王常行为唐突，望恩公原谅。刘文叔可否记得熊耳山一遇？当时王某被官兵追捕，行至熊耳山，饥寒交迫，心想这次完了，肯定要葬身于此山中。不想春陵刘文叔恰巧路过，仗义相助，王某才得以生还。这不是恩公又是什么，仅此一礼，又怎能表达我的感激之情？一会儿还要大碗敬酒呢!”原来，王常正是当年刘秀和邓禹去长安途中所遇蒙面人。王常如同遇见了故人，紧握刘秀的手，久久不放开。

刘秀一边暗喜，一边惊叹世上的事情竟然会如此凑巧，自己当初并没有说明名姓，只不过巧妙地提醒他官兵围堵的地方，并送他银两，没想到对方竟能认出自己，更没想到换来今天春陵汉军的救命稻草，看来事情基本没什么问题，棘阳义军这下有希望啦！不过他脸上并没有丝毫喜色，仍恭敬地对王常说："区区小事，举手之劳，渠帅何足挂齿。所谓同在江湖中，何分你我他？还望今后王渠帅多多照应，大家彼此努力，共同干一番大事业。"

成丹、张印见刘家兄弟果然不同凡响，又见大头领王常和他们有旧，也就分外亲热起来，上前一步，拉着刘缜和刘秀说："好了，大家既然是兄弟，就不用再客气，二位请入帐中，我家渠帅早已准备好，要为二位接风洗尘。"

五人相让着入帐。刚刚坐定，刘秀因这突然的礼遇，对合兵事宜信心倍增，乘势脱口说道："诸位将军，如今王莽篡汉，残虐天下，不合时宜地胡乱变法，百姓深受其害，纵观天下，起而反莽者比比皆是。三位渠帅举义兵，诛强暴，威名远扬。这次我们弟兄慕名而来，就是想与贵军合兵一处，共讨国贼，正所谓绳子拧得越粗就越壮，但不知尊意如何？"

刚才已经听李通略微讲到过这个事情，大家都有些心理准备，听后并不感到吃惊。王常反应最强烈，立刻高兴地说："好，这个想法好。单线易断，粗绳结实，这是明摆着的道理。久闻春陵汉军威名，现又与新市军、平林兵合为一处，气势日益壮大，接连打下几个漂亮仗，新军闻风而逃，已经轰动大江南北，将来必成气候。我下江兵想与你们合兵还来不及，岂料刘将军亲自登临，这不就是要风得风，万事遂心吗！"

张印却满脸不情愿，慢腾腾地说："好事自然是好事，但凡事有利必有弊，合兵也不见得是必胜的灵丹妙药。就拿现实来说，你们与新市、平林合兵，还不是被甄阜、梁丘赐打得落花流水吗？以张某之见，还不如各自为战。船小好掉头，机动灵活，能打就打他一下，打不了咱就躲开，便于保存实力，让新军奈何咱们不得。"

看来正如李通事先所料，下江兵果然善于也只满足于小打小闹，而且对外来军力心存戒心。若按张印和成丹的意思，这次合兵，必然是希望渺茫，难上加难。但刘秀知道，这是挽救棘阳汉军最现实也最便利的一条途径，既然下定决心如此做，就一定不能半途而废。略微一想，他忽然挺身而起，俊秀的脸上显出少有的严峻神色，声音略高地说道："张渠帅如果仅为保存实力而各自为战，那如果面对集中优势兵力进攻的新军，渠帅该如何做呢？有一点我想诸位应该清楚，我们义军之所以起兵作战，其目的不是单纯为防御，更是要彻底打垮王莽政权，还百姓一个安宁，还世间一个公平，只有这样，才是英雄所为，还望众渠帅仔细斟酌！”

王常连连点头：“对，对，说下去。”

张印、成丹却不屑地冷笑道：“好倒是好，那么请问，你们刘家春陵起兵，要做怎样一番轰轰烈烈的事业？”

刘秀正要说话，刘縯慨然而起，激情四溢高声说：“我春陵刘氏既为汉室宗族，起兵反莽，一是为复兴汉室，重整国威，二是为天下百姓寻找一条出路。王莽执政的这几年，国力日衰，社会黑暗，民不聊生，中原与边地矛盾日益激化，当此天下汹汹之时，我辈岂能无动于衷，任其放肆？”

成丹好像一下子抓住了话柄，立刻反问一句：“将军说了那么多，就是想匡复汉室，重振刘氏家族吧？将来推翻了王莽，重新建立刘家天下，那我们这些草民又该何去何从呢？若是和前朝一样，来个卸磨杀驴，我们依旧是草寇，那……”

刘縯见这话说得太过尖刻，但也不能生气，忙解释说：“诸位，说这话就太小瞧在下了。我刘縯也不是贪图名利的小人，既然我们共同努力推翻王莽，我岂敢独吞战果？当然是‘有福同享，有难同当’。至于说天下是谁家的，这话一方面为时过早，一方面也没必要考校，天下自然是诸位英雄的天下。哪朝哪代不是这样？”

见刘縯这样说，成丹、张印没什么话可以反驳，心中的疙瘩也解开几分。但要凭空受人牵制，还是不怎么舒服，终究不能轻易下决定，沉吟着闷坐起来。见场面冷清下来，王常忙打圆场说：“说话不要耽误吃喝，来，喝酒，喝酒！”但不管怎样，大家的兴致总是少了许多，就这样闷闷地吃了一顿接风宴席。

用过饭后，王常把李通叫来，对刘縯和刘秀说：“二位暂且休息，容我们再商议，一定尽快给以答复。”

见事情到了这个地步，也不便逼得太急，刘秀和刘縯只得跟着李通回营帐歇息去了。看他三人走远了，王常三人转至另一帐中，张印最是怨愤：“合兵之利，不消姓刘的说，咱们谁不明白？只是怕我们如此付出，最后换得刘縯‘过河拆桥’，我们岂不成了他姓刘的棋子，任其摆布吗？”

“就是，就是。他们是皇家贵胄，将来推翻王莽，恢复了汉家江山，得利最多的当然是他们。得利多少咱们倒不特别在乎，只怕合兵以后，时候一长，他们来个大鱼吞小鱼，运用手段，把咱们辛苦拉扯起来的兵马都归到他们旗下，咱们反倒成了穷光蛋。等咱们没了利用价值，他不把咱们杀掉，也得一脚踢开。唉，反倒不如就这样小打小闹来的自在！”成丹忙在一旁应和，表示大有同感。

王常眯起眼睛，捋一把胡须，盯住张印和成丹沉思片刻，轻声慢语地冷静分析说：“二位说得有理，但顾虑未免过多。我曾与刘氏兄弟有过来往，对他们的所作所为也听说不少，他们的为人基本清楚八九分，春陵汉军能发展壮大成如今的形势，全在于刘氏兄弟拼命的付出与和善慷慨的为人。他们是言而有信之人，属于豪杰之类，而非当时奸雄，这一点，两位不必多虑，尽管放心。即便在我们方面，合兵共同对付新军也是有利无害。正如方才成兄说的，小打小闹固然自在，但如果大家都满足于小打小闹，兵力分散，王莽必然会采取集中优势兵力各个击破的方法。等天下英雄都被消灭光了，咱们还能小打小闹地自在成吗？所以说，人无远虑，必有近忧。如果合兵，大家拧成一股劲，势力大增，这样一来，拿下狗贼头子王莽的时日也就为期不远了。我们多年来与新军拼杀，不就是为完成这一夙愿吗？现在与春陵合兵，势力益增，岂不是好事？至于王莽被推翻后，天下的格局会怎样，那就非人力能预料的，人生短短几十载，咱们何必考虑万万年，岂不是白费脑筋？”

一席话再合情合理不过，况且又是从大头领口中说出，两人接连点头，已有动摇之意。末了成丹叹口气说：“唉，正如兄长所说，这世上的事情实在难以预料，咱也别费那么多心思了，走一步说一步吧。横竖咱们一个穷苦人家，也当了几天渠帅，够本了。念在他二人诚心请兵，我们救人于水火，权当是助人为乐吧！将来他们刘家兄弟成了大事，能想起咱们这点恩德，给咱们一官半职的，兄弟我也就满足了！”

商议已定，三人大踏步走入军帐中，立刻命人去请刘縯和刘秀。见到刘氏兄弟，王常笑容满面地说：“不好意思得很，让将军久等了。我们已决定与春陵汉军合兵共同抗敌，望今后咱们合作顺利。将来推翻王莽重建大汉江山后，别忘了给弟兄们分一杯羹就是。”

成丹、张印也改变了神情，热情洋溢地拱手说：“先前的话都不必提起，以后就是一家人，有什么难处尽管提出，下江兵必会倾力相助。”

刘縯见任务完成，春陵汉军又可起死回生，对下江兵将帅的爽快满是感激之情，顺手抓起桌上方才喝剩下的酒，举杯说：“既然是这样，那我也就不客气。棘阳危急，事不宜迟，我们还是及早动兵攻打新军吧！”

张印摆手笑道："将军不必操之过急，关于这个，我早有打算。不如这样，我们下江兵作外援，悄悄前行，等接近棘阳时，你们突然杀出，咱们里应外合，出其不意，给新军以措手不及之势，将军看如何？"

能听出来，张印这样说，并不是存心要保全自己实力，确实是在为棘阳着想。不过刘秀有自己的想法，他冲张印拱手恭谦地说："张渠帅之计固然好，这样神不知鬼不觉，如神兵一般突然从天而降，确能给新军一个下马威。但从另一个方面讲，这样一来，我军多多少少必有损失。当然，现在我们合兵后兵力大增，损失一点也正常。但俗话说得好，虽有刀伤药，还是不割破的为好。哪怕有一点损失，也对我们今后攻敌大有不利。因此，在前来请兵之前，我已想出一条计策，只是因兵力缺乏，无法施行。现在咱们有了兵力，这条计策就可以试一试了，我把它说出来，诸位参谋一下，看是否可行。"

"将军有言便说，有计便讲，大家都是粗人，不必客气。"众人七嘴八舌地说。

"那好，我就长话短说。甄阜和梁丘赐在破我舂陵兵之时，他们得意忘形，却犯下一个错误。他们只顾棘阳攻守，却把蓝乡抛到脑后。蓝乡是新军屯粮的基地，他们几乎所有辎重都放在那里。我们如今可攻之不备，不去解救棘阳，径直杀奔蓝乡，截其辎重，新军失去辎重，军心必乱。功莫大于救驾，计莫毒于断粮，就是这个道理。到那时，贵军趁机与棘阳义军里应外合，内外夹击，甄、梁必死无葬身之地。"

"兵法上的围魏救赵，也没这个高妙！"王常高兴地拍拍刘秀肩膀说，"刘三将军之计确有新意。只是，我下江兵对棘阳和蓝乡不熟，进攻棘阳，还由你们带领，若袭击蓝乡，就没人领路了，恐怕要顺利攻破还有点难度，若要误入歧途，反而要陷于被动。"

这确实是个现实问题，刘縯低头沉思片刻工夫，忽然眼光闪闪地说道："如若不介意，我愿暂且指挥贵军袭击蓝乡。只是棘阳义军现在正处于危急之中，不知道能不能支撑下来。这几天没联系，也不知情况如何？唉，两个胳膊难当四只手用呀！"

话音未落，刘秀挺身而出："大哥不必担忧，我这就动身回棘阳。回去之后，立刻动员所有兵力，与下江兵配合，打一场漂亮的攻击战！"

要的正是这句话，刘縯心头愁云顿时消散。三弟跟随自己征战多年，其能力和魄力，刘縯深信不疑，他自己也清楚，在随机应变上，自己往往不如这个三弟，把担子压在他身上，再放心不过。刘縯目光坚定地看看刘秀，使劲儿点点头，王常又在他肩上轻轻拍了两下，而后大家挥手相别，忙着分头出发。

这次请兵顺利无阻，人马顷刻间壮大了许多，刘秀必胜的信心也愈加强烈。他兴冲冲地往回赶，想尽快把这个好消息告诉给大家，让众人都高兴高兴。然而紧赶慢赶回到棘阳军中，眼前的情形，顿时让他的心灰冷了一大截。

自从刘縯和刘秀走后，没有了将帅的统一领导，人心有些惶惶。无事生非的人猜思着乱嚼舌头："眼下咱们吃了败仗，叫人家困在这里，说不定哪天就掉了脑袋。人家刘家兄弟倒聪明，卷起金银悄悄溜走了。说是去搬救兵，谁知道是真是假，弄不好只是找了个借口，把咱们这帮人扔在这里当替死鬼。唉，兄弟长兄弟短的说得好听，不过都是一个林子里的鸟，人家放火烧山了，能飞走的赶紧就飞走了！"这话你传我，我传你，越说越和真的一样，人心更是松动。

而朱鲔、王凤等人，却端起将军的架子，只注重吆喝着让加紧巡逻防守，对士兵的吃穿和情绪不闻不问。几方面的原因，将士们连日来被迫着在城墙上观望，个个懒洋洋的垂头丧气，士气低落到极点，比新军有过之而无不及。

面对这副烂摊子，刘秀最初惊慌了一下，随即立刻稳住了神。他深切地明白，在这种内外无援的困难情况下，士兵们人心涣散和惶惶迷茫是正常的，必须想办法使他们尽快振作起来。否则，一旦新军此刻来进攻，后果不堪设想。然而，怎么才能振作人心呢？安慰之辞说得再好听，总归是空言，给他们一些实际利益，暂时又无法做到，这可如何是好呢？

正当冥思苦想而不得法时，思绪混乱中他忽然想起父母，想起他们去世时自己因内心的悲苦反而斗志昂扬，一条妙计顿上心头：亲情的力量是伟大的。

在刘秀的安排下，不多时，棘阳城正中央，一座灵堂拔地而起，内立惨遭屠戮的刘氏子弟和义军将士及其家属的牌位。夜半时分，孤鸿哀鸣，风吹草动，如泣如诉。灵堂前更是悲声一片。众将士跪拜在地，想着死去的亲人，悲愤之情如火焰蹿腾，在胸中涌动着无法平静。夜已深了，众兵士却无一人有睡意，终于有人再也无法按捺悲痛之情，挥动拳头冲天高呼："杀掉狗贼，为亲人报仇！"

这一开头，五万义军立刻激愤难当，同时愤起高呼："杀掉甄阜、梁丘赐，为亲人报仇！"

"对，不光要杀掉这两个孬种，还要杀到长安去，宰了王莽！"

怒吼声一浪高过一浪，整个棘阳沸腾起来，丧失了多日的活力又恢复过来。

第二天，虽然一夜不得安眠，但大家都好像换了个人，个个精神焕发，人人豪情满怀。登城墙眺望，见对方军营中人头晃动，人马不断往蓝乡方向移动，估计大哥在蓝乡那边已经得手。刘秀一声令下，众将士重整戎装，打开城门，争先恐后奋勇冲向新军。

新军当然不是省油的灯！甄阜和梁丘赐虽然出乎意料地被人攻破了蓝乡，但在他们眼里，被围困在棘阳的汉军已经没了多少战斗力，即便在丢失了粮草的情况下，他们也能把这帮疲惫之众收拾掉。按甄阜的如意算盘，先尽快把棘阳汉军灭掉，然后回头全力对付蓝乡的下江兵。他正准备下令大举攻城，却见汉军主动出击，似乎正合了自己心意。

面对汹涌而来的汉军，甄阜和梁丘赐端坐马上，脸上露出轻蔑而诡异的笑意，梁丘赐拉长消瘦的长脸看看甄阜："这帮泥腿子，终于坐他娘的不住了。好，他们先动兵，咱们就来个以静制动，看我新军如何把他们打得落花流水。这次要不留情面，务必一网打尽，以绝后患！"

虽然兵家都知道战场上有轻敌之心乃一大忌讳，但在自我感觉良好的情况下，难免要掉以轻心。这一点，刘秀已经根据甄阜和梁丘赐的性格，猜测得差不多。他反其道而行之，尽力审时度势，从容应战。而从容不迫、深藏不露正是刘秀作战和为人的几大秘诀，他早已运用得灵活自如。

霎时间，两股力量一经接触，如同两块巨大的乌云互相撞击，顿时闪电大作，狂风怒吼，简直要飞沙走石，天地为之震撼。刀光剑影，血染沙场，两军兵力相当，实力不相上下，真正是一场恶斗。正在相持不下之际，谁也没有注意到，东方天边，一阵乌云悄悄压来，瞬时罩临战阵上方。大白天的光线顿时变暗，而且越来越暗。专注打斗的兵士也感觉到了，他们疑惑地瞅空儿四下看看，到底怎么了？

刘秀高踞战马上，对此看得一清二楚。他知道，战场上必须倾注全力才行，外因分心，对作战相当不利。而此时，虽乌云密布，但滴雨未下，真正是密云不雨，阴森的天空简直有几分恐怖了。刘秀努力让自己镇定片刻，忽然果断地一挥令旗，大声命令："所有骑兵，立刻向前猛攻！一直向前，不用回头！"

刘秀此举不无道理。早在决定出城接战前，刘秀已经了解到，春陵义军以前曾占领过棘阳城附近方圆近百里的面积，对这里周边的地势可以说了如指掌，别说风雨兼程，就是摸黑前行，也手到擒来不成问题。正巧这次出战时考虑到这一点，特意分配骑兵较多。就在双方精力分散，都有怯意的时候，忽然有铁骑踩踏而来，直冲进新军阵营中。由于骑兵攻击力强，又有人高马大的优势，所向披靡，根本没法阻挡。三下两下，就把新军撕开一条缺口，如狼驱羊，杀得对方一片鬼哭狼嚎。然而不等新军逃奔，义军骑兵已兜圈子赶在他们前面，一场拼死血战更加波澜壮阔，更加惨烈。这时天也凑兴，电闪雷鸣，马嘶人号，听来惊心动魄，方圆几十里的地面也似乎胆怯似的寒战不停。

风卷残云很快过去，阵雨骤停，棘阳城外寂静无声，几声乌鸦的哀鸣尖利地刺破天际。虽雨后雾气濛濛，但战后惨不忍睹的场面依然清晰可见。横尸遍野，血流成河，残肢断臂四处丢弃，每一片地面都变成黑红颜色。兵败如山倒的一片混乱中，甄阜和梁丘赐也葬身于乱刀之下，他们斜卧在中军大旗下，面目狰狞，却又满面疑惑茫然。

不远处，棘阳城下临时建起来的军营中，义军正忙不迭换下湿透了的战衣，或烤，或晾晒，激动喜悦洋溢在每个人的脸上。而刘秀却顾不得拧干滴着水的衣服，带几员将校，匆忙清点剩余兵力。令他高兴的是，尽管是场恶战，但自己这方兵力损失微乎其微。以最小的代价给敌军以最重的打击，这场冒雨大战实在打得漂亮至极。大家知道情形后，啧啧称赞，刘秀也从心底里感到喜悦，忙活到后半夜，这才安心地换下衣服，在中军大帐中稍做歇息。

对于新军来说，似乎从来都是祸不单行。遭暴雨侵袭的蓝乡守军，同样没有逃过下江兵一劫。守军将领见大雨将至，料想义军必会返回营地，等天放晴了再战，于是在这雷电交加的天气，便放松了防御。而刘縯的想法正和刘秀不谋而合，他立刻带着下江兵，冒雨潜入敌军营地，此时蓝乡守将正放心地饮酒作乐。几乎没费多少周折，所有的守军被一网打尽，可怜多少新军在死之前，都不明白到底是死在了谁手里。从棘阳到蓝乡，这一战酣畅淋漓，王莽曾寄予厚望的甄阜和梁丘赐率领的新军，彻底溃败。

这两次几乎同时发生的巨大胜利，似乎彻底扭转了局面。然而，刘縯等人很快发现，事情并没他们想象的那样乐观。王莽的新军势力，似乎超出他们的预料。刚刚打扫过战场，没等义军休整喘息，就有探马飞驰而来："禀柱天大将军，王莽派遣纳言将军严尤、宗秩将军陈茂率十万精兵，从长安出发，目前已抵清阳。请将军早做应敌准备！"

闻听这情况，兵将稍稍放松的神经再次绷紧，气氛立刻紧张起来。人们都听说过严尤的大名，他们既然是王莽特意派遣，必然兵强马壮准备充分。人人如临大敌，有意无意地围在主将营帐外，探听将军会有什么动向。

与甄、梁之战刚过，春陵汉军与下江兵迅速完成了合兵，重新进行编制。各路兵马将领很多都是头一次见面，大家一方面互相介绍，握手言欢，为庆祝战功大张宴席；另一方面也开始为下一步的攻城计划做准备，讨论着该如何进军、该进军何处。

听到探马报告的情况，刘縯当着大家的面拍案而起："好呀，来得正好，目前我军气势正盛，正发愁找不到靶子，严尤倒主动找上门来了！"继而转向众将，"诸位一定听说过这个姓严的家伙。严尤深得王莽宠信，曾为新朝镇压过赤眉，征服过高句丽和句町诸边部，也打败过匈奴，看来不是徒有虚名之辈，所以我们要谨慎对待。但也不必过于紧张畏怯，如果咱们能集中精力把严尤给收拾了，那一定是影响极大，对咱们的发展将是个飞跃。说不定这样一来，王莽这点家底就被咱们给折腾光了，事半功倍，反而是件好事。"

众人听这番分析纷纷点头。刘秀坐在旁边接过话头说："既然如此，现在就是既有挑战，也有机遇，关键看怎么把握。我们必须做好万全之策。看情况，王莽派严尤带兵前来，主要是为了援助甄阜和梁丘赐的。若是严尤走到半路得知甄阜和梁丘赐已经大败，谅他摸不准咱们的虚实，必不敢贸然前进，所以他很有可能会退居宛城，暂时稳定下来，观望动向，以决定下一步行动。而他这样一停顿，等站稳了脚跟后，新军的势力就会更加壮大。特别是严尤习惯稳打稳扎，相对于他咱们实力并不特别强，他的这种战法对我们的威胁更大。所以，我认为，应先派一支队伍赶在严尤之前到达宛城，以遏制宛城兵力，不让严尤有机会稳定下来；另一支则可直追严尤军，途中将其消灭，即便消灭不了，也要尽力骚扰他，打乱他的心性，让他心慌意乱，不能安心对付咱们。"

将敌我情况逐一探讨，确实都是实情，大家无不赞服。王常看着刘秀一本正经的神情笑道："文叔将军言之有理，知己知彼，不愧为太学子弟哟！"众人相视点头，都表示赞同，反倒让刘秀不大好意思了。

刘縯随即拍板："那好，既然大家一致同意，我们就照文叔的计策行事。不过，我还有一件事，当前情况下不知当讲不当讲，如果讲出来大家觉得不适合，就当我没说罢了。近来我军接连大胜新军，兵力日益壮大，各项事务也越来越繁多，而且此后的大战小仗将数不胜数，事情和人员会越来越多。所以我认为，有必要尽快推举一位主帅，统领全军。军中有了统领，就会形成更强的凝聚力，调遣起来也会很迅速，不知各位意见如何?”

刘縯这个提议关键而且及时。其实很多人都有这样的想法，只是没好说出口。现在这样一支将近十万人的大军，各种事务千头万绪，各方面人员纷繁芜杂，若是没有统一指挥，大家各行其是，总不是长久之计。特别是现在势力壮大了，个人的不同想法涌现出来，你说你的意见，我说我的意思，难免引出矛盾和分歧，争来争去，这样必然会贻误战机。打个小仗还可以，一旦遇上决定性的大战，肯定要吃亏。

不过尽管是一个很正常的提议，但这个提议从刘縯口里说出，情况就大不一样。在座的王凤、朱鲔等各军渠帅一听，都在心里暗吃一惊，心想这下狐狸尾巴终于露出来了！近来几次绝处逢生，柳暗花明，刘家将军战功显赫，在军中威信又非常高，如果说要推选一个主帅，他们当然占有绝对优势。他姓刘的成了主帅，这不是把我们的兵权和原先弟兄都吞掉了吗？还没推翻王莽呢，他就着急地开始称王了！

然而纵然有十分不悦和不服，刘縯提议的确重要，而且这也是迟早要面临的问题，王凤、朱鲔等人也说不出什么。虽然唯恐刘縯夺权，但自己又不好意思毛遂自荐，只能佯装平静，等待形势变化。一时间大帐中安静下来，人人心头风起云涌，却都面色淡然，仿佛并不关自己的事。

就在这平静而激烈的对峙中，王凤忽然灵机一动，不失时机地轻描淡写说：“刘将军所说的实在太及时不过了，蛇无头不行，更何况咱们十万大军?兵法上讲，一将无能，累死千军；一帅无能，万军折损。对于咱们来讲，选举一个好的主帅确实太重要了。在下见识浅薄，只能说说自己的看法。以在下看来，下江主帅王常最为合适。王渠帅带兵多年，屡战屡胜，对新朝威胁最大，可以说声震朝野。并且他本人文武兼备，又素有贤名，喜欢广交天下豪杰，人缘极好。我想，由他做主帅，我军必会迅速扩大影响，带动大江南北的反莽义军前来投奔联合，到时候从速推翻王莽定当不是难事，诸位意下如何?当然，这只是一家之言，恐怕不妥当，说说而已，大家再商量。”

这话说得看上去很轻巧，内里含义却圆滑至极，既没表现出自己争权夺势的意思，同时也打击了刘氏兄弟的锋芒。推举出王常，而王常的下江兵属于新近加入，脚跟还没站稳，事实其实还是自己这帮人做主，尤其是有利益而不用妄担虚名，正是快刀切豆腐的手法。有些人听出其中意思，暗暗钦佩王凤，不愧喝过几天墨水，果然肚里乾坤，非同一般。

这个提议一说出来，新市兵、平林兵和下江兵反应最热烈，积极表示同意。因为这三家源出绿林，从根源上本为一体，士卒们勾连也最多。而王常本人也确实在他们中间素有名望，对很多绿林好汉都有过慷慨仗义的帮助，大家对他仰慕已久，充满信任和敬佩。特别是刘氏兄弟风头正劲的当口，大家出于某种说不清的心思，宁愿拥戴威望相对要小些的王常，而忌讳推举刘縯和刘秀。

由王凤打开话头，人们开始活跃起来，但都是赞叹王常如何称职，故意抬举王常，用王常来压制刘縯和刘秀。王凤和朱鲔等人见刘氏兄弟低了头沉默不语，不禁暗自高兴，以为自己从心计上要高刘縯一筹。这下他们刘家争夺兵权的如意算盘要落空了。

然而就在大家以为大局就要定下来的时候，不曾想又出现了转折。王常虽然是绿林豪杰，但早年读书颇多，性情沉稳，行事一向谦虚谨慎，对人讲究公允平和。经过这段时间和春陵汉军并肩作战，他从言谈举止、行军作战等方面处处拿自己和刘縯、刘秀比较，比起以前空闻其名来，现在更觉不如刘氏兄弟。况且他还有一点自己的打算，现在起事才刚刚开始，更大的风浪还在后边，内外斗争才徐徐展开，他也不想过早地把自己置于风口浪尖上。

本着这样的想法，综合几方面考虑，他主动提出，自己才疏学浅，威不能服众，很难挑起这副重担，主帅的位子，是万万不敢坐的。说着说着，他忽然一指旁边的刘縯："诸位将军，方才王将军说过，一帅无能，万军折损，我王常就是那无能的主帅，断不能因为我一人而坏了大事。到那时，只怕我肝脑涂地，也挽不回损失。王某感谢王渠帅和诸位的信任，但是，王某不才，人微言轻，不如刘氏兄弟有勇有谋，不足担当大事。这绝不是谦让，过去的事实足以证明这些。所以我从来不敢觊觎主帅的职位，只想为绿林军尽我的力量，能不亏心就足够了。不知众将看，咱们推举刘縯将军如何？"

众绿林将领中，大多为胸怀坦荡的豪爽人物，喜欢直来直去，很容易为一时冲动所左右。他们见王常如此谦恭，顿时大为感动，对其为人更看清了一些。不过，回想过去情形，王常说的也确实是实情。自绿林山起事以来，虽打过几次像模像样的胜仗，但终没超出聚啸山林占山为王的局面，影响很小，而且被官府和百姓视为土匪，只能暗里来暗里去，名声很不好听。只有与春陵汉军合兵之后，局面才大大展开，不但开始正面与新军对抗，从过去的躲闪改为现在的大张旗鼓主动进攻，而且正大光明地竖起义军大旗，走到哪里都受百姓爱戴，这份荣耀感觉是以前所感受不到的。不仅如此，刘縯和刘秀等刘氏兄弟也因其有勇力有谋略的表现，在众将士心中留下深刻印象。

考虑到这些，许多将领便转而热情地对着刘縯喊道："对，就请伯升做主帅！"

刘縯见王常如此抬举自己，分明是无意中寻到一个知己，心里万分感动。但既然刚才王凤等人没有直接提出推举自己，说明他们心里对自己仍存芥蒂，这样硬上，恐怕不但无益，反而会造成诸多麻烦。所以碍于形势，不便接受，正欲推辞，却被王常伸手按下肩膀劝阻。王常深沉地说道："大敌当前，一切要以大局为重，不可因此影响士气。刘将军不必推辞。"

刘縯当然明白眼下的局势，想到恢复汉家江山正是任重道远之际，自己作为舂陵刘家的长子，肩上犹如压了千斤重担，要实现抱负，就得有些魄力，瞻前顾后只能耽误事情。这样考虑，刘縯索性也不再推辞，拱手冲大家说："承蒙众将帅信任，刘某愿同诸位同生死，共患难，视死灭莽。为号令天下，我军从今日起统称汉兵，以复兴汉室为旨。大家再不用分你军我军，同进同退，一切听从号令行事！"这话一出口，王凤等人知道已成定局，自己只能顺应，等以后有机会再找碴儿改变形势。所以也就显得很高兴的样子，大家一起拥戴，刘縯的地位就这样定了下来。

商议完军情后，王凤、朱鲔等几个人相继颓丧地走出帐外，因为事情不称心，大家满脸不高兴，有人还轻轻叹息一声。走出离大帐很远，看看四周没有兵卒，朱鲔忽然停下脚步一跺脚，气愤地说："王常真他娘的不识好歹，咱们诚心推举他，他却转手把大权白白地给了刘縯，弄得咱们里外不是人，这明明是断我们绿林兵活路嘛！"

见朱鲔这样说，王凤无奈地嘟囔一句："形势所逼，咱们现如今是外来户，势单力薄，拿他又有何办法？叫我说，还是以大局为重，先承认了他这个主帅，让他领导着攻打严尤，等度过了眼前的难关，之后再对付傲气的刘縯和他们刘家兄弟。"说着，已经来到朱鲔营帐边，大家便信步走进去。朱鲔把里边的卫士兵卒都赶开，只留下他们几个，好放心说话。王凤一屁股坐下，话虽然没有朱鲔那么强硬，但心里比朱鲔更不平静，看看坐在对面的陈牧，冷着脸问："陈老弟，这下咱们的兵马叫人不声不响地吞掉了。刘伯升做主帅之事，你有什么看法？"

"刘伯升向来英勇善战，人品也不错，由他做主帅，我十分赞同。"陈牧想也不想地随口回答。

王凤听他竟然这样说，简直要气歪了鼻子，忍不住欠起身子来，气愤地指着他大声说："你呀！唉，怪不得你叫陈牧，还真是个木头疙瘩，真不开窍！别人把你的兵权都给抢走了，你还傻乎乎地受人指使，你亏不亏呀你！

咱们是什么身份，刘家是什么身份？这你都分不清吗？刘縯与咱们本不是一路人，将来打了天下，他就是皇帝，等他做了皇帝，咱们算哪根葱？到时候一纸圣旨下来，你枪里刀里摸爬滚打白忙活大半辈子，连小命都保不住！难道你就没想到吗？”

陈牧听王凤一番开导，这才幡然醒悟，抬手直拍脑门：“哎呀！你看我这脑子，怎么把这茬儿给忘了，光顾打王莽这狗贼，打完王莽之后的事情就没想过。既然王兄这样说，那我们现在怎么办呢？”

王凤不慌不忙，诡秘地向朱鲔眨眨眼，然后示意陈牧坐近一些，做出推心置腹的样子说：“眼下咱们还没打下江山不是？所以还不能来硬的，得用个法子，叫刘縯和刘秀软刀子挨割，死了也不觉得疼！愚兄琢磨出一妙计，不过需要陈兄帮忙才成。”

“哎呀，大哥，我陈牧是个直性子，还用得着客气吗？有什么主意，只要你觉得好，肯定没问题。不知是什么妙计，说出来听听？”

“听说你手下有个姓刘的将佐，是吗？你回去就提升他为将军，狠命地加以重用。咱们这回就来个‘以刘制刘’，等把这摊水搅浑了，也就是咱们翻身之日到来的时候了。”

“我手下倒是有个姓刘的，叫刘玄，但这家伙是个庸才，胆小如鼠，碰见屁大的事情就没一点主见，根本没资格当将军，他在小弟军中这么多年，还只是个安集掾，就这已经够他忙活了，这样的人，虽说和舂陵是亲戚，但人家刘家兄弟都没提出来，咱们提升他有何用？又卖不了人情。”陈牧依旧懵懂，不明白他要干什么。

“具体缘由不必多问，只管照办就行，总之以后有你的好戏看就是。”王凤不耐烦地挥手，不想再仔细解释。

“好，那小弟就提升他为更始将军，总行了吧？大哥还有要吩咐的吗？”陈牧也不再追问，反正他知道王凤心里弯弯绕绕的就是多，自己怎么也不会弄明白的，就懒得费那心思。

“还有……就是此事不要声张，你也不要随意行动，要干什么，先给我和朱鲔大哥等人说一声，该不该干，大家合计了再做。好，你先回营帐吧。不管怎么说，咱们现在的首要目标还是先打败严尤和陈茂。外患不除，咱们这窝里斗就是空谈，就是扯淡！”王凤若有所思，盯着营帐一角沉默一会儿，又紧锁眉头，似有话说，想一想却拱了拱手，让陈牧先回去了。

第十七章 内乱陡至 浪起云涌

自此，汉军旗帜飘立于军营上空，刘秀忙着派人广为散发檄令，召集南北仁人志士，锋芒直指长安的王莽朝廷。气势造出去后，前来投奔者还真不少，有段日子如赶大集般，热热闹闹熙熙攘攘，大家对汉军前景充满信心。

经过一段时间的紧张筹备，刘縯正式担当起主帅职责，升帐大会诸将领，一一分派任务。按照原先商议好的安排，刘秀、王常和李通三将帅被调往宛城，以遏制宛城兵力，但因为兵力不多，不必进攻，只需埋伏城外佯装攻城。三人领命后当即行动，浩浩荡荡，大有奉命征讨的气派。其余兵力回各帐中，尽可能将步战改为骑兵，一律轻装简行，随主帅追截严尤。

一阵倾盆大雨过后，空气湿润了很多，大地一派宁静祥和的景象。然而在这兵荒马乱的年月，无论是新军还是各地的义军，征战在外的将士们内心却始终没有平静过。新军虽然名为朝廷正规军，是奉天子命令讨伐叛乱，但他们心中的苦楚也不例外。战火连年，似乎永远没有休止的意思，士卒们被迫在朝廷的指挥下南征北战，忽左忽右没日没夜，至死不休。不但士卒，就是平常百姓也知道，一旦从戎，那就一眼看穿了人生归宿，除了战死沙场，没有别的选择，代代如此。

身为王莽宠臣的纳言将军严尤和宗秩将军陈茂一起奉旨，辞别百官后，带着王莽寄托的无限希望，率十万精兵浩浩荡荡从长安出发，一路赶来，根据计划，首先前往南阳，会同甄阜和梁丘赐平定刘氏叛军。

一路上最累的要数严尤了。每路过一郡一县甚至一驿站，沿途地方官员总要大举设宴款待，美酒佳肴竞相陈列，酒足饭饱后还有厚礼相送。新军士兵倒是休息得彻底，走走停停，跟着主帅沾光，每回也是馒头夹大肉，有时候还有酒喝。十天半月即将过去，才刚刚走出潼关。

然而严尤心里总不舒服。临出发前，王莽一再单独召见自己，除了谈他的儒术治国的远大理想外，就是叮嘱他此去一定要把叛军给消灭掉，叛军不灭，国家不宁，何谈国家大治？当然一系列变法也无法实施，所以叛军务必要尽快除掉。想到自己此行怀揣灭叛大任，又关系到和甄阜、梁丘赐的配合，兵贵神速，沿途是万万不可耽搁的。再者说，士兵个个安于享乐，谈论的不是如何杀敌，而是比较何处的酒好喝，何处的肉好吃，逐渐养成惰性，士气低迷。这样的兵卒，一旦上了战场，如何能拼命冲锋？

但是严尤尽管心里着急，却无法下令迅速前进。他虽然是一介武官，但也深谙官场如战场的道理，并且有时候官场比战场还要厉害。战场上那是明刀明枪，看谁的勇气大，比谁的本领高，而官场则难把握得多，经常是杀人于无形，叫你临死都搞不清是谁杀的，一定要小心对付。严尤知道，沿途这些设宴款待自己的，大部分官员都和朝廷有千丝万缕的联系，他们交错纵横，虽然他们有意要巴结你，但你也不能随意得罪人家，否则他们恼羞成怒，一旦成了仇家，谁能占上风还很难说。

除此之外，有些地方官员还是王莽的心腹家人，这就更不敢得罪了。无奈，他只得随大流行事，心想多一事不如少一事，既然大家都这样，自己又何必标新立异？结果，新军用了足足一个月，才抵达南阳地界。然而刚到南阳，便有消息传来，甄阜和梁丘赐所率新军已在多日前被汉军消灭，全军覆没，现在南阳大部分已经落到汉军手里。

听到这个消息，严尤着实吓了一跳，忙命部队调转马头，前队做后队，后队变前队，迅速向宛城方向退去。见严尤咋咋呼呼、丝毫不掩饰自己惊慌的样子，陈茂颇有些不解，轻蔑地说："将军以前东征北讨，何等威风？就是匈奴如此剽悍，也没见将军胆怯过，为何这么惧怕一小撮叛贼？以我之见，叛军刚打过一场大战，身心疲惫，还来不及休整，正是我军反攻之时，为何不把握这一机会，反而要匆匆退去？"

严尤顾不得详细解释，一边掉转马头，一边匆忙地说："将军说这话就是想当然了。如今叛军新胜，夺得马匹辎重，兵精粮足，又挟新胜之威，正等着我军前去送死。我军连续行军这么长时间，人疲马乏，前锋不锐，后无援兵，如何抗敌？所以得先返转以保宛城，占据了宛城，我们就有了喘息反攻的机会，否则京师危急矣。如果不出我所料，叛军正希望我们现在立刻去进攻，最害怕我们退守宛城。我们千万不能如了他们的愿。方才将军说我惧怕叛军，其实是真的。匈奴虽然剽悍，但他们直来直去，没什么可怕的。而这帮叛军，却诡计多端，一不小心坠入其彀中，那可是立刻就要小鬼见阎王的！"

陈茂虽然出身高贵，但在行军打仗方面，却颇有自知之明，严尤说什么他都相信，当下无言以对，跟着后退。

就在新军急急往宛城方向退却的时候，汉军部队未待休整也已经前进赶往宛城，他们已经听到严尤到达南阳的消息，更感到急行军的迫切性，尽量抄小路走近道。虽一路翻山越岭，艰难坎坷，但兵将们没人抱怨，每人憋着一股劲，克服一切困难紧走两天，终于紧紧咬住了新军尾巴。探马飞骑来报："王将军、李将军他们已赶到严尤前头，正向宛城靠近。"

"好，要的就是这个结果！"刘縯猛挥拳头，士气更加高昂，加快步伐向严尤部队挺进。

汉军从前后两个方向往中间赶，新军则向宛城疾奔，而宛城已经被刘秀等人率领的义兵控制住，宛城驻军不敢随意出动，只能看着严尤被两面夹击而按兵不动。

三路人马渐渐靠近，不久，一场围歼战开始了。没想到叛军行动如此迅速，事出突然，不等严尤分配部署完毕，刘縯便率十万汉军将其围困。严尤策马登上一座小丘陵，举目四望，见前后左右，排山倒海般全是叛军，也不知道他们是从哪儿钻出来的，自己所带领的兵马简直就是汪洋大海里的一条船，在风浪中眼看就要沉没。严尤打了多少仗，立刻看出来大势已去，再难挽回。情急之下，还是保命要紧，他迅速避开对方兵锋，急率亲兵逃出重围，直奔颍川而去。不到半个时辰，所有新军除小部分逃散外，其余死伤的死伤，投降的投降，几乎全军覆没。

刘秀闻讯前方获胜，立刻解了宛城之围，带领兵马返回棘阳。他们在半途中与刘縯主军会合，大家欢欢笑笑，从容地迤逦而去。

直到走出许久，宛城守将岑彭、严悦见汉军久久没有动静，小心翼翼地派人出去探看时，才知道城外埋伏的汉军早已经离开，并且人数相当少，大家纯粹是虚惊一场。紧接着又有严尤新军大败的消息传来，方知中计。一向自恃聪明善于运用兵法的岑彭恼羞成怒，气得火冒三丈，跳着脚直骂娘。可也只是干着急，并不敢出城去追击。他苦笑着对严悦自我解嘲，无奈地叹一声："非是咱们胆怯，只是肩上责任太重，若宛城失守，京城危在旦夕，不得不分外小心呀！"

汉军连战获胜，势力日益扩大，其在各路反军中的突出地位逐渐显现出来，成为王莽最大的心腹之患，他不得不小心地来对付，没有十分把握，不再轻易出动。当然，这也正是刘縯接连征战要达到的目的。他就是要造成声势，和朝廷对峙，从而把握主动权，给自己以活动的空间和壮大的时间。

由于连日远征，士兵们都已很是疲惫，急需休整。而严尤此刻又没有充分的力量来反攻。于是战场恢复平静，只有欢快的布谷鸟叽叽喳喳的鸣叫声，然而这鸣叫声似乎并非催人布谷，而是在警示着人们，战争还远未结束。就在这遍地黄花的肥沃土地上，还有更多的血要流、还有更多的亲人注定要离散。

初夏的夜晚就是迷人。一轮圆月悬于半空，照得大地如白昼般一切都历历在目。在天边稀疏的星星陪伴下，月光更显得亲切可爱。花草争艳，十里飘香，静谧笼罩了整个汉军营帐。白天欢快的鸟儿此时都归巢歇息了，只听得远处猫头鹰的鸣叫，随着夜色的渐浓更加空旷而有力。

屡获全胜的汉军将士们，大家感到立功封赏的日子不再是遥远的梦，或许不久以后，就能大功告捷，不说封妻荫子，至少能消停过几天平安日子。这样想开去，更是无法抑制喜悦的心情。闪着微弱烛光的营帐中不时传来或大或小的劝酒声和爽朗的说笑声。

就在这因为喜悦而不眠的夜晚，有一个营帐却是出奇地安静。微弱的灯光把整个帐篷映照得犹如大海中的一点亮光，看似宁静却又使人浮想联翩，帐幕上映出一个焦急地踱来踱去的身影，他便是刘玄。

或许从小就坐享其成的原因，刘玄向来憨厚、懦弱、自甘平庸，只求能平平安安地过个小日子就满足了。虽是刘氏宗族子弟，但他却从未有过立志复汉的想法，他觉得这离自己很远。然而现实却不容他过他想过的宁静小日子。一场杀父之仇，让他阴错阳差来到陈牧手下做了小掾。当个小掾也不错，打仗不用冲锋在前，吃喝也充足，刘玄渐渐满足于这样的生活。要不是王凤、朱鲔鬼迷心窍，刘玄恐怕还在做着“弄儿床前戏，看妇机中织”的美梦呢！可是现在，王凤和陈牧不知看中了自己什么，竟让自己做什么将军！开始刘玄不理解，很有点兴奋，他猜想一定是他们看了族兄刘縯的脸面。可后来他听到一点风声，原来是王凤欲借他刘玄掌控天下，要把自己推到前台，来和刘縯争夺主帅领导权。明白王凤和陈牧的目的后，刘玄吓得彻夜不眠，他再不喜欢动脑筋，也明白，这就等于把自己放在了风口浪尖上，弄不好随时都有性命之忧呀！孤灯下的刘玄抓耳挠腮，不知所措。

夜已很深了，蜡烛接了又短，短了又接，帐中传出一连串的叹息声。帐外守夜的士卒最终忍不住，向里面探进头去开口说：“刘将军早些休息吧，明日还要商议军情呢!”

刘玄正在烦乱恐慌之中，猛听有人说话，吓一大跳，等弄清了是兵卒，更加气上心头，不觉高声骂道：“本将军的事不用你管，想要歇息尽管去!”

或许真因为职位升迁的缘故，刘玄自己也感觉出，自己说话的语气又平添了几分威力，开口骂人的次数逐渐多了。只是这威力只适用于小兵小卒，在王凤、刘缜等将军面前，他就像老鼠见了老猫一般，吓得魂飞魄散，话语含糊不清。只有这时，他才知道，其实自己真正是一个懦弱凡人，最需要的只是远离是非。然而就这么一点可怜的要求，这世道却偏偏不能满足。

他烦闷地来回踱出两圈，忽然一阵轻微响动，从里屋飘然走出一位风姿绰约的女子。她穿一件宽松纱裙，袅娜身段若隐若现，还有梦醒后那睡眼惺忪的表情，在昏暗灯光的映衬下，更加迷人。那妇人扭动蜂腰，迈着轻盈的小碎步来到刘玄身旁，纤纤细手搭在刘玄肩上，娇嗔地说："相公怎么还不入睡，害我一人在里屋独守空房?"

刘玄目视着婀娜娇羞的宝贝夫人，刚才的烦忧霎时抛向九霄云外。他搂住那纤柔的腰肢满足地笑道："这是最后一次，以后，再不让你一直守夜了。"说着就要贴向她的身体，韩氏却撒娇地闪开，拉张椅子坐在刘玄身旁端正了脸色问："夫妻这几年了，你这些甜言蜜语对我还有什么意思？又不是勾引良家妇女。哎，问你一句正经话，自从你被提升为更始将军，就像变了个人似的，整日愁眉不展，比先前愈加少言寡语。人家都是升了官高兴，你倒好，升了官愁绪也跟着升。唉，真不知你是怎么想的。我看你，天生一个土财主的料，身份再大一点，就能把你吓死!"

刘玄见夫人对自己半是数落半是关心，说到底还是关心，况且又是这般娇娆美貌的夫人，心里暖烘烘的像喝过酒般发热。可是一提到目前所遇到的难题上，他的脸色顿时又暗了下来："夫人不知，我被莫名其妙地提升为更始将军，天下哪有这等掉馅饼的好事？不知王渠帅葫芦里卖的到底是什么药?我听我爹说过，有奇福必然有奇祸。我看这升官怕不是好事呢!"

"哧。"韩氏细长脖子扭动着媚笑一声，玲珑的嘴角向上一翘，白他一眼说，"就为这？我还以为什么大事呢！真是王八过门槛，你就死活翻不过去!当然，既然事出，就肯定有因，你怀疑倒也有道理。你仔细想想，办事没有利，不如放个屁。王渠帅提拔你，一定是对他有利，不然他吃饱了撑的？依我看来，他是想借你皇族子弟的名声，来和你那个族兄刘缜刘伯升将军争夺统帅地位。现在是争夺统帅地位，将来打下江山后，说不定还要拿你当招牌，争夺皇上地位呢！哎哟，要是那样就好了，你想想，将来你是皇帝，那我是谁，我就是皇后啦！咱这就是野鸭子开屏，也当一回凤凰喽!"

听她银铃般不喘气说出长长一大串，刘玄先是一惊，而后一张哭丧脸拉得老长说："你说的意思，我也猜测出几分。可是你想，伯升和文叔是我宗室兄弟，人家武也精文也通，又战功卓著，声名远扬，我哪有资格和人家相争呢？再说，大家本来都是同族的好兄弟，为这撕破脸皮，我，我……"

他那夫人韩氏一甩手，生气地扭转身，撅起嘴巴："看你这窝囊样！当初我一个如花似玉的大美人之所以跟随了你，嫁到你刘家，就是看重你一表人才，又是皇室宗族，以后必定有福。没想到现在你竟一点儿骨头架子都没有，本想随你共享荣华富贵，现在看来，只能清贫一世，处处受制于人，给人家当下手了！"说着，韩氏抽噎一下，甩袖子抹泪，却瞟着余光偷看刘玄神情的变化。

韩氏哪知，老夫老妻了，这种"以情动人"的雕虫小技，对刘玄早就失去了震慑力，完全没有起到多大作用，反倒使他更加烦恼，捶胸顿足。韩氏气急败坏，狠狠地拉住刘玄衣袖，一用力将他拖过来按在椅子上："不管怎么说，好歹你也是正宗的刘汉宗室，他们成天叫嚷着复兴汉室，你怎么就不能有复汉称王的打算？"

刘玄也为自己的处境急得坐立不安，在椅子上挪来挪去，好像浑身有虱子在爬："怎么会没有，不过那都是过去的想法，过去不经事，胡思乱想。现在玩真的了，才发觉离人家差出老大一截。你看人家刘縯和刘秀等几个兄弟，叱咤沙场，战功累累，是我所远远不及的，所以咱对皇帝高位再没妄想过。"

韩氏瞪起凤眼使劲儿戳刘玄一指头，嗓门也提高了不少："哎，我说你真傻还是装傻？你掐指头算算，哪朝当皇帝的是最英武聪明的？别人不提，就说你那老祖宗什么汉高祖，论武艺，他能打得过人家项羽？我看人家一个脚尖就能把他给挑飞！论兵法他能比得过我家祖宗韩信？韩信随便布个阵就能让他钻进去出不来！就这，最后当皇帝的是谁？既不是项羽也不是我家韩爷爷，而是你家那个不中用的老祖宗！道理在这里明摆着，他们英雄，他们聪明，那他们就当项羽当韩信，你窝囊，你没本事，那你就当汉高祖，这不是顺理成章?!"

听夫人拉出祖宗来讲道理，刘玄听听，似乎还真是那么回事，正要说什么，守门士卒站在门外灯影里禀道："陈渠帅到!"

刘玄慌忙打住话头，整理衣襟，急着要走向帐外迎接。不料刚一抬头，见陈牧已走进帐来，摆摆手不让刘玄施礼，迎头便高声笑道："也没什么事情，路过这里，见将军帐中这么晚了还没有熄灯，就信步过来看看。"说着迈大步走到帐中央。

刘玄胆怯地跟随其后，深深躬着腰，头几乎要顶住陈牧后背，稳住呼吸忙回答说：“小人已经给大人添麻烦了，心里总过意不去，正不知如何感激。丁点儿琐屑事情，何须大人如此费心？”

听他这样客气，陈牧猛地一转身，身上衣甲哗啦作响，倒把毫无防备的刘玄吓得踉跄一下，差点儿蹾坐在地下。陈牧见状忙上前扶住，半开玩笑地说：“哎呀，刘大将军，碰倒了你，我可担当不起，你日后做了大汉朝天子，臣下这点疏忽可不要挂在心上啊!”

刘玄吓得目瞪口呆，没想到陈牧竟主动提到这件事，看来自己和夫人都猜对了。一时不知该如何应付，只好含糊着答道：“将军言重了，我哪是那材料？宗室之中，伯升是能，文叔是贤，我自己是愚，我与他们差了十万八千里，你看我这能耐，借陈将军光，混到这个地步就早已大喜过望了。要是大将军推举我当皇帝，天下英雄豪杰和百姓笑话不说，我们兄弟日后如何相见?”

见刘玄一提到皇帝二字，简直要瘫软成一摊泥。陈牧火上头心，忍不住提高声音训斥开：“你看你，真是稀屎糊不上墙。坐在家里等着当皇帝，这样的好事打着灯笼也难找，你咋不知好歹呢?”

“这这……不是这个意思，小人是怕军中人心不服。”看陈牧发火，刘玄不敢坚持自己的意思，匆忙中找个借口推诿。

陈牧依旧气哼哼地说：“这个你放心，有我们几位渠帅为你做主，谁敢不服！这事就这么定了！更始将军，你也用不着推托，有时候鱼找水，有时候水找鱼，事情就凑到这里了，这事也由不得你。你可要好自为之，该你出场时就直起腰杆来！好，你先不要到处张扬。我走了!”说着也不理会刘玄，脚步通通地走出去。

韩氏见刘玄呆立在原地，忙上前代他送陈渠帅出去。折回身来后，只见刘玄无精打采地坐在椅子上，双手拢起袖子一个劲儿地擦汗。“你呀！你呀!”韩氏气呼呼地一屁股坐在旁边椅子上，“看外表你也是堂堂戴头巾的男子汉，没想到连这点儿事都承受不了！你仔细想想，同样都是刘氏宗室，都是你那老祖宗汉高祖的子孙，谁也不比谁远，为什么他能当主帅，你就不能做皇帝？况且人家已经把你推上前台来，若刘伯升将来称帝，知道有这回子事，对你又有什么好处?！只有受不了的罪，没有享不了的福，这是上天赐予的良机，你要好好把握，别让俺娘们儿跟着你遭灾!”

啰唆半晌，见刘玄仍是一脸呆滞，忽而皱眉，忽而咬牙，犹豫不定，便不忍心再责备下去。韩氏变了脸色轻轻一笑，软了身子贴上去，安慰刘玄说："相公啊，你也不用费心考虑了，咱的性命现如今就握在王凤他们手里，人家说怎么做，咱们就怎么做，得过且过吧，横竖天塌下来有他们张罗着支撑。要是咱们太倔强，稍不如他们的意，便会有性命之忧。唉，和这帮如狼似虎的人在一起，动不动就是刀的枪的，咱这脑袋可只有一颗，相公要时刻小心呀，认了吧！"

一番软磨硬缠，各种道理来回说透，刘玄终于冷静下来，想想也就是这个道理，自己再琢磨也是白费劲，只能走一步说一步了，舒展开脸皮长叹一声："看来事已至此，也只能如此了！"

韩氏听他这样说，知道他心里的结已经慢慢解开，顿时高兴起来，想着甭管刘玄这个皇帝是怎么当上的，有没有实际权力，反正自己到时候身穿华服，一人之下，万人之上，再怎么说也是皇后，心里抑制不住飘飘然起来。刘玄也因终于拿定了主意而心情舒畅，高兴之余让夫人拿出酒来，两人举杯共饮，这晚一醉方休。刘玄根本无法想到，这场交杯换盏，既是他登基的喜庆，又是他人生的祭日。他所渴望的风平浪静小日子，至此成了泡影。

连日征战，刘縯劳心劳力，已是疲惫至极。好在眼下处于一个风浪和一个风浪的间隙，事务终于寥落一些，于是他瞅住这个机会，在帐中连睡两日，直到日上三竿，仍然酣睡不醒。忽然，负责侍卫的兵卒跑到床前，见刘縯睡得正香，犹豫一下还是喊了一声："柱天大将军。"

刘縯惊醒，一骨碌爬起来，慌忙问道："有军情?!"

兵卒连忙解释："不是，不是，是刘三将军求见。在下本来不敢打扰将军，但是见刘将军神情紧张，不大对头，我怕有重要情报，所以先来禀明将军。"

"那好，你下去吧，请刘三将军！"

刘縯尚未穿戴整齐，刘秀已经走进来，看看满脸睡意的大哥，抱歉地笑笑说："不巧把大哥惊醒，真是的。不过我有件事，特来向大哥禀报，事情说急也不急，说不急倒也真有点急，还是不宜迟的好。"

"怎么，有军情吗?"见刘秀说话直绕弯，刘縯瞪大眼睛，疑惑地问。

"不是，是关于三妹的婚事。"

"噢?是不是三妹心里有了合适的，对你提起过了?"刘縯松下一口气。

"这个，三妹倒从没提过。这只是我自己的考虑。我是想，尽早给三妹找个婆家，一来可以安定三妹，免得一女孩子家老跟着我们走南闯北，多有不便；二来也可以完成母亲的遗愿。”刘秀在床边的椅子上坐下来。

刘縯原先散漫的表情，慢慢认真起来，点点头沉声说：“何尝不是啊？自从亲人相继遇难，咱只顾自己报仇雪耻，冲冲杀杀的没一丝闲空。结果竟忘了三妹小伯姬。唉，咱这做哥哥的深感愧疚啊！三弟提这事提得很及时……只是这兵荒马乱的年月，去哪儿给三妹择婿呀？”

刘秀笑笑：“这个大哥不必操心，我已为三妹物色了一个。”

“谁？”

“李通！根据我的观察，李通是个很优秀的男儿。自从和我们相约举事起兵以来，其才华尽露，稳重知礼，而且也是名门之后，伯姬嫁于他一定没有错。就是从眼下情形来讲，这段姻缘对我们作战也不无益处。多年来流传的谶语说‘刘氏复兴，李氏为辅’，虽说被人解释得神神怪怪，但也不无道理。如果成了亲戚，李通之才又尽可为我所用，军中多了一员信得过的得力大将，大哥看如何？”

刘縯连连点头，想想又问：“不知三妹有何想法？如果三妹不同意，即便咱们觉得是好姻缘，但也不好勉强。她的性情倔强，你又知道。”

“同意不同意，女孩子家，又不好意思明说。这个不妨，三妹方面由我去讲，王常已同意由他给李通说，我看这事儿八九不离十！若是行的话，还是尽快办了，也好了却大家一桩心思。这时节，生离死别是常事……”刘秀忽然觉得这样说不大合适，忙住了口。

刘縯却并不在乎，呵呵笑着说：“自古都是男不做媒，女不借债。咱们这当哥哥的，还有王常，都成媒人了。唉，摊上这年月，有什么办法！”

说着兄弟俩相视都笑了。见刘縯长长打个哈欠，刘秀就此告别，准备去看望伯姬。走到门口，忽然又想起来，转身对刘縯小声说：“大哥，我发现近来新市兵、平林兵等原先的将领聚会频繁，神神秘秘的，不知有什么见不得人的勾当。虽然只是猜测，没事当然好，但防人之心不可无，还是注意些为好。”

刘縯听了立刻有些气愤，抬高声音指手画脚：“君子坦荡荡，小人长戚戚。我刘伯升做事光明正大，无愧于心，何惧小人非议？我最讨厌拉帮结派，有什么说到明处嘛！”

刘秀见刘縯激动起来，忙扯他一把，指指门外，悄声叮嘱道：“不管怎么说，在这是非之时，大哥还是小心为好。”

春暖花开、草长莺飞的季节，蝴蝶翩跹群鸟啾啾，热闹得有些寂寥。百无聊赖的刘伯姬挥动着心爱的燕尾青铜剑，没精打采地沿河边漫步。眼睁睁地看着亲人从身边消失离散，他们的音容笑貌似乎还在眼前晃动，但却永远再难相见。伯姬感觉好像是一场梦，令她似信非信。抬头仰望，瓦蓝的天空飘荡着两三缕白云，轻扬而沉默，就像她的心一样寂寞、空洞、若有若无、捉摸不住。

漫无目标地走出一大截，忽然听到一阵脚步声响动，转身发现一个熟悉的身影向自己这边走来，不用细看就知道是三哥文叔。伯姬高兴地跑起来，挥舞着短剑向哥哥打招呼。等走到跟前，伯姬忘乎所以地要拉哥哥的手，伸出手时忽然意识到这已经不是从前了，自己和哥哥都老大不小，顿时红了脸傻笑。

刘秀在她身边站住，上下打量着妹妹，皱一下眉头亲切地说："这些日子来妹妹陪同哥哥作战，途中受了那么多苦，看你现在都瘦成啥样儿了。唉，哥哥实在对不住你！"

"哥哥，你今天怎么啦，干吗那么客气？我瘦了我都不在意，你咋呼什么？如果你想照顾我，有的是机会，只要我不离开你，一直跟在你和大哥身边行军打仗就是了。"伯姬幸福地咧嘴笑起来。

说到照顾不照顾，刘秀突然想起自己来找她的目的，赶忙故作责怪地回答说："看你打仗都打傻了，满嘴的胡说八道，哪有妹妹永远跟着哥哥的道理？你终究是要出嫁的，还要学会照顾自己。"

伯姬脸更红了，一甩长长的袖子半是撒娇地嗔怪说："哥哥你休要胡说！哥哥还没成家，伯姬谈何出嫁？我要等哥哥把三嫂娶回来，然后才轮到说我的事。"

刘秀轻叹一声："现在身处乱世，哥哥既然选了这条路，就是人在江湖身不由已，只能随遇而安，婚姻大事，慢慢再说。而你就不同了，一个女孩子家，早些找个归宿，过安定的生活，也算完成家人的夙愿。你忘了咱娘说过的话了？"

见刘秀不是开玩笑，伯姬望着远处水边嬉戏的水鸟，陷入了深深的忧伤之中。

刘秀趁机提到李通，想看着妹妹做何反应："三妹，说正经话，最近三哥为你物色了一个，我感觉应该不错，你想知道是谁吗？"

伯姬有点兴奋地扭过头来，但一看见三哥的目光，便又害羞地低头不语。刘秀明白她的心思，继续说道："我看李通这个人，仪表不凡，才智过人。当初他拒绝王莽的高官利诱，不惜抛弃万贯家产，与我们共举大事，这样胸怀大志的男儿，将来必是有成就之人。不知小妹意下如何?”

伯姬看了一眼刘秀，欲言又止，忸怩着沉默一会儿，小声说：“我又不知道谁是谁，一切听从三哥的安排就是。”

刘秀长出了一口气，再搭讪几句，赶紧返回营地，想听听李通方面是如何答复的。走到军营大门内，正好和王常相遇，不用问，刘秀就知道事情很顺利。王常满面容光，咧嘴笑着：“恭喜，恭喜，李将军早就非常仰慕三小姐的才貌，只是他不敢高攀，听我说起来，简直是喜出望外，爽快地应下了这门亲事。”

刘秀高兴地拉住王常：“太好了，能把三妹的事情安排妥当，也就了了我们兄弟一桩大心事。走，咱们现在就去见我大哥，趁这几天战事间歇，赶紧定下吉日。”说着，两人并肩赶往营帐。

刘縯听了他们带回来的消息，自然欣喜异常：“文叔做得漂亮。至于吉日嘛，择日不如撞日，我看，就趁着大军休整之际，准备上一天，后天就给他们完婚!”

众人当然没有异议。刘秀快活地连连拍手：“我这就去让人准备布置新房，然后通知各部将帅，后天大家来喝三妹的喜酒!”说着正要离开，忽然，一名新市兵兵卒跑进来报告：“禀柱天大将军，王渠帅、朱渠帅、陈渠帅他们请您马上升帐，说有重要事情商议，而且要所有将帅亲临。”

刘縯听完，毫不掩饰气急败坏地叫嚷道：“还没攻下宛城，还没占领长安呢，他们就这样气焰十足，有什么事情先来说一声，让兵卒通报，是谁在命令谁?我看他们根本就不把我这个主帅放在眼里，这成何体统?”

见刘縯当着新市兵咆哮，唯恐造成矛盾，王常忙上前一步劝慰说：“刘将军不要这样，人多口杂，传出去容易引起误会。大家都是粗人，礼数不周也是常有的。以前我在下江兵中，也经常遇到这情况。不管怎么说，我们总要以反莽大局为重。王凤既然有事要相商，就请柱天大将军立即升帐，看到底是什么事情。”

刘縯发泄几句，冷静一想，王常说得很有道理，眼下王莽未灭，义军的团结比什么都重要，而现在因为几股势力撮合在一起，团结基础很脆弱，千万不能因小失大，引起内乱。刘縯摇晃着脑袋吩咐下去，立刻升帐。

中军大帐内，汉军各部将帅全部到齐，一派严肃气氛，战争之前的紧张气息弥漫整个帐中。刘縯端坐在大帐中央，直奔主题，注视着王凤问：“今日王渠帅急令升帐议事，不知有何要事？”

王凤早有准备，不慌不忙地上前一步，未曾说话先满脸含笑：“刘大将军办事爽快，实为我等钦佩。如今王莽篡权，政令苛刻，百姓疾苦，这当然有目共睹。我军虽是为民除害，打着振兴天下的旗号，可是打了这几仗，虽然接连获胜，但也只是在南阳一带周旋，不但没能带动起大江南北的形势，就是向西攻入潼关占领长安也未知时日。由此可见，反莽灭新任重而道远，仅凭一时之勇、一军之力，恐怕很难担当这么重大的责任。所以在下认为，将军既然要匡复汉室，就应及早推立汉裔，分封官职，建立国号，和王莽新朝分庭抗礼。这样可以集聚众多有识之士，加入我复汉队伍中，早日实现大统一。”

刘縯听他一口气说完，忽然疑惑起来。在他心目中，长期以来王凤、朱鲔等各路将领一向对刘氏心存芥蒂，唯恐刘家发迹重新做了皇帝挤兑他们。这次他们为何对恢复汉室如此积极，莫非其中有诈？

但不管怎么想，毕竟和自己的愿望相符，刘縯还是很高兴，从帅椅上欠起身子，微笑着说：“王渠帅想要推立刘氏，恢复汉室，果然深明大义，我刘縯作为刘家人，不胜感激。只是以当前情况来看，现在立汉裔建朝廷，不免为时过早。为什么这样说呢，你们想：其一，在青、徐两州，还聚集着兵力强大的赤眉军。他们与我们一样，一心想推翻王莽新朝，重建家园。若是他们听说南阳立了个皇帝，他们必不肯承认，说不定还会另立皇帝，这样同时出现几个皇帝，同时出现几个国号，大家本来同是反莽兄弟，是友军，结果却成了敌国，不免为争夺地盘互相厮杀，到时候时局大乱，反给了王莽以可乘之机。这就叫亲者痛仇者快，万万做不得。其二，攻打宛城就在旦夕之间，若把宛城攻下，进军京邑也指日可待。但如果我军把时间耽搁在建立朝廷上，王莽必会加紧宛城的防守。机不可失，时不再来。若是不能继续打胜仗，我们立皇帝又有多大作用呢？叫我说，不如先以攻打京邑为大业，等时机成熟后，立帝之事再做定夺。”

听刘縯这番大论，确实有道理，众人皆缄口不语。直率的朱鲔却不管这些，既然事先大家商量好了，就按商量的路子往下走。他似乎是被即将来到的掌权欲望冲昏了头脑，黑着脸走出队列，站在刘縯面前大吼大叫：“这也不是一个人说了算的。议立天子之事，还得看众人的意思。那咱们也不用拐弯抹角，我提议，立更始将军刘圣公为天子，不知各位渠帅意见如何？”

朱鲔性情率直，王凤有意拿他当枪头，事前就安排他首先提议，然后大家佯装思考，最后同意。此刻受王凤和朱鲔指使的平林兵、新市兵还有部分下江兵将领，七嘴八舌，纷纷表示同意立刘玄为天子，一时造成浩大声势。而春陵汉军深知刘玄的为人，同时刘縯又是众望所归，岂容刘玄这等小人在此嚣张，于是纷纷反对。吵吵嚷嚷，争执不下，威严的中军大帐乱成了一团糟。

邓晨代表春陵汉军叫嚷说："就是立皇帝，也轮不到刘玄，他有什么战功，有多少威望？现在明摆着柱天大将军战功卓著，威名远扬，要立皇帝，为何不立他？"

刘稷更是愤愤不平："刘玄这几年在军中默默无闻，怎么立皇帝时突然冒出个他来？不知朱大渠帅是如何选立刘玄的？照你们的说法，不论功劳名望，随便拖出一个姓刘的就可做皇帝了？还是你朱大渠帅早有预谋？恐怕你们在刘玄身上花费了不少工夫吧？还是刘玄在你们身上花了不少工夫？"

朱鲔心直口快，却从不想许多。王凤等人教给自己的话方才已经说完，现在见大家交口指责自己，一时被说得哑口无言，站在两派中间很是尴尬。正不知所措时，王凤开口说："我等情愿拥立刘氏恢复汉室，这已经够难得了，也算对得起刘家了。柱天大将军却要阻拦，莫非将军也有南面称尊之意？若有的话，不妨直接说出来。"

这分明是躲开了刚才的话题，矛头直指刘縯本人了。王常虽然不属于春陵汉军，而且自己手下的下江兵也有许多赞成推立刘玄的。但他豪爽直率，做事讲究个不偏不倚，特别是忍受不了王凤咄咄逼人之势，来到朱鲔跟前，使劲拍两下帅案："诸位、诸位，我等举兵反莽，就是为了天下太平，百姓乐业，议立天子是关乎天下众生的事，非同儿戏。希望大家要以天下苍生为念，一定要本着平允之心，不能以一己之私而有所好恶！"

众人都还是很敬重王常的，顿时安静许多，也都认为王常言之有理，无可辩驳。只是他这话囫囵吞枣，说了和没说一样，并不能解决实际问题。

见气氛开始冷淡，王凤有意要再掀起声势，以便浑水摸鱼，看看众人讥嘲地说："那么，以王渠帅之意，本着平允之心，我们应如何推举呢？"

王常想了想说："其实现在确实不是时机，但如果必须有个结果，我认为应该唯功劳和能力来定人选。大家聚在一处这么长时间了，刘伯升和刘文叔兄弟的付出还有能力，大家都看在眼里，记在心里，彼此应该心知肚明，到底该选谁，大家说了算。"

"还是老一套。"王凤小声嘀咕一句，不耐烦地瞥了一眼王常，而后转向众人，“既然这样，我倒有一条妙计，大家公开表决，少数服从多数，这怕是最公允的了。诸位看怎么样？”

实在没办法，只得如此。众人都答应。殊不知，王凤、朱鲔等人早已笼络了新市、平林、下江等众将领，只有被他们认为不好变通的李通、李轶、王常等人被孤立出来，显然优势在王凤一方。

明知这是他们在耍把戏，怎么玩都在他们的股掌中，直爽豪放的刘稷再也看不下去了，索性破口大骂：“姓王的，姓朱的，你们在这儿假充什么公正，有本事正大光明地来！我说这事咋这么邪乎，原来是你们早已串通一气！你们也不想想，傻子也能看出来，就凭那懦弱无能的刘玄，他能掌握了军权，他做了皇帝，还不是你们在背后操纵？你们为什么极力要推举出刘玄，不是刘玄想当皇帝，而是你们想当太上皇！现在才攻占了几座城？争夺了多少地？你们如今就开始窝里斗，就凭你们这点小心眼，还想争夺天下？没门！”

朱鲔大怒，噌地跳上桌子，顺手抽出长剑，剑锋指着刘稷大吼：“好你个混账小子，你娘的算老几，这里也有你说话的地方？有本事你再说一遍，爷爷一把捏得你两头出屎！”

既然撕破了脸皮，气氛越发激烈起来，双方将领都本能地握住剑柄，剑拔弩张，几乎一触即发。刘秀见此情景，情知这样下去将会造成无法预料的后果，不用新军来攻，他们自相残杀一场，两败俱伤，大家全完蛋，辛苦几年所做的事情就要付之东流。

来不及多想，抱着息事宁人的想法，刘秀赶忙上前劝阻，一边使劲儿给刘縯使眼色。刘縯见刘秀神情，沉思片刻，慢慢冷静下来，似乎什么都想明白了，砰砰地拍着帅案放开嗓门呵斥说：“在中军帐中如此大吵大闹，成何体统?！有话一个个说，再有喧哗放肆者军法从事！”

虽然人心已经分崩离析，但大帅的余威毕竟还在，听刘縯发了怒，局面稍微稳定下来，大家都满面怒气地看着刘縯，听他怎么说。刘縯环视众人一下，先冲刘稷等舂陵汉军将领斥责道：“绿林诸将这几年来，与我们同生同死，大家已经结成共患难的弟兄。大家为反莽复汉不惜丢掉性命，个个都是好样的。即便有什么见解不同，也要好好商量。看你们刚才那熊样，难道你们对待自家兄弟就这样？我告诉你们，退一步海阔天空，都把这句话牢记在心中！”

见刘縯服了软，王凤和朱鲔等人感觉这下阴谋即将得逞，顿时心花怒放，王凤向刘縯露出奸笑，半阴不阳地说：“柱天大将军英明！”

刘縯不得不压住怒火，继续心平气和地说："既然是匡复汉室，我们也不必争执。只愿今后大家为同一个目标继续努力。好了，今日之议已决，就立圣公为尊，择日登基。"说罢转身噔噔噔地走出大帐。

刘稷等人还是不服气，但没了刘縯做主，谁也说不出什么。王凤一帮得意地笑笑："怎么样，咱们很快就有皇帝了，皇帝那可是有生杀予夺的大权的，大家还是小心点的好！"见没人搭腔，这才满意而去。

刘縯阴沉着脸埋头冲进自己营帐中，刚进门，刘秀就紧跟而来。刘縯一屁股坐下来，气哼哼地不说话。刘秀在一旁也坐下，刘縯不说话，他也不主动开口。默坐片刻，刘縯终于忍不住，站起来一圈一圈地踱着步，气愤而无奈地望望刘秀，把拳头捏得嘎巴响，恨不得立刻再去找王凤和朱鲔等人，把理说清楚。

这时刘秀才轻声慢语地劝一句："该来的总要来，大哥还是冷静一下吧！"

刘縯转身对刘秀哭笑不得："三弟，没想到咱们四处联合，结果联合出这么个局面来！王凤和朱鲔这帮家伙竟然如此放肆无礼，太欺负人了！我倒不是因争皇位不得而气愤，只是圣公刘玄的性格素来软弱无能，你又不是不知道。我想，他这个皇帝位子当不了多久，最终恐怕连他自己都保不住，到最后又把汉室拱手让人。到那时，我们多年来的付出岂不白费了？"

刘秀点点头，赞同他的看法，不过仍安慰他说："大哥说得对。不过看今日情形，王凤、朱鲔早有预谋，他们串通绿林诸将，表面上拥立圣公当皇帝，实际上是把刘玄当成了傀儡，大权操纵在他们手里。说白了，就是抬出刘玄来压制大哥，变相夺了大哥的统帅权力。如此行径，实在卑劣。可当前他们占据优势，我们又无很好的对策。看来只有仰仗大哥利用手中领兵的特权以及在军中的威望，来抵挡住王、朱他们的势力，慢慢等待有利时机的来临。只有这样，才有机会反败为胜，不枉我们征战多年。叫我说，眼下我们要做的是，一面与绿林合作，全力讨贼，一面笼络诸将，争取为我所用。李通、王常素来正直，又仰慕大哥贤名，可做心腹。马武等将领性格直爽，思想单纯，便于笼络。但是从今以后，我们不能单纯地攻击王莽了，而要同时扩大自己势力，对内对外一起抓，这样才能确保汉室复兴。"

这一番富有远见的策划，果然实在。刘縯立刻转怒为喜，用赞许的目光看着刘秀说："唉，本以为起兵反抗王莽，只管拼杀就行了，谁知道这里面还有这么多道道！这几年真是多亏三弟协助，才使我渡过重重难关，要是我一个人，就我这脾气，早跟他们一刀一枪地杀上了！"

兄弟俩正说着，守帐士卒急匆匆地来禀报说：“刘稷将军求见！”未等说完，刘稷已大步冲进帐中，也不看看有谁在帐中，不由分说，开口便骂：“王凤和朱鲔这些龟孙，他们一帮子山贼，逞得哪门子强！若不是伯升兄拼死沙场，说不定现在他们早叫王莽给收拾掉，暴尸荒野了！得人恩惠却不知回报，反翘起尾巴咬人，真是贼性不改，小人之心，小人！”

刘秀忙把他拉到椅子前让他坐下，一边劝慰说：“稷兄息怒，在这混乱年月，咱又是闯荡天下的，什么人碰不到？若是每次都生气，王莽没打败我们，咱们自己先气死了。如今事实已经是这样，生气也没用，倒是我们，应该审时度势，不能以鸡蛋碰石头，到头来吃亏的反而还是咱们？乱世出奸凶，你找谁说理去？稷兄还是静下心来，咱们共同商议对策！”

“哎呀，你这人性子也太淡了，汉室江山都成别人的了，刘家都成人家手里的木偶了，还商议个屁！”刘稷气鼓鼓地说罢，把剑狠劲儿地插入鞘中，转身而去。

刘缜和刘秀没有拉住，追到门口，望着刘稷怒气冲冲使劲甩着胳膊的背影，无奈地相视一眼，刘秀摇头苦笑一下：“稷兄多年来跟随我们闯江山，却落个这样结果，不但操心劳神冒死拼杀，还得受自己人的气，你说他能不大动肝火吗？”

刘缜素知刘稷性格，放心地说：“没事，刘稷和你大哥一样，向来性情直爽，一时拗不过弯，过一段时间自然就好了，不用管他。”

刘秀却不无担忧地说：“常言说人无刚强，立身不长。但锋芒太露，也未必是好事，这样易遭奸人嫉恨，容易碰到钉子上，还是小心为好！如果刘玄和刘稷能中和一下，就十分好了。”说罢似乎无意地看刘缜一眼，“大哥，你以后也要注意些……”

第十八章　危机四伏　如履薄冰

王莽新朝地皇四年（23）二月十三，天空灰蒙蒙，冷气突袭，密云不雨，天地间凄惨惨的没有一丝活气。而汉军营地却热闹非凡，整个城中万人空巷，争相来看热闹。汉军所有将兵共聚在高坛四周，“汉”字纛旗树立在高坛正中，倒也颇有些气势。典仪官礼服整齐，宣读王匡起草的告天下臣民恢复汉室的檄书。

用了半晌时间方宣读完毕，而后，刘玄头戴冠冕，身穿吉服，在先导官引领下，祭告天地、先祖，一切程序过后，刘玄战战兢兢地坐上高坛正中的御座。义军诸将渠帅，一齐跪伏在地，齐声山呼：“万岁，万万岁！”从此，一个以汉为名的小朝廷建立了，与京邑长安的王莽政权形成两朝对峙的局面。

习惯于对人低三下四的刘玄，突然在众目睽睽之下被尊为皇帝，一时受宠若惊，竟忘记了是在高坛上，见大家向他叩拜，忙起身向台下众将士满脸憨笑，鞠躬弯腰作为回礼。张印作为左侧护卫，见此情景，心中惶急又可笑，还夹杂着气愤，却又无法当场大发雷霆斥责刘玄，只好耐下心来对刘玄耳语道：“陛下坐好，别理会他们。说话呀！”

见张印脸色阴沉，刘玄反倒惊慌起来，嘴上也结结巴巴：“说……说什么？”

“说顺天应人，恢复汉室。”

刘玄傻里傻气地点着头说道：“在下……在下顺应天命，今日……登基复兴汉室……”

众人见刘玄呆头呆脑战战兢兢的神情，已经是大为惊奇，又听他这样说，顿时再也忍不住，不知是谁起的头，哄然发出一阵讥诮的笑声。张印此时见刘玄这么不上台面，不禁有些恼羞成怒，索性不顾刘玄，上前一步，站在刘玄的宝座前边，挺直胸脯庄重宣布：“汉室复兴，新皇登基，建元曰更始元年，为显示陛下皇恩浩荡，大赦天下，分封诸将！”

说罢，转身从刘玄手中抢过草拟好的诏书，大声宣布：“奉天承运，复兴汉室皇帝诏曰：拜刘良为国三老，王匡为定国上公，王凤为成国上公，朱鲔为大司马，陈牧为大司空，刘縯为大司徒，王常为廷尉，李通为柱天大将军，刘稷为抗威将军，刘秀为太常偏将军……”

其实大家心里明白，这所谓的诏书都掌握在王凤、朱鲔等绿林兵将帅手中，诏书上的内容其实就是他们的意思，只不过借了刘玄的嘴说出来而已。听见诏书上册封的人物，没有多少功劳的都占据了上位，而刘縯和刘秀拼死冲杀，才弄了个司徒和偏将，嘴上不说，心里都为刘氏兄弟倍感惋惜。但这种场合，刀枪都掌握在人家手里，虽有不平，却是有此心而无此胆，只能静默地听着，略微有一点骚动。

突然，台下队伍中传来一声高呼：“且慢！”大家立刻停止低声议论，同时扭头循着声音看去。原来是和刘縯、刘秀兄弟关系最近的刘稷。这也原在人们意料之中，所以并没人感到奇怪，大家静下来，等着看有什么样的好戏上场。

只见刘稷披挂整齐，昂首阔步走到高坛上，对着张印怒目而视：“对不起，俺刘稷不想做什么抗威将军，只想做刘伯升名下的一名校尉，只听从刘伯升兄弟的号令。至于这个皇帝嘛，我看能做多长时间还未可知，倒不如在刘縯将军手下干点实际事情来得实在。”

朱鲔闻言大怒，也赶上台来，怒吼着骂道：“大胆刘稷，竟敢违抗帝旨，还满嘴喷粪，损毁皇帝威严，看你有几颗脑袋！”说着，伸手从腰中拔剑砍向刘稷。刘稷也不含糊，早把腰刀仗在手中，眼看就要厮杀。台下众人见火并在即，立刻也都做好准备，悄悄摸索手中的家伙，准备为各自的团伙拼杀。

没想到出现这样的变故，这样一来，岂不照样要大乱？刘縯吓得赶忙上前阻拦。就在这千钧一发的时刻，刘玄不知从哪里来了灵感，从龙椅上站起来突然呵令道：“张渠帅请住手。同意他就是，何必为此伤诸将和气？”好歹人家是表面上皇帝，张印只得作罢，朱鲔也撤回身去。不过两人在心中暗骂，让你做个皇帝，还真像模像样，竟敢向我发威，下次再敢向着你刘家，看我不连你一块收拾了！

更始帝立，汉室复兴，方圆千里反莽义军纷纷起来归附，不长时间内，汉军势力日益强大。看到这种情况，刘縯上奏更始帝：“宛城地处隘口，乃兵家必争之地，现在被新军占据，正好挡住了我军西进的路线。若我军有了宛城，向南可通荆、襄，向西可图京都，向北可进洛阳，陛下宜早图之。”

刘玄表面上连连点头，实则搞不清楚宛城地位到底有多重要。他虽随军征战多年，却是跑腿，从来不用操心，人家让去哪儿就去哪儿，随波逐流，哪知什么军事战略，对各处关隘城池的作用，更是不知所云，愣在那里，不知如何作答。

国老刘良见状，忙进言说："陛下，刘縯自起兵以来，屡战屡胜，对行军打仗了如指掌，领起兵马来，游刃有余。依臣下所见，索性就将兵权交于大司徒刘縯，由他全权指挥，谋取宛城。"

刘玄向来钦佩刘縯有大将风度，当然对刘縯攻敌的本事也是信心十足。听了刘良的话，心想确实是个好主意。不过正要开口答应，话到嘴边忽然又咽了下去，用眼神斜视旁边辅政的朱鲔，显然等着人家给自己提醒该怎么处置。

刘縯见这副情形，心已凉了半截，怒视着朱鲔，看他怎么指使傀儡。不过让刘縯及诸将想不到的是，朱鲔皮笑肉不笑地应声说道："国老果然妙计，在下也正有此意，大司徒刘縯定能胜任，还请陛下从速颁布诏书吧！"

刘玄听了立刻高兴地宣布："那就将兵权交于刘縯，攻打宛城即日开始！"

散朝罢，各回营帐。转出临时设置的宫殿，朱鲔和陈牧一前一后，向自己营中走去。走到半截，看别人都走散远了，陈牧忍不住问："朱兄今天表现反常，怎么为刘縯说起话来了？"

朱鲔诡异地一笑："陈兄有所不知，我是在利用刘縯这块材料替咱们卖命。你想想看，若不重用善于领兵打仗的刘縯，我军现在攻打宛城，将来推翻王莽，就会相当艰难。所以利用刘縯这一个工具，对我们岂不有利？若刘縯趁此机会图谋不轨，篡夺兵权，那就是以下犯上，大逆不道，他必然身败名裂，失去人心。到时候皇帝在咱们手里，咱们成了正宗，收拾起他来，并不难。所以说不管刘縯选择哪一条路，对我们都是有利无害的。这样的好事，谁能不干？"

陈牧忙竖起大拇指，啧啧连声："大哥果然高明，这样一来，刘縯就掌握在我们手中了，大哥也不会再受心腹之患折磨啦。他现在就是那拉车的牛，拉好了迟几天杀，拉不好早几天杀，反正活要干，肉要吃，真是两得其便。哎呀，真是妙不可言！朱大哥一向用刀枪说话，这回倒好，用心计说话了。真是粗中有细，佩服、佩服！"

朱鲔呵呵大笑："咱这大老粗，你还不了解吗？这都是王凤教给我的。他知道刘縯要请兵打仗，正好今天他不值朝，就让我替他说了。"

陈牧大悟地点点头，若有所思地说："可我担心的是，兵权非同小可，重要权力就这样拱手让人，只怕会一失足成千古恨。"

朱鲔笑了："请陈牧弟放心，量他刘縯没这本事！他和你哥我一样，都是有口无心的。"

陈牧本来还想说刘縯身边有个刘秀，不可小觑。不过想想对朱鲔说了也没用处，便就此作罢，拱手各自回营。

刘縯得了诏令，风风火火赶回营中，迅速召集全军将领，商议攻取宛城的事情。大家积极表态，愿意全力出击。刘秀当然不例外，然而他比别人考虑的更多一些："我军因连日拥立汉帝，耽搁了攻取宛城的最佳时间，现在突击，恐怕……"

经过这场变故，刘縯此时心情相当复杂，明知三弟分析得有理，但为了不挫败众将士气，硬下心来没有听从刘秀的意思，竭力坚定地大声说："宛城的要害在于它扼住了我军进攻长安的咽喉，我军一定要志在必得，而新军也会拼死守住宛城，诸将要有打恶仗的思想准备，能做得到吗?!"

"能！"声音响彻云霄，在天际云端回荡。

眼见得天下惶惶，原本以为大治的小康之国转眼成了步履维艰的沼泽地带，实在出乎王莽意料。但不管自己情愿与否，事情已经出来，就不得不认真应付。而这时王莽出于一统江山的雄心大略考虑，对匈奴和高句丽等地的战争尚处于胶着状态，兵力过于分散，这就不能不让他焦头烂额。

各地紧急军情接连传来，虽然深居宫中，外边的情形他还是能猜测出几分。由于形势所迫，王莽心急如焚，想到自己吃败仗的消息接踵而至，接连派出去的自以为精壮士兵几乎无一例外地都成了人家的刀下鬼，他既惊慌又感到纳闷。不就是几个叛贼吗，何以如此厉害？

眼看着情况再不容等待下去，王莽让人撞响景阳钟，慌忙召集群臣商量对策，丝毫不掩饰自己的忧虑："众位爱卿，外界情形，想来大家也都知道了，朕也不必多费口舌。想当初，朕初登大宝，一心要以儒术治国，克己复礼，让天下回到上古时候的小国寡民时代，让天下百姓享受到大国的荣耀。可谁曾想，偏偏有刁民就不理会朕的良苦用心，反而起兵和朕为难。难怪先哲有言，唯女子与小人难养，这话不假，小人就是这帮刁民啊！唉，此刻国家有难，并且越闹越凶，眼看着我大新的江山竟然有难保之势，果然是人多成王，贼众难当。而这些刁民当中，最可恨的是那南阳刘氏，他们本出身皇家贵胄，朕一向待他们不薄，而他们不知好歹，却与绿林盗匪沆瀣一气，比起山贼更为嚣张！这些家伙杀害我忠勇兵将，攻占我大片城池和土地。更有甚者，他们不顾大义，冒天下之大不韪，拥立出一个什么更始帝！先哲说过，天无二日，国无二君，自古如此，天经地义！而他们如此狂悖，着实可恨。不知诸爱卿有何绝妙对策，可以替朕排忧解难啊?”

滔滔讲出一番，大殿内却悄无人声，只有自己一个人的声音在回荡，空洞而虚弱。王莽耐着性子，用期盼的眼神扫视一眼群臣，而那些平日里山呼万岁时声若洪钟的大臣们，此刻却一个个低着头、哈着腰、双手在前恭敬而小心翼翼地交叉，仿佛一尊尊泥胎木雕。唯一能看出点活气的，就是他们当中许多人偷偷用余光斜瞟着左右，不但谁也没有吭声，而且看那表情，还唯恐皇上亲自点名叫到自己头上。

见此情景，王莽再也忍耐不住，腾地脸色大变，心头怒火一股脑儿地往上冲，撕破稳重温文的面皮，啪地一拍御案：“好啊！好啊！朕平日供养你们吃喝，供养你们住行，让你们锦衣玉帛，却原来是一个个饭桶，不过白白养了一群猪！此刻国家有难，正是你们将圣贤书付诸实施的时候，你们却一个个蜷缩起来！朕看朕对你们的恩宠全给狗吃了，既然这样，朕要你们又有何用!”歇斯底里的叫喊充斥着每个人的耳膜。虽然不敢抬头，但大家还是能想象出那副因为暴怒而扭曲变形的嘴脸，人人不寒而栗，简直站立不住。

看自己的主子真的动了肝火，一直沉默也不是办法。冷清片刻，国师刘歆慢吞吞向前一步，拱拱手声音细微地说：“陛下，陛下先别动气，以臣所见，天下情形还没发展到不可收拾的地步。大江南北几乎所有城池和百姓都还掌握在我们手里。他们充其量不过几个山贼，因为我们一时大意，让他们钻了空子，搅浑了水，一传十，十传百的，似乎很有声势，其实他们力量薄弱得很。只要陛下能选派一员良将，征集各地兵马，集中打击其中最嚣张的一处，不出几日，自然能将其平定。闹腾得最厉害的被消灭掉，其余的就会气馁，可以不战而平。这就是所谓纵有千万鬼怪，道术始终不变，而鬼怪自消。”

听刘歆这样说，王莽也感觉到自己方才过于急躁，以至显露出内心的胆怯，忙微微一笑掩饰过去，放缓了声调说：“国师此话确有道理，正合乎朕的心思。其实朕并非在意几个蟊贼，相对于大新朝的广袤江山，这仅仅癣疥之疾而已。朕不过想以此为契机，让你们历练一番。既然如此，论起贼首，当属南阳的所谓更始。那大家不妨说说，派谁去整治了他们合适呢?”

王莽的话语缓和下来，大家都感觉心头一松，活动一下麻木的手脚，大着胆子你看看我、我看看你，最后仍是国师刘歆接着说：“陛下，论起行军作战，严尤将军可谓称职。但他上次出兵，行动过于迟缓，结果让贼人有机可乘。臣想，这次若再出兵，应当神速，打他个措手不及。至于领兵人选吗，臣以为让王邑将军出任首帅，必定能够将蠢贼消灭，确保国家社稷，请陛下斟酌！”

这一句话，忽然提醒了王莽。关于王邑，王莽觉得确实还不错，一来王邑是自己本家，亲不亲，血连根，毕竟能信得过。再者，王邑练兵方法也别出心裁，他不但训练人，还训练野兽。经过这几年的操办，还真的拥有一批奇兵异兽，布列战阵，千奇百怪，堪称古今少有。王莽也曾亲眼见过，在他印象中，这样的奇异队伍上了战场，一定会战无不胜，单凭气势和场面，也能把对方吓个半死。让他去攻打刘氏一军，必定是手到擒来。

有了主意，王莽又恢复了以往雍容文雅的儒士风度，和大臣们谈笑互相宽慰几句，也就散朝。

但王莽总不放心，散朝过后又单独召见了王邑。先亲热地拉住王邑让他坐下，盯住他脸上片刻才微笑着开口：“爱卿，孔夫子曾有言说，天道无亲，常与善人。朕自登基以来，致力于筹建一个旷古未有的新朝。而若想大动筋骨，总有刁民横加阻挠，这个朕早有预料，不足为虑。你也知道，朕一直将你视为朕的虎牙将军，上次出征，本来就想让你前去，不过当时不知道贼兵底细，故而让严尤先去打头阵，这其中不乏爱惜你的意思。这次贼人底细已经弄清楚，他们声势虽然浩大，但其实不过是蜷缩在南阳一隅的散兵游勇，况且他们有几股势力，互相不连接，各自为战，最容易各个击破。现在是你出马的时候了，不知爱卿是否愿意替朕分忧解难？”

看着王莽和缓中又带有几分威严的眼神，王邑自然不敢说出别的什么话，况且他也正想试试自己训练的怪兽阵法到底实战效果如何。如果真能成功，扭转了大新朝的乾坤，以后的荣华自然是不可限量的。于是他忙从座位上站起来恭敬地回答说：“只要陛下信得过为臣，臣下必定竭尽所能，虽万死而不辞！”

王莽听后，哈哈大笑：“好，自古忠臣出于亲戚门下，朕能有你这样的忠义臣子，而且真有一套摄敌绝技，朕还何虑！只要能从速灭掉南阳贼首，天下不难恢复平静。到时候朕一定重重有赏！”说着也站起身，拍了一下王邑的肩头。而王邑心里则开始憧憬起稳坐华屋大厦里，守着金银珠宝、美酒美女的欢乐场面，脸上却是一副感激涕零、慷慨激昂的表情，重重一抱拳：“谢陛下信任，臣一定早日凯旋，以宽慰陛下！”说完告辞退出大殿，去做向南阳进军的准备了。

几乎就在同时，刘縯带领汉军已经到达宛城。刘縯亲自带兵攻打，与宛城守将岑彭上下相望，两人都是烈性汉子，互相对骂，你进攻我抵挡，但见喊杀声阵阵，城上城下伤亡都不小。由于岑彭准备相当充分，各种守城战具统统拿到了城墙上，防守十分严密，虽然汉军格外勇猛，可是仍然久攻不下。

就在双方对峙的时候，忽然传来消息，说朝廷派来大将王邑，率精壮新军百万，外加巨无霸的猛兽队伍，正向南阳扑来。闻听这个消息，汉军上下顿时人心慌乱。关于王邑手下巨人巨无霸训练的猛兽队伍，人们传言纷纷，说那是驯练好的老虎、狮子和大象等山林野兽，它们可不管你什么汉军是不是正义之师，冲上来张开血盆大口便撕便咬，任你武艺再高强，能斗得过野兽去？越说越悬乎，众人也就更加胆怯。面对人心不稳，刘縯心里七上八下，明知道这样对作战不利，但又没办法打消大家的疑虑。并且王邑所率领的大队新军一到，自己前有坚城，后有强敌，腹背受敌，指望王凤等人派兵前来解救自己，那简直是妄想。一则他们手里没有多少兵，再者经过拥立谁当皇帝的风波，大家已经是面和心不和，他们当中许多人甚至巴不得自己立刻战死，能派兵来吗？里外断绝，这可如何是好？刘縯脑子里乱如团麻，扯不开头绪，只能在营帐中来回闷头踱步。

就在这个节骨眼上，一名侍卫迈着疾步跑进来禀报："司徒大将军，太常偏将军刘秀求见。"犹如黑暗中看到了一缕阳光似的，刘縯立刻兴奋起来，舒缓开紧锁的眉头："快，有请……"

"三弟，你来得正好，现在宛城久攻难下，而外边又有强敌压来，该怎么办啊？"刘秀刚走进帐中，刘縯上前一步，紧握着刘秀的手，来不及寒暄，开门见山地大呼小叫。

"大哥不用着急，情况我都知道了，小弟正是为此特意赶来的。大哥，前两天我派了几员将校来探听进攻宛城的情况，因为知道你忙，就嘱咐他们不要惊动你。他们回去给我说，你正和岑彭较劲，一来一往地死打硬拼，当时我就感觉不妙。因为不管怎么说，莽贼势力还是非常强大，我们跟人家比兵力比伤亡，吃亏的最终必定是我们。照现在形势来看，我们不应将眼光集中于宛城一池。这样不但难以攻取，白白损失大量兵力，而且延误时期，给王莽留下从容布置的时间。等到王邑率领大批兵马赶到，我军必定在劫难逃。所以我仔细考虑过，我们若想尽快攻下宛城，应该分兵南北，先攻取宛城周围城邑。这样做，一可以劫断宛城外援，二可以为我军衣食住行提供方便，三可以扩大我们的周旋空间。这样一来，我们是活的，而对方则是死的，以活的打死的，自然容易取胜。等我们迅速扩大了活动空间后，可以从宛城的各个方位攻取，令他防不胜防。如此一来，岑彭再剽悍，也无法长出三头六臂去，然后我们瞅准他的防守空缺，一鼓作气，赶在王邑来到之前，拿下宛城。我们若能提早拿下宛城，则王邑来到后也没什么可畏惧的了。横竖他们远道而来，能打过我们就打他，打不过我们就坚守，看谁能熬得过谁？大哥，你觉得这个计划如何？”

“好，分析得有理有据，我就知道文叔向来不做没准备的事。果然，你还真是一语点醒梦中人！哈，就依三弟之言行事！”刘縯把衣甲晃动得哗啦作响，这才发现两人就站在营帐门口说了半天，刘秀大老远的来了，还没让他坐呢。忙拉着他说：“文叔，你看，站了老半天，连口水都没喝。来，快坐下，这几天没见，心里还真空落落的，咱先弄两杯解解乏！”

刘秀却含笑摆摆手：“大哥，几天没见，你什么时候学会客气了？而且还是跟小弟客气，那就更没必要了。我看王邑一定接受了上次严尤行动迟缓的教训，他的行军速度肯定不慢。咱们事不宜迟，立刻行动。我在这里随便吃喝，你快去升帐安排吧！”

“那好，你就随意，大哥这就按你说的去办！”说罢，叫过两个亲兵，嘱咐他们招呼好刘秀，自己则立刻命令擂鼓升帐，要安排作战事宜。大家正心里没底，听见主帅召唤，立刻赶了来。看着诸将召集到位，刘縯也不绕弯，把刘秀方才说的计划原样叙述一遍，紧接着分派任务。

“诸位将领听着，为尽快攻取宛城，我们要分兵三路，一路继续攻取宛城，另外两路分兵南北，攻取宛城周围城邑，为我军开辟粮饷来源，同时也扩大周旋空间，不知众将有何异议？”大家多日苦战，知道硬打下去不是办法，对于目前战况如何，都明了于心，于是纷纷表示同意。

“那好，既然大家都没意见，本将军就开始分派任务，希望大家同心协力，一举攻下宛城，然后集中力量迎头痛击王邑！现在本将军命令，王凤、王常、刘秀、李轶、邓晨，你们立刻带兵北上夺取宛城以北的大小城镇；陈牧、李通、朱鲔，你们分兵南下，尽可能多地占领宛城以南诸城镇；宛城正面，则由我率领余部汉军继续攻取，如有消息，立刻派快马来报，大家连成一片，互相分配好兵力，牵制住敌军！”

雷厉风行地分派下去，诸将一一听命，各自带了兵马出发，分头行动。围攻宛城开始了新一轮的进攻。

很快便有消息传来，南路汉军在陈牧、朱鲔的率领下，趁敌军不备，迅速占据新野，新野是宛城南边的重镇，宛城的粮草大都通过新野转运而来。这样一来，就让岑彭感到折断了一条臂膀，痛心之余，士气大受影响。这对宛城的正面攻击，很有帮助。刘秀提出的分而攻之的计划，初步显示出极佳的效果。

北路汉军在王凤，王常等人的率领下，加上刘秀和李轶等人格外卖力，也是势如破竹，所向披靡。没多长时间，定陵、郾城等周边城市，都一一被破。最远处兵锋直指昆阳。昆阳是宛城以北最为重要的一座重镇，这里是新军大批粮草的聚居地，是岑彭据守宛城的另一个定心丸。正因如此，刘秀对昆阳格外重视，聚集所有汉军围攻到城下，大有志在必得之势。不过还没等到大规模地开始攻城，城内被王莽亲随傅锐所逼迫共守昆阳的新军将领王霸、任光两人，仰慕刘秀威名，派亲信潜出城来，和刘秀联络，最后他们里应外合，杀掉傅锐而轻巧地取下昆阳。昆阳新军几乎没有损失地全部归顺到刘秀旗下。

拿下昆阳后，刘秀不敢耽搁，立刻派人把俘虏的牛、马、粮食及大批辎重，源源不断地运往宛城外围，支援主力部队。然而粮食刚刚运出一批，正当人们被接踵而来的好消息深深鼓舞时，一个出乎人们意料的军情忽然传来：王邑和他的心腹大将王寻，率百万大军距昆阳已不到二十里地！

探马把消息禀报上来时，许多将领正聚在一起谈论宛城即将被攻下的大好前景。顿时全场惊呆，犹如晴朗的白日突然出现日食般，黑暗重重地压了下来，每个人都目瞪口呆，几乎怀疑是不是听错了。半晌有人才喃喃自语地说：“什么，百万大军？那还不铺天盖地，和遭蝗灾时的蚂蚱差不多？这么多人马，别说打，就是一人踹上一脚，也得把昆阳给踏平了。他奶奶的，这仗还怎么打？这简直就是大象跟蚂蚁比嘛！再说，咱们的主要兵力多聚集在宛城那边，咱们人数少，却偏偏正处在王邑这个孬龟孙的刀尖上。看来再搬救兵是来不及了，况且也没多少救兵可搬，这，这该如何是好……”

“看你们说得神乎其神，打了这么多年的仗，兵法倒忘在了脑后。岂不知兵不厌诈是两军阵前最惯用的手段？你们想想，王莽手下可直接支配的兵力有多少？在这么短的时间内，王邑真的有本事召集起百万大军吗？”就在一片惶惶然的议论声中，一个挺拔飘逸的身影闪了进来，不用看，听那清朗的声音就知道来人是负责昆阳守卫的刘秀。刘秀站在大帐中央，先是微笑地冲众人说一句，忽然又变了脸色，狠狠瞪一眼前来报告消息的探马。

探马见刘秀神情严厉，吓得一缩身子，嗫嚅一下，说：“好像是，反正见头不见尾，我……我不太清楚，我是听一个逃命百姓说的……不过，据在下想来，一百万人，比我老家一个郡的男女老少加起来还要多出好几倍，那还不得从潼关一直排到这里？所以……在下其实是刚才一时紧张，他们的人数虽然不少，但恐怕连少半个一百万也没有。我看，不但没有少半个一百万，连半个五十万也没有。"

"我说嘛，新军又不是泥捏的，哪能一下子变出那么多？你们还不了解王莽这个人吗，他满口所谓儒术，讲究什么礼仪，把个《礼记》弄得滚瓜烂熟，其实最会虚张声势糊弄人。咱们要是相信了他的话，非得过差年不可。"有人高喊着叫嚷。

"这话说得在理，凡事都不能不信，但也不能全信。王莽说公鸡会下蛋，你就说亲眼见，这跟傻瓜有什么区别？王莽朝廷里正因为这样的傻瓜太多，结果受了王莽蒙蔽，让他轻易篡夺了朝政，害得咱们南征北战地忙活。叫我说，对王莽还有那个王邑的话，最好来个漫天要价，就地还钱，他说一百万，你就当十万八万地对付！"说得众人一阵哄笑，气氛立刻缓和了许多。

接着有人转向那个报信的探马，说道："没有弄清楚的事情怎么就乱说？作为一军中探马，那可是军中的眼睛，眼睛都花了那还了得？你不探明实情，竟然把一个百姓的话传来传去，这成何体统！"

"就是，你说你该当何罪？"

"在下不敢了，请将军饶恕，请诸位将领饶恕！"见众人七嘴八舌唾星飞溅地一起冲自己来，探马更加着慌，不住地作揖，慌不迭地退了出去。

见大帐内安静下来，刘秀舒缓了神色，慢慢地说："诸位将军，现在我们对新军的实情还未掌握，而新军对我们的情况也在猜测中，所以现在还不是慌乱的时候。即便他们人数多些，其实也不必惊慌，两军相对，取胜之道，在勇而不在莽，在心智而不在人多。上次严尤惨败，就是个明显的例子。他们这次前来，虽然兵力上可能占优势，但长途奔袭，乃是兵家之大忌。犯忌之人，有什么好怕的？再者咱们可以细细分析，此次王邑远道而来，目标不是昆阳，必定是直奔宛城而来。因为王莽派他出征前，只知道宛城丢失，只想到宛城对京畿护卫的重要性。所以他的作战重点是宛城，这毫无疑义。而我军作为宛城的第一道防线，应该竭力阻击，不需要打垮敌人，只要能拖住他们，为咱们宛城主力赢得时间，那就是咱们的巨大胜利。诸位试想，如果咱们只为了自己的安危，避其锋芒，让王邑所率大军长驱直入，现在宛城尚未拿下，主力必有腹背受敌的危险。等咱们的主力被吃掉，咱们自然也就无处躲避。这便叫救人就是救己。不知上公和各位将领以为如何?”

刘秀斩钉截铁铿锵有力地说完一番话后，可能意识到王凤等人目下比自己的地位要高，并且他们当中许多人心胸狭隘，不能太过于充当主角了，脸上又露出了谦恭的神色，审视一周，看大家的反应。

“我觉得刘将军这话很对，不过目前当务之急是察探清楚王邑到底带来了多少人马，知己知彼，方能谈得到如何决断。我看就让我率兵去探看敌人虚实吧。”自从李通和伯姬结下姻缘后，李轶自然把自己当成了刘家的人，在这种情况下，立刻争着响应刘秀的话。

众将也都纷纷赞同。王凤虽然不满意刘秀作为一员偏将，发表见解总处于中心地位，感觉他太喧宾夺主，但人家说的道理实实在在，不得不顺应众人，也只好点头：“好吧，既然大家都同意，那就有劳李将军前往城外跑一趟。不过现在城中兵少，我只能给你五千兵马，万不能与敌军硬拼，得到情报就马上回来，保存实力要紧啊!”王凤故意把话说得语重心长，这样便显示出自己是军中主人的身份。

“在下遵命!”

然而大大出乎人们的意料。李轶率领的五千人马刚刚出城没走出多远，便和王邑的大军遭遇。几乎没什么悬念，也没怎么冲杀，李轶的五千人马便遭到灭顶之灾，只有李轶和几员将领浑身是血地捡了条命逃回来。王邑行动的迅速和兵力的强大，令许多原本已经放下心来的人又开始提心吊胆。

和李轶他们接触一下，相当于试验了一下刀锋，王邑的军队士气顿时大增。他们从潼关一路往东，沿途又收罗了不少以前退下来的残兵败将。单是严尤带领的散兵，就有将近十万，这样东凑西凑，加起来，竟然共有兵力四十三万左右，这还不算王邑精心训练的巨无霸兽军。这样一来，王邑更加是志在必得，端坐在马上气宇轩昂，俨然已经得胜而归。这样一支杂乱而庞大的军队，以排山倒海之势，黑云压顶般直奔宛城外围的第一重镇昆阳。

形势忽然急转直下，汉军将领从接连胜利的陶醉中立刻坠入恐慌，而更加祸不单行的是，面对敌军强大的阵势，李轶似乎又不失时机地被杀得大败。尽管这次兵败事出有因，但对人们的心理打击却是沉重的。当王邑的新军刚刚推进至昆阳城郊外时，昆阳城内的汉军将士已经急成了一团麻。现在大家争执不休的是，在强敌压境的情况下，是溜是守?如果要溜的话，就应该趁敌军还未包围前，赶紧撤离，否则想溜也来不及了。如果要守，按道理来讲，当然应该坚守，但敌人如此强大，能守得住吗?大大的问号浮在了每个人的心间，就连一心跟定刘秀的李铁，也因为和敌军正面交过锋，深感对方兵力太众也有些动摇了。

李铁的动摇，在很多人心中引发不小的震动，人心更加飘摇。王凤本来要在更始皇帝驾前咂摸手握大权味道的，现在却被困在孤城中，弄不好连性命也难保。他开始后悔不该顺着刘秀这小子的意思往下想，结果放着福不能享。唉，真他娘的躲过一棒子，却挨一榔头。刚和刘縯争夺一回险胜，却又落到这个难处。“若是上天有眼，躲过这一劫，以后就老老实实地待在刘玄这个呆子身边，让人众星拱月般保护着，哪儿也不乱跑了！”原本慌乱的心被众将这一闹，王凤现在更慌了，呆立在城头，望着远处影影绰绰的人影，纷乱着头绪想。

想了半天，也拿不出什么主意，王凤长叹一声，转身走下墙头。转过一条冷清无人的街道，再往前走几步，就是中军大营了。迎面碰上几员将校，有原先绿林军的，也有平林、下江等部队的。这些人远远地望见王凤，好像遇见救星似的奔跑过来，围在王凤身边七七八八地抢着说话。

“王将军，这里属将军官高，趁现在还来得及，将军赶紧下令，我看我们还是撤吧？不要说新军的四十多万大军了，即使那巨无霸的野兽群扑过来，我们都奈何不了！这样打下去，无疑是鸡蛋撞石头嘛！”

“是啊，是啊，正是这个理儿，自古弱不与强斗，人不和兽争，明摆着吃亏的事，何必充英雄硬撑着。见机而作不吃眼前亏，那才是真英雄呢！王将军，目前最好的出路，还是先弃昆阳到宛城，与大部队聚集。到那时，人多了，不但力量大而且点子多，再想对策，这才不失为上策。人多成王嘛！王将军就快下令吧！”

“对，说得对，咱也不是胆怯怕死，主要是昆阳城太小，周转不开，这里的粮草差不多已经往外运完了，我们即使防守，最多也只能坚持一个月。一个月后怎么办，外无救兵内无粮，到时岂不是枉送性命嘛！”

喊喊喳喳说出一大通，总之就是一句话，王将军，快下令放弃昆阳开溜吧！

大家说着，一双双眼睛直看着王凤脸上表情细微的变化，此刻只要他稍微一点头或随便张口说一句模棱两可的话，大家就准备着立马一哄而去。

王凤面色平静地站在人们中间，心里却刮过一阵狂风，许多想法旋转着闪过脑际。他想，既然这么多人都有这个意思，即便开溜了，弃城而逃的罪名也落不到自己头上，法不责众嘛，要骂娘也是骂大家的娘。生死危急关头，自己又何必假装坚决呢？将来真要被打死了，后半辈子要享的福白扔了不说，自己伪装出来的美名也没人知晓。要利没利，要名没名，图个什么？哼，你们使劲吵嚷吧，正合我意！王凤在心里阴笑一声，正要张口说话，忽然就在这时，有个人影从营帐一侧跑过来，边疾走边高扬手臂大喊一声：“慢着，听我来说两句！”众人正静心屏气地等着王凤发话，大家好争相逃命。冷不丁一声吼叫，把众人吓一大跳，忙掉转脑袋看去，却是跑得气喘吁吁的刘秀。

这两天来，大家讨论是走是留的问题时，刘秀总是一直在旁边，冷着脸一言不发。这和他平时脑子活络喜欢出谋划策比起来，很是反常。不过大家慌乱之际，也就顾不得这些。现在刘秀却突然出现，并且看样子要说出点道道来。有些敏感的，凭知觉感到，他一定是来阻拦大家开溜的。“哼，想让我们在这里等死，没门！任你嘴里说得能吐出花来，我们也不听，等你说完了，我们还照样听王凤的，照样走人！”许多人在肚里暗自合计。

刘秀脚步通通地紧跑几步，来到众人跟前站定，拱手冲众人正要说话。王凤忽然冷笑一声：“诸位将军，你们看，原来文叔将军还有个癖好，专喜欢偷听人家讲话。文叔，窃听如同窥视，恐怕都非正人君子所为吧？”众人这时正在巴结王凤的时候，见风使舵，全跟着王凤一阵冷笑，刘秀顿时显得很是孤立。

刘秀却对冷嘲热讽视而不见，面色平静地继续拱手说：“各位将军误会了，听墙根的事情固然值得嗤笑，却也并非大不雅之事。而且刘秀并非有意要听，只是事若关己，言便入耳。我方才巡视城防，正好从这里过，见诸位将军神色异常，似乎在商量什么大事情。当时因为急着赶路，就没询问。现在巡视回来，正好碰见一个侍卫兵卒，就顺便问他，大家围聚在一起谈论什么，那兵卒告诉我，大家正讨论是走是留的问题，而我正好把这个问题已经考虑清楚，所以着急地赶来和大家商量。”

刘秀解释一大通，终于多少打消众人对自己的一点戒心。见许多人的神色开始自然下来了，刘秀忙接着说：“诸位将军，是走是留，自然各有各的见解。不过叫我说，其实这完全不是个问题，根本用不着费心去考虑，更不用再三讨论！”

“噢？大家听听，文叔说得如此轻巧，真是超脱！”王凤站在一旁，趁机插言，冷笑着调侃一句，“我看文叔这几年儒术的书没读多少，李耳的道家学说倒领悟了许多，都快飘飘然羽化而成仙啦！人家刀都架到脖子上了，他竟然还说不是个问题！”

众人知道王凤和刘家明争暗斗的关系，因此对王凤讥诮的语气并不奇怪，不过这次附和的人少了，众人都想听听刘秀到底能说出什么高论来，或许这个机警的年轻人会找到一条更好的出路。反正以往总是他关键时刻出奇谋。

刘秀也没有理会，喘息声这时也逐渐平息下来，声音更加洪亮："为什么说走还是留，本身并不是个问题呢？大家试想一下，即使我们撤了，到了宛城，那又能怎么样？不出几天的工夫，新军又会紧紧尾随着到达宛城。到那时候，敌人因为占领了昆阳而势力更加强大，我们和主力会合了，相对而言，还是很弱小，根本比不过人家。那么大家还会往哪儿撤？王邑还允许我们撤吗？再者说，现在宛城还在敌人手里。王邑一旦接近宛城，必然要设法和城内取得联系，如果他们内外联合，我们新建的更始国，很快覆没将是一个必然的结局。到时候不只我们自身难保，死无葬身之地，就是我们妻儿老小也会跟着受牵连。你们想想那个惨境，是走是留还是问题吗？"刘秀顿了顿，忽然换了忧伤的眼神扫视着小声议论的将士，继续说，"反过来，如果我们能下定决心，坚守昆阳。王邑虽然强大，但却是远来的疲惫之众，并且他们庞杂的人员都是七拼八凑，实际战斗力并不很强。他们来到昆阳城下，就和海水碰撞礁石一样，海水的力量虽然看上去威力无比，但为什么礁石却没有被冲烂呢？那是因为海水并没有把全部力量都集中到礁石上，碰撞到礁石上的海水，只是其中小小的一部分，力量并不大。王邑围困昆阳也是这个道理，他们人数虽多，却不可能都往城头上爬，绝大多数还是在一边观望。那有什么可怕的？坚持守住就是了！"

一口气说这么多话，刘秀深深呼吸几口，看看围拢得越来越紧的将士。

"刘将军果然好口才，滔滔雄辩，要是生在战国，必然是苏秦、张仪一类纵横捭阖、举世闻名人物。只可惜，现在兵临城下，需要的是兵力，是真刀真枪的拼杀，而不是一张舌头所能解决了的。"王凤不等众人说话，翘起一只脚尖，斜立着身子，不阴不阳地说，"既然你说新军是人多势不众，徒有虚名。那为什么像李轶这样勇猛的将军，刚一和人家接触就让打了个稀巴烂呢？说来说去，到底是谁徒有虚名呢？"

听王凤这样一说，刚刚露出几分希望的将士立刻又暗淡下去。是啊，说得再好不如实验，李轶不是让人家三下两下打得差点儿全军覆没吗？

刘秀镇定一下，丝毫没有犹豫地接过话头："王将军说得有道理，百足之虫，死而不僵。人多必然会强大些。这个谁也不能否认，我只是说，他们并没有咱们想象中的强大。李轶之所以吃了大败仗，原因很明显，他们不是去和人家对阵的，他带了五千人马，目的是要探看敌情，个个只图轻巧，有人连长枪大刀都没带，更没有准备要打仗。猝然相遇，吃亏自然难免。而现在咱们经过充分准备，又有城墙为屏障，李将军的覆辙，自然不会重蹈了。”

“确实如此！”有人开始钦佩地点点头，“对啊！刘将军分析得对。与其到时候全家遭殃，还不如弟兄们在这儿拼死一战来得爽快！”

“刘将军说得不错，现在弃城而去，不但保不了妻儿老小，连自身也难保。不如我们团结一致，奋力一战，或许还有成功的希望。等咱们把王邑拖住，给刘縯将军留下充足时间攻打下宛城后，他们再折回头来内外夹攻，王邑必然失败。如果王邑兵败，那王莽的大新朝自然也就完蛋了。所以，成败在此一举，万万不可错了主意！”不知什么时候，王常也来到人群中间，冲刘秀使劲点点头，目光灼灼地看着众人说，声音沉稳而坚定。

王常不但在下江兵和部分绿林军中拥有很高的威望，而且因为他以前喜好结交朋友，行侠仗义，人缘很好。听他这样说，再和方才刘秀说的道理结合起来，大家彻底信服。反正弃城跑也跑不掉，事到如今，只好定下心来守城吧！经过一番劝说，大部分打算逃亡的将士坚定了信心，无数惊慌失措的心又被拉了回来。

王凤虽然从心里倾向于弃城，管他能不能跑掉，眼下先逃了命再说。不过他也明白，当前形势下，正是树立威信的关键时刻，一步走错，就会威信尽失。而在绿林朋友中间，失去了威信，以后还怎样实现独掌大权的宏愿呢？于是他立刻来了个大转弯，也凑上前来，一手拉住刘秀，一手拉住王常，眼圈儿有些泛红地说：“我王凤虽然没有读过多少诗书，但也知道君子之德如风、小人之德如草的道理。方才听两位苦口良心，为我更始挽回军心，而这些，正是我心里想说却说不出来的，两位却能阐述如此清楚，实在难得，真正是于我心有戚戚焉。好，诸位既然都明白了，那还等什么，快各忙各的吧，我们要与昆阳共存亡！”

在王常心目中，王凤好像还是头一次如此慷慨激昂，他也激动起来，紧紧握住王凤的手，心想，或许自己以前对王凤有点成见。观其人，不但要了解他的平时，也要了解他的关键。而关键时刻，才恰恰最能体现他的本性。王凤倒还真是个好弟兄啊！而刘秀也满脸激动地说：“有王将军支持，昆阳何愁守不住！”

大家正在激烈地表现出从未有过的和气时，一个兵卒慌慌张张跑来。“报……禀成国上公，新军已到城外了，军队绵延不断……”

“啊？刘秀，这下你满意了吧！我们想退都退不了。敌人数目惊人，这个仗怎么打？既然你刘秀这么能干，倒不如由你来指挥算了！看你将来叫人家踩踏到马蹄下，少不得爷爷来给你收尸！”王凤刚刚平稳下的心顿时又提了起来，恨恨地想着，脸上却洋溢着大战来临前的兴奋激动，他拉住刘秀的手冲众人一举，大声说：“诸位，刘将军虽然年轻，但胸中满是韬略。既然刘将军对如何守城已经有了一套计划，本将军甘愿让贤，请刘将军来主持守城，大家一定要按计划行事！将来守住城池，打败王邑，大家都是首功！”

“好，王将军英明！”许多明眼人知道这仗本来就应该让刘秀来指挥，而王凤的主动让贤，也让他们大感意外。场面更加活跃，对强敌的恐惧气氛又减弱许多。

“好，既然上公如此看得起在下，我一定不辱使命，一定要给大家一个满意的结局。谢上公对在下的信任！”刘秀本想客气地推辞一句，但转念一想，机会难得，自从更始皇帝登基后，他们刘家兄弟的行动就大不如以前自由，处处受到牵制。这次关乎生死存亡的时刻，若再让别人绊住手脚，那就太危险了。索性顺杆爬上去，先打好这仗再说！于是口气一转，拿出一副当仁不让的神气。

王凤在肚里直骂娘，但还是热情洋溢地鼓励几句，这才转身缓步走回自己营帐。走出几步，王凤忽然想起什么，心头一阵松快，嘴角不自觉地流露出一丝笑意。他想：守卫昆阳这一战，从双方实力来讲，汉军必输无疑。而主动让刘秀担任指挥任务，正好可以给自己卸了这个背不起来的包袱，到时就拿刘秀顶罪，这又何尝不是一件好事呢？而自己还可以趁这个空闲机会，瞅准茬口逃到城外去。哼，小子到底嫩呐，任你奸诈似鬼，到头来还是要喝爷爷我的洗脚水！

第十九章　临危请命　亡命突围

“刘将军，王将军把权力放下来了，大敌就在眼前，我们接下来该怎么办?”大家望了望离去的王凤，随即转过身不约而同地向刘秀问道，目光中满是期待。在很多将士此刻的心中，这个年轻的皇家后裔是黑暗中的一盏明灯，他的一言一行都和自己身家性命相关。

刘秀也看出了大家对自己的依赖，这让他忽然觉得心头一阵沉甸甸。不过他不敢仔细深想，目前只能尽量把眼下的事情对付过去，至于能把城守到什么地步，他也实在没有把握。

为了缓和一下太过紧张而有点麻木的思绪，他没有立即说话，招呼大家走回中军大帐后边的议事厅。

走出一小段路，心里果然放松许多。大家来到大厅内，依次坐下。刘秀走到最内侧的帅案后边，指着墙上的那幅巨大地图。地图上一个醒目的红点，这就是昆阳城。刘秀食指尖按住那个红点，其余手指同时压在昆阳周围的几个城镇上，不慌不忙地说：“诸位将军请看，这里就是咱们脚下的昆阳。不用说也能看出来，此城的地形险要，易守难攻，我们只要能集中起八九千精壮弟兄拼死把守，与新军周旋一番是没有问题的。而挑选出万余名精兵，对咱们来说，也是很容易做到的事。所以大家不必惊慌，事情并不像大家想象的那么艰难。不过凡事最好往难处想，往易处做。这样准备充分，总归没有坏处。咱们还是不能掉以轻心。既不能畏敌，也不能轻敌!”

大家边看边听，连连点头。这时忽然有个绿林将领站起来大声说：“刘将军，你的意思大家都明白了。我不畏敌，也不轻敌，但我还是有个问题。咱们坚守昆阳，总要有个时间期限才好，总不能无限制地坚守下去吧？请刘将军不妨给我们点拨一下，我们到底需要坚持到什么时候为止?”

“哎，你还别说，这话问得倒实在。”这也正是大家目前所关心的问题，许多人纷纷附和，眼光从地图挪到刘秀身上。

“对，问得确实好！即使大家不问，我也正要提到这个事情。”刘秀眼光流转，没等议论声响起，立刻接过话头，“我们当初为了支持大部队攻打宛城，把俘获的粮草运出去不少。现在城中粮草明显不足，无限度地支撑，既没必要，也无可能。那我们要撑到几时呢？在弄清楚这个问题之前，我想提醒大家一句，咱们别忘了，我们的主力部队正在宛城作战，根据近一两天送来的消息，宛城已经岌岌可危，拿下它只是近几天的事情。只要我们能多守一天，那我们的主力就会多一份成功的可能。再重复一遍，王莽大军看似强大，但都是勉强拼凑起来的，内部结构脆弱，只要稍施压力，便会立马土崩瓦解。而这个最好的压力，就是尽快把宛城拿下，让他们感到巨大的震慑力！而宛城落入我军手中后，那个时候，从整个战场来看，新军就是三面受敌，完全处于被动地位。照这样说，他们这次发动如此规模的出击，只是在做困兽之斗罢了。我们守城的期限，就是要坚持到我们拿下宛城！”

“刘将军所言，虽然句句都有理。可是有一点我想不通。守城守城，难道只守不成？我们总不至于在此一直处于被动挨打吧！别人打一锤我们就老老实实挨上一棒，这也太憋屈得慌吧！”张印和王凤等人声气相通，王凤的想法和打算，张印基本也能猜测个差不多。现在他忽然灵机一动，做出实在不服气的样子，大声问了出来，既显得自己极力主战，也掩盖了刁难之意。他自己感觉还是很聪明。

“张将军说得极是，你不说我也要讲到这个情况。方才说了，此刻昆阳粮少兵少，我合计过，粮食最多也只能坚持一个月。看来我们不但要坚守，而且要积极取得外援，内外联合，才能成功……”说到这里，刘秀忽然停顿一下，看着张印，继而坚定地一字一顿说，“而要想取得外援，我们就得突围搬兵！突围搬兵，说来只有四个字，但突破层层叠叠的敌军兵营，绝非易事。大家看……”

话没说完，再看张印还有其他各路将士，不知何时一个个低下了头，都锁紧了眉头。打了这么多年仗，他们最清楚不过，要突围，要冲击新军的几十万大军！而且带的人不可能多，几乎就是单枪匹马，那和闯荡鬼门关几乎没什么区别，谁有这胆量去鬼门关遛一圈儿！没有，反正我是没有！众人都心照不宣地这样想着。空气似乎开始渐渐黏稠凝固，众人也作茧自缚般一动不动。

“既然这样，那我来！”见气氛实在沉闷，王常终于忍不住，霍然站起身来，短须抖动着大声说，“刘将军，让我冲杀出去调援兵，解昆阳之围！”

刘秀看着王常，心里充满感激，在关键时刻，往往是这个豪爽仗义的人兄长般维护自己。看来门户并非完全不可以打破。以后如果有机会，一定要想办法争取更多各路赤心豪杰来为我所用！刘秀飞快地闪过这个念头，思路很快回到眼前。王常无论从心智和武艺上，都是最佳人选，并且他主动提出来愿意去，这再好不过。可是再根据眼前形势仔细深入考虑一下，刘秀又在心里摇摇头。如今成国上公王凤很明显的有逃跑之意，虽然他迫于众人态度而不得不伪装出积极的态度，但他的这点心思瞒不过刘秀。如果将来攻守形势略有恶化，王凤难免出现反复。现在除了王凤之外，只有王常地位和号召力可以和他匹敌，可以制止王凤等人的举动。如果这个时节让王常出调援兵，王凤等人在城内就没了约束，他们要是胡来，那后果不堪设想。

“不行，这里面所有人都能去，唯有廷尉大将军不能去！守城与搬兵同等重要，只有您才能稳住昆阳军民！”刘秀有些着急，赶忙阻止。等说完了这话，才觉得不大妥当，这样固然抬高了王常，但似乎也不免有贬低别人地位的意思。现在汉军各路兵马人心本来就不齐，加上拥立更始皇帝的事情，更弄得人心分外敏感，每一句话都应该注意，否则引起谁的忌恨，坑害了你，你都不知道。唉，人心唯危呀，不得不防。于是刘秀忙换个口气，冲大家一拱手，“在这昆阳城中，数来数去，还数我刘文叔最没用处。论文采不能口诛笔伐，论武艺难以驰骋疆场。我看，就由我突围搬援兵吧！我如果能活着冲出去，一定尽快联络好各路义军，早日来解救昆阳之围。那么，坚守昆阳之事，就拜托各位将军了！”说完见众人都呆愣在那里，刘秀手握剑柄，大步向帐外走去。

直到走出一箭地，大家才回过味来，面面相觑。忽然有人大喊一声，“刘将军，等一等！”听到叫声，刘秀停下来，转身看去，原来是偏将王霸。王霸几步跑到跟前，红着脸，激动地结结巴巴：“刘将军，你一介书生，却临危不惧，末将……实在惭愧。这样，我愿陪同将军，一同突围搬兵，也好有个照应。”话音刚落，许多人也紧随其后来到跟前，你一言我一语地抢着说：“末将愿意保护将军前去！”“末将也愿！”

见此情形，刘秀忽然心头突地一动，他深深地感叹，将士可爱呀！而王凤等人，为了满足自己对权力的欲望，不惜分化各路军队将领，让他们互相产生隔阂甚至仇视。当初自己不是对他们也同样存有很深的戒心吗？可是看看现在，俗话说，“一贫一贱，交情乃见；一死一生，乃见交情。”果真不假。以后一定要消弭门户之见，即便真有门户存在，那也是少数人恶意所为，绝大多数将士真正是开创天下的好兄弟，这点千万不能错了主意。

千头万绪一起涌上来，刘秀没有时间把这些都想清楚，只是倏忽间地触摸到这种感觉一下。他仔细看看那一张张熟悉质朴的面孔，感慨万千地说："诸位将士，刘秀明白大家的心了。我汉军有你们这样忠肝义胆的大丈夫，实属大汉江山的幸运！好，只要我们大家同心协力，必定能够突出重围，能够让目前局势转危为安！"

很快商量一下，最后决定，由刘秀、王霸、任光、李轶、宋佻、邓晨等十三人组成突围队，为了避免拖累，也不带兵丁，只给每人挑选出一匹上好的快马。

"刘将军，我看此刻新军刚把昆阳包围住，防守还有许多漏洞，许多兵营还没安扎下来，正是突围的好机会。听说王邑手下那个统领野兽群的巨无霸正据守北门，我们应该避开此门，等夜幕降临时，来个突然袭击，打他个措手不及，如何？"李轶和王邑的新军交过手，感觉情形还略微熟悉些，等人员确定下来后，环视围坐在一起的其他十二人，最后把目光转向刘秀，试探着说道。

"李将军说得不错。不过避开巨无霸可以，可是必须得马上行动。现在新军之所以没有发动进攻，正如你刚才所说，是因为他们还没有准备就绪。可他们的准备说不定很快就会妥当，所以我们只有抓住这段时间，一刻也不能耽搁，才有突围的可能。如若等到夜幕降临，他们安定下来，恐怕就不是人家措手不及了！"刘秀想了想，坚定地说。

李轶和其他人立刻点了点头，反正是要冲杀，早一刻总比迟一刻强。他们一个个装束整齐，把该带的兵刃都准备停当，然后身手敏捷地翻身上马。一溜风地来到城南门内，让守门士兵吱吱扭扭把门打开，吊桥也缓缓放下。空气空前紧张起来。

"各位将军，人生难得几回搏，我们拼搏的时候到了，杀啊！"刘秀一改书生意气，声音雄壮，仿佛粗壮大汉，手中大刀高举，振臂高呼一声，十三骑马风驰电掣，箭镞一般直射出南门。

正如刘秀他们所观察所分析的，南城门是新军防守最薄弱的一个环节。因为新军大队人马从西北方向过来，最先布阵驻扎营寨的是北门和西门。而南门方面，大股新军才刚到达，杂七杂八的事情都没来得及安置。南门外空旷的原野上，新军士卒们乱哄哄地成了一锅粥，有赶了大半天的路急着找食物填肚皮的，有忙着扎营帐想躺倒睡觉的，也有将校随从牵马喂草料的……人马熙熙攘攘，宛若一个庞大的集贸市场。早就听说昆阳没多少兵马，他们蜷缩在城里抹眼泪还来不及，哪能有心思出来捣乱？本着这样的念头，放哨的士兵也心不在焉地四处转悠，有的还干脆躲到一边土坡后呼呼地睡起了大觉。

就在这个当口，十三名勇士疯也般地旋了过来。他们一声不吭，手持刀剑，如削葱切菜般，把贴近身边的新军脑袋一个个地削了下来，一切来得那么快，来得那么无声无息，新军兵将根本没看清发生了什么，就脑袋搬了家。十三勇士一直冲出有好几里地，新军才有人发觉出事情的不对劲。

“快来人哪，有人偷营！”一声声呼喊在乱哄哄的人潮中，并没引起太大的反响。就在对方未发觉和发觉了来不及反应的当口，刘秀等十三勇士已经冲到了敌军阵营的中间。这下众人才惊恐地发现，原来还真有大胆不要命的！新军营中立刻大乱，有人拼命呼喊自己的主将，有人忙着四下里找兵器。更多的人则惊恐地想，王邑说什么昆阳没多少人马，怕是蒙人的吧？要不然人家怎么敢主动来冲杀？有人立即联想到上次严尤的大败，更有理由相信，一定是王邑欺骗了自己，人家汉军说不定比自己这边人多得多。这样一想，便立刻胆怯起来，谁知道人家后边跟了多少汉军呢？还是别往枪头上撞的好，于是踟蹰着只呐喊，却不往上冲，所以造成声势冲天而实际并没多少人真正交锋的场面。

等混乱终于稳定下来一些，刘秀他们已经在新军的人山人海中冲出了一多半的路程。此时天色已经薄暮，昏黄的阳光在晚霞中折射出瑰丽的光芒。在新军眼里，迎面冲过来的铁骑，通身金黄，仿佛神兵从天而降，令人眩晕不敢仰视。他们只看见这些人手中光亮闪闪，周围的兵士就如割倒的稻草般向两边分开去。这太让他们吃惊了，许多人手握兵器，只是远远地站着看，根本不敢近到跟前。

不一会儿，十三名骑士便冲过了敌营正中，惊动的人越来越多，喊杀声也接连传来，以至惊动了北门。王邑和王寻正在北门巡视巨无霸率领的队伍。巨无霸虽然雄壮高大，却也知道讨好上司，一再要安排王邑和王寻在自己这边休息。而王邑和王寻也确实累了，乐得顺水推舟，正准备要在南门军中大营整治吃喝。

“不好了，王将军，在南门外有汉军杀人我大营，来势汹涌，我想他们冲出去必定是为了搬救兵，请大人定夺！一定要想办法将他们挡住，否则就是极大的隐患！”严尤飞骑而来，在中军大帐外跳下马来，踉跄到营门口，冲王邑喊道。

“什么，汉军不坐着等死，还敢偷营？没看花眼吧？他们有多少人马？”

困意十足的王邑不耐烦地问一声。自从严尤上次浩浩荡荡出征，却利利索索大败后，王莽十分震怒，把他以前的功劳一笔抹杀。王邑知道，眼下严尤非比从前，已经不再是皇上驾前的红人了，自然就不再把他当回事，态度傲慢许多。

“粗粗看上去，大概共十三骑!”严尤轻易吃了败仗，自知理亏，落到平川的老虎，威风只是以前的事，自然不能计较王邑的态度，气喘吁吁地匆忙回答说。

“哼，我当天塌地陷了呢，竟然让严将军惊慌成这样?！区区十三骑，不就是几个怕死想逃跑的贼兵嘛！就这几个人，也想冲出我新军的大营，简直不自量力！他们越怕死，越要早点死！严将军，劳你传话下去，让南门新军给我就地阻截，其他各军兵马该干什么干什么，没有我的命令不得妄动!”王邑很为自己虚惊一场而气恼，有心讽刺严尤两句，想想还是算了，打了个哈欠，就要在卧榻上躺下。

“可是，王将军，虽然对方只有十三骑，但他们来势极猛，现已冲入我营正中，很快就有冲出去的阵势。看情形，绝非逃生的普通叛贼将士，一定有他们的目的。如果南营无法阻挡，让其突围出去，后果不堪设想，对我们恐怕大为不利。常言说防微杜渐，虽然我军现在占很大优势，但还是谨慎些好。请王将军多调动人马，绕路赶到他们前边堵截，而且要层层堵截，决不能让他们跑了，累也要把他们累死在乱军丛中!”因为着急，严尤忘了自己已经不是大军统帅，说起话来口气渐渐强硬。

“好，好，我知道严将军一向是百战百胜，可是你知道吗，现在皇上把消灭叛贼的重任交给了我。你想想，若是为了十几个汉军，弄得人心惶惶，传出去，岂不叫人笑话？皇上怪罪下来，你替我在朝上辩解？再说，要是汉军用的是调虎离山的手段呢？我几十万大军全出动堵截那十几个人了，他们大部队趁势冲杀出来，你去阻挡？哼，有句话严将军没听说过，豆芽哪怕长得天一样高，也还是小菜一碟！我不信那十三个贼兵有三头六臂。严将军，说句笑话，莫不是你被汉军打怕了吧?”王邑终于压不住火气和蔑视，欠身坐在床边，乜斜着眼睛，唾沫飞溅。

严尤这才又明白自己目前的身份，肚里窝火，却发作不得，只好怏怏地拱一下手，转身走出去。

此时，南门外仍是杀声一片。犹如惊涛骇浪中的一叶扁舟般，在人海中穿梭来穿梭去，十三人的马上身上全是血迹，也分不清是自己的还是别人的，顺着铁盔铁甲蜿蜒流下，真真正正的一场血浴。铁骑践踏，所过之处一片鬼哭狼嚎。天色已经逐渐黑了下来，四下里但见人影幢幢，十三个人血头血脸，更显得如恶鬼降临一般，让前来阻拦的新军一打照面，不等交手先倒吸一口冷气。他们手中家伙一软，刘秀等人则硬生生地狠劈猛砍，那场面真可谓惊心动魄。

“好了，前边那棵老树我认识，刚来昆阳时就注意到它了。这说明咱们离城已经很远了。看样子已经到了敌军大营的边上。再杀一阵，我们就冲出去了。”冲杀着，前后左右的新军渐渐少出许多，大家终于可以略微透口气，冲在前边的刘秀趁机转头向后喊道。紧随其后的众人顿时士气大增，犹如一股猛烈的飓风，就这样风卷残云，踏过了层层叠叠的军营，终于冲了出来。

他们在途中稍微休息片刻，换身干净衣服，又立刻上路。沿途之上仍是小心翼翼，生怕遇到新军纠缠，加上时间紧张，也不住店，只是胡乱凑合着吃点喝点，再疲惫不堪也不敢耽搁。这还在其次，在冲杀过程中，除刘秀的小腿上不知何时中了一箭外，其余人也或多或少地受了伤。所幸都不太严重，随便包扎一下，并不影响行动。

他们一行人首先来到定陵。定陵守将谢躬听明来意后，虽然对刘秀兄弟一向钦佩有加，但还是很迟疑。没有更始皇帝的圣旨，自己怎么敢擅自调兵？并且谢恭知道更始皇帝、王凤和刘秀兄弟之间的微妙关系，若是自己听从了刘秀的话，把兵权交给他，让刘秀把兵马拉走，将来王凤肯定要把自己当成刘秀方面的人，他抓住这个把柄，说你犯法，目无君上，这可是要掉脑袋的！

见谢躬迟疑，刘秀并没工夫琢磨他心里想什么，耐着性子解释说：“谢将军，此刻军情紧急，王莽四十万大军将昆阳包围，而宛城正处于激战之中，两头谁也照顾不了谁。我们现在只有取得外援，内外夹击，才有成功的希望。这种时候，哪有时间去请圣旨？非常时期，就应该做出非常的事情来。如果还要墨守成规，按规章办事，只怕到时昆阳被破，宛城兵败，你我性命都难保。即使咱们侥幸逃脱了新军追杀，朝廷那边，能放过咱们吗？所以说，咱们目前情况是，一步不慎，不是叫新军戕害，就是让自家朝廷处死。如果能决然发兵，等大功告成，即使有点过错，也可以原谅。王凤王将军现在就困在昆阳城中，你又不是不知道，他给皇上说清楚原委，自然没咱们的事情。孰重孰轻，谢将军应该还是能分得清的。”

“哎，对，对，真是这个理儿。刘将军所言极是，在下糊涂，谢躬愿听从刘将军吩咐。”谢躬听刘秀前前后后分析一番，滴水不漏，确实是这个道理。

现在自己处在夹缝中间，一下不小心，就可能招来杀身之祸。特别是王凤还在昆阳城中，这点他当然知道，还是顺应了人家省事。于是谢恭赶忙说道，额头都急出了汗。

把这路兵马敲定后，众人不敢浪费时间，在定陵匆匆吃两碗饭，稍做休息后，刘秀率领定陵的兵马赶忙驰往郾城。

“将军，此刻昆阳有难，王莽大军包围昆阳。这个自然不消说。目前军情紧急，定陵守将已同意出兵援助，兵马都已经带来，但力量仍显单薄，请将军速调兵随我前行，以便尽早解昆阳之围。”进得城来，刘秀见到郾城守将王孝天，顾不上客套，三言两语，直奔主题。

“好……这个，这个嘛，末将明白，请刘将军先在客堂稍微歇息片刻，咱们随后再商量！”郾城守将王孝天热情地把刘秀等人迎在客厅，听刘秀说完，满脸堆笑，看不出其到底要怎么样。不过刘秀明白，像这样的人，大都是骑墙之辈。他们想立功受赏、想升官发财，但又害怕冒风险，遇事唯唯诺诺，若不给他点压力，他是轻易不愿舍弃本钱的。

“王将军，歇息倒不必了，我们要急着出发去解救昆阳。你若是发兵，我们这就带走。若不愿意，也不勉强。横竖王凤大人在昆阳城里，性命危在旦夕，他曾点名让你郾城派兵援助。你不愿意也好说，我回头禀报王大人就是！”刘秀一脸严肃，站起身来做出欲走的架势。

“哎，哎，别，别走，末将不是这个意思。”王孝天忽然着急起来，起身拉住刘秀。王凤和更始皇帝是什么关系，王孝天身为大将，自然是心知肚明。与其说更始皇帝就是王凤等人给推上宝座去的，倒不如说王凤等人就是实际上的皇帝更为合适。得罪了这样的人，能有自己的好日子过？若是自己不发兵，昆阳城被新军攻破，王凤等人都死掉了，那还好说。若是他侥幸活着回来，自己……王孝天不敢大意，立刻吆喝着集合队伍，让他们跟随刘将军去解救昆阳之围。

刘秀在心里暗暗一笑，随即忽然一阵心酸。想当初在春陵，他们刘家兄弟在大哥刘縯率领下，为复兴汉室解救百姓，竖起起兵大旗，何等爽快。后来接连取得胜利，力量从小到大，虽然失去了许多亲人，但能换来一片锦绣江山，他们虽死也会感到欣慰。可惜磕磕绊绊地走到今天，却出现了这么多难以预料的变故！现在自己竟然不得不打着别人的旗号来为大汉江山办事！唉，可悲啊！同时，刘秀心里也开始感到疑惑，还远未打下江山之际，内部就这样钩心斗角拉帮结派，为了名利争得不亦乐乎，这江山能打得下来吗？

纵使打下来了，推翻了王莽，换上个王凤之流，又有什么意义呢？

可是这些也只是在一念之间，他还没时间静下心来思索。他感到自己就如套进车架里的驴子，只能被动地往前走了，至于将来会是一番什么样的情形，只有走着再看了。不管怎么说，原先想搬的援军很顺利地搬来，而且也只有这些可搬。刘秀毫不耽误，先率千骑兵马从郾城出发，直奔昆阳，其余部队随后赶到。

区区十几骑人冲出重围，在王邑看来，并没什么了不起的，不过几个亡命之徒侥幸逃过一难而已。围城大军收拾停当后，王邑立刻命令，一举拿下昆阳，然后迅速杀奔宛城。按他的估计，也就一两个月内，完全可以把这两股势力最大的叛匪消灭掉，凯旋回朝，接受王莽的封赏。

王邑之所以如此乐观，自有其乐观的道理。在他眼中，小小昆阳城最多也只有近万人把守，而自己拥有几十万大军，想要攻破当然易如反掌。别说攻打，就是这么多人，一人一脚，也能把城墙踹得直晃悠。更何况自己还有野兽群这样的撒手锏。

在这样乐观的心态下，王邑并没有认真察看昆阳城周围的地势，直接派人攀梯向城墙上冲，整个攻城作战顿时拉开。霎时间，新军在将校督促下，呐喊着海浪般一波接一波地向城墙滚滚撞去，气势震天，整个昆阳城顿时淹没在声浪和烟尘中。四个城门云梯高架，人们如蚂蚁般攀附，密密麻麻，似乎要把青砖城墙给一点一点地啃噬掉。大地在震颤，平日里看上去还算雄伟的城墙此刻却分外单薄，仿佛摇摇欲坠。

就在王邑下令攻城前，王凤正和王常闹别扭。王凤知道了刘秀带了十几骑人马冲出城去搬兵的消息后，开始很是震惊，震惊之后却变作恼怒。“新军已经围到城下，里三层外三层的，就凭他们几个人，能冲得出去？胆子可真不小！即便他们冲出去了，又能怎样？说得好听，出去搬兵，搬谁的兵，到哪儿搬兵？我们更始皇上有多大地盘，有多少人马，我还不清楚？宛城那边自顾不暇，搬兵自然不可能，除此之外，还有哪里有充足兵马？我们占据的州县倒也有几个，但他们的兵都加上，也很难过万。就那点人马，也能算救兵。和人家几十万大军比起来，多个万把人又能怎样？哼，叫我说，有人能就能在这儿趁还有冲出去的机会，赶紧找个借口冲出去。穷则独善其身呀！历来如此，历来如此！反倒是我辈太实在，给人留下当替罪羊了！”

牢骚归牢骚，却奈何不得城下新军围困越来越紧。王邑仗着人多势众，不假思索地指挥新军四面齐进，铁箍似的把昆阳紧紧箍住。站在城头望去，环绕整个城池二三十里内，新军营寨大大小小就有数百座，层层包围，至少不下几十重，昆阳城围在核心，简直就如同一个大洋葱。

不仅调兵遣将加紧了围困，王邑还命令各营寨士兵：“可劲儿树起大旗来，越多越好，没事就给我冲城头呐喊，敲鼓的打锣的别歇气。造出一股声势去，别说打了，吓也把这帮胆大妄为的贼兵吓死!”有主帅命令，各队部下当然不敢怠慢，一时间，旌旗蔽野，尘埃连天，钲鼓敲击声日夜不停，在百里外都能听到。

“你们看，你们看，刘秀他们出去这么好几天了，哪里有救兵的影子？似这等情势，别说他搬不来救兵，就是真搬来万儿八千的，中什么用?!他们远远望见新军营寨，就会悄悄溜走。唉，只可惜了我们这些老实忠诚的。平日里看人家咋咋呼呼要冲锋要杀敌的，好像有多勇武，真正到了性命攸关时刻，就乖巧地溜之乎也了。这就叫猛犬不吠，吠犬不猛。咬人的狗不露牙齿，真有道理呀!”

王凤带领众将士巡视城头，面色灰黑地紧皱了眉头喋喋不休，似乎要借此来掩盖他恐惧的心情。但大家已经没心思听这些，许多人的心已经由原先的恐怖转为麻木，又由麻木转为绝望。跟随汉军胜仗败仗打了这么多回，这次一定是在劫难逃了！唉，人家王莽在台上，一调动就是全国的大军，咱们再怎么说也是浅水里的小虾，折腾来折腾去经不住暴晒水干呀！有了这样的心思，士气自然格外消沉。尽管有王常等人往来穿梭地吆喝鼓劲，但即将城破覆没的颓丧气息始终笼罩着全城。大家都明白，自家的性命还有几天，扳着指头都能数得清了。

王邑带领王寻等人绕昆阳城外围驰骋一周，越发感到小小昆阳城已经成了案板上的鱼肉，只要一声令下，必然唾手可得，骄横之心油然而生。正得意扬扬笑逐颜开的时候，追随在队伍后边的严尤纵马上前，来到王邑跟前，犹豫一下仍然抱拳说：“王将军，方才绕城一周，依在下看，昆阳城虽小，城墙却高大粗厚，相当坚固。并且由于城池不算大，我军人数虽多，但进攻到城下时，地方窄小，大部分只能在一边看，插不上手，其实真正能参与攻城的，和敌军守城人数相差无几。所以……在下想，倒不如充分发挥我军人多势众的优势，兵分两路，一面在这里围攻昆阳，另派一路兵马杀奔宛城。宛城那边有妄自称王称帝的刘玄，如果能把刘玄擒获，对贼兵自然是一个沉重打击，可令他们不战而气馁。再者说，贼兵围困宛城已经旷日持久，兵力疲敝，刘玄懦弱无能，新军一到，很轻易地就能大获全胜。宛城落入我们手中，不愁昆阳不投降。”

“好，好，都说严将军善于用兵，果然不假，关键时刻往往能拿出妙策！”王邑眯缝起眼睛，手捋几根短须摇头晃脑。

严尤本来是鼓起很大勇气才说这番话的，听王邑破天荒地采纳自己的建议，意外之余精神一振，忙直了腰要接着再说。这时跟在王邑旁边的王寻却看出了门道，不阴不阳地一笑：“是呀，俗话说小器易盈，小尿罐一泡尿就能尿满，果然是这个道理。严将军谈论起兵法来一套一套的，可实战就是两回事了。我想，这也就是当初严将军为什么让几个蟊贼轻易打得大败的原因吧？哈哈！”

“小尿罐一泡尿就能尿满，说得好，有趣！”王邑哈哈大笑，浑身抖动着上气不接下气。严尤这才明白，人家根本没把自己当回事，而自己还把讽刺当成夸赞，真他娘的越活越幼稚了，登时脸上下不来，面红耳赤地不知该怎么好。

王邑见严尤难堪，再怎么说他也是皇上身边以前的红人，论起以前的地位，比自己还要高些，山不转水转，有天万一他再翻身了，记恨起现在的事情来，那可就不划算了。这样随意想着，王邑口气一变，放缓了声调说：“严将军莫怪，一句玩笑而已。将军的计策虽然绝妙，但施行起来，未免麻烦。昆阳城指日可下，分兵干什么？如此一来，又要耽搁时间。另外还有一说，想当初我为虎牙将军时，曾带领万把兵卒去围攻在洛阳称帝的叛贼刘信。那一仗打得真不赖，很快就把东都洛阳给攻打下来，大获全胜。但因为一时疏忽，没有把刘信手下叫嚣最欢的大将翟义给生擒活捉了，虽然取得胜利，仍被朝中小人说了不少闲话。这些事情严将军又不是不知道。身在官场，尺水狂澜，不得不谨慎哪！如今我蒙皇上信任，统帅百万大军，结果连小小的昆阳城都拿不下，还要这样那样地施展计谋，传出去那些人还不定要说什么呢！所以说，我这次就给他来个实打实，一定要杀进城去，到时候鞭敲金镫，人唱凯歌，再浩浩荡荡转战宛城，看谁还能说上半句不是！”

严尤自从吃败仗以来，没少受王邑和王寻的窝囊气，王邑这次能如此和颜悦色地对自己说话，已经算很给面子了。尽管严尤觉得王邑说的根本不成理由，还想把自己的见解详细阐述一遍，但又怕说多了惹人家不耐烦，自找没趣，也就诺诺着回到队伍后边。

视察过营寨后，王邑立刻下令进攻。由于人多，又蓄势已久，攻城战一开始，就分外凶猛。新军几百人七手八脚，把几十丈高的云车推到城墙下。

云车果然名副其实，用厚重的木头搭建而成，高耸入云，比城墙还要高出一大截。有兵丁站在云车顶端，如鸟俯瞰地冲下边张望，把城中防守情况看得一清二楚，挥动令旗指挥下边新军朝城内防守薄弱处进攻。另外有人则居高临下，从云车顶端张弓搭箭，向城内猛射。

开始还感觉威胁不是很大。渐渐的，推到城下的云车越来越多，成排的积弩硬弓乱箭纷纷，如雨点般扫射城内，别说防守，就是钻都没个好地方钻。箭雨时断时续，却始终不停。城里的百姓要吃要喝，要到外边井里汲水，没办法只得卸下门板背在身上，挡住乱箭拼了性命去汲一桶水来。尽管都是挑了最厚的门板，仍时有让硬弓长箭穿透了木头受伤或死掉的。

汉军都拥挤着往城墙下的藏兵洞里躲避，城头上几乎没了人。这下正合了王邑的意思，他见云车上令旗上下来回摆动，立刻命令新军："架起云梯，给我往上爬！"

眼看着新军如蚂蚁般就要爬上来，而坚守在城头的汉军根本招呼不过来，砍翻这边，那边已经攀缘而来，情势非常危急。王凤钻在大帐内根本不敢露面，群龙无首，人人几乎就是坐着在等死。王常急得直跳脚，风风火火冲到藏兵洞口，也不多说，黑着脸大喝一声："弟兄们，现在人家就要杀到门口，是男人的，就别做缩头乌龟！新兵虽然强大，痛痛快快杀他一场总比死了还让人笑话的强！既然走了这条路，就别后悔。但知行好事，莫要问前程。别人做乌龟咱管不着，下江兵兄弟们，跟我走，上城墙，多砍他几个龟儿子！"

说着挥动手中盾牌，护住头和身子，先冲出去。大小兵将都知道王常为人仗义，说话令人信服，听他寥寥几句，果然是这个道理，管他娘的，反正走到了这一步，杀他一个够本，多杀几个是赚的！委顿的热血又奔涌起来，先是下江兵捞起盾牌跟在后边，接着其余将士也爬起来，冲向城头。

顿时寂寥的城头热闹起来。汉军在盾牌的掩护下，各找一处地方，对着爬到跟前的新兵挥刀猛砍。更有人把事先准备好的檑木对准云梯砸下去，还有的弄来滚烫的热水，冲下边迎头泼下。原先一边倒的局面顿时大为改观，本想可以毫无阻碍率先爬上城墙抢头功的新军兵将或挨了刀，或中了檑木，或被热水烫掉了一层皮，纷纷惨号着烂泥般重重摔在地上。后续的新军见状，个个心惊胆寒，哆嗦着不敢再上。尽管有将领挥舞的刀剑吆五喝六在后边催逼，但攻城人数仍大为减少，城头压力很快减小。

王常这才心下一宽。他让人弄来一批长柄的钩镰枪，挑选身强力壮的兵士，在几顶盾牌的遮掩下，站在城头上猫腰探身，对着云车下边的立柱猛砍。

木屑纷飞中，一座座云车轰然坍塌。没了瞭望台的指挥，城下兵将就成了瞎子，更不敢盲目攀缘。本以为很轻易就能得手，却碰了一头灰，王邑气哼哼地拍案直骂娘。

“将军不必发怒，凡事不可一蹴而就，略微受点挫折，原也在情理之中。常言说，贼虽小人，智过君子。关乎性命大事，他们自然要负隅顽抗。在下以前攻城，也曾遇到类似情形，后来想了个新奇办法，这才得手。”严尤带兵多年，遇到重要事情总习惯性地要说出点见解。

这次王邑没心思讥讽，扭过脸来很认真地问：“噢？我就知道严将军经验多，必定有好办法。不妨说说看。”

“王将军，从城头上硬攻，目标明显，自然容易被贼军抵挡。但有句话说得好，全剿不如歼魁，明捕不如暗执。既然上边行不通，咱就地下来。咱们不是有专门铺路修桥安营扎寨的后队工兵吗？我方才注意到，昆阳城南北两边土地疏松，易于挖掘。不如让工兵在这两边同时开挖地道，一直挖到城内去，神不知鬼不觉地从地面突然冒出来，打贼兵一个措手不及……”

“好！这个主意绝妙！就这么办！”不等严尤说完，王邑连连拍手大叫，“快，吩咐下去，赶紧给我挖！”

为了迷惑城内汉兵，严尤让新军仍然照常进攻，一面指挥工兵锹挖筐运，加紧开掘地道。尽管严尤一再命令新军要一如既往地动用云梯进攻，不要露出破绽。但由于城头防守严密，沿云梯攀缘简直就是自寻死路，况且大家都知道了要挖地道破城，自己不过是在打幌子。打个幌子就值得拼上命吗？难道自家的命就这么不值钱？这样想着，攻城新军满腹怨气，不觉间就懈怠下来。

对方进攻得松了，城上的人长长松口气。没了云车上箭雨的威胁，王凤也钻出大帐，来到城头上巡视。“新军也不过就这么点本事，气势怪大，一碰到挫折就缩了回去！好，咱就这么先对峙着，看看他们懈怠了，咱也学着人家刘文叔，冲杀出去了事！”心里嘀咕着，王凤脸色好了许多，说话也开始和以前一样指手画脚地粗声大气。

但王常却高兴不起来，他盯着城下畏缩不前的新军，疑虑地对王凤说：“成国公，不对呀！你看，前两日新军攻城时，有怕死不敢往城上爬的，督促将领立刻一刀斩杀以儆效尤。而现在，他们比以前更畏怯，督促将领却表现很是宽宏，大大咧咧似乎不当回事。兵法上说得清楚，有所恃而心不慌，有所待而面色露。他们正不自觉地犯了这条毛病。看来，他们一定想出了别的攻城办法，利用云梯继续攀爬不过是为了迷惑我军，吸引我们的注意力。成国公千万不可大意，一定要提防对方诡计。”

王凤乜斜王常一眼：“紧张了这么多天，大家刚松气，王将军又要一惊一乍地吓唬人了。这个王邑，我是知道的，硬打硬撞还有几分蛮力，心智就差几分了。他一个大老粗能有什么诡计？不过是硬攻了几天，士气疲敝，缓儿口气罢了。我看咱们眼下要做的，是乘机喘息一下，留一部分人守护城头，其余的回大帐中待命，等他们歇息够了再大举进攻时，咱们也好硬对硬地应付。”

“成国公，王邑不大讲究策略，我也有所耳闻。但他们军中还有个严尤。此人南下北上用兵多年，兵法韬略都懂得不少，而且行军作战经验丰富，小觑不得。家中百事兴，全靠主人命。昆阳城是扼守宛城要道，是宛城的屏障。昆阳失守，更始天下也就难保。还是小心为妙，总之小心不亏人。”王常脸上愁云更浓，顾不上计较王凤不屑的神色，仍认真地说。

“哼，严尤也能算个人物？他要是真如你说的那样，又怎会轻易叫我们打得落花流水?！就算他喜欢耍弄些小招数，也不过是小人奸计。小人计巧，巧中成拙，君子计拙，拙中成巧。有什么可怕的？就按我说的，兵分两拨，一部分留守城头，一部分抓紧时间歇息，做好打恶仗的准备!”王凤终于不耐烦，不顾王常在军中的身份，反唇相讥两句，折身走下台阶。

王凤让一部分人休整，目的是想趁敌军进攻放松的时候，带领他们冲出去，尽快逃离这个即将而来的阎罗殿大坟场。王常却没揣摩出他的心思，但也没法分辩下去，只得沉闷着闭了口。远远看王凤走下城头往大帐方向走，前几天刚下过一场小雨，地面很是疏松，他一不小心踩进软土中，趔趄着差点儿绊倒，王常心头一动，忽然想起什么。他一把拉住身边一员将校：“快，在四个城门附近，挖开几个大坑，每坑放进一口空水缸，派人日夜探听地下动静。一有情况，火速禀报！快!”

那将校没有立刻明白过来，想询问一下挖坑埋水缸有什么用，但是见王常神色焦急，不敢多嘴，答应一声下去准备了。

果然不出所料，空水缸刚一放到坑内，立刻就能听见轻微的嗡嗡声，显然地下动静很大。王常得到禀报，赶忙安排兵丁顺着声音响动的方位就地驻扎，大砍刀拎在手中，做好准备。第二天傍晚时分，南门和北门附近同时地下响声大作，紧接着地面坍塌出一个大窟窿，几个新军脑袋露了出来。

好家伙，若不是早有准备，让他们从这里冒出来，脑袋搬家了都不知怎么回事。守在坑口的兵丁将领都后怕地冒出一头冷汗，不等新军反应过来，白亮的刀光一闪，接连扑哧几声，脑袋飞到一边，身子歪斜着栽回坑内。后边的新军不明白上边发生了什么，仍一股劲儿地拥挤着往上爬，汉军蹲在坑道口砍刀挥舞，着实痛痛快快过了一把瘾。大半晌工夫，新军尸体堵塞在坑道内外，黑红的血蜿蜒淌出很远，脚下到处都是人头。

又等了一会儿，看看再没新军出来，王常这才命令运来泥土沙石，把地道严严实实堵住。王凤自然也听说了，他暗叫好悬，一边脑子飞转着考虑，看来王邑他们并没放松对昆阳的围攻，突围出去的希望怕是很小了。那，那，自己辛苦半生好容易争来点前程，就这样灰飞烟灭了吗？他抹把额头上细密的汗粒，坐卧不宁。

明来暗往地都不奏效，王邑终于有点着急了。“什么他娘的狗屁计策，千求不如一唬，爷爷手里有的是兵，还是硬碰硬来的痛快实在。我就不相信，这点城墙有多结实，这么多脑袋，就是碰也要给你碰塌！”王邑恨恨地在肚里骂一句，喝令照旧猛攻，死了人不要紧，人死多了，尸首摞得和城墙一般高时，昆阳城自然也就拿下来了。

主帅下了死命令，各级将校不敢怠慢，攻城战立刻掀起新的高潮。王寻从后队调来冲车和撞车，这是专门用来对付坚硬城墙和城门的。冲车和撞车在千百兵士的猛力推动下，对准城门和城墙，猛力地撞击。随着砰砰巨响，城上人们感觉天塌地陷一般，整个昆阳都在剧烈摇晃。顷刻间城墙剥落，泥石碎片纷纷掉落，有些地方还出现裂口，而城门也吱吱呀呀地呻吟着，似乎很快就要支撑不住。

光武重兴四海宁　汉臣无不受浮荣

光武帝刘秀

（下）

彭辉 著

山西出版传媒集团 山西人民出版社

目　录

第二十章　以少胜多　千古奇迹

形势日益危急，不但王常日夜穿梭在城上城下，熬得两眼通红，就是王凤，也不得不强打精神，帮着照应。尽管尽心竭力，士兵们在生死攸关的关头也拿出背水一战的气概，士气高涨了许多，但昆阳情况却仍日甚一日地糟糕下去。城墙在冲车和撞车的巨大撞击下，多处出现裂缝，城门好几处厚重的木板出现断裂。针对这种情况，王常和王凤商议着，用泥沙混合在一起，把裂缝浇灌弥合上，在城门内用砖石塞住，使城门有了依托，可以将撞击力减少些。

这些还好对付，最让人头疼的还是城内，库里的粮食已经撑不了几天，守兵伤亡者日趋增多，兵丁补给不足，调兵遣将时往往捉襟见肘，接连出现好几次险情，差点儿让爬上城头的新兵钻了空子。面对这些日益恶化的形势，王凤禁不住心惊胆寒地想，万一冲车撞塌了城墙的一角，那些河水一样的新军汹涌着杀进城来，自己能有机会幸免吗？而刘秀的救兵又不知何时能到来，或许正如自己所说的，他根本就是找借口自己逃命，根本就没打算去搬什么救兵。即使他真心实意地想搬救兵，而实际上也没兵可搬，对于这点，自己心里再清楚不过。同时王凤也清楚，此刻想冲杀出去，丢弃城池逃跑，也几乎没有可能了。

越是这样想，王凤对死亡的恐惧感就越增大了几分。几天几夜的苦苦思索，他终于拿定了主意，派人把王常等将领召集到中军大帐内，简要说明一下面临的实际困难，末了硬着头皮拿出一卷丝帛，展开了让大家看上边写的字："诸位将军，咱们现在外无救兵，内无粮草，兵员严重不足，真正到了山穷水尽的地步。一旦城池被攻破，难免玉石俱焚。为此我想，不近人情，举足尽是危机，不体物情，一生俱成梦境。不但城中百姓，就是我汉军大小官兵，也皆有好生之心，拿大家血肉去博得一个忠贞的名声，难免迂腐。眼下之计，倒不如顺应形势，暂且投降了王邑。不管怎样说，苟且换得大家活命。留得青山在，不怕没柴烧，将来咱们再瞅个机会，拉队伍回到更始皇上身边，这样名实俱存，不失一个两全的办法。这是我亲笔写的投降帛书，可派人射到城下，表示咱们乞请赦罪，愿意献出城池归降。你们看，这样可好?”

除了王凤的心腹外，王凤的话大出许多人意料。“成国公，这，这万万使不得呀!”不等别人有所反应，王常上前一步，焦急地紧锁了眉头，“掉进一回茅坑，一年难洗清臭味，不管咱们动机怎样，一旦投降了新军，传出去就是我汉军兄弟的千古罪人，百口莫辩，是永远洗刷不掉的污点。再者说，昆阳投降，别处的义军会怎样看待汉军?汉军威名丧失，以后如何联合天下豪杰争夺王莽江山?就算这些暂且不去考虑，投降了新军是否就能活命，也是个未知数。当年长平之战，赵军投降后的下场怎样，不是明摆着的吗?所以说，从哪个角度考虑，献城投降的事，是绝对做不得的!”

王凤知道王常等人必定会反对，他早有准备地嘴角一撇：“慷慨的话谁都会说，可任你说得嘴里吐出花来，性命终究只有一条。非常时候，别人如何议论，咱管不着，横竖咱的脑袋不长在他们脖子上，他们哪里会真心体味到咱们的心情。咱们这是隐忍待发，等待时机更好地报效朝廷。做恶事，须防鬼神知，干好事，莫怕别人笑。顾不得那些了!事情就这样办，此乃军机大事，关系到兄弟们的前途命运，谁若再阻三阻四，军法从事!来人，把帛书用硬弩射到城下!”

“你!”王常抬手指着王凤，怒目而视，还想再说什么，王凤却腾地站起身，走到大帐后边去了。众人见王常尚且受气，自己人微言轻，更没什么好说的，只得怏怏散去。

本以为一纸降书就能解决大问题，久攻不下的王邑见自己主动投降，一定会大喜过望。然而令王凤没有想到的是，请降帛书递到王邑手中后，他冷笑一声，随便扫一眼就顺手丢到地下：“我军大功即将告成，攻下昆阳只在旦夕间，到时候来个血洗全城，杀他个痛快，不如此便不足以出我这口恶气，便不足以震慑天下!哼，这个时候知道害怕啦，想保全狗头啦，早迟了!”

王寻拾起来看两眼，也冷笑着再扔在脚下，还狠踩上一脚：“我还说昆阳城内的贼兵都是烹不烂的老龟，原来也有炖熟的时候!他不是想投降吗，咱偏不准。叫他们也知道知道，我新军这里不是客栈，想走就走，想来就来!”

在座众人都知道，重兵在握的大司空王邑和司徒王寻，此刻对拿下昆阳志在必得，已经是意骄气逸，对所谓更始皇帝驾前的成国公王凤的请降，根本不屑一顾。大家想说什么，又不好开口，面面相觑片刻，终于还是严尤打破沉寂：“两位王将军，在下说句不当的话。昆阳请降，说明他们守城面临巨大的困难，这当然是好机会。但自古哀兵必胜，越到艰难处，反而越是块难啃的骨头，我军遇到的阻力就会更大。与其恶战一场两败俱伤，何如接受了他们的投降，顺利地开进城去。到时候他们就成了蹦到岸上的鱼虾，要杀要剐的，还不任将军裁处？常言说得好，虽有上好的刀伤药，还是不割破的好。”

王寻自己虽然知道，在行军打仗方面，自己的确不如严尤，但他清楚眼下王邑才是皇上跟前的红人，而严尤已经失宠，谁有权势自然谁说的话就有道理。他不等王邑答话，自己先在嘴边冷笑一下，预备说两句讥讽的话。

严尤接连碰几回钉子，早就学乖了，王寻的话还没出口，他赶忙接着说：“其实不接受投降也自有两位将军的道理。不过在下认为，这样水桶一般把城围得太紧也未必就好。兵法有云，围敌必阙其一角，宜使守兵逃走。之所以这样说，无非是为了减少压力，免得他们困兽犹斗，弄出许多不必要的伤亡。即使不从这方面考虑，也有必要留下一个缺口，让部分士兵逃走，他们逃出去后，必定会向宛城报信。宛城知道昆阳即将陷落，自然心惊胆寒，自动解除对宛城的包围。我军攻破一城而两城全得，岂不是一桩两全其美的好事？”

“是呀，严将军此言有理，还请王将军下命令吧。”许多幕僚见严尤说得面面俱到，和自己想的不谋而合，忍不住纷纷劝解。他们七嘴八舌地议论开来，力谏王邑和王寻，请他们重新考虑对昆阳围困的部署，最好能接受王凤的投降，如果想痛快冲杀，也应该有意识地让开一个空隙，使城内的贼兵逃出些许来，既可以挫伤他们的士气，让其他没逃走的人心绪慌乱，同时也可以让他们从坚城里出来，在空地上将这些贼兵一举歼灭。既轻松又可以减少伤亡，确实是个好办法。

嘁嘁喳喳的争论中，王邑一皱眉头，不耐烦地站起来：“手中没拎八两，就不知道半斤有多重。你们说得倒轻巧，但你们为本将军考虑过没有?！本将军奉皇上旨意，率领百万大军征战南阳贼兵。猛攻硬打，把这帮贼人尽数消灭，自然一了百了，高奏凯歌还朝，大家共同受赐封赏。如果这计策那阴谋的和贼兵讨价还价，纠缠不休，叫朝中对头们知道了，一本奏状递上去，说本将军和贼兵有私下里交易，意图借助贼兵势力，和皇上对抗。到时候谁替我分辩去?！老百姓不是有句老话，巧耕田不如逢个雨水年，力战斗不如巧对奏。在这里凭的是刀枪，到皇上面前，那可就全凭嘴一张了。多死伤几个兵丁有什么打紧，只要能光明磊落地把贼兵打掉，叫人挑不出什么把柄，比什么都强！”

这话说出来倒也是实情，众人立刻缄口不言。帐外冲杀声一浪高过一浪地震撼着耳鼓。

王凤的请降帛书确实让许多人着实了高兴一阵。他们想着一旦新军接受了投降，这苦日子就到头了，自家一条小命也就好歹保全了。有人暗自在心里盘算，等投降后，一定想个法子逃走，找个地方过安稳小日子去，再不打仗了，当兵真不是他娘的人干的！可再接着一想，现如今的天下，哪里有过安稳小日子的地方呢？要是有的话，自己何苦来拼着性命刀光箭雨里干这好几年？

不管怎样，停战了总比丢命强。大家一边抵挡着一边等待成国公王凤的请降帛书发生效果。可等来等去，敌人反而进攻得更加激烈，根本没有停战的影子。终于有人猜思出来，好呀，这分明是王邑他们新军非把我们杀光才会罢休。既是这样，还等什么，总之是一死，多杀他几个捞本吧！有了这样的思想，汉军反倒出奇地冷静下来，防守也主动许多。大家齐心协力，把城墙和城门一再加固，让新军虽然人数众多却找不着空子可钻。有人提到前些日子突围出去搬救兵的刘秀，念叨着转眼快半个月过去，刘将军也不知搬来了救兵没有。听新林军中有人说刘将军突围搬兵是假，其实是为了自己逃命，也不知这话可不可信？

立刻有人反驳，刘将军的为人，你们还不了解吗？你看他文静的外表和儒雅的谈吐，毫无疑问是个讲信用的，他断然不会丢掉咱们弟兄不管。等着吧，说不定哪天突然就有救兵从天而降。刘将军每次危难时候总有出人意料的办法，你们又不是没见识过！

边防守边谈论，谈论到救兵，大家更觉得有盼头，精神头更高。接连几天下来，双方处于胶着状态。城下新军推动冲车撞击城墙，城上汉军就用硬弩弓箭射击推车的士兵，让他们冲不到城墙边上就倒下一大片，撞击力自然小出许多。城下新军甩动搭钩，钩住城墙往上攀爬，城上汉军就挥刀砍断搭钩的绳索，让他们一个个地惨叫着跌落下去。

攻守一日残酷似一日，城下城上尸体逐渐堆积成座座小山丘。

守卫昆阳的汉军还不知道，就在他们日夜激战的同时，距离他们并不太远的宛城，也正面临着一场同样残酷的争夺厮杀。

根据当初的计划，刘缜率领校尉阴识等一大批将领，分兵攻打宛城外围大邑小镇。沿途还算顺利，没多长时间里，连续拿下清阳、杜衍、冠军和湖阳等重要关隘，堵住宛城对外联系的大半道路，使宛城完全成了一座孤城。但摇摇欲坠的这座孤城，却倔强得很，任凭刘缜气黑了面孔，不管众将士怎样冒着檑石冲撞城墙，就是攻打不下来。

和宛城的情形大致相同，昆阳在汉军手里，接连出现过几次险情，却依旧横亘在新军眼前。掐指一数，王邑和王寻等人大吃一惊，转眼已经将近半个月了，四五十万大军声势能把河南半个天给震破，竟然连小小的昆阳都拿不下来。这消息若是传到长安，让皇上知道了，能有自己的好结果吗？

猛然惊醒过来的王邑真是着急了，命令王寻和严尤等大将亲自上阵，修复好被砍坏的云车，加大盾牌，让推动冲车和撞车的兵士躲在大盾牌下，好躲避城上的箭。准备好后，云车重新高耸云端地支了起来，居高临下，箭镞雨点般密不透风，冲车和撞车一次次地发起攻击，不仅如此，原先掘开的地道又重新投入了使用。一时间，天上地下，到处都是威胁，昆阳城如同残破的小船穿梭在疾风骇浪中，忽然沉如谷底，忽然被抛到高空，随时都有被吞没的可能。

白天进攻就已令昆阳城内的汉军招架不过来，夜晚的攻击则更为危险。在王常等将领的来回吆喝下，大家拖着已经疲惫不堪的双腿不得不夜以继日巡逻在城头和四门，有人走着走着扑通就滚倒在地上昏睡过去。就是王常，脸庞明显消瘦，声音嘶哑，两眼通红，夜色里闪着红光，样子很是骇人。虽然没机会照镜子，但大家都知道，自己比王将军也好不到哪里去。唉，这样苦挣苦扎的，哪天是个头啊！倒真不如让人一刀子捅死了更省心！士气高过一阵后，人心又开始惶惶起来。然而王常已经没有精力照顾到这些，有时他也绝望地想，难道英雄一世就这样交代在这小小的昆阳城了吗？

雪上加霜的消息很快传来，城墙西南处被新军撞开一个缺口，新军蜂拥着往上爬，汉军极力阻挡，但伤亡很大，看来被敌人冲杀进来，只是片刻早晚的事情了。“城破先破角，只要有一个缺口，就会有十个百个，这是自古以来城池被攻破的一个规律。如此说来，我们大势已去了呀！”王凤面色灰黑，不顾报信士兵还在跟前，绝望地叫喊一声跌坐在椅子上，两眼直愣愣地看着前方，成国公的威风消失得无影无踪。

争夺缺口厮杀最激烈的当儿，夜幕悄悄降临。王邑怎肯错过这样一个机会，他亲自督阵，命令点起火把，火光跳跃下，人人面目怪异而狰狞。王邑站在城下叫嚷着，一定要给我拿下来！快，往里边冲，冲进去就封你个将军当当！

主帅就在屁股后头，各级校尉当然不敢懈怠，挥舞刀剑驱赶羊群般拼命往缺口处推搡士兵。今天晚上，就是用兵丁骨头把贼兵的刀给砍钝了，也得杀进城去!

然而，就在这样一个关键时刻，人人都以为大局已定的时候，一件谁也没有料到的事情发生了。入夜的天幕下群星闪烁，空旷而辽远，漠视着人世间的铁血苦难。忽然，两颗寒光逼人的星星不知从哪里斜飞下来，转瞬变作通红，似乎带着一声尖利的哨响，滑落到不远处新军中军大帐的上空消失了。

“啊，流星，这么大!”王邑惊疑地瞪大眼睛，他在宫里这么多年，虽然没读过多少书，但关于天象和人事之间关系的传闻听得多了，也深信不疑。他忽然记起曾听一个给皇上献谶语的方士说过几句带韵的话，天星对人事，一星一预示。不惧星高远，但怕星流失。两军交战时，流星主帅亡。

流星主帅亡?他娘的，还是两颗，我和王寻都有份儿!王邑惊恐地闪过一个念头，本能地倒退几步。正好有支流箭飞来，从耳旁擦过，王邑更是出了一头冷汗。月黑风高，乱糟糟的，火把又照不清楚，别说让流箭误伤着，就是新军中哪个心怀叵测的将校或兵士，趁乱给你一刀，也照样要命!但若是自己不亲自在跟前看着昆阳城破，将来给皇上的表功奏章里，未免要使自己的功劳逊色许多。他娘的，死水里的老鳖，他还能跑哪儿去，明天一早，照样大破昆阳城!就让贼兵多活一夜，有什么打紧?

飞快地盘算一下，王邑直起腰身大声下令:“停止进攻，留下小部分兵丁在这里看住，其余兵将，撤回营寨，明日一早，杀进昆阳城去!”

大家虽然不理解建功心切的主帅何以忽然变了主意，但不让拼命了，人人都高兴，立刻答应一声，呼哨着撤了回去。

已经准备着城破拼杀一场尔后壮烈死去的汉军，对新军突然的举动莫名其妙，但不管怎么说，又熬过了一劫。王常趁这个空儿，招呼大家赶紧把缺口用石头砖块给塞住，仓促间整治得很粗糙，但有个遮挡，总比没有强。大家略微松一口气的同时，情不自禁地想，明天呢，明天的现在，自己仍是个大活人，还是成了一具冰冷的尸体?一想到这些，人人不寒而栗。

一个骚动不安的夜晚终于艰难度过。然而奇怪的是，时辰已经过了辰时，夜色似乎仍沉沉地不肯退去。王邑很是奇怪，站在大帐内仰脖子观察半晌，才恍然大悟，不知什么时候，起了漫天大雾，雾气奇怪地浓重，几乎是面对面都看不见人影。“他娘的，什么鬼天气，这仗还怎么打?”王邑嘟囔一句。

王寻跟在身后，安慰似的对王邑说:“司空不必担心，横竖昆阳已经掌握在咱们手中，迟一天早一天也没什么打紧。我看这天气也是上天格外照顾，看咱们连日劳累，让咱们大功告成前先休养一下，以便进城后拿那帮贼兵贼将好好出口气。走，皇上御赐的宫廷酒一直没机会喝，正好趁这个机会品一品，大醉不得，但微醺也甚好。”

就在这浓重的雾气中，昆阳东南方向的官道上，马蹄声疾如密雨，一队不长不短的骑兵正闷着头往前拼命赶路。刘秀一马当先，眼光费力地搜索着道路两旁的树梢，好使人马不斜冲到路外边去。

“诸位兄弟，据我估计，昆阳城已经近在眼前了，大家再加把劲，建功立业的机会到了！”刘秀大喊一嗓子，声音在浓雾里回荡，给别人也给自己打气。这次突围搬兵，从定陵和郾城共搬来近万人的兵马，但没走出多远，刘秀就发现大队人马骑兵步兵混杂在一起，行动相当缓慢，照这样下去，只怕走到半路时昆阳就得陷落。“兵不在多而在精，将不在勇而在智。”急切间刘秀脑海中闪过不知从哪本兵书里看来的一句话，立刻传下令去，自己为先锋，率领千余骑兵，日夜兼程往昆阳方向赶，其余的步兵尽量走快点，能走多快走多快。即使是这样，刘秀粗略算计一下，离王邑的新军围困昆阳，也有一个月了。

“今天是五月底了吧？”在马背上抖动缰绳，刘秀身子上下颠簸着问身旁的邓晨。

“六月初一，六月里有这样的大雾，真是少见。”邓晨气喘吁吁地回答。

“河南一带连续几年干旱，现在气候潮湿了些，有雾并不奇怪。”刘秀忽然放慢一点速度，若有所思地说，“昨天夜里赶路时，我注意到太阳周围白云缭绕，日落时分晚霞很浓。有本书叫《俗语集成》，里面有句话叫‘云下日光，明日有雨；午后日晕，飞沙走石’，又提到一句，说是‘日没胭脂红，无雨必有风’。当时我就知道今天的天气好不了，依我看，这浓雾坚持不了多长时间，一会儿必然会消散许多，但随着雾气的消散，可能有狂风骤起，飞沙走石。我们人少，正好利用风沙威势，打新军一个措手不及。大家赶快些！”说着挥动马鞭，加快速度向前冲去。

“文叔真不愧是太学生，不但诗书礼仪学得精，天文地理样样都拿手，难得，难得！”邓晨啧啧赞叹。但刘秀已经跑出很远，没有听见。

正如刘秀所预料的，太阳升到头顶时，雾气渐渐开始消散。虽然仍是百步之外尚看不清楚，但心急火燎的王邑已经按捺不住，粗脖子红脸地从营帐跑出来，满嘴喷着酒气：“好啦，能看清楚贼兵的脑袋啦，快些给我攻城，杀进去，不论男女，统统宰了！他奶奶的，阎王要你今日死，哪能明天还喘气？快，攻城！”

号令传下，诸将校不敢怠慢，立刻带了自己的队伍就要出动。就在这时，有哨兵跑来禀报：“司空大人，东南方向，有一支骑兵正向这边赶来，看样子是汉军！”

“噢？”王邑一愣，“莫非宛城已经被他们攻下，移师来援助昆阳了?！人数有多少?”

“雾气太大，看不十分清楚，根据队伍长短，大概有千余人！”

“什么，千余人?”王邑又是一愣，随即明白过来似的哈哈大笑，“我知道了，这一定是先前逃出去的搬了救兵来。哼，真他娘的将熊熊一窝，更始皇帝是个呆子，手下兵将也没一个聪明的，他也不瞧瞧，我新军是干什么来的，千把人也叫救兵?”

王寻也附和着发笑，挥手对众人说：“别管他，你们该干什么就干什么去，至于那些所谓的救兵，只消中军大营内剩余的几千人马，就足以让他们命归黄泉了！”

“司徒说得对，区区千把人马，还算个事情，你们快去攻城！”王邑摇摆着毛烘烘的大手，趾高气扬地大嚷。

“可是，王将军……”有将校犹豫着说一句，“听说上次领头出城搬救兵的人是刘縯的弟弟刘秀，他们刘家兄弟非同寻常，还是小心为妙。不如多派些兵力，主动出击，在路口截住他们，叫他们影响不到城下军营……”

“什么非同寻常，说来说去还不是个贼！贼也不是什么有本事的贼，若真有本事，更始皇帝就该轮到他们刘家兄弟，结果弄出个呆子刘玄，这也叫有本事？我看他们，就像京城谚语说的，豆芽长得再高，也是小菜一碟！你们快去攻城，莫在这里耽搁时间！”王邑不耐烦地嚷叫着，大家再没人吭声，纷纷散去。就是严尤，也张张嘴，却没能说出什么。

雾气越来越淡，刘秀等人已经能远远望见新军营寨了，高高低低连绵着不见尽头，仿佛庞然大物一般，相比之下，他们这千余人的队伍就很是渺小了。刘秀知道，眼前面临的是一场硬仗，一场以少胜多玄之又玄的恶战。要想制服强敌，首先必须激励起将士的勇气。

不等众人看清前边的新军阵营，刘秀抡起大刀，猛地抖动马缰，高喊一声：“新军已经是强弩之末，经不起折腾了，快杀呀！”随着喊声，胯下青骊马利箭一般地弹射出去。后边众人来不及观察周围形势，急忙紧随其后。

转瞬已经闯进新军大营中。大营中的新军并没接到有敌军来袭击的消息，懵懂间被杀得七零八散，弄不清突然冒出来的汉军有多少兵力，只顾了四下逃窜，根本想不到抵抗。刘秀立马横刀，在敌阵中往来冲杀，左劈右砍，顷刻间几十颗人头滚落地下。

跟随在后边的众人从没见过刘秀如此勇猛。在他们心目中，这个年轻人一向文质彬彬，举手投足充溢着儒雅气息，没想到今天却如同从山上冲下来的猛虎，见人便砍，逢敌就杀，青骊马旋风一样卷过的地方，狼藉一片，血肉模糊。大家无不啧啧赞叹地交口议论几句，有人大发感慨："刘文叔将军平日里和敌军对阵，总是小心翼翼，似乎很是怯敌。现在我明白了，以前那都是小敌，小敌容易立功，文叔就让给咱们。现在面临大敌，危险最大，文叔这才显露出本色，冲到最前边。看来人人都说文叔仁厚，果然不假！"

另有人大喊："别说了，这就是英雄本色！来，咱们全力助文叔将军一把，杀他个痛快！"说着催动战马大家一拥而上，在人山人海中杀开一条血路。

他们很快来到新军阵营中心。本来以为千余人的兵力，在大营外围就会被吃掉，没料到他们竟然冲了进来，而且来得这么快。王邑和王寻都暗吃一惊，但谁也没说出口。面对汹汹而来的汉军，王邑害怕扰乱了整个大营的阵脚，只好下令大部队暂且往后退却。谁知这一退却，却给人造成一种错觉，无论是新军还是刘秀带领的汉军，都以为新军败了。不明就里的新军顿时惊慌一片，奉命退却的新军转身猛跑，阵脚反而真的开始大乱。

刘秀如何肯放过这样的大好机会，趁势高喊："兄弟们，新军败了，他们并没多少实力，快杀呀！"青骊马咴咴地喷着热气，向敌军纵深营寨冲杀而去。马蹄扬起处，新军惨叫着倒下一片。

冲杀半晌，汉军千余骑兵已经站稳了脚跟，在新军中军大营附近和王邑精锐部队对峙。有人提出："文叔将军，兵贵一鼓作气，趁咱们现在士气正旺，赶紧杀进城去，救出昆阳城内的弟兄。即便城内人马太弱，杀不出来，和他们共同坚守，等待后续援军也是个办法。"

刘秀把大刀横放在马鞍上，活动一下酸困的胳膊，看看对面小山包一样的敌军阵营，沉吟片刻，忽然决断地说："这样不好，无论是杀进城去引导着他们杀出来，放弃昆阳，还是和城内的兄弟一起坚守，对新军都构不成太大损失。他们以后还有足够的力量去援救宛城，对我们在宛城的汉军主力极为不利。咱们现在最主要的任务，是要尽可能多地消灭新军，让他们没有余力再和宛城方面相呼应。"

"刘将军，那，你说该怎么办，我们听你的！"一场拼杀下来，许多人对刘秀已经心服口服，不假思索地高声应和。

“方才我已经想好了，敌强我弱的情况下，咱们无须进城，就在这里驻扎下来，等后边的步兵赶到，也是一支很大的力量。咱们往来冲杀，使劲增大他们的伤亡，让新军攻昆阳攻不下，走宛城又走不脱，像野兽一样给困在这里。”刘秀目光灼灼地看着围拢在自己身边的这些剽悍骑兵，满怀信心。

安顿下来以后，后边的步兵陆续赶到，虽然人数还是很少，但个个精神抖擞，比起萎靡的新军阵营来，自有另一番气象。刘秀精神更为振奋，为了进一步鼓舞士气，扰乱新军人心，他灵机一动，爬在用石板搭起来的矮桌上，草草写成一封信。在信中，刘秀告诉城内的汉军将领，说汉军主力此刻已经攻下了宛城，宛城新军全军覆没，现在汉军主力正移师北上，不久就可赶到昆阳，到时候里应外合，一定要把王邑的新军给全部消灭。

信写好后，刘秀让邓晨单枪匹马前去闯营送信，并特意嘱咐，送信只需送到半路，然后假装慌乱，把信失落在新军手里，能让新军看到此信，你就完成了任务。邓晨虽然不十分清楚刘秀用意，但知道其中必有道理，立刻欣然答应。他横戈跃马，连冲过几座新军大营，直杀得汗透衣甲，做出精疲力竭的样子，拨马返回。掉转马头的时候，腰间掉下一个竹筒，邓晨故作没看见，呼啸着冲了回来。

新军兵卒捡到竹筒，发现里面塞了封帛书，知道一定写的是军情，都急于了解眼下形势到底怎样，也顾不上军规，争先恐后地抢着看。许多人看过后，才急忙送到王邑和王寻手中。两人看罢刘秀的亲笔信，冲天傲气顿时低落许多。“王将军，咱们一直把主要精力放在小小昆阳城上，结果把宛城给丧掉了。是不是有点儿因小失大了？”沉默半晌，王寻才小心翼翼地说。

王邑没有吭声，这和他自带兵以来粗暴的脾性很是反常。大帐外人声鼎沸，一传十十传百，大部分新军已经知道宛城失守，汉军主力正冲杀过来的消息，吵吵嚷嚷着要放弃这里无谓的攻杀，西退潼关，返回长安去。王邑不敢再耽搁，立刻命令，加强东南方向上的兵力，让王寻亲自出马，在昆阳城西背靠滍川列出战阵，准备和汉军一决高下。

从新军一系列动向中，刘秀知道，王邑已经中了自己的调虎离山之计，他马上做出反应，和诸多将领商议后，采取迂回战术，组织起三千人的敢死队来打前锋。准备妥当后，刘秀命令大队人马击鼓呐喊，佯装要大举进攻的样子，自己则率领敢死队直刺入新军大营的深处。他们提前商定好，一旦敢死队突袭成功，大队人马就立刻从正面出击，两方面结合，大量杀伤新军力量。

一场生死决斗，悄悄在晨光熹微中拉开帷幕。

不过刘秀无论如何也没想到的是，自己歪打正着，虚造出来的假消息反而成真。此刻宛城真的已经被汉军攻下，更始皇帝已经安然坐进宛城十字街口那虽已破败却仍不失雄伟气势的大殿内。可是汉军主力要移师援助昆阳，却仍遥遥无期。这其中内情，刘秀或许有所预料，但更始朝廷内部的现实情况，却比他想象的更为严重。

自从更始元年（23）二月到五月，前后围困宛城长达四个多月。这期间，刘縯率领主力部队东征西讨，宛城完全成了一座孤城。储备的粮草用光后，在一片慌乱中，草根树皮成了军队百姓的主要粮食，杀人吃肉的情况时有发生。虽然有皇上派大军前来援救的消息，但援军却始终盼望不到，绝望中的新军再也挺不下去城墙开小差投降汉军的兵卒日渐增多。宛城守将岑彭和副将严悦情知这样下去早晚是死路一条，再三合计，终于在五月二十八这天打开城门，投降了汉军。

杀进城中后，汉军将领痛恨岑彭这个不识时务的家伙不该如此为王莽卖命，不但阻滞了汉军解救昆阳的时间，而且造成众多弟兄死伤。人人恨不得食其肉寝其皮，个个横眉怒目，拔刀握剑，要把岑彭给剁成肉泥。更始皇帝刘玄也深有同感，颔首喝令：“拉出去，乱刀杀了！”

就在这个当口，刘縯及时赶到，先拦住怒气冲冲的将领们，向刘玄进谏说：“陛下，仔细想想，其实岑彭并没有罪过。如今天下大乱，人各为其主，忠义为先，并没有什么不对。岑彭既然是新朝的官吏，奉了王莽命令驻守宛城，确保宛城不被别人夺去，此乃天经地义，不但不应当责怪，还要表彰他的忠义气概。如今咱们还有许多仗要打，还有数不清的城池要夺，必须以大义来使人心归附，万不可寒了忠贞义士们的心。所以说，请陛下放过岑彭，并且封他官职，以激励那些为莽贼效力的人，这样做，咱们以后的路就会好走许多。”

在帝位上稳坐了将近半年，起初懦弱不堪的刘玄终于找到了点当皇帝的感觉，说话底气足了许多。但每次面对这个同族大哥，刘玄仍掩饰不住心虚，仿佛欠了他许多，刘玄清楚，论能力论战功，这个位子本来就应该是人家的，而自己不过是他们鹬蚌相争时坐收了渔翁之利。正因为如此，刘縯说的话，他不得不格外重视。于是就按照刘縯的意思，封岑彭为归德侯，隶属于刘縯所部。

拿下宛城后，刘縯立刻心急火燎地调集各路部队，积极准备前去增援昆阳。而更始皇帝刘玄却按照夫人韩氏的意思，要把军队牢牢把握在自己身边，不许任何将士离开宛城，说是要先把宛城收拾一番，定为帝都，然后再发兵昆阳不迟。

虽然知道刘玄底细，但人家如今是皇帝，刘縯尽管着急，却无可奈何，只得耐着性子，让人清扫街道，装饰宫舍，迎接更始皇帝车驾进殿。一切准备好后，刘玄上朝接见臣子，大行封赏，封刘縯为汉信侯，其他宗室子弟和诸路大将，也各有分封。但一片笙歌中，昆阳将士却被他抛在了脑后。

就在宛城歌舞升平里，昆阳城下刘秀一支孤军开始了最为艰险的一战。三千敢死队在刘秀带领下，悄无声息地绕过昆阳城，人马杂沓，穿过昆阳，出其不意地直扑新军中军大营。他们人数虽少，却气势冲天，无不以一当十，很短时间内，在如潮的新军阵列中撕开一条口子。

闻听消息，王邑像是被人狠狠掴了一个耳光，粗黑的大脸涨成猪肝色，他暴跳如雷地拍案大叫："小小蟊贼，爷爷开始不把他当成回事，他倒真成事了！来人，传令下去，各营寨没有命令不得妄动，爷爷要亲自指挥中军大营里的兵将，把他们杀个干净。要不爷爷还算什么元帅!"

严尤见情势危急，而王邑又要起了英雄气概，忍不住上前插话说："将军，这怕不妥吧？汉军人数虽然少，但他们眼下士气正旺，不可小觑。特别是那个领头的刘秀，文武韬略样样精通，他敢这样肆无忌惮，必定有他的道理。鸦窝里出凤凰，粪堆上产灵芝，贼兵中也有能人，还是小心些为妙……"

但他的话还没说完，王邑已经气哼哼地去换衣甲了，临转进屏风后边时叫住王寻："王司徒，你也准备一下，斩杀刘秀的首功就让给你!"

王邑中军大营的精锐兵丁集合起来有一万多，蜂拥着赶来堵截刘秀他们三千敢死队。一万对三千，并且周围密密麻麻全是新军营寨，刀枪剑戟熠熠闪光，气势逼人。但既然已经冲杀进来，就再无退路可言，这是不用说大家都明白的道理，刘秀也不言语，振臂一挥大刀，刀刃上的血滴飘洒出一条弧线，如猛虎下山遇到羊群一样率先杀上去，其余众人也不甘示弱，紧跟而上。喊杀声震天，烟尘腾起处直冲云霄。阳光隐没到浓云中，黑沉沉的天色越发加重了气势的森严，周围新军都看得呆了。

激烈的混战中，刘秀忽然发现不远处有一簇人马，装扮与别人不同，正中间的一员将官金盔上红缨飘扬，身披裹金生铁甲，上穿一领红衲锦缎短袍，腰间系着五色丝绦，镶有宝石的剑柄时隐时现，正指手画脚地向这边指指点点。“快看，那应该是新军主帅了，不是王邑就是王寻。走，杀过去，擒杀他一个，整个新军就会威风扫地!”

拼杀中，刘秀对着任光和邓晨等人说一声，自己先直奔过去。来人正是前来指挥的王寻，他故作大将风度地和几个幕僚说东道西，转眼间忽然有几骑大将旋风一样风卷而来，没等回过神就已经冲到跟前。周围幕僚大半是文人出身，根本派不上用场，王寻倒还能对付两下，但无奈手忙脚乱，又是几个人围上来打自己一个，三下两下被邓晨和刘秀同时砍中，哎呀一声惊叫着栽倒在马下，没等爬起来，便在纷乱马蹄中，转瞬成了一摊肉泥。

王邑站在高处观战，亲眼看见王寻惨死，倒吸一口冷气，幸亏前去指挥的不是自己。他激灵打了个冷战，翻滚着从观楼上下来，嘴唇哆嗦着说：“回营，快回营!”

主帅退却，中军大帐的兵将当下四散奔逃跟着往回跑。因为事先有命令，各营新军没有命令，不得妄动，都眼睁睁地看着刘秀他们往来冲杀，谁也不敢上前增援。见突袭得手，刘秀命令冲天空连射三支带哨箭，哨音破空划过，后续部队得到信号，立刻从东南方向冲杀过来，合兵一处，逐渐接近城下。

昆阳城内的汉军坚守了近一个月，暗无天日中等待的就是这一刻。王常命令声还没落地，大家已经把城门打开，七千多人马吼叫着冲过吊桥和刘秀他们会合。这是昆阳城守军和百姓最感激动鼓舞的时刻，不但许多百姓自发地加入队列当中，就是受了伤的兵丁，也咬着牙出城冲杀。

顷刻间汉军犹如几股高涨的河水汇聚到一起，势头猛增，越战越勇，新军的优势地位急转直下。

王邑脸上灰尘和汗水搅混在一起，红了眼珠子跳脚大叫：“都死啦，都傻啦?! 快命令巨无霸，放开兽笼，咬死他们! 快!”

巨无霸就在近旁，听到王邑变了声调的吆喝，忙招呼手下把铁笼打开。铁笼里经过训练的虎、豹、大象和犀牛等野兽，见外边人声嘈杂，早已骚动不安，笼门刚一打开，嗷嗷吼叫着猛扑向汉军。

“哎呀，我的妈呀，老虎!”正杀到兴头上的汉军迎面和野兽队伍相撞，猝不及防，已经有几个人叫老虎、豹子含在嘴中，还有几个让犀牛的利角在胸前扎出个血窟窿。这场面谁也没见过，大家惊慌地停下脚步，有人开始向后退缩。进攻局面立刻停顿下来。

关于野兽上阵，刘秀虽然没亲眼见过，但此类情况却是了解一些。传说远古时候，黄帝和蚩尤在阪泉交战，就动用了野兽作为军队，威风八面，士兵难敌。

猛兽见人退缩，更增长了兽性，吼叫着继续向前猛扑。然而正如俗谚所云，人算不如天算，忽然间天色陡地又暗下去一截，狂风呼啸着从四面八方席卷而来。霎时黄尘冲天，飞沙走石，道道闪电当空劈下，雷声在很低的空中炸响，惊心动魄。

“好呀，看天象早就该有风，现在终于来了！”刘秀看见猛兽被突然而至的天气剧变吓呆了，有些兴奋地叫道。野兽群不明白接连炸响的雷声是什么东西，况且还有道道火光从天而降，似乎就要劈到它们身上。正慌乱着，豆大的雨点噼里啪啦直打下来，雷电狂风趁势凑兴，夹杂在一处，似乎就要天塌地陷。野兽虽然经过训练，但到底仍是野兽，它们受到惊吓，立刻炸开了群，掉头就往回跑，也不管什么汉军、新军，逢人就咬，见人就顶。新军阵营本来就慌乱，这时更如同一锅黏稠的粥，上下翻腾得不可开交。

巨无霸见自己负责训练的猛兽队伍失去了控制，害怕王邑责怪，忙硬着头皮挤进野兽群中，抓着领头的大象的耳朵叫嚷，让它领着老虎豹子们去咬去踩汉军。但受惊的大象根本不理会他这一套，长鼻子把巨无霸卷起来，轻轻一甩，巨无霸来不及喊叫，扑通掉进滍川河中，溅起一股水花就不见了踪影。

这样一来，野兽队伍反倒成了汉军的前驱，在它们的横冲直撞下，新军人马互相践踏，在风雨雷电中分不清道路，许多人糊里糊涂掉进滍川河中，后面的人被推动着止不住一脚，明知是河也得跳。一阵冲杀下来，新军被淹死的就有上万，河水都被堵塞不流，加上河岸到处滚动的人头和残腿断臂，场面惨不忍睹。

眼见大势已去，王邑在严尤和大将陈茂的保护下，趁混乱骑马踏着部下尸体，冲过滍川，勉强逃得一条性命，如丧家之犬般逃回长安。

天时地利更由于人和，北路汉军在昆阳终于取得空前大捷，以微小兵力彻底击溃王莽新朝四十三万大军，从根本上动摇了王莽重建一个大新王朝的梦想。踏着遍地横陈的尸体，大家在昆阳城残破不全的城门下相会。刘秀和王霸、李轶、任光、邓晨等将领与成国公王凤、廷尉王常互相见礼，有兵丁抱来一坛子酒，揭开封口，给每人倒上一碗，庆贺胜利。

大家被血战后的胜利所鼓舞着，忘了疲惫，也暂时忘了彼此之间的隔膜，你拉我的手，我拍你的肩，兴奋地欢呼，七嘴八舌地谈论。谈论的话题总不离刘秀如何稳重沉着、如何勇猛神武。刘秀被大家夸赞得不好意思，含笑推让说："自古都是土相扶成墙，人相扶为王，有功劳肯定是大家的，孤身一个人能干成什么事情？这回要不是咱城内城外勠力同心，指望我一个，哪能挨着人家王寻的边？更别提杀王寻败王邑了。再者说，王邑用兵不怎么样，却骄横急躁，和部下脱节，这样的将帅指挥，不败才怪呢！"

大家都连称这话说得中肯且实在。王凤夹杂在队伍当中，听刘秀说到最后，忽然脸色微微一红，连忙摆手说："好了，好了，都别在这露天地里站着了，有什么话进城慢慢说。"诸将士满面喜色，把刘秀和王凤、王常等人簇拥在中间，并辔进入城内。

昆阳这一仗，新军丢盔弃甲，逃得分外匆忙，留下大批辎重，方圆几十里内，到处都是。王凤和王常等人商量一下，命令士兵歇息一天，然后开始往城内搬运战利品。而刘秀却微攒了眉头沉吟着说："两位将军，现在宛城方面还没有消息，胜负尚在两可之间。围困宛城将近半年，我军消耗极大，估计会出现供应不足的情况。还是把缴获的粮草和兵器、弓箭等实用的东西收集起来，尽快运往宛城，协助他们早日拿下城池，等宛城落入我汉军手里，那才是一个完整的胜利。"

没等王常说话，王凤一拍大腿："文叔说得对！这话我刚才就想说，人马乱哄哄的反倒给忘了。咱们这边胜利了，搬运辎重的事情可以慢慢来，宛城那边可等不得，刘縯将军或许正等着米下锅呢！我看这样，咱这就打点粮草车辆，火速增援宛城，由我带上几员将士……我看李轶兄弟就行，我们押运着前去，大家也都放心。"

不仅刘秀，王常等许多将领都感到奇怪，一向把自己性命看得比什么都重要的成国公王凤，这次怎么反常的积极起来了呢？王凤自己却清楚，自己这样做，实在是迫不得已。尽管昆阳大捷，自己没了性命之忧，但当初昆阳坚守最为艰苦的时候，堂堂王公写请降书向敌人乞降，而且许多人都知道这事，说起来总不怎么光彩，这要传到宛城，传到更始皇帝那里去，只怕会影响自己以后的地位和威信。为此，自己一定要赶在他们前边去宛城，有自己在，流言就不会扩散。再者说，昆阳一战，刘秀俨然成了主角，这个毛头小子，地位远不如自己，而此刻威望名声却远在自己之上，自己留在这里，脸面往哪儿搁？还是早些离开的好，也趁此机会扳回大家对自己的不好印象。

至于主动提出带上李轶，王凤同样有自己的考虑。他知道刘家兄弟和李通、李铁是患难之交，对他们再信任不过，李通还是刘縯和刘秀的妹夫，刘家的许多隐情，李通和李铁一定知道不少。通过这些日子的观察，王凤发觉李铁和其兄不同，他性情懦弱而且虚荣心很强，时时流露想和朝廷王公大臣贴近的意思。王凤由此联想开去，他决定利用和李铁单独在一起的机会，把他拉到自己身边，好用他来对付威名日渐逼人的刘家兄弟。

第二十一章　胜败一念　荣辱咫尺

当刘縯耐着性子把宛城帝都安置好，正要提出增援昆阳时，王凤押运着大批粮草来接济宛城了。两下相见，彼此说了各自取得胜利的经过，更是如锦上添花，更始皇帝刘玄感觉这下皇帝宝座终于保住了，乐得合不拢嘴，摆手让他们坐下来仔细说。

王凤虽然满心嫉妒，却不敢隐瞒大家都知道的事实，把刘秀十三骑突围闯营调救兵，如何在昆阳城下大战王邑和王寻，前前后后讲了一遍。听得众人目瞪口呆，无不拍案称奇。刘玄心里却越听越不是滋味。同是刘家宗族，人家叱咤风云威名震天，而自己叫人推到宝座上，连半点功劳也提不到话下，别人能心服自己吗？以后他们兄弟能让自己坐安稳这个位子吗？

尽管心里忐忑，脸上仍哈哈笑着称赞不已，当下降旨封赏。王凤地位已经极高，就不必再封，把王常封为知命侯，在王凤建议下，李轶也成了侯爷。当提到要封刘秀为王侯时，李轶忽然跪倒在地，一边谢恩，一边向刘玄使个眼色："陛下，文叔功劳超群，这是不争的事实。而且以臣所见，文叔将来攻城略地，建立大功的机会还在后头。现在就给他封了王侯，王侯爵位等同于大司徒。大司徒地位过高，以后文叔再建功业，该如何封赏？所以臣以为，倒不如先留点余地，以后加倍封赏不迟。"

刘玄还不知道，经过一路诱导，李轶已经被王凤拉拢过去。李轶早就看出来，汉军中，绿林、新市和平林等人马在人数上占绝对优势，王凤、陈牧就是这些大多数人的实际头领。而刘縯和刘秀兄弟虽然勇猛，战功卓著，但在争夺权力的斗争中，却明显处在下风。现在皇帝都掌握在王凤等人手中，刘縯他们更是难有出头之日。有了这个念头，王凤没怎么费劲，李轶就轻易归顺了自己。

见李轶这样说，王凤暗自高兴，也出班拱手禀奏："陛下，臣觉得李将军所说确实有道理。常言说水满易溢，物极必反，留有余地实在是智者所为。况且文叔现在正处壮年，又没家室拖累，陛下正好把王侯地位给他留下，以此勉励他建立更大的功业。"

两人一唱一和，刘玄原也不想把刘秀抬举得太高，赶紧借着台阶把封赏刘秀的话头打住。刘縯站在旁侧，既为刘秀智勇谋略成熟如此神速而高兴，也为他受如此不公正待遇而不平，真想站出来替他分辩几句。但想起刘秀曾告诉过自己，说自己脾性太过暴躁，锋芒过于外露，弓硬弦常断，人强祸必随，一定要克制啊！刘縯把迈出的一只脚收回来，努力做出无所谓的神情。

然而木秀于林，风必摧之。更始建国半年，刘縯攻下宛城，创建了一个较为像模像样的帝都，使更始政权终于有了安身之处；刘秀数千人打败新军四十三万，比起当年项羽的破釜沉舟一战有过之而无不及。刘縯兄弟的威名如日中天，四方豪杰，每提到刘縯和刘秀，都赞不绝口，反而把刘玄和平林、新市等兵马的头领给忽略了。了解到这一情况，刘玄和王凤、陈牧等君臣心下怏怏，嫉妒和恐惧同时涌上心头。

在王凤等人的指使下，更始朝廷内外流言纷纷，有人禀报刘縯心怀不满，暗中勾结死党，指名道姓，似乎亲眼所见；有人则直接报告说发现刘縯和春陵汉军的部将日夜密谋，大有谋反称帝的意思，请皇上赶快先下手为强。

面对纷沓而至的各类消息，刘玄肚里不住地盘算，同是高祖后裔，自己无德无才，恍恍惚惚地就当了皇帝，凭空享受起帝王的荣华，难道他刘縯、刘秀兄弟就不嫉妒羡慕？自己可以称帝，他们兄弟当然也有这个条件，更有这个资本。如果他们有天提出要当皇帝，那自己将被置于何地？

君臣们心照不宣，终于渐渐走到一起，开始正面谈论如何对付刘縯和刘秀。按照王凤的意思，把刘縯和刘秀兄弟同时杀掉，影响太大，只怕人心不服，闹出大乱子来不可收拾，两人只能先动其中一个。先动谁好呢？略微商量一下，都同意先除掉刘縯。因为刘縯是兄长，地位高，又在朝中担任高官，除掉他可以免除眼前的心腹大患，而且刘縯性情暴躁，容易找到把柄。

根据商量好的计划，刘玄先派使者到昆阳宣读圣旨，奖赏昆阳的汉军兵将，命令王常把守住昆阳，派遣刘秀继续北上，夺取颍川郡。这样做的目的，是要先稳住刘秀，把他调离得远远的，给杀掉刘縯空出机会。若是刘秀在颍川吃了败仗，则可以名正言顺地连他一起杀掉。这是王凤想出的一石双鸟的招数，刘玄连连称妙，立刻实行。

接下来，他们开始第二步计划。

昆阳和宛城同时取得大捷，安定下来后，自然要大张旗鼓地庆贺一番。庆贺宴会上，歌舞管弦里，君臣频频举杯，都很尽兴。正喝到兴头上，刘玄端坐在高高宝座上，佯装无意间看见了刘縯腰间佩带的宝剑，眼光一亮，缓缓说："朕早就听说大司徒有一柄宝剑，剑锋奇异，剑柄镶嵌着稀世珠宝，很是珍贵，可否借给寡人看看？"

因为更始建立初期就颁过圣旨，允许自己带剑进殿，借此表示对自己的信任，刘縯也就没多想，从席位上站起来，拉出宝剑，寒光闪闪地呈递给刘玄。刘玄把剑接在手中仔细打量片刻，面色沉吟，呼吸也有些急促，似乎有什么事情犹豫不决。

刘縯不知道他是什么意思，便退回到自己位子上，让刘玄慢慢观赏。刘玄又将宝剑把玩了一会儿，心不在焉地独自喝下一杯酒，轻声嘟囔一句，却谁也没听清。这时御史申屠建站起身来，走到御案前，轻声说："陛下，大司徒有宝剑，臣也有一件宝物，请陛下放在一起赏玩。"说着捧上一块玉玦放在刘玄面前。刘玄神色似乎更加慌张，脸色隐隐发白，一句话也不说。直到宴会结束，气氛都很沉闷，等众人告谢准备散去时，刘玄把宝剑还给刘縯，无声地轻叹口气，转身进了内宫。

刘縯虽然感觉不大对劲儿，但也不便询问，只得接过来放回剑鞘，和众人一道退出。

宴会虽然没喝几杯，但被复兴汉室大业的进展所激动，刘縯回到大司徒府中后，意犹未尽，独自在后院舞弄刀枪。刚摆出几个姿势，有人禀报，樊宏来了。

舅父樊宏从舂陵老家追随汉军，经常帮着出主意定计划，沉稳睿智，很博大家信任。刘玄登基之初要拜樊宏为将军，他坚决推辞，表示自己一个百姓，随意说点见解还可以，若独当一面就勉为其难了。刘縯见他无意做官，就请他在自己司徒府里掌管文牍，有什么事情也好随时商量。

禀报的家丁刚走，樊宏已经迈步来到后院，不等刘縯客气，脸色阴郁地在一边石凳上坐下说："伯升，你不感觉今天的庆功宴会上，气氛有些反常吗？"

"的确不大对劲儿，或许是皇上不大舒服？"刘縯收住兵器，在一旁坐下。

"要真是这样就好了。"樊宏幽幽地叹口气，"你是高祖子孙，鸿门宴总该知道吧？当年亚父范增在宴会上三次举起玉玦，暗示项羽杀害高祖。申屠建是更始陛下跟前的宠臣，他如果有宝物，什么时候不能献，偏偏要在宴会上献出来？而且他献上的是玉玦，足见其居心叵测，其中必有阴谋。为什么这样说呢，玦字谐音就是决定的决，他一定和皇上商量好了什么事情，借献玉玦来催促皇上赶紧实施。再联想到皇上主动要观赏你的宝剑，这和当年鸿门宴何等相似！他们或许对你正密谋着什么，伯升，自古危邦不入，乱邦不居，现在江山还未打下，朝廷内部已经是帮派林立、钩心斗角，而你又位高功大，并且是皇家后裔，树大招风，不可不谨慎呀！”

听舅父一口气郑重其事地讲这么多，刘縯忽然感觉好笑，但他知道樊宏是个很谨慎严肃的人，当面笑出来非让他难堪，忙端正了脸色说：“舅父，人家都说你学识渊博而且谨慎，还真说着了。一块玉玦，就能讲出这么一长串典故。别说他们未必有阴谋，即便有，我又没做亏心事，怕他们做什么？君子坦荡荡，小人长戚戚。皇上柔弱，又有血缘亲情在里头，不用管他！”

樊宏看一眼满不在乎的刘縯，还想说什么，想想却又多余，末了只好再长叹口气。

就在樊宏和刘縯交谈的同时，王凤和陈牧等新市、平林将领也在发火。他们事先已经安排好，让刘玄向刘縯索要宝剑观赏，等刘縯把宝剑拿到刘玄面前时，刘玄就掷杯为号，说刘縯这是要谋弑君王，然后陈牧等人则一哄而上，以保护皇上为借口，乱刀砍死刘縯。但宴会上刘玄却忽然迟疑不决，王凤唯恐出了意外，怂恿申屠建献上玉玦，暗示刘玄速下决心。然而令他们失望的是，刘玄最终没有鼓起勇气，结果一个绝妙计划就此破灭。

“哼，什么皇帝，比他娘的稀泥还软！这次如果得手了，在众目睽睽下把刘縯给除掉，人证物证俱在，谁也说不出别的话。唉，可惜！”王凤恨恨地咬牙切齿。

“不行，我这就找刘玄去，教训他两句，下次再这么着，咱们对他可就不客气了！”陈牧抬腿就要往外走。

王凤连忙喝住：“人家现在好歹名义上是皇上，你去教训，叫宫人传出来，别人会怎么看咱们？这次合该刘縯命大，就不必再说了。”说话间王凤看见坐在一角的李轶，又说：“李将军，你对刘縯他们了解最深，你仔细想想，看还有什么法子，能让刘縯给咱们体体面面地消失？将来事成以后，他的大司徒位子，我现在就做主，由你接替！”

李轶一惊又一喜，皱眉沉思片刻，忽然搓着手说：“有了，我有好办法了！”

此时，刘秀奉命北征颍川郡，他一举攻克颍阳（今河南许昌西）之后，便转兵西南进攻父城（今河南平顶山北），城内城外兵力相当，接连围困多日，却由于城上防守严密，未能攻下。刘秀见此情况，分析如果进攻过紧，反而会促成对方坚守的决心，倒不如缓一步，等他们松懈了再突然发动袭击。

本着这个想法，围城汉军后撤至巾车乡，暂时屯扎。然后刘秀派出各队精兵，分头巡逻，截断父城通往各地的出路。说来也巧，巡逻的头一天，就捉拿住颍川郡掾冯异。冯异这个名字，刘秀早就听说过。他是颍川父城本地人，字公孙，年轻时就喜好读书，尤其精通《左氏春秋》和《孙子兵法》，以郡掾的身份监察附近五个县城，和父城令苗萌共同担任守城任务。由于城内兵力太少，趁刘秀解围后退的机会，冯异想到其他县城去收集一些兵马，来充实城内力量。不料装扮成一个老百姓模样孤身刚出城走不多远，就被汉军给捉拿。

正好冯异的族兄冯孝还有他的好友丁琳、吕晏此时都被刘秀请到军中做参议，大家闻听冯异被捉，纷纷跑来向刘秀推荐，说冯异这个人少年有大志，文武都有自己的一套，如果能委以大用，将来必定能为刘家江山建立功勋。

他们的推荐正合了刘秀的心思，他立刻召见了冯异，也不客套，叫着他的字开诚布公地说："公孙，现如今的形势不用说你也明白，王莽打着革新的旗号篡夺了大汉，结果百姓非但没有得利，反而深受暴虐。人心思汉，天下正在去旧布新之际，沧海横流，方显英雄本色。公孙才学卓异，何必助纣为虐，埋没了自己一身才华?"

冯异倒也痛快，立刻回答说："刘将军威名，在下早有耳闻。将军既然以诚相待，冯异并非顽石，但是在下老母亲还在父城，我还需要回去一趟，见机行事，想办法把我管辖的五座县城献到将军麾下，表示我的诚意。若将军信得过我，我这就回去。若将军不相信我，我也就只好甘为阶下囚了。"

刘秀见他如此痛快，哈哈大笑，当即命人牵出冯异马匹，亲自送到军营外很远，才拱手告别。

冯异回到父城后，找到苗萌，同他商量说："咱们不幸生于乱世，现在天下风起云涌，时局变幻莫测，各地趁势起兵的英雄豪杰不知道有多少，王莽败亡，已经成了定局。但据我观察，这些起事的英雄豪杰中，有的目光短浅、有的残暴蛮横，都不是成就大事的料。唯有刘秀刘将军，他率领的部队所到之处，百姓安居乐业，不受掳掠，很得争夺天下的章法。不瞒苗将军说，我刚刚接触了刘秀，看他言谈举止，丰神秀朗，绝非平庸之辈。苗将军经常和我谈起，说是学得文武艺，货于帝王家。我看这个帝王家，大概就是刘秀。"

苗萌和冯异一向志同道合，两人每每谈论天下大势，很是投机。听冯异这样说，苗萌当即拍板："公孙观人有术，向来不会看走眼，我听公孙的，咱这就投奔了人家!"

就这样，冯异传檄自己监察的其余四座城池，没费一刀一枪，父城及其周围县城，全投降了刘秀。刘秀仍令两人负责守卫父城，自己则准备率兵继续北上。

王凤等人见李轶两眼发亮，知道他肯定有了好主意，忙凑上去争着问："有什么办法？快讲！"

李轶心里清楚，此刻和刘縯兄弟作对的，已经不是个别人，而是一大批，几乎整个更始朝廷身边的人，都成心要杀刘縯。看来即便自己不出力，刘縯也必然难逃一劫，倒不如自己狠心彻底倒戈，弄他个大功。本着这个意思，他咬咬牙说："各位大人、将军，叫我说，一个篱笆三个桩，一个好汉三个帮，要除刘縯，可以先把他跟前的得力助手给去掉，让他成了光杆一人，到那时候，刘縯一个莽汉，还不好对付？"

"你的意思是？"

"现在跟刘縯走得最近的，一个是刘秀，一个就是刘稷。刘秀已经被支开，暂且不去管他。倒是这个刘稷，性情暴烈，对刘縯兄弟忠心耿耿，若刘縯有个三长两短，他必然不会善罢甘休。记得以前刘稷刚听说皇帝登基时，愤怒地拔出腰刀狠狠砍倒身旁的一棵树，吼叫着说，自从春陵起兵一直到夺取这么多城池，全是刘伯升兄弟的功劳，他刘玄懦弱无能，无功无德，怎么有资格当皇帝?！从今以后，我只听刘伯升号令，什么狗屁皇帝，我不在乎！这是他的原话，我可以作证。要不咱们把刘稷说的这些话禀报给皇上，单是诽谤皇上这一条罪名，就足以让他人头落地了。刘稷一死……"

"好主意！"不等李轶说完，陈牧拍手叫嚷，"就这么办，我早就看不惯这个家伙了，先把他给弄死，看刘縯有什么反应，若刘縯为了救刘稷说出什么过激的话，做出什么过激的事，一并给收拾了，心头大患就此解决。好，再好不过！"

王凤等人也都点头同意，立刻商议好了，一起去找刘玄制订计划。刘玄因为在宴会上被刘縯镇定自若的气概所震慑，害怕一旦杀刘縯，会激起刘縯部下的愤怒，混战起来自己皇帝位子坐不稳，没鼓起勇气做决断。面对把自己扶上帝位的王凤等人，很是羞惭，对他们自然言听计从，立刻拿定主张，商量好了该怎样做。

第二天早朝时，刘玄若无其事地对刘縯说："大司徒，现在帝都已经定下来，下一步就要考虑如何发兵长安，把王莽老巢给拿下来。朕看诸位将领中，唯有刘稷最为勇猛，请爱卿把刘稷从汝州调回来，大家共同商议进兵计划。"

刘縯并没考虑许多，觉得确实是这个道理，毫不犹豫地答应下来，下朝后立刻写信，让刘稷火速返回。

刘稷接到刘縯手令，当然没什么可怀疑的，立刻把汝州兵马安顿好，自己单枪匹马，当天就往宛城赶。走到宛城附近一片小树林时，忽然马失前蹄，跌落在路中央的一个陷坑内。树林里闪出一队兵马，不由分说，把刘稷按在坑里捆绑起来，押进城中，直接送到大殿上。

此时大殿内羽林军林立，刘玄正召集各路将领计议进兵长安。忽然陈牧等人吵吵嚷嚷地把五花大绑的刘稷推搡进来。陈牧先上前一步禀报说："陛下，臣奉命在殿外巡逻，发现有人明火执仗要闯大殿，企图刺杀皇上，忙指挥众人将他拿获，原来是刘稷。陛下，刘稷久有不臣之心，多次口出狂言，这次更是丧心病狂，罪大恶极，请陛下惩处！"说完扭头冲刘稷大喝："谋逆罪人，见了皇上，还不跪下！"

刘稷本来还不太明白怎么回事，听陈牧这样一说，才知道中了他们的奸计，立刻火冒三丈，更加挺直了胸膛，环眼怒睁大喊大叫："小人，一群小人！我刘稷生就一条好汉，上跪天地父母，下跪英雄豪杰，凭什么给你们这班小人下跪?!"

这样一叫嚷，朝廷立刻一片哗然，王凤冷着脸不失时机地插一句："反了，真是反了！都像这样凭借一点功劳傲视朝廷，皇上还怎么个当法！"

刘玄脸上登时挂不住，抬手指点着刘稷的鼻子："你，你……"

李铁正站在刘玄御座旁边，忙附在刘玄耳旁说："陛下，别的不提，单是刘稷咆哮大殿，就足以证明他根本目无君王，像这样的人，留下来迟早是个祸患，还不赶紧下令杀了他?"

刘玄铁着脸点点头，终于鼓足勇气说道："两侧的羽林军，还等什么，推出去，斩了！"

刘稷见他们嘀嘀咕咕，彼此一唱一和，更加恼怒，"小人，小人"地骂不绝口。

刘縯就站在群臣的最前头，忽然看见刘稷被捆绑着进来，不禁愣住。等他明白过来这是有人故意陷害刘稷时，又气又急，同时也有几分内疚。不管怎么说，是自己亲自写信调刘稷来朝的，刘稷是否知道自己也被蒙在鼓中?他痛骂的小人当中，是否也包括自己？不行，一定要替刘稷说几句公道话。

一想到这些，刘縯什么都抛在脑后，大步迈到御案前，黑着脸掩饰不住怒气地高声说："陛下，刘稷是谁？是本家弟兄！他的脾性您还不了解？早在春陵时，他就一直是这个样子，嘴上不饶人，心却是赤胆忠心！自从起兵以来，他哪次不是冲锋在前，身上受的伤，大家可以看看，何止十处二十处?!如今王莽还没垮台，南方北方的赤眉军和铜马军各自独立，天下群雄并起，怎么能在这个关键时刻杀自家的猛将呢？即便退一步讲，刘稷如果有反心，怎么可能单独闯殿？他再愚蠢，也不会傻到不自量力！他就有些怒气，心直口快地宣泄出来，总比搬弄是非的小人要好出许多！现在谁是忠臣，谁是小人，谁最该杀，陛下恐怕最清楚！”

越说越气愤，忽然转过脸来盯住王凤、朱鲔和陈牧、李轶等人。刘玄一向惧怕刘縯三分，听他义正词严地大声辩解最后简直成了训斥，顿时红了脸，低下头去不敢吭声。事情既然已经做到这种地步，矛盾都已挑明，王凤等人知道，刘縯必须得杀，不杀了他，自己恐怕很快就有危险。朱鲔横眉怒目：“反了，都反了，陛下，还不快杀了他！”说着顾不上君臣身份，上前登上台阶，拉住刘玄衣袖，使劲儿扯拽。

王凤和陈牧唯恐刘玄和上次一样临阵怯场，忙在下边打气：“陛下，有我们支持，快杀了他，否则后患无穷！”

一片叫嚷声中，刘玄清醒几分，见此刻刘縯的人都不在跟前，料不会有什么混乱，终于嗫嚅着命令道：“反了，反了，快把他俩都给我绑出去……”

还没说完，王凤已经替刘玄下了命令：“还等什么，快拉出去砍了！”

几十个王凤属下的刀斧手最为积极，冲上来拉扯住刘縯，不等刘縯反应过来，已经把手脚给绑住。刘縯和刘稷挣扎着叫喊：“我无罪，我冤枉！”

但大殿两侧将领几乎全是平林和新市方面的将领，他们不等刘縯和刘稷再说别的，一起上手，把他俩推出殿外。可怜刘縯和刘稷英雄半生，最终没能战死疆场，没能看到汉室复兴，却惨遭自己身边小人的毒手。风云萧瑟，却无可奈何。

消息飞快传到司徒府中，整个司徒府上下一片混乱，哭叫连天。樊宏出奇镇静地找来护军朱祐：“朱将军，我早就知道要有这一天。现在最当紧的，一是护送刘縯家眷立刻回乡，免遭他们进一步残害。再一个，你立刻去找文叔，把这里的情况报告给他，叫他多多当心！”

朱祐领命，在一片混乱中，飞马从后门跑出，悄悄离开宛城。

此刻刘秀屯驻父城尚未出发，正和冯异等幕僚议论用兵之道，交谈得十分投机，对复兴大业充满信心。正兴高采烈间，朱祐忽然衣甲不整头发散乱着跑了进来，在几个人中一眼看见刘秀，二话不说，伏地大哭。

刘秀见朱祐这副模样，立刻意识到不妙，一股不祥的预感腾地涌上心头，拉起朱祐大声问：“怎么啦，我大哥他……”

朱祐哭得更加伤心：“大司徒他，他，他叫王凤、李轶那帮小人给杀害了！”

“啊！”。一股热血冲上头顶，刘秀眼前一黑，身子摇晃几下，软软地斜跪在地上。

“刘将军！”朱祐唯恐刘秀再有什么意外，忙上前扶住刘秀，声泪俱下地把刘縯和刘稷被害的经过大略说了一遍，然后咬牙切齿地说：“将军，更始朝廷已被小人盘踞，但他们昏庸无能，窝里斗个个是好手，行军打仗都是熊包。现在将军手里正好有兵马，虽然人数不多，但凭将军威名和智谋，拿下宛城不成问题。请将军火速发兵，攻打宛城，为司徒和刘稷报仇，然后将军当皇帝。时间紧张，将军快下令吧，我来做先锋！”

刘秀满脸泪水一拳砸在地上：“大哥，我早就给你说过，人强祸必随，你怎么就不听啊，大哥！我……”

众人都以为刘秀接下来要下令攻打宛城，不等他把话说完，冯异上前一步搀扶住刘秀肩膀，急切地说：“刘将军，不管怎样冤屈，逝者已去，眼下最重要的是该为生者考虑。事情已经很明显，那帮小人陷害大司徒，势必要连累到将军。将军想想看，眼下父城有多少人马，宛城有多少汉军，实力相差悬殊，任凭孙膑在世，能扭转乾坤吗？小不忍则乱大谋，昔日勾践卧薪尝胆，不惜替吴王为奴牵马，而最终成为春秋一霸。将军是明理之人，一定要节哀三思呀！”

大家听冯异这样说，虽然都觉得有道理，但刘秀正在气头上，杀兄之仇非比寻常，他能忍耐得住吗？看来要有一场苦劝，劝说不通，一场恶战就在眼前了。

不料刘秀抹一把眼泪，语气淡淡地说：“公孙不用多说，我自己的事情自己最清楚。你们让我……安静一会儿。”说着也不管朱祐，转身进了后帐。

阳光惨淡，迷雾一般飘洒进来，充溢整个内室，迷蒙得让人喘气都有些困难。刘秀仰面躺在床榻上，泪眼蒙眬中，兄长的影子总在眼前晃动。自从舂陵起兵后，他们俩都挑起独当一面的重任，忽东忽西，很少见面，但有大哥在，自己肩上的责任再大，也觉不出有多大压力，毕竟有大哥替自己担当一部分，两人的心始终相通。

记得上次在宛城分兵进占昆阳时，大哥把自己叫到内帐，拉住自己的手谆谆告诫说：“宛城是长安的门户，而昆阳则是长安的外围。等咱们占据宛城和昆阳，恢复大汉江山的希望就不远了。不管是谁当皇帝，总之咱们完成了平生大志，也就无愧于祖宗无愧于自己了。”说着忽然一笑，意味深长地看着自己又说：“等将来拿下宛城，战事告一段落时，咱们兄弟相会，哥哥给你做主，把婚事办了。你当年的豪言壮语可别忘了，‘仕宦当作执金吾，娶妻当得阴丽华’。现在你已是将军身份，将来再封了侯，也算没有辱没人家阴小姐。好了，你一定保重，大哥等着在你婚宴上喝他个大醉!”

当时说得自己还不好意思，可没想到，那次宛城一别，竟是永诀！想着从此再也见不到大哥的面了，他的音容笑貌，只能在梦中相会，泪水再次哗哗地夺眶而出。但他不敢出声，只能翻身扑倒，脸伏在枕头上，一任委屈伤心尽情宣泄。

一直到光线渐渐暗淡，斜阳收拢了晚霞，薄暮的影子悄然降临，刘秀翻身坐起，他大睁着通红的双眼，说：“是啊，逝者已逝，现在要紧的是要替生者做好打算。”冯异的话让他不得不冷静下来，认真想想以后自己何去何从。从今以后，没了大哥的扶助，再艰难的路也要全靠自己走下去了，路越艰难，自己就首先要越坚强。刘秀脑海中飞快地分析着当下的形势。

汉军经过一年的苦战，相继取得宛城和昆阳大捷。现在更始政权已经定都在宛城，成了各路豪杰公认的一个义军领袖。并且大捷之后，汉军的军威空前高涨，已经成了众望所归之势，尽管更始朝廷内部昏庸透顶，小人当道，但外界并不了解这些内情。此刻自己同更始君臣公开决裂，把舂陵的子弟兵拉出来兴师问罪，和他们痛痛快快打上一场，结果会怎么样？天下人一定会认为自己兄弟想争夺皇帝的位子，没有得手后反目成仇。这样无形中就把自己兄弟的威名自损，最终使自己陷于孤立，最后非但不能报仇，不能复兴大汉江山，自己的性命也怕难以保住，弄不好很快就会步大哥后尘。若是那样，大哥岂不是死得更冤屈，自己的姐姐、外甥女、宗室子弟还有数不清的汉军兄弟，岂不都白死了？

不行，绝不能做这种亲者痛仇者快的蠢事！说不定王凤他们等的就是自己一时冲动，正好给自己加上罪名。可不起兵替哥哥报仇，别人会怎么说，更始朝廷还能容得下自己吗？大哥，你说，我该怎么办，怎么办?!

夜风从薄帷后边轻巧地钻进来，清凉冲淡了沉闷，刘秀的思绪随着清风飘忽，勾践能卧薪尝胆，你为什么就不能？似乎有个声音在耳边轻轻说。他神情一振，更始朝廷这块招牌还不能丢，只有利用好了这块招牌，自己才能让大哥和亲人的血不白流。对，就这样做！刘秀霍然站起来，一把扯开帷幕，让清风撩起自己的头发，善者必获福报，恶人总有祸临，邪者定遭凶殃，正者终逢吉庇。自己就是要做善者、正者，只要行动得法，一定能让小人得到报应！这样想着，刘秀返身走回屋内，哥哥去了，自己不能为他戴孝，但总要给哥哥一点安慰。他找来一条白色纱带，缠在内衣袖子上，以此表达只有自己才懂得的思念。

一夜未睡，刘秀反而精神更加抖擞，安顿好军务，他当众宣布，刘縯因为违迕圣上被杀，自己也有罪过，准备启程返回宛城请罪。这话一出口，许多人大惑不解，特别是朱祐，简直不能相信自己的耳朵，他刚要说话，刘秀摆手叫他住口："我意已决，就这样办，谁也不要再说什么！"说这话的时候，他的眼光正好和冯异相撞，两人不约而同地点点头。

"三将军此去，恐怕需要用人的时候还不少，我愿意陪同将军一道去！"身材不是很高，却十分强壮的臧宫，身穿一件粗布大衫，挎一口腰刀，看上去胆气十足，"俗话说得好，出外十里为风雨计，出外百里为寒暑计，出外千里为生死计。将军这一去凶险万重，身边没个得力的人怎么能行?"

"君翁，我这是去朝廷请罪，不是征战，你们只管坚守自己岗位就是……"刘秀叫着他的字，动情地解释。然而不等刘秀说完，臧宫已经走到大帐外，跳上战马。"果然是一死一生，乃见交情，一生一死，交情乃现啊！"刘秀在心里感叹一句，和冯异等人抱拳告别，匆匆离开父城。

此时的天气正是最炎热的时候，一行人接连奔波，累得人马大汗淋漓。来到颍阳地界，大家又饥又渴，实在走不动了，便进城去歇息一下。负责接待北征大将军的是颍阳县吏祭遵。此人虽然身为小吏，却颇有大家风范，举止大方，进退有序，摆设酒宴款待刘秀等人，说话很得体，招待得大家非常满意。

从昨天夜里，刘秀就已经拿定卧薪尝胆以静制动的主张，格外注意搜罗人才。这个小吏非同寻常的表现，让刘秀很感兴趣。暗中打听，知道此人叫祭遵，字弟孙，颍川郡颍阳人，从小就喜好读书，虽然家景不错，但他恭谨节俭，丝毫没有浪荡公子的气派。不仅如此，他对待父母非常孝敬，母亲去世时，曾亲自背筐子运土给母亲筑坟。有个衙役贪图他家钱财，四处造谣，说他生活不检点，应当送到官衙去治罪。祭遵本人还没发话，他的许多朋友已经看不下去，有人挺身而出，为祭遵杀掉了那个衙役。这一举动，非但没有引起大家公愤，反而大家都说这是祭遵讲义气的结果，更加拥戴他。

当天夜晚，刘秀就住在了颍阳，特意把祭遵找来谈论天下大势。祭遵面对威名远扬的刘秀，不卑不亢，从容说道："新朝变法，未必不对。但王莽书生气息过浓，不能很好地驾驭下属，结果把好事变成了坏事。现在的情况是，各级官吏随意横征暴敛，贪婪一日甚似一日，法令繁多而无所适从，百姓连说句话，甚至做个姿势，都有可能被指认成犯罪。结果大家流离逃亡，田地大片荒芜。这样一来，徭役自然更加沉重，加上近年来旱涝蝗虫等灾荒接连侵袭，百姓没法子生存，当然要揭竿而起，这是水到渠成的事，早在意料中。"

刘秀听他侃侃而论，连连称是。见刘秀对自己的话很是入耳，祭遵感叹地说："自古志士，不为良相，当为良医，祭遵当不了良医，只好争取当一世良相，只是苦于没有门路。刘将军的情况我已经听说一二。做买卖的人有句话说得好，要想富，忍耻辱。没想到将军无师自通，能忍常人所不能忍，那就一定能做常人所不能做的事。如将军不嫌弃，祭遵愿意追随将军，以成就一番事业!"

"弟孙有此远大志向，当然甚好。只是我此去宛城，艰险异常，弄不好连性命都保不住，你……"刘秀也不隐瞒，推心置腹地说。

"唉，得十良马，不如得一伯乐。能追随将军，我知道将来必定大有希望。将军就不必推辞!"祭遵说着，长长一揖。刘秀忙把他拉住，当下传令下去，特请祭遵为自己的门下吏。

一行人继续南下，再走两三天，宛城遥遥在望了。望着沉沉矗立在远处的城墙，刘秀情不自禁想到大哥的冤死，再联想到要面对仇人却不得不强作欢颜，心头一阵凄凉，脸色阴沉下来，当着几个心腹的面，也不掩饰，长长叹息一声。

祭遵和刘秀并辔而行，转过脸问："将军此去宛城，打算如何安排?"

"至于如何安排，我也没拿定主意。唉，事未到时休去想，想来想去空着忙，只能随机应变。总之更始皇帝和那班小人臣子嫉恨我大哥威名太甚……"

"他们不但嫉恨大司徒，就是对将军，他们又何尝不又嫉恨又害怕?!"祭遵接过话头，"好在将军深谙韬光养晦之道。宝剑再锋利，但是装在剑鞘里，别人看不到它的锋芒，仍有保全自己的可能。将军进入宛城后，别的话一定不要多说，只管低头请罪就是。虽然汉代律令上有法不避亲一说，但将军和大司徒分处两地，彼此并无联系，只要将军自己不分辩，别人自然不会提起。只可惜，将军驰骋疆场何等痛快，如今要委曲求全，要忍得住千夫所指，真难为将军了!”

“不，俗语说，其渊深者其鱼美。为人就应该深不可测，这样才能成就大事业。再大的委屈，我也能忍受!”刘秀紧皱的眉头渐渐舒展开，神情却更加坚毅，“走，进城!”

自从杀了刘缜后，王凤等人心头终于放下了一块石头，但刘秀还在外边领兵，总让他们心里不怎么舒服，隐隐中有几分提心吊胆，特别是听说刘秀在颍川一带攻占了父城等大小几座城池，更是心神不安。他们每次见到刘玄，都要想方设法地绕到刘秀身上，把刘秀说得一无是处。王凤还回想起刘秀曾在昆阳城下说过的，“土相扶成墙，人相扶成王”。于是，便对刘玄说：“陛下您听，王是什么，是皇上呀！他这样说，不正表明他骨子里想当皇帝吗?”

听王凤这样说，李轶也想起来了：“陛下，当初刘缜和刘秀兄弟在舂陵起兵时，曾盟誓说，他们要复高祖之业，定万世之秋，这话很明白地表示他们那时就准备要当皇帝了!”

陈牧也在一旁打气，说：“刘秀一日不除，您的帝位就一日坐不稳。为什么这样说，自古臣强主弱的，有几个不是大臣最后反了天的？趁刘秀在父城势力还不够强大，他手里只有几千兵马，赶紧把他想办法召回来，叫他和他大哥做伴去！否则以后他强大了，咱们谁也不是他的对手。”

王凤等人抓住刘玄自己心虚的心理，日夜周旋，极力怂恿他行动。刘玄自己也知道，杀了刘缜，刘秀必然不甘心，这个冤家对头不想做也已经做下了，果然立刻被说动了心，正要派使节去父城征召刘秀，忽然有人禀报：“刘秀已经进到城内，就在大殿外等候圣命!”

“啊?”大家立刻面如土色，沉寂半晌，王凤哆嗦着嘴唇问：“带了多少人马?”

“只带了三五个侍从，都被挡在了皇城外，只有刘秀一人在殿外待命。”

大家长长舒了口气，为刚才的失态不好意思，忙掩饰着相视一笑，王凤代替刘玄传下圣旨：“叫他进来!”

刘秀身穿鲜艳的朝服，面色沉静如水，单身迈大步走进殿中。面见更始皇帝后，推金山倒玉柱地三拜九叩，叩拜完后并不起来，仍跪着说：“陛下，臣惊闻刘缜被杀，深为不安。”

“好呀，好大的胆子，竟敢一个人跑到这里来替刘缜说情，看你也是聪明过头了!”王凤等人听刘秀这样开头，都蠢蠢欲动，只等刘秀再说一两句，就咆哮着把他拉出去砍了。

“陛下，臣痛恨臣不能时时追随陛下，督察刘缜，结果让刘缜违迕了陛下，其人固然罪该万死，但臣痛定思痛，自己也有推脱不了的过错。其人已死，自不必多说，臣请陛下宽宏大量，给臣以赎罪机会，报答陛下。”刘秀话语平稳，一字一顿，响亮的声音在大殿回荡。

不但王凤、陈牧等人，就是刘玄，也大感意外，他们根本想不到刘秀竟然能主动来宛城谢罪，而且言辞痛切，从表情到举止，都如此自然，一点没有伪装的意思。这让他们君臣顿时不知所措，大家面面相觑，谁也不知道该怎么办。刘玄终于支支吾吾地自作主张回答说：“文叔坦诚可爱，朕很是高兴。不管刘缜错有多深，念在同宗同族的情分上，你就负责料理他的后事吧！”

刘秀再次叩首，谢恩退下。留下一帮君臣呆愣着不知说什么好。

出得大殿，刘秀径直来到司徒府。留守司徒府的樊宏和阴识等人，见刘秀来到，如同有了主心骨，忙带着家人跪倒在府门两侧迎丧。人人满脸悲戚，个个说出话来情绪悲愤，请求刘秀一定要出头替大司徒讨个说法，不能让大司徒就这样英雄一世却不明不白地死去。

而刘秀昂首挺胸，谁也不正视，对他们的话似乎充耳未闻，脚步腾腾地走进厅堂，站在厅堂正中央，看一眼刘缜棺木，大声说：“你们听着，刘缜违迕了皇上，已经被诛杀。按说应当连坐，大家都有罪。而皇恩浩荡，只定他一人有罪，大家应该遥拜谢恩才是。刘家祖坟远在舂陵，谁愿意扶灵柩归葬？”

大家听刘秀这样说，都瞪大了眼睛，不相信似的看着刘秀，眼光很是陌生。樊宏红肿了眼睛长叹口气：“唉，亲情如铁，富贵如炉，可叹伯升英雄一生，却看错了人！罢了，罢了，还是让我回去，顺便也给自己找块好坟地，保全胳膊腿地多活几年算了！”

刘秀这才第一次把高抬的眼光放在樊宏身上，四目相对，彼此灵光一闪，似有似无地点点头。“那好，罪人刘缜和刘稷的后事，就托付给舅父了！”刘秀转瞬又脸色如铁一般坚硬，立刻指派兵卒拉马套车，这就把樊宏打发走了。一直到临走时，连刘缜和刘稷的棺木都没正视一眼。

刘秀在大司徒府里的言行，早有人飞奔着报告给刘玄和王凤等人。他们此刻正在大殿里议论到底杀不杀刘秀，听来人说一番刘秀处置刘缜后事时说的话和表情，都似信非信地犹豫不已。就在这时，刘秀进殿禀奏：“启禀陛下，罪臣刘秀奉旨处置刘缜丧事，已经把他的灵柩打发回乡，遣散众闲散人员，关闭了府门，其部下兵丁都归属汉军各部。诸事都已办妥，特来回复。”

刘秀愈是心平气和，刘玄愈感觉惊慌，他涨红了脸四下看看，见众人都低着头不说话，只好没话找话地说：“刘縯因为鲁莽而被杀，朕也十分痛心。他的大司徒职位，朕已转赐给同族刘赐。刘赐，你和文叔以后要共事，大家还要齐心协力。”

刘赐见皇上提到自己，顿时也是一慌，不知该说些什么，慌乱之下忽然灵机一动问道：“文叔，昆阳大捷，汉军以一万多疲敝之众大胜王莽四十三万大军，以弱胜强，威震天下，从黄帝大战蚩尤到项羽背水一战，都不及昆阳一战。据说当初是你力主坚守，后来又是你突围调来援兵。可是也有人说主持这场大仗的是成国公，众说纷纭，其中详情自然你最清楚，那你当着大家的面说说，昆阳一战到底是什么情况，谁的功劳最大?”刘赐之所以这样问，其目的是想让刘秀说出几句赞颂王凤的话来，这样就堵住了王凤的嘴，当然若是回答不好，也会有激怒王凤的可能。至于怎样回答，全看刘秀的造化了。

刘赐出其不意地冒出这样一个问题，王凤暗吐一下舌头，陡然把心提到嗓子眼儿。若是刘秀把自己如何坚持要弃城逃跑最后竟然主动请降的细节说出来，自己脸面往哪儿搁?若他真敢胡言乱语，那自己就顾不得体面，只能强行下令，把他拉出去杀掉灭口了。

正胡思乱想着，就听刘秀轻轻说：“启禀陛下，昆阳保卫战，主帅是成国公王大人，这是众所周知的事实。当初新军兵临城下，坚守城池，突围求援，自然都由主帅裁定。我们十三人突围而出，侥幸搬来救兵，杀王寻走王邑，论功劳，十三人都有份，在下不过是其中之一。而真正总揽全局的，仍是成国公。”

这话既不夸大又很圆滑，叫人听了很觉可信。王凤终于松口气，颇为感激地看了刘秀一眼，连忙走出队列说：“陛下，虽然同是十三人之一，但太常偏将军的功劳其实要比别人高出许多。文叔自己却不贪功，不违背陛下旨意，和其兄鲁莽大为不同。现在刘縯已杀，而文叔远在父城，不知者不为罪，请陛下宽宥。”

既然王凤都说了替刘秀开脱的话，其他人如朱鲔、陈牧和李轶等也不好再说什么，便都默默地点头答应。刘玄顺着他们的意思，宣布赦免刘秀连坐之罪，让其回自己府中歇息反思。刘秀脸上仍旧如一汪风平浪静的水，自始至终平和而无谓。即便站在他身边的人，也丝毫看不出这个年轻人内心在怎样地汹涌澎湃，在怎样痛苦地滴着血。

第二十二章　悲欢隐忍　别具滋味

昆阳兵败之后，四十万新军暴尸荒野，这让王莽始料不及。消息传到长安时，王莽正坐在后宫琢磨着礼乐制度和各级官职名称的改革。他盘算着，王邑带走了大新朝赖以作为根基的四十多万新军，别说开仗，单是号称百万的气势，就足以让尚未成大气候的叛贼胆寒心惊，这次消灭叛贼已经是毫无悬念了。等叛贼消灭，就要接着开始继续中断的改革，他要用行动和效果让普天下人知道，自己是怎样一个君主，要让拥戴和反对自己的人都承认，以新代汉，是历史的最佳选择。

就在漫无目的心驰神往的时候，忽然有侍卫小心翼翼送进战报。王莽派遣王邑出征时特意吩咐过河南地方官员，让他们每隔几日就送战报直接进京，而这战报不必经过省部的手，可由御前侍卫直接递进来。

前几次战报无一例外都是禀奏王邑大军如何威风，如何围困住昆阳，昆阳如何指日可下。这些消息都印证了王莽的预料，王莽为此颇觉沾沾自喜。这次送进战报，自然也应该是这内容，或许有更大的进展，昆阳甚至宛城已经拿下也有可能。王莽把手中的《礼记》放下，缓缓打开战报，眼光轻轻扫视上去。

然而没看几句，王莽忽然神色大变，腾地坐直了身子，一把扯过来一字一顿地看下去。在战报中，河南地方详细叙述了王邑围困昆阳的经过。“吾皇陛下，王邑围困昆阳，声势震天，本已稳操必胜之券。无奈天不佑我，贼兵忽然从斜刺窜出，顿时我军腹背受敌，昆阳待毙之贼乘势从城中杀出，形势顷刻大坏。一战之下，我新军四十万尽数披靡，逃生而还者，百不及一。首将王邑亦生死不明……”

“啊，笨蛋！一群废物！我大新江山就丢在这些徒有虚名的竖子手中！”呆愣片刻，王莽终于明白发生了什么，他不顾侍卫和内监还在跟前，捶胸顿足，大喊着把桌子拍得砰砰作响。众人虽然不知道战报上写的什么东西，但立刻预感不妙，一个个扑通跪倒，屏气敛息。

王莽惊惧交加胡乱大发脾气的时候，王邑和严尤还有部将陈茂正惶惶然地向西奔逃。他们一路惊魂不定，如同丧家之犬，狼狈样子让路人侧目，谁也看不出来这就是几个月前八面威风的朝廷钦定大帅。奔逃到武关时，严尤因为已经吃过一次败仗，在王莽跟前彻底失宠，知道这次回去肯定没有好结果，索性扔下王邑不管，带了陈茂流窜到汝南躲避。王邑几个人仰仗着皇上曾信赖过自己，心存一丝侥幸逃回了长安。

祸不单行，福无双至。外边风雨飘摇，内部又出现分裂。王莽为了挽回败局，使出自己的撒手锏也是拿手好戏，诡托符命，制造谶语，想以此来压制人心。然而新朝败落已成定局，许多人都意识到了这点，朝廷上下无不考虑着自己的后路。勋戚重臣新朝的开国元老如刘歆等人，干脆以毒攻毒，打着发现“刘氏复兴”谶语的旗号，私下密谋，企图劫持了王莽，把他作为晋见礼物，归降了汉军，如此一来，自己仍不失为另一个新朝代的开国重臣，还能继续享受荣华。

可是这个如意算盘尚未开始行动，便不小心泄露出去，王莽先下手为强，杀掉参与这事情的大将军王涉和国师公刘歆。这一场险些翻天的混乱让王莽想起来就出身冷汗，他坐下来静想，原先改革天下再现伏羲时代的愿望已经不可能实现，目前最现实的，还是如何控制住尚未丢失的地盘，如何防守住潼关一线，保住关西这半壁江山。

刘歆造反未遂而死，却给王邑创造了个好条件。王莽苦于忠心于自己的人太少，不但没治王邑的罪，反而拜他为大司马；晋升张邯为大司徒，升迁崔发为大司空，升苗䜣为国师，命令他们加强朝内朝外的防守。接着把在东方围剿赤眉军的太师王匡和大将军哀章调回，令两人率领新军剩余部队坚守洛阳，同时派出各路绣衣使者代自己巡视关中各要塞，明显从进攻转入了防御。

汉军如秋风扫落叶般高歌猛进的时候，刘秀却安闲地深居府中，吃吃喝喝逍遥自得。碰上有客人来拜访，就陪着说说笑笑，谈论一些各地景致、人物趣事，说到可笑处也呵呵大笑，说到动人处，也摇头叹息，和平时没什么两样。就是一个人在家时，也神态安详，捧一卷帛书，或兵法或治国方略，读读写写，勾勾画画，摇头吟哦，自得其乐。有一次在朝堂上刘玄无意中问起刘秀：“文叔难得清闲，朕想来忙惯了的人有时候闲得也难受，文叔是不是也感到难受啊？”

刘秀立刻做出惶恐的样子伏地回答：“陛下英明。不过臣并没闲着，这些日子，臣除了闭门思过，宣讲刘縯罪过，让其他人切莫重蹈覆辙之外，还静心研习大汉礼仪。经过这几年动荡，礼仪大坏，许多典章制度近乎失传，臣仔细搜集整理，将来陛下统一全国，臣可以把我大汉礼乐典章原样恢复过来，以此来报效陛下。”

“好，好，武将变文臣，这样很好！”刘玄终于放下心来，身心舒坦地斜靠在龙椅上，眉开眼笑。

然而新市军和平林兵的将领们却仍不敢掉以轻心，他们不相信，杀兄之仇真就能这样无影无踪？刘秀再软弱无能，难道连句硬气话也不会说？他们绞尽脑汁，派人日夜跟踪，打探刘秀的动静，不仅看他平常做什么和什么人接触，还特意吩咐要注意他的表情和不经意间流露出来的言行。

可是几个月很快过去，接踵而至的通报让他们既失望又放心。刘秀既不为刘縯服丧挂孝，也不向人夸耀自己以前的战功，饮食谈笑和以前没什么两样。更让他们欣喜的是，有人禀报说亲眼看见刘秀在后院摆弄起庄稼。

“真是泥人改不了土性！”李轶向众人讲到刘秀以前如何醉心于稼穑，是刘縯屡次教诲，他才好容易有了点英雄气概，没想到刘縯一死，他立刻就倒退回从前。听李轶这样说，王凤他们鄙夷地笑了，原来那个叱咤风云神勇无比的英雄是一时吹起来的猪尿脬，一放气就变作胆小恭谨的懦弱小人，这样的人哪里能成就什么大业？即便留下这样的人活着，又有什么打紧？

王凤等人对刘秀看法的转变，影响了刘玄。他顺应众人的意思，同时也弥补一下自己心底的虚弱，拜刘秀为破虏大将军，封武信侯。受封的那天，热热闹闹后回到家里，刘秀一个人把内室门关起来，终于无声地泪流满面，一个大将军，一个武信侯，能换回大哥一根头发吗？泪光中，刘秀忽然又想起阴丽华。阴小姐发誓非将军王侯不嫁，如今自己真是将军王侯了，可是阴小姐，你在哪里，你还在等着我吗？从阴小姐，他又想到大哥，大哥曾说过要亲手替自己操办婚事，帮自己完成“仕宦当作执金吾，娶妻当得阴丽华”的宏愿。现在这个愿望就要着手实现，可是大哥，你在哪里？

同时刘秀也注意到，尽管自己的努力没有白费，取得了更始君臣的相信，但自己虽然被封将军，却并不能像其他大将一样领兵征讨四方，只能像文臣一样随朝参拜。可见他们对自己仍然有所顾忌，而自己还需要进一步行动，在更大程度上迷惑他们。

刘秀再一次想到大哥的话，他决定要完成大哥的心愿，同时借此机会让更始君臣彻底放心。

拿定主张，刘秀启奏更始皇帝，请求准许自己免朝成亲。刘秀要娶妻的消息传出来，新市和平林的将领们无不哂笑，长兄如父，父死应该守孝三年，刘秀成天叫嚷着自己在研习礼乐，这点不会不知道吧？可现在刘縯死了还不满一个月，刘秀就耐不住寂寞，张罗着要成亲，这样的人看来不但懦弱胸无大志，而且还贪恋享乐，哼，能成什么气候？当初小心翼翼地对付他，其实纯属多余！

刘秀对更始君臣心中能想些什么，已经猜出十之七八。他清楚，当初昆阳之战，自己之所以取得重大胜利，就是采取了弱者先让一步再后发制人的策略。天道后举者胜，以逸待劳，何患不克？打仗是这样，官场如战场，特别是现在自己身处特殊的官场，又何尝不是这样？刘秀并不理会别人投来怎样的眼光，大摇大摆地操办起自己的婚事。没有大哥替自己主婚，不能过多地结交宾客，一切都要他亲自动手。

躲在内室中，刘秀从内衣中掏出素绢包裹的金钗，放在眼前仔细地看，仿佛那是一张张熟悉的面孔。用来包裹金钗的素绢，是为哥哥所挂的丧色，不显山不露水，即便有人看见也说不出什么，只有自己意到心知。而那柄小小的金钗，是阴丽华亲手交给自己的信物，金钗上似乎还留有阴小姐手上的芳泽，刘秀不由地将它举到眼前，一段细链摇摆着，好像在向自己招手。素绢给自己带来无尽伤感，而金钗又让自己充满憧憬，悲喜交集包裹在一起，这沉甸甸的分量，让自己如何承受得起？

眼光恍惚中，手中这枚小小的金钗，一瞬间化作姿容袅娜的阴小姐。只见她仍和几年前一样，淡淡的妆饰，身穿一件素白锦服，更显得冰清玉洁丽质天成，如芙蓉出清水般，捏着团扇做出捕捉彩蝶的姿势，落落大方地向自己走来。她越走越近了，自己已经能清楚地看见她波光流盼左右善睐的丹凤眉目，她风一样飘然来到自己跟前，淡淡的香气萦绕在两人身上，什么也没说，只是轻启双唇，婉转地长吟起："执子之手，与子偕老。"

多么熟悉的声音，遥远而亲切，"丽华！"刘秀忍不住轻声呼唤着，张开双臂扑向前去。然而阴丽华冲他嫣然一笑，悄然地消失了，她的影子越来越淡薄，如迷雾般怎么也捉不住，定睛再看，面前只有一枚小小的金钗。把玩再三，刘秀顿时一阵惆怅惘然，他突然觉得，自己真的太累太孤单太寂寞，真是需要一个人来陪伴来分担。况且不管怎么说，现在自己官位破虏大将军、武信侯，比起长安城中的执金吾，要尊贵不知多少倍。尽管这样的尊贵远非自己所愿，封赏自己的朝廷是自己不共戴天的仇人，但以这样的身份迎娶阴丽华小姐，也不辱没所爱的人。阴小姐的誓愿，总算没有落空。

不过刘秀仍有隐隐约约的担心。虽说他和阴小姐私下约定要结伴终身，但岁月倥偬，世事变幻往往难以预料，有时候自己也很难把握住自己的人生道路。掐指算来，阴丽华早已过了及笄之年，这么长的时间过去，一别之后再没音信，她是否依旧钟情自己仍待字闺中？刘秀虽然有几分把握，但还是不敢大意，急忙派护军朱祐前往偏将军府，向阴识探问。

阴识刚开始对刘秀很感失望，他甚至怀疑刘秀是否和更始君臣有什么私下密谋交易？但他又怀疑自己，他相信刘秀不是李轶等容易利诱之辈，通过以前和刘秀的交往，阴识冥冥中感觉，这个年轻人绝非用常人度量可以揣测，他所做的一切，必然有他自己的道理。后来阴识为了解开心中谜团，特意偷偷回了一趟春陵，和樊宏交谈半晌，末了樊宏简单一句话做了总结："阴将军，常言说得好，贪他一斗米，失却半年粮；争他一脚豚，反失一只羊。为人当目光长远，忍别人所不能忍之事，想别人所想不到策略，文叔这孩子承载着刘家的希望，前途不可限量啊！从文叔再看更始君臣，真所谓众星朗朗，不如孤月独明。文叔局面很快就会打开，你要尽力配合呀，阴将军！"

阴识豁然开朗，他高兴之余着实心酸一场，文叔心里藏的苦楚太多啦！

朱祐与阴识都是起兵之初的老人手，大家原本就很熟悉，后来同为刘縯部属，关系更是密切，几乎无话不谈，特别是经历过这场遭遇后，两人更有了患难之交的感觉，说话更是随便。朱祐飞马驰进阴府，大大咧咧在前庭坐下来，也不用客套，开门见山地说明来意。阴识对妹妹和刘秀的事情早就知道一些，只不过自己妹妹，不好意思细问，也没法在刘秀跟前说起。只是见两人年龄越来越大，却谁也不首先提起彼此婚事，暗暗着急。现在见朱祐找上门来，说刘秀主动提起这件心头大事，顿时喜上眉梢，不无炫耀地说起妹妹这几年的情况。"朱将军，你也不是外人，我说这话也不用顾忌。我那妹子是新野有名的漂亮人物，过了及笄之年后，出落得更加秀丽。她不仅人长得漂亮，而且精通琴棋书画，可谓秀外慧中。这名声一传出去不要紧，慕名前来求亲的贵族子弟、商人文士，络绎不绝，简直要踏破我家门槛。他们这些人有的华冠丽服、有的宝马香车，争相炫耀自己的尊贵，恭恭敬敬地给我那妹子献上礼品，虔诚地求聘。但我那妹子连正眼都不瞧，皱着眉头让我们一一打发出去。那些阔佬们纳闷地直摇头，说：'这个阴小姐，看不上钱财看不上高官，她到底要什么样的人物来做女婿？哼，等她成了老太婆，看她还挑三拣四不？'他们说是这样说，我心里明白我那妹子的心思，她其实就等着今天呢！"

“那好，那就好!”朱祐虽然是个大老粗，但对刘秀所选定的道路，还是似懂非懂地想通了不少，当即拍手大笑，“我这个媒人这下就容易当了，看来喝你家几杯喜酒并不用费多少力气!”

此时远在新野的阴府老宅绣阁中，阴丽华正手抚琴弦，浅吟低唱，目光久久凝视着刘秀赠送给自己的玉佩。那晶莹剔透的玉佩，仿佛一颗不住跳跃的心，无声地诉说着什么。阴丽华倾耳细听，分明是在和着节拍与自己一起吟唱。她眼前浮动起刘秀说话谈笑的神态，这个不露声色而抱负远大的年轻人，不知从什么时候已经深深地镌刻在自己心中。到底从什么时候自己就开始忘不了他?是第一次在他姐姐家和他相见，还是危难时候他挺身而出侃侃而谈?阴丽华在脑海中搜索半晌，终于苦笑着摇摇头，不必想了，也许自出生的那一天，冥冥中就已经和他结缘。自从结识了刘秀，多少风流倜傥的才士、多少仕途通达的权贵、多少家财万贯的富豪，再看上去都俗不可耐。对于他们，自己完全有理由视而不见，充耳不闻。宁愿孤单十载，能和刘秀相聚一刻，也是值得的。

让阴丽华担心的是，这么长时间杳无音信，刘秀还记得自己吗?还珍藏着那枚凝聚着自己纤纤柔情的金钗吗?她努力不去想这些，因为越想，这种担心就越强烈，但越努力不去想，就越克制不住自己。她知道自己的担心不无道理。像刘秀这样的人物，常年领兵作战，必然功劳卓著，什么样的女子遇不到?算来他已经年近三十，面对各色女子，他能不动心吗?倘若他已经把自己忘在脑后了，而自己还在这里傻等，叫人知道了，他们说不定会把自己哂笑成什么样呢!

朱祐速去速回，兴冲冲地回到武信侯府，跳下马来，连身上的土也顾不得拍打，脚步通通地直奔前厅，抹一把脸上的油汗，一字不漏地把阴识的话全都告诉了刘秀。刘秀悬着的心立刻放了下来，他既感激阴丽华的一片痴情，也庆幸自己没有看错人，从此多了一位红颜知己，时刻压抑在心头的苦楚也可以减轻几分。

刘秀匆忙整理一下，立即命人套上马车，带了礼物前去阴府拜见，正儿八经地前去议婚。这事情本来是大哥做的，但现在大哥不在了，什么事情都得自己担起来。来到阴府后，早有人报了进去，经过一场磨难，阴识此刻更加敬重刘秀，也尊重妹妹阴丽华的选择。长兄如父，他以兄长更以家中主人的身份，十分隆重地设宴款待刘秀，两人手把酒杯谈论半晌，虽然彼此心照不宣，对目下局势丝毫不提起，但言谈中相互鼓励，心中阴霾顿时消散不少，至于婚事，反倒成了不言中的事情，三言两语便定下吉期。

第一个步骤轻松完成，刘秀立刻令朱祐、祭遵和臧宫等人收拾大将军府，又拿出重金召集泥水工匠，大兴土木，把府里府外重新整治一番。等收拾得差不多了，刘秀在阴识的陪同下，大张旗鼓，带了黄金、马匹、玄璧、清酒、粳米、稻米等数十种物品为聘礼，极其隆重地亲去新野，迎娶阴丽华。

刚抵达新野地界，乐队便敲打起锣鼓作前导，仪仗队打起将军大旗，斗大的“刘”字猎猎飘舞，前前后后一共四十八面，如同一字长蛇，煞是壮观。彩旗后边，紧跟着一队彪形大汉，都是红衣红裤，腰间扎一条五花丝带，两人一对，抬着大红油漆描金箱子，一对一对地走过，看热闹的人数了数，一共二十四对。人们纷纷咋舌，不愧为将军，好气派呀！大汉们过去，紧跟而上的是一队骑兵，人人衣甲鲜亮，手举刀枪，马蹄踏地，震得地面微微颤动，一队队地走过，共有一百二十骑。再往后边，才是一辆装饰华丽的马车，车顶金黄的流苏彩带飞扬，垂下的珠玉饰物叮当作响。刘秀高骑在马上，身穿官服，衣着簇新，满脸喜气。

然而浩浩荡荡的队伍来到阴府，尚未进府门，有阴府家人神色慌张地飞身跑来，穿过熙熙攘攘的人群，挤到阴识跟前，踮起脚跟附在阴识耳边轻轻说几句。阴识立刻变了脸色，冲刘秀拱手说句：“刘将军请稍等，我去去就来！”说着飞跑进府中。

刘秀不明白发生了什么，只得命令乐队继续敲打，等着阴识回来。过了许久，阴识终于出来，脸上露出好险的神情，大手一挥：“请！”

迎娶阴小姐回到宛城，以王凤为首的群臣都赶来道贺。进到刘秀的大将军府，但见鼓乐齐鸣，宴席丰盛。人头攒动，热闹非凡。而其中盈门的宾客，大多是新市、平林诸将。刘秀换上大红的吉服，执觥在手，逐席敬酒，大口吃肉，谈笑风生，仿佛浑身洋溢着的都是喜气。朱鲔、王凤、陈牧、张印、李轶等人，见到刘秀醉心于家事，疑虑顿消。

特别是利用人多混乱的机会，王凤领着朱鲔、陈牧和李轶等人，在将军府中四下看看，见前院后院都修葺一新，两边都是细石砌成的宽道，很是细致。后院还新挖了一方大湖，湖中用乱石叠成一座假山，假山上嵌空玲珑，高高低低地映衬在参差树木下，疏影斑驳，悠然宜人。顺着小径再往前走，新盖的亭台阁楼交相掩映，很显奢华。“李将军说刘秀从小就缺乏远大志向，不是摆弄庄稼，就是贪图享乐，果然不假。唉，一母生九子，子子各不同，这话果然不假。可惜刘縯精心栽培他几年，刘縯一死，他立刻倒退回原处！”

王凤捻着胡须含笑说了一句。

大家都点点头，彼此交换一下眼光，放心地去前边喝酒了。

喧闹了整整一天，直到夜色阑珊时分，客人终于渐渐散去，空旷的大将军府寂静下来。红色垂地帷幕围起来的洞房内，刘秀轻轻坐到阴丽华的面前，四目相对，电光碰撞间火花闪烁。“丽华。”刘秀从衣袖中拿出那枚依旧色彩灿烂的金钗，替她别在发髻上。阴丽华的脸庞在烛光跳跃下，如同晚霞映红了整个洞房，她嫣然含笑着，把玉佩挂在刘秀脖子上。玉白的手指接触到刘秀脸上，刘秀心头突地一动，把她的手紧紧握住，放在自己怀里。

缠绵半晌，刘秀忽然想起来问：“丽华，今天迎亲时，在你家门前，好像家里发生了什么事情，到底怎么回事?”

“你家的遭遇我是近两天才听说。我想，像你这样一个有志男儿，应当以家仇国恨为重才对，没想到你却大张旗鼓地前来迎亲，听那声音，气派好像还很大。当时我很失望，以为自己看错了人，当下让家人传话，我不嫁了!”

听阴丽华莺歌燕语般轻声诉说，刘秀心头更加一动：“那，怎么又答应嫁了呢?”

“是我哥，他告诉我将军……”

刘秀一把将她的嘴捂住，却把她的身子搂得更紧：“丽华，你没看错人，我也没看错……”

第二天清晨，刘秀亲手为阴丽华描眉插钗，陪她在后院散步闲聊，偶尔也坐在石凳上对弈、翻阅书卷。两人一连几日形影不离，他要用男人的成熟与深厚的炽爱，去补偿阴丽华对自己的苦苦等待。而在外人看来，破虏将军、武信侯刘秀似乎完全沉溺于新婚的欢乐中，已经忘记了什么大汉江山、忘记了起兵时的宏愿、忘记高祖帝业，甚至也忘记了如同父亲一般关心他的大哥。

刘玄和王凤等更始君臣在梦中都不会想到，有只猛虎正收缩了爪牙，蜷伏在草丛中虎视眈眈。

此刻的天下形势随着王莽新朝政权的进一步垮台，越发恶化混乱。更始元年（23）七月下旬，天水成纪人隗崔、隗义与上邦人杨广、冀人周京等江湖豪杰，起兵响应大汉政权，他们推举隗嚣为上将军，传檄四方，不断扩大地盘。

随着地盘的扩大，隗嚣派人聘请平陵人方望为军师。方望满腹韬略，颇通阴阳学说。他仔细分析了眼下的局面，建议隗嚣承天顺命，打起辅汉的招牌，唯有这样，才能更大地收服人心，让势力发展更大。隗嚣听从他的计划，在邑东立起大汉祖庙，祭祀高祖，牵马操刀，割牲而盟。在盟誓中，隗嚣宣布说："凡我同盟三十一员大将，十有六姓，允承天道，兴辅刘宗，如怀奸虑，明神殛之。高祖、文皇、武皇、俾坠厥命，厥宗受兵，族类灭亡。"宣读完毕，有司奉血而进，在盟书上加盖血印，所有礼节完全遵照汉时的规格，表示自己已经是大汉的臣子。

有了这块招牌，隗嚣更加理直气壮，名正言顺地成了大汉的上将军。他派遣使臣传檄郡国，披露王莽如何伪装君子，如何悖道逆理，把王莽当初如何鸩杀平帝，篡夺其位的弥天大罪说得活灵活现。

等声势造起来后，隗嚣命令百姓家中有壮丁者都要踊跃参军，很短时间内就调动了十万大军。他们进攻雍州，杀州牧陈庆，击安庆，杀大尹王向。不长时间内，陇西、武都、金城、武威、张掖、酒泉、敦煌等郡县，望风归顺。

几乎就在同一时间，担任新朝道江郡卒正的公孙述也在成都起兵。由于成都一带土地肥沃，物产丰富，一时间兵强马壮，发展势头很好。他手下的功曹李熊奉劝公孙述说："如今天下汹汹，如同一锅开水，咱们就是那锅下柴火，只要咱们加把劲，不愁天下不到手。现如今将军已经占据方圆千里的土地，而且周围地势险要，易守难攻，是创业的最佳时机。为了吸引更多的人加入咱们队伍，将军最好能建立名号，树起自己的大旗，这样百姓有了主心骨，也可以动员更多的兵力。"

公孙述当然希望自己能称王称帝，立刻高兴地答应下来，经过一番筹备，很快自立为蜀王，以成都为国都，建立起一个割据王国。

这年的八月，大汉后裔宗武侯刘望也举起造反大旗，占领汝南。他更是干脆利落，举兵之初就建立帝号，自立为天子，把逃亡到这里的严尤封为大司马，陈茂为丞相，让他们指挥兵马，修整装备，储备粮草，大有一举夺取天下的势头。有了他们开头，一时间各地英雄都激发起雄心壮志，称王的不计其数，都想在这大乱年头分得一杯羹，夺取一番富贵荣华。

刘秀深居将军府，很少出门，也不多接见客人，但他的耳目却很灵聪，对外界各种势力的彼此消长了然于胸。每次听到有人割据起兵的消息，他都暗暗高兴，他知道，所谓不乱不治，唯有大乱，才可能大治，才有自己崭露头角的机会。他耐心地等待着。

在天下四分五裂群雄并起的局面下，更始君臣也有些迫不及待。更始元年（23）八月，在王凤主持下，汉军在宛城召开誓师大会，决定向困守关中的王莽新朝发动最后一击，赶在别人前边首先夺取长安。唯其如此，才能显示出更始皇权的正统性。

经过商议，派遣定国上公王匡前去进攻东都洛阳，西屏大将军申屠建和丞相司直李松进攻武关。就这样，汉军兵分两路，浩浩荡荡地直扑向洛阳和关西，和王莽展开真正争夺天下江山的大战。这次调兵遣将自然没有刘秀，这也原在意料中，刘秀表现得不急不躁，神态安详，似乎对自己不用再上前线卖命有些窃喜。这些更始君臣都看在眼里。

面对汉军强大的攻势，其他地方割据政权也纷纷出动，一部分打着响应的旗号，趁机扩大地盘。不到半个月的时间，大江南北，关东关西，杀掉新朝牧守自称将军的多不胜数，他们当中大部分改用大汉年号，宣布暂且自立为王，等待天下平定后归顺汉朝。特别是析人邓晔和于匡在南乡发动兵变，对新朝震动很大。邓晔自称辅汉左大将军，于匡自称辅汉右大将军，率兵攻入武关，严重动摇了王莽的政权。武关都尉朱萌见新朝已经苟延残喘如春末的冰雪，撑不了几天，便杀掉了王莽宠信的右队大夫宋纲，归降了汉军。武关丢失，长安几乎失去了屏障，顿时暴露在强大的义军面前。

眼看京都危急，王莽惊慌忧惧，实在想不出好办法，招来王邑、张邯和苗诉等大臣，商议半晌也拿不出什么灵丹妙药，君臣相对失色，惶惶然如溺水的人抓不住一点救命的稻草。最后还是大司空崔发犹豫着摇头晃脑地说："陛下，事已至此，以武抗武、以暴制暴显然咱们力量不足，只能以文克武了。"

"以文克武?"王莽听着新鲜，瞪大了眼睛盯住崔发，"快说下去!"

"臣进来根据陛下的意思，专门钻研《周礼》《春秋》等典籍，上边都提到说，国家如果有大难，别的办法都不管用时，还有最后一个法子可用，那就是用哭来压制灾难，求得上天的同情。人有千算，天只一算，只有上天同情，什么灾难都能消融。所以《易经》上边清清楚楚地写着，'消灾之法，先号啕而后哭'就是这个意思。如今臣看天下风雨飘摇，已经到了不可收拾的地步，正是使用这个法子的时候。还请陛下领头，号泣祷告上天，请求上天佑护。"崔发一本正经引经据典地说。

原来是这样一个馊主意，真他娘的玄乎！王邑和张邯听后一阵泄气，在心里暗骂。不料王莽却两眼发亮，拍打着桌案说："好主意，好主意！快去传旨，大小臣僚都随朕到南郊去号哭。太学生和百姓也尽量多去，有哭得响亮动情的，立刻封他做郎官!"

就这样，第二天一大早，王莽带领群臣和太学生还有地方小吏、百姓，共有五六千人，前去南郊号哭。王莽为了表示虔诚，亲自写了符命，对着苍天宣读一通，读罢号啕大哭，哭得分外动情，泪水打湿了龙袍前襟。哭了大半个时辰，再让大臣宣读崔发精心撰就的《告天策文》，宣读完毕大家一起恸哭。几千人哭声震天，哭态百出，场面蔚为壮观。

然而恸哭了大半天，尚未完成各项仪式，就有前方将士来禀报，说邓晔和于匡打开武关大门迎接更始朝的西屏大将军申屠建和丞相李松，他们合兵一处，共同来攻打京师。其中邓晔派弘农郡掾王宪为校尉，率领数百精兵渡过渭水，攻城略地，沿途招兵买马，队伍日益壮大。李松则派出偏将军韩臣，率领几千汉军，西出新丰，在长安附近大败新朝波水将军，穷追不舍，一直追赶到长宫门。长安郊区的豪强大族们听到消息，纷纷率领族众投奔汉军，现在长安郊外，几乎已经成了汉军的天下。

王莽闻听消息，颓然地坐在地上，一片号啕声戛然而止。

各地不断取得重大胜利的消息接连传到宛城，众大臣看到汉军夺取天下已经是水到渠成的事，都心下一松，争相上朝庆贺。更始皇帝刘玄登基之初本来想着自己不过是被人推出来对付压制刘縯兄弟的傀儡，当不了几天皇帝不说，只怕连性命也难保住。没想到现在形势发展越来越好，自己俨然成了开国皇帝，将来到长安正式当全天下的皇帝也是近在眼前的事，禁不住庆幸而飘飘然。

“果然是福在丑人边，别看你刘縯兄弟折腾得怪欢，以前在舂陵时动不动就拿我当靶子教训子弟，现在怎么样，取得正果的竟然是我!”这样想着，刘玄一扫往日懦弱气息，坐在龙椅上腰板挺直，语调有意放得缓慢，透出君主的威严，和以前比起来如同两人。他端坐着接受君臣拜贺，命他们平身站立两旁。说到将来攻占长安后，要正式举行登基大典，要告拜上天祖宗，可是具体怎么做，怎样才合乎天子礼仪，大家却你说这样，他说那样，拿不出一个准确的典章制度。

这时廷尉王常出班禀奏说：“陛下，也难怪诸位说不出个所以然来。王莽篡政以来，天下持续动乱。王莽隔三岔五改动以前的制度，已经把大汉的礼仪典章篡改得面目全非，连地名和官职都相当混乱。诸位大臣都是出身于江湖绿林，打打杀杀的还可以，要谈论到礼仪典章制度，却都是外行。臣听说武信侯刘秀以前曾游学太学，近来在府中遍读古书，说不定他能说出个道道。”

刘玄也想起以前好像问过刘秀躲在家里干什么，刘秀说是研习大汉典章。眼光在人群中搜索一下，却不见刘秀的影子，一问才知道，刘秀告假免朝娶妻的时间还没到，这几天一直和新婚的美人混在一起，并没上朝。刘玄急于知道正经当皇帝是何等威风，赶紧让黄门使者把刘秀招来。

刘秀在府中听到皇上口谕，不知道着急地找自己要干什么，不过凭直觉应该没有危险，或许要让自己带兵前去攻城略地？刘秀脑子飞快地转了几转，立刻想好，如果刘玄让自己带兵，一定要坚决推辞，只有这样，才会更加稳住他们君臣对自己的戒心。

刘秀飞马来到宫阙下，匆忙进殿，拜见完毕。刘玄连忙叫他起来后，说道："武信侯，朕召你来，并没有别的急事。现在天下已经大体平定，朕不久就会在长安祷告天地祖宗，一统全国。你不妨说说，当年大汉朝廷的各种大典礼仪，让大家都听听，免得到时候手忙脚乱。"

原来是为这事，刘秀松了口气，站在大殿中央不慌不忙地说："陛下，我大汉的典章礼仪，看似无关紧要，其实是治理天下的根本。所以臣近来潜心研读古书，倒也了解了一二。朝廷内部的大典庆贺，大致包括立春、朝会、郊祀和祭祀宗庙，等等，古书上说得极为详细，臣已经烂熟于胸，到时候一定竭尽全力把大典办好，使其重现大汉威仪，隆重而典雅。陛下放心就是。"

接着刘秀就每项大典时该如何布置，皇上穿戴什么，坐在什么方位，大臣如何拜贺，万民如何景仰，等等，说得详细清楚又通俗易懂。刘玄听着仿佛看见自己正如神人一般被万民供奉着，如同坐在云端里飘然欲飞，心情格外舒畅。他忽然想起很久以前在舂陵时，和刘秀有次贪玩，在野地里说过的话，刘秀说将来打下江山后，让自己做皇帝，他当丞相。在兴头上的刘玄忽然想兑现这个诺言，但话刚要出口，看见站在附近的王凤、朱鲔等人，他立刻意识到，自己这个皇帝，虽说当到如今稳稳当当，但以后是否真能成了开国皇帝，还是由这些人说了算，还是不得罪他们的为好，忙闭了嘴。只是让刘秀以后开始上朝，以便随时询问。

随着刘秀在朝廷中的地位日益稳固，不但刘玄，就是王凤、陈牧等人对刘秀的看法也逐渐改观。阴丽华暗暗为刘秀高兴，但她深知藏在丈夫心中的隐痛，为了让刘秀高兴，阴丽华经常置办一些酒菜，亲自弹曲助兴。而阴丽华没想到的是，越是对着欢乐的场面，刘秀心头就越容易感到凄凉。美酒歌舞排遣不了失去亲人的痛楚，更挥不去自己备受压抑、强装笑颜的郁闷。

阴丽华经常在早晨起床后收拾床铺时发现刘秀的枕巾上片片湿痕，她很奇怪，暗中注意观察，原来刘秀夜半时分想到以前的坎坷，想想以后的道路，每每潸然泪下，泪水打湿了枕头。阴丽华没有劝慰他，侧过脸去自己也哭了，丈夫心里苦啊！有什么比寄人篱下而且还要蝇营狗苟更叫人心碎的呢？况且丈夫本是山中虎，如今被圈在笼子里，随时都有任人宰割的可能，他心头的酸楚，岂是一两句话就能劝慰了的？

女人家本来就心细，阴丽华更是工于心计。她找来一块木板，用刀剪削削砍砍，做成一个精致的牌位，用白绫包裹起来，藏在箱子一角，每天早晨、中午和晚上都支开丫头奴仆，焚香祭拜，祷告大哥和众亲族的英魂早日超升。接连几天，刘秀忙于到朝廷上应付周旋，没有发现。

有次刘秀下朝早些，回到家径直走到内室，见阴丽华换了一身素服，正替自己向兄长的灵位跪拜祷告，登时大受感动，忍不住扑上去抱住灵牌痛哭失声。阴丽华看看窗外，拉起刘秀柔声说："夫君，有句话说得好，天道后举者胜，以逸待劳，何患不克？先称王称帝者未必能把握住社稷江山，只有不计一时得失，能忍受住委屈磨难的才是真英雄。以前我常听我爹说，能容小人，才是大人，能容薄德，才是厚德。夫君一定要做大人，养厚德。将来成就大业后，回想起如今这番历练，未必是什么坏事。"

一席话如春风化雨，刘秀猛然惊醒过来，为自己的失态很感不好意思，也机警地朝窗外看了看，什么也没说，把阴丽华的手拉得更紧。

第二十三章　另谋两全　出路坎坷

王莽在长安的军队勉强坚持了一个月，终于在各路大军的群起征讨下土崩瓦解，哗变着四下逃窜。而此时汉军直逼长安城下。王莽登上城头，见漫山遍野都是义军旗帜，而自己只剩下一座无兵可以调遣的孤城，一股凉气从脚底腾上头顶。恐惧感让他心绪麻木，思虑许久终于想出最后挣扎的办法。他宣布大赦城中所有囚犯，发放给兵器，召集在一起训话说凡是立功者，无论以前是杀人犯还是叛逆者，都可以封为万户侯。训话完毕，让皇后的父亲史湛率领，出城和汉军决一死战。

可是这帮囚徒非普通百姓那样可以随便愚弄，他们表面上答应得挺好，等到军队开出城外，刚走到渭桥跟前，大家一声发喊，四散逃窜，霎时跑得一个也不剩。史湛左拦右挡，怎样也控制不住局面，末了只好孤零零一个人跑了回来。

王莽最后一计没有成功，却给汉军一个长安城空虚的信号，几路军马一拥而上，猛攻长安。京城内外顿时乱了套，人喊马嘶，沸反盈天。长安城内的朱弟和张鱼召集街巷百姓，操起兵器，没兵器的拿出农具、棍棒，积极响应汉军，率先进攻皇宫。有人趁乱点着了火把，见楼阁亭台就烧。大火很快蔓延，一直烧到王莽的九殿明堂，站在高处眺望，许多宫室都冒起了浓烟。

此时的王莽傻呆呆地站在空无一人的大殿内，手捧玉玺，嘴里念念有词："天生德于予，汉兵其如予何?"直到刀枪撞击着有人杀进来了，他才大梦初醒地向渐台方向奔跑。汉兵中有人发现了身穿皇袍的王莽，紧追不舍。最后一个叫杜吴的商人赶在前头，一刀杀掉王莽，把他手里的玉玺抢了过来。可怜王莽雄心一世，无论如何没有想到最后竟然死在一个沿街摆小摊的人手里。造化弄人，往往弄的都是自以为聪明绝顶的人。

其他人见王莽死了，争相争夺王莽尸体，作为邀功请赏的证据。一个叫公宾的校尉挥刀砍下王莽的人头，钻出人群，遇到大队汉军，忙呈献上去。西屏大将军申屠建见王莽的人头已经落到自己手里，这可是开国第一大功劳，他立刻命人带着人头火速赶往宛城，向更始朝廷报喜请功。

长安落到汉军手里标志着新朝彻底瓦解。所有新朝军队的将领，都开始纷纷寻找出路。驻守新丰的波水将军窦融，带领部下归顺了汉军大将赵萌，赵萌见窦融处事果断而有谋略，很是爱惜，先让他担任了校尉，后来又推荐他做了巨鹿太守，让他到更始皇帝身边去。

而窦融对天下局面却有自己的看法。他感觉更始皇帝现在充其量拥有半壁江山，各地都还很混乱。特别是东边，群雄争相建立自己的政权，几乎每县每郡都有土皇帝，自己到东边去，离开了熟悉的地盘和兵将，只怕难以有所作为，弄不好还有杀身的危险。倒是自己的高祖父曾做过张掖太守，从祖父当过护羌校尉，从弟现在当着武威太守，在西边拥有深厚的力量，是将来发展的最佳场所。他的部下和兄弟们也都认为，现在天下鹿死谁手还不敢肯定，何必卷入到人家的是非窝里去？河西一带百姓富足，受到战乱的祸害较轻，并且有黄河作为防线，易守难攻，是块不错的地方。现如今张掖有精兵过万，一旦东边大乱，咱们可以据守黄河一线，逍遥自在，省得在人家手下受牵制。

这和窦融所想的不谋而合，他立刻去觐见赵萌，推辞了巨鹿太守的职务，情愿去河西替更始朝廷收复失地。赵萌也不多想，立刻写奏折把这个意思转达给朝廷。最后窦融如愿以偿，到张掖当了校尉。窦融到达任所后，积极结交当地豪杰，拉拢地方百姓，和少数民族和睦相处，河西一带局势稳定，成了举国混乱中的一方净土。

长安攻下后，更始皇帝上朝接受群臣贺喜。韩氏俨然以皇后的姿态侍坐在旁，心安理得地和刘玄一起品尝皇权的威严。当黄门郎把王莽的首级呈上来，放在御案上请皇上观看，刘玄盯着王莽看了片刻，摇摇头叹口气：“王莽倒是个能人，从一个破落子弟弄到如今这地步，不容易。可惜他走错了路，不该篡夺我大汉政权，若是他能安心当一名臣子，一定是霍光一样的股肱重臣，何至于现在身首异处？”

这话说的倒实在，韩氏也不顾众人在下边，点一下刘玄鼻子：“你呀，尽说不中用的话！若是王莽安分守己，刘家子孙就是数上一千个，只怕也轮不上你当皇帝！”刘玄忙变作笑脸连连点头：“说得是，说得是。”猛然抬头，见大臣正看着自己两口子调笑，立刻端正了脸色，“把王莽首级悬挂到城头，叫百姓观看，可以朝上边吐唾沫，可以扔石子。大家都解解气！”

新朝覆灭，王莽丧命，自然是令人高兴不过的事，但刘秀却怎么也高兴不起来。实现了当初春陵起兵时大哥发下的宏愿，自己也成了将军，如愿娶得阴丽华为妻，可这个宏愿的实现却如此不尽人意，如此让人心酸。若是王凤这帮人都有雄心大志，不钩心斗角，若是大哥现在活着，那该是多美的日子啊！刘秀忍不住这样想的时候，他就努力克服自己不去想这些。

好消息接连传来，这年的九月上旬，定国上公王匡攻占了洛阳，把新朝所依赖的大将和他同名的新朝太师王匡，还有大将军哀章生擒活捉，押送回宛城。刘玄为了庆贺胜利，在俘虏押运回来的当天，宣布要举行盛大的宴会。在宴会开始前，先把王匡和哀章当街杀掉示众，作为宴会的第一个节目。

接下来丝竹悠扬，一群一群的宫女轻歌曼舞，大殿内拉开一排长桌，各式佳肴飘溢着香味，一坛坛的美酒揭开盖子，也不用讲究君臣礼节，大家尽情吃喝。不大一会儿，已是人人满嘴喷着酒气，个个喝得面红耳赤。猜拳行令不绝于耳，哄闹嬉笑声传出宫室老远，在大街上都能听到。

在如群魔乱舞一样的人堆中，刘秀悄悄坐在桌子一端，哄闹声又引起他对大哥的思念，引发他对自己未来的忧虑。和这帮人杂在一起，这就是成就的所谓事业吗？指望这帮人，能达到复兴汉室的目的吗？若是他们掌握了天下，将来的百姓会不会立刻面临着另一场水深火热？所有这些，都让他不自觉地陷入沉思。

"刘将军，大喜的日子，别人都兴高采烈，唯独你面带戚容，怎么，有什么想法，何妨说出来给大家听听？"忽然有个声音劈头而来，把沉思中的刘秀吓了一大跳。刘秀还不知道，他的反常表情，早被朱鲔和陈牧等人看在眼里，朱鲔悄悄拉一把刘玄的衣裳，让他看刘秀现在的神情，陈牧则来个突然袭击，冷不丁地大声问道。

喧闹立刻停止下来，大家的目光都集中到刘秀身上。许多新市和平林将领都在心里说，好呀，任你藏得再深，兔子尾巴总有露出来的时候，看你怎么办？有些人就等着王凤等人发一句话，立刻就上去把刘秀按住绑了。大家争着起哄："就是，大喜的日子扫什么兴。有话就说出来，有道是好话不瞒人，瞒人有蹊跷！"

刘秀激灵一下回到现实中，面对各种含义不同的眼光，立刻镇静下来，似乎没怎么想，很随意地说："陛下，诸位，我汉军接连胜利，心里都很高兴，刘秀方才几杯酒下肚，忽然想起一件心事。现在我大汉朝廷非比从前，眼下大业已经基本定型，宛城地处偏远，城池又小，怎么能一直作为帝都，这样不但不方便，而且也有损朝廷威严。所以我方才想，目下需要赶紧做的事是应该迁都，迁到通衢大邑去，才算长久之计。可是迁都是大事，所以我沉吟着拿不定主意。没想到却扫了大家的兴，抱歉得很。”

众人愣了一下，谁都没想到刘秀说出这一番话来，不但无懈可击，而且是为朝廷着想，应当表彰才对。刘玄早就在宛城这个小地方待腻了，立刻高兴地首先发话：“还是武信侯深谋远虑，不愧是上过太学的。好，应该迁都，立刻就迁。不过迁到哪儿去呢？武信侯想来已经有了打算，迁都之事就交给武信侯好了！”

刘秀沉吟一下：“按理说应该迁到长安去，那里是我大汉的故都。可是这里距离长安路途太远，据说长安宫殿大部分都已经焚毁，修建起来怕是很麻烦，再说也需要时间。眼下最好的去处，莫过于迁都洛阳，以后有机会再慢慢商量西去长安的可能。”

经刘秀挑开了头，众大臣将领顿时也感觉住在小小的宛城太憋屈，立刻叫嚷着赞成迁都。刘玄就在宴席上颁布诏旨，任命刘秀行司隶校尉事，先行去洛阳整修宫殿，全权负责迁都事宜。而这个圣旨刚一出口，陈牧抢先站起来说：“陛下，我反正这几天闲着也没事，就给武信侯帮把力，我先带人马到洛阳开路，武信侯随后再去，就顺利许多！”

见陈牧这么积极，刘玄更加高兴，立刻应允。刘秀却知道他的心思，洛阳作为历代重镇，玉器宝物比起长安来少不了多少，陈牧打着为自己开路的旗号，到了那里可以抢先大捞一把，小人之心不言自明。不过他只是在心里轻蔑地一笑，冲陈牧抱拳说：“如此甚好，那就有劳大司空了。”

得了这个美差，陈牧等庆功宴席刚一结束，立刻带了本部人马，急不可耐地怀揣着发财梦出发了。

刘秀也不理会陈牧此去如何，一个人信步回到家中。刚回到内厅，有人禀报说傅俊求见。“这么快就回来了？”刘秀忙吩咐让他进来，一边走出门去迎接。

傅俊是刘秀在颍川收服的一个得力助手。上次兵发颍川时，傅俊在襄城县里当亭长，拿出库府里的粮草，慰劳汉军。刘秀感谢他的一片诚意，任命他为校尉，随军效力。正因为这事，惹怒了襄城县县宰，县宰派人拘捕了傅俊的母亲和弟弟，还有几个族人也遭连累。听到消息后，傅俊仍跟在刘秀身边不回去，县宰就下令把他的母亲和弟弟给处死了。为此傅俊国仇家恨交织在一起，冲锋陷阵非常勇敢，深得刘秀赏识。后来傅俊奉命押运粮草到宛城，和刘秀相见，就没有再回颍川，仍追随在刘秀左右。前些日子，傅俊请求回老家归葬亲人，看来是事情办完回来了。

不等刘秀迈出门槛，傅俊已经跨进门来。刘秀拉住傅俊的手让他坐下，吩咐下人端来热水，然后叫着他的字问：“子卫，这么快就回来了？想必家里的事情办得很匆忙吧？唉，其实没必要这么着急。家里还需要什么，尽管说就是！”

见刘秀如此热情，傅俊开始有几分窘迫，感激地施个礼说：“大将军，上次我回家的盘费还是将军送给我的，这已经帮了我很大忙了，怎么敢再麻烦将军？这几天我在路上经常想，将军乃皇家贵胄，我不过一个小小亭长，何德何能，竟得到大将军如此眷顾，以后我傅俊就是肝脑涂地，也要报答大将军的知遇之恩！”

“看，子卫回去没多长日子，倒显得生分了。”刘秀看着他笑了，“你为了大汉江山，付出了那么多，一点盘费算得了什么？子卫，你回来得正是时候，我有件要紧的事情，急切间找不到合适的人手，你这一回来，倒省去我很多心思。走，咱们到里边去谈。”

说着领傅俊转过一道抄手游廊，几棵大树枝叶婆娑下，一座三开间的书房红墙碧瓦掩映在绿叶下，十分好看。两人一前一后走进书房，刘秀摆手让傅俊坐下，说：“这里安静些。子卫一路上经过那么多郡县，不妨谈谈沿途见闻。”

傅俊本来就口齿伶俐，在刘秀面前更是无所隐瞒，滔滔不绝地谈论起地方大姓如何拥兵自重，一个个庄园简直就是一个个小王国。谈论起地方百姓要么受地方官吏的压制，要么受庄园之主的剥削，总之没一天好日子过。特别是近来王莽政权垮台，战乱相继而起，百姓流离失所，生产严重凋敝。现在是旧的朝代灭亡，新的朝代尚未建立，各项法令没法执行，社会秩序相当混乱，百姓原来是水深火热，如今是火热水深啊！

刘秀听得很认真，满腹忧虑地叹口气：“子卫说的这些，我想也能想得到。乱后应当大治，这个大治应该是治理百姓，而不是整治宫殿。可惜……别的先不谈，今天我被任命为司隶校尉，要去洛阳修复皇宫，为以后的迁都做准备。皇上催得很紧，行期就在这几天。我离开宛城后，夫人在府中不大方便，所以我想把她先送回新野老家。这个任务说不重也不重，说重也重，况且是家事，能依靠的，还数子卫了。”

傅俊一脸惊奇：“怎么，将军去洛阳不带夫人？你们新婚燕尔的，人家常说，人间最难的事情有两件，水缸里边让着火，新夫新妻分半天。将军，我看将军既然是奉了皇上旨意去修建洛阳，不是一天两天能完工的，还是带上夫人同行吧？”

“子卫，你刚才不是还说过，地方上很混乱，看来这个混乱还得持续一阵子，或许更大的乱子还在后头，我一个人行动方便，正好可以见机行事，带上家眷，就没那么利落了，这你不是不知道。别的不说了，你准备一下，护送夫人的重任就非你莫属了！”刘秀忽然一改温和的脸色，很严肃地低声说。

傅俊使劲点点头，表示明白了，随即又想起来说：“大将军，叫我说，更始……长不了，收拾旧河山的还要靠将军，这个我再清楚不过。将军此去奉更始的旨意修建洛阳，其实宫殿真正的主人必定是大将军……”

“大胆，你长了几颗脑袋！”刘秀勃然大怒，压低了声音厉声呵斥，然后缓和一下神态，“你虽名为我的部属，其实一向是肝胆相照的兄弟，什么话自不必说过了头。你把你的事情办好就是！”

傅俊霍地站起来，抱拳答应：“请将军放心！”

陈牧带领部属，火急火燎地赶往洛阳，黄白金银似乎就在眼前晃荡，大家快马加鞭，几天工夫就进入到洛阳附近的父城地界。人马杂沓着风风火火地横冲直撞，惊动起村村落落男女老少忙着往地窖里躲藏，大家以为又是哪路活阎王来催命了。

来到父城城下的时候，已经是夜色昏黑，城门早就关闭。陈牧一马当先，冲城头高声吆喝：“喂，天还没黑透就关门，也忒早了吧？你们的长官是属乌龟的？守城的兵丁们听着，我乃大司空陈牧，奉旨前来履行公干。快去把冯异和苗萌叫来，把城门正门开开，放我们进去。否则耽误了正事，有你们好瞧的！”声音胆气粗壮，在空旷的夜色中传出老远。

话音刚落，昏暗的月色下，从雉堞旁边上来一个身材魁梧的将军，城上城下看不很清楚，只能辨别出一个模糊的影子。那人冲城下一招手：“喂，城下人听着，我乃父城守将冯异。大汉早有规定，但凡城门关开，要遵循日出而开，日落而闭的规矩，大司空身为朝廷重臣，怎么连大汉朝最根本的规定也给忘了？莫非其中有诈？”

陈牧一向看不起这些地方官吏，听他模仿自己的口气，半是教训半是调侃，简直气炸了肺，在马上直跳脚：“冯异，你不过是个投诚过来的俘虏，还敢教训本将军?！我再说一遍，我乃当朝大司空，奉旨办差，快些打开城门让我们进去！”

冯异也不客气，话语冷冰冰地立刻回答：“大汉律令上有明文规定，日落关闭城门，城门关闭后，任何人不得以任何理由出入。先不说你是不是真的大司空，就是皇帝亲自驾临，也不能随意开门！请大司空先在郊外临时扎营歇息，明日一早我自会出城迎接。”

这话声音很大，城上城下听得都很清楚，威风惯了的陈牧根本没想到在这里碰钉子，挥舞着马鞭厉声咆哮：“好呀，冯异，这可是你亲口说的。我看你根本不是大汉臣子，分明是王莽余孽！众将领听命，立刻给我攻打父城，把这个王莽余孽拿下，零割了处死！”

见主帅发怒，陈牧身后跟随的几千人马只好呐喊着冲上来。因为出发时没想到要攻城作战，除了刀枪外，攻城器械几乎没带一样。好不容易从护城河沟里找到一架破旧云梯，便立刻竖起来，三三两两地往上爬。冯异见状冷笑一声：“自己人攻打自己人，还自称是更始大司空，我看不像，大半是庄园豪强来趁火打劫。快，放箭！”

说着放箭，但冯异暗中挥一下手，并没让真放。即便这样，爬到云梯半截的兵丁两腿一软，扑通扑通地接连栽倒下去。陈牧站在城墙下，正要命令人接着往上攀缘，忽然从城头上泼下许多茅粪，臭气冲天，弄得城下兵将和陈牧狼狈不堪。陈牧见不是事儿，本想指望言语吓唬住对方，可人家真不理会这一套，自己还真没办法，在人家这一亩三分地上，大司空又能怎么样？他跳上战马，挥动着长枪叫嚷：“冯异，有种的你别逃走，看爷爷怎么慢慢整治你，有你好看的！还愣着干什么，先撤回去！”

乍听说要把自己送回新野老家，阴丽华很吃惊：“夫君，咱们等了这么多年，日思夜盼了总有上千天，难道团聚这几天就要分别了？你去修建洛阳，又不是去行军打仗，为什么就不能带上我？有我在身边，一来多个说话的，心里憋闷时彼此宽慰着疙瘩就解开了，再者也可以照顾你饮食起居，有什么不好？”说着眼圈儿发红，泪水盈盈地就要滚落下来。

刘秀下意识地看看窗外，这里是后房，平素连丫头也很少进来，寂静得树叶瑟瑟声都格外响亮。“丽华，你舍不得离开我，我又何尝舍得离开你。自古无情未必真丈夫，我刘文叔的心，你还不清楚吗？当初你我真可谓一见钟情，自从第一次看见你，我就一直念念不忘，以至在大庭广众之下脱口而出‘娶妻当娶阴丽华’，害得那些同学都取笑我……”看阴丽华破涕为笑，刘秀轻轻替她擦把眼睛，顺手抚弄着她长披肩上的秀发，“可是你是个通大义懂道理的女子，你知道我和大哥在舂陵起兵时的誓约，你也知道大哥是怎么死的，死在了谁手里……”说着刘秀忽然伤心起来，声音有几分哽咽，倒让阴丽华觉得过意不去，忙抬起纤纤素手抚摸一把他的脸颊：“夫君，别说了，我知道你做的一切必定有你的道理，倒是我太不懂事，惹你伤心了。你放心去做你需要做的事吧，我会安心在新野老家等你，等你接我去洛阳和你团聚。到那时，咱们风风光光地团聚，快快乐乐地生活。”

两双手紧紧攥在一起，四目相对，无限情意尽在无言中交流渗透到彼此的心底。“丽华，人生得一知己足矣，更何况是红颜知己，真是几辈子修来的缘分。如今非常时候，你就忍受一些委屈，患难夫妻，患难过后会更懂得情意的珍贵。你这份情义我会记在心底，将来功成名就之时，我一定加倍补偿。”

“夫君，别说了，我等着你就是……”阴丽华一头扑在刘秀怀里，久久不愿分开。

时隔一日，简单收拾后，阴丽华在校尉傅俊和偏将军阴识的护卫下，悄悄离开宛城，辗转回了新野老家。她离开宛城时，刘秀正在筹备商讨如何修复洛阳旧日宫殿，连家都没有回，更没有相送。朱鲔等人时刻把眼光盯在刘秀身上，这点细微家事也让他们猜测不已。刘秀贪图享乐，和别的女人厮混，结果他们夫妻反目，阴丽华一气之下回老家了！也不知谁最先自圆其说地想出了事情的经过。这消息很快吵嚷开来，连朱鲔等人也感觉，连一个夫人都管不住，刘秀什么大将军，也太窝囊了！

刘秀也没料到，聪明者往往被聪明所误，他们一番猜测，却无意中在以后保全了阴丽华。

送走阴丽华后，刘秀极力克制住自己不去牵肠挂肚于儿女私情，全力应付眼前的事情。他尽量夸大修建洛阳都城的影响，趁机向刘玄请命，要选拔十二个得力助手，协助自己完成这个浩大的工程。刘玄迁都心切，顾不上想别的，当然满口应允。刘秀便名正言顺地把自己能信得过的人带在了身边。

就在刘秀紧张准备的时候，一向进军顺利的汉军却传来一个十分不利的消息。琅琊的豪强张步，聚集数千人马，四处攻击，占领好几座县城，据守青州，自称五威将军。还有个青州的庄园主董宪，手中兵马也不少，他们互相呼应，阻挡住前来收复失地的更始朝廷大将王闳。王闳散发朝廷檄文，带领部下军队和张步展开人战，但人地乍疏，总不能取胜。

消息传到宛城，好长时间没有尝过失败滋味的更始君臣很是恼怒，叫嚷着要动用所有兵力，给那些地方土豪点颜色瞧瞧。尚未决定好怎么样对付张步，大司空陈牧一身狼狈地跑回来，向刘玄诉苦，添油加醋地把冯异如何谋反的情形讲了一番。刘玄本来就在气头上，这下更加恼怒，想也不想地叫喊着要降圣旨，先攻打下父城，擒获了冯异，然后再对付张步！

在刘玄君臣看来，堂堂汉军连长安洛阳这样的人城都能攻打下来，何况一座小小的父城，只要人马一到，父城自然就握在掌心。可是事情却出乎意料，卫尉大将军张印、执金吾人将军廖湛和柱天大将军李轶等先后去了十余拨人马，汉军在父城下围困了里三层外三层，却因为父城已经有所准备，加上冯异善于守城，十天半月地竟然丝毫没有进展。

都说汉军如何神勇，现在竟然落魄到这种境地，刘玄大为诧异，想撤回兵马又怕遭人嗤笑。正踌躇间，王常进谏说，父城本来已经属于汉军，仅仅因为一句话的误会就大动干戈，打来打去，只能白白消耗自己力量。眼不局面还很不稳定，自相残杀会造成更大的混乱。如今当务之急是赶紧建都洛阳。等将来在洛阳建立了都城，雄踞天下的中心，再传檄平定四方，就会容易许多。冯异原本是刘秀招降过来的，如果让刘秀亲自去劝解，父城一定能不战而下。不战而屈人之兵，才是善之最善。

这话正说到刘玄心坎上，他正好借这个台阶从尴尬中走下来，连忙派人传命，让刘秀即刻动身，前往洛阳，途经父城时，顺便把父城给收复了。刘秀得到命令，一刻也不耽搁，整顿车马出城而去。临走时向刘玄上了一道奏章，意思是自己收复父城完全有把握，请陛下不必担心，但陛下应该尽快降下圣旨，让那些围困父城的汉军，从速撤回。刘玄此刻对刘秀是言听计从，马上让人回话，满口答应。

刘秀一行车马隆隆，很快来到父城地界。听说是刘秀车驾来到，冯异率领地方官吏和贤达百姓，远远地出城迎接，敲锣打鼓地迎进城中，大摆酒宴犒劳刘秀随从。谈及汉军围困父城的情形时，冯异气愤地说："汉军将领还没有完全打下江山，就如此蛮横，好像有多大本领似的。和他们交手后才知道，都是平庸之辈。指望这帮人治理百姓，只怕百姓的日子比王莽时候好不到哪儿去。唉，驱走一条蛇，来了一窝虫，形势不容乐观呀！"

在众人面前，刘秀不好说什么，喝下一杯酒沉吟着说："父城不过是小地方，纵然有才华也施展不开，公孙可愿意跟随我去洛阳？"

刘秀的意思是说，冯异已经和更始君臣的将领公开闹翻了脸，自己走后，他继续留在父城，难免要受他们的迫害。这意思冯异立刻就听出来了，拱手回答说："刘将军，冯异虽然谈不上有才，但还是愿意追随将军效力。另外，我有几个朋友，分别叫铫期、叔寿、段建和左隆，都是有才能之人，我对他们说起刘将军，他们都对将军佩服之至，情愿一起追随将军，请将军纳用！"

“好，有才有守，公孙这话说得好！”刘秀含笑点头，“为人处世，只有才还不够，德行第一呀！如果有才而无德，就会加倍危害百姓，反而不如无才的好。”说着请他们几个到跟前来，一一见过，当下命令冯异担任主簿，苗萌担任从事，铫期、叔寿、段建和左隆四人，都被任命为掾吏，大家一起共事，同去洛阳。命令发出，众人皆大欢喜，宴会进行得更加热烈。

离开父城，下一座大邑就是洛阳了。洛阳位于洛水北边，自古山南水北为阳，洛阳因此而得名。当年周朝时候，辅佐周成王的周公在这里营建洛邑，周平王后来把首都迁移到这里，从此洛阳得到极大的发展。战国时候洛邑正式改名为洛阳，一直到王莽篡权以前，都是中原有名的商业中心。王莽很看重这个关东最大的都市，把它作为陪都，号称东都。新朝太师王匡奉命在洛阳大搞建筑，修建起许多雄伟壮丽的宫殿，官道宽阔，四通八达，已经初显都城气象。

刘秀他们来到洛阳，仔细勘察后，感觉洛阳虽然也遭到战乱侵袭，但比起长安城来，受的破坏要小出许多，大多数宫殿完好地保存了下来，有些被火烧被拆除的，只要略微修整，都能很快恢复原貌。刘秀带着冯异等随从，仔细了解了邙山地形和伊水流势，决定以洛阳旧建筑为中心，再向外扩展，整修起一座东到洛水北岸，西到邙山山脚，南北长将近千里，东西宽六里多的新洛阳。

方案决定下来后，十二名从事立刻商量着写好文书，征发洛阳所属的三河和弘农郡县民工，调集他们前来修筑城墙和宫殿。主簿冯异和从事苗萌，亲自动手，把这些从各郡县来的民工登记造册，便于随时调遣。铫期和叔寿等四人则日夜守护在储藏粮饷的库房门外，监察下级官吏是否如数按时地把粮草和银两发放到各民工小队长手中。刘秀作为司隶校尉，负责全面监工，他带领祭遵、臧宫和冯异、吕晏等最信得过的人，日夜奔波于各工地，一丝不苟。祭遵等人知道，现在修建洛阳，与其说是给更始朝廷修，倒不如是为以后自家准备，都格外用心。

前来观看热闹的百姓，见司隶校尉刘秀这么年轻，做事情却如此老练，浩大场面被他安排得井井有条，十分惊讶，惊讶之余互相打听，知道这位将军原来是汉高祖的后裔，以前震惊大江南北的昆阳大捷，就是他一手指挥冲杀的，都十分钦佩，冲着刘秀指指点点，啧啧赞叹。

不到两个月的时间，洛阳城已经初步修建完毕，刘秀安排好众人，自己赶回宛城复命。刘玄听到消息，非常高兴，连声夸赞武信侯这个司隶校尉当得好，以后还应当重用才是。如锦上添花一般，各地汉军传来捷报，说又收复了许多地方割据城池。特别是大将军刘信，在汝南打了大胜仗，诛杀了自立为皇帝的豪强地主刘望，他手下的人司马严尤和丞相陈茂也被杀掉。

解除了心腹之患，刘玄乐得合不拢嘴，立刻让人找来术士占卜，看什么时候迁都是吉期。几个术士闷着头研究半天，最后确定说月底就是大吉大利的日子，迁都应当在本月进行。刘玄当即降下圣旨，更始元年（23）十月，迁都洛阳。

宛城很快忙活起来，大小官吏着急地收拾起这几年搜刮来的金银珠宝，大箱小箱地搬运到车上，跟随在刘玄车驾后边，前呼后拥，浩浩荡荡地开奔洛阳。

皇上出行，气势当然非同一般，不但沿途地方官吏要整装迎接，就是百姓也扶老携幼地前来看热闹。接近洛阳城下时，气氛达到高潮，前来围观的官吏百姓人山人海，争相目睹天子威仪。

天子车驾终于来到了。走在最前边的是执金吾廖湛，他带领上千名羽林军个个手执旌旗和刀剑，有人奏响鼓乐，倒也热闹异常。羽林军走过，接着是曲柄黄伞遮盖下的皇上车驾，更始皇帝刘玄坐在装饰华丽的车上，好奇地东张西望，既紧张又兴奋，显得魂不守合。再看车驾后边追随的大臣将军，有的衣服散乱，随便用一根金丝带缠在腰间，有的头上胡乱裹缠着帻巾，头发披散在后背，风尘仆仆地特别显眼。最让百姓注意的，是他们每人马匹上都拴着许多布囊和小木箱，里边是他们最放心不下的金银珠宝。

这支如同商贾前去办货的队伍慢吞吞好半天还过不完，许多大臣和将军闲得无聊，围在刘玄周围说笑闲谈，有人指着围观百姓评论哪个姑娘漂亮，哪个姑娘模样有特色，根本没有半点威严气息，更谈不上百姓心目中的天子威仪。百姓们一片哗然，有人掩口窃笑，场面十分混乱。

直到这群队伍就要走完的时候，百姓们眼前忽然一亮。队伍最后边的是司隶校尉刘秀部属。刘秀官服整齐，神情严峻，手下从事执节走在前边，主簿、掾吏和各级属官跟随其后，彩旗招展，依班列队，井然有序，如同鹤立鸡群。两旁人群不由得肃然起敬，嬉笑声立刻沉寂下来。

人群中，有许多鬓发斑白的老者看着这场面眼眶发热，忍不住掉下泪来，边抹泪边对旁边的人说："唉，多少年啦，终于又见到我大汉威仪。看来这位年轻的刘将军不简单，汉室能否复兴，恐怕就看这个年轻人啦！"

提到刘将军，立刻有人联想到修建洛阳城时这个年轻人的干练，交口议论，赞叹声此起彼伏，最后大家齐声欢呼，冲刘秀的队伍招手致意。刘秀虽然脸色依旧严肃，但他心里知道，百姓们心归自己，这就是自己目前最大的胜利。

定都洛阳后，刘玄心里一块石头落地，连日来这里瞧瞧，那里看看，觉得什么都新鲜。想着自己能有今天，真不知是哪辈子造下来的福分，该享受时就享受吧，别等到将来两腿一伸，想享受也享受不上了。这样想着，他忙不迭地接连下诏旨，要各地进献奇珍异宝，要南方北方搜罗妙龄美女。后来还是夫人韩氏大闹一通，搜罗美女的圣旨留住不发，搁置起来。

让刘玄更感到高兴的是，自从定都洛阳后，形势果然和宛城大不相同，南北各地已经从心理上承认了他这个皇帝，表现最突出的是宗室子弟刘永千里迢迢赶来拜贺。刘永远居梁郡睢阳，是梁孝王的八世孙，封地一直传到父辈刘立手中。刘立和汉平帝的外戚卫氏结为儿女亲家。后来王莽篡权，刘立被削去爵位，成了一介平民。但不管怎么说，刘永比起舂陵刘家来，还是要显贵许多。看着昔日自己想高攀都高攀不上的宗族兄弟，现在拜倒在自己脚下叩头不迭，刘玄得意心情溢于言表，马上封刘永为梁王，光复他的祖业，把睢阳作为刘永封国的都城。

刘永一个布衣百姓，因为拜贺了皇帝，顷刻成了王侯，震动了许多人，大家争相前来拜见上书庆贺，谄媚之辞堆满了御案。刘玄整日面对这些人这些话，张着大嘴乐个不停，仿佛他已经成了一统江山的帝王，从此再也不用干什么了。

好像有意凑趣，西屏大将军申屠建和丞相司直李松，从长安派人送来皇帝所用的车驾和服饰。刘玄装扮起来，头戴旒冕，身穿衮服，对着铜镜前照照后看看，感觉还真像那么回事。这下心情更是兴奋，连日大设宴席，凡是对自己有所表示的，都大小封他个官。大殿上下，如集贸市场般吵吵闹闹，人进人出，忙个不亦乐乎，连大臣上朝都没地方站，索性免朝一个月，大家在家收拾各自房屋。

面对这种情形，刘秀不动声色，他正考虑下一步该如何走。还没有思虑妥当，廷尉大将军王常过来拜访，说是看看司隶校尉的府第收拾得怎么样了。刘秀请他到内厅坐下，闲谈几句，王常把话题转到目前朝政上，拉长了脸忧心忡忡地说："文叔，你的为人我明白，我是什么人你也清楚。目前天下还没完全稳定下来，百废待兴，正是文治武功励精图治的时候，可陛下却忙于享乐，该封赏的不封赏，奸邪小人谄谀之徒却个个满载而归，已经寒了天下贤士的心。朝纲如此混乱，江山怎么能统一下去？文叔，你在洛阳深得民心，当然是好事，但事情往往是因福得祸，更始君臣对此已经有所耳闻，又开始对你提高了警惕。现在对你而言，洛阳已经成了是非之地，文叔似乎不应该继续留在这里了，何去何从要及早拿定主意呀！”

刘秀点点头，皱了眉头没说话。王常顿一顿接着说：“我和兄弟你虽然交往并谈不上深，但早就彼此心有戚戚了。我有几句话，文叔当记在心里，以后或许大有用处。人生在世，经一番挫折，长一番见识；容一番横逆，增一番器度；省一分经营，多一分道义；学一分退让，讨一分便宜；去一分奢侈，少一分罪过；加一分留意，知一分物情。想来文叔无须我饶舌，自有振翅高飞的时候，一定要把握住！”

说着站起身，刘秀也不挽留，两人携手走到门外，临分别时，王常使劲捏一把刘秀的手，低声说了四个字：“审时度势！”说着上马而去。刘秀站在原地呆愣半晌，攥紧了拳头冲自己点点头。

迁都洛阳的最初两个月里，更始君臣对这里的山山水水大感新奇，除了大摆宴席，其余大部分时间都簇拥着刘玄车驾，在宫内宫外流连忘返，大呼小叫，得意忘形。而刘秀却没心思伴驾，他需要好好思索一下，今后的出路在哪里？

正在书房里凝神苦思，冯异悄然走进来。见刘秀这副神情，冯异立刻明白他在想什么，也不等吩咐，便拉张椅子坐在一旁。沉默良久，刘秀才缓缓说道：“公孙，你看……”

“将军不说我也知道将军的心思。”冯异早就想好了，欠起身子说，“眼下将军在朝中势力还很单薄，这个自不必说。本来他们对将军已经没了多少戒心，可自从将军在洛阳受到百姓拥戴后，他们对将军又开始了嫉妒。木秀于林，风必摧之，这也原在情理之中。对待小人，只可使其畏惧，而不可使他怀恨。将军现在就犯了这样一个大忌，自身安危，不可不小心。”

刘秀点点头：“我方才想的，就是这些。道理容易明白，可是如何破解，却是要大费周折。公孙对以后有什么想法？”

“当然是尽快离开这里。”冯异眼光闪动，“只不过如何离开，却要做得不露痕迹，否则难免引火烧身。还是刚才所说的，将军在朝廷里势力太单薄，没人替将军说话，这对将军很不利。目前急需做的，就是结交几个能结交的人，关键时刻出来打个圆场，胜似战场上的千军万马。廷尉大将军王常一向豪爽，做事讲究公道，可以结交。但王常属于下江兵将领，和王凤、朱鲔等人有利害关系，并且他们之间也有明争暗斗，他还不敢公开替将军说话。而大司徒刘赐，虽然有些懦弱，但他为人还算耿直，和更始皇上是一个爷爷的嫡堂兄弟，皇上向来对他言听计从，可以利用。刘赐和王凤、朱鲔等人没有利害关系，能站在中间说话，将军应该多和刘赐交往，今后或许有个照应。”

“对！公孙果然想得周到，我以后多注意就是。”刘秀仍满脸阴云，重重地叹口气。

第二十四章　出巡河北　似龙入海

在洛阳新宫殿中的新奇感还没有消退，四方警报已经接连传来，刘玄不得不窝着一肚子的火宣布上朝议事。根据缓急轻重，首先要对付的还是赤眉军。听从王常不战而屈人之兵的建议，刘玄派遣柱国大将军李通召集兵马，做好打仗的准备，同时派遣使节前往濮阳，游说赤眉军首领樊崇，企图把这支队伍招降过来。

赤眉军大多是为贫困生计所逼迫的穷苦百姓，他们聚集在一起，流动作战，攻打大小庄园，也袭击郡县城池。但他们作战的主要目的不是攻城略地，仅仅是想夺取粮食和财物，大家能吃饱穿暖就算了。正因如此，这支队伍组织并不十分严密，也没多少章法可言，大家只是口头约定，以杀人者死，伤人者偿为口号，各级将领也很简单，最尊贵者叫三老，其次是从事，再往下称为卒史。而他们士兵相互之间则称呼为巨人。因为贫苦，赤眉军没有统一服装，什么衣服都穿，有人还把缴获的新军盔甲穿上，行军时花花绿绿，很有特色，为了在打仗时和敌人能区别开，他们把眉毛描画成红色，时间长了，大家都习惯称之为赤眉，他们觉得很妥帖，便也这样称呼自己。

赤眉军言行朴素，条令又不严苛，有好处大家均摊，吸引了许多贫穷百姓，队伍越来越壮大。在对付新朝军队中，他们大败新朝的平均公廉丹，两次打败太师王匡，使王莽把很大兵力放在东边，极大地支援了汉军在长安的作战。对此大家有目共睹，都说赤眉是汉军的友军，能招降了最好。

使节到了濮阳后，宣读诏书，表示大汉已经建立，赤眉军乃汉朝臣民，并且军功卓著，应当封赏。樊崇带一帮贫苦百姓，本来也没有称王称帝的打算，正担心着以后该怎样发展。听说汉室已经复兴，很是高兴，立即表示愿意归附汉室。为了表示对更始朝廷的信任，樊崇留下大队人马驻守青州、徐州待命，自己只带了二十多个将领，和刘家的宗室子弟刘恭一起，来到洛阳，拜见更始皇帝。

刘玄听说赤眉军如此痛快地就答应归顺，原先如临大敌的心情立刻放松，转而把樊崇看轻了，觉得威震一时的赤眉不过如此，一定要给他个下马威才行，叫他彻底害怕了自己，以后就好驾驭了。

本着这个目的，更始君臣故意把大殿布置得金碧辉煌而气氛森严。樊崇一个百姓出身的粗汉，哪里见过这场面，站在金砖铺就的大殿中央，两腿直打哆嗦。就在这时，忽然静鞭甩响，两旁礼乐同时奏响。在礼乐声中，羽林军手执长槊，虎贲挺起戈矛，铠甲闪光夺目，威严肃穆。文臣武将分为东西两边，听殿头官一声吆喝，更始皇帝刘玄盛装端坐在御案后边。

“果然气派！”樊崇在心里说。他还没想好怎么叩拜，忽然听见两旁有人低声嗤笑，夹杂着嗡嗡嘤嘤的议论声。起初樊崇不知发生了什么事，更加诚惶诚恐。后来才听清，原来是两边大臣指指点点议论他和他手下将领的装束打扮。

“看那衣服，还渠帅呢，简直一个土包子！嘻嘻……”

“也难怪，泥人改不了土性，就是成了王侯，挑过大粪的，身上也总有股屎味。”

“你们看，那眉毛，嘿嘿，和小鬼差不多，难怪能打败王匡，吓也把他给吓跑了……”

议论嬉笑声渐渐增高，樊崇涨红了脸，求救地看了看刘玄，指望皇上发句公道话。不料刘玄看着樊崇等人，也是扑哧一笑：“来觐见皇上，就要封王封侯了，也不知道换件像样的衣服，农夫就是农夫呀！”

这话比抽了一鞭子还厉害，樊崇脸上热辣辣的，扭头看看其他赤眉军将领，也都是脸红脖子粗，有的怒目而视，勉强按捺住不把火气发出来。

见他们神态异常，王常忙站出来禀奏说：“陛下，赤眉兄弟千里而来，尚没有地方歇息，请陛下早些封赏，让他们歇息收拾好后，再来拜见陛下。”

“唔！”刘玄止住笑，挺直腰身，拿起御案上写好的封赏名单，宣布封樊崇为侯爵，其他二十多名赤眉将领都为各种名目的侯爷，又把几处闲宅拿出来，作为王侯府邸，让他们暂时居住。封赏完毕，樊崇等人气哼哼地谢恩退下。直到退出大殿外边，还能听到放肆的哈哈大笑声。

待他们强压着怒火搬进所谓的王侯府邸，却发现不过是几处逃亡而走、稍微富裕些的百姓老宅，门窗歪歪扭扭摇摇欲坠，尘土积起有半寸高。好在都是穷苦惯了的，大家还不是特别不能忍受，略微收拾一下胡乱住了。闲暇无事，樊崇等人在洛阳城里四处逛悠，开始还觉得帝都繁华热闹，果然是个好所在，几天过去，该看的都看过了，也就渐渐乏味。特别是想起在大殿上受的屈辱，大家都愤愤不平：“什么破皇帝，简直如同儿戏！他们现在就这么看不起咱们，将来能有咱们的好日子过吗？倒不如咱弟兄们在一起东拼西杀来得痛快！”许多人都这样说，越说越气愤，脾气暴躁的已经破口大骂了。

樊崇自然深有同感。另外，他还有自己的担心。更始皇帝仅仅召见他们一回，胡乱封了个什么名号，就把他们给忘在了脑后。可赤眉军还有几十万弟兄等着安置，更始朝廷既没妥善安排这些，也没留给自己养兵的郡邑，那么多军队吃什么，靠什么活着？这都是很现实很棘手的问题，自己是他们的首领，这些问题不能不考虑。

耐心等待几天，刘玄仍没什么表示，看来真把他们给忘了。赤眉将领们愈加愤怒：“走他娘的，回去逍遥去，和更始皇帝干他几仗，把他打跑了，咱推举樊大哥也弄个皇帝当当，保管比他当的不差！”这些人说走就走，借着出城看风景的机会，一溜烟跑回了青州。樊崇开始还劝阻他们，等他们真的都走了，想想自己一个人留下来也没意思，便紧随其后，也瞅机会跑了回去。前几天来朝贺的一大队赤眉人马，只有刘恭留了下来。

“哼，还是常言说得好，没有受不了的罪，只有享不了的福。这帮穷鬼，给他点福分，他们还真享受不了，跑就跑了吧！刘恭忠心朝廷，朕就升迁加封，叫那帮穷鬼后悔死！”听到消息，刘玄在大殿上气呼呼地宣布，升迁刘恭为侍中，重新赏赐豪华宅院。

樊崇等人先后回到青州和徐州后，对更始朝廷彻底绝望，不再想着归顺的事情，仍继续自己原先打家劫舍混吃混喝的痛快生活。为了和更始朝廷对抗，樊崇带领兵马进入颍川，把军队分成两部分，樊崇带领一部，由徐宣、谢禄和杨音带领一部，分头行动，互相照应。樊崇攻打下长社，向南攻击宛邑，斩杀县令，把更始朝廷说得一无是处。而徐宣等人则占领阳翟，进兵大梁，把河南太守拉出来杀了，宣布不受更始管辖。

而此刻刘玄丝毫没有意识到，轻易让赤眉军分裂出去，不但从此使自己失去了一个强大的外援友军，而且更严重的是，凭空给自己树起了一个强敌，犯下了致命的战略性错误。刘玄此刻想的，只是如何把洛阳修建得更好，同时他对洛阳也失掉了新鲜感，思谋着如果把都城迁到长安去，那里更好玩的东西或许更多，能让自己百玩不厌。

有了赤眉开头反对更始，许多地方割据立刻效仿。颍川许昌人李宪，在王莽新朝时候担任庐江连率，王莽被杀新朝覆亡后，李宪占领住庐江，自称为王，成了雄踞一方的皇帝。

王常提议对这些地方武装应该招抚，但其他大臣和将领都唯恐这些人归降后要封王封侯，会影响自己的权势，所以一致反对。刘玄也不管什么武装割据不割据，在他想来，天下大得很，只要能有自己一片享乐的地方，哪能顾得了那么多？就是把天下江山都统一了，自己还不是只能吃喝这么多？所以他对王常的禀奏也是充耳不闻，得过且过。王常在朝会上提议了两次，见没人理会，也就不再提起，大家都乐得省心。

就在这个当口，奉命出巡各地郡县的柱国大将军李通回到洛阳，复命时向刘玄谈到各地的人物风情，说着说着提到一句童谣。“陛下，说来奇怪，童谣这东西虽然是小孩传唱的，却很灵验，先前许多国家剧变的征兆，都能从童谣中找到影子。所以对于童谣，也不可小觑。”李通想了想说，“臣近来在许多地方都听到同一句童谣，‘谐不谐，在赤眉，得不得，在河北。’如今赤眉军从朝廷中分裂出去，东边很不稳定，已经在童谣中得到了应验。后半句是说，往后朝廷能否兴盛，关键在于能不能拿下河北。臣觉得这样说的确很有道理，黄河以北地域辽阔，水草肥美，土地肥沃，不但盛产粮食，畜牧也很发达，自大汉建立之初就是重要屏障。那里不仅粮饷充足，而且民风强悍，自古就有‘天下精兵荟萃河北’的说法。特别是河北一带的乌桓骑兵，最能冲锋陷阵，号称铁骑，谁能掌握了这些，统一天下，根本不在话下。”

听李通说得绘声绘色，刘玄两眼发亮：“噢？河北真有这么好，那就赶紧商议，派大将出征，平定河北，早些统一了我大汉江山，朕也尝尝一统天下的滋味。”

可是在朝会上讨论起派遣大将出征河北时，却发生了激烈的争执。在场的大臣都知道河北重要，但也听说河北如今特别混乱，每郡每县几乎都有庄园武装不说，势力强大的如铜马军，还有大彤、尤来和五校等流窜作战的十几支队伍，这些队伍骁勇剽悍而且桀骜不驯，他们之间的关系错综复杂，恩恩怨怨谁也理不出个头绪。平定河北，说起来容易，弄不好随时都有掉脑袋的可能。再说眼下已近冬季，河北气候严寒，风餐露宿的，侥幸不死也得掉层皮。辛辛苦苦挣下这份家业，正是享受的时候，死在了河北多不值得！

本着这样的心思，当刘玄提到派谁去河北合适时，大家你看我，我看你，谁也不吭声。最后还是刘玄一一点名，但点到谁，谁都找出种种理由推辞不迭。朱鲔、张印、陈牧、廖湛和李轶等能领兵的大将都挨个提到，结果没一个人愿意接受命令。

场面冷清下来，刘秀站在班中，微闭双目沉思片刻，忽然挺身上前迈出一大步：“陛下，既然大家都有自己的事情，臣如今赤条条无牵无挂，愿出征河北，为陛下效力！”

刘玄见大家都缩头的时候，刘秀出来救了场，很是高兴，点头笑着说：“好，好，文叔能把洛阳修整好，定然能把河北平定了。朕……”

众大臣立刻把眼光集中到刘秀身上，近一年多来，刘秀遇到事情总躲在人群中随大流，大家几乎把他给忘了，这个关键时候他突然站了出来，难怪众人惊讶，惊讶中又有几分不解。

“哟嗬，司隶校尉一向不热心朝事，今天怎么如此积极起来了?!”一个人不等刘玄把话说完，窜出朝班来，阴阳怪气地说，“有反常举动，就有反常心思，司隶校尉这么热心地要去河北，有什么打算啊?!”

刘秀似乎预料到要有人问这话，满脸严肃地缓缓应对说：“刘秀乃汉室子弟，朝廷的事情就是自己的事情，效命陛下和朝廷，有什么不对的？我本来确实不热心什么建功立业，平生只想做一介农夫足矣。但陛下恩遇丰厚，我身为武信侯大将军，看别人不愿意去河北，陛下着实为难，就只好自己去了，这也算得上非常吗？若是大司马愿意去，我自然拱手退让！”

“这这……我……”朱鲔结巴两句，却没说出个所以然来。刘秀已经猜测到了他的心思，他当然不肯去河北。去河北不但危险，而且朱鲔害怕自己一旦离开朝廷，就无法控制更始政权，因此宁可失掉河北，他也不会离开洛阳。

然而朱鲔的话却引起刘玄麻痹已久的警觉，他对刘秀始终怀有愧疚和恐惧，刘秀这一去如断了线的风筝，那，自己能是他的对手吗？这样想着，便不由站在了朱鲔一边：“既然大司马这样说，为了避免嫌疑，司隶校尉不去也就是了。”

这时王常站出来盯住朱鲔大声说：“朝堂之上，怎么能如此说话？此去河北错综艰险，别人畏难推辞，司隶校尉勇担重任，去与不去，应该皇上说了算，大司马怎么能无端诋毁？若是这样，以后谁还敢为朝廷效力？若大司马有自己的人选，直接说出来就是，何必拿别人当靶子？”

朱鲔大眼睛一瞪：“司隶校尉是罪臣刘縯亲兄弟，有嫌疑就是有嫌疑！”

王常正要辩解，李通站出来帮着刘秀说话，而朱鲔一派的李轶、陈牧等则跳出来帮着朱鲔。大殿上唾星四溅，吵嚷成一片。刘玄心烦意乱，用力通通地拍打着御案：“别吵啦，别吵啦！派谁去河北，让朕想一想再定夺，你们都退下去吧！”

一直回到后宫，刘玄仍然怒气冲冲。韩氏忙迎了上来，见他这副表情，娇柔地扯住他的衣袖：“哟，龙颜大怒可不是闹着玩的，谁这么大胆子招惹陛下啦?”

刘玄紧绷着脸坐在龙墩上，还没来得及说话，有黄门禀奏说：“陛下，大司徒刘赐请求召见。”

刘玄犹豫一下：“让他进来!”

刘赐迈着碎步小跑进来，看一眼刘玄，叩头请安说：“陛下还在为朝堂上的事情生气？其实他们都是粗人，不知礼仪，君子不跟牛斗力，何必在乎?”

刘玄却答非所问地摇摇头说：“夫人，大司徒，朕不想在洛阳住了，朕要迁都长安。”看刘赐和韩氏惊疑地望着自己，他轻叹口气，“长安本来就是我大汉故都，那里有祖宗陵寝，他们自会保佑我这个皇位。今天朝堂上的场面大司徒也都看见了，朕不傻，他们如此放肆地吵闹，不是懂不懂礼仪的问题，是他们根本没把朕放在眼里!”

这话立刻激起韩氏义愤，她火上浇油地扭动身躯，攀附在刘玄身上尖声说：“你到今天才明白，我早就说过王凤、朱鲔他们都不是什么好东西。他们把你扶起来当皇帝，不过是要利用你当个招牌，其实真正的皇帝是他们!”

见他俩越说越来气，刘赐忙把话头打住：“陛下息怒。目前朝廷局面当然大家有目共睹，不过要解决这个问题，绝非迁都这么简单。今年刚刚迁都洛阳，若再急着迁都长安，一年两迁，恐怕不大吉利。更主要的，迁都长安也并不能从根本上制约朱鲔他们的骄横。目下当务之急是赶紧培养一批自己的力量。陛下对那些忠心耿耿的宗室子弟加以重用，分化绿林军将领的权力，然后再从汉军内部选拔一批新将领，委以兵权，这样一来，朱鲔等人手中没了实权，自然就跋扈不起来。到那时，陛下就是真正驾驭天下的皇帝了。譬如今天刘秀主动请求出略河北，陛下就应该应允。”

听他分析得头头是道，刘玄稍微畅快一些，不过仍有顾虑地叫着刘赐的字说：“子琴说得很对，文叔的能耐朕了解。可是有一样，当年刘縯被杀，朕虽然受了王匡和朱鲔等人蒙蔽，但不管怎么说也脱不了干系。文叔是否对朕怀恨在心，是否要伺机报复，朕很没有把握。”

“陛下这样说，就想得太多了。”刘赐近来和刘秀交往很多，他正想找个机会替刘秀说几句，忙扯开了话题，“灰总比土热，这个道理显而易见。当年陛下有杀父之仇，是谁想办法替陛下报仇的？由此可见，打虎要用亲兄弟，上阵还是父子兵。文叔是深明大义的人，杀害刘縯，是谁欺蒙陛下，他当然清楚，断不会随意迁怒陛下。他若是心怀怨气，怎么能尽心竭力地替陛下修整洛阳城，怎么能诚心实意地让陛下再现大汉天子的威仪？这次文叔主动请缨，臣看，仍是出于一片赤心。陛下若不相信文叔，正好中了朱鲔等人下怀。仇者快，亲者痛啊!”

刘玄终于心服口服：“对，对，灰总比土热，这话实在，朕就听子琴的。明天早朝，朕立刻命令文叔出巡河北。不过，这迁都的事，朕还是要迁的。”

刘赐见刘玄回心转意，迁都的事先放在一边，忙趁热打铁地说：“陛下，拿定主意就应该赶紧决断才是。明天朝会上，朱鲔等人再站出来胡搅蛮缠，只怕又生枝节。陛下何不立刻召见文叔，让他手执汉节出巡河北，等朱鲔等人知道要阻拦时，木已成舟，他们自然也没什么可说的。”

刘玄想想确实是这个道理，立即传旨，让刘秀进宫。刘秀来到后宫，见刘赐坐在一旁，立刻明白苦苦等待的机会就要来了。

刘玄亲热地让刘秀坐下，说出许多宽慰的话，随后亲笔下诏书，任命刘秀为破虏大将军，行大司马事，执节过黄河去平定河北。刘玄写完后加盖玉玺，让刘秀保存好了，然后说道：“至于兵马，顷刻间也征调不出许多来，文叔手下不是有些得力人手吗，就带他们一道去，如何?”

看着刘玄笑吟吟的面孔，刘秀知道，刘玄说到底仍对自己存有戒心。就凭自己手下的宾客加上府兵，不过百余人，这点人马能和强兵如林的河北豪强们相提并论吗？但这个念头只是一闪而过，刘秀郑重其事地双手接过诏书，叩头拜谢。派遣刘秀出巡河北的同时，刘玄又任命刘赐为丞相，先出发去武关，修复宗庙宫殿，为迁都做好准备。

更始元年（23）的十月，刘秀轻车简从，带领护军朱祐、主簿冯异，还有掾吏铫期、叔寿、段建和左隆以及校尉臧宫、门下史祭遵等人，共百余骑将士，匆匆离开洛阳，渡过黄河，北上而去。

刘秀在舂陵起兵后，经历了昆阳大捷，一举击溃王莽主力，已经威名远扬天下，近来又整修洛阳宫殿，让中原百姓看到了大汉的希望，这一系列举动，让刘秀的名字在官吏百姓中间流传甚广。有了这样的基础，刘秀执节出巡河北的消息传来，豪杰们纷至沓来，乐于追随。虽然刘秀他们离开洛阳时只有百余人，但渡过黄河不久，队伍就有了迅速扩充的趋势。

刘秀一行路过颍阳时，正驻守颍阳的王霸闻听消息，忙回家和老父亲商量，表示自己想跟随着大司马到河北去建功立业，只是这一去，就不能在跟前侍奉老人了。原想着父亲未必会同意，不料老人听完后，感慨万端地说：“好，你这样做就对了！你爹我是老了，实在行不动军打不动仗了，不然我也会去的。大司马刘将军这人我见过，他仪表从容，胸怀非常人所能预料，你快去吧，他一定不会久居人下的，你跟着他，或许能成就大事，封王封侯也未可知，光耀咱王家门庭就靠你了！”

王霸有了父亲的支持，很是高兴，又把这个想法告诉了门客，结果大家都劝他，摆出理由说，以前咱们追随刘秀打了多少仗，击破王邑，杀了王寻，结果怎么样，还不是被人挤兑得郁郁不得志？现在他出巡河北，看来即便取得胜利，对咱们也没什么好处，一静不如一动，还是在家里逍遥自在地好。

王霸反驳他们说，此一时彼一时，以前刘将军遭小人暗算，实在是迫不得已。现在他出巡河北，是蛟龙入海，猛虎归山，单独干一番大事业。没了小人的钳制，正是大显身手的时候，怎么能抱着以前的成见而坐失成就人生大业的良机？

可是尽管这样说，门客们还是对刘秀的前途不抱多大希望。见王霸执意要走，宾客们畏惧前路艰险，一个个悄然走散。王霸还是坚持已见，独自去拜见刘秀。刘秀听说了王霸来投奔自己的经过，感动地拉住王霸的手：“疾风知劲草，岁寒而知松柏后凋。原先在颍川的老部下，如今跑散的十有八九，唯独你愿意留下，真君子呀！放心，你不负我，我定不让河北父老失望！你就先任功曹令史，跟随在我身边吧。”

另外还有郏县县令马成，闻听刘秀北上的消息，挂印弃官，步行千余里，在蒲阳追上刘秀一行，表示自己愿意追随大司马，刘秀分外感动，任命他为期门。汝郡都尉杜茂，也给家里留下书信，悄然出城，骑马星夜追赶，在广武和刘秀等人会面，谈论得十分投机，刘秀任用他为中坚将军。

有了这样一个良好开端，刘秀渐渐踏实下来，一行人走到一个颇为荒凉、简陋的驿站时，刘秀决定暂时停下来歇息一晚，弄来一桌酒菜，让大家接连辛苦了几日之后也轻松一下。昏黄的灯光照在泥皮剥落的墙上，寒风从窗户里波浪似的涌进来，大家的影子也随着波动摇曳，给人感觉几分虚幻，似乎正如前面的道路一样不可捉摸。刘秀尽量振作精神，举起酒杯高声说：“来，诸位跟随我到河北，今天走到邯郸地界，一路上都吃了不少苦，这杯酒我敬诸位。”

“刘将军，您不止一次说过，大家名为部属，实则为兄弟，我等虽然不敢和刘将军攀兄道弟，但大家追随将军都是心甘情愿的，这点自不必说。”冯异率先站起来双手抱拳。

“是啊！俺们得遇明公，实在是三生有幸。俗话说得好，士为知己者死，即便死了俺们也无半句怨言，明公就不必客气，尽管驱使就是。”马成也连忙附和着站起来。

“咦？明公，这个叫法好，明者，明辨是非，明天下之兴衰大理，唯有先明，才能后做，不错，很有道理。以后咱们就称刘将军为明公，省得一口一个将军，太俗气！”几个人听着新鲜，异口同声地说。

朱祐却不耐烦了，执酒樽胡须翘起来大喊：“说这些有何用，尽做儿女情态！一片赤心还用说吗？我也不管什么名啊利啊的，能跟着刘将军……不对，是明公，能跟着明公干事业闯天下，心里痛快！与其享那身后空名，不如眼前一杯热酒，来，咱们先饮他一杯再说！”

听他咋咋呼呼，大家都轻松地笑了，指点着朱祐说他粗鲁得可爱，一边仰脖饮下这杯患难与共的真情。铫期在旁边拿起酒勺给大家分别斟满。

“明公，我从郏县一路追赶明公，所经过的地方见闻颇多，满眼都是百姓饱受战乱之苦，农田荒芜，虽说改朝换代了，但百姓仍生活在水深火热之中。这样下去，一个朝代怎能支撑长久？明公如今独立行事，我觉得打胜仗还在次要，最要紧的应当广施恩惠，多布甘霖，尽快在河北树立自己的威信，得到老百姓的拥护。只要百姓拥护了，地方豪强就不能不买账，地方豪强归附了，才有兵力和财力对付那些铜马军等流寇。”马成放下酒杯哈一口寒气，认真地说。

刘秀双眸中灯光跳跃，如同一颗跳动不息的雄心，沉吟片刻深有感触地说：“君迁所言极是，我一路行来，也看到民间哀鸿遍野，十室九空，男子要么到外边征战，要么被地方豪强拉去充了壮丁，家中只剩下妇女老人，他们拖儿带女，衣食无着，田地基本荒芜，长此下去非得再度大乱不可。我以前在太学读书时，见书上有这么一段，印象很是深刻。治道之要，在知人；君德之要，在体仁；御臣之要，在推诚；用人之要，在择言；理财之要，在经制；足用之要，在薄敛；除寇之要，在安民。现在无论哪一条都没有做好啊！”

见刘秀面色阴沉，祭遵深为感触，他知道刘秀这是不露声色地评判更始帝的失政，没有及时抓住好机会让天下百姓感觉到大汉皇室的威德，不但复兴汉室成了一句空话，而且让思汉的百姓寒了心，给以后的发展造成很大阻碍。

见刘秀和旁边的祭遵都沉默下来，朱祐虽然听得半懂不懂，但意思也都明白，借着酒劲，他嘴里嚼着牛肉含糊不清地大声说：“依我看，这汉家的朝廷刘玄坐得，将军为何坐不得？以将军的才识，这位置早就应该是将军的，不过现在还来得及，让他刘玄先暖几天椅子，随后请将军取而代之！”

“竖子，真正一个竖子！休得胡言！”刘秀本来就阴下脸忽然勃然大怒，砰地猛拍几案，震得几个酒杯歪倒在桌上，酒顺着桌面流到地上。大家见这情景都吃一惊，望着震怒的刘秀，几分不解。还是臧宫反应快些，忙拉了朱祐跪下求情："将军息怒，朱兄弟酒后失言，请将军见谅。"

刘秀这才缓和一下语气，冲臧宫和朱祐放低了声音说："臧宫请起。蒙各位弃家小追随刘秀，以后咱们就要生死相随了，所以有些事情就不能不提醒诸位。如今我们虽然出巡河北，但说到底执的仍是更始陛下的汉节，一日为臣，就一日尊君，不要忘了，时至今日我们仍为更始朝官。朱祐如此出言不逊，在这里倒无妨，但养成了习惯，难免会招致杀身大祸！所谓小心不亏人，一定要谨慎，时刻谨慎！"

话说到这个地步，可谓推心置腹。"将军、明公，朱祐一时兴起，口无遮拦，不但该骂，简直该打。请将军放心，这种话我不再提起来说就是。"朱祐顿时脸红，自感十分羞愧，点着大脑袋直赔不是。

"好了，你懂得我的苦心就好。来，诸位别为几句话扫了兴，举杯共饮！"刘秀恢复了平常神态，带头举樽，众人赶忙响应，宴席间又恢复热热闹闹的松快气氛，大家都是豪爽惯了的，举杯投盏忙得不亦乐乎，直到亥时才散开歇息。

尽管睡得很晚，但第二天都起得很早。刘秀分遣主簿冯异、掾吏铫期、功曹令史王霸等人，各自乘了马车，分道巡抚河北属县。临出发之际，刘秀把他们叫到一起，耐心地告诫冯异等人，每到一地，一定要胆大细心的办事，注意仔细登记户籍，考察当地百姓服役、纳税等情况，借这个机会摸清河北每一处的底细。不仅如此，还要想办法妥善安置孤老寡幼，分给他们土地，对于庄园主和地方豪强，尽量拉拢，但也不可过于谦卑，实在不行，软硬两手都可以用。

吩咐半晌，看着他们相继离去后，刘秀则率朱祐等人在巨鹿、幽州等地巡查。每到一个县邑，便忙于打出大汉招牌，把地方官叫到一起，审理冤狱，安抚地方，废除苛政。

开始一段时间相当顺利，地方大小官吏消息也很灵通，他们知道如今更始的大汉朝廷占据了半个中原，从洛阳到长安全在他们手上，归顺了更始朝廷，更有把握保住头顶官帽。所以各级官吏对刘秀的到来不但热情款待，审理公事也格外配合，尚没出现什么冲突和差错。

几天后，刘秀一行迤逦巡查至彭城郡，和在别处一样，他先翻阅公案义牍，再到地方上察看实情。一天早晨正在县衙审查狱吏送来的卷宗，忽听门外有人击鼓，咚咚的鼓声在清晨听来颇为惊心。以为发生了什么兵变，刘秀慌忙和朱祐跑出来，站在衙门前的台阶上看去，原来是一个年老的百姓击鼓鸣冤。刘秀松口气，上前询问，那老头哆嗦着说他要状告三老霸占他家田产。三老原是汉高祖时设置的乡官，每县辖三乡，每乡设立一老，推举年过五十有修养品德可以为表率的乡民担任，共称三老。乡三老又同时担任县三老，平时协助县令教化百姓，征收赋税徭役时节也帮忙催促。

不过刘秀知道，自从高祖设立三老后，这么多年下来，三老的推举已经不是以修养品德为标准了，被任命为三老的，往往是地方上庄园豪强或者衙门里的亲戚，他们利用自己的身份，跟着县令狐假虎威，经常欺压百姓，打着县里的名号横征暴敛中饱私囊的事情也不少见。他早就想找个机会教训一下这些不是恶吏的恶吏了，于是立刻下令开堂公审。

刚才鼓声敲响，把大家都惊动起来，门外围观的人很多，都探着脖子向里观望。“堂下所跪何人?!”刘秀端坐书案后边，拿出断案的派头，重重一拍惊堂木。

“草民王继。”老头胡须斑白，跪在堂下浑身瑟缩。一身麻衣破烂不堪，如果不是用跟麻绳在腰间扎捆住，非得散成碎片。

“大清早的为何击鼓，有什么冤屈，尽管说出来。”刘秀见方才气氛过于紧张，把老头吓得不轻，便有意拉长了声调，慢悠悠地问。

老头果然镇定了些，说话不再哆嗦，“大人明鉴！老汉在城东丰乐乡居住，家里如今只有两个小孙子，我那儿子和儿媳前两年都死于战乱，可怜好端端一家子人，如今就剩下老的老小的小，凄惶哟！乡里三老开始对我家还不错，偶尔弄点粮食接济一顿。谁知没过几天，他忽然说我家无精壮劳力，照顾不过来，也不管我老汉死活，把我家仅有的五亩田地霸占过去。老爷，这可是我老汉救命的田产呀！求大人为我一家老小做主。”老头说着泣不成声，浑浊的眼泪顺着乱蓬蓬的胡须往下滴。

“将丰乐乡三老崔升带上堂!”刘秀翻查一下书案上的文卷，命令差役将三老带上堂来。正好那个叫崔升的三老就在外边看热闹，差役们都认得他，冲门外叫喊一声，崔升就迈着方步走进大堂。

刘秀略微打量一下这个崔升，见他五十稍多一点的样子，中等身材，肚皮略微挺起，一脸的富态相，身穿一袭毛蓝色丝绸夹袄，腰系白绸子褡布，非农非商，气派与县令差不了多少。一看就不是正经推举的乡间村民，说不定是哪个庄园主的爹。

崔升好像见过大市面的人，也不惊慌，先拜见过刘秀，然后摇头晃脑地冲老头冷笑着说："王老头，你胆子不小，竟敢诬陷我，还弄到大堂上来了，真是老鼠成猫了，我看你这把老骨头活得不耐烦了吧？"

见崔升在堂上神气活现地霸气十足，平时对待老百姓是什么样的德行就可想而知了。"三老只不过协助县令办差，身份仍是平民，大胆刁民，见了本官还不下跪？"刘秀眉头一皱，按捺不住恼火，高声大喝。

崔升见长官动怒，忙机巧地跪下来说："大人明察，这王老头诬陷我，他家确实无精壮劳力，所以按郡律将授田取回。放下法律条文不说，他也自愿把田产典当于我，把地契都交到了我手里，那还能有假？"

"一派胡言，我乃大汉朝臣，怎么就没听说过哪家律令这样规定，没有劳力者可以将田产收回？你把条文找出来让我看看！"刘秀啪地把案上书卷扔过去。

那崔升似乎早有准备，不慌不忙从怀里掏出一块素帛，爬起来走到案前双手递过去："不用在书里找了，我把条律抄在了这里，请大人过目。"

刘秀接过来一看，见素帛上写着：

白银五百两，鹿皮十余张，丝锦五十匹，绢帛七十匹。丰乐乡三老奉上，望大人笑纳。

刘秀微微一笑，这样的伎俩他早已见怪不怪了。几个郡县巡视下来，用这样手法企图结交自己这个钦差大臣的为数不少，但像崔升这样在大堂上公开行贿且滴水不漏的，倒还是头一次。

见刘秀沉吟着没说话，崔升和坐在一旁的县令还以为刘秀已欣然接受这份大礼了，都松口气，冷笑着乜斜一眼跪在地上的老汉。

"县令，你过来，我这几日旅途劳顿，眼睛有些不适，你替我把这绢帛上的律令大声念出来给众人听听。"刘秀神态安详，心平气和地说。

"这……这……"县令苦笑着，几乎要哭出来。"这什么？我的话你没听到吗?!"刘秀忽然阴下脸来，两眼瞪着县令，加重了语气。县令知道人家是钦差，不敢得罪了，看了崔升一眼，清了清嗓子低声把绢帛上的字磕磕绊绊地读了出来。尽管声音低，但大家都听清了，衙门外围观的百姓顿时像煮沸的开水，你一言我一语议论起来，场面一片哄闹。

"听见没有，银子能当王法使用啦。这年头，穷人处处碰壁，有钱能使鬼推磨，这官司不打也罢，指望王老汉，骨头里榨不出三两油来，能斗过人家?”人群中一个三十左右的男子愤愤不平地大声叫嚷。

“后生，我看你这话说差了。听说这钦差是位姓刘的大将军，不同一般人。我看他既然敢把绢帛上的话公布于众，自有他的道理。等着瞧吧，好戏还在后头呢!”一个老者捋着胡须慢悠悠地沉住气说。

“是呀！我看还是老伯说得有理。”一个背着箩筐的小伙也凑上前来。“这帮县衙里的老爷，平素坏事可干的不少，天若有眼天不容，天若无眼发恶人。以前兵荒马乱，恶人该发的都发了，现在大汉朝又建立起来了，人家是钦差，是天子派来的，不是天眼是什么，我看恶人也该碰回钉子了!”

“肃静，肃静!”见外边乱作一团，人声鼎沸，衙役们忙站在门口吆喝，让场面安静下来。刘秀眯缝着眼听县令念完了，猛地一拍惊堂木：“大胆崔升，你可知罪!”

“大人，小人……小人家犬子乃附近有名的豪杰，有土地三千顷……”崔升知道这次遇见的对头和以前不一样，也有些着慌，情急之下想拉出自己儿子的势力来抵挡一下。

不料刘秀不等他说完，接着厉声呵斥：“好大胆的刁民，到现在还不知悔改！崔升你听好了，其罪一，身为丰乐乡乡管，不思谋造福乡民，反而挖空心思掠夺孤老寡幼的授田；其罪二，公然藐视朝廷使节，贿赂公堂，与其说贿赂，简直就是侮辱朝廷！其罪三，蛮横无理，蔑视我更始朝廷，竟然大言不惭说按律应当收回孤寡授田，就凭私造律令这一条罪，就能砍了你的头！崔升，你可听清楚了?”

听刘秀讲得头头是道，环环相扣，众人都十分叹服，果然是朝廷派来的能人，思绪敏捷清楚，真是难得。“大人英明，不过，我手里确实有王老汉的地契，是他心甘情愿典当给我的，大人请看。”崔升仍不甘心就此在乡民面前丢脸，如果这次栽了，以后还怎么耀武扬威，岂不是自己砸了自己的金饭碗?他强打精神，从怀里掏出一块折叠整齐的素帛，双手呈上。朱祐接过来放在书案上。

旁边跪了半天没吭声的王老汉见状，立刻惊慌起来，忘记了害怕，高声叫嚷：“大人，别听他的，他那地契是假的，是他自己造出来的，真的契在老汉手里。”说着也赶忙掏出一块素帛，哆嗦着让朱祐接过去。

案子审到这里，本以为已经完结，没想到又节外生枝，刘秀眉头一拧，盯住书案上的两块地契没吭声。

见刘秀愣住，县令方才窘迫不堪，忙趁这个机会掩饰一下，做出贴心的样子说："大司马，叫属下看，这两人的地契，都似乎是真的。不过再仔细想想，三老乃是国家任命的乡官，身受国家大恩，每年拿着上百石的俸禄，是乡民的表率。他断然不会为了这几亩田地弄虚作假，肯定是那个王老汉捣鬼。大人别看这些乡民一个个粗俗木讷，其实人小鬼大，肚里的道道多着呢！依下官看来，这事不劳大人费心，还是先把这个刁民押进大牢里去，等下官随后慢慢审理。"

王老汉知道县令断案，肯定没自己的好结果，听县令这样说，慌作一团连呼冤枉。刘秀也不理会县令絮絮叨叨，眼光一直没离两份地契，把两份地契展开来看看正面，再看看反面，忽然抬起头来，双目炯炯地直视着崔升："我方才教训你什么了？看来你半点都没记住，越发大胆了！竟然还会假造地契！"

崔升心里打战，脸上却极力镇定："大人是朝廷派下来的使节，说出话来一字一个坑，马虎不得。岂不闻一字入公门，九牛拉不回?! 大人说我那份地契是假的，有什么让人信服的证据?"

刘秀微微一笑："亏你也知道讲证据，你自己看看，你假造的地契就是证据!"说着把手中两份地契举起来让众人看，"王老汉的地契存放年代久远，地契已经发黄。可是地契是折叠起来存放的，这发黄的只是外边这面，折叠在里面的其实还是白色。正如王老汉的地契，就是这个样子。我当年在长安太学里见过多少珍藏久远的帛书，都是这样子，瞒不过我的眼睛。而你弄的这份地契，里外都发黄，表里颜色一致，若不是假造，你倒说说看，你是如何保存地契的?!"

"对呀，问得好!"外边赞叹声立刻哗然。

"聪明，到底人家是钦差!"啧啧声响成一片。

崔升脚脖子一软，差点儿瘫软在地上。王老汉的五亩地和崔升的地界相邻，崔升看上他的地相当肥沃，想着若是把这两块地连起来，那就好了。于是他先和王老汉套近乎，骗王老汉拿出地契让他看了，然后按上边的内容仿造一份，用树叶泡的黄水把仿造的地契渍透阴干，好像存放了许久的样子，不仔细看，还真看不出来。自以为天衣无缝，不料让刘秀一眼就看出破绽，这下跟头栽定了。当下也没话可说，只是起劲地趴在地上磕着响头，也顾不上体面不体面，哭丧着声音叫喊："大人，小民崔升知罪了，还求大人饶我一命，求求大人饶我一命呀!"

不但门外的百姓，就是堂下差役见这情景，都分外解气，称赞着叫好。自古都是"官家大门朝南开，没钱没人别进来"，而今正好打一颠倒，人家朝廷大臣一文钱没收，就为穷苦王老汉撑腰，夺回了田地，看来这天下真要变好了，往后的日子真的有指望了。

“崔升，你罪有应得，谁也救不了你。来呀，拖下去杖责三百，免去乡管一职，将所夺田地一并归还王家。”刘秀说着把令签掷在地上，差役中有的对崔升平素横行乡里也很看不惯，正好借机会撒自己的气，狠狠抓住崔升胳膊就往下拖。崔升瘫软着仿佛已经挨了大棍，半死过去。

“彭城令，你可知罪?!”刘秀忽然把目光移向县令，面对如锥般锐利的目光，县令早已瘫如稀泥地跪在地上。“司马大人，卑职知罪。”

“那你倒说说，你有何罪?”刘秀故意拉长声音，悠然自得地问。官大一级，如泰山压顶，刘秀这副神情，更使县令慌张，哆嗦着说：“卑职身为彭城县令，不能为百姓办事，反而助长豪强盘剥贫苦百姓的田地，卑职愧对这六百石俸禄呀!”县令话里带着哭音，将头埋在地上不敢仰视。

“唔，说得倒不无道理。本官念你有悔过之心，尚可以从轻发落。免去你两年俸禄，聊作惩戒。古语说得好，前车之覆，而后车不鉴，故而后车亦覆。你日后要以此为教训，唯下而不唯上，多体恤民情，为百姓做主。”刘秀点点头，变作和颜悦色地说，心里却叹息着想，眼下变乱未靖，官吏混乱，尽管这帮人不尽如人意，可是能用的，也只有这帮人了。

“谢大人，谢大人。”见一场大祸就这样轻轻遮掩过去，县令感激涕零。

“王老汉，这下你可以回去安心种地，好好抚养你的小孙子。”刘秀并不理会叩头如捣蒜的县令，转脸对跪在堂下的王老头说。

“大人，大人，我老汉活了这么大把年纪，还是头一次遇上像您这样的好官。这种世道还有这样的好官，积德呀！老汉回家要为大人上香供奉，让儿孙们世世代代都记住大人的恩德。”王老头惊喜交集，话都说不成句，抹把眼泪，竟嘿嘿地笑了。

百姓可爱呀！朝廷略微有点恩泽，他们就感恩戴德，可惜这种恩泽太少啦！刘秀感叹地摆了摆手，叫他收起地契退下。

这次开堂公审，刘秀不但惩罚了地方豪强崔升，对其余地方官吏也起到了杀鸡儆猴的作用，虽然尚不能一改河北富者田亩千顷、贫者无立锥之地的混乱局面，但刘将军秉公执法、清廉爱民的名声已经如风驾翼，被口口相传着在河北大地上散布开来。刘秀每到一处，不用介绍，只要一提是刘将军来了，立刻就能得到当地百姓的称赞和拥护。经过苦心经营，刘秀初到河北便有了一个良好的开始。

第二十五章　冰魂雪魄　延揽豪杰

赤眉军作乱的消息接连传到洛阳，今天这个县城被攻破，明天那个乡里遭洗劫。不过更始帝刘玄自以为见过樊崇，土包子一个，料他成不了什么大气候，也没往心里去。除了坐在后宫拥着韩氏听鸣琴观歌舞外，就是摆开酒菜痛饮一番。外面天寒地冻，国将不国，宫内却暖意融融似春永驻，仙乐悠悠如同瀛洲，美女婀娜殿内舞，轻歌曼妙绕梁头。在悠闲自得的日子里，刘玄考虑最多的，还是迁都之事。刘秀走后的第二天早朝上，刘玄先撇开各地兵民大事，扯开话头和群臣商议迁都长安的事。大大出乎刘玄意料，这一提议刚说出来，便有好几个大臣站出来反对，刘玄特别注意到，朱鲔也红着脸出面阻拦。

"这到底是朕的天下，还是你们的天下？寡人连这点儿主都不能做吗?"刘玄想起前一天晚上韩氏对自己说的，朱鲔、王凤等人对自己这个皇上根本没放在眼里，他们只不过拿自己当招牌而已。等刘赐和刘秀走后，韩氏又嘱咐自己，那帮人都是贱货，你硬了他就软。虽说王凤和朱鲔等人把你扶到这个宝座上的，但现在你是皇上，要用话压制住他们。况且王凤滚蛋到外地去了，只有朱鲔等一帮大老粗，要镇住他们。于是他今天要试一试，便头一次吹胡子瞪眼在龙椅上尖声大叫，满脸怒气。

果然一发火，下面的议论声就低了许多，这让刘玄很是得意。"陛下息怒，我大汉刚从宛城迁至洛阳，如果又要迁都长安，一年两迁犯了忌讳，恐对我朝不利呀!"在低声议论中，国老刘良上前进言。

"陛下，刘国老所言极是，我看还是暂缓迁都吧!"升任丞相的刘赐见刘良发话，虽然自己和刘玄昨天已经谈论了这事，但也没具体说定，便也上前劝阻。

"这……若是这样，那就等满一周年后再迁都长安。不过筹建新都一事要尽快动手办理，免得到时候手忙脚乱。丞相，朕一向信任你，就命你亲自负责筹建长安城一事。"刘玄见众人畏惧自己，反倒有点受宠若惊地承受不了，三言两语地吩咐下去。

"臣遵旨!"刘赐无奈，只得拱手接下旨意。

刘赐移交完手中的事务，便冒着严寒率领一百多部众到长安筹建新都。长安北依渭水，南临霸水，汉高祖刘邦创立汉朝后第七年在此定都。原先长安城内宫殿林立，街宽店丰，是当之无愧的首善之区。但经过王莽改制胡乱修造，紧接着持续战乱的破坏，早已破败不堪。特别是长安城被攻破时，百姓也参与进来，攻打内宫。商贩朱弟和张鱼求功心切，放火烧掉大殿，连未央宫也没能幸免，若要修缮可不是件小工程。况且眼下时至隆冬，地面上冻无法动工，更给工程带来许多困难，刘赐拧着眉头感到很是棘手。

可是刘玄迁都心切，隔几天就有旨意询问工程进展。刘赐无奈之下，忽然想起刘秀，立刻决定仿效刘秀建造洛阳城那样，冬季筹备，春季开工，干出件漂亮事来。拿定主意后，刘赐派人在城内城外遍贴告示，宣布如今朝廷已经大体平定了四方，大司马正奉旨出巡河北，黄河以北地方指日可定。皇上考虑到人心思汉，特意迁回旧都。凡参与修建者，皆出给工钱。另外，各方贤达和能工巧匠都可前来参加工程筹划，朝廷将来会论功行赏。告示一贴出去，无事可做正缺衣食的百姓纷纷从各地前来报名，吵嚷得沸沸扬扬。

这时邓禹正在街上转悠，听百姓谈论迁都的事情，很感兴趣，凑到告示上一看，心头咯噔一下，他暗暗告诉自己，机会来了!

邓禹和刘秀同进太学后，发奋读书，终于成为学识渊博、颇有谋略的饱学之士。不过邓禹不像刘秀那样建功心切，他自小就性格谨慎，特别能沉住气。虽然在太学是出了名的好学生，但他始终拒绝出仕于新朝。回到家乡后，对更始朝廷也没表现出多热心，一直深居太学，苦读穷研。他在等待最好的机会。这次他从告示中了解到，刘秀正准备前往河北，刘秀的影子顿时浮现在眼前，他心头一热，几乎一瞬间便决定，北上追随刘秀。

此时刘秀已北渡黄河，正在赶往邺城的途中。阴沉沉的天空如穹庐一样罩着茫茫大地，鹅毛般的大雪正纷纷扬扬恣意挥洒，天地间仿佛一团乱絮，无头无尾，无始无终。刘秀一行人头裹葛巾，披着长衣打起斗篷以避风寒。走到半路上已是人困马乏，地下渐渐泥泞，马蹄子踏在地上哧溜哧溜直趔趄，马匹根本无法行走。他们只得下马徒步，牵着马匹深一脚浅一脚地向前挪。

没走出多远，脚上的棉靴已被雪水浸湿，鞋底沾满泥土，泥水混进靴子里，滑腻腻的如同赤脚走在雪地上。不过脚已经冻得麻木，也感觉不到寒冷。但一走一滑，每迈一次腿都十分困难。寒风从雪花间隙里呼啸而来，一张嘴哈气，刺骨的冷风就直灌进喉咙，就连出气时鼻孔里的鼻毛都冻得硬挺挺的。

冰天雪地中，顺畅地喘息都变得奢侈。

晚饭过后已有两个多时辰。一个叫泽玉的随身侍卫进入卧房中往油灯里添油，刘秀正在几案旁翻阅各地官吏送来的文案，聚精会神，心无旁骛。望着前些日子初离开洛阳时还神采奕奕面色白皙的刘秀，此刻脸颊黑瘦，双眼深陷进去，灯影下成了个黑坑，泽玉心中不免一阵酸楚，忍不住劝一句："大人，今夜早些歇息吧，明日大早再看也不迟，反正也不耽误事。"

"泽玉，连日来奔波不停，你也够累的，先下去休息吧，我得看完再睡。明日还要去巡查，巡查就有新文案，今天推明天，明天推后天，怎么会不耽误事?"刘秀顾不上抬头，眼睛一直盯在眼前的文牍上。泽玉知道刘秀的脾气，劝说也没用，只得默默掩上门出去。

"大人，大人!"刚出去片刻工夫，泽玉又进来了，一脸慌张。

"我不是说过了嘛，一会儿自己就睡了，你退下吧!"刘秀思绪被打断，不耐烦地说。

"大人，有一青年男子，深更半夜地闯进来，说要拜见大人，正在前院。这么晚了，还是先不见吧?"泽玉试探着问一句。

"噢?青年男子?你没问问他是谁，从哪里来?"刘秀这才把头从灯光下抬起来。

"问了，来人自称叫邓禹。"泽玉忙回答。

"什么，邓禹!快，快请他进来!他是我的同窗好友，这个时候来，肯定有要紧事!"刘秀精神一振，啪地把案牍合住，霍地站起身，身后的椅子差点儿歪倒在一边，脸上挂着的疲倦荡然消去，兴奋不已地就往门外走。刚走到门口，就见门外站着一个身材偏高而略显消瘦的男子，嘴里还呼呼地喘着白气。借着昏黄的灯光，只见他首如飞蓬，满身是泥，冻得发紫的手中还拎着行囊，脚上混着雪和水的靴子早已冻得硬邦邦的。

刘秀上前一步，脱口高叫："仲华，仲华!真是仲华吗?!"叫喊着一把抱住邓禹，顿感一股寒气扑面而来，邓禹简直成了冰人。

"文叔，我……我……"邓禹冻得舌头都有点硬了，说话吃吃地舌头不会打弯。刘秀这才想起来，几乎是抱着，把邓禹拉进屋子里，忙不迭地吩咐："快快，靠近火盆取暖。泽玉，再加一盆火炭，去吩咐弄点食物来!"一连串地说着，先拉邓禹在火盆前坐下，也顾不上说话，闯进一侧的卧房，把自己烤干了预备明天上路穿的暖靴拿出来，也不用邓禹动手，自己弓着腰，费了好大劲儿才把他的靴子给脱下来，换上轻巧的暖靴。

忙活半天，两人这才缓过劲来。刘秀目光闪动：“仲华，你这是从何而来，要到什么地方去?”

“文叔，我在新野听说你持节巡视河北，便一心想来追随，不料连日来天降大雪，实在难走得很！一路上总与你走岔，我每到一处你便刚刚动身离去，今日才赶到邺城。方才我还想，算命的常说，事有机缘，不先不后，刚刚凑巧；命若蹭蹬，走来走去，步步踏空。若是再碰不见你，我真成了蹭蹬苦命了!”邓禹身上寒气稍稍缓解了些，又和以前一样谈笑风生了。

刘秀跟着笑了，正要说话，泽玉已经弄来些酒菜，用托盘端着一样样放在小桌上，又把小桌挪到火盆旁。“仲华，一路辛苦你了，快喝些酒暖暖身子!”刘秀为邓禹斟满了一杯酒，双手捧着送上去。

“多谢文叔。”邓禹感激地笑笑，“你这样做可就不对了。别忘了我乃一介布衣，你是当朝的大司马，地位悬殊，如此恭敬，可不符合你研读的那些礼数。”

“你我乃同窗故交，还要这套虚礼吗？仲华千里之外来追随我，我已十分感动了。”刘秀却一时风趣不起来，只好实话实说，能在河北看到自己的同窗故友，真是既惊又喜。

几杯热酒下肚，邓禹渐渐忘了旅途的劳顿，映着火盆里通红的火光，他畅所欲言，把这几年来想说而无人可说的话一股脑儿宣泄出来：“文叔，我们是至交，有些话我可要直言了，说得不对，你也别治我的罪。”邓禹笑笑，依稀还是当年的模样。

“仲华，但讲无妨，你的话总是有道理，这个我最清楚不过。”刘秀往炭盆中加木炭，很随意地答应着。

“文叔，你有盛德大功，为天下百姓士人所钦佩，这个已是不争的事实。我早就听说你行军作战，军政严肃，赏罚明信，应该不是夸张，否则也不会有昆阳大捷那样的辉煌。咱们在太学读书时，我就感觉你常怀天下苍生于心中，有悲天悯人的胸怀，这是成就大业的根基。这次我一路走来，沿途听说你废除苛政，抑制豪强，罢黜贪官污吏，体恤民情，百姓拥戴。文叔，说实在的，你能够走到今天，实属不易。不过你应该知道，这才仅仅是个开头，我料定日后你定会成就一番大业。我邓禹虽没有吞鲸鲵之大志，但也不愿一生庸庸无为，要是你不嫌弃老同窗，我愿辅助你共创大业!”邓禹眼睛里满是对未来的憧憬，越说越激动。

“仲华，你刚教训了我，自己又来客套的了。这些话都不必说了，咱们还是商量下一步怎么走要紧。”刘秀心中一片温暖，不由地凑得更近些。两人借酒挑灯长谈，不觉远远近近传来鸡鸣，惊讶地抬头望望窗外，天色已经麻麻亮了。

刘秀起身对邓禹抱歉地笑了：“仲华，你奔波数日，还未曾睡个安稳觉，我却不管不顾地与你唠叨个不停。”邓禹不在意地满脸都是微笑：“君不闻，只伤知音稀，不为歌者苦；愿为双鸣鹤，奋翅起高飞吗?”刘秀点点头说道：“仲华，你刚才告诉我的话很有道理，只要人情世故熟了，什么大事做不到？只要天理人心合了，什么好事做不成？这话我是记住不会忘了。这样，今天你先休息一日，明天我们一起动身前往下曲阳。”刘秀叫来泽玉，让他带邓禹去客房休息。

邓禹初来乍到，又是一副儒者风范，而在人们印象中，战乱时所需的应该是体壮身健冲锋陷阵的武将。正因为有这个成见，刘秀知道，如果立刻封邓禹为将军，很可能引起各部众的猜疑。特别是朱祐，若是这个手无缚鸡之力，只凭面目清秀口齿伶俐的邓禹能当上将军，他一定第一个跳出来反对。邓禹也感觉到这一点，在军中无所作为是不能服众的，好在他并不是为了当将军而来，心里并没什么芥蒂。

歇息过一天，众人草草用过早饭，便动身前往下曲阳。

“诸位，咱们此去下曲阳一定要谨慎行事，下曲阳曾被新朝和成郡府所领，现在邳彤为和成卒正。和成是新朝所改的地名，卒正是新朝的官名，王莽当权时，把我大汉的巨鹿郡变为和成郡，郡府在下曲阳，任命邳彤为卒正，掌管地方。而如今已是更始朝主政，邳彤却没有归附更始的意思，仍沿用新朝时的官制，这其中定有缘由。”走到半途，祭遵骑在马上深思许久忽然发话说。

“对呀，这样一说，我们倒也想起这个茬儿来了，祭大人说得有理。”冯异和苗萌等人顿时被提醒，连忙跟着说。

“弟孙兄，果然心细呀!”邓禹十分钦佩地冲祭遵笑了笑。刘秀与邓禹在前边并辔而行，祭遵、冯异、臧宫等人尾随其后。一路上，他们见到许多客商和百姓，来来往往，十分热闹，这是刘秀进入河北以来第一次见驿道上人流如织客商云集的景象。本来河北是客商来往最多的地方，可是自从战乱以来，人烟萧条，大路上空旷无人司空见惯，而一热闹起来，却显得反常了。

路上人多也就不觉得寂寞，东看看西瞧瞧，待发觉路人越来越少，最后就剩下他们一行，才知道时候不早，众人赶紧加快速度。他们来到下曲阳城门下时，天色已经黄昏，东边天际完全暗下来，西边的落日霞光也渐渐消散。抬头望去，只见路的尽头城门紧闭，城头上手握兵器的士兵正在来回巡视，气氛颇为森严。

“城下何人?”有兵士在城头上看见了他们这队兵马，顿时警觉地大声喝问。

“我是奉更始帝旨意出巡河北的大司马刘秀，请通告邳彤大人，放我们入城!”刘秀亲自上前，冲城上吆喝，口气十分客气。

“明公，我看他们如临大敌，这其中必定有鬼，还是当心些好。”朱祐打马上前低声说，刘秀不动声色地点点头。不多时，只听城门上的绳索轮盘吱吱作响，一块木板放倒在护城河沟上，随即从城内走出一位银须飘洒的长者。

“迎接来迟，还请大司马见谅。下官是这里的卒长，特奉邳大人之命在此恭候多时了。”卒长说着过来施礼。臧宫警惕地先上前问卒长说：“既然知道朝廷大司马驾到，你们邳大人为何不出城迎接?”

“邳大人今日有要事不能脱身，特命我来迎接各位，还望海涵!”卒长显得很沉稳，不慌不忙上前给刘秀跪在地上行大礼。“你偌大年纪，快快请起，咱们先入城吧!”刘秀跳下马来，伸手搀扶起卒长，扭头对众人说。

“慢着，明公，咱们势弱人少，万一入城遭到埋伏，如何是好?明公初到河北，一定要谨慎。”朱祐上前阻拦。

“朱护军，我看不必这么担心。久闻邳彤为人正直，廉洁奉公，是出了名的好地方官，这个朱护军不必多虑。卒长只身一人来迎，城头守城士兵往来巡逻，大乱年头，也是正常。”邓禹则心态平和，慢条斯理地在一旁解释。

“你可不能拿明公的性命开玩笑。这一入城，人家刀枪并举，我们都没把握。你连自己都照顾不过来，如何保得了明公?!”朱祐斜眼看了看邓禹，不服气地大声叫嚷。

“那好，朱护军既然认真起来，我愿立下军令状，明公若是有险，我愿献上人头!”邓禹底气十足，一副书生意气的神情。“好，我朱祐也不是贪生怕死之辈，明公若安然无事，我朱祐今后听你指派，绝无二话！只是到时候真的遭了人家暗算，明公有危险时，你就是不立军令状，人头也难保住，这军令状和没立有什么两样?!”朱祐也不示弱，两人一人一句地争辩起来。

“好了，好了，都别争吵了。不入虎穴焉得虎子，此次出巡河北，我早已将生死置之度外，况且有卒长出来相迎，能有什么事情?不细心不好，太过细心就是懦弱。还是赶紧走吧!”刘秀摆手制止住他们，率先牵着马进了城。

下曲阳果然不同别处，此时已是戌时，街道两旁仍灯火辉煌，角角落落里店铺林立，来往客商川流不息，过往百姓虽都粗布麻衣，但尚能避寒，比起别处，已经是判若两国。而且刘秀还特别注意到，这里和别处的一个最大区别，就是没有乞丐沿街乞讨，大乱之年实属难得。大家边走边看，都连连赞叹，下曲阳确实是座繁华的城池。

沿大街走了不多时，卒长领大家在一座不太显眼的大宅前停下。此刻天色昏黑，大门上也没吊灯笼，门楼到底雄伟还是简陋已看不清楚，只是感觉中等人家气派而已。卒长在门前停住，说这里便是下曲阳府衙，一边叫起值日的差役，请刘秀他们进去，马匹都被马夫领人马棚。

“刘大人，各位大人，酒饭已经安排妥当，请先在前厅里用晚饭，我去吩咐下人，为各位烧点热水洗涮。”卒长将刘秀一行人安排在衙门后院的客厅内，说着就要退出去。

“卒长，你家邳大人有什么重要的事，今晚能回来吗?”刘秀坐在软椅上，似乎漫不经意地问。至今没见到邳彤，刘秀心里不免有些忐忑。

“回大人，我家邳大人现在城东外狮子山抢救灾民。今天狮子山突然发生滑坡，十多个人被埋在土石下面，连官道都不能通行了，府衙上下和守城兵士全部都出动前去救人，估计邳大人会回来的晚一些。”卒长解释说。

“原来如此。邳大人真是名不虚传，能以身作则，体察百姓困难，这样的朝廷官员实在太少啦!”刘秀立刻踏实许多，放心地赞叹说，忽然想起邳彤直到现在还打着新朝的旗号，忙闭了口。

见大家没什么要问的了，卒长正要退下让人上饭上菜，又被刘秀拦住说：“既然你家邳大人忙得连饭都顾不上吃，我们就不便打扰了。我们自己有带的现成干粮，在府中就些热水便可充饥，你将准备好的酒菜趁热送到狮子山，天寒地冻又是深夜，喝些酒也好暖暖身子。”刘秀吩咐道。

“这……刘大人果然仁义，推辞反倒显得不恭敬了，属下遵命就是。”卒长满是感激地看刘秀一眼，深施一礼才走出门去。刘秀和部众吃着干粮就着热水，胡乱填饱肚子后大家都到内室去和衣歇息。刘秀就在厅内坐下打盹儿，预备等邳彤回来了解一下地方的情况。半夜时分刘秀随着打更的声音醒来几次，仍未见邳彤归来。直到二更鼓响后，院内杂乱的脚步声惊醒了刘秀，也把内室的朱祐等人吵醒了。

“卑职邳彤，拜见大司马来迟，请大人恕罪!”随着嘶哑的嗓音响起，只见门外进来一位瘦削的高个男子，满身是泥，脸上还有零星的泥垢，双手冻得通红，官靴早已开了口子，进得门来扑通一声跪在地上。

“邳大人辛苦了，快快请起！”刘秀赶忙从木榻上下来，弯腰把邳彤扶起。朱祐和邓禹等人也来到前厅，都十分佩服眼前的邳彤，忙着一一上前见礼。寒暄几句，大家坐下来围着火盆说话。

“大司马，卑职有些话不知当讲不当讲。”看刘秀面色和蔼，邳彤迟疑了片刻犹豫着说。“邳大人，大家彼此都是为了百姓，有什么话但讲无妨。”刘秀和邳彤紧挨在一起，拨弄着盆里的炭火。

“大司马，我郡下曲阳虽非华市大都，但也农兴商旺，百姓各安其业。自从王莽被灭前后，天下群雄纷起，河北富饶大地哀鸿遍野。更始立朝，天下有大定的迹象，我本想顺应形势归降。但结果很令人失望，更始朝廷派下来的官吏，个个趾高气扬，处处欺压我下曲阳百姓，连地方官吏也颇受欺侮。我观察过许多更始朝廷官吏，他们大多为贪官，只知鱼肉百姓，仅顾眼前享乐。百姓水深火热，比王莽新朝有过之而无不及。我情急之下不知如何是好，只得沿用新政官制，暂且保持地方独立。下官早闻大司马为人宽厚，爱民如子，特别是出巡河北以来，所到之处，惩强扶弱。今日得见大司马，果然有一见如故之感，在下愿倾心归附。”邳彤说着起身跪倒在地。

“邳大人，快快请起。邳大人能有此意我不胜荣幸，还望邳大人日后不要因为天下汹汹就情绪消沉，继续努力为百姓办事才是。”刘秀微笑着把邳彤拉到身边。

“大人请放心，邳某愿在大司马麾下效力。”邳彤口气十分坚定。

“既然如此，咱们以后就是自家人了，邳大人也不必再讲那些礼数。我看邳大人忙碌了一天，应该抓紧时间休息，咱们明日好好叙谈，如何?”刘秀手抚邳彤后背，语气柔和关切地说。

“也好，各位也都奔波忙碌了一天，请到客房休息。前厅后边的内室太小，方才进门时，我已吩咐下人收拾好了几间整洁客房，诸位请过去歇息半夜。”邳彤起身喊来仆人，带着刘秀一行去后院的厢房。

尽管半夜才睡，第二天大家不约而同地都起得很早。邳彤带领刘秀等人一同到乡里巡访百姓，察看地方民风。午后回到城内，邳彤将下曲阳狱吏送来的卷宗搬出来给刘秀审阅，同时邳彤还拿出在任这几年百姓的户籍登记情况，以及税吏纳税情况的记录，一条一条、一件一件，非常清楚，一目了然。刘秀、邓禹、祭遵等人都凑在一起查看，审阅文牍中，他们发现，邳彤在任期间，下曲阳没有一例错判案件和冤案，并且每件案情中，都把原告和被告的辩词登记详细，这是其他地方所没有的。几年来迁入、迁出人口都分类登记，清清楚楚，农民得授田和业田情况分毫不差，完全按大汉律令授予，纳税记录也井井有条，就是地方豪强地主的缴税情况，也无一疏漏。

细细看罢，刘秀一行人不禁大吃一惊，一路行来这可是头一宗，遇到成百上千的地方官，这还是第一个。他们立刻对眼前的邳彤更是刮目相看，这样清正廉洁的好官，况且又时逢乱世，真是少之又少。刘秀当即决定，废卒正官名，恢复太守称谓，他继续镇守下曲阳，作为河北拨乱反正的一处根基。

一行人回到驿馆，都忍不住激动情绪，讲述起邳彤为官逸事，无不十分钦佩此人。朱祐此时对邓禹也刮目相看，醒悟到邓禹机智勇敢，绝不同于凡夫俗子，看来刘将军看中的人，都是各有一套。大家彼此隔阂顷刻消除，谈笑起来，更加融洽。

由于刘秀急于赶往邯郸，次日便决定辞别邳彤，带领兵马动身。邳彤不住地说，多少年来，还没碰到像刘将军这样能说得上话的人，惺惺惜惺惺，再三挽留。但刘秀去意已决，邳彤只好备上快马和干粮，送他们远行。大家携手走出城外很远，邳彤驻足望着远行的马队心中激情澎湃，他感慨地对随从们说，刘文叔此人，别看年轻，但他知人善任，不拘小节，眼下或许并不特别得志，但日后一定会前途无量。你们要各司其职，兢兢业业，半点不得马虎，天下太平的日子不久就会到来。

此时更始帝刘玄却安坐在洛阳的宫殿内，吟诵着“行乐当及时，何能待来兹”，与韩氏日日醉酒，尽情享用帝王乐趣。自从听了韩氏的话，在朝堂上摆了几回威风后，刘玄觉得朱鲔等人似乎真的有点害怕自己了，说话也不再大吵大嚷肆无忌惮。看来人是贱虫，不压不行，压住了他们，自己就成真正的帝王了。刘玄飘飘然，彻底放下心来作乐，只等着迁都长安后，做大汉的中兴天子。

就在刘玄夜夜笙歌的时候，刘秀一行人正行进在去往邯郸的官道上。寒风迎面吹来，如利刃划在脸上，道路依旧泥泞，大家又饥又渴，但没有人放慢脚步。刘秀已经了解清楚，镇守邯郸城的守将叫耿纯，此人字伯山，巨鹿人，其父耿艾曾效劳于王莽，替新朝招抚山东郡国州邑。后来更始建朝，耿纯父子归降，投奔到李轶麾下。李轶拜他为骑都尉，授符节，令其招抚赵、魏各城。

“明公，听说邯郸守将耿纯，投奔的是李轶门下。李轶这个猪狗不如的东西，害死刘大哥，和我们是对头。耿纯是咱对头的手下，能对咱们友好吗？

叫我说，此番去邯郸免不了血战一场，他奶奶的，我要痛痛快快地冲杀它一场，为刘大哥报仇！”朱祐义愤填膺地把拳头捏得嘎巴响。

“此去邯郸……”刘秀听到刘缤被害一事，如伤口撒盐，刚干了痂的旧伤不免一阵剧痛。臧宫注意到刘秀的神情不对，斜了朱祐一眼，朱祐顿时也觉察出来，吐吐舌头后悔不该提及这件令刘秀伤心的事。

“明公，君子周围未必全是君子，小人跟前当然不全是小人。李轶虽是恶毒小人，不过耿纯未必就肯定同他沆瀣一气。我曾听人说过，耿纯初入李轶麾下也未受到重视，他曾在宴席上力排众议，当着众人的面劝告李轶顾及自己的名声身份，行为不要过于放纵，还说荣华富贵如过眼云烟，来亦匆匆去亦匆匆，为人当以大义为重，弄得李轶一时下不来台，咬牙切齿地怀恨了许久。所以，我觉得耿纯不会和他们蛇鼠一窝。”祭遵纵马靠近刘秀，轻声拉开话题，扭转刘秀的注意力。

“对，对，还是祭大人所言极是。不过话又说回来，即便那耿纯与我们为敌，又有何惧?! 我老朱倒要与他拼上一拼！”看朱祐挥着拳头，如小孩斗气一般，逗得大家一阵大笑。

行至距邯郸城几里远时，刘秀发现驿道上有一个道士走在路中间，他身着青丝长衫道袍，头戴软绸圆帽，腰间系个大葫芦，里面应该装的是酒，右手握拂尘，左手捋着长须，看样子四十来岁，两边还有两个小童做伴，三人一排慢悠悠地横亘在路中央，正好将驿道堵上。

“道士，快闪开，我们是洛阳来的官差，有公事要办！”傅俊见他们对后边的马蹄声充耳不闻，又气又急，高声向道士喊道。而那道士却像没听见一样，索性站在原地一动不动。

“尊驾，劳烦让条道与我们一个方便。”刘秀下马上前温和地说。

“你乃武信侯刘秀刘将军?”道士也不回头，腔调里有些阴阳怪气地说。

“哦，大师怎知我是刘秀?”刘秀十分惊讶。

“我王郎最善占卜，昨夜仰观天相，见有巨星滑过天顶，料定今日此刻要有贵人从此路过，河北最尊贵之人，除了奉朝廷符节巡视郡县的大司马，还能有谁?! 贫道特意赶来，是有一事相告，不知武信侯愿听否?”王郎慢慢转过身来。

“请大师讲来听听。”刘秀虽然对这些神神怪怪的并不特别在意，不过见他说得玄乎，仍颇有兴趣。

“刘大人，贫道前些日子曾混在人群中仔细观察过大人，发觉大人相貌贵不可言。论头相，大人头骨丰起而峻厚，额头方润而突兀，乃当世富贵之首。论相貌，将军额头广阔，发际深入头顶，并且有分岔，不但福禄无尽，而且子息繁盛。本是成大事之人。但我昨日占卦得知，将军此去邯郸，主有血光之灾。现在看上去，大人印堂无光，山根发黑，确实如我预测的那样……天机不可泄露，话我说到这里，信不信全在大人。”王郎说完，领着两个小童拐下大路，抄小道疾步消失在远处的树木中。

见大家远远地朝自己这里张望，猜测着议论什么。刘秀来不及多想，回头对部众说：“道听途说，不足为信，我们上路吧！”说着一挥手，带头走开，大家忙策马赶上。

约莫走了两三里路，邯郸城已近在咫尺，青黑的雄伟城墙遥遥在望。这时有一将士装扮的青年人迎面奔过来，见刘秀他们这支队伍，也不多问，劈头大喊：“来者可是大司马刘秀？”

刘秀一愣，忙答道：“对方何人，有何贵干？”

那青年翻身下马，紧走几步，跪在刘秀的马前抱拳说：“刘大人，小的名唤陈干，是邯郸守城大将耿纯的部下。耿纯奉李轶之命，已在城内设下伏兵，要取各位性命，大人千万不要进城！大司马有所不知，那耿纯生性残暴，又贪图美色，小人的妻子王氏就被她霸占了，所以小的愿助将军一臂之力，铲平邯郸，以报这夺妻之仇！”陈干说着火气上来，一副怒不可遏的样子。

听他这么一说，再联想到刚才那个道士的劝阻，刘秀身后的部下都怀疑了起来，交头接耳地窃窃私语。朱祐率先对刘秀说：“明公，既然那耿纯如此歹毒，就让我杀将进去，先取了他性命再说。”

冯异、臧宫等人也都十分着急，但面对高大的城墙，是进是退，一时也没了主意。“明公，邯郸是河北的首府大邑，耿纯兵强马壮，我们即便集结各郡所有兵力，也难以与他抗衡。况且现在耿纯有李轶撑腰，事已至此不能犹豫，这次是龙潭是虎穴我们也只有一闯了。”邓禹微闭双目凝神思索片刻，缓缓说道。

“唔，道听途说毕竟是空穴来风，要探得真实情况，仲华所言正如我所想，只有破釜沉舟搏他一次了！走，进城！”刘秀面色紧张，声音却很坚决。

“刘大人，陈干不才，愿在城中接应，我先回去了，大人要小心，以免打草惊蛇。”陈干说着，一个箭步跃上马背，向邯郸城奔去。

“弟兄们，给我搭弓上箭，与耿纯小儿拼个你死我活！”一提到打仗，朱祐就激动起来，大声吆喝着下令。

“朱护军，休要鲁莽，凡事有了把握再作决定，咱们先探探虚实，千万不能草率行事！”刘秀此刻已经镇定下来，摆手制止住他。

“明公，你……”朱祐满脸通红，脖子里根根青筋绷紧，“人家都埋伏好了，咱们还不提早做准备?!”

“祭遵、臧宫，你们几人在前保护明公，朱护军和冯异在后面压阵，苗萌、傅俊等人在中间，若有不测，一定设法保护明公出城！”邓禹面色冷峻，做着最坏的打算。匆忙收拾一番，一行人不露声色地又开始前进。

邯郸城终于近在眼前了，城门前人群熙熙攘攘，驼队、商贩川流不息，一派繁华景象，不像是有伏兵的样子。刘秀一行人身着更始朝官服，百姓一见立刻闪出一条道路，倒也不用费力开道。刘秀走在前面，左面是祭遵，右是臧宫，他们刀枪剑戟地拎在手里，又穿着衣甲，行进在邯郸街上十分惹眼。

接近城门不远处，有一队官服装束的人列队排开，为首的是一个红脸大汉，他天方地圆，胡须长至前胸，十分威武。见到刘秀等人过来，赶忙跪倒施礼：“在下邯郸守将耿纯，前来迎接大司马！”刘秀一行人心弦紧绷到十分，紧张得胸中如小鹿乱撞，见对方客客气气，又是叩头又是作揖，不知道这耿纯在使什么招数，暗想莫非他这是先设法稳住我们，然后再杀我们一个措手不及?

“耿纯小儿，要杀要拼你给我痛快点，少跟我来这套虚的！”不等刘秀有所反应，朱祐从后面奔过来，两手提剑，破口大骂，摆出要厮杀的架势。

“这……这是何故?”耿纯丈二和尚摸不着头脑，一脸惊讶。

“朱护军，退下，休得无礼！耿将军，请别误会，我们刚才在城外听将军部下陈干禀告，说耿将军在城内设下埋伏，所以朱护军性急。”邓禹上前注视着耿纯的举动，看情形他不像是装的，索性把话挑明。

“大司马，这从何谈起，陈干乃我心腹，大半天来几乎寸步不离，怎会出现在城下？何况城内也没有什么伏兵，我早就风闻天下盛传大司马威名，今日得见已是三生有幸，怎会加害于大司马?”耿纯说完立刻转身叫来陈干，要当面对质。刘秀一看面前的陈干，与刚才自称为陈干的人完全就是两人，立刻明白其中定有人作梗。这时大家才松了口气。“耿将军为人直爽，刘秀在这里替朱护军向将军赔罪了。”刘秀说看跳下马来，弯腰向耿纯施礼。

“哎，大司马这是诚心要折杀我了，大家都是武将，要的就是这个脾性，扭扭捏捏反而看上去别扭，这点小事我怎会放在心上？大司马要来邯郸的消息，我早有耳闻，现在已安排好大司马的住处，请吧！”说着大家一起进城，沿街道拐过几个十字路口，耿纯把刘秀一行人领到一座豪华行宫前。

“大司马，此乃高祖皇帝时赵王的行宫，大司马是皇家贵胄，住在这里最为合适。请，请！”耿纯跳下马来，热情地请刘秀先行。

刘秀自然清楚，赵王是汉高祖刘邦与戚夫人所生之子，名叫如意。高祖很宠幸戚夫人，爱屋及乌，自然也很喜欢赵王如意，曾有废太子而立如意之意。后来经过吕后百般想办法，改立太子的事情终于没有实施。没想到刘邦死后，吕后掌握了大权，不但找机会处死赵王，还将戚夫人削其耳鼻，剜去双眼，置于厕所，变成任人唾弃的“人彘”，命运很是悲惨。

站在辉煌的宫殿门口，遥想当年的恩恩怨怨，刘秀不禁感慨万千。直到耿纯再次说了句“大司马，请进去歇息”时，他才醒悟过来，警醒地忽然想到，若是自己真的入住赵王宫，岂不是承认了自己才是高祖正统，有封王称帝的心思？这样一个小小细节，如果不注意到，说不定会引来风言风语，更始朝臣必定有人捕风捉影，他难脱夺位之嫌。眼下情形，还是少招惹是非的为好。

“耿将军的美意，刘秀心领了，只是这王宫乃是王者行宫，我不过大汉区区一介官吏，入住王宫岂非僭越朝廷法度？我看我们还是入住驿馆较为妥当。”刘秀不动声色地淡淡说了句。

耿纯却没想到这么多，只是觉得刘秀不贪图享乐，能和部众同甘共苦，立刻从心底里十分欣赏，也就不再勉强，就近安排刘秀等人在驿馆住下，并盛情相待。耿纯知道官场上有个不成文的惯例，以前朝廷官员到了地方，总是先提出浏览名胜，公事暂且放在一边，先玩儿个尽兴再说。他打算依照惯例，第二天早上去请刘秀及部将到附近游玩。

天色刚亮，耿纯便早早赶到驿馆，拜见后见刘秀一行人正整装待发，不等耿纯邀请，刘秀先说道：“耿将军来得正是时候，你若是公事不忙，陪我们到邯郸各郡巡查一番吏治民风如何？”

“既然如此，好，耿某愿奉陪。”耿纯对刘秀的尊敬立刻增加了几分。在印象里，他所见到的更始朝臣中，还没有一个像刘秀这样把地方百姓看得这么重的。陪同刘秀巡查地方时，耿纯发现，刘秀所到之处细心审阅各种文牍，仔细审查狱吏呈上的卷宗，不仅一丝不苟对待经办事务，还尽量不去滋扰地方长官正常事务，果真如传说的那样，一派雍容长者风范。

随行过程中，耿纯察言观色地还发现，刘秀部众虽然不多，但对刘秀个个忠贞不贰，谨守礼法，对待百姓彬彬有礼。像这样的王者之师，哪儿找去？成就大事的，就应该是这样的人！耿纯暗下决心要与刘秀结交。

第二十六章　步履维艰　迷茫彷徨

这天刘秀正在邯郸驿馆内审阅文案，冯异进来禀报说："明公，门外有一自称刘林的宗室子弟要拜见您。"刘秀很快回忆一下，似乎并不认识这样一个人。

"公孙，那个刘林你以前可曾见过?"刘秀几分疑惑地问。

"禀明公，我未曾见过此人，不过他再三说明，他是大汉宗室子弟。"冯异回答。

"既是如此，你请他到前厅去吧!"按刘秀的想法，既然他口口声声自称汉宗室子弟，大半是要赶来请求个一官半职或者存心打秋风，但碍于情面，又不好避而不见。

收拾好文卷，刘秀缓步来到前厅。刚进门，只见有个年轻公子从椅子上起来向他施礼："司马大人，刘林拜见大司马。"

见对方衣着整齐，面目清秀，刘秀不觉产生了一些好感："既是我大汉宗室子弟，就不必多礼了，你坐下说话吧!"刘秀摆手让他坐下，自己径直在软榻上落座。

听刘林自我介绍说，自己是汉景帝七代孙赵缪王之子。关于赵缪王，刘秀也听说过，赵缪王叫刘元，生前蛮横残暴，鱼肉乡民，后来因为杀人，被大鸿胪参奏，死后谥号为缪。当时他在邯郸西市被斩首，老百姓皆拍手称快。到刘林这一代，已经被削去爵位，成了平头百姓。

"你叫什么名字?"刘秀思索着对方的来意，随口又问一句。

"草民叫刘林，是赵缪王之子。"刘林似乎对自己的出身十分自豪。刘秀却联想到其父臭名昭著，一下便对刘林有了成见。

见刘秀面色沉吟，好像并不特别欢迎自己，刘林忙接着说："草民是来向大司马献计的，如果我的计策能实施，天下很快就会平定。"

"哦？你有何计，说来听听。"刘秀不禁略感惊讶，看他一眼说。

"大司马，如今天下纷乱，更始朝廷虽立洛阳为都城，也收复了一些地方，但中原一带以赤眉为首的散部游勇仍与更始帝为敌，天下真正归属我大汉的，也不过十有二三，由此看来，恢复我汉室还是十分困难。”刘林讲得头头是道。

“好，有眼光。”刘秀赞赏地点点头。

“依草民所见，当今之计要先灭赤眉，赤眉一灭，其余贼众自然气馁，或者还会一哄而作鸟兽散，不战而拥有整个中原。其实消灭赤眉说难也难，说简单也非常简单。赤眉如今盘踞在河东，我们可以决开堤坝，以水灌之，大水所过之处，赤地千里，不要说人，就连狗也跑不了。这样一来，赤眉百万之众便立刻成了水鬼，不费一兵一卒便可大获全胜。”见刘秀脸色有所变化，刘林更加口若悬河，说起来滔滔不绝。

一惊一乍了半天，原来就是这样一个馊主意，刘秀可气又可笑，面无表情地应付一句：“你果然才智过人，不愧为赵缪王之子。这样吧，这几日我公务繁忙，你先回家静候几日，等我将公事办完，自会安置你的。”说话时连眼皮也没抬。

“大司马，办公事需多长时间，可否告知小民，我也好有个准备。”刘林没顾上品味刘秀讥讽意味，欠起身子说。

“这个很难说，少则一年多则三年两载。”刘秀不耐烦地站起身，“冯将军，送客！”

冯异立刻从偏厅出来，刘林还想说什么，刘秀已经闪出门外不见了，此时他才清楚自己是空欢喜一场，咂摸出方才刘秀说自己不愧是赵缪王儿子的含义，红着脸溜走了。

“如此心地歹毒之徒，真丢汉家宗室的脸面！”刘秀回到后边书房，忍不住气恨恨地自言自语一句，恰好耿纯从门外进来。

“大司马，这是在生谁的气？”见刘秀脸色不对，耿纯忙问。

“啊，是伯山来了，快坐下。”刘秀放下心思，让耿纯入座。两人坐下后，刘秀苦笑一下说：“邯郸一行，遇到的奇人还真不少，先是城外的道士，然后是假侍卫，现在又来个刘林。特别是刘林这样的人，真是闻所未闻，见所未见。”说着刘秀把进邯郸城前后经过大略讲了一遍。

“大司马不必为这些小事恼火，那刘林久居邯郸，自以为是汉宗室子弟，总觉得高人一等，整日游手好闲，并且生性凶残，打架斗殴欺男霸女，与其父如出一辙，不足为虑。只是大司马方才说的那个道士又是谁呢？他煞费苦心地劝诫大司马，其用意何在？”耿纯拧起了眉头。

从邯郸府衙里出来，刘林怏怏地走在街上。惨淡的阳光白花花照在身上，很觉无聊。自古都是老子英雄儿好汉，可轮到自己身上，却完全不是那么回事。自家老子虽说最终被杀了头，不过好歹也混了个王爷当当。到自己这一辈，却是平头百姓一个！眼看着就要到手的荣华富贵就这样给断送了，他不甘心之余又颇气愤。刘秀不重用自己就罢了，还把当年老子的伤疤给揭出来，成心让自己下不来台，真是可气！难道这一辈子就这样算是完了？

胡思乱想沿大街漫无目的地往前走，无意间经过街旁一座半新不旧的宅院，引起刘林的注意。这个宅院很普通，唯一和别处不同的，大门口高高悬挂着一块白布，上边写个斗大的“卜”字。

王郎就住在这里。王郎在邯郸城内也是颇有名气的算卦先生，平素总是一身道袍，半人半仙的样子。不知从什么时候，王郎开始对刘林格外关注，经常有事没事地请他到这座小宅院来喝酒闲谈，很对脾气。刘林忽然想起来，前两天王郎还找过自己，说造化来了，更始朝廷的大司马就要来邯郸巡视，听说这个大司马很善于行军打仗，手下部属多是武夫，如果能想办法让他和邯郸守将耿纯干上一仗，邯郸必然大乱。沧海横流方显英雄本色，只要他一乱，咱们就能浑水摸鱼，干出些事情来。可是人家刘秀已经和耿纯饭也吃了酒也喝了，混乱现象却一点没有，看来这个王郎计划落了空。反正闲着没事，何不进去瞧瞧，看他现在忙什么？

这样想着，刘林推门进去。刚绕过照壁，就见王郎盘腿坐在正房门口晒太阳，微闭双目，好像魂窍已经跑出去游荡。听到响动，王郎猛地睁开眼睛，见是刘林，慢悠悠地说：“贫道方才天宫一游，听天上众多星宿都说刘公子不久就要贵为天子，怎么有空闲跑到这里？”

见他说得荒诞不经，刘林也不在意，径直走进屋里。王郎爬起来跟进去，眼光盯在刘林脸上，故作惊讶地说：“好，好，果然有富贵气！刘公子，现如今王莽已经被诛杀，刘家的江山即将回到刘家手中，这下你又可以恢复爵位，享受荣华富贵了！”

这话正说到刘林的心病上，他长叹一声，满腹牢骚地把方才如何自作聪明地向刘秀献计，指望混个一官半职，结果却碰了一鼻子灰的事情说了个大概。

王郎仔细听着，诡秘地笑笑，拉刘林坐下：“刘公子，我前几日打坐，神游四方，魂魄来到一座大庙内，见一老者正对着道祖神像叩头许愿。我仔细一看，这老者可不就是道祖李耳吗？我十分吃惊，问道，道祖自己已经成仙，何必再叩拜自己？道祖悠悠回答说，求人不如求己嘛！你听听，此中含意太深刻了。刘公子要求得富贵，何必仰仗他人，自己也有一双手，起来干就是了。想他刘秀也不过是个皇族远支，春陵起兵，最后弄到大司马的位置，也是他时运不济，若是时运好了，说不定现在已经成了一代帝王！刘公子，趁现在还有机会，赶紧动手，贫道保你富贵不可限量!”

见刘林忽而激动忽而胆怯地拿不定主意，王郎接着说：“刘公子耳目闭塞，其实已经有很多人在开始放手一搏了，梁王刘永就占据睢阳，自称皇帝，公子还不抓紧，时也运也，时运一去，就后悔也来不及了！早就给你讲过，贫道曾仔细观测，河北多天子气，定会出一代天子，说不定这个天子就应在刘公子身上呢!”

刘林激动又紧张地站起来说：“我……我，当皇帝听起来好听，其实风险很大，成功了还好说，要是万一失败，人家还不先杀皇帝的头？不行，我当不了皇帝，也不想当皇帝，能让我和我爹一样，封上个王位，好吃好玩地过他一辈子就行了。”

见刘林这样说，王郎眼珠子一转，跑到门口，向外张望一下，把门掩上，折回身来悄悄诡秘地低声说：“刘公子不愿意做天子，这也不必为难，不过公子封王封侯的心愿一定能满足。实话告诉公子，我的真名并非叫王郎，我的真名叫子舆，是成帝的亲骨肉。想当年，我母亲是成帝跟前宠幸的歌女，经常侍寝。有次我母亲正在殿中歌舞，忽然晕倒，经太医诊断，原来是有了身孕，后来就生下了我。成帝皇后赵飞燕为人嫉妒，她不会生孩子，也不许别人为成帝生子嗣。赵飞燕听说我母亲生下一男孩，便想着法子加害。后来我母亲为了保全我，悄悄把我送给了别人，找了另外一个年岁相仿的男孩替代我，让赵飞燕给害死了。我十二岁那年，和郎中李曼卿一起去了蜀中，十七岁时到了丹阳，二十岁回到长安，后来辗转去了中山，没多久又来到邯郸，暂时潜伏下来，等待时机，恢复我皇家尊贵。公子，说来咱们还是同宗同源。若是公子无意做帝王，那就由我来担当好了，事成之后，保证公子继续当王爷，荣华富贵子子孙孙永远流传就是。”

冷不丁听王郎说出这番离奇的经历来，刘林虽然感到蹊跷，不过听他把来龙去脉说的活灵活现，加上他愿意充当出头的椽子，事情成了有自己的丰厚好处，事情即便不成，自己趁混乱逃走也就是了。所以刘林也就宁可相信这是真的，当下和王郎商议，如何起事，杀掉刘秀、耿纯等人，占据邯郸，然后再向外扩展。

计议好后，说干就干，刘林利用自己豪族大姓后裔的便利条件，亲自联系到赵国的豪族李育和张参等人。李育和张参见到王郎，王郎给他们讲起皇宫里的种种情形，简直和亲眼见过一样，叫他俩深信不疑。想到如今自己虽然是家大业大，但毕竟还是地位太低，若跟上这个皇上骨肉大干一场，将来在金殿上弄个侯爷，何乐不为，当下立刻答应。

他们几个人聚集在一起，通谋起兵，打起王郎实际上是汉成帝儿子刘子舆的旗号，要恢复真正的汉家江山。李育和张参拿出家中积蓄，招募兵马，训练士兵。竖起招兵旗，就有吃粮人。不到几天工夫，还真的聚集起好几千人，这其中，不乏许多亡命之徒，冲锋陷阵，很是勇猛。

一有兵马，他们信心更足，派亲信把守住邯郸四面城门，严密封锁消息，等准备好后就发兵占领邯郸和周围城池。

而此时刘秀等人对此还一无所知，他们按照预定的计划，在王郎封锁邯郸前两天，离开了邯郸，到真定郡所属的射犬城去巡视。在射犬城，又有骑都尉刘隆不远千里身披严寒，从京城洛阳赶来投奔。刘隆也是汉家宗室子弟，是南阳安众侯的后代。当年孺子婴即位，王莽成了摄皇帝，那时已经显露出篡权的野心。刘隆父亲刘礼带领大家起兵讨伐王莽，后来事情泄露，全家被杀。那时候刘隆才七岁，正在外边玩耍，才侥幸没有被害。长大后，他曾游学长安，刘縯和刘秀兄弟在舂陵起兵，也积极参与过。知道刘秀出巡河北的消息，他匆忙安置好妻子儿女，追寻而来。

就在刘秀他们刚刚离开射犬城前去卢奴（今河北定县）城时，邯郸终于发生了兵变。兵变这天正是年终守岁的时辰，刘林和李育、张参等骨干，率领上千精锐骑兵，簇拥着王郎的车驾，顺着邯郸城内的大街，敲锣打鼓吹奏笙歌，涌进赵王行宫。王郎就在王宫的正殿即位，打着汉成帝亲生儿子刘子舆的名号，自称是正宗的大汉天子。当夜就大封群臣，封刘林为丞相，李育为大司马，张参为大将军，其他人如杜威为谏议大夫，李立为少傅，官职高低依次分派下去，人人有份，大家皆大欢喜，干劲更足。

建立王朝，当然要有新年号。王郎就把更始二年（24）的正月初一定为新朝的开始。命令少傅李立负责起草檄文，把自己的来历说得神乎其神，让人四下出去散发。在檄文中，王郎信誓旦旦地写道：

制诏部刺史、郡太守：朕，孝成皇帝子子舆者也。昔遭赵氏之祸，因以王莽篡杀，赖知命者将护朕躬，解形河滨，削迹赵魏。王莽窃位，获罪于天，天命佑汉，故使东郡太守翟义、严乡侯刘信，拥兵征讨，出入胡、汉。朕仰望天文，乃兴于斯，以今月壬辰即位赵宫。休气熏蒸，应时获雨。盖闻为国，子之袭父，古今不易。刘圣公未知朕，故且持帝号。诸兴义兵，成以助朕，皆为裂土享祚子孙。已诏圣公及翟太守，亟与功臣诣行在所。疑刺史、二千石皆圣公所置，未睹朕之沉滞，或不识去就，强者负力，弱者惶惑。今元元创痍，已过半矣，朕甚悼焉，故遣使者颁下诏书。

眼下各路豪强蜂拥而起，都说自己大有来头，百姓和各地官吏本来都已经对此不怎么感兴趣。不过王郎给大家的印象和别人不同，看过檄文，无论百姓还是地方官吏都忍不住想，人家是真的皇家骨肉，比更始皇帝刘玄和哀帝、平帝的血缘关系近多了，跟随人家，应该没错。特别是在更始政权对河北的影响还不大的时候，王郎四处封官许愿，确实能蛊惑人心。一时间应者四起，出现了王郎都预料不到的拥戴热潮。

守卫邯郸的耿纯当天夜里闻听王郎闹起了兵变，本想前去征讨，不过听出去打探消息的人回来说，王郎手下兵力雄厚，考虑到自己眼下兵力单薄，硬拼一定不是对手，还是应该先找到刘秀，搬来救兵再返回头对付王郎。于是耿纯趁着混乱，带上几个得力侍卫，拼死冲杀，终于逃出邯郸，飞马去追寻刘秀。

不过也有对王郎不屑一顾的。王郎派遣将领到上谷，命令上谷太守耿况起兵响应自己。而上谷功曹寇恂极力劝告耿况，一定不要依附了不明来历的王郎，否则一步走错，就成千古罪人。可是不依附王郎，人家发兵来攻打，上谷能抵挡得住吗？耿况颇费踌躇。眼下儿子耿弇去洛阳谒见更始皇帝还没回来，能商量事情的只有寇恂了。寇恂替他拿主意说："咱们上谷地势险要，坚守一段时间不成问题。眼下应该做的，是尽量联合更多的人，大家齐心协力，一定能尽快攻破王郎，收复邯郸。"

耿况觉得这话有道理，就派寇恂出使渔阳，联合渔阳太守彭宠共同抵御王郎。

北国的冬天，正肆无忌惮地显现它的猛烈与强劲。路旁低垂的枯木银装素裹，在凛冽的寒风中寂寞地飘摇着。空阔的旷野上，风声呼呼作响，如千军万马般向刘秀这群疲敝的跋涉者毫无遮拦地袭来，几乎能听到铠甲上水汽凝成冰的声音。

刘秀一行离开了卢奴城，正行进在通往蓟城的驿道上。眼看就要到蓟城了，也许老天也在预示着什么，刚到蓟城的城门下，本来白茫茫的世界，不觉间被阳光镶上了一层金色，看上去温暖许多。走过了好几天前不着村后不着店的长路，终于可以让将士们好好歇息一下了。

蓟城令好像早有准备，刘秀还没来得及仔细看看蓟城的规模有多宏大，冰天雪地中半掩的城门就呼的一声洞开，蓟城令率领属下已经站在城门口等候，恭恭敬敬地施礼拜见。看到这情形，刘秀终于舒了口气。众人陪同着，松开缰绳，放缓脚步，马蹄嘚嘚地走进城中。举目四望，长长的街道两旁，伴着黄昏的余晖渐渐消散，暮色沉沉中，家家户户张灯结彩，洋溢着浓浓喜气，让人不禁想起家乡的元宵节和闺中望夫的娇妻。

“大司马，素闻您英勇儒雅，乃当今大将风范之翘楚，今日一见，真是平生之大幸！”一直跟随其后的蓟城令，没话找话地说。

“大家同为臣子，这种客套大可不必提起。早就听说蓟城是古往今来的要塞之地，看来这燕国旧都果然有大都气象，不同于别处。”刘秀思绪飘忽，随意应付一句。

“明公，您看，蓟城的百姓张灯结彩，说不定都是为了迎接我们哪！”朱祐四下里张望，经过几天漫无人烟地寂寥赶路，现在看什么都新鲜，拍着大手兴奋地说。冯异等人见他神情又变得如同小孩，也跟着笑了。

沿长街走到尽头，就是蓟郡署衙，在前堂坐下歇息喝水的时候，蓟城令顺便把蓟城远古及近期的历史向刘秀详细讲述，特别强调了蓟城重要的地理位置。

蓟城即今北京，当时属于涿郡，归幽州管辖，战国时做过燕国的首都。由于蓟城靠近边塞，地势险要，南边与上谷和渔阳接壤，北边和大漠的匈奴相连。自从汉高祖白登之围后，知道边疆对国家安定的重要性，为了加强四边边境的防御，采用周朝初年所谓的以宗室子弟为王防御四周保护中央的做法，分封宗室兄弟为王，镇守幽燕边关。自高祖以来，历代皇帝都遵循这一做法。但是到了汉成帝的时候，赵飞燕姊妹不能生育，为了保持皇帝对她们的宠爱，宫中能生育小孩的宫女和她们生的婴儿都遭杀害。因此皇族人烟不旺，没有人员可以分封到边关，不过以前遗留下来的皇家子孙贵胄却不少。几经修建起来的蓟城，规模未必最大，但城墙雄伟，城池宽阔，易守难攻，十分坚固。听蓟城令娓娓讲来，这个和上谷与渔阳接壤的地方使刘秀不得不分外重视。

大家热情地谈论时，细心的邓禹却察觉到府内似乎有些异常。从小住在深宅大院的他看着仆人们匆匆地穿梭于后堂，怀疑府内还有另一位大人物。从侧面一打听，才知广阳王刘喜前几日也来到了蓟城。听到这个消息，刘秀有些喜出望外，能在这里碰见同宗，或许很多事情会顺利许多。

但是蓟城令却丝毫没有引见的意思，只是婉转地把话题引开。既然两位宗室聚在了一起，应该赶紧把大伙叫到一起才是，怎么还遮遮掩掩的？刘秀猜不透他到底想干什么，但也不去说破。蓟城令暧昧的态度，却让冯异和朱祐等人紧张起来，他们瞪大眼睛，耳朵倾听着周围的响动，细心留意着任何一丝动静，预备一旦有变故，立刻保护刘秀冲出城去。

刘秀等人不知道，蓟城令同样忐忑不安。他对更始朝廷宗室子弟互相残杀的事情多少了解一些，现在蓟城同时来了两队人马，虽说是同宗，但他们到底是敌是友，还弄不清楚。蓟城令唯恐他们若是对头，撞在一起，话不投机真刀实枪地打了起来，那最终遭殃的，还是全蓟城的老百姓。正因为有了这个顾虑，蓟城令一直小心翼翼地游刃于两军之间，争取两头都不得罪，不敢有丝毫的怠慢。

大家东拉西扯地谈论许久，见蓟城令始终没有安排自己和广阳王会面的意思，刘秀索性自己把话挑明："听闻广阳王刘喜也在大人府上，刘秀与广阳王虽无深交，倒也同出自高祖子嗣，如今更始帝在洛阳建朝，很想联合各地诸王，还望大人为我引见。"

"这个……既然大司马有这个意思，那……下官这就去安排。"蓟城令显然有点不知所措，不知两位宗室会面后，接下来会有什么事情发生。不过是福不是祸，是祸也躲不过，只能走一步说一步了。他立刻跑到后堂去请广阳王刘喜。

等广阳王和刘秀见面后，两人似乎很投缘，一见如故地拉着手高谈天下形势以及彼此出身，大有相逢恨晚的感觉，蓟城令终于如释重负地长舒口气，跑下堂去安排酒饭，打算好好地款待这两位出身不凡的重要人物，将来也可作为自己稳固的靠山。

蓟城府衙很快热闹起来，张灯结彩大摆宴席，款待广阳王与大司马。广阳王位尊坐在南面，刘秀等人次坐东面，而蓟城令与其他名流则陪侍一旁。宴会开始，弹筝逸响，酒浆罗列。刘秀等人经过长时间的奔波，难得碰见如此美餐，冯异、朱祐吃得异常兴奋。广阳王与刘秀二人谈论起来默契非常，一派祥和的气氛萦绕在大堂内。

"报——"急促的声音扑面而来，大家一惊，乐曲声顿时停下。

“来者何人？为何如此匆忙？”广阳王惊疑地问。

“什么事？急成这样，难道看不见广阳王与大司马在此吗？要是坏了两位王爷的兴致，你该当何罪？”蓟城令慌忙站起来绕过长桌，亲手去推搡报信的衙役。

“确实有急事禀报，有人求见……司马大人。”衙役被这情形吓坏了，战战兢兢地说。

“有什么事不能等到明天再说？快快下去，别坏了气氛！”广阳王的儿子刘接也站起来，走到蓟城令身边叫嚷。

“诸位，我们饮酒不过为了娱乐，既然来人说是急事，叫进来听听也无妨。若真没什么大事，到时候我刘秀自罚三杯，向大家赔罪！”刘秀凭直觉预感到什么，忙站起来大声说。

刘秀发了话，大家当然没什么可说的。衙役退下后，立刻把来人叫上来。刘秀和邓禹等人一看，大吃一惊，来人竟然是耿纯。更让刘秀等人大惊失色的是，耿纯身上铠甲被划破了许多口子，好几处皮肤都露在外面，依稀可见血肉模糊成了一片，两眼红彤彤的满是杀气与愤怒，紧握宝剑的手被冻得龟裂了暴着根根青筋，站在这华屋盛宴旁，如同一个乞丐。

“大司马，耿纯有罪，望大司马惩处！”他扑通跪倒在地，嘴唇冻得发青渗着血迹沙哑地吐出几个字。

刘秀不知道出了什么事，压抑住吃惊，快步上前扶起满身血渍的耿纯，急切地问：“伯山，到底有什么事，你不是留守在邯郸城吗，怎么跑到这里来啦？怎么会落得如此狼狈？”

“大司马有所不知，王郎突然发动兵变，派兵攻占邯郸，邯郸已经失守。王郎假借成帝皇子刘子舆的名号向天下大发檄文，沿路上我闻听消息，许多郡县不明真相，纷纷响应王郎，背叛更始朝廷。大司马，这都是我警觉太差，没有及时发现他们的阴谋……”耿纯低着头，看上去痛苦不堪。

这话一出，全场哗然，议论声顿时四起，比起刚才的高谈阔论来更加喧闹。

情况紧急又不明了，广阳王当下也不便表示什么，只得稍做安慰，大家草草应付几句便退席散去。知道天下又要大乱了，别人倒还没特别表现出什么，广阳王的儿子刘接却立刻情绪激动异常，分不清到底是高兴还是愤怒。邓禹在混乱中把这些看在眼里，心头有点发紧。他听人说起过，别看刘接年龄不大，野心却不小，一直希望趁天下乱糟糟的时候浑水摸鱼，弄个王侯将相当当。看他情绪异常，邓禹知道，这小子心里又开始打起什么主意来了。

宴会因耿纯的出现不欢而散，顷刻间众人散得精光。那些名流都急于回去打探消息，以便及早给家小做出安排。而刘秀也被这突如其来的打击震惊得目瞪口呆，本来就不平稳的河北，因为王郎的出现，会发生什么难以预料的变化？他吃不准，眼下局势的转变，就像雪后初霁的天气一般变得寒冷难耐。

退回内堂，草草安排好耿纯，刘秀立刻召集邓禹和冯异等人商量对策。他知道，非常时期一定要有非常对策，如果不及时稳定当下局势，恐怕先前的努力都要付之东流，并且自己能否在河北立脚，能否实现来河北时的抱负，都是很大的问题。匆忙思索着，刘秀凭直觉认为，目前最关键的是，王郎叛乱还有进一步发展扩大的可能，而蓟城方面的人心归向是重中之重，如果蓟城也像耿纯说的其他郡县那样，响应了王郎，那么自己这些人就是虎落平阳，随时都可能有性命之忧。

此刻蓟城令和刘接也在加紧密谋。他们觉得，刘秀虽然是更始朝大臣，但手下没多少兵马，洛阳距离河北太过遥远，更始朝廷如今自顾不暇，哪能对付得了王郎？很明显，刘秀现在大势已去，跟随他没有好结果。王郎不管是不是真的皇家骨血，但人家目前势力很大，只有投靠王郎才是明智之举。

让刘秀略感放心的是，广阳王刘喜很明显地支持自己，在第二天大家聚一起商讨目前形势时，他明确提出要与刘秀携手共进退。刘喜在这里德高望重，备受尊敬，他发出话来，蓟城令也不敢有什么异议。不过刘接却仍不死心，他信心百倍地认为，成就大事的机会就在眼前，必须借着王郎的大旗来壮大自己实力。他暗中和蓟城令靠拢，两人紧张地筹划着。

就在耿纯送信来的第三天，各路消息纷至沓来，王郎的檄文也在附近郡县出现。看来蓟城左右摇摆的动向也会很快就有结果，而且这个结果很可能对刘秀大为不利。

不但刘秀，就是朱祐等人也意识到，眼下他们在栖身之地继续停留显然是非常危险的。王郎在邯郸城里封将封王，广发檄文，告示天下，气势大大压倒了以洛阳为根据地的更始帝，就目前局面来看，倘若王郎派兵要取刘秀，简直是易如反掌。

刘秀和邓禹仔细讨论了这个问题的严重性，他们分析，如今面临着四面楚歌的境地，唯有速纳士兵，壮大自己力量，才有可能争取到方寸的立足之地。也是凑巧，恰在这时，上谷太守的公子耿弇快马加鞭赶到这里。耿纯一见耿弇，亲热地拉住他的手，向刘秀介绍说，耿弇前些时候奉了父亲之命，到洛阳去谒见更始陛下，回来路上恰好遇见狼狈不堪的耿纯，当时耿纯连夜驰骋，马匹已经累得实在跑不动了，耿弇得知情况，当下把自己的马慷慨相赠，这才使耿纯这么快就赶到蓟城，向大司马传递消息。

耿弇拜见过刘秀，把来时路上所遇见的情况讲述了一遍。众人从他口中得知，如今河北的局面，王郎已经占尽上风，势力如滚雪球般越来越大。许多原先观望风向的郡县和地方势力，见王郎真的成了气候，也都纷纷归附，这就更使王郎不可一世，大有一统河北的趋势。别的不说，就连耿弇的两个随从都受名利的诱惑，不顾主人的反对，走到半路便调转马头直奔邯郸投奔了王郎。

听他这样说，刘秀暗自思忖，看来要反击王郎绝非简单之事。况且现在蓟城也非久留之地，必须马上壮大自己，才有可能与王郎拼杀夺回河北的控制权。

事不宜迟，第二日清晨，刘秀找了个借口，把自己的队伍拉到蓟城郊外驻扎，为的是一旦蓟城方面有变化，也好有个脱身的机会，免得被人堵截到城内。安置好后，刘秀派耿纯与王霸悄悄去城里招兵，刘隆则去准备用兵的粮草与马匹。

但是耿纯和王霸被派出去后，当天晚上便又赶了回来。听他们禀报说，广阳王刘喜被囚的消息传遍了整个蓟阳城，不知是真是假。刘接与蓟城令也在加紧谋划着投靠王郎，整个城中一片混乱，家家户户都闭门不出，仿佛战争已经把这座城池给洗劫了一番。这种情况下，耿纯和王霸征兵的难度自然也随之加大。河北连年战乱，哪个百姓都知道，拿上刀枪上战场，九死一生，为了点口粮，太不划算。更主要的，现在局势混乱，今天你打他，明天他打你，也说不清孰是孰非，指望跟随他们建功立业封王封侯，更是比登天还难。大家有了这样的经验，征不到几个兵也就很自然了。

听他们垂头丧气地说完，刘秀皱起眉头苦思一阵，断然说道："看来在这里征兵的可能性实在太小了，费尽力气征得几个也不起作用。现在唯有放弃蓟城转向别处!"

"能离开这个泥潭当然好，可是，大司马，咱们该去何处？王郎的势力已越来越强大，不管是哪个郡县，只怕都像蓟城一样，根本不会有太多的兵源，弄不好跑来跑去的还有危险，叫我说，咱如今是烂泥摇桩，越摇越深。"耿纯满脸忧虑地说。

“是呀，明公，叫我说，咱们不如南归，放弃河北，先回到洛阳再作打算吧！”朱祐几个月风霜雨雪中奔波，脸皮更加粗糙，横七竖八地裂开许多血口子，扎歪歪的髭须蓬乱着，粗着嗓门说。

其实很多人都有这个想法，只是刘秀不说，谁也不敢主动提起，朱祐开了头，大家立刻随声应和，纷纷点头说：朱护军言之有理，强龙不压地头蛇，等回洛阳召集兵马，再杀回来对付王郎也不迟。

刘秀低头不语，看着桌上摇摆的火烛，忽然想到，上次在邯郸给了刘林一个不软不硬的钉子，表面上一时痛快，其实吃了大亏。以前常说，对待小人，只可使他畏惧，而不能让他怀恨。说归说，真正做起来，何其之难呀！唉，一句话惹出这么多麻烦，自以为忍术超人，其实还有欠缺呀！这样想着刘秀不禁长长叹了一口气。大家不知道刘秀在想什么，不过见他神情忧郁，都安静了下来，一道道目光齐盯在他身上，最后何去何从，还得大司马做主。

闯生不如混熟，流浪汉般奔波跋涉，不但要忍受饥寒，更要忍耐心里的孤寂。自己又何尝不想南归？但这个念头只是在脑际一闪即逝；他更清楚，回到洛阳并不像部下们想象的那般简单。

就算有再多的理由，更始帝绝对不会派太多兵马给自己。况且朱鲔这帮小人，现在已是更始帝面前的大功臣，刘玄不管自我感觉怎样，仍旧掌握在他们手中。自己就这样回洛阳，无疑给了朱鲔他们一个杀掉自己的借口，真是比吃了砒霜药老虎的人还傻。好容易出来，是不能再回去了。刘秀心头翻江倒海，想来想去仍旧是进退两难，最后他只能感伤地想，人生在世，真正是命途多舛啊！

“大司马，我认为此事非同小可，关系到这么多弟兄们的性命和咱们以后的大业，还需从长计议！”耿弇沉默了一晚上，终于开口了，众人的目光都齐刷刷地从刘秀身上移过去，盯着耿弇，希望从他嘴里能听到些什么更好的出路。

刘秀也转过头，看着眼前这个相貌英俊、眉宇间气宇轩昂的青年，微微一笑，点点头示意他说下去。

“我认为放弃河北是一个非常不明智的选择。诸位试想，明公此行河北，费了多大的周折，终于有所成就，岂能因为一个破落户的算卦先生突发奇想地聚众叛乱，而放弃这么久以来的全部努力呢？话再说回来，即便回洛阳也未必就能搬到救兵。也许我们还没有回到洛阳之前，就凭我们现在的兵力，早就被王郎截杀在半路，这是其一。再一个，如果南逃，那不仅仅是有损明公威信，给朝廷嫉妒明公威名的小人以口实，明显是助他人志气，灭自己威风，这样的事情万万做不得。天无绝人之路，凡事只要想，总有办法。方才我仔细考虑过，有一点诸位好像都忽视了，上谷与渔阳就在蓟城的附近，只要联合上谷与渔阳兵力，必能变被动为主动，后发制人!”

一席话说得有头有尾，但是人们并没表现出特别热烈的情绪，就像一颗石子投入到死水中，没有半点涟漪，大家沉默着从各自角度考虑眼前必须选择的出路。

良久，朱祐瓮声瓮气地终于打破寂寞：“话虽这样说，但要联合上谷与渔阳兵力，谈何容易？咱们现在手中没兵力也没权力，单是一根朝廷赐给的汉节，哪比得上人家王郎一口就封你个丞相，动不动就赏你个太守，说来还是人家诱惑力更大。叫我看，联合兵力的事情，仅凭耿况太守一己之力是很难办到的。”

耿弇似乎已经想到这一点，立刻接口说：“这个不妨，虽然上谷与渔阳交往不深，但只要明公遣人前往，晓之以情，明之以理，我相信渔阳太守彭宠定会明大体的。如果大家放心，我现在就赶紧写信给家父，叫他协助办理，虽不敢说有十分把握，但大体上不会有问题。”

听耿弇这么自信，也确实没别的办法可想，只能试上一试了。看看天色不早，大家再议论几句，就散去各自去歇息。

连日来体力和心里都疲惫不堪，但几乎整整一夜，刘秀都难以安睡。躺在床上辗转反侧，想到这几个月来长途跋涉，顶风雪冒严寒，本以为从洛阳出来，就是蛟龙入海，有一番大事业等着自己。没想到却换来今日的处境，人生在世，真是太难啦！难道这辈子就这样流离失所下去吗，为大哥报仇，给丽华一个温暖归宿，这两大愿望，还有实现的机会吗？一想到悲惨而死的大哥和自己忍受的屈辱，刘秀终于忍不住不禁潸然泪下。

泪水洒落在手背上，晶莹剔透，仿佛一颗珍珠、一汪波光粼粼的清泉。这时刘秀才注意到，窗外的月光正静谧地从天空洒下铺满大地，如同遍地清霜。满地白雪将月光折射回去又照亮了整个夜空，空气清新，透着一股叫人爽快的凉意。刘秀索性翻身坐起，把窗户拉开，凝视着那轮圆月放开了心绪遐想。他想起千里之外，也有这么一个人，正倚窗望月，思念着自己。他眼前似乎已经浮现出那个仰望月色的袅娜身影，叫人心动，更叫人心痛。唉，丽华，你知道我如今这般落魄的情形吗？你若是知道我如今如此落魄，你会怎样想？真不知何时才能与你共赏这轮美月，此生还有希望吗？

思绪和皎洁的月光绞缠在一起，铺天盖地，无边无际。

如今姐姐家门前的那棵杏树，应该能为路人解渴了吧？当年与阴丽华初见，自己眼角余光看见她从树下登上马车而去，那身姿在树影下一闪，虽然只有一瞬间，现在想来，却记忆犹新。或许正是那一刻，自己怦然心动？从相遇、相识到相知，刘秀在心底让时光倒流地演绎一遍，消瘦但清秀轮廓依然清晰的脸庞上渐渐浮现出幸福的笑容，在月光的折射下笼着一层层甜蜜的光圈。就这样静坐着，圆月渐渐西斜，新的一天就要来到了。

忽然一阵急促的敲门声打破了晨曦的宁静，刘秀本能地一阵心跳。

"明公……明公……"几声低沉的呼喊声，一听就是朱祐在叫唤。

开门一见，果是朱祐，后面还尾随着一大队人，朱祐侧着身子，从刘秀旁边挤进了屋子。刘秀赶忙把门开大些，让他们都进来，毕竟屋里没有寒风。

"明公，刚才听下面有人报告，说是刘接终于没经受住王郎高官的诱惑，劫持了他老子广阳王刘喜，伙同蓟城令要投奔王郎，听人讲，刘接还叫嚷着要活捉我们前去邯郸邀功呢！"邓禹愤怒地说。

"我早就看出那个獐头鼠目的家伙不是什么好东西，和他爹根本不是一路人。好了，既然什么都挑明了，现在也该是咱们大显身手的时候了。这群不识好歹的东西，居然只顾眼前利益，人伦礼仪全扔到一边了……"王霸跳起来狠捶着桌角，桌上的碗盏叮叮当当碰撞得乱响。

"叫我说，这事情还需要从长计议，王兄弟切不可操之过急。惊动了他们只会打草惊蛇。"冯异看了看刘秀沉静的脸，压低声音说。

"明公……"众人最后还是把目光齐刷刷转向刘秀。

"耿弇与耿纯呢？"刘秀强作镇静，环视了一下四周，"他们不是去募集粮食了吗？怎么还没回来？"

"明公，现在要紧的是如何走好下一步，他们两个大男人，自然能照顾了他们自己，不用替他们担心。"王霸显得焦躁不安。

"我看还是从速离开这儿为好，现在凭我们的力量根本就无法和蓟城令拼杀，何况他们手里还有个刘接，刘接若是假传他爹命令，把蓟城豪杰集结起来，力量也不容小觑。"冯异脸色阴云重重，眼光闪烁地看着刘秀。

"这……"刘秀显得心事重重，倒背了手在桌前来回走两步，大家的眼光也随着他的身影移来挪去。

"明公，明公，事情有变……"耿纯叫嚷着破门而入，打断了刘秀的思绪。

看见满屋子人，耿纯很吃惊，停顿一下又接着说："明公，我和耿弇去筹备粮草，无意中听见蓟城令的马夫和几个差役在窃窃私语，仔细听听，原来他们悄悄议论说，蓟城令和刘接已经下定决心投靠王郎，正准备捉拿您前往邯郸呢！耿弇兄弟设法跟着他们，进一步打探虚实，我就急忙先赶回来给明公报信。明公，您看下一步该怎么办？”

“既然事已至此，也只有先避避风头再说了。留得青山在，不怕没柴烧，先离开蓟城，再慢慢商量下一步！”刘秀一改满脸忧虑，猛地站起来，冲大家一挥手。大家立刻跟着站起身，三步并作两步前去收拾。

他们驻扎的地方虽在郊外，却和城门距离很近，而且城外还有一道外城，也同样有城门，还有许多店铺沿内城墙和外城墙排开。朱祐一马当先，刘秀居中带领队伍，一大队人马急匆匆往外城门方向赶去。

天开始蒙蒙亮，有些商铺已经开始打开铺门做生意了。几只乌鸦停在干枯的高枝上，悲凄地鸣叫着，让人从里到外感到寒冷。行人稀少，空寂的街道上与上次进城时相比，宽阔了许多。

走出几步，刘秀忽然掉转马头，不安地望着耿纯：“耿弇还没来，咱们就这样离开，耿弇怎么办？”

一行人都放慢了脚步，骑着马在原地打转着。耿纯笑了笑回答说：“明公爱人如子，咱们投靠在明公麾下，死也无怨了。耿弇兄弟机智聪明，况且他又不是刘接与蓟城令特别注意的人物，就算被抓，单凭他上谷太守之子的身份，他们也不会把他怎么样。无故结下上谷太守这个冤家，可对他刘接不利呀，刘接聪明着呢！明公，您大可放心地走就是。”

刘秀听他说得有道理，这才掉转马头，众人飞一样奔向外城门。

到城门口时，天已大亮，守门的士兵看见刘秀带领一大队人马浩浩荡荡地向城门冲来，知道来者不善，忙纷乱地抓起刀枪，准备好与刘秀一战。

刘秀手下这些将士们，特别是朱祐等人，几个月没动过武，早就憋得难受了，哇哇怪叫着冲上来。刘接临时派遣的兵卒人数本来也不多，又大多是新上阵，根本不堪一击。只三下两下，城门口惨叫着人头落地，殷红的热血溅满城墙。后边的将士们不敢耽搁，打马冲上前去，踏着遍地尸体旋风一样出了城门。

虽然杀出重围，不过大家丝毫不敢有所松懈，快马加鞭地往南奔去。他们知道，只有离开蓟城管辖的范围，才能有喘息的机会，在这里，危险会随时像影子一样跟上自己。

然而跑出一段，众人的速度越来越慢了。已经将近中午时分，太阳躲在浓厚的云层里迟迟不露面，寒风却越来越猛烈。一阵阵狂风吹过，天气明显越来越冷了，寒风夹着雪粒打在刘秀的脸上，生疼生疼。青骊马走起路来不断打滑，不要说奔跑，就是放缓脚步走路也很困难。回头看看众人，每个人都大口喘着气，一团团白雾顺着脸颊往上蒸腾着，在眉毛眼角结成一层冰，迷住了将士们的双眼。

刘秀心里一阵酸痛，他清楚，这群人在这样的环境下颠簸了这么长时间，从昨天夜里到现在，水米没打牙，即使是铜皮铁骨也经不起这般折腾。再坚持走出一段路，刘秀担心地发现，将士们开始出现体力不支的现象，许多士兵都在马背上摇晃起来，仿佛昏昏欲睡，随时都有从马背上掉下来的危险。

但是刘秀知道，这个时候，坚决不能停顿。且不说刘接他们发现自己逃走后很可能追赶，就是没人追赶，只要一停顿下来，就会再也走不动。一行人停留在这里，冻也要冻死。他大喝一声："这条路我以前走过，没多远就有集镇了，到了集镇，大家好好吃喝一通，快走！"

话音刚落，刘秀忽然看见了自己的身影，太阳出来了。阳光从云层里钻出来，照着雪白的大地，折射出刺眼的光芒。放眼望去，雪后初霁的大地显得分外妖娆，令人精神为之一振。但是他们也就只是长长舒一口气，却顾不得欣赏这样一幅奇美瑰丽的雪地山水图，唯有往前再往前，才有一线生机。

临近中午时分，阳光越来越温暖了，温暖带给大家一丝欣慰，人马都提起精神，步履加快许多。再走出一个多时辰，刘秀忽然异常兴奋停下来扭身冲大家高喊："看，我们现在已经进入信都的范围了！"

众人打马上前围过来一看，果然看见路旁有一块不怎么显眼的石碑，虽然石碑上"信都"两字已经被风雨侵蚀的不再明显，石碑的裂缝上还残留着雪化后的水迹，但在大家看来，信都两个字在阳光下反着光，分外夺目。

全军上下发出一阵欢呼，脱离蓟城，现在终于可以稍微休息一下了。但是大家随即又发现，即使脱离了蓟城，想好好歇息一下也是个奢望。举目四望，这茫茫旷野，广袤无垠，目力所及，除了白茫茫的一片什么也没有。别说是小旅店和驿站之类，就是小家户人家的茅草屋也不见一座。

惊喜之后的恐慌更让人恐慌，现在提着精神挤出来的最后一点力气都耗尽了，人马再不补充点食物，恐怕就要寸步难行，只有饿死在路上了。

刘秀也觉察出了面临形势的严峻，他知道，现今只有鼓舞起大家再走一程，等到有人家的地方再作打算。不管怎么样，要想活下去，只有继续往前走。

但是人毕竟不是钢铁，能无休止地坚持下去吗？

第二十七章　万难齐至　命悬一线

“明公，我们还是先休息一下吧，在马上这么久，让大家也下下地，找点脚踏实地的感觉，半条腿都麻了！”朱祐率先叫嚷。

“这……那好吧，休息好了以后，我们继续赶路，要尽快找个驿站吃点东西才行。”刘秀想起刚才告诉大家很快就有集镇，而今集镇却杳无踪影，幸而没人提起那个话茬儿。他匆匆扫视了一下这些部众，在心里叹了一口气，就势在界碑上坐下。

稍微休息片刻，大家都感觉到越发饥渴难耐，有人捏起冰雪往嘴里塞，咂摸着喉头蠕动一下吞咽下去。刘秀活动一下麻木的手脚，下令众人起身前行。

一片衣甲撞击声，众人开始缓慢地在冰天雪地里挪动起来。阳光更加明媚，天地间空旷得显得雄壮，这大好的河山何时才能统一安定，刘秀沉思着，刚刚平稳下来的心情又忧郁起来。

“明公快看，前面有炊烟，应该有人家居住！”王霸从马上直起腰身，压抑不住兴奋地叫嚷，好像是眼前就有一堆馒头一般。

大家顺着他指的方向看去，果真有炊烟袅袅地升起，盘旋在上空，似乎能闻到饭菜的香味。有人站在马背上使劲眺望，惊讶地叫喊：“哎呀，真如明公所说的，不但有人家，还是座不小的集镇呢！”

“咱们都停下来吧，咱们这么一群人，目标太大，贸然过去，恐怕要惊吓了街面上的人家。”刘秀略微想一下，转过身冲后边的人说。

“糟糕，我忘了带钱袋了。要吃饭总得交饭钱，没钱怎么买吃的，他们又不管咱们是不是朝廷大臣！”朱祐忽然惊慌失措地叫喊一声，一边在身上摸索着。

朱祐这么一说，倒提醒了大家，是呀，不仅是饭店，即便是普通农家，吃了饭总得有所表示吧，况且现在兵荒马乱，谁的光景都不好过，普通百姓管这么多人吃一顿，非得全家饿上十天半月不可。大家纷纷翻动起自己的衣袋，结果大失所望，由于走得太匆忙，居然没有人想起带上一星半点的银两。

这可如何是好，不要说农户拿出这么多吃的要心疼，单是让他们这些人低声下气地说好话就够难为情了。堂堂七尺男儿，平素个个说起来壮志凌云，谁又愿意去像乞丐一样向饭店或者农家讨吃讨喝?

不愿意低声下气地向人家讨饭吃，但是谁都明白，眼前情形关乎性命之忧，性命之重应该远远超过颜面。刘秀再看看大家，疲倦与饥渴写在每个人脸上，一口口从那干裂的嘴唇里喘出的白气，慢慢升腾到上空，模糊了刘秀的双眼。战火连天的环境下，不但要和人斗，还得和天斗，大家追随着自己，把生死都放在尖刀利矛上，人人身无长物，他们能给自己的，只有赤心一片。而自己如今拿什么回报给他们呢？刘秀狠狠地握了握手中的玉佩。“我这里有一块玉佩，价值不菲，应该还能给大家买上一顿粗食充饥。”边说边从腰间解开缠在腰上的丝带。这是分别时阴丽华亲手给自己系上的，她说带上这块玉佩如同带了她自己，可以消灾避难。手碰到玉佩时仿佛还能感觉到阴丽华的体温。刘秀的手颤抖一下，但还是很快解下来使劲儿握了一把，交给冯异，脸上露出一丝艰难的笑容，似乎要让大家知道，他对这块玉佩并不特别看重。

“不行，明公，您好歹是当朝大司马，怎么能拿出贴身东西来典当，传出去岂不叫人笑话?”众人都站了起来七嘴八舌地说。

“但是唯今之计只能这样，我们只有吃饱了才有力气与王郎斗，才能统一河北，收复失地。区区一块玉佩算什么，快去!”刘秀摆手叫众人不要吵闹，断然冲冯异说。

“明公说得对，眼下性命要紧，东西失去了可以再回来，性命可是只有一条。我这就去把东西典当了，给大家弄些东西吃!”冯异把玉佩塞进怀里，笑嘻嘻地转身拉一把王霸，让他和自己一同前去。

众人都对冯异的举动十分惊奇。有人愤愤地想，危难时刻见真情，好你个冯异，饿你一顿，你的蹄蹄爪爪就暴露出来了，明公平时怎么待你，关键时刻你居然为了一己私欲，要把明公常伴身边保平安的宝玉给当了，明公真是错看你了!

“我不去，要去你自己去!”王霸狠狠地瞪了冯异一眼，转身往雪地上一坐，不再理他。

面对大家议论纷纷，冯异面红耳赤，窘迫地说不出话来。

“诸位兄弟，咱们是朝廷命官，一举一动影响到朝廷的威严。我方才听人低声议论说，哪怕饿死也不能白要人家辛勤耕作出来的粮食。这话说得好，大丈夫要的就是这个气节！但还有一句话大家也应当明白，能屈能伸方为真正大丈夫！既然大家不愿用玉佩救命，那这玉佩也就失去了它的价值，倒不如摔碎了来得干脆！”说着，刘秀从冯异手中夺过玉佩，举起来就要往地下摔。

“明公且慢，我去便是！”冯异慌忙把玉佩从刘秀手中又抢回来，也不理会大家是否议论，看了看耿纯，拉他一把，两人嘀咕几句便策马向不远处的集镇上跑去。

刘秀看着两人背影，沉沉地叹了一口气。

过了半个时辰工夫，他们用袍摆兜着一大堆野菜饼子回来了。听他们说，前边的集镇虽然规模不小，但兵乱连着饥荒，卖吃食的倒不多，还属这东西便宜，花不多的钱就买一大堆，每个人都能分着吃几口压压饥。大家也顾不上听他俩唠叨，一把一个抓起来就往嘴里塞，片刻工夫一堆饼子就席卷而空。野菜饼子下肚，非但没有压住饥，众人发觉更饥更渴了，比刚才还难以忍受。

“咦，你们俩的剑哪儿去了?!”刘秀突然回过神来，看着冯异与耿纯空荡荡的腰间，忍不住问道。

“哦……这个……刚才走得匆忙，怕大家等不及，匆忙间放在饭铺里忘带了……”冯异被冷不丁地问住，吞吞吐吐地说。

“耿纯，你呢？你也忘带了？你不是向来剑不离身吗？怎么会一时为了两块饼子就把看家的家伙给忘了？说实话，你们的剑到底上哪去了？”刘秀似乎感觉到什么，追问得更紧。

冯异和耿纯见刘秀变了脸色，知道再也瞒不下去，只得老实回答。他们也不忍心把刘秀的宝玉给卖掉，临走之前就合计好，把自己心爱的宝剑留下作抵押，想着等将来胜仗以后再取回，以几倍价钱偿还救命之恩。刚好他们买野菜饼子的这户小饭铺也是明事理的人，老夫妇二人经营店铺，有一个儿子在外当兵，知道当兵的苦处，实在看着他俩一片赤诚，便答应下来。

冯异说着，从怀中掏出玉佩，郑重地交还到刘秀手中。刘秀看着手中小巧玲珑晶莹剔透的玉佩，再一次狠狠地握了握，别过脸去，任风把泪水吹得满脸都是。其余众人看在眼里，都欷歔不已，泪眼蒙胧中，纷纷向冯异二人投来敬佩的目光。

或许野菜饼太干太硬，大家再继续走了不到一个时辰，都感觉口渴得厉害，嘴里干得想咽口唾沫，可连唾沫也没有。北风呼呼地也凑热闹似的直往心口钻，人人面色灰暗，几乎都说不出话来。可是万里冰封中想找口清水喝，还真不是件容易的事。实在渴得受不了，大家只好不时跳下马来捡起冰疙瘩含在嘴里，虽然全身冰凉透骨，但多少舒服些。

再走出一段路，邓禹转过马头对旁边的刘秀说：“明公，根据方向辨断，我们现在应该比较接近渔阳与上谷，但是中间还必须得从信都经过。”

“信都？这个地方一直与洛阳联系较少，也不知道这次邯郸兵变，信都会不会倒戈。再说上谷与渔阳也不知近况怎么样，耿弇至今还没有消息，看来咱们眼下的危机还没有渡过呀！”刘秀盯着从云层中忽进忽出的阳光，感叹中不乏忧虑。

“明公，根据我的判断，信都这个地方倒不是非常棘手的问题。信都太守任光与我素有交情，而且我了解任光，此人刚正明理，做事情向来讲究大义，大是大非面前从不含糊。我相信只要明公前去跟他说明情况，他不但不会加害我们，说不定还能投靠明公，如此一来，就大大增强了我们的兵力。”王霸在旁边听他俩讨论信都，立刻凑上来大声嚷嚷着说。

听王霸这样一说，刘秀忽然也想起来，任光这个人他也不陌生。他是南阳人，起初为啬夫，后来担任郡县小吏。天下动乱之初，汉军来到宛城，见任光衣着簇新，好像是有钱的公子，许多士兵就想把他杀了抢他身上的银子。幸亏刘赐从这里路过，救了任光一命。任光从此就追随在刘赐身边，成了他的宾客。再后来刘赐推荐他做了偏将军，和刘秀一同作战，当初从昆阳突围时，任光还是十三勇士之一。更始皇帝建都洛阳后，就任命任光为信都太守。看来争取这个人拥护自己，还是有几分把握。

“即便王将军说他十分可信，但是如今我们走的是偏道，要进入信都就得走驿道，驿道上追兵肯定特别频繁，弄不好要有一场血战。指望咱们这点人马，恐怕拼不起。走小道当然好，但谁也不认识路，要想安全到达信都，谈何容易呀！”耿纯并没有显出特别高兴，沉默了片刻不无担心地说。

“话是这样说，走驿道不是办法，但一直走偏道躲避王郎叛军也不是长久之计。咱们躲着不见人，虽然不用担心被人追杀，但缺吃少喝的，咱们的体力怎么支持得下去，到时候我们肯定会不攻自破，不等叛军追杀，已经先饿死了。如今情况，非得冒险不可。只有拼一拼，才能变被动为主动。”邓禹沉静地解释，话语中却掩饰不住激动。

“反正都是要拼一场的，迟拼不如早拼，我们也不能永远这样躲着，那就索性痛快些。走，上驿道，直奔信都！”听他们争论几句，刘秀忽然挥手发令，用力蹬了一下马肚，往大路方向奔去。

这时天色渐渐暗下来，晚风轻轻撩拨起地上的积雪，沙沙作响，如冰屑般夹杂着砭骨的凉气迎面扑来，扑打在脸上，疼痛中有些发痒，遥远处依稀的灯火忽隐忽现，仿佛天边的星星隐约不定，在烟雾蒸腾的笼罩下显得更加朦胧了。刘秀忽然觉得，夜晚的风比起白天来，似乎柔和了许多，仔细一想，才恍然明白，立春已过，春天就要来了。

打起精神沿驿道疾奔一阵，前边的灯火越来越清晰了，走到跟前一看，原来是路旁的一个小驿站。

马蹄声惊动了驿站内值夜的差役，一个身材不高却健壮异常的中年男子跑出来站在门口。一双锐利的眼睛在夜色中闪闪发亮，疑惑地打量着这支衣襟褴褛的军队。等众人在门口停下来，差役一眼便认出队伍中间刘秀是这群人的领头，忙跑到他马前弯下腰施个礼，一副公事公办的神情问："请问是哪路军？归属谁管辖？"

王霸见他态度冰冷，饥渴之下早忍耐不住，唰地抽出宝剑，剑锋指着那男子鼻尖厉声喝道："你这狗奴才，有什么资格问我们？如今汉家的天下，难道还有两家统帅不成？"

刘秀见形势不对，忙呵斥住王霸，和气地对那汉子说："我们乃汉室使节，今晚行军劳累，途经此地，要在驿站安歇，你只管听从吩咐就行。"

那男子见这群人虽然面容憔悴，但一个个都强悍无比，特别是刘秀周围几个武将，气哼哼地面露杀气，便也不敢再接着追问，忙赔笑说："是，是，是……小的遵命便是了，诸位爷请下马。我这就叫人奉上酒菜……"说着向身后几个差役使个眼色，忙不迭地把刘秀等人让进驿站。

屋子虽小也并不特别暖和，但对刘秀他们来说，已经如进入了天堂，大家紧挨着团团坐下，麻木的手脚良久才有了知觉。不大一会儿，粗壮汉子领了几个差役，端上来满满两桌热菜，还有几坛香醇的米酒。大家闻着缭绕的香气，眼睛有些发直，不过见刘秀还没动手，谁也不好意思先动筷子，一个劲儿吞咽口水。

粗壮汉子方才强硬的态度忽然来个大转弯，一边为他们斟酒，一边低声下气地赔笑："今日大人们经过这里，小人定会全力把大人们服侍好，还望日后大军统一天下，别忘了咱这个小驿站，能封小的一个芝麻粒大小的官做便也心安了……"

酒菜还没到肚里，听他唠叨得烦人，王霸本来看他就不顺眼，一拍桌子站了起来，瞪着黑少白多的眼珠子叫喊："你这奴才，想捞点好处就腿脚勤快点，把你那臭嘴给爷爷闭住……"

冯异忙悄悄拉一把王霸，低声说："强龙不压地头蛇，这道理都不懂？毕竟现在在人家的地盘，不便太伤人。"王霸这才停止叫嚷，捞起一碗酒咕噜一声便下了肚。大家见王霸开了场，也就不再客气，吃的吃喝的喝，气氛开始热烈起来。

刘秀见那汉子尴尬地站在原地，走也不是，不走也不是。不知怎么的，他忽然想起邯郸城内的刘林来，小人只可使其畏惧而不可让他怀恨。这样想着，端过一碗酒请那汉子喝："你先下去吧，有什么事我们就会叫你，他日江山统一了，自然不会忘了你的好处就是。"

听他们的头领说这话，那汉子才回过神来，脸色通红，瞟一眼王霸才悻悻地退下。大家风卷残云，正吃得高兴，忽然门外传来急促的叫喊声。还是那个汉子，神色紧张地撞门而人，气喘吁吁地大呼小叫："不好了，邯郸子舆陛下派来的队伍过来了，你们和他们不是一伙，他们可凶着呢，凡是不一路的人，全都要砍脑袋的！这可怎么办？你们赶快从后门走吧！"

听他这样说，众人悚然一惊，哗啦一阵乱响，纷纷扔掉筷子酒杯，伸手握住手中的刀剑，顷刻一股浓浓的杀气直冲而来。那汉子见纷乱中刘秀仍端坐着没动，不但没动，还给自己斟上酒又往嘴边送，忙走到刘秀身边说："大人，怎么你还不走？人家兵马……"

刘秀悠悠然地端起一碗酒走到门边，看着漆黑冷寂的夜晚，没有一丝光亮，倾耳听听，没有什么响动，不像有大军到来的迹象，心里立刻有了数。他微笑着转身冲那汉子说："你慌张什么？我们与子舆陛下的军队才是一家。我方才不是说了吗，我是大汉天下的大臣，现在河北除了子舆陛下，还有几个大汉天下？我的职责就是负责调遣督察军队。你把队伍的头领带进来，十有八九我们认识，大家闲坐着无聊，我还想与他对饮呢！快……"说着转过脸来，温和的眼光忽然变得凶狠，像利剑般刺得那汉子立刻委顿下去。

那汉子越发摸不清这些人的来历，见他们并不害怕王郎，口气立刻便软了下来，忙赔不是地笑笑："误会，误会，我是说子舆陛下的大军明日一早到。唉，都是我没说清，影响了大家喝酒。我……我……"说着就要往外退。

王霸上前拧住那汉子的衣襟，说道："你这奴才，居然敢戏弄老子，看老子怎么收拾你！"说着抡起拳头就要劈头盖脸地打。

那汉子见状不妙，顾不上多解释，夺门而逃。王霸还气愤不已，要出门去追。刘秀忙叫住他："别和他一般计较！看来这奴才已经怀疑了咱们，虽然遮掩过去，但他不会轻易上当，偷偷派人去通知王郎在附近的军队也未可知。

看来这个驿站也是个十分危险的地方，既然大家也吃得差不多了，就别贪图舒服，还是就赶快上路，免得凭空多生事端。”

“明公，你们先走，等我收拾了那奴才再追上你们，他若是敢给王郎通风报信，我一只手就把他的脑袋拧下来！”朱祐抢在门口，愤愤地握紧了拳头。

“不行，别因为和小人一般见识而乱了大计。我们现在的目的地是信都，若想取得一线生机，只有赶在王郎兵马前面到达才行。如果为了这件小事而耽误了大家的行程，后果将不堪设想。”冯异见刘秀皱着眉头不说话，便替刘秀向朱祐也向大家解释。

“是呀，冯异说得有理，干大事的人怎么能太拘于小节。切不可因小失大，明公此行，至关重要，如果只为了痛快一时，出现什么问题就太不值得。况且他就是派人给王郎送信，此刻也已经去了，拧下他的脑袋也于事无补，还是赶紧出发！”耿纯见朱祐还是没有要走的意思，忙又补充说。

众人都点点头，拖起朱祐出了门，跟随在刘秀身后，大跨步直冲马厩。好在马匹没有叫那家伙给放跑了，刘秀悬着的心略微踏实一些。

走在宽阔的驿道上，不知什么时候，阴风更浓，点点雪霰飘飞开来，天气骤然变得更冷。大家仗着酒力，比起白天行军，感觉好出许多。走出好一阵，邓禹忽然拧起眉头：“诸位注意，后边可能有追兵，咱们要加快些！”

听他没头没脑地这样说，众人还不大相信，停下谈论仔细倾听动静，果然有若有若无的马蹄响动。“天寒地冻，马蹄踏地的声音比平时传得要远出许多。声音若有若无，说明对方离我们还远，但也不可大意，一定得加快速度！”见大家有些紧张，邓禹接着解释。

“在大路上和他们赛跑，吃亏的肯定是咱们，要不，咱们下了大道，走小路怎么样？让他们扑个空！”朱祐粗着嗓门说。

“不行！”刘秀斩钉截铁地断然否决，“深更半夜，道路不熟悉，走小路最容易陷入绝境，反倒给对方轻松捉拿的机会。咱们现在没别的退路，能跑得过他们要跑，跑不过也要跑！”说着一扬马鞭，大家紧紧跟上，速度加快许多。

再走出十余里，忽然跑在前边的朱祐猛地一勒马缰，战马嘶鸣着扬起前蹄，险些把朱祐给扔下来。“怎么不走了？”片刻工夫大家已经冲到跟前，刘秀火急火燎地问。

“明公，你看……”朱祐后怕地朝前指了指。大家这才注意到，前边虽然也是白花花的，但白色中又有些发暗，分明是一条大河横亘在眼前！

邓禹立刻想起，失声大叫："哎呀，这里和信都还隔着一条滹沱河，我竟然给忘了！"后边的人不禁大惊失色，后有追兵，前有大河，拼杀肯定打不过人家，跑又无处可跑，这，这可怎么办?！刘秀感觉有股冷气从脚底腾地升起，身子一软，差点儿从马背上掉下来。不过最初的惊慌也就是瞬间闪过，他知道，此刻绝不是软弱的时候，自己只要略微表现出一点气馁，身后的这么多人立刻就得溃散。

好在夜色里谁也没看见刘秀神情的变化。他在马上深吸几口气，缓缓跳下来，向前走几步，来到滹沱河岸边，弯腰伸手在河面上使劲按了按，惊喜地发现，河面上由于连日阴天下雪，冰层仍没有开化。特别是今夜天气骤变，冰层似乎更结实许多。了解到这一情况，刘秀心里镇静许多，大着胆子向前走两步，细心地感觉一下，发觉冰层固然不薄，但要人踩马踏还是相当危险。

但眼下已经没有别的出路，只求上天保佑，能让这些人平安过去。刘秀在心里默默祷告一句，脑海里灵光忽然一闪，立刻吩咐："冯异，你不带了火石吗？快，找些柴火，堆起来点着！"

"什么?"大家似乎没听明白，异口同声地反问一句。

"打着火石，点起柴火！"刘秀大声重复一句。

"明公，王郎追兵说不定摸不清咱们行踪，追到半途就折回去了，咱们要是点着火，岂不是要告诉人家咱们在这里，这不是引火烧身吗?"朱祐忍不住跳脚大叫，"明公着急得糊涂了！"

"不得胡说，冯异，快找柴火点起火来！"刘秀一改温文尔雅，厉声吩咐。冯异虽然也大惑不解，但他知道刘秀还不至于着急糊涂，他的做法或许自有他的道理，忙摸索着去抓来几把柴火，敲击着火石点着。

看火光渐渐升起，刘秀这才接着命令："所有人都牵着马，前后拉开距离，半爬着身子过河，一定要慢些，如果马匹踏破冰层，立刻松开缰绳，先保住人要紧！"

大家赶忙照着做，一队人拉开长长的距离，几乎爬着一般小心翼翼地从滹沱河上的冰层上过去。所幸冰层虽然不厚，但大家分外小心，没多大工夫，一个没少地平安过了河。看大家都站在了岸边，刘秀长长出口气，叉腰看着对岸摇曳的火光。

或许有了火光的指引，后边的追兵比他们预料的更快，不大一会儿，人喊马嘶，已经来到河边。他们看见地上的火堆尚未熄灭，断定刘秀等人肯定刚刚过河，大家邀功心切，也不多想，立刻打马扬鞭，号叫着冲过来。脆弱的冰层被马蹄接连践踏，咔啦啦一片断裂的脆响，无数人马连挣扎的机会也没有，全沉入了冰冷的河水中，扑腾片刻便没了踪影。

大家站在岸边看了拍着手大叫解气，这才明白刘秀让点燃火堆的用意，纷纷暗跷大拇指。而刘秀却脸色更加严峻，长长叹口气，半晌才说："出发！"

然而，连日来将士们饥寒交加，早已疲惫至极。走到饶阳无蒌亭时，忽然彤云密布，朔风凛凛，竟然飘起满天的雪花。又走了大约一个时辰，实在饿得走不动了，见路旁有一个麦秸垛，便都去垛边倒身躺卧，刘秀只好让人稍事歇息。冯异去马鞍后摘下一个皮囊，对刘秀说："我这里还存有二三斤豆面，待我煮粥来与明公充饥。"刘秀却说："众人尽饥，我岂得独享？"遂命人多化雪水烧煮。不一会儿热粥煮好，刘秀令所有将士一起来喝，一锅稀豆汤粥，转眼便被喝得干干净净。每人虽说只喝得几小口，但身上却是热乎乎的。

雪越下越大，快到天黑时，恰好路旁有几间破旧的茅舍，众人便一齐拥入。冯异见墙角堆着一些柴棒干草，急忙抱来放在刘秀跟前点燃。邓禹帮刘秀解下湿衣烘烤，众将士也都赶紧围过来烤火。冯异见刘秀饿得脸色蜡黄，便悄悄到附近村边一农家求得麦饭一碗，拿给刘秀。刘秀感叹道："公孙于艰难之时，昨献豆粥，今又进麦饭，吾当永记于心矣。"仍和白天一样，将麦饭与众人分食。当晚众人即宿于舍中。后人为纪念刘秀君臣患难之情，便在此处建一亭，名麦饭亭，此为后话。

经过几天的跋涉，刘秀一行终于来到信都附近的驿站。但眼前这个小驿站孤零零地矗立在道路边，仿佛是一个小农舍。冯异跳下马往小屋走去，进去才发现，小屋不但破败，而且冰锅凉灶，显然好久都没人住过了。冯异打量一圈儿，失望地转身出门，摆摆手意思叫大家不用下马了，这里歇息不得。刘秀见冯异满脸失望，反而好奇心上来，也走上前想看个究竟。

踏进满是尘土的前堂，刘秀细细地打量一番眼前这座小屋，总感觉有种特别的东西在周围。小屋并不大，特别是在屋后那棵大树的映衬下，就显得更加低矮猥琐了。刘秀觉得自己走过那么多地方，但还从没见过如此大如此茂密的树。它不像其他的大树那样枝干密布，也没有一个庞大的树系，只有一个主干笔直挺立着，仿佛一座宝塔一个巨人，让人顿生敬畏。

风徐徐地吹着，树枝在阳光的照射下摇晃着婆娑而单调的影子。正沉思遐想着围住大树转悠，不知什么时候，树后走出一个满头白发身穿白衫的老人，老人没戴头巾，白发披散，竟分不清哪是胡须哪是头发。未等刘秀开口，老人神秘地一笑说："如果老朽猜测得不错，你们是在寻找一条去信都的捷径吧？走大路不好啊，被人追上了要丢命的！”

刘秀大吃一惊，摸不清对方来头，顿时感觉头顶凉飕飕的，盯着老人竟不知说什么好。

“将军不需诧异，你只管按照这个方向直走，便可迅速到达信都。不管路上有多崎岖险恶，你们都不要回头，因为只有这条路才能避开追兵，直达信都城下。”说着伸出拐杖向一条野草丛生的小路微微笑着指了指。

刘秀对老人的话疑惑万分，由于弄不清是敌是友，一时拿不定主意该不该相信。正低头沉吟着，听见一阵轻微响动，忙抬头一看，眼前的老人已消失得无影无踪。四下里看看，根本就没有任何人出没的迹象。刘秀大惑不解，呆立在原地怀疑自己是不是刚才神情恍惚出现了幻觉。这时邓禹赶过来，见刘秀一脸诧异的样子，忙问：“明公，怎么了？”

刘秀这才惊醒过来，把方才离奇的事情说个大概，邓禹却没觉惊奇，他说：“明公，自古燕赵多慷慨悲歌之士，能人高士层出不穷，碰上这样的人也不足为奇。想来这一定是隐居于此的世外高士，他静观天下形势，貌似贫穷无闻，实则对天下走向了然于心，他愿意出来帮明公一把，那正说明如今人心仍在我们手里，明公大可按照他指引的方向行进，一定没错。”

刘秀并没显得十分兴奋，拉住邓禹说：“既然是高士，必有高人一等的谋略，咱们何不请他出山，帮助咱们……”

不等刘秀说完，邓禹苦笑一下：“梅花优于香，桃花优于色，万物各有本性，何况是这些高士？他若有意追随明公，早就表示出来了，既然悄悄走掉，便是请也请不动的。这种事情可遇不可求，明公还是抓紧时间赶路，只有到了信都，咱们才能喘口气。”

刘秀点点头，一声长叹，走回队伍。

这条小路的确非常坎坷，一路走来，基本上没有正经道路，只能辨别大致方向往前挪动。走出一截，越发难行，刘秀等人只得从马上下来，慢慢地摸索前行，脚底下松软地踩着厚厚的树叶，深一脚浅一脚，走得人心里也是七上八下。

不过大家高兴的是，正如那个神秘老人说的，到达信都的日期果然比预定的减少了一半。小路尽头，眼前豁然一亮，高高城墙上迎风飘摇的“汉”字大旗让人欣慰不少，众人都把手放在额头上庆幸不已。

冯异快马上前，冲着城楼上的士兵高呼：“汉使节大司马来到，守门士兵快打开城门迎接！”

城头上巡逻士兵们听到大司马的名号，转身便跑下了城楼，看样子是禀报将军去了。可是少半个时辰过去，城门却还是静静地沉默着，丝毫没有打开的意思。

王霸沉不住气，嘟囔一句挥舞着手中的剑，扯开嗓门冲城头大喊道："什么意思？到底让进不让进？马上让你们太守来见我，就说王霸今天要找他个问个明白！"

话音未落，城门忽然咣的一声大开，信都太守任光衣甲整齐，带着许多名流豪门分列在城门两侧，任光上前几步，恭敬地在刘秀面前长长一揖，寒暄两句，转过脸看看王霸，笑着说："几年不见，你仍然还是这么直爽沉不住气，看来今晚咱们又要不醉不归了！"

一句玩笑让肃穆的气氛缓解不少，在众人的笑声中，大家簇拥着刘秀进入信都城。进入城门的那一刻，刘秀忽然感觉踏实许多，终于可以喘口气了。等进到城中时，刘秀却暗吃一惊，虽然这是个郡城，却没有想象中那般繁华，路上的行人也是少得可怜。偶尔有几个行人驻足观看这群外来的士兵，也是衣衫破烂，目光呆滞。

任光显然看出了众人眼中的疑问，忙苦笑着解释说："大司马有所不知，去年信都发生了一场瘟疫，结果死的死、逃的逃，现在剩下的就这些残兵老幼，唉，兵连祸结，上天也跟着凑热闹，没办法。"

看着街道上那一扇扇紧闭的木门，不禁让人心中涌出一股萧条凄清的感觉，将士们听了后都沉默不语。刘秀本来指望以信都为根据地，对抗住王郎叛军的热望顿时凉了不少，心头一阵怏怏，却又不能表现出来。

尽管城内人烟萧条财物匮乏，刘秀等人还是得到了最大限度的高级待遇，不但歇息的卧房安置得干净整洁，火盆把屋里熏得暖暖和和，为他们接风洗尘的晚宴也甚是丰盛。任光为了活跃气氛，特意邀请当地有名望的人作陪。宴席上当地名流与将士们高谈阔论，热热闹闹很是融洽。

从交谈中，刘秀得知，王郎起兵叛乱后，也曾把檄文送到信都，面对周围郡县都望风而降的情况，任光断然把檄文撕得粉碎，斩杀送信使者以表示自己忠心汉室。他和都尉李忠、信都令万修一起，召集所有兵力，严加防备，同心守城。有次扶柳县的廷掾拿着王郎的檄文，来找任光商议，打算说服任光和他一起归顺王郎，任光二话不说，立刻把他推出去斩首，把他手下的四千兵力都集结到城内，日夜巡逻，把守城池，不敢有丝毫懈怠。

另外，刘秀还听当地名流们说，太守任光不但忠心汉室，还确实是知情达理的好官。他对待百姓认真负责，体恤民情，整个信都虽然穷困，但民心却非常坚定。这些都让刘秀担忧之余又抓住了一点希望。

“明公今日来信都，真是让我们感到万分荣幸。不仅是我们想见到明公，有一个人更是望眼欲穿，不知明公可否有兴趣见一见?”任光仰头往嘴里倒一杯酒，把头转向刘秀，乐呵呵地问。

“哦?现如今正用人之际，有什么能人志士，就请伯卿帮忙请出来吧!”刘秀笑着说。

任光冲屏风后边招了招手，只见一个身穿青衿的年轻人手举两封竹签，低头走入大堂。众人不知他要干什么，都停下酒杯，把目光投过去。

“明公，这是上谷与渔阳太守亲笔写的书信，意与明公共谋天下事，还望明公接受。”那年轻人走到刘秀身边，说着话才抬起了头。

还没等大家反应过来，刘秀已快步接过书信扶起青年，相视片刻，两人都哈哈大笑起来。刘秀边笑边拍他肩膀：“耿弇啊，真没有错看你，来，饮下这杯!”大家也都认出耿弇，纷纷叫嚷着要和耿弇碰杯，端起酒杯与大家共饮起来。

原来耿弇一直都在另一方替刘秀拉开战线。上次蓟城一别，耿弇本想立刻出城追随刘秀左右，但突然想到刘秀上次所说的渔阳和上谷两郡的重要位置，目前形势急需要两个大郡统一起来。反正一场恶战不可避免，还不如提前做好两手准备。只有尽可能地扩充兵力，才能确保对抗王郎。与其单枪匹马去追随刘秀，也尽不了多少力，还不如发挥优势，利用自己太守公子身份的便利，把两郡兵力联合起来。这样想着，便掉转马头赶回上谷。

但耿弇也清楚，虽然自己身为上谷太守之子，但上谷与渔阳素无联系，要拉拢渔阳谈何容易?况且王郎檄文已下发至渔阳，从侧面得知，渔阳太守彭宠似乎已更靠向王郎叛军。但是情况已经到了这种地步，只要有希望就不能放弃。

冥思苦想着，耿弇忽然想起一个故交吴汉，吴汉是渔阳太守彭宠身边深受器重的谋士，看来使渔阳归顺的很大希望便压在吴汉身上了。倘若与他里应外合，把渔阳把握在刘秀这边，要想扭转局势是指日可待的。

“父亲，如今天下大势动荡不安。王郎大军假借刘子舆之名独占河北一方，在邯郸称帝称王，大有云山雾罩之势，情形十分危急。而据我观察，大司马刘秀的确是一位忠肝义胆的好将领，相信日后天下必为他所统率。何去何从，还望父亲大人尽快定夺!”耿弇一赶回家便直奔父亲耿况书房，急不可耐地试探他的态度。

“你考虑到的我不是不明白。但如今王郎咄咄逼人之势你也知道，仅上谷一地之力根本无法与王郎抗衡，况且刘秀如今身在何处谁也不知道。归顺哪一方，这件事关乎上谷整座城池和千万百姓的兴亡，不得草率决定呀！”耿况紧皱着眉头，倒背着手在屋里踱来踱去，唉声叹气地看着风尘仆仆的儿子。

耿弇的母亲正担心儿子的下落，得知耿弇回来，急忙赶来看望，不料父子俩都正为这事发愁。看着儿子日益凸显的颧骨，她一阵心痛，不禁泪如雨下，拉着耿弇上下打量，连声说着，哎呀，又瘦了，这孩子总不知道照顾自己，总得赶紧娶房媳妇才好。耿况则顾不上理会这些，踱来踱去始终拿不定主意。他明白，自己手中掌握的可是全城百姓的身家性命，一言可以兴邦，一言可以丧邦，不可不慎哪！

“老爷，当年你被更始帝使者撤职的时候，不是幸亏有个人帮忙才得以脱险。现在有了大麻烦，何不再找他，也许会有办法？”耿弇母亲看着耿况的神情，也替他们父子着急，忽然想到几年前与之相仿的一个场景，连忙说。

耿况听她这样说，立刻停下脚步，眼中闪过一线希望，忙命人立刻去请寇恂。

借着这个机会，母亲带耿弇进内府休息，又是让他换衣服，又是让人赶紧去准备饭菜好好补一补身子。心急如焚的耿弇哪敢有丝毫的松懈，坚持留在书房，一直等到寇恂与父亲谈完后，父亲终于决定下来，答应派遣他与寇恂一同前往渔阳共结战线，共同抵抗王郎。有了这样的结果，耿弇才放下心来，回到自己房里歇息。

几天车马劳累，风餐露宿，耿弇终于发现自己太困了。他和衣躺下，一闭眼睛便昏睡过去。

不过心里有事，到底睡不踏实，第二日刚五更，他已经收拾妥当，和寇恂一起出发前往渔阳。由于不知道王郎属下的叛军是否在渔阳一带活动，为了安全起见，他们也只能乔装成一般商人的模样，悄悄进到渔阳城内，暂时寄居在一家客栈。

安顿好后，寇恂连夜去拜见太守彭宠。但彭宠显然也是犹豫不决，谈论到以后的出路，总是闪烁其词，一直故意躲避这个话题。寇恂也不好逼得太紧，只好无获而归。寇恂回到客栈，发现耿弇仍然还亮着灯并未安歇，一直在等着自己消息。寇恂害怕耿弇知道事情不顺利后更加忧心，连觉也睡不好，况且给他说了真实情况也起不了什么作用，倒不如明天再商议，便轻轻地侧身进到自己房里，也不点灯，预备摸黑睡下。

不料还没等他坐定，就听到有人敲门，显然耿弇听见了自己这边的动静。寇恂忙点着灯，一边思忖着如何应对耿弇的询问，这样耽误片刻工夫才起身开了门。然而进来的人却让寇恂大吃一惊，这人不是耿弇，却是彭宠身边的红人吴汉。见吴汉这般悄悄秘密地来到这里，寇恂立刻猜测出，吴汉一定有重要的事情要和自己商量，或许渔阳、上谷联兵的事情能有所转机，忙振作起精神，热情邀吴汉进来。

让吴汉坐下后，寇恂赶紧为吴汉斟满一碗热水，往灯里添满油，把灯捻拨亮些，忙活完了才在吴汉的身旁坐下。吴汉面带笑意地望着寇恂："害怕你今夜无眠，我特意赶来告诉你一个消息，我家太守彭大人已经答应联合上谷抵挡王郎了！"

"哦？这么利落？"寇恂一惊，不相信似的看着吴汉。

吴汉微微一笑："其实也没别的，你和彭大人交谈半晌，我一直坐在旁边静默不语。你告辞后，彭大人问我，对于联兵怎么看，怎么总不说话？我站起来只说了一句，彭大人立刻恍然大悟，当即下了抵挡王郎的决心。"

"什么话，我就知道吴大人足智多谋，奇人必有奇谋，别卖关子了，快说吧！"寇恂伸长脖子。

"自古有句处世名言，任凭风浪起，稳坐钓鱼船。当今形势，扑朔迷离，盲目追随，往往是出家容易归家难，到时候往往使自己陷于被动。倒不如拥兵自重，如此一来，无论是王郎还是更始，都会看重渔阳。若轻易归顺，则被人看轻。坚守节操，敌我都会敬重。这话一出口，彭大人立刻点头称是，事情就这样定下来。"吴汉轻松地一笑。

"哦，能琢磨其心思，说出话来投其所好，智者之为也！"寇恂连连感叹，忽然想起来，忙到隔壁把耿弇叫出来，三人相见，谈论大半夜，十分投机。

就这样，渔阳和上谷两座重要城池在耿弇内外兼施的策略下，转向刘秀一边。耿弇接着一路追随，向刘秀报信，请刘秀充分利用这个有利条件，赶紧想办法转入攻势。

有渔阳与上谷两个重要地段兵力相助，再加上信都忠心耿耿地作依托，刘秀感觉眼前一片光明，消沉的希望忽地充溢在胸中。他立刻派遣冯异等人四下出动，召集兵马，操演阵法，冷清的气氛很快热闹起来。经过众人努力，刘秀手下兵将逐渐多起来，临近几个郡县的百姓听说清廉能干的大司马就在这里，立刻纷纷涌入信都。荒凉一片的信都很快人喊马叫，演兵场上喊杀声震天，报名参军者络绎不绝。一支汉军红红火火地壮大起来了。

有了充足的兵力，刘秀和邓禹等人商量，必须尽快转守为攻，打他两个漂亮仗，迅速挽回整个河北汉军低落的士气，让百姓看清楚，谁才是正统。

商量来商量去，大家一致认为，首先攻击的应是已归顺王郎的和成郡。此地是王郎大军的一个据点，王郎在这里屯扎大量兵马，意图要把势力扩至上谷与渔阳。所以打好这一仗也就显得至关重要。

刘秀把信都作为大军的基地，封老成持重的刘隆为大将军，让冯异和王霸为副将，率领汉军进攻和成。三人听命，都非常高兴，能在反击狂敌的第一战上大显身手，让许多人羡慕不已。

紧张地筹备后，刘隆带着大军前往和成。一路上，老百姓听说这是大司马的队伍，议论起大司马在河北锄强扶弱所做的好事，都纷纷响应，青壮年人则揭竿为旗，加入汉军中来，走过几个郡县，队伍迅速壮大起来。

经过十余天的跋涉，终于临近和成了。刘隆谨慎稳重，一边先命部下在一处广阔的平地上安营扎寨，一边派冯异换上百姓衣装，悄悄前去探看城内的虚实。

太阳缓缓地跌入地平线，黑色也逐渐吞噬了整个天地，春天时节夜色降临得特别快，似乎咣当一声，夜幕就放下了。冯异带着几个人趁夜色遮掩出发，直至半夜时分他们才回来。

“大将军，要攻下和成真不是件简单的事情！”冯异一回来便钻进刘隆的帐篷神情严肃地说。

“我们仔细勘察过，此城地理环境极为险峻。虽然和成是个小城，但整座城池处在很高的地势上，叫我看，用一般的攻城办法根本动不了它分毫。”冯异拿出地图展开，指指点点对刘隆讲起城墙周围具体地形。

“冯将军果然仔细，对于和成特殊的地理位置，我也听人说起过，正因为如此，才请冯将军亲自去看一看。不过尽管险峻，但它毕竟是个小城。只要我们发挥好人多的优势，对其实行包围战，我想他们未必能硬撑很久。兵法不是说过，‘十则围之’，这就是人多的好处。”刘隆沉着地盯着地图说。

“可是，刘将军，我们一路北上来到和成，声势很大，只怕王郎早已听说了。或许他已赶在我们前面对和成实行了援救。也就是说，和成现在正时刻准备与我军一战，如果贸然行动，恐怕会造成不必要的损失。咱们这是反攻王郎的第一战，若是失利，那就不仅仅是和成一个城池的问题，会影响整个河北的人心走向。”冯异不无担心。

“那你有好的作战计划吗？我也知道，现在王郎也开始关注这一战，胜负都全仗着这一次能不能迅速拿下和成了。”刘隆皱皱眉头叹了口气。

“暂时还没有，我先回去想想，随后再商议。”冯异起身卷起了地图。

“那也好，你累一天了，早点休息吧！明天再召集其他将领商量对策。”

第二天夜色还没完全褪去，刘隆便召集众将士，开始商讨如何进占和成。你一言我一语地讨论很大一会儿，都感觉硬攻不是明智办法，现在刚招募这些兵士，一旦折损，很难补充，眼下是赢得起输不起，倒是可以试试智取。

对地理熟知的邓禹忽然想到了一个极好的办法。和成所在的山地极为险要，通上山的路也只有几条，而且都有重兵把守。现在只有找到突破口，才能出其不意地攻上山去。

邓禹记得以前他在长安有个书童就是和成人，有次闲聊中，偶然说起和成，书童告诉过他，和成坐落的山上有一条供山下百姓上山采药的路很是隐蔽，几十年前，山下瘟疫普遍蔓延，大家听一位世外名医指点，说山上有一种药能治愈这种病症，但那时和成太守根本就不让山下居民随意上山，所以很多村民明知怎么治病，却因拿不到药而死掉。后来有些年轻力壮的村民自己开辟了一条小路上山，终于采到了药，正因如此，书童对这条救命路十分重视，向邓禹说过好几次。而邓禹从那时就留意山川河流的形势，预备以后大用，结果还真用上了。

邓禹立刻亲自出去向村民问个究竟。得知果然确有此事，连夜刘隆便组织善于攀缘的兵士，另编成一军，打算从此路上山，出其不意攻下和成。

但是事情并不像想的那么简单。小路真是艰险无比，好多士兵都不慎摔下山谷，即便爬上去的士兵也个个筋疲力尽，此刻若再遇上准备已久的王郎兵马，更是不堪一击，结果只能是溃败而回。

刘隆在上山时摔了一个跟头，胳膊腿都被擦破，登山的兵力用不上，力量也就受到很大的削弱，眼看再没有军队来援助的话，纵使没有险要地势做屏障，和成主动派兵下来攻击，胜负也很难预料。刘隆等人像是热锅上的蚂蚁一样，在大帐中转来转去，不知如何是好。

正在这千钧一发之际，邳彤率领援兵不期而至。邳彤原先作为一县县令，将县城治理得有声有色，后来王郎军队南下，把他的职务解除并要求其归附和成郡，邳彤不服，便自己征集本县士兵前来投靠刘秀。闻听刘秀部队就在附近作战，便赶了来，希望先建立一番功劳，作为进见的礼物。

天还不亮时分，听说邳彤带了兵马前来，刘隆激动地从床上跳起来赤脚跑出营帐。大家相见，刘隆紧紧握住邳彤的手点头连称真不愧是及时雨。邳彤的到来不仅给刘隆兵马增强了实力，更多了一位有策略敢决断的谋士，加上他是本地人，对周围环境又十分的熟悉，使刘隆等人立刻信心倍增。

根据邳彤的安排，众人得知和成城内粮饷并不充足，近来经常从邻近的贯县购买粮草，而且还是一大队人马押运。等他们再到贯县往回弄粮草时，只要刘隆等人装扮农夫上山给他们送粮草，自然不会引起怀疑。

冯异与邓禹随邳彤带着部分兵马回到贯县做好准备，等待和成人马送上门来。

和成太守和主管按时到达贯县，每次和成兵将购买粮草时，因为人手不足，往往需要在贯县召集一部分人跟他们一块上山运送。而这回由于要加大兵力守住各个要塞，运送粮草的兵士更是稀少，这正印证了冯异他们的想法。冯异和邓禹等兵将装扮成农夫，与和成兵士们一起运送粮草，一路顺顺当当地进了和成城内。

而刘隆与王霸等人早已在山下埋伏，只等城内一有动静便攻上山去。冯异与邓禹等人进到城中后，在和成故意制造混乱，四下扬言说刘秀已派一大队兵马即刻就要攻上山来。和成百姓经过这些年兵乱，已经是惊弓之鸟，闻听消息个个惊慌失措，纷纷想办法逃出城去。

来来往往的人多了，见刘秀他们的军队在远处扎营，且并没有进攻的意思，守城士兵们也累了几天渐渐懈怠下来，那些把守要塞地方的守兵同样放松了警惕。一直养精蓄锐的刘隆等人见时机到来，顺势而发，攻上山顶。再加上冯异、邓禹率领兵将在里面接应，砍翻把守城门的兵丁，把吊桥放下，城门大开，小小的和成城门被攻破，各处要塞的防守士兵见老窝被抄，自然也就弃甲曳兵投降。

这一仗打得十分艰辛却很漂亮，是刘秀大军一次重要的转折点。很多地方官吏和百姓都感觉到，不要说天下大势，就是河北一带，也已不再是王郎占绝对上风了。刘秀手下将士们更是士气大振，高呼着要推翻王郎的伪政权。

与刘隆几乎同时，刘秀带领其他兵马转战于另一个重要的地方——镐城。此地一直是汉室一个诸侯王——真定王刘扬拥兵占领的地方，而他手下的兵力有十几万，几乎可以同王郎匹敌了。让刘秀担心的是，一旦刘扬与王郎并肩作战，纵使他两个刘秀也难有胜算。

更让刘秀担心的，镐城地处邯郸不远，王郎占尽优势，镐城不可能不知道，所以刘秀只有火速前往，争取在王郎前先拉拢刘扬。

王郎当然也不是省油的灯，看天下大势尽在这一步棋上，也几乎同时派了心腹大将李恽前往镐城争取刘扬。

一直处于紧张状态的刘秀时刻不忘此举的重大，连夜赶路丝毫不敢停留耽搁。离镐城越来越近，刘秀也分明感觉到气氛越来越紧张。李恽大军即将兵临城下，现在至少只有与之同时到达才不会失去主动权。

在距镐城还有二百里时，前方传来消息说，李恽大军距离镐城已只有一百里。天色渐渐昏暗下来，从这里进抵镐城，只有走小路才有可能不落在李恽后边。而这一带的小路树木茂密，听当地人讲，树林中各种野兽出入频繁，其中不乏祸害人畜的老虎、豹子等猛兽，晚上进军真是件危险之极的事情。

但刘秀又不得不抓紧这一晚上时间，在李恽大军休息的时候把一百里的差距给追回来。

士兵们已经几天没有休息了，一直快马加鞭地赶路，原想今晚可以暂时歇息，却不料李恽大军的速度也毫不逊色，形势变得相当紧迫，看来也只能冒着生命危险夜穿丛林了。让刘秀分外欣慰的是，全军士兵没有一句怨言，大家努力把腰身挺直，打起十二分的精神开始进入漫无边际的树林。

在刘秀的带领下，全军上下举着火把在丛林中穿行。路上的野草划伤了士兵的手，荆棘刺破了他们的脚，但却没有一个人埋怨一句，都寂静而有序地前行。让大家深感庆幸的是，并没遇见当地百姓所说的猛兽，或许它们也慑于这支火龙一样的军队，蜷缩在一旁没敢出来。

林木渐渐稀少，终于迎来了新一天的曙光。在大家眼里，初升的阳光如此灿烂明媚，昨晚那条在黑夜里蜿蜒游动的火龙将以更出色的表现惊诧天下。

这一晚的辛苦总算没有白费，刘秀等人与李恽同时驻扎在离镐城不远的东西两方，谁也不敢再往前一步。唯有争取到镐城大权的，才是胜利者。

还没等刘秀大军安定下来，便有急报惊起无数波澜，根据城内暗探禀报，镐城大姓苏公秘密出城，与王郎大军会合，商量对策。这个苏公是王郎的至亲，只有杀掉他，才能防止他暗中勾结镐城投向王郎，才能避免两股强大的力量一起来攻打刘秀。

耿纯二话没说，主动请战，要趁双方都没安稳下来之际，来他个出其不意，立刻杀进对方大营，直取李恽，夺其士气。刘秀虽然知道这样有几分冒险，但也没有阻拦他，只是重重地向耿纯点了点头。

耿纯果不负众望。他率领一支精锐骑兵突然向李恽营帐冲了过去。李恽和部下都以为两军要在镐城驻扎对峙，根本就没有作战的打算，更料想不到经过连续行军，对方能立刻发动攻击。一时间耿纯率领骑兵横冲直撞，如入无人之境，径直窜进中军大帐，没等李恽反应过来，一刀劈砍下去，血光一片。

等李恽部众乱窜着组织抵挡时，耿纯已经提着李恽和苏公二人的头颅大摇大摆返回军中。李恽大军一下群龙无首，混乱不堪，又少了镐城里的内应，优势尽失。王郎得知此事，迅速赶赴战场，但远水毕竟救不了近火，此时镐城令已经归顺刘秀了。

不过镐城令的归顺并不是关键，至关重要的是争取到真定王刘扬。只要他一日不与刘秀联合，危机就时刻存在。

和刘扬接触的使者已经派出去了两天，但一直是杳无音信。好不容易等使者回来，进门却是一副哭丧的脸，趴在地上说刘扬如何高傲，如何出言不逊，请求刘秀攻打刘扬。但刘秀知道，眼下王郎在一旁虎视眈眈，攻打刘扬别说没有把握，就是有把握也不能轻易开仗，一旦打起来，必然损兵折将两败俱伤，到时候坐收渔人之利的却是王郎。这样一来，自己的努力就全白费。

见刘秀皱着眉头没说话，骁骑将军刘植站了出来。“明公，我再去试试吧，刘杨与明公毕竟同是大汉宗室，况且我听说此人并非十恶之徒，只是害怕丢失眼前的富贵和势力而已，相信只要晓之以理，动之以情，要联合他也并不是完全没有可能。”

“这话当然不错……可是，前次派去的使者被他羞辱了一番，看情形他脾气还不小，难保他会不会一时迁怒于你，你……要小心行事。”

“大司马请放心，俗话说打蛇打七寸，只要摸准了他的脾气，谅他不会把我怎么样的。如果我前去也无法挽回的话，那时再打也不迟。”刘植弯下腰施个礼努力笑笑。

刘秀叹口气点头答应，目送刘植转身离去。

苦苦等待了几天，全军上下都开始不安起来。根据探马来报，说王郎带领大军就要抵达这里，而这边与刘扬又没有达成沟通的迹象。看来这场战争无论是跟谁打，都不利刘秀。

就在这个关键时刻，刘植满面春风地回来了。正如他所说的，摸准了刘扬的脉，对症下药，凭着他那三寸不烂之舌，竟奇迹般地把刘扬说服了。尽管这对于刘秀来说是件再好不过的事，但刘植替刘扬转达过来的一个要刘秀答应的条件，却让刘秀左右为难。

原来刘扬也知道和刘秀作对打仗对自己没有好处，但他又担心刘秀会在联合他打败王郎后，再回过头来反击他，吞没他的军队，夺取他的性命。为了保住自己的富贵，他提出一个条件，要求刘秀娶他的外甥女为妻，以联姻作为保证，并且将来得了天下还要立他的外甥女为皇后，证明刘秀联合的诚意。

一想到这个条件，刘秀便食不下咽，夜不能寐，当年牵手阴丽华许下的誓言还回荡在耳边，记忆犹新，如今要他违背誓言，欺骗自己深爱的人，他实在感到负心的愧疚。

但是倘若他不答应，也就是自己承认原本就没有诚意，那后果将不堪设想。刘植冒着生命危险争取来的机会也将化为泡影。而这个机会的丧失，对他刘秀本人乃是对追随自己的部众，都是致命的伤害。

刘扬的最后期限马上就要到了。在期限来临的最后时刻，刘秀几乎没有犹豫，心一横答应了下来，并且爽快地表示，婚期就定在三天后。

真定王果真是个不简单的人物，势力强，也财大气粗，几天时间里，婚事已经张罗好。整个府邸挂满了红色的丝绸帷幕，与灯笼火焰欢快地跳跃着，晃动得刘秀双眼恍惚。

已经八分醉意的刘秀被推到了洞房内，他努力地抬着几乎要闭上的眼皮，打量着眼前这模糊的一切。他脑子里旋风一般刮过许多想法，如果那床边坐着的是自己心中所爱的丽华，那将是完美的一切，但是……

刘秀跌跌撞撞地坐到了桌边，心中曾千万次幻想着与阴丽华欢愉的场景一次次显现又渐渐模糊。醉意浓浓地袭上来，他再也没有力气支撑，趴在桌面上昏睡了过去。

不知过了多久，他隐约感觉有人轻抚他的面颊，如此轻柔让刘秀甚是陶醉。他缓缓睁开眼，看见一个模糊的身影站在身边，手中还拿着一杯水，不时地往他口里送。

如此一个娇柔美丽的女子，怎么能忍心这样伤害她呢？刘秀摇晃着立起身子来，仔细看了她第一眼，虽然只有一眼，已经不禁怦然心动。刘秀惊讶地发现，她的姿色毫不逊色于阴丽华，甚至比阴丽华还多了几分雍容华贵，妩媚动人。

那女子轻轻地坐在刘秀旁边，给他斟上一杯酒，举起送至刘秀手旁，莞尔一笑，露出半个酒窝，见刘秀看着自己又低头羞红了脸。想着自己心中的大英雄如今就坐在自己眼前，而且是自己的丈夫，她羞涩中充溢着喜悦，更显得风情万种。刘秀不知为什么，心里有东西一沉，踏实下来，他已经决定从心里接纳这个自己第一次谋面的新娘了。

刘秀接过酒杯，与这个叫郭圣通的女子完成了交杯酒，便又迷糊起来，继续斜倚在床上睡了起来。

等他醒来时已是五更天了。想着梦中与阴丽华携手湖边嬉戏的情景，不禁微微一笑，一转头，才猛然发现旁边躺着的，是自己素不相识的新婚妻子。

第二十八章　豁达开明　法不避亲

更始二年（24），在一片锣鼓喧天，管弦悠扬中，刘玄迁都长安。来到这座山水绝佳、物阜民丰、易守难攻的军事重镇，刘玄放心许多。他敞开胸怀封官加爵，那些曾经为他冲锋陷阵的汉军主要将领十余人，都各有官职。除了王凤不在朝廷外，朱鲔、李轶、方望等掌握着宫中大权，刘婴、李松等出谋划策的丞相，也占尽风光。刘玄还特别提拔善于阿谀奉承的赵萌为右大司马。

赵萌的突然高升，让很多人迷惑不解。许多身经百战的将领们不禁互相打听，这位赵萌何许人也，他有何大才，没听到什么响动便坐到了一人之下三人之中的交椅上呢？

赵萌原本地位并不高，只是个侍奉皇上饮食起居的角色。但赵萌为人乖巧心细，他对刘玄的脾性、喜好都认真揣摩，知道刘玄如今贵为天子，已经不满意韩氏独占床第。并且赵萌还了解到，随着刘玄逐渐适应了做皇上的威严，韩氏已经控制不住他。于是他就乘虚而入投其所好，远道从江南买来一个樱桃小口、杨柳细腰的妓女，诈称是自己养在老家的爱女，特意领来拜见皇上。

刘玄一看如此绝妙的江南佳人，立刻喜上眉梢，赵萌则做出忠心耿耿的样子，顺水推舟，把自己的“女儿”献给刘玄，二人相扶走入洞房，喜结连理，赵萌自然也就轻易地成了国丈。而正如赵萌所料想的，刘玄的原配韩氏出于嫉妒，大闹几场后，刘玄对她彻底厌恶，被那个小妓女儿夜“枕边儿风”吹得晕头转向，加上赵萌从一旁撺掇，韩氏最终被打进冷宫，后又让赵萌指使人给悄悄杀掉。

这样一来，新娘更加受宠，正中了赵萌下怀，他放开手脚大肆活动，将自己的心腹安置在刘玄身边，将对刘玄的掌控权不声不响地从朱鲔等武夫那里转到了自己手中。

看到赵萌独揽大权，渐渐失去控制，朱鲔和李轶等人相机行事，为了保住手中兵权，他们得到刘玄许可后，带了自己的兵马，到关东镇守一方，去做自己的土皇帝去了。

此刻河北战场正激战犹酣。

自从与刘扬联营，势力大大增强后，紧接着又有好事登门。汉中王麾下的两员猛将贾复和陈俊慕名前来投奔。这两人不但作战勇猛，而且颇有心计，曾经率兵大败增援巨鹿的刘奉。有了这两员战功显赫的大将军做左臂右膀，刘秀心里更有几分胜算把握，趁热打铁，挥戈引兵向柏人城进军。走到途中，有探马来禀报军情，说王郎部将早已将增援部队摆好阵势，正以逸待劳，请大司马定夺。

刘秀思忖一下，决定不急于硬拼，先攻占附近的广阿城，作为或进或退的据点。由于前不久贾复和陈俊两人在这里轻松取下王郎的横野将军刘奉的首级，其余兵将闻风丧胆，等刘秀兵马刚接近广阿时，已经溃不成军，不攻自破。贾复和陈俊率领众人，吼叫着冲破广阿城门，不费吹灰之力，便让城池易主。大家暂时在城内稍做休整，等待耿弇等大将引领渔阳、上谷的突骑前来会师。

安顿好后，刘秀叫上邓禹，二人登上城墙的角楼，铺开地图，指指点点，探讨下一步的作战计划。风还夹着些寒意，吹得二人思绪纷飞，不经意地抬头看去，太阳被乌云遮住了大半个，只露出月牙般的一角，天色昏黄昏黄。刘秀忽然感觉到，这天色就像自己此刻并不明朗的心一样。他思忖：虽小获胜利，但这只是万里路上刚刚有个好开端，王郎的势力还很雄厚，听说更始迁都长安后朝廷形势更加混乱，各地豪强势力纷纷放开了胆子闹割据，江山分裂如同横七竖八的大棋盘，而自己，眼下不过其中一颗棋子而已，有把握收拾这番残局吗？

邓禹见刘秀心神不定，已经猜测出他的心思，他倒背双手临风而立，神情严肃而淡定地看着苍茫的天色：“明公，您看那云层里的太阳，不管经历多少时辰，尽管眼下还是时常刮风下雨的恶劣天气，但谁都知道，乌云是遮不住红日的。”

刘秀自然听出了其中的含义，哑然失笑地摇摇头：“知我者，唯仲华也！”说着两人四目相对，一起哈哈大笑。笑出几声，刘秀忽然又紧锁起眉头：“仲华，方才你说我对天下形势考虑得还不够周到，我一直想不通确切的意思，能不能说得更清楚些？”

邓禹目光灼灼地沉声说：“明公，道理其实很明白，今天下扰乱，人思明君，犹如孝子思慕慈母，当年尧无三夫之分，舜无咫尺之地，禹无百人之聚，汤武手下将领，最初不过三个，但最后怎么样，他们都成一统江山、名垂万世的天子。由此看来，古往今来成大业者，在德尊厚，不在地盘大小。俗话说，行下春风望夏雨。明公现在只要一心修德，如春风荡漾，到时候自然万物生长。”

两人正说得热闹，忽然被一声叫喊打断思绪：“禀大司马，左大将军任光从信都赶回，正在大营外等候！”

邓禹听报，不由得疑云浮在脸上，刘秀也是暗吃一惊。按照行军计划，这个时候，任光一行人也就是刚到信都，难道路上遇了埋伏，兵马遭有不测？“快，快让他进大帐内说话！”刘秀挥挥手让兵士下去，自己快步走下城头。自从大军离开信都后，信都王死灰复燃，暗中勾结王郎兵将，把信都重新占据，还关押了信都太守宗广和许多汉军将士的妻孥和父母。一时间人心惶惶。刘秀特意命令任光再把信都夺回来，从时间上判断，估计出了差错。

任光穿着撕成条条缕缕的战袍，一脸狼狈相地大步跨进帐内，也不敢正视刘秀和邓禹，抱拳半跪下来痛声说：“请明公降罪，末将该死！”

刘秀没心思听他请罪，焦急地盯着任光：“先别来这一套，快把具体情形说清楚！”

任光满脸通红，羞愧难当地回答说：“明公，属下没有鼓动好兵将，他们见人家信都王得了王郎的援助，兵强马壮，都揣度着此战劫数难逃，遂纷纷弃甲丢戈而逃，最终所剩甚寡，在下不敢贸然进兵信都，故擅自无功而返。”

刘秀叹着气摇摇头，说：“天下大乱，生灵涂炭，百姓苦呀！蝼蚁尚且偷生，为人怎不惜命？这也怨不得他们。左将军请起，咱们再商议对策，总得有个万全的办法才成……”

话还没说完，忽听城墙头上角鼓阵阵，号角齐鸣，大家走出帐外，正碰见过来传话的兵丁，原来是耿弇带的渔阳、上谷兵马来到城下，正吆喝着要开门进城。刘秀忙把信都的事情先放下，带着邓禹和任光等人，登上城楼向下观望，果然是耿弇率领着千军万马候在城门外。

刘秀连忙让人敞开城门，迎接远宾。大家相见握手言欢，气氛异常热烈自不待言。两军会合后，实力大增。耿弇把自己这次带来的几位将领如寇恂、景丹、吴汉、盖延和王梁等人一一介绍给刘秀，诸将纷纷上前参拜。看着队伍忽然壮大不止一倍，刘秀自然高兴，当即传令，大摆宴席，犒劳众位将领。席间封耿弇和彭宠为大将军，众人欢聚一堂，互相倾吐衷肠，说话很是投机，气氛异常热烈，直饮到一醉方休。

就在两军会合不久，如锦上添花一般，又有消息传来，长安朝廷派遣尚书令谢躬与振威将军马武，率领一支汉军经过全力激战，已经收复信都，正向广阿凯旋，信都将士们的家眷都已被解救出来。这个消息不啻乌云散去见太阳，大家不但立刻消退了心头沉甸甸的重压，更感觉到，自己已经不是孤军作战，河北和长安已经连成一片。

趁着捷报接踵而至士气旺盛的时候，刘秀准备索性放开手脚，大干一番。他特意找来邓禹，对着面前的地图商讨下一步的行动。邓禹考虑如何利用谢躬的助阵兵马，不使长安和河北发生龃龉，别把好事做成了坏事。这也正是刘秀所担心的事情。长安方面这次派出的兵力不少，他们的实力不能小觑，倘若安置不好，被取而代之的可能性也是有的。那样一来，在河北所有的辛苦，都会变作为他人作嫁衣裳。

看刘秀拧眉苦思，半晌没言语，邓禹想一想建议说："明公，根据眼下的情形，咱们可以和他们一道商讨军政，至少表面上要亲密合作，但从内心里，又不能完全亲信他们。最好能派我们的勇将镇守通往长安的要道，不让长安兵马羽翼丰满难于钳制。这样，前方我们精诚合作，共同杀敌，而后方大本营又有坚实的支持和保障，进退自如，胜算会更大。"

刘秀对这个建议颇为赞赏，在召集将领商议军情时，婉转地向各将帅表明了自己的态度，刘秀特别指出，目前最主要的目标就是尽快夺取邯郸。而夺取邯郸的进兵战略分为两路，一路由右大将军李忠率领，重兵把守信都，根除那里的残余叛乱，抚慰百姓、减免苛税、鼓励生产，为前方战场源源不断地输送粮草及其他军用物资；另一路由刘秀亲自带领，进军巨鹿。由于王郎散布帝嗣之名，假借汉成帝亲生骨肉，很有益惑人心的力量，很多城池中民心在敌，且对方兵强马壮，对汉军而言是一个不小的挑战。"所以，我军将士要拿出顽强作战、一鼓作气的勇气，一举歼灭敌人，不久之后，邯郸定是我们的天下！"末了刘秀霍然从帅案后边站起来，话语铿锵。

诸将听罢安排，大战在即，无不热血沸腾，摩拳擦掌地跃跃欲试，以耿弇领头跨上前来，抱拳跪地高声应命："明公在上，我等一定听从指挥，严守军纪，为明公效力，在所不辞！"

刘秀欣慰地一笑："请起，请起，刘某何德何能，能有你们这些忠心赤胆的良将。诸位务必努力，等到汉军全胜的那一天，天佑善人，苦心之后，定然会有丰厚回报！"

谢躬在一片欢声雷动中却觉察出一些异议。他觉得既然刘秀一再强调王郎势力很强大，汉军就应该全力以赴，鼎力相拼。若分两路，岂不分散兵力，最终造成寡不敌众？这样想着，他站出来抱拳说："大司马，有句话不知当讲不当讲。常言说，虎狼当道，安问狐狸；大害既除，小害自已。目下咱们最大的对手是王郎，只要能把王郎拿下，其余残部自然不攻自破。所以还是全力出击巨鹿和邯郸的好。"

刘秀似乎早就料想到谢躬会提出这个问题，微微一笑，耐心地娓娓道来："谢尚书，这个道理我也想过，不过仔细琢磨，眼下信都虽平，但大局初定，我们的脚跟尚未站稳，而原来信都王郎余部的反叛情绪和反叛势力依然存在，如果我们稍一放松，他们便会死灰复燃，那样我们就会前功尽弃，很容易造成腹背受敌的不利局面。况且叛贼马宠乃本地恶霸，他在暗地，我们在明处，所谓百足之虫死而不僵，他对此地又甚为熟悉，发起祸端，更是容易，切不可掉以轻心。唯今之计，我们应该一步一个脚印，从大处着眼，小处着手，凡事做最坏的打算。倘若邯郸那边有所不测，咱们也还有退路，不致一棵树上吊死。"

谢躬想想，也是这个道理，很快改变态度："大司马真可谓考虑周全，有勇有谋，谢某佩服，佩服。"

邓禹忙在一旁敲边鼓："尚书令大人，大战在即，请大人下令召回信都将吏，由右大将军李忠兼行信都太守使，两军合汇，全力奉命。"

谢躬并没有想许多，当下派遣心腹回信都，把自己的兵马带回来。这边右大将军李忠领命引兵朝信都进发，一切尽如刘秀安排。

事不宜迟，刘秀立刻下令，各营兵将稍做准备，整好粮草兵器，整装待发。吩咐下去，却发现自己平日里鞍前马后待命的刘斯干不见了。四下一打听，校尉冯涛战战兢兢地回答："明公，刘斯干，他……他被军市令祭遵斩头了。"

刘秀一怔，心里不由得抽搐一下，既而胸中腾起一股怒火。刘斯干虽不像邓禹与自己志同道合能为自己出谋划策，却也是情同手足。他的父亲刘福曾一片忠心地侍奉自己父亲，大半辈子过去，已经成了自己家中的一员。刘钦也颇喜欢刘福，特意为他儿子取名为"斯干"。"斯干"出自《诗经·小雅·斯干》中的"秩秩斯干，幽幽南山"一句，意思是希望刘斯干继承父业，依旧伴在刘氏左右。斯干从小就做刘秀书童，两人亲密如同兄弟。特别是从舂陵起兵以后，不论情形再险恶，局面再对刘秀不利，他总是默默为刘秀喂马整书，奔走效命，毫无投奔别处的意思。正因为如此，刘秀待他也颇厚。如今也不知什么原因，竟然被杀了头，刘秀顾不上多想，气急败坏地命人把祭遵找来，怒睁着眼睛大声质问：“祭遵，你好大的胆子！你说说，为何杀死斯干？他犯何错事？你要是说不出个道道……”

祭遵却一点也不惊慌，镇定自若施礼回答说：“明公息怒，属下并非无故杀刘斯干，他私拿府库黄金，触犯军法，依法当斩。明公既然让我担任军市令，为了严明军纪，我只是依法行事，将其正法。”

“私拿黄金?”刘秀一愣，忽然想起来前两天听刘斯干说起过，家乡旱灾严重，他外公、舅父家颗粒无收，无米下肚，但也只是说说而已，并没提什么要求。当时刘秀万事穿心，也没在意，现在看来一定是刘斯干见刘秀太忙，不忍打扰，实在没有办法，这才冒死私拿黄金。

“糊涂呀，斯干，我，我……有愧于你呀！”刘秀连连捶胸，深深自责。他抹一把涌出眼眶的泪水，暴跳着手指祭遵怒吼，“好你个祭遵，你也不问问刘斯干为何私拿黄金，就糊里糊涂把他杀掉。他是冤枉的，他……他也是没办法被逼的。你，你还我的斯干！来人，把祭遵拉下去，关押起来！”

祭遵毫不畏怯，索性站起来挺直了胸膛：“明公，家凭长子，国凭大臣。大臣为主效命，自当为法是遵，不问其他。明公经常告诫部属要军队严整，私不犯公。现在祭遵执行军令职责，法不避亲。若是明公亲眷就可以先问情由，然后再法外施恩，明公请提前说到。那好，我这就贴出告示，自今以后，凡明公亲近之人，不在军法处置之列。”

这话一出口，刘秀立刻意识到自己的莽撞。他腾地红了脸，张张嘴却说不出什么。正在尴尬的时候，邓禹从屏风后边走过来，拍着手叫好：“古人有句至理名言，在家者不知有官，方能守分；在官者不知有家，方能尽分。这话用在祭遵身上，实在再恰当不过。好呀，古人风范，今天终于亲眼见到！明公，像这样的人物，还不赶紧大力表彰吗?”

这话立刻让刘秀找到个台阶，他绕过帅案扶起祭遵，转怒为喜地称赞说：“军令执法如山，不徇私情，这正是军市令的职责。坚守职责而被训斥，是我错怪你了。眼下军中就需要祭遵这样铁面无私严奉军法的将帅。对，仲华说得对，祭遵应该受到嘉奖！”当即封祭遵为刺奸将军。

消息传开，大家都私下称赞，只有如此开明的大将，才会有如此严明的属下，若是这样下去，焉有不取胜的？事后，刘秀悄悄厚葬了斯干，派人回乡给刘斯干外公家送去银钱粮食，算是对刘斯干的一点安慰。

五月的风早已暖人心脾。刘秀、谢躬大军联合在一起，士气雄壮意气风发，沿途之上日夜兼程，直逼巨鹿，准备酣战一场。

不料，王郎麾下的巨鹿太守王饶倒是一条硬汉子。他亲自登城，指挥士兵东遮西拦，拼死抵挡。巨鹿地势险要，城池河宽墙高，易守难攻，刘谢大军竭力拼杀，伤亡很大却没有攻下。

时间一长，士气难免受挫，眼看再硬拼下去也不是办法，刘秀只好下令暂且停止进攻，在巨鹿外围驻扎下来，同时召集诸军将领商议对策。

大将耿纯仔细分析了目前的军情，提出一个设想，既然攻打巨鹿胜算难定，不如集中优势兵力，合力袭击邯郸。刘秀也觉得这是个解决燃眉之急的好办法，派出探马侦察，回报说邯郸此时兵力空虚，王郎被局势弄昏了头脑，兵力全都把守侧门偏窗，把手下几乎所有兵力分成两路，一路守巨鹿，一路守柏人，而把正门给空虚起来。这恰好给刘谢大军可乘之机。

刘秀立刻下令，撤走围困巨鹿军队，汇合东路方面的大军转战邯郸，对应王郎的部署，也把兵力分大小两股。小股兵力由留将军邓满、偏将军铫期率领，把守巨鹿，钳制住王饶，防止王饶转兵援助邯郸，另一方面也拖住柏人，阻止其前往邯郸的援兵。

除此之外的所有兵力都汇聚邯郸。经过简单选拔，集中起来精兵数千，由刘秀亲自带领，火速攻取邯郸。也是天助汉军一臂之力，就在刘秀率精锐骑兵赶往邯郸途中，冯异带领部下大军也从侧面赶到。这样一来，刘秀方面兵力骤然大增，兵将士气高涨，大战在即，纷纷摩拳擦掌。

临战之前，冯异向刘秀进言说："明公，自古得民心者得天下，打胜仗首先要笼络人心，取得百姓的支持。若想轻易取得胜利，与其拼上性命血战，不如先在百姓心目中将王郎杀掉。人之哀莫大于心死。只有王郎在吏民心中死掉了，征战才可能出奇的顺利。"刘秀连称说得对，立即下令草拟檄文，将王郎假借汉室子舆之名义，明为恢复汉室，其实不过是叛逆之贼的真相昭白于天下，王郎善于攻心来迷惑百姓，刘秀就以毒攻毒。这一招果然灵验，百姓们开始质疑王郎，特别是对他的苛政——横征暴敛、欺压百姓等不满发泄出来，王郎势力盘踞地区，人心惶惶。连王郎自己也听到风声，底气虚弱得简直无力应战。

右大将军兼行信都太守李忠，带领下南路汉军，马不停蹄地转奔到信都。沿途路过自己家乡，虽心怀对遭遇涂炭的娇妻幼子老母的挂念，但因军令在身，过门而不入，直奔府衙里下马伏案办公，夜以继日，操劳不辍。

李忠先查看信都失守前后的文书、折子，后又和原信都太守宗广彻夜长谈，了解当下情况，分析如何重新振兴信都，把这里垦为一片清平盛世，为百姓造福。他们二人通力合作，查明各世族门阀的层层关系及怀有叛逆之心贼寇们的藏匿之处，而后以迅雷不及掩耳之势，引兵出击，干净利落地捣毁一个个兵力割据处，把这帮人军法处置，毫不徇情。等社会平稳下来后，接连发布一连串法令，对当地百姓废除旧制，减免苛税，鼓励生产。不长时间里，信都稳定下来，城头上飘着汉刘秀的大旗，格外夺目。

邯郸方面，刘秀和谢躬、冯异三军合兵，也做好了充分的准备。而邯郸城内完全是另一番情形。由于王郎把精兵都分发到各地去据守关隘，致使邯郸城内仅剩下老弱残兵，根本没办法抵抗。王郎此刻才意识到自己的失策，被人击中了软肋，但也毫无办法，在刚刚修建的温明殿内走来走去，如同热锅上的蚂蚁，惶惶不可终日。此时丞相刘林也预感到大难来临，忙出主意说："咱们不是没有人马，而是都派出去了，现在应该赶紧派人闯出城去，召集巨鹿、柏人的兵马，让张参和王饶等人火速回兵援救，然后在四处散发檄文，调集各地郡县的人马，来他个里外夹攻，不愁打不败刘秀！"

王郎狠狠地点一点头："没想到一个刘秀折腾出这么大动静，要是当初知道有今天，起兵的第一件事就是把那厮杀掉！"

刘林本想说，你不是善于卜卦，能上天入地，知道未来的事情吗，这次怎么没算准？但危急时刻，又有君臣名分，也就咽口唾沫把话吞进肚里。王郎立刻行动，命令少傅李立起草诏书，派遣使臣突围出去，乞求援兵。

对邯郸合围完成后，汉军擂响了战斗的大鼓，就要冲杀。冯异又向刘秀献策说："邯郸城内虽说兵力很少，但有王郎在里边，王郎善于蛊惑人心，倘若他们做困兽拼死守卫，这样势必会对峙着相持下去。我军如今势力还比较单薄，若是巨鹿和柏人那边发兵来援救，恐怕形势还有逆转的可能。不如派骑兵把树枝拴在马尾巴上，绕城奔跑，腾起漫天尘土，迷惑王郎，给邯郸守兵造成心理压力，使其军心涣散，这样一来，纵然王郎巧舌如簧，也无计可施。"

刘秀听着有理，立刻照办。接着汉军上边架起云梯，下边挖开地道，发动起猛烈进攻，一拨紧接一拨，杀声震天。王郎没想到汉军声势如此浩大，心惊肉跳地登上城头观望，见漫山遍野到处都是汉军旗帜，再往远处看，烟尘滚滚，似乎正有无数汉军赶来接应。他忽然腿上一软，斜靠在城墙上说不出话来。

第二十九章　痛定思痛　决裂长安

刘秀攻打邯郸的时候，上谷太守耿况和渔阳太守彭宠，不但派遣军队来助战，还送来大批粮草。汉军兵精粮足，又没有后顾之忧，攻势日益猛烈。他们手持特别宽大的盾牌，护住整个身子，城上的飞箭根本伤不了他们。城下还有劲弩和飞石掩护，让王郎守兵简直在城头上站不住脚。接着地下也不时有地道被打通，他们应付了天上的，顾不了地下的，手忙脚乱，疲于应付，渐渐士气疲弱，防守越来越漏洞百出。

王郎见情势日益危急，城内兵力明显不足，城外救兵又遥遥无期，实在没法子可想，只好派谏议大夫杜威为使臣，想议和归降，好歹保全一条性命。

杜威领命，来到汉军大营。但见中军大帐辕门敞开，气象森严。杜威表现得很有胆气，昂首挺胸，缓步来到刘秀面前，略微下拜，奉上书信不卑不亢地说："臣杜威奉孝成帝遗孤子舆陛下圣旨，来见大司马，商议两国停战事宜。"

刘秀高踞帅案后边，冷笑一声："什么遗孤，什么两国？真是无稽之谈！王郎不过是个算卦的破落户，突发奇想，竟然冒天下大不韪，冒充汉室后裔，仅此一条罪名，就该株连九族。再者说，王莽篡夺了汉成帝的江山，就是汉成帝现在还活着，都没能保住大汉，更何况一个假的刘子舆？你不用自欺欺人，也不用拿大话吓唬人，要投降尽管明说就是！"

受了一顿训斥，杜威仍旧镇定自若地拱手回答说："明公自从出巡河北以来，仁德忠信美名在百姓间口口相传。自古能容忍者为大人，信都和渔阳、上谷相继投降，就证明了这点。我家主公如果举城投降，按照以前惯例，应当封赏一个邯郸太守或者万户侯没问题吧？"

刘秀登时红了脸，把帅案拍得啪啪作响，厉声大喊："什么你家主公，也配和信都、渔阳、上谷的太守相提并论？他们三家帮助我汉室收复叛乱贼兵，是有功之臣。而王郎蛊惑人心，诈称汉室后裔，给河北造成巨大混乱，像这样的刁民，落在我手上，给他个全尸就已经算客气，还奢谈什么太守，妄想什么万户侯？真是耗子披上虎皮耍威风——叫人笑掉大牙！"

杜威听刘秀说得斩钉截铁，丝毫没有回旋余地，也变了脸色硬邦邦地说："既然大司马这样说，邯郸虽然兵少城小，但如果大家铁了心死守，恐怕也不容易攻打下来！"

朱祐等大将站在一旁，对着王郎的来使早就气愤不已，听他这样说，几个人唰地拉出腰刀，上来就要乱砍。

刘秀脸色虽然也铁青，但还是挥手制止住大家："这个杜威还算有几分胆识。可惜明珠暗投……让他回去吧！"杜威也不道谢，拍打拍打袍摆上的尘土，在众将领杀气腾腾的目光中，从容地走出辕门。

就在邯郸激战不息的时候，刘秀派遣的将军邓满和偏将军铫期也正时刻注视着巨鹿的动静。时值五月中旬，风沙特别大，刮得昏天黑地。这天风高月黑，半夜时分又下起了不大不小的雨。守卫巨鹿的主将王饶和手下兵将以为这种时候对方不可能进攻，都躲避到屋里歇息。

邓满和铫期就是要出其不意。他们利用雨声和黑夜的掩护，带领众兵将，甩动爪钩，钩住城墙的砖缝，敏捷地攀缘上墙头，然后再摸黑打开城门放下吊桥，里外一阵大喊，齐杀上来。铫期一马当先，虽然头上被刀尖碰伤，仍亲手杀掉五十多个贼兵，干净利落地攻下巨鹿，给王郎又一个沉重打击。

攻下巨鹿后，邓满负责留守，铫期带领一部分兵马，押运大批粮草，浩浩荡荡前去增援邯郸。

刘秀闻听消息，立刻如释重负，大踏步走出营外迎接英雄归来。一见面，刘秀顾不上铫期脸上还有伤，激动地重重拍着铫期的肩膀，竖起大拇指直夸："好好，辛苦你们了！"立即命人把巨鹿被攻破的消息散布出去。没了后顾之忧的士兵们大受鼓舞，欢声雷动，连邯郸城内也被惊动了，他们都站在城头上向下俯瞰，看汉军营寨里发生了什么事。刘秀即刻拜铫期为虎牙大将军，对立功将士大加赏赐。

增援部队融入战场，刘秀部队便注入新的活力，他们一鼓作气，攻势更加凌厉，喧天的喊杀声压倒了对方，震撼着雄厚的城墙。巨鹿失守，王饶被杀，无后援支持的消息很快传进邯郸城内。守军更是心惊胆战，无心应战，纷纷败下阵来，邯郸城摇摇欲坠。

感觉大势已去的情况下，王郎的少傅李立深夜打开城门，投靠了刘秀。随着城门洞开，汉军以锐不可当之势冲入城中，直击王郎的温明殿。邯郸将兵见败局已定，溃不成军，少数负隅顽抗的都被踏死在铁蹄下，血肉四溅，惨不忍睹。更多的屈膝乞降，乖乖做了俘虏。

整整一个血色之夜，刘秀汉军占领全城，只是王郎早已趁乱而逃，下落不明。为根除患祸，刘秀向各队兵马下出命令，一定要找到王郎，活要见人，死要见尸。

王霸在宫殿内抓来几个王郎亲信，连哄带吓地套问王郎下落。有个侍卫模样的兵丁终于吞吞吐吐地说，夜半时候，好像看见王郎从王宫偏门仓皇而逃。王霸问清大致方向，立刻跨马挥戈，冲出城外，奋力直追。天色渐渐发白，已经沿路追出数里，仍不见踪影。王霸勒住马想想，王郎一个算卦的，浑身没四两劲，不至于跑得这么快。想必他没有沿正路走，一定抄了小路。王霸遂折回低凹不平的山路，沿路仔细察看道路两旁，兴许王郎躲在林子和洞穴里。走出几里，忽然看到矮树丛里出现一条荒草蔓延的小路。路旁草丛里有个黑乎乎的东西，一动不动，好像块石头。

王霸起初并没在意，忽然想到，这里是树林，离山还远得很，怎么会有这么大块石头，况且还是黑的，真有点奇怪。他一蹬马，诈唬一声："王郎，我都看见你了，装也没有用！"不料喊声还没落，那个黑色的石头忽然站起来就跑。果然是王郎，王霸举起大刀，几步追到跟前，王郎慌乱之下，也掏出随身匕首，挣扎着做无谓的抵抗。王霸呵呵一笑，手起刀落，王郎连哼也没哼一声，没头的半截身子栽倒在草丛中。王霸也不下马，刀尖一挑，拎着血淋淋的脑袋回去请功。

王郎叛乱平定，然而这并非意味着河北就此太平。大乱既然起来，乱不仅在表面，更在人心，要真正平定下去，谈何容易？在王郎叛乱中，各地豪杰和地方拥有一定兵力的庄园地主，相继并起。不少当地士族伺机聚众敛财，积极打造兵器训练兵勇，企图割据一方，反正河北是天高皇帝远，正好当地头蛇做地方恶霸。

当时天下形势，公孙述盘踞巴蜀，在当地为非作歹称王称霸。李宪则自立为淮南王，秦丰自号楚黎王，拥兵自重，各守一方。梁王刘永称雄淮南，张步、董宪分驻琅琊，更有铜马渠帅东山荒秃、大肜渠帅樊重、林教渠帅高庭、获索渠帅古师郎、檀乡渠帅董次仲、五楼渠帅张文以及五幡、青犊等部，各据地盘，乱糟糟的令人目不暇接。特别是河北这块军事重镇，无论军事政治，还是财政赋税上，更始政权的控制都相对薄弱。

不过这些人割据势力虽广，但力量分散，很多流于散兵游勇。因为他们彼此的利益不同，各自打着自己的小算盘，不易结成同盟，只要能策划得当，集中兵力各个击破，一个个吃掉他们，并非难事。

然而盘踞在东方、由樊崇领导的赤眉军，号称百万大军，锐不可当，确实成为更始政权的一块心病，更始君臣每每想起来，都不免难以释怀。

除了樊崇的赤眉军，更让刘玄君臣担心的，还在于河北已经拥有强大兵力的刘秀。在一次大宴群臣时，刘玄拿着邯郸传来的捷报在众人面前扬了扬，半是欣喜半是担忧地说："大司马果然不负众望，当初百余人持节渡河出巡河北，结果马到成功，把河北一带叛乱势力扫清，大半江山回归汉室，可喜可贺。但是朕总有些担心，文叔在河北威名日盛，手中兵马越来越多，当初他在朝中装聋作哑，好像没什么志向，也没什么能力，现在看来，大半是伪装了。凭他的能耐，若……唉，朕心不能安哪！"

当时正好宜城王王凤也来朝拜贺，见刘玄主动挑起话头，忙趁机进谏说："陛下英明，刘秀自从刘缜被杀后装疯卖傻，其实最聪明不过，当初放他去河北，就大不应该。臣看此人素有大志，绝不会甘心久居人下，特别是咱们和他有杀兄大仇，此人若得志，咱们都难逃他的毒手。叫臣说，不久之后，他就会成为第二个王郎，并且比王郎厉害百倍！人无远虑，必有近忧。请陛下早想办法。"

赵萌赶忙也说："宜城王说得不错，刘缜死在陛下手中，他能忍受住如此屈辱，真乃人杰。现在他在河北虽然表面上还承认陛下，是因为他的力量还不够，故而仍在施展忍术。如果任其发展下去，整个河北都落在他手中，必然会尾大不掉，失去控制。当务之急，陛下应该赶紧派使者把他召回长安，剥其兵权，封个有名无实的爵位，压制住他。倘若他不服，立刻杀掉，免除后患！"

两人一唱一和，正中刘玄下怀，他立刻派遣御史黄党执汉节到邯郸召回刘秀。

邯郸城里风和日丽，兵将们擦刀磨剑，练兵演习，百姓各自忙于躬耕。汉室旌旗和刘秀大司马的旌旗高高飘扬在邯郸城头，猎猎作响。刘秀自入城邯郸以来，丝毫没有放松演练阵法，依旧严肃军风军纪，不抢掠百姓半根针线。废除了王郎旧制，颁布新文书，抚慰吏民，免除苛捐杂税，恢复农业生产，颇博得百姓好评。很多郡县吏民感恩戴德，不辞远道带来特产与美酒回敬刘秀兵将，可谓"民心可爱"，军民一家亲。也有昔日叛贼前来负荆请罪的，刘秀见后均好言安慰，不加刑罚，反而表彰他们知错能改，都有嘉赏。

目前这里虽是一派太平盛世，但公务却相当繁忙，一个政权的更迭，很多过渡的管理事务要整理，以邓禹和冯异为首的将领更是忙得不亦乐乎。负责搜查王宫殿堂的校尉冯异任务也很繁杂，有天他在整理所获王郎的文书时，发现了很多吏民在王郎控制期间与之私通的信件。其中有归附王郎的降书，有诋毁大司马刘秀的奏疏。

冯异感到事态严重，忙带着这些东西请刘秀亲自过目，请刘秀对这些朝三暮四的家伙严加处治。不料刘秀看也不看，大手一挥，命冯异当众一把火烧掉。冯异虽有疑虑，但军令难违，只得命手下取来火把，亲自将文书当众烧毁。熊熊火光照在前来观望的吏民脸上，忽闪忽闪发亮，等一大堆文牍化作黑蝴蝶一样上下翻飞的灰片时，大家立刻踏实下来，郡县吏民纷纷下跪，有正害怕大祸临头的人泣涕如雨，不打自招地高呼：多谢大人不杀之恩。

刘秀深知王郎在邯郸自立为天子期间，或出兵威逼降服周围不肯归顺郡县，或用高官厚禄利诱吏民，各处郡县或是受骗，或是贪图功名利禄，才效力于叛贼。如今王郎已灭，他们识清实务，投靠自己，如果自己不计前嫌，充分争取到这些力量，收服民心，就能不断壮大自己的军事力量，那样，重振刘氏江山就指日可待了。

刘秀一脸轻松的笑容，把吏民一一扶起，面对着火光，意味深长地说：“诸位放心，有些人当初受王郎蒙蔽，才误入迷途，酿下大错，其中情有可原，理有可恕，谁也不必斤斤计较。如今王郎已灭，让火焰烧掉这文书的同时也烧掉诸位心头不快。自今以后不再追究，还望诸位赤心一片，以诚相待!”

回宫后，冯异不解地问：“大司马为何不趁这个机会，将叛贼查个水落石出，斩草除根，彻底肃清反叛势力，而要将文书当众销毁？倘若有人贼心不死，以后再生事端，如何应付?”

刘秀轻轻一笑：“将军有所不知，邯郸初定，人心不稳，如果我看了文书或者将文书保存起来，吏民就会心存芥蒂，对我们不信任。况且民心要用软办法安抚，刀剑硬拼硬杀只会失去民心。当今之际，民心稳我们才能坐稳这邯郸城。”

一点即透，冯异恍然大悟，顿时佩服得五体投地：“大司马不但英勇善战，而且谋略过人，胸怀宽广，属下实在是佩服，佩服!”

自此刘秀声名大振，吏民知道大司马能容忍，不计前嫌，都真心诚意地追随于他。壮丁纷纷入编，军力大增，粮草充足，衣食无忧。经过努力，刘秀团结到一切可以团结的力量。终于应了他说的：大着肚皮容物，立定脚跟做事。

尚书令谢躬目睹刘秀日渐羽翼丰满，而自己从长安带来的汉兵势弱，且没受到重用，心里干着急却无对应之策。他想起当初更始皇帝派自己来河北，大半任务是要自己监视刘秀，而现在刘秀不但没监视住，自己的兵马反而被他轻巧吞去，情急之下向刘秀发牢骚说："大司马，属下奉旨增援邯郸，平叛贼，如今王郎已灭，我虽不敢以劳苦功高自居，却也临战奋力抵抗，无不倾力相助，我带领的这些兵将兄弟不贪图什么封赏，能真正为朝廷出了力，也就足够。我看现在已经没我们什么事，也该早日将长安汉兵编回原部，以便将来回归长安时能迅速开拔。"

刘秀当然能听出谢躬的意思，却不好撕破脸皮，表面神情平定，心里不免暗自琢磨："你奉更始之命，名义增援我，实则暗中监视我，如今我日强一日，你就捺不住了，痴心妄想在军中谋求发展势力，岂能轻易如了你的愿？"

这样想着，刘秀和颜悦色地说："谢将军恐怕错怪我了。大家同为陛下效命，且多亏尚书令率兵及时赶到，我们才得以夺取邯郸，若不是尚书令领兵神速，邯郸胜负还真未可知。尚书令善战沉稳，堪为我军楷模。只是从我自己想来，并不想强迫吏卒非得归属哪一路军队，凡报名参军者，完全由他们自愿挑选追随者，这就是我新制定的'更部分诸将'制度，这些尚书令都是亲眼所见。至于补充长安汉兵，自然也是这个办法，若有地方壮丁情愿加入者，我当然全力支持。"

这是刘秀早已计划好的措施之一。所谓"更部分诸将"就是改变原来"诸将同营"的旧体制，重新"分吏率各隶诸军"。

谢躬听他这样说，颇不服气，自以为平日里带兵打仗，对士卒关爱有加，今日前去募兵，一定会有众多追随者，到时候也叫刘秀瞧瞧，并非唯独他一个人是大英雄。不料招募一天回来，却事与愿违，竟没一个愿意报名的。

刘秀看到愁眉不展的谢躬，自然知道其中原因，却故意关切地问："尚书令为何事困惑，能不能对我说说，看我可否助尚书令一臂之力？"

谢躬抬头看看一本正经的刘秀，脸色赧然地羞愧难当："唉，说来惭愧，我们去招募兵卒，结果满城吏卒壮丁连我们这边招牌瞧也不瞧，纷纷自愿归附'大树将军'。"

"哦？大树将军，这个名字好怪，谁是大树将军？"刘秀已经风闻一些，仍佯作不知地问。

"大司马有所不知，大树将军者，偏将军冯异也。"谢躬却认真起来，"冯异将军他为人善良，兼得爱兵如子，体恤下情。每当打了败仗，他不像别的将军那样怒气冲天地埋怨士卒，打了胜仗却不居功自傲耀武扬威。冯将军只要行军打仗，坚持和士兵同吃同住，每有封赏必先分予麾下。每当诸将坐而论功之时，他总是默默地独坐树下，从不显耀自己的功劳。正因为这个原因，冯将军深受士兵的爱戴，故而美其名曰‘大树将军’。”

刘秀一听，很是惊喜：“冯异可谓贤将，如此深受士卒厚爱，真可谓军心不欺呀！尚书令，自古一心向善者，人欺天不欺；做好事者不必留名，而名自扬。所谓‘桃李不言，下自成蹊’，就是这个道理。”

谢躬自觉羞愧，连连称是。

不过事实上招募不到兵马，并非全怪谢躬无能，实为长安朝廷长期以来碌碌无为以致名声扫地。长安城内，不到一年时间，宫内几经扩建，没了韩氏的阻拦，很快召纳进宫女数千，刘玄似乎知道自己这个皇帝注定没多大作为，抱着在位一日赶紧享受一日的想法，沉湎酒色，日夜与赵萌所谓的女儿饮宴后庭。群臣想进谏商议国家大事，刘玄却醉醺醺地无法上朝。只有到了实在不得已的情况下，才将朝臣召到内廷中讨论。如此一来，为赵萌提供了把握朝政的机会，他垂帘听政，独断专行，俨然太上皇。群臣百姓见更始朝廷还没打下江山就这副德行，无不嗟叹，谁都知道这样的情形撑不了多长时间。

那次和谢躬谈话后，谢躬对刘秀的态度转变许多。刘秀找个机会，特意摆下盛宴款待谢躬，算是安慰其内心不满，也借此机会犒劳一下接连奔波不得歇息的兵将，一举两得。

富丽堂皇的大殿这日显得格外气势恢宏。长条形的红色地毯从入门阶梯处一直铺到大司马日常审阅文牍的帅案后边，地毯两旁一溜长桌排开，色香味俱全的菜肴已经摆放整齐，诸将个个红光满面，呵呵笑着互相拍肩膀拉胳膊取乐。等宣令侍卫高喊“诸位将军进殿就座，大司马有请”时，纷纷从两扇朱色大门中走进大殿。

刘秀从帅案后边站起来，喜形于色地打招呼：“诸位功臣，快请坐下！”

诸将纷纷欠身施礼，待大司马入座后，方陆续入席。

刘秀顿了顿，右手举起一杯酒，左手略微撩起宽大的长袖：“诸位将军，我等持节北渡，奉陛下之命讨伐王郎，王郎兵多将广，势力深广，而我军能一举剿灭王郎，取下其首级，坐镇邯郸，发展到今日情形，实属不易。能打出这片天地，全凭诸位文官武将出谋划策，亲临战场，英勇无畏，拼死抵抗。有在座各位的鼎力相助，才取得今天河北大体平定，刘秀每每想来，诸位实在是劳苦功高。今天我们欢聚一堂，就算庆功宴，诸位将军放开喝酒，大块吃肉，大家痛快地享受一醉方休，来，举杯！”说着，自己先饮下一杯。大家客气地谦让着，也都举杯同饮，几杯下肚，气氛渐渐活跃起来。

紧接着有钟鼓丝竹奏响，婉转乐曲中，歌女们迎乐翩舞，诸将领觥筹交错，边吃喝着边谈论起往日痛杀敌人的痛快场面，好不热闹。

酒至酣处，大伙都有了几分醉意。就在宴会渐近高潮时，忽然有兵来报：“刺奸将军祭遵求见！”

刘秀想来的正是时候，和大家一道饮酒，都乐一乐。

不料，祭遵满脸严肃，手提着一颗血淋淋的脑袋，大步迈上台阶，跪在红地毯上，在众人惊讶的目光里大声禀报：“大司马，长安汉兵在城中胡作非为，掳掠百姓，践踏军纪，产生不良影响，地方百姓对此颇有非议。在下奉命执法，拿住一个为首的，已将此人军法拿办，还请尚书令大人不要只顾了饮酒，以此为鉴，整顿军风，抚慰百姓，清除不法之徒！”

这话如同当空甩在自己脸上一鞭子，冷不丁给谢躬一个下马威，当着今天这个众人都在场的时候，谢躬不免很是难堪，腾地红了脸想辩解又忍不住想发怒。正要进入高潮的乐曲歌舞戛然止住，大家愣愣神，被这突如其来的情形搅得不知所措。

刘秀最初也一阵惊愕，但很快就回过神来，稍稍镇定之后，微微笑着站起身，没有责怪祭遵鲁莽冲动，扰乱群臣兴致，也没有顺着祭遵批评谢躬，脸色祥和地说：“刺奸将军严于军纪，疾恶如仇，治军有方，为攻取邯郸立下汗马功劳，今日来得正是时候，坐下来和大家共饮！至于谢尚书令，他平日里忙于整理纲纪，忠于职守，亲率兵马，奔走河北，实为汉室的股肱之臣。至于偶尔几个恶棍不遵守军纪，也在情理之中。趁大家高兴，姑且饶了他，念他征战之苦，予以其下属厚葬吧。”

祭遵此时也自知自己有些冲动，赶忙施礼退下。

不露声色地化解了尴尬气氛，大家都松了口气，刘秀不以为然地举杯再劝：“来，大家继续饮酒，乐曲奏响起来，该舞蹈的接着舞！”众人复又举杯畅谈。趁着气氛渐渐融洽，刘秀转而向谢躬赔礼：“尚书令大人莫怪，刺奸将军性格暴躁，鲁莽冒失。不过他一直忠心耿耿追随汉室，虽有些做事方式欠妥，但并无歹意。他一向执法如山，奉法不避，今日当众让大人难堪，还请大人海涵冲撞之罪。”

这并非诚心地赔罪，只是留个台阶给谢躬下。谢躬自然明白，忙微微欠身拱手还礼说："大司马言重了。祭遵将军刚才所言，实为当头棒喝，敲在我的心头上。窥一斑而知全豹，从几个恶棍也充分暴露出我军纪松弛，兵士眼中没有法纪。我自当惭愧反省，以后定当严肃军容军纪，严格执法。如有作奸犯科者，一定像祭遵将军那样，军法操办，严加处置！"

刘秀哈哈大笑："大人胸襟宽广，我甚是佩服，还是那句老话重提，而今王郎虽灭，却仍然民心不定，需要做的事情还很多。今后我们并肩作战，收复河北的路还长，大人能如此释怀，我自然也就放心了。我敬大人一杯，先干为敬！"

谢躬终于找到个台阶下，脸色渐渐恢复平静，也举杯一饮而尽。

其实刘秀对谢躬如此礼遇，无非是想将他争取过来，为自己所用。不过通过几次交谈，刘秀感觉谢躬这人自恃地位已经很高，经常以更始朝廷钦差自居，要让他服服帖帖地加入自己队伍中来，显然困难重重，于是他又想到谢躬身边的振威将军马武。马武，字子张，以前和自己过从不少，昆阳突围时，也是主力之一。对于他的人品能力，刘秀有充分的把握。

宴会结束后，刘秀避开众人耳目，亲自到马武府上与之促膝长谈。刘秀态度亲切地对马武说："自从昆阳相别，很久不与子张倾吐衷肠，心中甚是牵挂。昆阳大战，子张与我通力合作，并肩作战，军力锐不可当，威震四方，叛贼闻风丧胆，无心应战，我们直捣王莽四十万兵力的大营，现在想起来，仍然热血汹涌。信都一战，子张更是英勇过人，救汉军亲属于水火，轻而易举取下王郎首级，我真是佩服将军神勇，仰仗将军人格。俗话说得好，一贵一贱，交情乃见；一死一生，乃见交情。我与子张有过生死之交，也可谓是真交情了！"

马武是一介武夫，神勇有余而文辞不足，见刘秀一个劲儿给自己戴高帽子，红了脸吭吭哧哧不好意思地说："哪里，哪里，大司马过奖了，全心奉命，实乃属下分内之职，大司马如此褒奖，属下受用不起。"

刘秀摩挲着马武的肩膀，继续推心置腹地缓缓说道："我不是要吹捧子张，子张实为智勇双全，乃不可多得的将才。我想，如果渔阳、上谷精兵能得子张统率，一定势不可当。对以后全面平定河北，有不可估量的作用。"

马武并不傻，立刻明白了刘秀的用意，只是他感到有些为难，自己一向忠心于谢躬，从无二心，可刘秀也确实是难得的英明之主。很快思索一下，马武含蓄地拱手推辞说："明公能如此赏识子张，末将实在感激不尽，只是末将一直奔波于尚书令左右，所结情深义重，不忍背叛他。"

婉转地游说不成，刘秀反而更加佩服这位骁勇讷言的马武："子张若心有芥蒂，我自然不好为难于你。不过有句话我还是要说出来，封赠父祖，易得也，无使人唾骂父祖，难得也；恩荫子孙，易得也，无使我毒害子孙，难得也。好男儿建功立业当然至关重要，但一定不要站错了方位，否则功劳越大，能力越强，则为害越深。好了，暂且说这些，子张，我汉军时刻欢迎将军归心。"

马武拱手施礼："谢大司马包容，天色不早，不扰烦明公，明公也早些回府歇息吧。"

第二天天还没亮，谢躬便率长安汉兵还师屯城，马武随军而去。一路二人默不作声，各自想着心事。谢躬内心五海翻腾，想着昔日奉命监视刘秀，以防他占据河北，拥兵自重，割据一方，而如今眼看他势大难以钳制，却丝毫奈何不得于他，只能无功而返，心里沮丧至极。

东方微白，长安兵浩荡而去……

谢躬走后，刘秀更安心地处理地方政事，不料一波刚刚平息，一波又来侵袭。这天上午，刘秀正召集众将商议进一步平定河北的计划。他打算先收服军马众多的铜马军，只要铜马军归附，其余义军自然水到渠成。正在这时，一名校尉匆忙进见，说是长安遣来天子使者，已到城门口。出乎意料，却也在情理之中。出乎意料的是，天子使者来得如此及时；情理之中的是，不但刘秀，就是诸位将领，大家都心知肚明，不做赘言。

刘秀二话不说，连忙结集将领，亲自出城门远迎。城门口，天子使者黄党率众多人马早已停留在城门外。刘秀加紧脚步，跪地拱手施礼："喜闻天子使者大驾降临，臣有失远迎，请恕罪。"

黄党连忙下马还礼："大司马快请起，皇上得知大司马久经沙场，为平定河北立下汗马功劳，特派属下前来慰劳大司马和诸多将士。"

说着与上前来的诸将一一见礼，刘秀满脸笑容，走在前边，把天子使者的人马引入署衙中，这里早已摆好宴席，为远道而来的使者接风洗尘。

刘秀热情款待，丝毫不敢怠慢，相邀入席。黄党有旨在身，怕酒多误事，急于宣读圣旨，客气几句，他站在香案前，从怀中取出圣旨，清清嗓子，朗声读道：

奉天承运，皇帝诏曰：大司马刘秀，执节北渡，披荆斩棘，一路攻破广阿、信都、巨鹿，稳定邯郸，劳苦功高，自不待言。其率兵将亦骁勇善战，朕特遣御史黄党前往慰劳。诏封刘秀为萧王，其余有功将士亦有重赏。且念及大司马常年浴血杀场，奔波疲乏，令其罢兵，与有功将士一道还朝休养，为治理国家出谋划策，罢武修文，善莫大焉。另遣蔡充为渔阳太守、韦顺为上谷太守，苗曾为幽州牧。旨到之日，即赴任之时。钦此。

听黄党慢悠悠读罢，旁边跪倒的诸位大将皆怒目相视，气得咬牙切齿，但因刘秀尚未表态，都不敢造次，只能在肚里生闷气。只见刘秀毕恭毕敬地跪在地上，拱手施礼，高声谢道："臣接旨。谢主隆恩，吾皇万岁万岁万万岁！"

黄党把圣旨双手交给刘秀，言语轻佻地说："承蒙陛下垂爱，萧王从此不必再受打杀之苦，可以回京城在皇上身边服侍，也借这个机会歇息歇息。"

刘秀却装作什么也没听出来，喜笑颜开地说："是呀，承蒙皇上替臣下想得周到。"

大家小声议论着，各自入席，一顿并不欢愉的酒宴，例行公事地你敬我饮之后，众人很快散去。

刘秀命属下将使者安排妥当后，一人踱步出去。

事情明摆着，人家要来坐收渔翁之利，剥夺兵权来了。如果一旦回到长安，会有什么日子等着？大家都不愿去想，却又再明白不过。可是见刘秀仍旧一副不慌不忙泰然自若的样子，众将们很是替他着急。护军朱祐首先向刘秀发牢骚，不想朱祐刚说两句不满的话，就被刘秀厉声止住，声称叫刺奸将军逮捕他。朱祐是刘秀最喜爱的大将，平日说什么刘秀都不怪罪他，现在见刘秀却如此反常地动怒，吓得朱祐不敢吭声，别人就更不敢多说一句话。

要说着急，谁能比刘秀更着急，要说忧虑，谁能比刘秀更忧虑。但他知道，越是在如此紧要关头，就越不能乱了手脚，必须沉着处之，何去何从，终于摆在自己眼前了。尽管艰难，但必须选择。

一连两天，刘秀茶不思饭不想地把自己关在邯郸宫温明殿卧床不出。耿弇、邓禹和铫期等人恭候在门外，大家捉摸不出刘秀要做何打算，该如何给更始朝廷一个交代，都相顾无言地倒背了手团团转。上次朱祐好心相劝，不等他把话说完，刘秀就大发怒火，还叫喊着要将他看押起来，看情形刘秀把这件事看得十分重了。现在虽然大家都想进去，希望能和刘秀坐下来推心置腹地好好谈谈，共商大计，但谁也不敢贸然进去，大家只好安慰自己，也许明公此时更需要一个人静静地理清思绪，再作定夺。

等候很长时间，听不到屋里有什么动静，耿弇忧虑地说：“如今形势紧迫，刻不容缓。听说蔡充、韦顺、苗曾已经领了圣旨前去上任，如此一来，渔阳、上谷等紧要地方又成了别人的地盘。难道咱们拼着命用热血头颅换回的战果，就这样被一纸文书、两句屁话，在光天化日之下轻易窃取了吗？真他娘的不甘心！可是再拖延下去，半个河北就要易手他人。明公平素当机立断，这回怎么就懦弱了？叫我说，眼下是该做出决策的时候了，若再有迟疑，不但丢城失地，白辛苦一场，只怕还要招惹杀身之祸呀！”

朱祐更为刘秀愤愤不平：“他奶奶的，想当初，更始皇帝在危难的时候授命于明公，明公持节北渡，可那皇帝只封官衔而不拨军马粮饷，徒有虚名。明公只得单车临河北，势单力薄，来到这里以后，更始皇帝不管不问，连书信也没来过一封，只顾自己在安乐窝里享尽荣华富贵。如今我们拼命挣得的江山，他却要独吞，真叫人可恨！这样的皇帝，不理会他也就罢了！”

邓禹向来沉稳慎重，虽也在心里暗暗为刘秀鸣不平，但表面上并没有显露出什么，依旧神态安详，只是听他们你一言我一语地发牢骚。

再等一会儿，耿弇实在坐不住了，圆睁着眼睛拍案而起：“不行，我这就去温明殿，火坑也罢，深渊也罢，我要冒一次险，和明公谈谈。这事再拖延不得了！”

朱祐结结实实挨过一顿训斥，仍心有余悸：“明公正在身心焦躁之际，你去贸然打搅，到时候虎威大发，降个杀头的罪，也不是没有可能，还请耿兄小心些的好。”

邓禹却猜出刘秀发怒只是做做样子，立刻赞同耿弇前去：“我看没这么严重，耿兄向来办事妥帖，平日明公对伯昭赞赏有加，也最信任你，你去劝劝，必能奏效。若有怪罪，我们一起承担。”这样一说，耿弇更有了信心，抬脚就走。

“吱——吱——”耿弇轻轻推开殿门，微步走到刘秀榻下。见刘秀双目紧闭，却又不像睡着的样子。他小心翼翼地刚要开口，忽听刘秀微闭着眼睛悠悠然地说：“谁这么大胆，敢私闯温明殿？”

耿弇听他话音，知道并没有十分责怪自己的意思，放下心来，扑通跪倒在床头边：“耿弇求见，属下冒死请求与明公长谈。”顿一顿，见刘秀没吭声，忙接着说：“明公，邯郸城内吏士伤者甚多，我想请求回上谷带些兵马回来充实这里的队伍。”

刘秀依旧躺着没动，反问一句：“如今王郎已破，河北大体平定，用不着那么多兵马，有伤的慢慢养，还用回上谷带兵过来？”

耿弇认真地回答说：“明公应该清楚，如今王郎虽破，但是天下大动干戈不过才刚刚开始。现在长安来个什么使者，张口闭口要罢兵，其实不过是猜忌惧怕明公势力过大，会威胁他们，随便找借口削夺明公兵权。他们的话，千万不能当真。明公请站起来放眼天下，势力小些的不说，就是铜马、赤眉之类动不动就能拉出上万十几万兵马的，也有数十家，他们的兵力加起来远远超过百万。要消除这帮人对汉室的威胁，除了明公，谁还能做到？说句不客气的话，更始帝昏庸无能，根本无法控制残局，他们自作聪明地剥夺了明公兵权，失败必然是不久的事。所以明公无论为汉室江山计还是为自己前途计，绝不能顺从了更始的旨意！”

刘秀听他言辞激烈，忽地从床上翻身坐起，勃然大怒地厉声喝道：“好你个耿弇，越说越不像话了。再敢胡言乱语，我这就下令斩了你！”

从没见过刘秀这么严厉过，耿弇吓一大跳，但一想到邓禹给自己交代过的话，心里立刻有底，很快镇定下来，趴在地上不慌不忙地说：“大人待我情同父子，我一心担忧明公，才敢今日冒死忠心进言。反正我是这样想的，要打要杀全凭明公一句话。”

刘秀看着耿弇，忽然不动声色地一笑，话锋一转说：“汉军刀下不斩忠臣，我只是跟你开个玩笑，你继续说，我听听看有无道理。”

耿弇见气氛缓和下来，胆气更壮，索性从地上爬起来，往刘秀身边凑近一些，不紧不慢地接着上面的话茬儿说：“明公，咱们南征北战，也亲眼看到了老百姓苦于王莽横征暴敛，思念大汉朝的太平盛世。听到汉兵起事，百姓们无不欢天喜地，好像脱离虎口返母怀抱。如今更始帝虽名为天子，实则名存实亡。朝廷内有赵萌专权，朝廷外也有诸将拥兵割据在关东地区，皇亲贵戚纵横捭阖于长安城内，黎民百姓生灵涂炭，苦不堪言。据我所知，许多百姓反而思念起了新莽，他们说，王莽篡权我们日子难过，更始建立朝廷，我们却连命也保不住！民心背于更始，由此可见他必败无疑。而明公现在战功累累，英名远播于四海。如果以仁爱征伐天下，四方即可平定。而受封萧王，落一个王公大臣的虚名，远不是您本来的志向吧。您是具有汉室血统的人，应该追求‘复高祖帝业’的宏伟理想才是。况且天下本来就是刘家的，刘玄能称王称帝，明公比他条件更优越，不说为了自己，就是为了天下百姓，也应该把这个宏愿实现才行。”

耿弇滔滔说出这番道理，刘秀阴沉着脸没有任何表示。其实，这些道理自己都想过，在内心深处，又何尝不时时怀有重振汉室皇威的远大抱负呢？而且自己为了早日实现这一夙愿，忍辱负重，拼死征战，兄弟姐妹一个个永远离自己而去，付出的代价还少吗？

即使放下这些不说，自己一旦返回长安，必定受到钳制，无所作为，弄不好成了案板上的鱼肉任人宰割，连性命也难保住；但如果留在河北，孤注一掷，或许可以大展宏图，实现当初的誓言。道理虽然明显摆在那里，但这样一来，是不是就一帆风顺了呢？

“伯昭所言自是有道理，只是……现在情况并不容乐观。根据最新消息，上谷、渔阳两郡已经易手他人，我们的力量被削弱了，况且若不听命回京赴任，那可是抗旨的杀头大罪呀。抗旨杀头似乎还远一步，只怕咱们脱离了更始朝廷，从名义上就成了叛臣，若众叛亲离，众人群起而攻之，凭咱们眼下的兵力，只怕孙膑重生，也难以应付。”

“明公不必多虑。”有个声音飘然进来，紧接着人影一闪，有人款步进来。原来邓禹已在殿外恭候多时，见刘秀犹豫徘徊思前想后始终下不了决心，而话语中已经透出松动，便忍不住进来接过耿弇的话题：“明公，如今长安政局破败，更始只是个空壳而已，民心皆失；所谓是不是正宗的汉室，许多人已经不放在心上。明公自奉命北渡以来，威德加于四海，如果树起自己的大旗，天下人必不以叛逆之臣加罪明公。所谓多一位神仙多一炉香，谁能使百姓安居乐业，谁就是百姓拥戴的明君，请明公大胆决策吧。”

跟在邓禹身后的虎牙将军铫期也按捺不住：“明公切不可优柔寡断，贻误时机。耽搁一时，上谷、渔阳落入对方手中，再耽搁下去，必然要付出更多不必要的代价。”

大家你一言我一语，句句说在刘秀心坎上，面对一张张急切激动的面孔，刘秀深深为之动容，立马精神大振：“诸位费心，多谢各位赤心进言。好！既然都这样说，那咱们就定了，下一步我要辞朝命而不就，决不落入朝廷那帮小人的陷阱，至于后事如何，还需要我们风雨同舟，和衷共济。”

“哈哈哈……”

温明殿内传来刘秀和诸将久违的爽朗笑声。太阳拨开云雾探出脑袋，阳光普照温明殿外。

次日晚上，天色刚刚暗下来，估摸着大家用过晚饭，刘秀衣冠严整，只身前往黄党他们下榻的温泉客房。黄党闻听刘秀这个时候来访，不由心中忐忐不安，但表面上很是热情："萧王军务如此繁忙，还要夜间过来，真是太辛苦了，等回到京师，一定得好好歇息将养一阵子。快请进，请进。"

说着，两人携手走进前厅，黄党客气地坚持让刘秀坐于上座。

刘秀满面春风，抬眼环视一下四周，客气地问询一句："御史大人住在这里还算舒心吧，军营中什么都简陋，委屈大人了。深夜叨扰御史，真是抱歉。"

"萧王多虑了，现在没人打扰，咱们正好可以坐下来，议议萧王回京上任的具体事宜了。"黄党赶紧以攻为守，把话题向他最关心的方面转移。

刘秀含蓄地一笑，声音平稳地婉言说："不瞒御史大人说，离开京师这么久，孤身漂泊在外，我也想快马加鞭，尽快奔赴京城，奉命于皇上左右。可是静下心来仔细想想，现在就这样回去，似乎不甚妥当。"

黄党知道自己担心的事最终还是发生了，从椅子上直起腰身，不由得一阵惊愕："有何不妥？如有难处，我会奏于朝廷，来分大司马之忧。不过话说回来，自古都是官大一级，如泰山压顶，更何况是朝廷圣命？不管千难万难，还望大司马尽快回京，有困难慢慢处理，我也好得功而返。"

"御史大人久在朝廷，对河北一带形势不大了解，所以才这样说。其实河北远不像朝廷和御史大人想的那样简单。"刘秀手指关节轻敲桌面，"王郎刚刚覆灭，但河北仍一片狼藉，远未平定。当下铜马、尤来、五校、檀乡等众多杂七杂八的乱兵，或大或小，加起来拥兵数百万。他们独霸一方，擅自专权，抢掠百姓，闹腾的地方乌烟瘴气，而且还有彼此勾结联合的趋势。如果我们现在撤兵回京，这些力量一旦结集起来，河北重地必然得而复失，我们全军上下浴血战场的功绩，势必要功亏一篑，付之东流。所以我打算，京城圣命暂先缓一缓，待我发精锐之师，快刀利马，为朝廷征讨四方。待河北完全平定之日，我愿即刻回京。这样做并非刘某擅自大胆抗旨，实为情势所迫，御史大人是最明理的，这话一听就明白，还望大人在皇上跟前讲明白。"

黄党眨眼听着，定了定神随口说一句："萧王办事一向考虑周全，不过嘛……"他忽然冷笑一声，"怎么偏偏这次就犯糊涂了呢？萧王说的这些情况，朝廷都考虑到了，圣旨上讲得明明白白，河北方面，其余萧王未完成的战事，皆由皇帝派来的蔡充、韦顺和苗曾处理。况且他们已奉旨任命，萧王向来待人宽容而不苛刻，大概不会不相信他们的能力吧？如果萧王执意要抗旨留守河北，那可就是抗旨，要背负叛贼之名的大罪。后果如何，萧王想必知道得更清楚吧。"

刘秀听他说话不阴不阳，好像还有点威胁的意味，心里哼一声，我还没回朝廷，你就拿大了，要是赤手空拳地回去了，你们还不定怎样呢！心里的念头立刻坚定许多，脸色不免有些激动："御史大人也是知道的，当初河北告急，满朝文臣武将，一个个缩着头不敢吭声，是刘某不畏艰险，仗着一颗赤胆忠心，挺身而出，接下圣旨，奉命北渡。一路经历无数艰险，多少次险些丢了性命？这才镇抚州郡，平定四方，除王莽苛政，复汉室旧制。对突然崛起的叛贼势力殊死抵抗，终于平灭王郎，收复邯郸，始有根基。如今更始陛下一张圣旨，将蔡充、韦顺、功曾三个无功无德、人地两生的将领安插在这里，且不说他们能力如何，单是对形势和地理位置不熟悉，就是致命的弱点。平定叛乱乃是关乎多少兵将的大事，岂能儿戏?！还请御史如实禀奏于皇上，恳请皇上恩准。"

黄党见刘秀声色渐渐严厉起来，不禁有些心虚，支支吾吾不知如何应对，本想说句软话，可朝廷钦差的大架子拿惯了，硬着头皮说句："难道……萧王想……想造反?"

刘秀义正词严、不卑不亢地回应道："御史说到哪里去了？不要妄加罪名嘛！御史大人不是不知道，更始陛下整日贪享富贵，不理朝政，圣旨命令仅仅能在长安城内行得通，其实已经名存实亡。这话刘某本不想说破，但大人非要听，只好说出来，如今更始朝廷佞臣当道，滥下圣旨，不虑河北战事，凡事只从争权夺势出发，从不为百姓考虑半分。这样的圣旨，刘某不必遵从!"

话说到这份儿上，黄党知道不撕破脸皮也不行了，腾地从椅子上跳起来，指手画脚虚张声势地叫喊："萧王果真明目张胆，存心要造反。不管你有千万条理由，就是抗旨不遵这一条，也能定你一个反叛朝廷、大逆不道的罪名!"

刘秀听他话语不留情面，也气愤地站起身，提高了声音："我汉室委靡，全都因为更始昏庸无能，致使外戚趁机篡权，奸臣当道！如今我刘某于公于私都不会投奔那昏君，我就是要给天下百姓更换一番崭新天地！好了，什么都不用多说，你回去照直把我的话说给更始帝就行。只是麻烦御史空跑了一遭。"

黄党见他越说越露骨，竟然忘了身在何地，伸手从腰里要拉出刀来，可手握刀柄，立刻想起这是在人家的地盘上，左右都是人家的人，他若是彻底翻了脸，自己这个御史这个钦差算个狗屁？弄不好人家嘴角一歪，自己就得落个死无葬身之地，那就太不值了。紧张地思量一下，也不好再争执下去，只好又一屁股坐了下来，摇摇头无奈地叹口气：“不管怎么说，路是自己走出来的，萧王还是要三思。若萧王执意如此，我也没办法，只能如实禀报。”

刘秀心里冷笑一声，已经走到门口：“我还有事情，明日恕不远送，劳御史在更始帝面前多费口舌。”

次日凌晨，黄党悻悻离去，回京复命。来的时候热热闹闹，走的时候却冷冷清清，全军上下没一个人打声招呼，听任他们仓皇而走。

黄党走出邯郸城时，刘秀正召集诸将齐聚温明殿内，商讨接下来面临的新情况。大家料定黄党回京后，长安一定会采取对策，有所行动。所以下一步如何抓住兵权，扩大自己足以和更始朝廷对抗的实力，就成了当务之急。

刘秀雷厉风行，趁着和朝廷决裂的消息还没扩散的时机，决定迅速派兵潜至渔阳等城中，斩毙新到任还不熟悉情况的渔阳、上谷、幽州三位太守，换上自己的人。刘秀拜耿弇、吴汉为大将军，前去执行这个特殊任务。另外，命诸大将四处出动，招兵买马，扩充军力，蓄势待发。

耿弇、吴汉两人横刀立马，立刻奔赴上谷、渔阳、幽州三郡。这里大部分是他们的老部下，二话不说，放下吊桥，打开城门，放他们冲进来。耿弇和吴汉火速收集这些旧部人马，蔡充、韦顺和苗曾还没弄清楚发生了什么事，对方已经冲到眼前，刀起头落，干净利落地斩下他们的脑袋。他们从长安带来的兵将见主帅都死了，衡量利弊，自然是归顺了刘秀的阵营。如此一来，不但几个要紧城池被牢牢控制住，麾下兵马也充实不少，刘秀方面很快又重新把握住河北地区的军政大权。

内部稳定了，就要向外扩展。按照他们的计划，接下来要平定各地割据势力，彻底肃清地方叛乱。可是在出兵之前，刘秀不得不考虑到家门口一个随时都会发作的隐患——留守邺城的谢躬及其率领的数万长安汉兵。现在自己已经公开和刘玄翻脸，谢躬也就是自己的敌人，他会容忍自己肆意扩张而无动于衷吗？

第三十章　残山剩水　逐鹿四方

虽说现在谢躬部下的兵力远不及刘秀，但刘秀担心的是，如果谢躬情急之下和各地叛贼互相勾结共反他的话，那倒确实是个不小的威胁。可为了小心谢躬而按兵不动，似乎也不是明智之举，刘秀想来想去，始终拿不定主意。这时正好邓禹来请示军命，刘秀忙把邓禹拉住坐下，把自己担忧的事说给他听。

关于眼下和谢躬对峙的局面，邓禹也已经考虑了很久。听刘秀问起，他皱一皱眉头说出自己的想法："叫我看，尚书令谢躬虽然是更始派来的人，但他为人一向忠诚厚道，有长者风范。只是此人没有遇到明君，不能充分施展其抱负。在外患未靖的情况下，应该尽量少起内讧。本着这个原则，如果能够争取谢躬兵力共同破贼，让他答应出兵，就可以解除后顾之忧，这是再好不过的结果。如果他实在抗不从命，为了避免后院起火，那也只好先平灭谢躬的力量，然后再做定夺。"

刘秀觉得这个方案很是妥帖，立即依言而行。为了表示诚意，刘秀亲自驱马前往邺城拜见尚书令谢躬。谢躬此时已经听到刘秀和更始朝廷龃龉的风声，但刘秀不提，他也不挑明。彼此客气地寒暄叙旧情，表面很是亲热。这些话都说完后，刘秀忽然端正了脸色，义正词严地直奔主题："尚书令大人，我此时来邺城，并非仅仅为了叙旧，还有要事与谢大人商议。"

谢躬似乎明白一些，却仍不显山不露水，先把刘秀请上内厅，命仆从奉上两杯酒："萧王，这是我从长安带来的，消除疲乏振作精神，效果很好。先请品尝一下再慢慢讲，谢某洗耳恭听。"

刘秀啜了一口咂咂嘴，也顾不上评论酒的好坏，劈头便说："尚书令大人深明事理，我也就不绕弯子。如今天下贼寇四起，趁着朝廷混乱无力顾及，他们为非作歹横行乡里，百姓受尽苦难。虽然王郎已灭，但这个局面并没从根本上改观。如果我能够与大人军马通力合作，共剿贼寇，一定能够平定河北。我不是夸口，现在汉军兵强马壮，士气正极其旺盛，论征战，一定可以攻破任何一座敌营。如果大人能够出兵征讨，咱们双管齐下，铜马、尤来等贼寇必将被收入锦囊，如此一来，整个河北便可高枕无忧。为人为己，都是流芳百世的功德。不知尚书令大人有没有合兵的打算?"

谢躬虽然为人厚道，但他也知道其中的利害关系。如果答应出兵，势必会遭到长安更始帝的怪罪，说不定来个“与刘秀共谋反叛”的罪名，将他召回去一刀杀掉乃至要连诛九族；可是如果不答应出兵，自然要引起刘秀的猜忌。刘秀威逼利诱不成，肯定会恼羞成怒，挥兵攻打自己，就自己这点人马，又缺少大将，岂是他的对手？最终难逃杀身之祸。

不过谢躬虽然忠厚，却很能审时度势，知道此刻不是犹豫的时候，眼珠一转立刻来个合远求近，好汉不吃眼前亏，不管更始朝廷怎样看自己，先避免了眼前的战祸再说。况且出兵平定河北，本来也是朝廷交给自己的任务之一，就是辩解起来也有话可说，而且这确实是对地方百姓有好处的事情。当下颔首，话语圆滑地答应下来：“萧王所说的办法，实为上策，大家同为百姓谋福利，是积德的事情，我自然愿鼎力相助。再者说，我与萧王同为汉臣，奉命于更始，剿灭叛贼，为社稷卖力，是为天职，谢某定全力赴命。”

刘秀听罢，也不管他内心到底怎么想，拍着谢躬的肩膀，一脸感动地说：“尚书令果然名不虚传，真是忠诚之士。不瞒谢大人说，现在面临着一个整顿旧河山的大好机会，无奈更始帝沉湎荣华，无心理政，致使奸臣当道，像谢大人这样的忠贞之将，却不受重用，实在可惜。只要我们平灭河北，事成之后，定会重赏册封，光耀门楣!”

谢躬一听知道这是刘秀故意引诱自己表态，让自己也明确表示和更始朝廷分裂。但他却佯装没听见，唯唯连声，只谈如何进兵，对于谁是谁非，闭口不提。

两人又计划半晌进军的计划，刘秀也不逼他非得表态归属于谁，只要他能不危害自己，就已经达到目的了。“事不宜迟，刘某暂且告还。”商量好后，刘秀拱手施个礼，大步流星地出了前堂，跨马扬鞭而去。

让刘秀意想不到的是，他俩议论的事情都被谢躬夫人在屏风后边听得清楚。等刘秀走后，她忧虑地走上前来对谢躬说：“夫君所为，真不知是祸是福，夫君忠心耿耿于长安，而萧王如今违旨抗命，反叛更始，我听说，他已经杀掉苗曾、韦顺和蔡充三位刚到任的长安重臣，可见其势力不薄，雄心不小。如果咱们和他搅和在一起，只怕会引来长安方面的灭顶之灾呀!”

谢躬无奈地摇摇头叹息一声：“夫人一向有见识，这话说得自然不错。可是放眼天下，更始朝廷如日薄西山，现在只不过苟延残喘，真正掌控在朝廷手里的，不过长安一座孤城。而皇上却仍执迷不悟，每日只是饮酒作乐，不理朝政。我作为一个臣子，真是哀其不幸，怒其不争，让我夹在刘秀与更始中间，两处为难。事到如今，也不瞒夫人说，皇上近来已下过密诏，命我瞅机会，斩杀刘秀！"

谢夫人不解地追问下去："那，刘秀方才孤身一人来这里，夫君为何踌躇犹豫，迟迟不见行动？"

"是呀，要说机会，何止一次两次。只是我一直左右徘徊，不忍下此毒手。公平地讲，刘秀这人实为有勇有谋，是一位能体察民情知人善任的大英雄，我从心里一直敬仰他。叫我说，像刘秀这样的人，治世则为叛臣，必须要杀掉；乱世却成英雄，无数百姓或许都能依赖此人而生存下来。每每看到黎民百姓挣扎于更始水火之中，我真的是心痛不已，真希望刘秀这样的智勇之士能够造福天下，杀了这样的人，实在是造孽。天作孽，尚可饶，自作孽，不可恕呀！"见夫人盯着自己目不转睛，谢躬顿了顿，捋捋胡须继续说："自更始帝立为天子以来，朝廷大权一直任人掌控。先是王凤、朱鲔、李轶等一伙绿林小肚鸡肠的莽夫擅自专权，后又受佞臣赵萌摆布，赵萌为人阴险毒辣，比起王凤和朱鲔等人来，祸害更大。更始帝虽身为天子，却从开始就任人专权，名存实亡。天下苍生，苦寒艰难，至今没有体会到一点新建朝廷的气象。自从剿灭王莽以来，更始朝廷尚未颁发过半道废除王莽苛政、解救百姓的诏令，失尽民心。这个汉室朝廷苟延残喘不了多久已经是个不争的事实。更始朝廷埋掉王莽新朝，如今又一步步为自己掘好坟墓。我身为汉臣，真是心痛不已却无可奈何。而刘秀执节出巡河北，出发时不过百余人，简直是只身深入虎穴。但结果怎么样？人家一呼百应所向披靡，攻城略池，很快打下一方天地。并且刘秀这人有个特点，他所到之处，安抚郡县，废除王莽苛政，颁布新诏，深得民心，无论兵民都气象日新。我虽忠于长安朝廷，却不忍心将这样一位德才兼备、能引领百姓过上好日子的大英雄毁在自己刀下。若是那样，我岂不成了千古罪人？纵是别人不说，难道自己不有愧于心？"

谢夫人听谢躬说得两头为难，抹着眼泪替丈夫感到委屈："夫君既然两头碰壁，叫我说，还不如我们将眼光放长远些，投靠了萧王吧，夫君一向看人很准，萧王或许真如夫君说的，能成就千秋霸业，他成功之后，咱们也能攀龙附凤，过几天太平日子。"

话音很轻柔，谢躬却好像听到炸雷一样，吃惊地向后退出两步，瞪一眼夫人，正言厉色地说："夫人之意，万万不可，万万不可！我身为汉朝大臣，尽管朝廷有百端错处，但臣当以君为纲，自古使然，断不可做出背主逆天的不义之举！我之所以答应萧王出兵，实为一心平灭四方叛贼，待平定河北后，我便想办法劝刘秀回京复命。”

谢夫人却不这样想，她语气加重些说：“夫君，不是我说你，我也读过几天书。古书上也讲过，君王是明君，自然要忠心耿耿；若君王是昏君，那就是民贼，忠心民贼有什么意思？一味拘泥古礼，岂不太过迂腐？再者说，你既不归心萧王，又怒更始不争，如今是脚踩两只船，徘徊无定数难免两头遭猜忌，我真担心，我们不久将有杀身之祸。还请夫君早做定夺，一心一意地跟定一方的好。”

谢躬摇头怅怅叹息一声，缓缓说：“夫人的话，我又何尝不知道？但我既然无力挽住狂澜，所能做到的，只有无愧于天，无愧于己。至于将来的结果，是好是坏都是宿命所归，就听上天来安排好了。”

刘秀没想到这么顺利就得到谢躬支援，自是欣喜。没了后顾之忧，他放心地带领大部兵马，离开邯郸，出巡河内郡。河内太守韩歆一直听命于长安更始，他最初得知刘秀抗旨不从命，已经成了反贼，对邯郸方面颇有戒心。等看到刘秀大军浩荡而来，赶紧命令部下，紧闭城门，拒不接纳，分头派遣兵马，在城头上摆开守城器械，做出抵挡准备。

岑彭当时正给韩歆做幕宾，他观望形势，奉劝韩歆说：“如今长安已经日薄西山，政局混乱，朝中武将擅自专权，文臣中饱私囊，这样的朝廷，必将不久于世。而萧王如今坐镇河北，兵强马壮，他又善于笼络百姓，得尽民心，必将成就一番大业。权衡利弊，属下以为如将刘秀拒之门外，恐有祸患，不如我们先迎军进城，再从长计议，似乎更为妥帖。”

韩歆却听不进去，摆出一副大义凛然神情慨然地说：“身为人臣，当守君臣之道，这是天经地义的事情，和朝廷是明是暗并没有直接关系。再说了，长安虽乱，却仍是正统，是天下都承认的朝廷，瘦死的骆驼比马大，刘秀虽然气势汹汹，后劲未必充足。刘秀在河北叛乱，长安势必发兵前来讨伐他，鹿死谁手，现在尚未定夺，切不可轻易放弃更始朝廷。况且臣子与皇上的这份情谊，岂能说搁下就搁下，说翻脸就翻脸的？”

岑彭摇头不以为然：“太守忠心固然可嘉，可惜还没领会到古人所讲忠心的具体含义。自古有言，民为贵，君为轻。由此可见，所谓忠心者，并非忠于哪一个人，而是要忠于普天下的百姓。这才是大忠，是真忠。所以大人应该从国计民生出发，只要对百姓有好处，能使百姓过上太平日子，免于遭受涂炭，这就是身为臣子的最大之忠。”

韩歆盯着远处荡起在半空的烟尘，忽然重重一声叹息：“这果然是另一番高论，让我静下心来仔细想想。”

说话不及，刘秀已经兵临城门。吆喝半天，城上却毫无动静，刘秀恼怒地下令，命人搬来圆木，强行把门撞开，一边准备发兵攻打，叫嚷着要踩平河内郡，将河内郡守碎尸万段。

眼看战阵就要摆开，邓禹从后军赶上来阻拦住领命分头动手的兵士，靠近刘秀轻声说：“明公，咱们初来乍到，正是以仁德招抚为主的时候。如果妄自大动干戈，恐激起周围郡县的群愤，倘若他们和韩歆联合起来，合力抵抗，我们岂不捅了马蜂窝？群怒万万不可犯。叫我看，扫帚不到，灰尘不掉，咱们要一家一家地跑，这家不行，就换一家，总有明白明公苦心的，只要打开一个缺口，接下来就容易了。所以咱们不如放弃河内，继续巡行其他郡县，争得其他郡县归附，然后再调转马头争夺河内，到那时事情就会简单许多，或许只是举手之劳而已。”

刘秀知道邓禹为人心细，从来考虑周全，办事谨慎。想想确实是这个道理，也就压住胸中怒火，蹬马挥戈，率兵离去。

大军日夜兼程，刚来到怀城附近，忽听人禀报说，河内使者骑着快马飞奔而来，献上韩歆的亲笔降书，表明自己愿意归附萧王。

刘秀看罢书信，将信将疑。韩歆怎么会没动刀枪就来个大转弯，此刻回去不会有伏兵吧？不过转念一想，即使有伏兵，自家力量比他强出许多，怎样都能稳操胜算。若他敢耍计谋，非将他全部歼灭不可，以解自己心头之恨，也给其他郡县一个下马威。这样想着，立刻调兵返回，把精锐兵将安置在后边，准备一旦变故，前锋出了问题，后边兵力就一拥而上，将对方全力歼灭。

刘秀边走边把送信使者叫到跟前，问他为何韩歆又转变了态度？使者倒也口齿伶俐，有板有眼地解释其中原委，韩歆听了岑彭的见解，内心颇有触动，回到衙门后，召集部属商议，大家说的也和岑彭一个意思。韩歆思来想去，权衡利弊，自知势单力薄，无力抵抗，不如早日归附，为萧王效命，或许能博得个正果，这才最终采纳群将意见。

听他这样说，倒也能想得通，刘秀稍稍松了口气。不过他仍有些顾虑，毕竟人心隔肚皮，防不胜防，还是小心谨慎些不为过。

大军一路疾行，这次和上回截然不同，远远就看到河内城门大敞，韩歆带领诸将在城门外恭候多时。见刘秀骑着马走在几员大将中间，韩歆忙跨前几步，抱拳施礼说：“属下有眼无珠，慢待了萧王，其罪当诛，还请大人海涵！”

刘秀手摇马鞭哈哈大笑：“从善如登山，从恶如下渊，一步不慎，万劫不复。韩太守小心谨慎，也在情理之中。既然如此，不必多礼，自今大家同是一家人，何必见怪！”说着跳下马，拉住韩歆的手，并肩走在一起，边走边亲切交谈。众人也都下马步行，旌旗飘扬地来到府衙。刘秀在正中大案后坐定，召见河内郡的各官属，大家一一见礼后，忽见刘秀笑吟吟的神色陡然转怒，盯住韩歆厉声大喝道：“来人，将河内太守韩歆绑了，推出城门，斩首示众！”

两旁侍卫听令，不管有道理没道理，立刻上来三五个小将，一哄而上，三下两下把猝不及防的韩歆按倒在地，马攒四蹄，捆个结实。河内众多官属见状吓得脸色煞白，战战兢兢，不知所措，谁也不敢发一言为之求情。骚动之际，韩歆已被押到军门外的鼙鼓下，只等刘秀一声令下，便可开刀问斩。

恰好岑彭安顿军马从辕门口进来，一见这情形，不用问立刻就明白怎么回事，忙三步并作两步进了大堂，跨到刘秀跟前，抱拳施个大礼：“韩太守虽对萧王多有得罪在先，但他已承认悔改，且决心追随萧王，这是再好不过的事情，大王何至如此待他？俗话说，桀犬吠尧，并非犬有罪，各为其主罢了。韩太守就是始终不降，也是大臣风范，算不得有罪。况且萧王素以威德服人，凡归附投降者皆免其罪，奈何独杀河内太守？如果因为一时气愤而杀了韩太守，势必失信于天下，有负众望所归。孰重孰轻，萧王自有判断。”

刘秀呵呵一笑，绕过大案，把岑彭拉到身边，放轻声音叫着岑彭的字说：“君然，你曾跟随我大哥出过不少力，说来也是故人了。有些话不妨实说。我刘某来河北前后，身经百战，阅人过万，这个道理还是能想得通的。不过非常时候要有非常办法去对付。如今我汉军危难重重，西面更始朝廷想削夺我兵权，窃取我兵将辛苦得来的战果，我不答应，他们便以叛逆之贼的罪名来讨伐；东面贼寇四起，出兵平叛实属不易，而后面谢躬摇摆不定，恐二心于我，如今又有韩歆在前态度暧昧，正可谓四面楚歌，孤军无法立足，难以打开局面。韩歆这样反复无常，不知葫芦里到底装的什么药，为防不测，我也只有先下手为强，杀一儆百，警告那些包藏祸心、首鼠两端之辈。君然是我兄长旧属，投奔韩歆不管出于什么原因，我也就不再过问。总之对你自然相信就是，你就不必替什么韩太守求情了！”

岑彭显得一脸委屈：“萧王有所不知，大司徒遇害后，明公忍辱负重，委曲求全。可岑彭身为小吏，实为身不由己，为形势所迫，开始在大司马朱鲔手下任校尉，跟随他征讨王莽，做了扬州牧，后又升迁为淮阳都尉。谁会想到，后来却因曾经跟随过大司徒，始终难得其信，被不明不白地降了职，几经辗转跟从河内太守。如今天下大乱，长安摇摇欲坠，西边赤眉蠢蠢欲动。有点实力的人物都纵横捭阖，图谋割据，天子有名无实，贼起四方，群雄竞霸，百姓涂炭，无所归依。属下闻得明公收复河北，抚慰百姓，此乃天下苍生的福分。属下跟从大司徒多年，对大司徒情意甚深，当初不是大司徒保举重用，我也没有展露才学的机会，不幸大司徒惨遭杀害，我虽然气愤，却无力相报。今日相遇萧王，也就找到旧主，这才尽心说服韩歆……”

听岑彭说的动情，眼圈儿有些泛红，刘秀感慨颇深地拍一把他的肩膀，说：“大乱之年，大家都是一叶浮萍归大海，谁能做得了自己的主？这些就不必再提了。从今往后，大家通力合作，风雨同舟。事若有成，定不会亏待君然。”

在众人面前，岑彭略微拱一下手算是答谢，然后再凑近些急急地说：“萧王若有东征贼寇的计划，那么这次出巡河内正是个好机会。河内这几年来没有大的兵乱，经济基础相当殷实，作为战略大后方，肯定能绝好地促进前线作战。现在的太守韩歆，乃地方大姓，久负声望，很有号召力。若明公一刀斩下去，虽可解心头之恨，却不免引起民心动摇，留下无穷祸患。如能免其死罪，显出英雄的大度来，那就一定能不负众望，赢得民心，还请萧王三思!”

刘秀深感言之成理，最初的气愤也淡然下来，摆摆手命人押回韩歆，韩歆死里逃生，忙拜跪堂下，叩谢萧王不杀之恩，又拱手谢岑彭请命之意。刘秀心里微微一笑，施恩最忌讳先益后损，驭下最忌讳先松后严。自己就是要先严后松，如此才能让他们对自己又忠心又畏惧。这样一个小策略，连聪明的岑彭竟然也没看出来。

在河内城中安顿好兵马后，刘秀又采纳岑彭的建议，让河内城中的其他官属官复原职，仍履行自己的职责，不扰官更不扰民。见汉军来后并没有影响到自己的利益，大家这才安下心来，风平浪静中，把河内接管过来。

紧接着兵至清阳。此地接近鄗城铜马军盘踞的地方，大家都认为触动清阳，很可能会影响到铜马军有所动作，纷纷做好打仗的准备。刘秀对此也分外重视，集中优势兵力在这里勒兵待战。

安营扎寨的第二天，刘秀带着邓禹和岑彭几位心腹属下登城门巡视兵情。正指指点点地议论着，忽听城外暴风骤雨般的马蹄声由远而近，一队突骑精兵，风驰电掣般滚滚而来，扬起阵阵尘土，遮云蔽日。众人大吃一惊，警醒地向远处眺望，等对方进抵到城下时，才长舒口气，原来是大将军耿弇和吴汉纵马奔在队伍最前面，好不威风。

面对如此恢宏的气势，大家好像站在惊涛骇浪前，感觉骑兵没来到跟前，杀气就排山倒海般滂沱而下。有这样坚不可摧的精锐之师，定能建大功立大业！众将军看在眼里，都啧啧称赞，信心更加坚定。

正交口称赞着，耿弇和吴汉已率领突骑入城。耿弇跑到城头，上前来到刘秀跟前，恭敬地呈递上兵籍簿。刘秀接过册子认真翻阅，在一旁的诸多将领纷纷趁机向刘秀请求说："明公，您也亲眼看见了，突骑精兵如此英勇善战，不如分给各营，让他们做先锋，带领其余士兵冲锋陷阵，不但利于突破对方阵营，对咱们这边的士兵们来说也是个很大的鼓舞。"

刘秀微微一笑，合上兵籍簿，拉长了声调稳重地说："用兵之道，关键在于有全体为一的心思。诸位要排除为建一己私功的想法，明白更重要的是顾全大局。精锐骑兵分归各营，固然能帮助诸位将领功成名就。但大家也应该想一想，将这样一队精锐之师四分五裂，突骑精兵的势力自然会削弱很多，对敌人的打击力度就会相应地弱下来。一个指头难以吃重，五指变拳，则可以出重拳，置敌人于死地。这个道理想必诸位都明白。更何况，突骑凶悍，寻常人难以统率，驾驭不好反而会成为自己的负担，自乱阵脚。而耿弇父亲为上谷太守，自幼生长于边地，谙熟马匹性情；吴汉呢，他曾以贩马为生，来往于燕蓟之间，生性豪爽，故而能调遣突骑自如。诸位试想，如果没有这番经历，怎么敢把如此强悍的精锐突骑交给他们两位，除了他俩外，谁又能驾驭突骑这么得心应手？"

大家听了觉得确实是这个道理，都心悦诚服地点点头。虽然没有分到精兵，但看到自己这方面有这支骨干力量，胜算已经明显在自己这边，都放心不少。大家注视着马队，再议论一阵，纷纷拜礼告退。

经过几天的训练整顿，汉军内部已经达到军将一心，士气充分鼓舞起来，摩拳擦掌地准备出兵征讨清阳。由于准备充分，而清阳本来兵力就相对单薄，双方交战不久，便是胜负已分，清阳城被轻易收入囊中。

果然正如刘秀和邓禹等人担心的那样，攻打清阳，惊动了铜马军。铜马军看到刘秀突然崛起，对自己无疑是个严重威胁，立刻拥兵前来。既然大战不可避免，刘秀索性也不歇气，拿下清阳后立刻统兵与高湖、重连、铜马联军会战于蒲阳。

虽说对方是三部联军，从兵力上讲，比刘秀方面要强，但由于刘秀军队来得很突然，三军临时组合到一起，缺乏内部的统一作战方法，力量分布上就显得有些涣散。而刘秀偏偏最善于利用对方弱势，看准了就撕开一条口子，穷追下去。这次也不例外，刘秀把重点放在他精心训练的突骑上。临战时特别强调，诸路兵马，一定要和耿弇、吴汉亲率的突骑精兵统一作战，同进同退，互相掩护。

随着一声令下，突骑以锐不可当之势冲入敌军，热血迸溅的殊死搏斗迅速展开。霎时间战场上喊杀声震天，刀光剑影碰撞中血流成河。刘秀这支精兵平日训练有素，在战场上果然威力不凡，经过几个回合的冲突，敌军便阵脚大乱，各自收缩兵力，想保全自己的实力。越是想收缩，给突骑留下的空间就越大。而突骑的长处就在于纵横驰骋，空间越大，他们的冲力就越大，威力也越猛。越乱越糟，越糟越乱，对方终于溃不成军地败下阵来。有的望风而逃，无力逃跑的跪降乞命。烟尘滚滚中，战场上一片狼藉，惨状各异的尸体遍地都是。直到见敌兵大势已去，刘秀方下令收兵，停止追击。

经过这场惨烈战斗，高湖、重连、铜马受到严重损伤，不得已纷纷归服刘秀麾下。其中铜马军的壮兵强将收编入汉军，汉军兵力由此大振，其余军队则奉命驻守当地。那些兵丁结束了流寇生涯，不但生活开始安定，受到的待遇也远远好于过去。平常人总以平常心来衡量事情的好坏，能生活得好，他们自然四处散播刘秀恩德服人令降卒心服的消息。这消息越传越盛，各路兵马前来投奔者，以数十万计。刘秀依据兵情，按照兵将的特点，尽量合理地分配给诸将。从此汉军兵力大增，横扫河北无人敢挡其锋芒，以至关西吏民士卒尊称他为“铜帝”。刘秀一统天下的帝王梦终于向前跨出一大步。

降服清阳城，高湖、重连特别是铜马的归附，刘秀大军已是力鼎半边天。除军事力量大增外，政治基础也夯实稳定，经济上更是大发展。似乎上天也格外照顾，天灾人祸不断的河北，这几年忽然风调雨顺，很快出现粮饷充盈百姓丰登的局面。

有了扎实根基，与长安对峙乃至争夺天下，已经很有把握了。望着巍巍群山，刘秀慨然感叹，当年和大哥春陵起兵时发出的“复高祖之业，定万世之秋”的宏伟大业，如今就要实现了。刘秀不禁又想起在宛城和洛阳忍受屈辱的日子，不敢相信竟然还有今日。唉，百姓经常说，人生一世，大梦一场，何其形象啊！

一系列大捷后，刘秀趁着士气正旺，率领大军继续征讨各地。然而他又时时顾虑邺城，唯恐后方有所兵变，使自己变成没根基的浮萍。想来想去，刘秀暗中召见吴汉和岑彭，谈论到如何对待谢躬，觉得还是小心的好，为谨慎行事，面授二人机宜，令他俩悄悄带一小部分兵回了邺城。

两人刚走，忽听阵前探马疾驰来报："大彤渠帅樊重和青犊军等十万兵将聚集在射犬城，大有随时进攻的势头。"

听了这个消息，刘秀根据自己手下的兵力，权衡利弊，当机立断，命令全军奋力出击，务必将敌军一网打尽。一阵紧张有序的调兵遣将之后，刘秀大军主动发起猛攻。汉军经过这段日子的经营，已经兵多将广，士气勇猛，冲到两军阵上，如决堤洪水，天崩地裂地奔涌而来。两军相遇，兵刃相接，翻滚着纠缠在一起浴血肉搏。

两军相遇勇者胜。汉军本来就蓄势很足，加上突骑往来冲杀，刀枪和箭镞一起纷飞，敌军骑兵中箭纷纷坠落马下者堵塞了后边的人前进。不到一个时辰，两路联军已经损失惨重，无力再战下去。见势不妙，能逃出阵外的兵将大都弃甲曳兵四下里逃窜，跑得慢的被生擒活捉者也不在少数。

汉军就这样以锐不可当之势，连破敌营数十座，进至射犬城。青犊军溃败后四分五裂再难恢复起来。聚集在山阳的尤来兵马本打算增援青犊军，共同迎击汉军，不料汉军坚不可摧，青犊已经败得一塌糊涂。尤来兵马闻听风声，立刻胆气丧失大半，也不等人家打过来，自己先仓皇北逃到隆虑山。

屯兵邺城正枕戈待旦的尚书令谢躬，闻听刘秀已经和割据武装打了好几仗，而且仗仗告捷，正准备派兵接应，忽然有探马送来谍报，说被刘秀战败的贼寇正向这边逃来。谢躬果然遵守前约，命大将刘庆和魏郡太守陈康据守邺城，自己亲自整装待发，带领从长安跟随自己而来的精锐之师，北去协助刘秀大军进攻尤来部众。

就在谢躬积极备战的时候，奉刘秀之命潜来邺城的吴汉、岑彭，带着兵马悄然临于城下。两人议论片刻之后，依计行事，吴汉率兵驻扎在城外，由岑彭与辩士入城劝陈康归服，里应外合，轻松夺下邺城。

岑彭与辩士乔装进入城中，趁着夜色潜入太守府衙，装成侍者的样子混进陈康内室。瞅了个没人的机会，一左一右把陈康夹在中间自我介绍说是萧王派来的使者，有重要事情和陈将军商量。陈康对刘秀如何勇猛的传闻已经非常熟悉，正担心据守邺城有没有好下场。听说对方就是刘秀部下，忙支开众人，把岑彭和辩士迎入内殿，长长一揖施礼说："不知尊使夜半降临寒舍，多有得罪。如有见教，下官一定全力待命。"说完拱手站在一旁。

岑彭看到陈康如此识时务，顿时放心大半，微笑着拉着陈康扶到座位上：“太守客气，倒是我等深夜打扰，多有冒犯，虽然事情紧急，但还望将军见谅。既然将军深明大义，那我有话直说了。如今长安政乱，四方贼起，太守大人消息灵通，一定了如指掌。萧王现在兵强马壮，势力日渐成熟，而且天下归心，想必太守也知晓一些。古人云：‘上智不处危以侥幸，中智能因危以为功，下愚安于危无为之。’现在大人孤居危城，势单力薄，难以抵抗，不如认清形势，放下刀枪，开城门迎接汉军，化干戈为玉帛。此乃太守大人为全城将士和百姓着想的万全之策，请太守思量定夺。”

这些道理陈康不是不明白，只是事未落到头上，明白也没用。现在见人家找上门来，是福是祸反正都躲不过，索性爽快些更好。他立刻接过话来答应说：“尊使金玉良言，确为当务之急下的万全之策，我愿倾力鼎助，大开城门为萧王效命。”

就在当夜，陈康秘密下令，突然发兵，出其不意地将大将军刘庆及尚书令谢躬围困于府邸，并迅速逮捕了刘庆、谢躬妻子和谢躬身边的心腹将士。然后下令，敞开城门迎接早已潜伏城外的吴汉兵马入城。

惊惶之中，谢躬妻子含泪悲泣：“愚夫忠厚仁义，不明白那些权变之术，我虽然一个妇道人家，也料想着必招今日之祸呀！”

吴汉、岑彭不动一兵一卒，兵不血刃，就坐享收复邺城之功。他们布置下人马，静静地等待谢躬的到来。

谢躬此刻对邺城发生的事情尚一无所知，正率领长安将士，将尤来部众追赶至隆虑山。走投无路的尤来兵凭借对地形的熟悉和山高林密易守难攻优势，孤注一掷地发狠命突然回头袭击，狠狠杀了个回马枪。人地两生、猝不及防的长安汉军本来战斗力就不是很强，遇到对方突然的攻击更是没法招架，损失惨重。谢躬没想到出师未捷，气急败坏地只得先引残兵退却，向邺城方向收缩。

天色微明，呼呼的凉风透着寒意。谢躬带着残兵败将颠簸而来，远远望见城头迎风招展着赫然醒目的“谢”字大旗。走到城下，见邺城城门大开，这和自己临走时安排刘庆注意把守好城门不大相符，因此心里有些犯疑。但仓皇奔逃的兵将此刻已是心惊胆战，人困马乏，顾不得多想，便一哄而上，涌进城内。谢躬骑马走在最前头，走过吊桥后带着数百骑兵径奔城门。

突然，咚咚战鼓声响彻黎明，城门洞内及城外两侧，动天响地的喊杀声中，冲出无数汉兵，将他们团团包围。谢躬此刻如陷深渊，茫然不知所措，不知道何以汉军要火并汉军。还未理出头绪，就被拉起的铁索绊倒，随战马一声仰天长嘶，他摔落马下，被拥上来的汉兵围住，用绳索捆绑起来，不由分说押入城内。其余兵将见谢躬就这样让人家带走，也没话说，乖乖地扔掉兵器，被人看押起来。

得知将谢军一网打尽，岑彭挥动着大刀，走上城楼，对着黑压压的兵丁，高声呼叫道："谢躬与萧王有约在先，共同经营河北。而谢躬貌合神离，背叛萧王，放走尤来叛贼，图谋不轨，已被拿问。众将听着，归降者无罪，若有反抗，立即死无全尸！"言罢，将刀架在谢躬脖子上，作欲砍状。城下数百轻骑兵无不惊恐万分，不敢有丝毫反叛之举，纷纷跪地乞降。

谢躬此时才恍然大悟，形势的发展真被夫人言中。自己徘徊两处，本想两处不得罪，结果却是两处不讨好，终归冤死刀下。但他忽然又想到自己确实心无歹意，所作所为都是忠心为百姓平定，就这样让人胡乱安个罪名给杀了，死不足惜，一片赤心却留个千载骂名，那才是天大的冤枉。

思绪飞转着，谢躬使劲摇摇头，想抖落和尤来争战时溅落的满脸尘土，望望冥冥苍穹，悲愤交加地高叫："苍天在上，为何偏不长眼？我谢躬虽为长安尚书令，却并无门派偏见，一心只想平灭河北叛贼。与萧王有约在先不假，但谢某确实不遗余力，拼命相助。不料终不敌尤来，才不得已败退而归，从不曾图谋什么。我尽心帮助刘秀拯救百姓，不料他竟如此不仁不义，猜忌于我，到底还是要将我置于死地。我死不甘心，死不瞑目！"说着，两行泪水蜿蜒而下，在脸上冲出两道泥印。了解底细的兵将都知道谢躬是个大好人，也不禁潸然泪下。

谢躬流泪片刻，忽然想起来什么，又厉声喝道："放开我，放开我，我要亲自质问刘秀，我要他知道，我拿他当英雄，而他却处处运用权谋，充其量也只能是个奸雄！"

吴汉大步上前，拔刀威吓："好你个谢躬老贼，如此张狂，竟侮骂萧王，告诉你，我们就是奉萧王之命，前来缉拿你这更始佞臣的，你死到临头了，还敢口出狂言，我就叫你死得更快些！"

谢躬悲愤至极，豁出去了破口大骂："这卑鄙无义的小人，情义两字不离口，其实最不讲情义。他就和他的祖宗高祖一样，为了达到自己的目的，老爹让人煮了都不在乎！我忠心卖力于他，他却用叵测之心对待我。他的仁义都是假装的，他所言所行全是假装的。他从宛城假装到洛阳，从洛阳假装到河北，他还要假装下去，你们都要被他的假装给害死，你们被他给害死了，还不明白怎么回事！迂腐呀，哈哈，天下如此多的仁人志士，一个个都自诩聪明无比，其实都被刘秀给哄骗了，都愚蠢呀！”

谢躬滔滔不绝，声音越来越尖厉，吴汉暴跳如雷，指着谢躬鼻子大骂：“大胆狂贼，死到临头仍贼心不改，罪当斩首！”话音未落，拔剑出鞘，没等大家反应过来，一道亮光闪过，剑起头落，谢躬歪斜着身子倒在地下。

岑彭见吴汉发怒，已经意识到情况不妙，慌忙上前去阻拦，说时迟那时快，晚来一步，谢躬已是一命呜呼。他大吃一惊，没想到吴汉竟如此冲动，压抑住心跳轻声说：“吴将军，何必至此，萧王之意，并非真要……”

吴汉仍然怒火不消，吼叫着说：“谢躬这老贼，不明形势，摇摆不定，素来心怀鬼胎，二心于萧王，还如此当街辱骂萧王，不斩杀不足以威服众将，不斩杀不足以扬萧王威名！”说着在谢躬身上擦拭一下剑锋，收剑入鞘，对着城下被俘虏的兵将喊道：“如有心怀叵测，不实心归顺者，这就是样子！若有不服者，尽管以身试法，我定严法伺候，奉陪到底！”看他咬牙切齿愤愤怒吼的狰狞表情，众人报以一片默然。

吴汉接着又命部下，将谢躬曝尸三日，以警示吏民。

谢夫人在大狱中因为担忧夫君安危而备受煎熬，忽听谢躬已经冤死，更是痛不欲生，丈夫都让人家给惨杀了，更何况自己一个妇道人家，下场也好不到哪里去，想想自己命运茫茫，到头来临死也免不了受辱，便悲愤至极咬断舌头自尽。

事发猝然，尾随待命于谢躬的振威将军马武，率败兵大部队刚回到邺城附近，便得知尚书令谢躬被吴汉斩杀，谢夫人自残而死的消息，一股寒流从心头直散到脚底，不由得为之一惊。如此残忍，一定不是萧王所为，肯定是部下胡乱传命。一定要告诉萧王，请他来为谢躬主持公道！他忍住不轻弹的泪，持刀跨马，扬鞭抖缰，掉转马头，不顾汉兵拦截，快马加鞭，直奔射犬，前去报告萧王。

射犬城内，刘秀正与诸将在殿宇内商议军事。忽然侍卫跑来报告说：“禀萧王，振威将军策马而来，请见萧王。”刘秀知道他此刻来，一定有重要事情，忙暂停了会议，令马武进来说话。

只见马武大踏步而来，抱拳跪地施礼，气愤愤地说：“属下马武叩见萧王。禀萧王，尚书令谢大人出师不利，追击尤来遭遇不测，败兵而归。而岑彭、吴汉趁机占据了邺城。占据邺城也就罢了，横竖都是汉军兄弟，可是，他们，他们竟然把谢大人……”

刘秀脸色一沉："怎么？难道谢尚书令有所不测？"

马武再忍不住放声恸哭，半晌才悲切地说："不想吴汉竟然杀死谢大人，还曝尸三日，谢夫人也悲愤而亡。谢大人一家惨哪，他……他冤屈呀！"

"嗨！这个吴汉，这么沉不住气！"刘秀拍案而起，长长叹息一声，"谢尚书令为人踏实厚道，对我不怀歹意，和普通更始诸臣大不一样，我心里一直敬重于他。我本打算找个机会把邺城和邯郸连成一体，收服长安将士，并没有置他于死地之意。谁料吴汉素来性情刚暴，竟鲁莽至此。可怜，谢躬夫妇确实是冤死在这离离乱世呀！"说着自己也哽咽起来。

马武是个粗中有细的精明人，他明白此刻自己的处境，也明白刘秀的意思，悲戚过后，又跪倒在地重新参拜刘秀："末将早知萧王智勇过人，治兵有方，且爱抚百姓，善待属下。萧王挥戈戎马，打下大好江山，将来必定有朝一日君临天下，解救苍生。我虽然粗鲁，但素来佩服萧王，且早有追随萧王的打算。不料邺城事发猝然，谢躬遇难，吴汉难以让人信服，我即刻孤身策马投靠萧王，甘愿为萧王出生入死，在所不辞！"

刘秀的目的不等自己提起就轻易达到，喜不自胜，躬身将马武扶起，拉他坐在身边，畅叙旧情，一边发下命去，摆酒设宴，奏乐起舞，召集诸将共饮，为振威将军马武接风洗尘。宴席上，刘秀举杯与马武对饮，马武饮罢一杯，方又起身斟酒，回敬刘秀，接着再敬在座的诸位将军，大家都豪爽痛快地一饮而尽，说说笑笑，把谢躬惨死的事情忘在一边。虽然马武脑海中总阴云不散，但也不好表现出来，怕搅了大家的兴致。

刘秀神色喜悦，趁着酒兴对马武说："子张，你谙熟邺城情况，不如统率旧部，镇守邺城，我方可无后顾之忧。子张意下如何？"

马武抱拳承命："我如今实心奔命于萧王，甘心驱使，无论再艰险，属下都没什么可抱怨的，万死不辞！"

"子张果然豪爽率直，是个性情中人，我就喜欢这样的性格。"刘秀高兴地说。

酒酣宴毕，刘秀即命马武执节镇守邺城，并写下亲笔书信，责令吴汉、岑彭务必厚葬谢躬夫妇，命太守留守，其余诸将率众兵马回射犬听命。

第三十一章　递胜递负　一波三折

就在河北形势翻天覆地日渐明朗的时候，东边的赤眉军也正悄然发展，他们经过一连串的攻城略地，如今已是将威兵武，已然成风。樊崇等人虽然外貌木讷，心里却比谁都能看透形势。他们已不满足于仅仅在东边各郡县占有一席之地。凭着日渐丰满的羽翼，他们发现，长安的更始政权不但一片混乱，天子只是个摆设，更主要的是势力最为强大的刘秀大军也和更始朝廷撕破脸皮，这可是个千载难逢的天赐良机。于是赤眉军毫不犹豫，挥动百万大军向西包抄长安。

当赤眉军逼近长安城时，气势异常浩大，京师百姓一片惶恐，预感大难来临却不知何去何从。而躲在深宫里的刘玄此刻消息却迟钝得很，仍旧日日花天酒地，厮混于内帷。在刘玄想来，赤眉军首领自己又不是没见过，不过一群乌合之众，能成了什么气候？况且身边还有绿林诸将护卫，虽说他们平日里对自己这个皇上也不是很尊敬，但关键时刻，总还是要向着自己吧？

赤眉军踏进潼关进抵长安，大军所到之处地动山摇，一伙穷苦百姓能发展成这么强大的队伍，让许多人瞠目结舌。被围困在长安城里的陇西隗崔、隗义和右将军隗嚣对坐无言，唯有后悔不迭地感慨万千。想当初，隗嚣带领隗崔和隗义在陇西一带拥兵自重，独霸陇西，全盛时期占据有武都、金城、酒泉和敦煌七个大郡，说话办事如同帝王，何等威风？真不该为了一点名义，来到长安应诏，结果封了个有名无实的右将军。可右将军有个什么用，朝廷大权都把握在别人手里，根本不容自己说话。原来的爷爷变成如今的孙子！

这下更好，权位没捞着，赤眉却打上门来。那帮有实权的人如陈牧等，都提早撤离出去，在别的州郡继续享乐，把个烂摊子留给自己收拾。其实有什么好收拾的，到时候等着叫人家砍脑袋就是了！越想越后悔，隗嚣抓起桌上一大杯酒灌进肚里，铁青着脸重重叹口气。

隗崔和隗义盯着昔日的主帅，试探着商议说，要不，咱们现在赶紧悄悄回去？隗嚣被酒劲弄得有些头晕，心里却无比清楚，回去当然好，可现在哪能回得去？西去的道路已经让赤眉给堵上，自己虎落平阳，再没了退路。

既然没了退路，索性就在更始朝廷大弄一番，捞点实在权力也值得。隗嚣被急于得到权势的心理冲昏了头脑，竟然跑去告发隗崔和隗义，说他们唆使自己叛归陇西，对朝廷大不忠，而自己岿然不动。刘玄正急需用人之际，认为还是隗嚣忠于朝廷，便把隗崔和隗义杀掉，拜隗嚣为御史大夫，让他和赵萌共同主持朝政。踏着自己的亲眷和下属登上一个台阶，隗嚣总算心理平衡了些。

更始二年（24）的十一月，赤眉军一路由樊崇率领，攻占了武关，逼近长安郊外。另一路由徐宣、谢禄和杨音等人统帅，攻占陆浑关，也接近了长安。刘玄闻听战报，这才惊慌起来，派遣定国上公王匡、襄邑王成丹和抗威将军刘均，率领长安所能搜罗到的兵马，在河东和弘农一带抵挡赤眉军。

另一方面，寒冬腊月，大雪翻飞，天寒地冻，河北内外苍苍莽莽，万物覆盖在厚厚的雪层下悄然入睡，整个天地寂静无声。刚刚经过一场大雪，路滑难走，不适合行兵作战，尤其是赖以冲锋陷阵的突骑，更不便于出行。刘秀站在帐外，抬头看看浅灰色的天空，沉沉四野如同倒扣的锅底，轻轻叹气一声，命人传下命令，暂且驻扎休整。

射犬城内，汉军将士除了必须立岗、放哨和探马外出游走打探消息之外，其余将士都躲避在帐篷内，围坐火炕边驱寒取暖，抿着酒说说笑笑，马匹在槽厩里悠然吃着草料，一切平和而宁静。但在宁静的外表下，汉军将士都明白，他们眼下暂时的悠闲不过是在养精蓄锐，储备军力，一旦战争的号角吹响，他们还是要挺枪挥戈，奋然出击。热血迸溅、肢体横裂的战场就在不远的地方正等着自己。

刘秀帐内，火苗吞噬着灶膛，将整个营帐烘得温暖如春。不过歇兵不歇将，刘秀不敢丝毫懈怠，派人找来邓禹，摊开案几上的素帛地图，与他并肩坐下，指点着密密麻麻的地名，议论着选择进军路线。邓禹见刘秀目不转睛地盯着关中地区，心有灵犀，微微笑着说："明公的眼光果然厉害，关中沃野，确是战略要地呀。"

刘秀点点头，把地图卷起来，和邓禹在帐内商议了一个多时辰，根据各地军情，也根据自家军队的整体素质和自身特点，做出最终部署：邓禹率兵西进长安城，冯异带兵镇守孟津，任命寇恂为河内太守，以河内为战略大后方，筹措军粮，整治兵器，自己则亲自带兵北上讨伐叛贼。

方略制定好后，事不宜迟，各路将领引兵踏雪起程，分别向自己的目标进发。前将军邓禹率韩歆、李文、冯愔等将领西进；孟津将军冯异与河内太守兼行将军事的寇恂则率兵转战河内，派兵遣将征集粮草，修整兵戈。刘秀安置妥当，亲自带领吴汉、耿弇和陈俊等将领，继续北进，攻取北部边境。

如破竹之势的赤眉军过关斩将，一路冲杀过来，猛扑向王匡、成丹、刘均等一伙守军，两大昔日的友军在弘农大开杀戒。长安城内临时收集起来的汉军兵将一向安逸享受，操练不勤，哪里敌得过威猛剽悍的赤眉猛士。单从士气上讲，见对方红眉毛红眼睛不要命的阵势，就已魂飞天外，无心应战，稍做抵抗便跪地求饶。也有少数殊死拼命的，但毕竟势单力薄，只能做困兽之斗，三下两下就被清扫干净。

奉更始朝廷旨意，带领大队人马赶来增援的讨难将军苏茂到了此刻还夜郎自大，自以为曾讨伐方望、弓林有功，赤眉军一群拼凑起来的土包子有什么了不起？为抢头功，他挥戈扬鞭，日夜兼程，把丞相李松所率的众多精锐之师远远甩在后头，孤军深入增援守军。

赤眉渠帅樊崇这几年征战四方，已经很得作战要领，眼观六路，耳听八方。闻听谍报说苏茂率领少数兵将前来增援，他略微一考虑，当机立断，留谢禄、杨音带一部分兵马围攻弘农，自己亲自率余下的精兵和突骑，埋伏驿道两侧，伏击苏茂一队军马，要抢在李松一行人增援之前，将他们前锋打个落花流水，让他们进退不得。

果然，苏茂带着不多的军马策马在前，威风凛凛地疾驰而来。只听路边树林草丛中“杀呀——”一声令下，四周人头攒动，不等他们回过神来，刀光剑影已把他们团团包围。赤眉军如嗜血小鬼一般，挥刀乱斩，苏茂军猝不及防，犹如当头重重挨了一棒，登时大败，各路士卒四散逃窜。而此刻李松大军尚未赶到，实在无力抵挡。苏茂这才后悔不该为了抢功冒进，但事已至此，也只得先顾及眼下情势，逃得一条性命要紧。

樊崇紧追不舍，全力拼杀一阵，见对方兵败如山倒，再无力反攻才勒马回头，班师转战弘农继续西进。赤眉军虽然憨厚，但小计策却也不少，他们边进军边四下散布消息，说长安援军已全部败退于半路，弘农眼下已是孤城一座。

弘农守军闻得援军已败，增援无望，立刻士气大泄，人心惶惶，再无心应战。赤眉军趁机两军合一，势如猛虎，城头上一阵全力争夺之后，弘农汉军终于寡不敌众，除大部分战死外，剩余的四荒逃散，赤眉军最终破城而入。

定国上公王匡、襄邑王成丹和抗威将军刘均见大势已去，情知再费劲也不济事，但为保全官衔，开脱罪责，也只得例行公事地在战场外侧舞刀弄枪一回，一声令下，弃城而逃。

此时更始朝廷的丞相李松尚未到达弘农，在半路上遇到兵败而归的苏茂，听说弘农失守，知道胳膊拧不过大腿，也不敢贸然前去夺城，便就近在茅乡驻扎，观望风声。

河北方面，前将军邓禹奉命离开射犬城，兵临箕关。箕关是通往河东的要道，如果能攻占箕关，打开通往河东的门户，那收服河东各郡县就可以顺流直下，无可阻拦了。恰又逢箕关警戒涣散，只有少数几个岗哨在那里虚应公事地懒懒站着，有的打瞌睡、有的凑到一起唧唧咕咕闲聊天。邓禹几乎不费什么力气就轻而易举破门而入，他率兵所到之处，敌军无不惊慌自散，自知反抗无力，况且眼下朝廷混乱，命令出于多门，卖命都不知道为谁卖，倒不如省条性命归服了萧王，弄不好还有个前程。在这样的心态下，都尉领头把城门大开，欢迎邓禹大军进入城中驻扎。

邓禹一鼓作气，带着汉兵及一路收服的各郡兵卒，稍做整理后，浩浩荡荡地进军安邑，企图解安邑之围的樊参军本打算誓死守卫，但是前方战败的消息接踵而至，知道大厦将倾，指望自己抵挡，也是空自搭上一条命去。不等对方兵马来到，已经叫嚷着打了败仗，先撤出城去逃走了。邓禹旗开得胜，欣然凯旋。刘秀闻听消息，自是兴奋不已，对众人说："我在长安太学读书时就看书上写着，天下大势，不得河东者不雄。又看过这样一句话，说汾水可以灌平阳，绛水可以灌安邑。如今这些地方尽为我军所有，诸位加倍努力，恢复汉家江山，就在眼前!"

冯异率领河内和魏郡兵马镇守孟津，这里相对比较平静。他奉旨沿河占据要塞，积极修筑防御工事，大量筹备军粮，加紧做好战斗准备。

为了利用工事和地形阻挡敌军，尽量减少自家兵力损失，冯异亲自带领兵卒开沟引水，筑墙垒壁，营造了一道坚不可摧的防线。这道防线横亘在河内与洛阳之间，气势宏大，让人望而却步，不敢贸然侵犯。

更始朝廷中镇抚关东的舞阳王李轶和大司马朱鲔，闻听邓禹已经率领大队精锐之师西出攻箕关，破安邑，想要趁此天赐良机，发兵偷袭驻守河内的冯异，不过看到冯异如此谨慎防范，也不敢轻举妄动，唯恐多事招灾，反倒不如对峙着来得稳当。

河内太守寇恂负责筹备军粮，因为外有冯异坚守稳固，他更是安心招兵买马，幕后筹划。由于河内并未遭受过大的兵乱之苦，农业发展稳定，虽不敢说十分富裕，却也家殷户实。于是寇恂颁布法令，很快收租四百万斛充作军粮。后来又动员士兵自制百万箭矢，源源不断地送往刘秀和邓禹前线，以备战用。

弘农战场方面，樊崇率领赤眉出师遇捷，守城待命，暂时没有大的动作，给河北汉军留下后线作战的时间。孟津战场，冯异将大营守得固若金汤，且粮饷充实，又给自己解了后顾之忧。刘秀原先悬着的心大为放宽，率汉军意气风发，日夜兼程向北挺进。所到之处，各处叛贼无不闻风丧胆，弃甲而逃，一路杀来颇为顺利。最后在元伐、北平一带大破尤来和五幡各部。尤来这棵大树一倒，猕猴皆散，散兵们或降或逃，很大一部分归于刘秀部下。

为斩草除根，彻底肃清向北溃逃的尤来，刘秀亲自带领精锐突骑，不顾当时风雪交加，马不停蹄追击而去。严冬腊月，刺骨的寒风像刀割一样打在将士们的脸上，大家手已经渐渐麻木，刀枪都抓不住，只能横在马鞍上。两天下来，好多人的脚冻得红肿，手上也生出指头大小的冻疮。

刘秀见此情形，命部下弄来冻伤药，用酒和了给士兵们敷上，每个军营都视察一遍，仔细询问情况，和颜悦色中透着对将士们的关爱。士兵看到刘秀自己也是冻得满脸通红，却毫不在意，蹲下来抓住许多人的手亲自察看，都十分感动，有想提出干脆撤回去的人，也不好意思再说出口。

大军日夜不停，穷追不舍。天黑路滑，行军速度很慢，马蹄踏在冰层上咔嚓咔嚓地一片脆响，这连成一片的清脆声音，仿佛弹奏着一场大战将要拉开帐幕的序曲。

东方微亮，刘秀与耿弇率数千轻骑追至顺水河边。河面早已封冰覆雪，和原野连成一体，耿弇下马向刘秀请命说："明公，我军已冒雪迎风，马不停蹄地追赶了一天一宿，战士们早已人困马乏，太累了。是否在此稍做休息，抖擞精神再前行追赶？"

刘秀也深知战士们劳苦，何况自己也南征北战，感到再拼命追下去，确实吃不消。他略做斟酌，眯起眼睛望着一望无际的雪原，好像自言自语："伯昭，你看看，这里方圆千里都是荒无人烟的雪原，敌军如无充足的粮草供应，也应该早已疲惫不堪了，比我们更疲敝。不如我们一鼓作气，追过河去，将敌人一举歼灭后再作休息，如何？"

耿弇也不便说什么，只得遵命，鼓动数千骑兵，亲自带头率兵踏上冰面，追过河去。刚到河对岸，没等脚底站稳，便听嗖的一声口哨尖厉鸣响，伏兵四起。大事不好，中了埋伏！耿弇刚闪过这个念头，就见尤来、五幡等大批兵马从半人多高的灌木丛中呼叫杀来。汉军兵马猝不及防，又加上饥困赶路，无力迎战，登时大乱，昆战一阵，看看力不能支，只得败下阵来。耿弇在后队掩护，让刘秀处在中军，迤逦返回范阳，准备重整旗鼓，待时机成熟，再做定夺。

在这场和伏兵作战中，刘秀首当其冲，身受重伤，右臂被一支毒箭击中。加上路途连受风寒，勉强支撑到范阳，一头倒下便发起高烧，额头滚烫得吓人，迷迷糊糊躺了一天一夜才苏醒过来。

“水，水……”见刘秀有所反应，守护在床前的耿弇忙命人端上姜汤，一勺一勺喂到刘秀嘴里。在刘秀昏迷的这十几个时辰里，耿弇、马武和陈俊等人一直静候病榻前，几乎没合过眼，看到刘秀微微睁开眼睛，都惊喜地叫喊：“明公醒了，明公醒了！真是吉人自有天助，终于醒来了。明公是成就大事的人，谅不会有什么闪失。”大家小声议论着喜不自禁，悬着的心终于放下了。

刘秀直着眼睛呆愣一会儿，理了理纷乱的思绪，良久方明白过来，回味着梦中的情景，仿佛自己刚才还在挥刀杀敌。他忍着剧痛，挣扎着坐起，一把一个，挨个儿拉起耿弇等人的手，低沉地说：“刘某急于平灭贼寇，急功近利，悔不该不听伯昭之言，率自涉险，军马伤亡不计其数，惨败呀！”说着痛心地摇摇头，欲言又止。

耿弇端着姜汤，勉强地一笑，安慰道：“明公不必自责，久在河边走，哪有不湿鞋的？经常打仗，有胜必然有败，再自然不过。也怪我等没有考虑周全，没能阻拦大军过河追敌，罪责难逃。况且胜败乃兵家常事，明公大可不必扼腕叹息。您带兵杀敌受了重伤，眼前最要紧的是先把伤养好，再作打算。塞翁失马，焉知非福。一败之后，大家往后行事，都增了几分谨慎，未尝不是好事。我看，只要上下一心，平灭贼寇只是早晚的事。明公静心养伤，别考虑那么多。”

“是呀，明公重伤在床，兵士们也忧心忡忡，无心作战。只要明公身强力壮，留着青山在，岂怕没柴烧？明公不必多虑。”马武也上前劝慰。

刘秀知道大家都在宽慰他，仍旧叹息道：“熬严寒冒风雪，真难为大家了，可所得结果却是损兵折将，怎么能不痛心！军中多少士兵为此枉送性命，谁不是父母身边的娇儿，谁不是妻子儿女跟前的顶梁柱？可一战失利，就有多少人家要遭遇丧子丧夫之痛，这是我决策失误，连累将士们，我之罪也！传令下去，伤残兵员一律优厚抚恤，这几天伙食费用提高一些，给将士们补补。”

耿弇等人深受感动：“明公受如此重伤，心里还惦记着兵卒。明公不必操心，我们这就遵旨下令，为士兵们添些鲜菜。”

刘秀点点头，想一想低声问耿弇：“这次咱们损失多少兵马？伯昭如实相告。”耿弇知道此事不好隐瞒，只好照实禀报：“数千突骑几乎损失殆尽，逃回的近千人马也病的病，伤的伤，重创不小。”刘秀听后脸色阴云密布，半晌低头不语。

马武见刘秀沮丧的样子，上前安慰说：“明公切不可过度伤心，不能为这点小事乱大谋。要实现恢复高祖旧业的宏伟志向，必定会有失败和流血，这早在意料之中。明公以前说过一句话，我现在还记得，人不劝不善，钟不打不鸣，路不行不到，事不为不成。现在这话正派上用场，要行路要做事，哪能没个坎儿的？只要我们总结经验，还是胜算在握的。”

刘秀被他们一片苦心深深打动了，转过头来闭上眼睛努力静下心来，当初和大哥舂陵起兵的情景历历在目，昔日的誓言在耳旁似乎铮铮作响，被一仗打败，难道整个人都败到爬不起来了吗？比起昆阳大战，比起在宛城和洛阳受的委屈，这点挫败算什么呢？

再转过脸来时，刘秀已经脸色平静，目光恢复了以往的威严，清清嗓子对众人说：“你们放心，刚才有些失态，不用告诉任何人。即便你们不说，汉军自然也不会一蹶不振，这点小挫折，只能让汉军更奋勇，哪怕屡战屡败，汉军也会屡败屡战。当初高祖和项羽争夺天下，高祖十战就有九次败北，但高祖不弃不馁，最终一战而彻底胜利。有高祖在前，咱们还有什么可说的？一日不平灭贼寇，一天不安定河北，我决不罢休！”

听刘秀这样说，大家很受鼓舞，不由更加佩服刘秀的气概。刘秀稍顿一顿，放缓了语气说：“诸位也饱受困顿，又守了我一天一夜，身心疲惫，我这里很好，不必挂念，各自都回营好好歇息吧。”

看着大家相继退下，各自回营，大殿里重新寂静下来，刘秀脑海中把这几年的情形一一闪过，再也躺不住，他忍着伤痛，缓缓下床，整整衣冠，朝门外走去。门口侍卫赶紧上前把他搀扶住：“萧王如有事，在下可为您效劳的，不劳萧王费神，尽管吩咐就是。”

刘秀微微一笑：“那你就陪我到军营里走一趟吧，我要亲自巡营，慰问慰问伤残病号。”

刚出殿门，不想耿弇和马武等将并没有回营歇着，他们都在门外静静地守候，见刘秀出来，他们先是一愣，继而早有预料地哑然失笑。刘秀高兴地说：“既然诸将都在，不如随我一道巡营，让兵将看看咱们依然强健，还能带他们冲锋陷阵，再展雄风！”

耿弇和马武一左一右，搀扶着刘秀走在前头，其余诸将都尾随其后，刘秀胳臂上缠着索白绷带，殷红的血从里面渗透出来，染红了一大片。但刘秀一直红光满面，带着粲然的微笑，逐营巡视，对战士问寒问暖，询问兵情，安慰他们静心养伤，并一再交代军医，一定全力救死扶伤，想尽办法让兵将们摆脱病痛之苦。军医见萧王如此关爱士卒，自然不遗余力，悉心照料受伤士兵。士兵们见主帅带着重伤，尚且惦记自己安危疾苦，心里暖暖的，更加拥戴刘秀，都私下议论着说：“萧王对咱们关怀备至，咱们生在这个世道，天生就是打仗的命。不过打仗也要打得痛快。投奔萧王这样的明主，拼命一回也算值得！”

刘秀回到营帐，顾不得休息，忙召集诸将商讨重整军队、抚恤将士等事情。大家聚在一起，尚未得出具体方案之际，忽有探马来报，说是大将军吴汉率大军赶到。刘秀忙命部下大开辕门，迎接他们进来。原来吴汉带兵巡查，在顺水河看到战场残迹，看情形汉军吃了败仗，而且败得相当惨，顿时吃惊不小，一路打探着追至范阳，看到刘秀健在，才把心放宽，大家又宽慰着互相鼓劲。

转眼冬去春来，冰雪消融，群燕北翔，又过一阵鸟鸣啁啾，泉水叮咚，一派春光大好。休养生息了一个冬天的汉军也加劲操练起来。春天是个雄心勃发的季节，加上野草萌发，战马有了草料，刘秀要征服的河北各部也不闲着，蠢蠢欲动。

一连几天，都有军情来报：“尤来、五幡、上江、青犊、五校等部众在顺水伏击侥幸得胜后，更加肆无忌惮，所到之处野蛮抢掠军粮，强行抓壮丁充兵，百姓们恨得咬牙切齿，又不敢抵抗，只得四散逃难。看情形，他们想尽快聚敛物资，加紧做好和我军对峙的准备！”

刘秀为谨慎起见，先派出久经沙场、英雄善战的几员心腹将领，率兵小规模攻打五校、大彤。一经接触才知道，五校、大彤实质上不过是一群乌合之众，加之平日忙于抢劫殆于训练，真正到了战场真刀真枪拼打起来，哪里敌得过汉军精锐之师，汉军所到之处真正是战无不胜，攻无不克，直打得五校、大彤节节败退，仓皇而逃。

小规模较量虽然很顺利，但吸取上次顺水河失利的教训，刘秀决定在范阳一带稍做歇息，待河北南部稳定下来，再率兵北上，将五幡、尤来一伙彻底消灭。

经过一段时间的经营，局面渐渐稳定下来，刘秀觉得时机成熟，亲自率军队北进，一路上连战连捷，频传喜讯。然而就在前线形势大好的时候，后方却发生了意外。朱鲔、李轶率领下的长安汉军，不敢和赤眉较量，开始进攻河内汉军兵营，这样一来，河北粮道被阻截，兵器供应不上，粮食也无法输送。

消息传来，着实让刘秀急躁了一阵，不过他知道越是这种时候，越不能乱了方寸，必须泰然处之。他立即调派于翼和冯异率部下解救河内，自己则冒险疾进，引兵远攻蓟城，准备尽快平定河北。

同时，刘秀和冯异仔细商量，为了用尽量少的兵力解决这一棘手问题，必须来个智取。针对朱鲔性情暴躁的特点，刘秀提出一个反间计。他们派出散兵混进长安汉军阵营中，在朱鲔、李轶营中散布谣言，说李轶想独自带兵剿灭河内寇恂大军，前去请功论赏。也有的说，朱鲔早有打算，二人钩心斗角，互相猜忌。冯异则不失时机地又在中间火上加油，使其矛盾恶化。最后朱鲔气急败坏地杀死李轶，收缩兵马。刘秀不费一兵一卒之力，便将李轶除掉，也算初步替大哥报仇，更削弱了长安兵力，解决了目下的燃眉之急。

公孙述自从称雄于蜀中一隅后，日子过得很是滋润。因为蜀中气候温和土地肥沃，经过长期治理，物阜民丰，物资很是充足。并且那里地势特殊，和外界有天然屏障遮挡。长安政局虽然混乱，群雄纷争，烽烟四起，乱成了一团糟，但不管外面地动还是山摇，这里依然如世外桃源般怡然自乐。

四周狼烟滚滚，而蜀地百姓却能安居乐业，丰衣足食，民风淳朴。守着这样一块风水宝地，要说不动称霸称王的念头，却也是一桩难事。公孙述并非圣贤，俗心难免，很自然地就自立为皇帝，住在金碧辉煌的殿宇里，过着锦衣玉食的神仙生活。他先封臣赏众，算是成立了以他为首的政权机构，继而又招兵买马，扩充军备，增强实力，然后加紧征敛粮草，为伺机出蜀，争夺天下奠定坚实的经济基础。

此时的情形是你未唱罢我已登场，蜀地那边准备得颇有声势，赤眉军这里不仅毫不逊色，且有过之而无不及。赤眉军也意识到自己这样一群贫苦百姓打斗下去不是长远办法，便想到也立他个皇帝，名正言顺地和更始朝廷争夺天下。他们煞费苦心地寻找合适人选，最后找到一个据说是汉室的后人放牛娃刘盆子，刘盆子这时才十五岁，什么也弄不明白，不过樊崇等人并不需要他明白什么，只不过用他来做块招牌而已，不由分说便把刘盆子接到军中，堂而皇之地立刘盆子为帝，又封樊崇为丞相，麻雀虽小五脏俱全地又一个汉室朝廷算是建立了。

冯异率领河北汉军已经守住河内，并转攻河南，斩杀河南太守武勃。消息传来，刘秀高兴不已，对河内的些许担心总算放下了。如锦上添花一般，冯异的喜讯刚刚接到，捷报便接连飞来。耿弇、吴汉和景丹等十余位将军率汉军主力大破尤来等部众，河北各割据势力终于彻底肃清。

听到消息，刘秀喜极而泣。历经千辛万苦，终于河北完全掌握在手中，终于有了争夺天下的雄厚根本，大哥他们倘若在天有灵，会不会喜泪化作细雨飘飞？没有什么豪言壮语，他只是默默地流泪了。但在众人面前，刘秀还是抑制住自己激动的情绪，脸色平静如常，立即蹬马扬鞭，亲自迎接凯旋的壮士们。

大殿内，刘秀正亲切慰问诸将，恰在这时，寇恂大破苏茂的捷报也传到，刘秀激动地说："后生可畏呀，子和不负重托，功成而旋。时常令我牵肠挂肚的河内也稳固了，真不知怎么感激诸将，有这群英雄出生入死效命，我刘秀真是三生有幸！"诸将也都高兴至极，互相表示祝贺。

事到如今，河北方面可算是基本大功告成，刘秀军营上下一片欢腾。刘秀也正好借这个机会推动一下气氛，准备大设庆功酒宴，为将士们接风洗尘。前将军耿纯和耿弇、吴汉等诸将相邀入宴。

宴会还没开始，许多人都迫不及待地倒上酒喝开了。碰杯换盏的间隙，他们私下议论着眼下各地的见闻，议论着渐渐提到萧王应当自立的事情。耿纯提了个话头说："听说公孙述已在蜀地招兵买马自立皇帝了，赤眉军也紧锣密鼓地在郑地立了一个刘盆子为皇帝。长安危在旦夕，各地豪杰并起，都虎视眈眈，想称王称帝建立一代新江山。现如今河北已太平，明公又占据河内要地，群臣归附，民心所向，政治稳固，论起军事，有数百万士卒，兵强马壮，坚不可摧。且这段时间通过安抚百姓，鼓励生产，奖励耕织，农业经济也恢复元气。依我们现在的整体实力，萧王也该自立，以承汉祚。"

提到这个话题，吴汉忽然有些气愤，他狠狠咂口酒说："哼，像公孙述这样无德无才之辈，尚且厚颜无耻妄自称帝，赤眉军又步绿林军的后尘，拉出一个宗室作傀儡，自己在幕后操纵，蒙骗百姓。只有明公是正宗的汉室后裔，且从来以百姓为重，深得民心，更主要的，咱们如今兵强粮足，有足够的实力君临天下，明公做皇帝也实为众望所归。"

耿弇也颇为赞同："是呀，以明公的实力和威望，宜当自立。要说重新整顿这片残山剩水，创立一个崭新天下，明公最有资格。可你们感到奇怪了没有，明公他一直闭口不谈此事，难道他就没动过这门心思？”说着他挠挠头抓抓耳，思忖一下接着说，“也不对呀，老百姓都知道，若不为了名利，谁肯三更睡五更起？明公这些年来披荆斩棘、生死两茫的拼杀战场，目的又何在？难道他只甘心暂且割据一方，待天下分久必合的时候，入朝做别人的臣子不成？”

耿纯也端起酒杯喝上一口，笑着说：“诸将都是自己人，我就把心里话坦言相告，昔日明公与大司徒起兵舂陵时，曾立下盟誓，‘复高祖之业，定万世之秋’，岂能没有举大业之志？”说着他神秘地看看旁边的人，压低声音，“燕雀安知鸿鹄之志哉，明公之所以不提这个，必是另有疑虑，至于他疑虑什么，还需要咱们好好琢磨。”

“对呀，皇帝谁不想当，更何况明公这样真正的英雄。”耿弇恍然大悟，“说不定明公担心自立为帝，会招来天下非议。况且，这种事情只能别人往上推，自己哪好意思说出口？既然找到了症结，那咱们就一起上奏表，请明公尽早称帝，实在不行，先自立为王也好。”

这时许多人也凑过来听他们说话，耿弇的话正中大家下怀。耿纯拍了拍桌子：“既然咱们都有这个意思，不如抓紧时间，定他一个尊号，拥立明公当皇帝吧。”

一向爽快的吴汉立刻同意：“叫我说，择日不如撞日，不如咱们就在酒宴上串联其他几位明公素日敬重、说话有分量的将军，联袂入贺，议上尊号，拥立明公，他肯定早盼着咱们这样做了，只要咱们捅破了这层窗户纸，必定欣然登上王位，这个毫无疑问。”

耿弇忙拉住吴汉坐下：“子颜切不可鲁莽。方才说的那些话，不过是咱们的猜测罢了，没有丝毫根据。可是咱们应该知道，明公向来城府很深，他脑子里在想什么，我们也揣摩不透，还是要谨慎行事，三思而为之。所谓天威莫测，别凭空惹出事端来。”

“伯昭之言确实有理。”耿纯略有所思，也沉稳了脸色，“明公丝毫没有表明自己有君临天下的态度，我们贸然议立天子，那可是违反朝纲的大逆不道之举，明公若要怪罪下来，那可是要杀头论斩的呀。到时候拥立不成，反得个‘恃功犯上’的罪名，到那时候，上不能上，下不能下，该如何收场？”

“也是这个道理！”吴汉沉吟着一眨眼，忽然喜上眉梢，“对啦，我有个好办法，眼下不是大摆酒宴吗，等明公过来了，趁他高兴，咱们轮番上阵，把明公灌个酩酊大醉，酒后吐真言，咱们就可以探探他的口风。你没听人说吗，兔子是猎狗撵出来的，真话是酒给赶出来的。”

听他这样说，耿弇暗自一笑，连连摇头：“云中白鹤，非燕雀之网所能罗也。以子颜兄这点伎俩，还想与明公斗心思，真是异想天开，不自量力。”

说到酒，倒触动了耿纯，他若有所思地笑笑说：“既然把刘公灌不醉，不如咱们把自己灌醉，不醉也装醉，明公不是一向赏识马武酒后直言不讳吗？马武，你就试试吧。反正人醉傻三分，说什么都有个推脱。若是说得不对，明公怪罪下来，一个喝醉了，就是最充分的理由，我们再替你解释，保管没事。”

马武是个武将，斗大的字识不了一箩筐，却英勇善战，性情豪爽，闲来无事喜欢喝点酒，酒后直言，无所避忌。有几次萧王设宴为诸将庆功，马武都在喝得半醉不醉的情况下，当众诉说诸将长短，一吐心中不快，刘秀不但没有责怪他，反而很欣赏他豪爽的性情。大家见萧王如此厚爱，也都不往心里去，反而都喜欢和他这样的耿直之士交往。

吴汉、耿纯和其余将领一听，连说这个办法好，拍打着马武的肩膀，纷纷表示赞同。马武吃软不吃硬，见大家这么信任自己，呵呵大笑，什么都不多想，立刻答应下来。

少顷，丝竹之声缭绕，酒宴在一片欢乐祥和的气氛中正式开始了。待刘秀入座后，诸将纷纷起身迎接，重新排好座次，互相谦让着落座。士兵的营帐中也都摆酒设宴，让他们各自在自己营帐中放开肚皮吃喝，上下一片热闹非凡。

见诸将都来齐了，刘秀站起，端起满满一杯酒，声音豪壮地对着众将领说：“诸位，如今河北已平，兵戈收起，咱们在这里欢聚一堂，庆祝这难得的胜利。不过面对乐景，不忘哀景，方是至诚君子。那些为收复河北而抛头颅洒热血、战死沙场的将士们，今日却不能亲临酒宴，痛饮这胜利的美酒，就让我们先敬他们一杯！”言毕，庄严地将杯中的酒洒在地面上，诸将也学着刘秀的样子，肃然地举起第一杯酒洒在地上，祭奠战死疆场的亡灵。这是每次庆功宴上必不可少的一个重要仪式。

接着刘秀又举起一杯酒：“这杯酒是我敬给诸将的。感谢诸将为收复河北鞠躬尽瘁，立下汗马功劳，既然是一家人，这些俗套就不多说。来，大家开怀畅饮，开怀畅饮！”诸将随声附和，都伸手举杯，一一还敬刘秀。宴会这才开始，大家边吃边喝，开怀大笑着畅所欲言，回忆着昔日战马铁血惊心动魄的场面，再看看眼前欢乐场景，都感慨良多，感慨着接连许多杯下肚，头脑开始昏昏然起来。

酒至半酣，马武稍有醉意，但头脑还很清楚，他虽然粗鲁，却明白要掌握好分寸，不然萧王真要怪罪下来，他恐怕掉了脑袋都不知道自己是怎么死的。终于鼓起勇气，马武颤巍巍地站起来，举起酒杯，向刘秀敬酒：“明公，今天大喜，属下再敬萧王一杯！”

刘秀笑道：“好！马武是真汉子！”说着一饮而尽，“这酒恐怕不是白敬吧，我看你嘴唇哆嗦，有什么话要说？”

马武赶紧顺着杆子往上爬：“当然不是白敬。属下早已仰慕明公，故而冲锋陷阵，虽冒死而不辞。而且我是个粗人，经常喝醉酒，口出狂言，数落部下，以下犯上，而明公气度非凡，从不计较，不加怪罪。我理应敬您一杯酒。”

刘秀一听，马武这点小心眼瞒不过自己，立刻知道还有下文，故意绷起脸说：“子张莫不是要告谁一状，先给我戴顶高帽子吧？”

马武一脸认真地说：“明公误会了，这次可不是，再说今天是什么日子，我也不敢搅了大家的兴。只不过平日里明公与诸将同行军共作战，真可谓同甘共苦，亲如父兄。我是个粗人，讲不出什么道理，只是胸中藏了一肚子肺腑之言，想要当着明公及诸将的面儿，一吐为快。”

刘秀笑笑：“我素来钦佩子张豪爽，今日有话要讲，我和众人当然洗耳恭听。哪怕是逆耳忠言，折损我的话，也尽管讲。”

马武见路子已经铺好，连忙拱手施礼：“属下不敢，明公一向德高望重，我岂能折损明公？”接着话锋一转：“只是，只是，如今长安政局破败，危在旦夕，更始朝廷灰飞烟灭、销声匿迹只是迟一天早一天的事情。更始朝廷没能把握好统一天下的有利时机，致使天下仍旧纷乱，群雄四起，争霸天下。明公是正宗的天潢贵胄，又破新莽，占昆阳，北渡黄河灭王郎，诛铜马，方安定河北，劳苦功高，威德扬名天下，众望所归。在我……是……我们看来，应当顺天命以承汉祚，还蓟城即位，君临天下，重建一个崭新河山，还百姓一个安居乐业年。”诸将一听，终于把大家想说的话说了出来，立刻全都鸦雀无声，静观接下来的变化。

刘秀开始还微笑着点头，越听到后来脸色越阴沉，等马武好容易说完了，拧起眉头简直有几分震怒。但因有言在先，他努力平静地说：“怕是马将军真喝醉了，如此狂言乱语，罪当军法论斩。”

马武既然说开了头，倔脾气上来，也忘了害怕，睁圆了朦胧醉眼一本正经地对着刘秀，也对着诸将说："并非马武恃酒狂言，马武所言确为实情，况且诸将都有这些想法。"

刘秀终于压抑不住，动起肝火，腾地从座位上站起来："谁还有想法？站出来说清楚，我立即召刺奸将军当场论斩！"这一招果然厉害，吓得本来要附和的众人连忙低头不语。

马武频频向耿纯、耿弇和吴汉几个人使眼色。哪知他们见刘秀如此火冒三丈，都装作没看见，不敢按原先商量好的上前推波助澜。

马武见自己孤零零一个人站在那里，也有些胆怯，又急又气，一着急冲着众人大喊："你们，你们刚才怎么说的？把我推上了花椒树，上不去下不来，你们倒看开了笑话，大家快说话呀！"

刘秀狠狠瞪一眼马武："你这个莽夫，快给我闭嘴！立刻退下，灌儿碗酸汤醒醒酒，今天大伙儿高兴，别因为你让大家扫兴！"说罢，愤然拂袖而去，庆功宴不欢而散。大家谁也不敢上前劝说，只得悻悻而归。

回到营寨后，马武都快要气炸了，暴跳着指向耿纯、耿弇和吴汉三人的鼻子，破口大骂："你们这些个叛徒，让我去放炮，你们都跑到一边听响了，都快把我炸得粉身碎骨了，你们却偷着乐是不是？"

耿纯上前扶住他，讪笑着说："马将军息怒，你这不是安然无恙吗？万一萧王真要拿你开刀问罪，我们还能真的作壁上观，无动于衷吗？只是萧王一时大动肝火，我们切不可硬来，惹急了他，事情就更不好办了。要不这样，我看单以咱们几个单枪匹马，恐怕劝不动萧王，不如联合其余诸将，等他气消了，联名上表，再争取一次。"

吴汉也故作讨好地说："整个汉军上百万人，也就你马将军，口出狂言，还能尸首完好地回来发脾气。如果我们之中再换个人去劝说，那肯定是有去无回啦，你就知足吧。"

马武一听，这话说得叫人舒服，方觉脸上光彩了些，怒气稍减。

哄闹一阵后，大家又坐在一起商量更为妥当的方式。商量来商量去，叫大家纳闷的是，既然萧王应该早有取更始而代之的意思，那又为什么迟迟不肯即位？若是故作姿态，想表明自己的谦逊，为什么马武提议拥立时，他如此怒发冲冠，而且看上去还不是伪装出来的？如果现在时机不成熟，那何时才算成熟？这些疑问，大家怎么也猜测不透，议论半晌，始终理不出个头绪，马武烦恼地一拍脑袋："唉，这人要是太聪明了也不好，老叫人琢磨不透！"说得大家都苦笑了。

第三十二章　劝进称帝　恢复汉祚

经过几天筹备，耿纯已联络好其他诸将联名上表，不日将递上呈报。然而就在这个时候，刘秀下达命令，班师南归。他们只得先把这事情悄悄按下来，带上本部人马，随着大军浩浩荡荡向南归去。

大军行至蓟城，渔阳太守彭宠和幽州牧朱浮闻得萧王大军凯旋的喜讯，急忙命部下杀猪宰羊，备下好酒为萧王接风洗尘，准备好好庆贺一番。彭宠亲自备马，出城迎接，久违相逢的战友，亲热地拉住手叙谈旧情自不必说。

府衙大殿内，刘秀坐在中央，拉着彭宠的手，语气深切地说："我刘某能有今天的业绩，幸亏了彭将军的坦诚相助。当年，我初来河北，粮草兵力都相当缺乏，加上被王郎追捕，势微力薄，随时都有性命之忧。好在伯通以大义为重，发动渔阳和上谷突骑相助，才得以转败为胜，平灭王郎，逐渐打开局面。伯通的功德，刘某没齿难忘，今当盛情相报，赐封建忠侯，仍为渔阳太守。"

彭宠并不因此而得意，也没有立即谢恩，想一想慢慢说："明公言重了。当初属下只是尽了一点微薄之力，明公之所以有今天，完全是因为明公智勇超人，又有好生之德，半是人力，半是上天之意。请明公暂时歇息，在下还有事情想向明公请示。"

众人热热闹闹地大吃一顿，疲乏消除不少。宴席结束后，各自回府歇息。彭宠亲自扶萧王回房，紧坐在一起叙说别后的情况，说到河北大体平定的时候，彭宠赔着小心轻声问："伯通与明公共事，向来钦佩萧王敢作敢为的英雄气概，只是有一事不解，不知当讲不当讲?"

刘秀虽多喝了几杯，头脑却很清醒："哦？伯通有话请讲，你我之间还有什么不能说的，不必顾虑太多。"

彭宠这才放心一些说："如今河北已平，且公孙述和赤眉军都争相称王称霸，树立起个皇帝，准备统一天下。按说萧王最为名正言顺，条件也最现实，为何迟迟不见行动？要知道众望所归，就不能让众人失望，还是应当早日即位才好。"

刘秀微笑的脸倏地一沉，不动声色地训斥一句："休得胡言！姑且念你军功卓著，身为长者，这回就不予追究，此话切不可再提!"

彭宠知道话说到这份儿上，再勉强也没用，只好红着脸讪讪告退。

第二天清晨，刘秀命人去请彭宠前来，预备商量着写一篇告全体将士书，在全军集合时宣读，鼓舞士气。不料，派出去的人很快回来禀报说，彭宠昨夜与夫人及随从不辞而别，回渔阳去了。驿馆里只剩下渔阳长史守在那里，已经跟着前来。

长史进殿拜见过刘秀，解释说太守因公务紧急，不辞而别，请萧王恕罪。刘秀心里很是犯嘀咕，不知彭宠为何如此匆忙离去。渔阳事务再紧急，也不至于连告辞的时间都没有。越想越不对劲儿，忽然想起耿弇是上谷老人儿，上谷和渔阳接近，或许他了解情况，于是叫来耿弇，把彭宠的反常表现告诉他，让他思虑一下其中的缘由。

"彭太守镇守渔阳，我为上谷吏士，虽说两人相去不远，却并不十分了解彼此情况。特别是这些日子跟随萧王，对渔阳事务，更是一无所知。若明公欲知内情，不如向幽州牧朱浮探听，他二人交往甚深，兴许知道。"

刘秀立刻叫来朱浮，再把彭宠的事情说一遍，让他想想彭宠为什么不辞而别，是不是心里有什么不满？

朱浮想一想，面色忐忑地说："回萧王，彭太守离去并未辞我，依属下粗见，以为彭大人心中未必有什么不满，但很可能有些失望。"

"失望，为何失望，失望什么？"刘秀一脸的惊疑。

"彭大人常与属下谈起吴汉、盖延和王梁等人如何功高，说这些人都是渔阳旧属，他们奔走效命于萧王左右，论理自当封官赏爵。他临来蓟城时，又日夜思盼，说：'大王一定会和我们这些老将领欢聚一堂，大家交欢并坐，知无不言，言无不尽，说什么话都不过分。'可如今，听说明公昨日不知为何责怪了他几句……怕是彭太守心存芥蒂，故而不辞而别了吧。"

刘秀听罢，陷入深深地自责："怪我慢待了伯通，实为我之过。不过，功是功，不能因为有功劳就没章法。我固然慢待了伯通，但伯通也没领会我的苦衷。唉，只好日后再详细解释了。"

说着，立即亲笔写下一封书信，命人快马加鞭送到彭宠手中，好叫他心中不快早日冰释。

在蓟城停留几天，诸多事项安排妥当后，刘秀命令各路大将整顿好自己的队伍，拔营离开蓟城，继续南行。

越往南走，听到公孙述称帝、赤眉军拥立刘盆子，闹腾得红红火火的消息就越多，耿纯、吴汉和马武等人越发急不可耐起来，偷偷召集串联众多将领，商量着如何劝进才能使刘秀面南称尊。

劝进的奏章已经写好，只是大军一直行进，没机会递上去。大家正着急的时候，途经范阳城外，来到顺水河边。面对滔滔河水，刘秀不免回忆起昔日顺水一战，这是刘秀印象里身经百战中败得最惨的一次，近乎全军覆没，几千汉军将士血洒沙场。此刻仿佛还能闻到腥气沉沉，还能依稀辨别出血流成渠，尸骨至今仍暴于荒原的痕迹。看到零散的白骨中蚊虫丛生，惨不忍睹。刘秀感慨良久，命令大军停下来，含泪为阵亡的部众收尸敛棺，建陵竖碑，忙了三四天，才算安顿完毕。

大军驻扎在顺水河边，到处弥漫着悲怆的情绪。耿纯等人想借着这个茬口向刘秀上表，但又觉得称帝称尊是喜庆的事，和眼下气氛不大相符，只得作罢。日子一天天地拖延下去，耿纯等人心中暗暗着急。

汉军终于再次启程，大家注意到，沿途之上刘秀一直神色凝重，似有所思，但谁都不敢上前询问。大军行至中山城北扎营驻下，耿纯和大家商议半晌，认为时机已到，便趁着一次商议军情的时候，当众向刘秀递上奏表，反正大家都在跟前，这是大家的意思，一来让刘秀不好推辞，再者真要怪罪下来，也不会让自己一个人承担罪责。

刘秀见耿纯一本正经地递上一份书信，满脸奇怪，随手拆开来看下去，见上面写着：

> 汉遭王莽，宗庙废绝，豪杰愤怒，兆人涂炭。王与伯升首举义兵，更始因其资以据帝位，而不能奉承大统，败乱纲纪，盗贼日多，群生危蹙。大王初征昆阳，王莽自溃，后拔邯郸，北州弭定；三分天下而有其二，跨州据土，带甲百万。言武力则莫之敢抗，论文德则无所与辞。窃闻帝王不可以久旷，天命不可以谦拒，惟大王以社稷为计，百姓为心。

刘秀紧皱眉头忍耐着终于看完，把奏表重重地往桌子上一拍，面露愠色，怒视一眼耿纯。耿纯知道情况不妙，吸取马武教训，不等刘秀开口，赶紧拱手上前一步解释说："明公龙威虎怒如泰山压顶，但明公怒气不应该对耿纯一人而发，此表是大家的意思，末将只是代为呈奏，明公采用不采用自由明公决定，不关我的事，不信您当面询问诸将。”

听他略显狡猾地这样说，刘秀在心里一笑，把目光收回，扫视一下在座的诸位将领。以马武、吴汉为首，大家趁热打铁，赶紧抱拳齐声说：“耿将军所言极是。我等早有劝进明公之意，还望明公以天下为念，以社稷为先，以黎民为重，早即尊位，以便传檄四方，征讨天下。”

面对一双双灼灼目光，刘秀不觉怒容渐退，随即长叹一声说：“诸位心意我又何尝不懂？只是当今天下乱逆，纷纷扰扰难以理清头绪，贼寇未平，百姓尚处于水深火热。小的不说，赤眉势众，纵横三辅；绿林狡黠，挟更始以号令天下；北有卢芳，南有公孙述，东西又分别受刘永和隗嚣等制。诸位想想，现在咱们虽然拥有了河北一块地盘，但实际上仍四面受敌，当今已经有了好几个皇帝，咱们又何必再凑热闹?”

耿纯听他这样说，依稀觉得刘秀话音里已有妥协的意思，心想若是进一步相激，说不定还真能推举着刘秀称尊，完成大家的心愿。于是他再上前一步，抱拳拱手大声说：“明公，耿纯一向奉明公胜于自家父母，君父面前不敢说假话。当初自毁宅园，率宗族宾客归随明公，就是指望有朝一日成就大业，耿家可以封侯拜将，光宗耀祖。而今明公婉辞众意，负于众望，令宗人都感觉拼搏一场却没得到应得到的东西，我听他们私下里很有怨言，望明公……”

刘秀脸上表情正发生着细微的变化，他立刻想清楚了。的确，当初耿纯自焚宅第，令宗族宾客都坚定了追随自己的信心，那赤诚足以令天下人感动。耿纯这话一针见血，耿氏家族鞍前马后紧随左右，不就为了封妻荫子，光宗耀祖吗？看来他们一心推举自己称帝，不但是为了自己，更是为了他们自己能尽快成为王侯将相。他们的愿望当然没有错，可自己现在的情况……

大家见刘秀沉思不语，明白耿纯的话起了作用。顿时议论声嘈杂，场面有些混乱。耿弇怕刘秀再出现反复，忙制止住大家，站在耿纯旁边进言说：“明公，耿将军所言极是，我汉军中百万将士别亲弃故，背井离乡，从各地赶来归附明公，每次作战，大家甘冒矢石，不惧死伤，就是想挣得一个前程。如今，功业大体已定，天下人心归附明公者四成有三，而明公却犹犹豫豫，不肯正位即尊，让有些才能的士大夫感觉前途无望，多少有了投奔别处的意思。明公，耿弇害怕如果众将一散，就再难以聚集起来。一句话说白了，明公面南称帝，不但是实现了自己的宏愿，也是对众多追随者有个交代，这是众望所归的事情，明公为何总是顾左右而言他？莫非其中有什么苦衷，即便有，不妨说出来，大家议一议，事情总归会有办法的。”

刘秀听他说的再明白不过，慢慢坐下来，手托下巴沉思片刻，缓缓说：“诸位所说的确实有理，我理解大家的一片苦心。但话又说回来，称尊者有两种，一种是急匆匆草率办理，这样固然可以荣耀一时，但如借寒风而凝成的冰霜，时节更替，转瞬即逝，就如王郎一样；再有一种是把这作为千古大事，不但自己有稳固江山，还要传之子孙，让君臣百代都享受到今日的战果。大家想想，你们愿意让我做哪种帝王？所以我说这事非同小可，容我再斟酌而定。眼下的当务之急，我们应抓紧赶路南归，不可延误。”

虽然没有彻底达到目的，但刘秀总算应承下来。事情有了几分把握，大家也就不便再多说，分头去整顿兵马，准备启程南下。回到耿弇营房内，耿纯、吴汉和马武等人凑到一块，大家闲来无事，私下里议论说：“长安更始帝乃大汉宗室，但为绿林诸将所左右，不过徒有虚名，并且把朝廷弄得一团混乱。但不管怎么说，人家到底是名正言顺的汉室承大统者。所谓天无二日，世无二君，人家再不好，却已经抢了先。我看明公推三阻四地不肯当这个皇帝，怕是顾忌到自己名不正言不顺，不好向世人交代，你们看是不是这个道理?”

马武在旁边听了，着急地站身说：“要真是那样，眼下该怎么办？难道要等咱们打进长安，把刘玄那毛头小儿拉下宝座，明公再称尊不成?”

耿弇沉吟着摇头说：“那倒不必。马将军，你没听明公说了吗，这是大事，要三思而行，这话虽然也对，但思到什么时候，却又遥遥无期。如今该说的都说了，我看咱们也不必再空口白牙地劝告，唯今之计，只有另外再想办法。”

耿弇说着看看众人，见大家的目光都注视着自己，忙接着说：“我有个主意，请孟津将军冯异和前将军邓禹来劝明公。他二人不但功高而且足智多谋，明公向来最为倚重，每每言听计从，乃汉军中泰斗人物，明公凡事必与此二人商议，咱们就在他俩身上下功夫!”

耿纯拍手称妙：“不错，看来也只有冯将军和邓将军可以劝谏明公称尊了。伯昭，事不宜迟，咱们即刻向二位将军写信，请他们从速赶来。”

吴汉、马武也表示赞同，计议已定，耿弇亲自给冯异、邓禹各写书信一封，遣使暗地送过孟津及河东。

就在他们商议请邓禹来说服刘秀时，邓禹此刻正处于焦头烂额中。河东守将王匡、襄邑王成丹和抗威将军刘均指挥数十万兵马，乘邓禹不备，三面夹击，发动突然猛攻。邓禹一时间由优势变成劣势，腹背受敌，被困于安邑战场。由于战线太长，大部分军队来不及集中就被攻破。王匡、成丹和刘均终于找到了发泄的机会，率领十余万大军往来冲杀，将邓禹汉军冲得四零五散。邓禹慌乱之下匆忙迎敌，骁骑将军樊宗也拼命厮杀。不过大的形势不利，即使使尽浑身解数也难以挽回。他们最终被抗威将军刘均、河东太守杨保和中郎将弭缰率几十名长安将士围住，樊宗多处重伤，力战至死。

这场大战从日出直到天晚，声势震天，比前几次战役更为惨烈。邓禹损失惨重，不得已匆忙退出战场，全力集中被冲散的兵马。王匡见邓禹军队逐渐向一处靠拢，知道对方度过了最初的惊慌，兵力开始收缩，如果继续攻打，自己恐怕就没那么多便宜可占了，赶忙鸣金收兵，也退回自己营寨。

月色下，邓禹巡视战场，见昨天还威风冲天的大营被摧毁得成了一堆破烂，主将樊宗战死，悲愤难膺，却无可奈何，只得命人先敛棺，等战罢厚葬。这是邓禹西征关中以来，损兵折将最严重的一次。当初在长安太学中研读兵书时，自以为把书本上的东西学会了就能天下无敌。孰料愿望是一回事，真正做起来，又是另一回事呀！难怪《孙子兵法》上一再强调兵战是大凶事，能不战则尽量不战。当初自己还不理解，现在终于明白了，用这么多鲜活的生命让自己明白一个简单道理，代价是不是太高了？邓禹心里一阵叹息，命将士好好歇息，等夜深时分也以毒攻毒，给对方一个突然袭击。

自己败得如此狼狈，决不会立刻找上门去再战，王匡他们一定这样想，自己要做的就是让他们想不到。

已是深夜，王匡军中仍灯火通明，众兵将正喜庆军功，争抢着吃肉喝酒。就是大营外负责守卫的兵丁，也心不在焉，探头探脑地捧着酒咂摸。邓禹走在最前头，趁着乱哄哄的声音摸到对方营寨跟前。只听一声令下，汉军全军出击，拼命厮杀，把白天受的窝囊气一股脑儿放出来。

王匡做梦也想不到对方还能死灰复燃，而且恢复得这么快。一时弄不清是邓禹本部的兵马，还是汉军又来了援军，也弄不清对方兵力到底有多少，黑灯瞎火的，到处都是喊杀声，自己手下将领都不在本营寨，群龙无首，顷刻兵败如山倒，人马杂沓中，王匡部下兵马倒下一大片。

仓促之中，王匡无心恋战，只顾拼命夺路而逃。整个大营一片混乱，邓禹并不像王匡那样见好就收，指挥兵马穷追猛打，仿佛粘在了王匡军队身上，怎么也甩不脱。一直胶着地追打着，把王匡军队消耗殆尽。王匡知道大势已去，只好带着一队残存人马逃回关内。

邓禹这仗不但反败为胜，而且取得大胜，一仗下来占据整个河东。除了收集粮饷，招募兵丁充实军队外，邓禹还文武并用，设置县令，对当地吏民加以慰藉。在他的兵力威胁和诚意感召下，安邑不战而降，缴获兵甲辎重无数。随后拜祭酒李文为河东太守，负责治理各县。一一安排好后，邓禹正欲向刘秀报捷，忽然有士卒过来禀报："启禀将军，萧王方面来人送信。"

"人在何处？让他进来。"

少顷侍卫领着一员裨将进来，冲邓禹拱手施礼："末将见过邓将军。"

邓禹客气地摆手笑笑："明公这个时候有什么事情，河北局势还算顺利吧？"

裨将又拱手施个礼："末将并非萧王所使，邓将军……"

邓禹心里咯噔一下，立刻想到是不是王匡派来的说客，脸色一变愠怒地问："你到底何人？"

"末将是大将军耿弇麾下，奉耿将军之命特来送信。"说着取出书简双手呈上。

邓禹这才松口气，接过书简，匆匆三眼两眼地看完了，啪地合了随手放到案几上，哈哈一笑："明公心中的顾虑，我已经想到几分。也不必写回信了，你回去转告耿将军及诸位将军，让他们放心，我有办法让他们如愿，让他们少安毋躁。"

裨将见使命完成，告辞扬鞭而去。邓禹在帐内踱步思索，嘴里念念有词，心事重重地捉摸不定。这时有人在门口禀报说："禀将军，辕门外来了一个书生打扮的人，自称叫强华，说是将军故人，特来拜见将军。"

"强华？"邓禹又惊又喜，禁不住拍案高声叫道，"这下我的难题解决了。看来众人助者天亦助，真是天助明公统承大业！快，快快有请！"说着自己先跑出去亲自到辕门迎接。

辕门外纛旗猎猎展招，纛旗下一位袍衣冠带的儒士正面含微笑，迎风而立。大老远地看去，果真是故交强华。看来真是岁月如梭光阴无情，昔日风度翩翩的少年，而今也成了温文儒雅的学究了。邓禹人还未到跟前，先扯着嗓门大喊："强兄，果真是你，久违啦！"

强华看着衣甲鳞烁的邓禹，显然没有立刻认出来，愣怔着顺声音四下打量。直到邓禹来到跟前，才恍然大悟，一把扯住邓禹，惊喜地说："仲华贤弟，真的是你，看你这一身大将军气派，再也找不出当年太学读书时的影子了，难怪愚兄一时竟不敢相认了呢！"

"彼此彼此，我是学文不成，勉强在武将里滥竽充数。强兄却是学文以文成名，如今已是一代名家，愚弟自愧啊!”邓禹笑着互相打趣，一边请强华入营细谈。

久逢知己千杯少，两位阔别多年的好友重逢，自然有说不完的话，叙不尽的情。邓禹一改平日温文尔雅，粗声大气地命人摆上酒菜，拉强华坐下一杯紧接一杯，片刻满面通红，说话更加随意。

“几天来总梦见顺水漂船。按术士们圆梦说法，梦见顺水行舟，近期运气要格外好。还真叫他说准了，想什么就来什么，这可不是运气好，而是天助我也？小弟正要派人潜入长安，打探强兄下落。不想强兄架子倒不大，还没请呢，自己就送上门来了。天意哟!”邓禹说完哈哈长笑。

强华也笑了：“看你说的，好像多盼望我似的。强华一介腐儒，大将军找我，有何要事，总不至于让我穿上你这身衣裳给人当靶子，让王匡过瘾吧?”

“强兄可知……”邓禹说到半截忽然把话头打住，眯着眼笑吟吟地看着强华，口气一转问，“强兄专程来军中找我，有什么要事?”

强华放下酒盅，狡黠地一笑：“叫几句邓将军，立刻就头大了。告诉你，我来找你可不是专程，只是巧遇。强某是要从长安赴河北去投奔刘兄，刘兄知道是谁吧，就是当年那个刘秀，你的明公。恰路经此地，闻得贤弟驻军在此，就特地来拜望。”

邓禹一脸惊喜地凑得更近些：“难道强兄此去河北，也是为明公?”

“贤弟刚才说派人寻找我，莫非是真话，还真有需要的地方……”强华看看邓禹，邓禹点点头，彼此心有灵犀，相互会心一笑。

“强兄不是闭门苦读的腐朽学究，天下大势我就不说了。明公在河北的情况，你一定也知道，如今各方面条件都已成熟，大家打算劝进明公，无奈明公婉托不肯。他们大老远地跑来向我讨教，我立刻便想到强兄，不知强兄能否……”

强华看看邓禹，微微笑着说：“碰到真人不说假话，愚兄也正是为此事去拜谒刘秀。至于去了如何做，天机不可泄漏，贤弟也无须多问，到时候你自然知道。来，事不宜迟，咱们再喝过这一盅，我立刻就启程到河北。”

邓禹满心欢喜，乐上眉梢地举起杯：“那就有劳强兄了，为天下苍生、为黎民百姓、为了明公，你我兄弟今日相逢，我也不挽留了，反正大家聚集到一起，今后有的是说话的机会。”说着举杯一饮而尽。

赤眉军拥立的朝廷刚刚建立，相对还略微稳定。丞相樊崇传令命大军继续西进，进一步威胁长安。而更始朝廷内部却一片混乱，更始帝刘玄与赵萌打得火热，谋划计策诛杀了许多大臣王爷。在刘玄想来，那些领兵打仗的武将们对自己始终是个威胁，而赵萌没兵权，又鬼点子颇多，和他靠近些没什么坏处。出于这个考虑，两人勾结得日益紧密，隗嚣虽然名义上和赵萌共同主持朝政，而实际上好事根本没自己的份儿。无奈之下，隗嚣被迫找机会潜回陇西，天高皇帝远，经营自己的地盘去了。而就在这时，赤眉几十万兵马打着汉字龙旗，正浩浩荡荡杀来。

赤眉军气势汹汹而来，眼看就要打到长安城下，整个长安都震动了，涌出城去的难民络绎不绝。钻在深宫中的刘玄也听到了风声，深感大难临头，惶惶不可终日却又无可奈何，如困在笼子里的野兽一般团团乱转，面对美酒美色也觉得索然无味，只是心烦意乱地长吁短叹。

丢失了河东的王匡和张印等将领逃回长安后，见这里的形势也不容乐观，便私下里商议说："现如今河东已经丢失，赤眉又步步紧逼，咱们的地盘也就剩下长安一座孤城，我看也撑不了多久。等到城池被攻破再逃跑，恐怕来不及出城就让人家给抓住砍了脑袋。咱们本来就是山大王的料，非要做梦发癔症和人家争夺什么江山？费那些力气，哪如在山头上大块吃肉大碗喝酒来得逍遥？现在这情形，还不如在城里狠狠搜罗些金银财宝，然后撤出城去，向东进攻南阳，打回老家去。即便攻占不了南阳，也可以回到咱们的山头上，继续过咱们以前的小日子，省得在这里等死。"

大家也觉得这话是个出路，便推举穰王廖湛和平氏王申屠建，连夜去宫中说服更始帝刘玄。刘玄在皇宫里享受惯了，岂能愿意去山头上过野人般的山大王日子？非但不同意，还恼怒地斥责他们贪生怕死，没接仗就要逃跑，难怪这仗总打不胜。"朕一定要守住长安，保住朕的锦绣日子！"刘玄气冲冲地说着，连夜传下圣旨，命令王匡、陈牧、成丹和赵萌屯驻新丰（今陕西临潼东北），命令李松进军掫城（即新丰的鸿门亭），摆开架势要和赤眉决一死战。

张印和廖湛以及申屠建和胡殷等人见刘玄不识时务，死到临头了反而雄心上来，都很着急，便合谋着软的不行来硬的，要劫持刘玄逃出长安。他们商议事情的时候，恰好侍中刘能卿听到，悄悄告诉了刘玄。刘玄心里有了底，立刻召张印、廖湛、申屠建和胡殷四人进殿，说是商讨国家大事。四人心里有鬼，犹豫着想去却又不怎么大胆。

他们忐忑不安地来到大殿门外的时候，忽然被刘玄安排好的羽林军围上来，不由分说，挥刀便砍。四人抱头鼠窜，其中张印和廖湛、胡殷侥幸跑了出来，申屠建一脚绊倒，被剁成了肉泥。

张印等人跑出来后，越想越窝火，索性彻底翻脸，各自率领本部人马，一边在东市西市大肆抢劫，一边放火烧掉宫门，杀入内宫。刘玄身边那点羽林军怎么能是人家对手，慌忙开了后门，领着夫人和车骑百余人，向东直奔新丰，投靠他最信任的赵萌去了。

经历了部下叛乱后，刘玄险些丧命，心有余悸，开始疑神疑鬼起来，他怀疑王匡也不是好东西，和张印是一号货色，打算先下手为强，除掉王匡，把他的兵马收到自己手下，也好增强对抗赤眉的力量。赵萌便传出圣旨，邀请王匡和陈牧以及成丹三人来新丰议事。三人还没得到长安变乱的消息，遵旨前来。

陈牧和成丹来得早些，来了没等他们开口说话，赵萌一声令下，把他们两人砍了脑袋。王匡运气好些，因为安排军务，动身较迟，还没走到新丰，听见风声，忙折身回去，和张印等人合兵一处，攻打新丰的刘玄和赵萌。而刘玄还梦想着恢复往日帝王生活，催促赵萌把陈牧和成丹的兵马编入自己营寨，反攻长安。由此开始，长安更加一片混乱。

中原和西北混乱不堪的时候，刘秀却成功地拥有了河北大片土地，有了自己扎实的根基。汉军继续南行，来到部城暂时驻扎下来。近来众人接连提出让自己称帝，搅得刘秀内心很不宁静。能够成为一代帝王，刘秀自然求之不得，自己忍辱负重拼了性命东讨西征，不就是一直冲着这个目标努力吗？可真的快要抵达这个目标时，却不免有很多顾虑。刘秀知道，从整个天下来讲，自己拥有的地盘并不占绝对优势。现在已经有了好几个皇帝，自己此刻称帝，和他们搅和到一起，是否合适？再者说，称帝之后，等于给别人树立了个靶子，会不会树大招风，凭空多出几个对头？木秀于林，风必摧之，这个滋味，自己已经尝过了。

可是如果坚持不称帝，再征战下去，就会显得名不正言不顺，自己到底算哪家臣子？怕连自己也说不清楚。从另一个方面来讲，自己不称帝，手下诸多大将就不能拜相封侯，光宗耀祖的愿望得不到实现，这样会不会寒了他们的心？

刘秀思来想去，始终拿不定主张。然而这事情却不能一直拖着，必须尽快有个结果才行。沉吟半晌，刘秀忽然想起当年王莽装神弄鬼的许多往事，在心里轻轻一笑，看来也只好如此了。

第二天，刘秀在召集众将领商讨军情的时候，皱皱眉头叹口气说：“近两日也不知怎么了，总做些奇怪的梦，叫人夜夜睡不踏实。一闭上眼睛，就朦朦胧胧地觉得自己站在天宇之上，上不见顶，下不见底，烟云缭绕，雾气腾腾。低头向下看，脚下波涛翻滚，江水汹涌奔流。对此情形，我很是骇然，恍然惊醒。梦醒之后，仍然心跳个不住。唉，此梦接二连三，十分奇怪，不知是凶是吉，叫人心神不定。”

大家听刘秀这样说，都是一帮武将，说不上什么道道，只是嘁嘁喳喳地瞎议论。耿弇看大家一眼，抬抬手让众人安静下来，笑吟吟地对刘秀说：“明公，俗话说梦是神思，是上天降下来的预兆。至于预兆什么，我们一帮武夫，也说不清楚。听说冯异将军素来对解梦很有研究，明公找他问询，自然就清楚了。”说着看看两边的人。

耿纯等人立刻明白他的意思，忙跟着应和：“对，明公，上回我做了个奇怪的梦，不知道什么意思，请冯将军解释了一番，没想到几天后还真应验了。明公还是请冯将军回来问一问，免得休息不好，耗费精神。”

听众人七嘴八舌都这样说，刘秀又叹了口气，无可奈何地说：“看来也只好如此了。”

孟津将军冯异接到耿弇等人的书信，还没来得及动身，接着又有刘秀的文书送到，让他即刻回来。冯异不知道发生了什么事情，日夜兼程地赶到部城。甫进城门，先被耿弇和耿纯等人迎接住，大家站在城门外侧，嘀嘀咕咕合计片刻，冯异抹把额头上的汗水，长吁口气点点头：“我当什么事呢，原来就为这个。好，你们放心就是，我知道该怎么说。”

分手之后，冯异快马入城，直奔刘秀的中军大营。参拜过后，一脸急不可耐的神情问：“得到明公召唤，不知有何军情，冯异星夜赶回……”

刘秀上前把他扶起，看着满脸油汗的冯异笑笑：“倒没有太大的军情，只是这些日子不见，不知那边情形如何，想召你回来问问。坐下慢慢说话。”说着自己先在帅案后边坐下，招招手让冯异坐在自己对面，这才慢条斯理地把长安方面的情况详细询问一遍，特别是刘盆子称帝的情况，了解得更是详细。等冯异说完了，刘秀紧皱的眉头慢慢舒展开，这才把自己接连几天的梦境讲述一番，让冯异给自己参考一下，看是凶是吉。

“明公，梦这东西，对于平常人说起来也很平常，不过是日有所思所见，夜里身睡而心不睡，将白天的情形回味一遍罢了，并没什么深意。这也就是为什么有南人不梦驼，北人不梦象，因为他们就没见过这些东西，自然也就梦不到了。而天降大任的非常人物就不同了，他们的梦则乃神降预兆，乃天意所为。明公身为天潢贵胄，起兵舂陵，营建洛阳，平定河北，志在匡复汉室大业，自然是非常之人了。所以明公所梦见的，定是神灵有所暗示。至于暗示什么，请听在下细细说来。”

见刘秀正含笑望着自己，冯异舒展一下酸困的腿脚：“明公，在下刚才说过了，如今长安内乱和外困交织在一起，不但赤眉步步逼迫，内部又来个三王叛乱，更始皇帝之位摇摇欲坠。而赤眉方面，声势虽然浩大，但他们鼠目寸光，只知道抢劫财物，思谋着如何中饱私囊，以后回家乡过自己的小日子，缺乏长远打算。他们拥立刘盆子做皇帝，不过是依葫芦画瓢，必然长久不了。所以说，目下虽然有两个刘姓皇帝，其实没有一个能成气候。若是想真正恢复大汉江山，真正保住高祖宗祠，能担当这个重任的，唯有明公您了。明公连夜做梦，也印证了这个形势。明公之梦，乃是天命所归，发于精神，是上天屡次提醒明公。上有苍天，下有河岳，明公屹立其间，特立独行，有称帝之福。明公应当顺应天时人愿，上为社稷着想，下替百姓将领打算，早日称帝，建立名号，征讨四方，尽快平定天下，实现舂陵起兵时的大愿!”

刘秀听他说着，脸色慢慢凝重下来，手托下巴沉吟着正要说话，忽然大帐门口人影一闪，一个校尉站在门口躬身禀报：“辕门外有一儒生，自称名叫强华，说是将军故人，求见将军，不知将军……”

“噢？强华来了?”刘秀不相信似的一愣，兴奋地对冯异说，“强华是我游学长安时的同窗好友，我和强华、邓禹还有严光四人，情同手足，白天一起读书，夜间同寝一处，那时的欢乐情形，现在想来就叫人眼热。”匆忙解释两句，一边喊道，“快，快，有请!”一边起身到门外迎接。

强华和刘秀见面，自然又是一番追忆往昔，问寒问暖，亲热地拉住手紧紧坐在一处，说不完别后情形。絮叨半晌，好容易冷静下来，强华眼光盯在刘秀脸上，笑着连连说：“好，好，我当初就说文叔是潜龙在野，迟早要有一番大业，果然让我言中了。文叔，你知道我千里迢迢来找你，有什么事情?”

“那还用说吗?”刘秀仍紧握住强华的手，“强兄在长安刻苦研读，如今学得满腹经纶，要和我一起来创大业做大事了。你来得正好，军中多少事务，简直让我焦头烂额，邓禹来后，我肩上的担子减轻了些，你这一来，我就更能轻松许多了！若是什么时候严子陵也能不期而至，那就更是大团圆，我简直可以垂拱而治，坐享其成啦!”

强华却神秘地一笑，摇摇头：“文叔太高看我了。我在长安苦读这几年书不假，可到底还脱不了儒生的酸腐气息，充其量一个秀才而已。秀才造反，三年不成，恐怕帮不了文叔什么忙。不过我这趟过来，也不单是看望文叔，确实还有件事情要告诉你。”说着从怀里掏出一卷素帛，双手呈上。

刘秀不解地接过来：“这是……”

“文叔一看就明白了。”强华说着又把素帛拿到手里，放在桌子上展开，素帛顶端上赫然写着“赤伏符”三个鲜红大字。刘秀忙仔细看下去，见大字后边工整地写了三行小字：“刘秀发兵捕不道，四夷云集龙斗野，四七之际火为生。”

“强兄，这……这是何意？”刘秀轻声再读一遍，满脸疑惑地抬起头来。

强华不动声色地指点着素帛上的三句话：“文叔，此乃流传于长安的谶语，其中暗藏天地玄机，是天下大势的预兆，懂得其中玄机并能顺应形势者，可以实现人生宏愿，成就古往今来之大业。文叔听我细细给你解释。文叔也知道，大汉属于火德，赤为火色，而火德藏于这三句话中，所以这段谶语叫作赤伏符。四七二十八，从高祖建立大汉江山，到如今文叔起兵平定整个河北，为二百二十八年。四七之际火为生，也就是说，二百二十八年后，火德要复兴，汉室要有新主人。而这个新主人是谁呢？更始刘玄担当不起，刘盆子更是个招牌，谈不到话下。纵观当今英雄，自然非文叔莫属。所以，这段谶语正好应在文叔身上。文叔千万别错过机会，应当早日称帝，号令天下，恢复汉室江山，拯救万民于水火。”

“哦，原来如此！”刘秀笑意渐渐凝结，“强兄，谶语这东西，你是知道的，含糊隐约，百人有百种解释，你说的可有确切把握？”

“文叔，你还不相信我吗？领兵打仗我不在行，但天文地理术士之类，我还是颇为自信。”强华口气十分肯定，“文叔，咱们在长安太学里不是读过一句话吗，天予弗取，必受其祸。你想想，大丈夫做事情，不做则已，做就应该做出名堂。你现在占据河北千里沃土，拥有雄兵百万，其实即便不称帝，也已经有了帝王之实，你不想成为别人争夺的靶子，却也由不得你。所以说，你如今处于风口浪尖之上，完全没有退路。因为没有退路，索性就一直走下去。早日称帝，就是一直走下去的标志。你称帝之后，非但不会树立更多的对手，反而能最大限度地召集号令天下豪杰投奔到你的麾下，也能极大地激励将士们作战的勇气。你若称帝，他们知道自己是在为帝王而战，战胜则名垂千秋，封妻荫子。否则，他们一定会产生疑惑，这样名不正言不顺地打来打去，到底为谁而战？能有什么前程？人有疑心，则士气必然衰微。天下正需要重兵出击之时，你麾下兵马士气低落，这不是引火烧身自取灭亡吗？所以，文叔，不管从哪个方面来讲，一定要把握住机会，早日称帝！”

刘秀听得非常认真，几乎一句一点头，等强华说完了，神情一片轻松，攥住他的手摇了摇：“一辈子同窗三辈子亲，到底还是强兄……”

还没说下去，冯异忽然想起来似的从怀里也掏出一卷素帛：“明公，我在军营中也听到有谶语传播的消息，将士们都知道了谶语的内容，互相猜测，虽然不大明了，但也感觉是天命应该归于明公。大家联名写了份奏表，请在下带来呈送明公。”说着放在桌子上铺开，请刘秀看上边的字。这份奏表很短，明了地写着：“受命之符，人应为大；万里合信，不议同情，周之白鱼，曷足比焉？今上无天子，海内淆乱，符瑞之应，昭然著闻，宜答天神，以塞群望。”

奏表写得文绉绉，似乎不是武人所为。不过刘秀并没心思追问这些，目光闪闪地看看两人，重重一拳砸在桌子上：“既然天意人事都推托不过，我只好应命了！”

见劝进的事情终于成功，大家都放下心来。强华在军营中小住两天，就要告辞。刘秀再三挽留，强华笑着打趣说：“文叔，人各有志，不必勉强。你没听说吗，常厮守不如常思念。我如今跟着严子陵这家伙，学得性情懒散，已经耐不住管束。若真成了你的部下，说不定哪天不小心犯了军规，挨了军棍或者干脆掉了脑袋，倒把咱们的情谊给一笔抹杀了。反倒不如让我闲云野鹤地痛快。好了，你赶紧抓紧时间称帝，我还等着做你的大汉顺民呢！倘若有机缘，咱们自然还会相见。”

听他这样说，刘秀也不好再继续劝说，只得听任他飘然而去。送走强华后，刘秀就开始做登基的准备。命令司礼官在都城南边的千秋亭五成柏设立坛场，一边选择登基的吉日。大家听说刘秀终于答应称帝了，分外兴奋，主帅成了帝王，自己作为兵将，自然也跟着提升了一级，从此封侯拜将，也就有了奔头。所以众人干劲格外大，在司礼官的指挥下，破土动工，没几天工夫就筑成了好几丈高的坛场。坛场层层重叠，共有三层，有台阶直通顶端。站在台阶下边望去，仿佛台阶高耸入云，直达天上，分外壮观。四周旌旗飘扬，清风吹过，猎猎作响，气氛庄严肃穆。

登基的吉日定在更始三年（25）六月中，这天果然真是天公作美，风和日丽，天清气爽，全军上下洋溢着一股浓浓的喜气。司礼官见一切准备完毕，趋步来到刘秀面前，请刘秀登坛祭拜。刘秀已经盛装在身，冕服穿戴整齐。

按照司礼官安排，刘秀头戴冠冕，冠冕顶部覆盖一块木板，就是所谓的

“延”，延的上下用细布蒙住，上为玄色，下为缥色，木板为长形，宽八寸，长一尺六寸，前端略圆，后部方正，暗喻着天圆地方的意思。整个冕板后高九寸五分，前边高八寸五分，略微有些前倾。在冕冠的前后两端，垂下数条五彩丝线编成的所谓“藻”，每根藻上穿有十二颗玉珠，名叫旒，一串玉珠即为一旒，前后共有十二旒，每旒用玉珠十二颗，用五彩玉贯穿，共用玉二百八十颗。帽子两策各有小孔，名叫“纽”，在纽内贯穿以发笄，以便把帽子和头发连在一体，即使有风，也不会吹落。在玉笄两端，结着冠缨，冠缨从下颌处绕过，把玉笄两端连接起来。

除了头上戴着冠冕，身上还要穿冕服，由玄衣和缥裳组成。玄衣就是黑色上衣，缥裳则是绛色围裳，上衣的花纹用颜色绘就，下裳的花纹则采用刺绣。各种花纹图案依次排列开来，有日、月、星辰、山、龙、华虫、宗彝、藻、火、粉米、黼、黻，每一种图案也都有特定的含义。上上下下穿上这身服饰，刘秀恍惚间已经感觉自己和以前截然分开，从此后自己就是一代君王了。这身衣服带来的感觉真是奇妙。正所谓钱是人之胆，衣是人之威，果然不假。

正思绪纷扰地想着，祭坛礼仪已经开始，斧钺仪仗在前边引导，羽林军在后边压阵。刘秀在众将领拥戴下，走到坛场正中央，缓步走上台阶，站在绣着斗大的“汉”字红色大纛旗下，威武雄壮的气氛磅礴奔涌而出。此时黄门吹奏起庄严的乐曲，金钲、大鼓、拊搏、编钟、箛、笛、竽、琴和籁等一起奏响，轰鸣而婉转。燔柴也点燃了，浓烟滚滚，直冲天际。

面对苍茫河山和一望无际的兵将方阵，刘秀努力稳定住自己，面色严峻而肃穆，在司礼官的引领下，焚香叩头，祭告苍天。接着有司礼大声宣读祝文：

皇天上帝，后土神祇，眷顾降命，属秀黎元，为人父母，秀不敢当。群下百辟，不谋同辞，咸曰：“王莽篡位，秀发愤兴兵，破王寻、王邑于昆阳，诛王郎、铜马于河北，平定天下，海内蒙恩。上当天地之心，下为元元所归。”谶记曰：“刘秀发兵捕不道，卯金修德为天子。”秀犹固辞，至于再，至于三。群下佥曰：“皇天大命，不可稽留。”敢不敬承。

宣读完毕，祭拜仪式终于结束，刘秀从坛上走下，南面就座，接受众将领拜贺。这年改元为建武，大赦天下，改鄗邑为高邑。这一年是公元25年，刘秀年仅三十岁。他成为东汉王朝的开创者，史称光武帝。

吉祥的日子果然喜事特别多。参加完登基大典，刚回到营寨，就有消息传来，夫人郭圣通一个时辰前生了个男孩，刘秀当即给这个应运而生的皇子取名叫刘强。随后自然要大封群臣，赏赐爵禄。经过讨论，命王梁担任大司空，吴汉为大司马，邓禹担当大司徒。任命偏将军景丹为骠骑大将军，耿弇为建威大将军，盖延为虎牙大将军，朱祐为建义大将军，杜茂为大将军。其余众人各有分封，皆有名号。从此一个崭新的政权建立起来。

所有礼仪进行完毕后，因为鄗城城池太小，并非久留之地，建武君臣起驾继续南下。这年的七月，众人来到怀地，临时驻扎下来。刘秀派遣建威大将军耿弇率领陈俊驻守在五社津，抵挡住更始政权援助洛阳。又派遣大司马吴汉和朱祐、岑彭等十余员精兵良将，全力围攻守卫洛阳的朱鲔。任务分派下去后，看大家领兵分头而去，刘秀继续南进，抵达河阳，威胁洛阳。

第三十三章　不计前嫌　宽宏纳敌

邓禹夺取河东以后，并没有停息，马不停蹄地从汾阳向西进军，横渡黄河，企图夺取夏阳，直逼到长安城下。闻听消息，更始皇帝刘玄更是惶恐，单一个赤眉已经叫自己吃不消，如今来个智勇双全的邓禹，自己能抵挡得住吗？踌躇间，战报接连传来，邓禹的兵马越来越靠近了。刘玄无奈，只得硬着头皮，倾其所有，派遣中郎将左辅都尉公乘歙带领十万大军，和冯翊左右呼应，共同抵挡邓禹。

邓禹率领兵马径直杀来，两军在衙县这个地方狭路相逢。双方短兵相接，拼杀得十分激烈。就在难分难解的时候，只见邓禹登上高处，令旗使劲一挥，建武汉军变魔法似的，忽然势力大增，从两军对阵的旁边窜出两万精锐骑兵，铁骑踏地，铺天盖地席卷而来，顿时把更始军队给压了下去。原来，邓禹早就料到在长安附近会有一场恶战，他预先把两万精锐骑兵埋伏在旁侧，等双方都疲惫不堪的时候，突然杀出。公乘歙的兵将已经冲杀得竭尽全力，此刻面对锐不可当的骑兵，顿时如大河决堤，汹涌着向后退却。公乘歙左呼右拦，但败局已定，如何能呼喊得住？反倒使后边的向前冲，前边的向后退，自相践踏，白白折损大量兵力。邓禹乘着有利形势，挥师猛力冲杀，把更始汉军打得惨败，完全占领了夏阳，长安已经暴露在眼皮下。

就在邓禹的西路大军胜利推进的时候，东边的洛阳同样也处在刘秀大军的威胁之下。与此同时，赤眉军也在向西加紧推进，前锋抵达到郑地。而为了不引起长安局面的复杂化，邓禹分出一部分兵力向东扩张，驻扎在夏阳。一时间，中原到长安一带，形成了赤眉军和更始、建武汉军三大势力的对峙局面，洛阳和长安成了三股势力争夺角逐的主要地区。

而此时的刘玄，虽然为火烧眉毛而焦急万分，但还有另一个潜在的威胁，更让他心惊胆战。自从杀掉陈牧和成丹，促使王匡和张印合兵反对自己后，王匡和张印占据长安外城，居高临下，遏制赵萌的进攻。刘玄见赵萌不能取胜，便派遣使者到报城，将丞相李松的兵马召集回来。有了李松的帮助，赵萌乘机从长安郊外猛攻长安外城。结果张印和王匡寡不敌众，大败逃窜。这样刘玄才从长安郊外又搬了回去。可是回去之后才发现，经过王匡等人的洗劫，未央宫已经成了一片瓦砾，实在无法居住，只得暂时把大殿设立在长信宫。但经过这场内部火并，李松从掫城自动撤兵，导致新丰空虚，长安门户洞开，给了别人以可乘之机。赤眉军就是看到了这个机会，立刻日夜兼程，向西挺进，兵马一直进逼到高陵。

长安混战之时，刘秀正忙于搜罗人才，安抚民心，稳固自己在河北和东边的地盘。他听说密县原先的县令卓茂治理地方很有一套，并且爱惜民力，是个难得的好官，立刻派使者带了聘礼和马车，前去邀请。此刻卓茂已经年过七十，须发皆白，手持竹杖拜见刘秀，两人谈论到如何治理国家，如何在乱世中安抚民心，十分投机。卓茂因为自己年事太高，没有精力追随刘秀，便推荐同县人孔休和陈留郡的蔡勋，还有安众县的刘宣、龚胜，以及上党人鲍宣，他们都曾一起拒绝王莽的邀请，不为高官厚禄所动心，是地方上深得人心的仁人君子。刘秀立刻下诏令，把他们全部重用。后来这些人为建武朝廷治理百姓严肃法纪，笼络人心，起到了很大的作用。其中鲍宣刚直不阿，和后来的洛阳令董宣，成为一代名臣。

重用这些人，不仅给自己的队伍注入了新的活力，更在百姓中间造成一种声势。没过多久，中原百姓都知道，如今新立的建武朝廷和原先的更始完全不同。新皇上善于招纳贤才，待人宽厚，是难得的明君。这样一来，就把众多官吏百姓和地方豪杰凝聚在自己身边，其威力虽然无形，却无比强大，为以后重整河山奠定了雄厚基础。

由于刘秀的兵马主要分散在洛阳、夏阳和河阳等地方，战事频繁，粮饷支出特别巨大，这就使负责供应粮草的河内压力加重。河内太守寇恂日夜操劳，派出的运送粮草马车络绎不绝，使前方军队从未出现过粮饷短缺的情况，有力地支援了前方作战。刘秀多次下诏书表彰寇恂的功劳，称他是自己的萧何。寇恂自己也很是得意，经常拿出表彰自己的诏书让别人看，炫耀的意味不言而喻。

见寇恂这番表情，有个叫董崇的门生趁个机会悄悄对寇恂说："寇大人，陛下新近即位，你们已经是君与臣的关系。自古君臣关系最难处理，作为臣子的，没有功劳，就是不尽力，非但不能受到重用，而且还要被斥责惩处，但功劳过大，也会造成功高震主的后果，使得君王对自己产生疑心，反而出力不讨好，最后也难免身死名裂，甚至牵连子孙。寇大人，在下看来，您现在正一步步走向后一种情况，而您还没有觉察到，很让我担心。"

寇恂听他这样说，心底隐隐约约的担心顿时被警醒，连忙催促他说下去。董崇端正了脸色接着说："现在虽说皇上登了大位，但天下还远没有平定，豪杰割地称王称霸者数不胜数。寇大人您现在占据着河内这样一个物产富饶的大郡，把河内治理得井井有条，深得民心，百姓拥戴，并且打败了前来冒犯的苏茂，证明您手中兵力也不弱。这样下去，新皇上会怎样看待您？他会不会忌讳您有朝一日也成为新的一方霸主？即便他自己不这样认为，也难免有人在他跟前点火煽风。所以在下认为，您这样下去，将来大汉江山统一之时，就是您倒霉之日。"

寇恂边听边点头，越发意识到事情的严重性，禁不住头上冒出冷汗来，连声问，这可怎么办？这可如何是好？

董崇不慌不忙，附在寇恂耳边轻轻说了几句，寇恂连连点头："君臣关系，确实是门学问啊，董崇虽然年轻，我却真的不如。世事洞明皆学问，人情练达即文章，果然如此。"

依照董崇的建议，寇恂第二天就向刘秀上书，说自己由于太忙碌，以至身体十分不适，不能料理郡中事务，请求辞去太守职务，让皇上另派合适人选来负责后勤供应。接到奏折，刘秀大感蹊跷。明明前几天还听人说，寇恂亲自在城外指挥装运马车，身体健壮得很，怎么说病就病了？这其中一定别有隐情。况且前方大战在即，小战每天都在发生，粮饷方面如果出现差错，那将是致命的问题。他立刻亲自驾临河内郡，说是慰问寇恂病情。

车驾刚到河内城门外，寇恂官服整齐地在城外迎接。刘秀见他脸色红润，不像是有病的模样，心里更加疑惑，正要追问其中情由，寇恂却抢先上前，扑通跪倒在地，大声说："陛下，臣非身子有病，实在是心里有愧。如今各地战事如火如荼，臣却安居在河内，当起了悠闲的太平臣子，每想到前方将士流血战死，而臣却束手旁观，就愧疚不安。陛下，臣请求辞去河内太守职务，甘愿到前方做一个兵卒，为陛下征战效力！望陛下恩允！"

听他这样说，刘秀立刻明白了几分，暗暗感叹，用心良苦啊！从车辇款步下来，拉住寇恂的手，和颜悦色地叫着他的字说："子翼啊，你的心思朕能理解。但你应该知道，不管在不在疆场，只要为战事出力，就是报效国家。倘若都出征作战，谁来供应粮草？前方大军动辄消耗百万担粮食，这些东西从哪里来？总得有个分工才成。自古无粮不聚兵，子翼功劳，比起前方流血作战的兵将，毫不逊色，甚至作用更大。子翼切莫想那么多，安心自己职守就是。"

寇恂见刘秀说得语重心长，忙再跪拜在地上："陛下所言，臣铭记于心。只是，臣虽然也为前方将士尽绵薄之力，但不能亲身杀敌，总觉得不安。臣退而求其次，臣的侄子寇张和外甥谷崇率领突骑保卫河内，英勇善战。臣既然不能亲临战场，就请陛下应允，让他们率领突骑代臣征战沙场，为陛下效力，也略微缓解臣内心之愧疚。"

刘秀当即同意，封他们为偏将军，作为先锋，前去洛阳战场。从此以后，寇恂没了后顾之忧，更加尽职尽责，收集军粮兵器，及时运送各地，极大地支援了洛阳和长安战场。而君臣关系因为处理得非常巧妙，也从此更加融洽。

洛阳战场上，吴汉率领大军日夜攻杀，但因为洛阳城墙高大城池深阔，本来就易守难攻，加上朱鲔知道自己和刘秀不仅有国仇，更有家恨，唯恐落到他手里，防守得也就格外卖力。结果两下里对峙起来，僵持着打开消耗战。

而在西边长安，赤眉军攻势非常猛烈，他们占领高陵后，立刻聚集兵力，围攻长安。此刻长安城中由于刚刚经历一场内讧，能征战的兵将都在内讧中被杀或者逃亡，长安已处于无兵可守的状态。刘玄急得团团转，只能让丞相李松出城迎战，自己和赵萌关闭城门，勉强把守。赤眉军来到长安外围后，樊崇调整兵力，一万人为一营，共分成三十营，每营设立将帅，可以独立行动，这样，既能发挥兵力浩大的优势，也不失灵活机动。

让刘玄雪上加霜的是，被自己逼迫出去的王匡和张印感到绝望之际，放弃新丰，投降了樊崇，把自己的兵力和赤眉军合并在一起，使得赤眉兵力更加壮大。合兵之后，立刻开始进攻长安城东面最北边的东都门。李松在城外驻兵迎敌，本来就兵微将寡，况且这些日子，被刘玄调动着，来回奔波着和王匡等人搞内讧，已经人困马乏，如何能敌得过如狼似虎的赤眉兵马？没打几个照面，赤眉军便冲破了防线，李松猝不及防，被滚滚涌上来的赤眉军从马上拉下来，糊里糊涂成了俘虏。

其他兵将见丞相都让人家给生擒了，自然一哄而散，四下奔逃。赤眉军乘势肆意冲杀，把更始本来就剩余不多的兵力秋风扫落叶般收拾个干净。赤眉军把李松五花大绑，推搡在队伍前边，向长安城下逼近。恰好负责守卫东都门的将领是李松的弟弟李泛。他见哥哥狼狈不堪地让人家当做盾牌，本想命令放箭投掷檑石，但又于心不忍，迟迟不敢动手。

樊崇等人要的就是这个效果。他们从容不迫地逼到城门下，樊崇冲城上厉声大喊："刘玄是什么鸟玩意儿，也配当天子？你们为他卖命，实在不值得。倒不如跟了我们，大家有肉同吃、有酒同喝，何等自在？快把城门打开，迎接我们进去，不但能把你哥哥给放了，还给你们兄弟弄个大官当当!”

李泛听他说的虽然质朴粗野却不无道理，略微思索一下，命令部下打开城门，迎接赤眉军进城。就这样，赤眉军没费多大力气，就攻下了长安。是年为建武元年（25）的九月。

闻听赤眉军已经进了城，刘玄惊慌失措，赶忙躲进内宫，让人去请赵萌，共同商议对策。派去的人半天也没回来，而外边已经隐约传来喊杀声。刘玄在内殿汗流满面，团团乱转着嘴里直嘟囔：“哎呀，这可如何是好，这可如何是好？这……”

外边的喊杀声越来越近，看来等赵萌是来不及了，说不定这个家伙早就自己卷了财宝溜出城外了。刘玄这样一想，才意识到自己实在太傻了，赶忙抓起玉玺，胡乱塞在怀里，脱下那身显眼的龙袍，溜着墙根跑到马棚，牵出一匹马出了皇宫。幸运的是赤眉军还没攻杀到这里，街上冷清清地没一个人影。刘玄情急之下也不辨方向，只觉得往前走应该是北边，北边有厨城门。倾耳听听，厨城门方向上似乎没什么动静，他慌忙跳上马匹，连甩两鞭，从厨城门逃了出去。

一路狂奔，直跑到渭水边上，实在跑不动了，又累又饿，惶急间走投无路，简直想一头扎进水里了事。正彷徨时候，过来一队人马。刘玄本来想躲避，仔细一看，来人自己认识，是右都尉严本。严本是自己亲自派到渭水来负责防守建武汉军的，也不知道他投降了赤眉或者建武没有。正思谋着，严本也看见了刘玄，上前扑通跪倒，又是请安又是宽慰，信誓旦旦地表示自己愿意护驾，请刘玄到自己军营中暂时歇息，等待时机再卷土重来。

见严本这么热情，刘玄也不怀疑，况且也实在无路可走，便欣然跟随严本去了军营。其实刘玄根本不知道，自己一个亡国君王，严本哪有这份忠心保护自己。他是要把刘玄当成奇货可居，等待机会献给自己认为靠得住的一方，为自己谋得个官位。刘玄来到严本军营后，立刻被监禁起来，押送到高陵，对外不准走漏风声。就这样，更始皇帝刘玄活不见人死不见尸地神秘消失了。

赤眉军攻破长安，而更始皇帝却下落不明。这个消息迅速在大江南北传开。消息传到河阳，刘秀立刻颁布诏旨：“更始破败，弃城逃走，妻子裸袒，流徙道路。朕甚愍之。今封更始为淮阳王。吏人敢有贼害者，罪同大逆。”

诏令颁下后，了解更始朝廷内部情况的人都说，当初刘縯和刘秀兄弟在更始朝廷中，处处受到牵制，并不得志。尤其是刘縯，战功卓著，却竟然被无辜杀害。虽然刘縯被害，是王凤和朱鲔、李轶等人乱进谗言，更始帝不过是人家的一块招牌而已。但不管怎么说，杀害刘縯的，总归还是他更始皇帝刘玄。说更始皇帝和刘秀有杀兄之仇也不为过。况且无论在宛城还是在洛阳，刘玄都说过要杀刘秀，若不是刘秀能忍受屈辱，善于应变，也许早就没命了。像这么一个人死了，刘秀应该高兴，失踪了就应该派人找见亲手杀了，一解心头之恨才对。可是人家刘秀，却宽容到如此地步，不但不提及往日的冤仇，反而把他封为王爷，明确宣布要保护他。唉，到底是皇上，和咱平常人不一样。难怪人家做了皇上，真是心胸宽厚，叫人钦佩呀！无论官吏将领还是普通百姓，无不从心底里佩服，更加拥戴他们的建武皇帝。

赤眉军占领了长安后，见京城如此多的店铺和好东西，手痒痒得顾不上什么军纪不军纪，大肆抢劫，结果耽误了进攻皇宫的时间。等他们冲进皇宫后，却不见了更始皇帝。樊崇等人着急了，下令关闭城门，挨家挨户地搜索，整整忙活了两天，更始帝却依旧不见踪影。他们有点着慌，虽然攻占了人家京师，但没抓住他们头领，对方就还有卷土重来的可能。既然硬的不行，只好来软的了。于是樊崇想了个主意，让丞相徐宣起草文告，四处张贴，说更始皇帝如果自愿来投降，就封他为长沙王，如果二十天后还不来自首，这个条件就自动取消，当成敌人来对待。

这个文告不但四处张贴，还派人在长安附近广为散发。刘玄此时被软禁在高陵，但毕竟人家还是皇帝，严本也不敢对他太苛刻，行动上并不太约束，还让刘玄颇信得过的大臣刘恭侍从在左右。赤眉军所推立的刘盆子就是刘恭的弟弟，刘恭在军营中看到长安散发的文告，忙拿了让刘玄看。刘玄见文告上说不但不杀自己，还能封个王爷，继续享受荣华生活，立刻动了心，激动得喜极而泣，泪流满面，最后手举文告仰天哈哈大笑，仿佛疯了一般。等高兴劲头过去，催促刘恭想办法出去向长安送信，表示自己情愿投降。

刘恭瞅个机会，偷偷溜出军营，来到长安，向樊崇说明情况。樊崇立刻派右大司马谢禄带领人马，去把刘玄带来。严本见赤眉军来要人了，慑于人家的势力，也不敢不答应，只得眼睁睁地看着对方把刘玄带走，自己白费了一番心机。

刘玄跟随谢禄等人来到长安后，先要到长信宫请罪。昔日的皇上，今天落魄为阶下囚，何等狼狈。刘玄赤裸着上身，穿一条短裤，披头散发，战战兢兢地跪在金殿上，连句话也哆嗦着说不出。刘盆子端坐在御案后的宝座上，身材矮小，虽然穿着冠冕衮服，但仍旧不脱放牛娃的气息，谈不上威严。但大殿两旁站立的将领却个个面目狰狞，如同庙里的恶鬼。大家看见刘玄上来，顿时指手画脚地议论纷纷，嗡嗡嘤嘤地乱成一团。刘玄匍匐在地上，听众人恶声恶气地说话，大气不敢出，颤抖着双手，奉上传国玉玺。刘盆子从侍从手里接过玉玺，翻来覆去看看，觉得也没什么好玩的，就随手放在案上，按照别人教过的说道："免礼，站起来吧。"

刘玄这才松了口气，刚要站起来，一抬脸，正好看见王匡和张印等人正恶狠狠地看着自己，目光如两把利锥。想着前些日子自己还要派兵把他们杀掉，如今人家已经成了赤眉军大将，这可如何是好？双腿一软，又重重跪倒在地上。王匡和张印见刘玄就在跟前，新仇旧恨交织在一起，拉出腰刀就要当场把刘玄砍死。谢禄见状，趁势把刘玄拉到大殿外边的庭院中。

此刻大殿内吵嚷声一浪高过一浪。王匡和张印急于报仇，非杀刘玄不可，手举腰刀比比画画，请皇上刘盆子下令。整天和牛打交道的刘盆子不过是个十五岁的小孩，见人们这么凶狠地叫喊，吓得简直要哭出声来，忽然又看见哥哥刘恭跪在大殿中央，一把鼻涕一把泪地请求皇上饶了刘玄。哥哥的话当然是要听的，刘盆子这样想着，正想开口说免除刘玄死罪，但是话还没出口，就见王匡和张印等人挥舞刀剑，对着自己怒目而视，赶忙缩了脖子大气不敢出。

"和他啰唆什么，杀掉就是了！"张印说着，拉王匡一把，两人仗着刀剑向殿外走。走出两步，王匡又停下来，想一想说："杀他也要杀得有道理。这样，你把他押到殿内来，咱们当着皇上的面把刘玄杀了，传出去就是赤眉处死了刘玄，和咱们没什么关系，省得叫咱们落个杀人的罪名。"

张印眼珠子一转："说得有道理，还是王将军想得周到。"说着大踏步走出去，片刻工夫把刘玄连推带搡地押进来。刘恭见人家要杀皇上，忙从地上爬起来，拔出佩剑，横在自己脖子上大声说："王匡、张印，更始帝即便如今成了阶下囚，好歹也曾经是咱们的皇上。一日为君，终身为父，纵有天大冤仇，岂能如此绝情，难道不害怕落下弑君恶名，遗臭千古吗？你们不害怕，我还害怕呢！你们要杀更始帝，就让我先死在他前头！"说着就要自刎。

樊崇见刘恭闹着要自杀，忽然想起刘恭是皇上刘盆子的亲哥哥。皇上的哥哥在金殿里自杀了，传出去岂不叫人笑掉大牙？忙上前把刘恭拦住，粗声大气地吼一嗓子："都别他奶奶的吵了，俺做主，放了刘玄，给他个侯爷当当！"樊崇是赤眉军的实际首领，手握兵权，他一发话，大家自然不敢违抗。就是王匡和张印，不过是半路投降过来的，根基不稳，在刘盆子跟前气势汹汹，见樊崇出面，立刻收敛许多，讪讪地收回兵刃退到班内。

见事情有了转机，刘恭趁机趴下给樊崇磕了个头："大王果然豪爽，不愧为天下闻名的大英雄。大王是开国元勋，一字千金，不容更改。既然大王以前曾说过，更始如果主动投降，就封他为王爷，大王应该兑现，表示大王是言而有信之人，是侠义豪杰。"

刘恭一口一个大王，一口一个英雄，樊崇立刻咧开嘴巴呵呵大笑，当即答应下来，经刘恭提议，封刘玄为畏威侯、长沙王，在京城里划出府第给他居住。刘玄浑身瘫软着，听大家议论半晌，终于长长吁出一声，总算把命给保住了。

长安混乱尚未结束，东边的洛阳战场已经开始发生了微妙的变化。

以吴汉为主将的建武大军围困洛阳三个多月，但始终未能把洛阳拿下。看着众多兵马被牵制在这里，刘秀不免有些着急，他也知道朱鲔为什么如此拼命抵抗，和众人商议一番，决定硬攻不行，就攻其心，故派遣曾和朱鲔交往颇深的岑彭为使节，到洛阳去劝降朱鲔。

刘秀命令围困大军暂时后撤，首先表明自己的诚意。岑彭单人匹马，来到城下。正好朱鲔在城头上巡视，见是岑彭手持令旗，意思是暂停攻击，有话要说。大家老相识，朱鲔冲岑彭拱手抱拳，大声叫喊说："岑将军，辛苦了，有什么见教，请尽管指点！"

岑彭也摆手致意，高声说："朱将军，以前我跟随将军鞍前马后，彼此相处很是融洽。后来还是将军特意提拔，让我有了施展抱负和才能的机会，我这人口讷，虽然心里感激，嘴上却表达不出来，只是希望有朝一日来用实际行动报答将军。现在赤眉军已经攻破了长安，更始皇帝成了阶下囚。这个情况，想必朱将军已经知道。我家建武皇帝雄才大略，短短时间里，平定了整个河北，如今燕赵大地已经完全掌握在建武皇上手里，百姓归心，文臣武将云集周围。至于兵力，朱将军放眼望去，自然就知道。朱将军试想，将来真正的天下君王是谁？更始已经破败，就不去说他。至于赤眉拥立的刘盆子，不过是个放牛的小孩子，被一帮粗鲁莽汉操纵着，即使是再愚蠢的人，也知道他长远不了。另外其他偏居一隅的土豪盗贼，不过猖獗一时而已。所以将军应该知道，建武皇上才是真正的皇上，你如今困守一个洛阳，我们就是不进攻，只是这样包围着，你能坚持多长时间，所以最终免不了城破身死。与其到时候玉石俱焚，何如现在开门迎接建武皇上，也好有个前程，不枉了英雄一场！"

朱鲔听他说完长叹一声："我早就知道更始帝是个扶不起来的主子，他有今天的下场，也在情理之中，没什么好奇怪的。我之所以坚守不降，并非要死命效忠更始，实在是心有余悸啊！不瞒岑将军说，当年我一时糊涂，出于嫉妒，参与了陷害大司马的密谋。后来你家皇上要求出巡河北，我又极力阻拦。所有这些，不但有国仇，更有家恨。倘若我落到你家皇上手里，会有怎样的下场？这个不说也能想得出来。所以我宁愿将来洛阳被攻破时痛痛快快地战死，也比让人家用酷刑零割了强。你知道我的心思就好，还是赶快回去，大家拼命一场，生逢乱世，横竖都是天命！"

岑彭哈哈一笑："朱将军，我家皇上早就知道了将军的心思。你看看这是什么？"说着把手中一块玉佩扬了扬，"我刚才辞别皇上时，皇上含笑对我说，成就大事者，不计小怨。人没前后眼，谁能看透以后的事情；人非圣贤，谁还能没一点私心？这些都很正常，他能理解。同样都是大丈夫，不管有什么过节，相视一笑，恩仇自泯。皇上还说，若朱将军愿意献出洛阳，不但不计较从前恩怨，并且官爵还可以保全，仍旧加以重用。皇上说这话的时候，把身上的玉佩解下来，将其中一个投进河里，对着河神发誓，表示自己绝不失信。朱将军也看见了，这玉佩应该是一对，现在还剩一块，这就是皇上心迹的表达！"

"你说的是真话？"朱鲔本来抱着无奈的必死之心，听岑彭这样说，顿时看到一线生机，想一想，命人从城头上放下一根绳索，"岑将军，你如果说的是真话，就顺着绳子爬上来，咱们慢慢谈。可是有一样，若是上来后让我发现破绽，可别怪我不客气。如果你刚才是信口胡说，现在赶紧离开还来得及，回去后咱们再开战！"

岑彭并不答话，从马上跳下来，几步跑到城墙下，抓住绳索就往上爬。爬到半截，朱鲔哈哈大笑："好了，不用费事了，我相信岑将军说的是真话。好，我这就出去面见你家皇上！"说着让人松动绳索，把岑彭又放回地上。

经过这番接触，朱鲔决定自己先出去亲自探探刘秀口气。因为他知道，他和刘秀的结怨实在太深，刘秀是不可能轻易原谅自己的，即使他是个胸怀宽广的人。临出城前，朱鲔把守城部署重新安置一番，对心腹将领们说："你们坚守洛阳，等待我的消息。有你们把守着城池，刘秀未必敢加害我。不过凡事都有个万一，万一我回不来了，你们就带领兵马冲出去，投奔别处割据势力，和刘秀对抗到底，为我报仇！"

安排好后，他命人打开小门，单骑出来，让岑彭带领着去见刘秀。来到刘秀的中军大营中，朱鲔叩拜请罪，表示愿意献出城池，接受惩罚。刘秀亲自把他扶起来，面色平静语气和善地说："朕不是说过吗？大家都是豪杰出身，男子汉大丈夫，相视一笑泯恩仇，目光应该朝前看。这样，你还是回去安排一下，朕明日进城中去看看。当时洛阳诸多宫殿还是朕一手营建的，这么长时间没见，还真有点想念了。"说着让岑彭又把朱鲔连夜送回城内。

经过这次见面，朱鲔彻底放下心来。回到洛阳城内，他立刻召集各军将领，忍不住连声感叹："想不到刘秀真的如此胸怀宽广，能容世人所不能容。唉，我辈惭愧相差太远。奉他为皇上，我也算没有辱没自己！以后诸位加倍努力，看这情形，江山很快就会统一，将来大家谋个一官半职，封妻荫子，也平安地生活半生。宁为太平犬，不做乱世人，一个盛世就要到了。"

第二天一大早，朱鲔率领所有兵将，大开城门，隆重地迎接刘秀车驾进城。洛阳终于回到汉军手中，虽然经过几次征战，但城内建筑却没怎么受损。刘秀驾临南宫却非殿，大会群臣，场面十分壮观。看着这些自己亲自督促下建造的宫殿楼阁，刘秀感慨良久，当年为刘玄营建洛阳，不过是为了避祸，也曾想过若是自己能住到这金碧辉煌的宫殿中，该有多好，但当时的窘境下，连这样想一想都是奢侈。没想到当时连梦都不敢做的事情，如今成了活生生的现实！唉，命运轮回，劫数难定呀！

在洛阳流连几日，刘秀竟有些舍不得离开了。许多大臣也看出了皇上的意思，大家一致上表，请求把都城定在洛阳。其中有邓禹从西边战场上传来的奏折中，把定都洛阳的优势说得很清楚，不但从人事从目前局面看，定都洛阳最合适不过，就是从地形上讲，洛阳也最适合建都。奏折的最后邓禹说，以前大汉定都长安，长安从地形上看，其险、其富、其强，都可以说独步西北。长安堪称天下势之雄厚者，毫不为过。而洛阳，则另有特色。洛阳雄居天下正中央，为整个中原的腹心，四下平夷，近处看，熊耳在其左侧，西京长安在其右侧，太华在其西方，黄河在其北方，在此建都，可谓不动腿脚而平定四方。长安建都，适合善于武力之帝王，洛阳建都，适合宽厚之帝王。陛下虽然处于乱世，不得不用武，然而治理天下，最终仍是用文。陛下一再强调要以柔道治国，而洛阳地理位置和其脾性无不合适，望陛下不必疑虑。

邓禹的奏折很有说服力，和刘秀的想法不谋而合，事情很快定了下来。建武元年（25）十月，刘秀正式定都洛阳，任命朱鲔为平狄将军，封扶沟侯。朱鲔能够封侯拜将，给很多人以极大震撼，促使了他们尽快归降建武朝廷。同时，定都洛阳，也就截断了赤眉军东归的道路，迫使他们不得不蜷缩在关西一隅，有兵力施展不开，粮草供应缺乏，不可一世的赤眉军渐渐显出颓唐的气息。

东边稳定下来后，邓禹率领大军继续向西挺进。所到之处，百姓踊跃支持，壶浆箪食，进展很是顺利。在这种形势下，许多人都向邓禹建议说，何不趁此机会，再加把劲一举攻打下长安，把西边的功劳全抓在自己手里。邓禹却有不同想法，对众人说："诸位有所不知，我军现在看上去人数固然不少，但很多是沿路招募起来的普通百姓，没经过真正的战争，战斗力并不是特别强，并且咱们深入敌境，前边无人接应，后边粮草转运相当困难，眼前热闹现象并不能掩盖实质上的薄弱，还是应当谨慎些的好。再说，赤眉军新近攻入长安，掠夺了大量财富，又经过一段时间的休整，不可小觑。"

说着见大家不免有点泄气，邓禹便笑笑接着分析当前形势："其实咱们就是不忙着进兵，赤眉军也撑不了多长时间。因为赤眉军主要将领一个个目光短浅，没有长远计划，他们掠夺的财物虽然多，但大多都被个人中饱私囊，军队上可用的并不多。并且他们军纪涣散，内部很可能会发生变乱，他们习惯于流窜作战，对于坚守长安这样规模巨大的城池，还是头一次，必然坚持不了多长时间。而我们要做的，就是积蓄力量，等他们一露出破绽，就立刻进攻，轻而易举地攻占长安。我仔细分析过，上郡、北地和安定三个大郡，都地广人稀，粮食和牲畜不少，正适合养活咱们这样一支大军。如今我们就到那里驻扎囤积，等待长安城内的变故，到时候事半功倍，何乐而不为?"

大家听邓禹分析得头头是道，纷纷点头称是。于是挥动兵马绕过长安，向北进发，抵达栒邑。一路上所过之处，遇到赤眉零散兵力，就倚仗兵力庞大的优势，猛烈攻击，顺利占领了上郡、北地和安定三个大郡，实现了初步的战略部署。

长安城内的赤眉军本来十分担心邓禹前来进攻，起初还是小心地防守，不敢有丝毫大意。后来见他们竟然绕城而走，丝毫没有攻打城池的意思。虽然搞不懂他们要的什么把戏，但人家既然不来攻打，自己也就乐得逍遥。赤眉军上下都松口气，赶紧抓紧时间搜刮钱财，尽情吃喝。见汉军没有触动长安，暂时没了征战的忧患，王匡和张印等人便又打起了刘玄的主意。他们找到樊崇，再三陈说留下刘玄迟早是个祸害，忠心于更始朝廷的兵将知道自己的皇帝还在，一定不死心，说不定哪天就卷土重来，赤眉凭空多了许多威胁。樊崇是个大老粗，对刘玄的价值本来也没怎么重视，听两人反复劝说，也就息事宁人地答应下来，嘱咐让谢禄去操办。

谢禄得了命令后，便找个机会，邀请刘玄同自己一道去郊外放马散心。因为上次谢禄在朝堂上及时把自己拉到院外，也算救了自己一命，刘玄对谢禄还是比较相信，也就欣然答应。谢禄带了几个亲信，和刘玄一起观看放马的壮观情形。看了一会儿，谢禄怂恿刘玄到马群中间去看看，说那样感受更加真切。刘玄不知是计，骑在马上来到马群中。谢禄在旁边吹了声口哨，马群忽然狂奔起来，刘玄猝不及防，被冲撞得从马背上掉了下来，几匹马从他身上踏过，不等他叫喊，已经被踏得半死。谢禄唯恐刘玄没死透，指使亲信上前，把草绳套到他脖子上，使劲勒一勒，看看确实没气了，这才一哄而散。可怜刘玄享了几年做皇上的乐趣，最后落得个暴尸荒野的下场。

后来还是刘恭得知刘玄被人害死，悄悄打听清楚地址，赶到郊外，收殓了他的尸骨，草草埋葬了事，算是尽了君臣最后一点情分。

刘玄死后，宛王刘赐正好奉命巡视武关，打探到刘玄夫人和他三个儿子刘求、刘歆和刘鲤的下落，亲自护送着回到洛阳，在金殿上向刘秀引见。当年刘秀要求出巡河北，借机会逃出虎口的时候，刘赐帮了很大的忙，刘秀一直感念不忘。如今刘赐又以大义为重，极力保护宗室后裔，刘秀更是欣赏他的忠厚诚恳，封他为慎侯，同时又封刘求为襄邑侯，继承刘玄遗祀，封刘歆为谷孰侯、刘鲤为寿光侯。他这种不计恩怨以宗室大义为重的行为，同样得到大臣将领和吏民的赞赏。

在料理刘玄后事的同时，刘秀也听刘赐禀报了前方的情况，知道邓禹率领兵马在北地等郡屯驻，迟迟不发兵攻打长安，不知是什么原因。考虑到长安不拿下，一直是心头的隐患，便让使节前去传旨，让邓禹赶紧抓紧时机，及时进攻长安，安定西北民心，尽快统一西北割据势力。

邓禹接到旨意后，却仍旧不慌不忙，还是按照计划行事。但皇上有圣旨，一点没有行动也说不过去，于是在休养兵马的同时，派遣建威将军邓寻和赤眉将军耿䜣等人，分别进攻上郡所属的各县，让积弩将军冯情和车骑将军宗歆留守在栒邑，巩固住这个大后方。安排好后，自己挥动大军，前往北地边境和长安接壤的地方驻扎下来，一边派人四处招募更多兵力，准备一旦发现长安有风吹草动，就立刻发起攻击。

而长安城内的赤眉军对此还浑然不觉。转眼到了建武元年（25）的腊月，天寒地冻，没有别的事情可做，赤眉将领们每日在长乐宫大摆酒宴，把所有搜罗到的好东西拿出来，吃肉喝酒，热闹异常。这天又照常摆开酒宴，满桌子酒肉珍馐，热气腾腾，大家几天来接连大醉，还没饮酒就一个个两眼通红，话音轻飘，真正是酒不醉人人自醉了。皇上刘盆子坐在正殿的大案后边，几个黄门郎拿着明晃晃的兵刃，护卫在左右。众位将领陆续来到，酒宴尚未正式开始，大家因为谁的功劳大谁的功劳小而争吵起来，越吵声音越大，大殿内如集贸市场一般，喧哗声震耳欲聋。刘盆子战战兢兢，大气不敢出。

吵嚷声中，就见一员将领腾地从座位上站起来，摇摇晃晃走到刘盆子跟前，抱拳施个礼说："陛下，得罪了，俺要在这御案上刻下俺的名字，将来写历史书的见了，也好把俺的名字写进书里去。"说着抬起一脚踏在御案上，拉出腰刀，在案上刻刻画画，写自己的名字。刘盆子见状，忙躲闪到一旁，唯恐他的刀走空，伤了自己。其他人见了，顿时受到启发，争相跑上来，围着御案："俺也写个名字，让史书上也记下俺的功劳！"

吵嚷声更加激烈，有人因为着急，把桌子都给掀翻了，酒菜洒得到处都是，众人在上边踩过，脚下直打滑，酒气冲天。看看实在不成体统，大司农杨音再也压不住怒火，拔剑而起，横眉怒目地破口大骂："你们这些老土包子，到底是泥人改不了土性，走到天边也是贼！咱们现在是在长安金殿里，不是他娘的在你家炕头上。皇上还在跟前，你们就这么没礼貌，就凭这德行，还能争夺了天下？都给爷爷滚过来，再有乱吵闹者，看我不一剑把他砍成两截！"

见杨音大骂，众人并不服气，还以为他挤不到跟前，嫉妒自己，也不在意，仍旧争抢着要在御案上刻自己的名字。有个将领还忙里偷闲地回骂一句："你说俺们是土包子，你比俺们能强多少？别忘了，前两年你还在家里挑大粪呢！你他奶奶的，现在装起好人来了，再叫唤，老子一把捏得你两头出屎！"

杨音大怒，仗剑朝那个回骂的将领冲上去就要拼命。那将领也不含糊，跳下御案，两人叮叮当当地就在大殿中央打斗起来。有人赶紧劝解，但刀光剑影中，如何能劝解得成，于是也拉出刀剑上去分开两人。就这样，两个人打斗，变成三个人，又变成四个人，最后整个大殿内刀枪撞击声响成一片，桌子轰然倒地，椅子乱飞，有好几次从刘盆子头顶擦着过去，吓得刘盆子哇哇大哭，更加热闹。

还是黄门郎们官位卑微，和人家这些将领掺和不到一块去，就掩护着刘盆子悄悄从后门出去，躲在殿后的床下，总算没被误伤了。吵闹打斗声惊动了在皇宫外护卫的各营兵马，大家不知道发生了什么事情，却又不敢轻易闯进去。有人禀报给卫尉诸葛稚，诸葛稚又把情况禀报给樊崇。樊崇因为有事耽搁了，还没顾上去赴宴，听到禀报，知道自己手下兵将的秉性，倒也不奇怪，挥挥手对诸葛稚说："这帮狗东西，不杀他几个，简直还管束不了啦。你去，看谁最张狂，别管他官大官小，杀掉就是!"

诸葛稚得了命令，立刻带兵冲进大殿，喝令大家停下来。起初大家谁也不听，照样拼杀，诸葛稚指挥兵士上去，接连砍翻几个。众人见动了真格的，也就骂骂咧咧地慢慢退开，一场哄闹这才勉强结束。听见外边动静平息下去了，刘盆子让黄门郎扶着颤颤巍巍地从里边走出来，探头向殿中一看，满地狼藉，酒肉被踩成了稀糊糊，和血肉搅和在一起，几个人头随便滚在地上。这情形吓得他身子一软，几乎要昏过去，捂住眼睛放声大哭。

从此以后，刘盆子说什么也不到大殿去了，每天哭哭啼啼，夜里总做噩梦，有时半夜醒来还大哭大叫，非得让两个黄门郎和自己睡在一张床上。后来索性搬到大殿上边的上观阁内，不再出面。当时宫廷内尚留下不少更始朝廷来不及逃走的宫女和内监，他们被幽禁在后殿的大院中，没人管没人问。实在饿得不行了，只好挖草根充饥或者下到院子中央的水池里捞鱼吃，从上观阁向下望去，横七竖八的到处都是尸体。那些宫女和内监抬头见刘盆子正趴在窗户上向这边张望，也不知道这个小孩是干什么的，立刻犹如饿鬼般扑过来，乞求给他们扔点吃的。

刘盆子毕竟是个小孩，见他们的惨状，忙让黄门郎找来一些食物，从窗户中扔下去。看他们争抢食物的情形，觉得很有意思，以后天天往下投掷食物，好像喂养鸡鸭一般。等赤眉军被打败仓皇退出长安后，这些宫女和内监最后都被活活饿死在深宫大院内。

很快就到了新年。长安城内，樊崇召集众将领，想在年前好好聚会一番，商议一下来年向哪里发展。刘恭在长安这几个月，目睹赤眉军上下乱哄哄的场面，知道赤眉军必然要失败，一方面担忧自己性命难保，更担忧自己兄弟刘盆子，不管怎样，他应了个皇帝的名声，将来赤眉军被打败了，他自然是罪魁祸首，罪在不赦。不过刘恭听说建武皇帝刘秀是个仁人君子，待人宽宏，只要能表示出投降的诚意，保全性命或许还有可能。于是他暗中教导刘盆子，让其做好准备，将来赤眉失败，被建武汉军生擒活捉后，要赶紧先把传国玉玺献给人家，并且教给他如何行跪拜大礼，如何说请罪的话。刘盆子一一记在心里。

就在这个当口，金殿内已经按照樊崇的命令，摆开大盘的猪羊肉，一坛坛的美酒揭开了封口，香气缭绕。樊崇派人把刘盆子请来，让他在大殿正中的宝座上坐稳了，接受大家的朝贺。刘盆子早已对大殿充满了恐惧，但樊崇让他来，他又不敢违抗，只好心惊胆战地拉住哥哥，非要哥哥和自己坐在一起。最后实在没办法，刘恭陪着刘盆子在御案后的宝座上坐了，让大家恭恭敬敬地叩头吆喝万岁。

叩拜结束后，刘盆子不知道该说什么，偷偷扯一把哥哥的衣服。刘恭便替弟弟对大家说："今天是年末喜庆，承蒙诸位将领的美意，把我弟弟推立为皇上，不过他还是一个孩子，德行浅薄，恐怕难以承担重任，还是请诸位将军另外选择有贤能的人来坐这个位子，免得耽误赤眉前程。"

听他这样说，樊崇知道是自己手下胡闹，把刘盆子吓怕了。但急切之下，到哪里再去找个能说得过去的皇室后裔？况且全国上下都知道自己拥立了刘盆子当皇帝，忽然给免掉了，未免要招人嗤笑，于是忙上前一步说："惊吓了陛下，都是俺们这些人的过错。特别是我，不能很好地管束手下，罪责在我，跟皇上没关系，皇上还是安心当你的皇上，以后我把他们管束严厉些就是。皇上请坐端正了，咱这就开始宴席。"

刘恭又推辞一句说："我不敢责怪诸位将军，我弟弟实在没这个能力……"

不料话还没说完，赤眉军将领们急着要吃喝，已经不耐烦起来，有人高声大喊："你是什么东西，在这里胡乱啰唆什么?！俺们立他当天子，是俺们的意思，干你什么事？再敢胡言乱语，小心脖子上的脑袋！俺们给皇上磕头，你坐在跟前占什么便宜，快点滚下来。"

刘恭知道这帮人无章无法，一时火气上来，什么事情都做得出，不敢再多说，起身坐在一边。刘盆子听他们的话音，还当他们又要和上次一样动武，顿时吓破了胆，哥哥又不在身边，六神无主之下，无师自通地从御座上跑下来，趴在台阶上给大家连磕几个响头，从腰里解下玉玺捧着要还给樊崇："诸位将军，你们先别动手，听我把话说完。你们推立我当皇帝，我实在感谢不过。可是我当了这么长时间的皇帝，听人家说，如今各地仍然是乱哄哄的贼人四起，咱们设立的地方官员根本管不了地方，他们给朝廷贡献的财物，还没送到长安就让人给抢了去。并且如今咱们四下征战，得罪了许多人，百姓和官吏都心怀怨恨，这都是我这个皇帝当得不好，请大家重新换个人吧。我……我知道自己没能耐，情愿让位，并不是大家逼迫，还是请大家可怜可怜我，让我回家放牛去吧，我……"说着趴在地上痛哭失声，眼泪鼻涕糊了满脸。

好歹人家是个皇帝，见这番惨状，樊崇看不下去，忙上前把刘盆子扶起来，连推带抱地送回到宝座上："这都是俺们当臣子的不是他娘的东西，惊吓了陛下。陛下你坐好了继续当皇帝吧，以后他们谁再敢撒野，看我怎样收拾他！"说着把玉玺重新给刘盆子系到腰间。刘盆子仍然哭个不住，樊崇冲下边的将领狠狠瞪一眼，大家会意，一起上前请罪，好说歹说，把他送归后宫。

刘盆子闹腾一回，还真管了点事，樊崇把众将领斥责一顿，让他们回去管束好自己的部下，再不准到街上去抢劫。并传下令去，向长安百姓宣布，赤眉军已经知错改过，让大家放心上街做买卖，好好过个新年。但也只是说说，大家已经成了习惯，军纪丝毫不见好转，长安依旧如人间地狱般，百姓躲藏在家里，战战兢兢，唯恐祸从天降。

新年过后没几天，赤眉军储存的粮食渐渐用尽，便出城四下掠夺。邓禹得到探马禀报，知道时机到来，立刻率兵靠近长安，伺机进攻。没有粮食，赤眉军上下顿时人心惶惶，邓禹的兵马又从西边气势汹汹地压过来，更让他们感到惊慌不安。于是赤眉军在樊崇率领下，把长安城内的珍宝搜刮一空，一把火烧了宫殿，用三匹马拉着一辆车子，让刘盆子坐了，拔起营寨，向后退却。一路上他们从南山转战各郡县，在郿城和更始皇帝麾下的大将严春相遇。严春自从更始破亡后，一直拥兵自重，独霸一方，谁也不隶属。两军接战后，没几个回合，严春就被打败，死在乱刀之下，赤眉军就此占领了安定郡北地，掠夺粮草，暂且安身。

邓禹军队径直挺进长安空城中，驻扎在昆明池附近，见大汉历代宗庙已经被战火破坏得不成样子，便择定吉日，修谒高祖陵庙，收集到大汉历代十一位皇帝的神像，供奉起来，派遣兵丁把守，一边张贴告示，安抚百姓。奏折送到洛阳，刘秀对邓禹修复宗庙的行为大为赞赏，特意遣使到长安，封邓禹为梁侯。

邓禹占领长安后，立刻率领兵马紧随樊崇其后，围攻赤眉军。不料此刻赤眉军已经得到给养，士气略有振作，又都是一帮打起来不要命的强悍之徒，战斗力依然相当强大。邓禹对此估计不足，结果双方交战不久，邓禹方面就感觉不妙，没想到原以为乱作一团的赤眉军还能这么厉害，早知道这样，应该多带兵力才行。但意识到这一点时，已经来不及调兵，结果汉军大败，仓皇撤退。邓禹不得已率了残兵败将退守云阳。军败如山倒，怎么也遏制不住，赤眉军反守为攻，继续进攻。邓禹没有办法，只得极力把营寨设置结实，阻挡住赤眉军凌厉的攻势，双方在长安郊外对峙起来。

建武二年（26）一开春，仍旧是傅俊护送，把阴丽华从老家给接到了洛阳。与其同来的还有她的兄弟阴识和阴兴。两人新婚一别多年，如今夫妻再度相见，自然别有一番滋味。让刘秀略感惊讶和高兴的是，这几年过去，阴丽华仍旧和记忆中的一模一样。当众人知趣地退下后，两人久久无言，相拥而泣，是庆幸是喜悦，一切尽在不言中了。

已经被封为皇后的郭圣通也匆忙赶来迎接阴丽华。两人尽管早已经在彼此心中留下深刻印象，但初次见面，仍很新鲜，交谈得很是亲热，尽管这种亲热里都有着隐约的酸意，不过能熬到今天，大家都还是感到很知足。刘秀深为没能践行当年的诺言，不能让阴丽华成为皇后而愧疚，好在阴丽华并没提到这些。他当即封阴丽华为贵人，整个后宫洋溢着浓浓的喜气。

让刘秀感到高兴的事情接踵而来。叔父刘良从长安潜逃回来，姐姐刘黄也让王常从南阳接到洛阳，一个家尽管已经残缺不全，但总算团聚了，亲情激励着刘秀，他更加精神抖擞。

王常是这年夏天时候忽然从南阳来到洛阳的，他来向刘秀请罪要求归顺。当年刘秀出巡河北离开洛阳后，王常被更始皇帝任命为廷尉兼南阳太守，一直驻扎在南阳。听说更始皇帝刘玄已经死掉，想着自己和刘秀关系非但不坏，还有许多交情，他应该能重用自己，便亲自来到朝廷表示愿意归顺。见到王常，想起他以前对自己的帮助，刘秀既感慨又惊喜，走到大殿台阶下，拉住王常的手，促膝坐下，亲热地谈论别后情形，随后封王常为山桑侯，官拜左曹。王常一向讲究公允，对在乱世中能保全自身很感知足，主动请命到南边去安抚各地。他在南方经营这么多年，名声也很好，在其努力下，洛阳以南的地区，没耗费什么兵力，就基本平定下来。

可是西边的赤眉始终不能彻底攻破，刘秀不免有些焦躁。他忽然想到冯异，冯异不仅作战英勇，而且心胸宽容，懂得恩威并用，何不让他试试？于是刘秀下了决心，派人传送诏书，让邓禹回洛阳休整，由冯异接替，继续剿灭赤眉军。诏令发出后，接着命令冯异率领兵马从华阴向西进攻。

邓禹接到诏书后，想想自己和赤眉对峙这么长时间，却没能取得实质性进展，也感觉很是惭愧。不过赤眉军经过这几年的发展，已经相当壮大，要想尽快剿灭，谈何容易？但既然皇上有了旨意，也不得不遵从。恰好当时关西出现灾荒，粮食奇缺，百姓大半逃难，少半饿死，遍地饿殍，有的地方几乎方圆百里都不见一个人影。赤眉军再没地方掠夺粮饷，实在没办法，决定还是再回到自己东边的老地盘上去混日子。

这年十二月，赤眉军主动放弃在长安一带的活动，率领大军向东撤退。

尽管受到重创，赤眉军的兵力还是很强大，总计兵力在三十万以上。得到情报，刘秀立刻命令破奸将军侯进屯兵新安，建威将军耿弇驻扎在宜阳，兵分两路，钳制住赤眉军东归的道路。分派任务的时候，刘秀特意嘱咐他们，赤眉军若是从东边走，宜阳的兵力前去会同新安，若他们从南边走，则新安的兵力主动会同宜阳。总之，决不能让这只猛虎回到原先的山林，那样就会很难制服。

冯异领命带兵从华阴向西进发，正好和向东撤退的赤眉军狭路相逢。两军互相攻杀，大小打了十几仗，互有胜负，谁都没占到太大的便宜。不过冯异发挥自己宽容待人的优势，收降了赤眉军将领刘始和王宣等好几员大将，还招降了五千多人马，略占上风。

很快到了建武三年春天。刘秀任命冯异为征西大将军，负责全权指挥西路兵马。邓禹料理完西边的军务后，带兵回归洛阳。途中正好遇见从东向西而来的冯异，冯异邀请邓禹和自己一道攻击赤眉："邓将军，如今我和赤眉打过几仗，觉得赤眉力量确实不小，怪不得邓将军打得如此艰难，看来圣上不了解实际情况，过于心急了。不过我看他们尽管强大，已经成了强弩之末。只要恩威并用，徐徐进兵，别把他们逼得太紧，他们必然会发生内部分裂，到时候就可以轻易消灭。如果进攻太紧太急，反而会让他们作困兽犹斗，白费许多力气。如今圣上已经命令其他将领驻扎在渑池，扼守住咽喉要道，不用担心他们逃走。咱们再布置好阵势，以逸待劳，肯定能把他们完全吃掉。"

听冯异说得头头是道，邓禹好胜心上来，表示愿意带领自己的兵马前去打头阵，主动进攻。冯异再三劝阻，邓禹就是不听，结果一打照面，才知道冯异的话确实有道理，赤眉军仍然势力很强大，邓禹又一次吃了败仗，死伤三千多人，冯异前去援救，也差点儿被人家活捉了去，坐骑受伤，徒步跑了回来。

回到军营中，冯异一边下令坚守大营，拒不出战，一方面召集将领，紧急磋商，决定改变徐徐作战的方针，利用赤眉军刚打了大胜仗难免骄傲大意，并且急于寻找东去道路的弱点，来个速战速决。

制订好计划后，冯异命人前去赤眉营寨下战书，约定来日会战，决一雌雄。赤眉军刚打败了邓禹和冯异，还俘获了冯异的坐骑，认为冯异也不过如此，况且自己也急着迅速打败这只拦路虎，尽快回到东方，就立刻答应下来。

当天夜里，冯异下令，全军三更做饭，从各营寨中挑选出几千英勇善战的强壮兵丁，让他们饱餐一顿，换上赤眉军的服装，眉毛上也描成红色，悄悄出了大营，埋伏在大路两旁，以鸣金为暗号，夹击赤眉军，给他来个出其不意。

拂晓时分，天还没大亮，冯异这边已经吃饱喝足，做好了准备，敲起战鼓，做出立刻要进攻的架势。而赤眉军没想到这么早就打仗，还没顾上吃早饭，但人家已经出动，只能空着肚皮前去抵挡。两军拉开阵势，空气分外紧张，一场决定生死的大战就要展开。赤眉军用万余人打头阵，个个杀气腾腾，大有黑云压顶之势，直冲过来。面对对方如此强悍，冯异选派两千多精兵前去抵挡。赤眉军见对方派出的人马只是自己的一个零头，感觉这一定是冯异的汉军上次损失过多，兵力严重不足，获胜把握更大，也就更加骄横。

看到这种情形，赤眉军丞相徐宣提议说，根据他们派出的前锋人数，我估计他们总兵力也就有两万左右，两万人哪里能抵挡得住我们十万大军，就是踩也把他们给踩扁了！不如咱们一起冲杀过去，如洪水冲破堤坝一般，把冯异和邓禹给活捉了，省得一阵一阵地对打，太麻烦！

樊崇认为说得有理，令旗挥动，倾巢而出，吼叫着向冯异大营冲杀过来。冯异等的就是他们全体出动，也令旗招展，打开营门，所有兵力全部冲出来。几十万人马厮杀在一处，顷刻间血肉横飞，烟尘蔽日，喊杀声几十里外都能听见，场面蔚为壮观。

整个厮杀从天刚亮一直到接近中午，仍旧胜负未分。此刻赤眉军因为没吃早饭，砍杀了这半天，肚中空空，已经精疲力竭，动作明显迟钝下来，死伤人数顿时增加。这情景早让站在高处的冯异看在眼里，他大声命令道："快，鸣金！"

话音刚落，立刻响起阵阵铜锣敲击声，声音激越，响彻整个战场。激战中的赤眉军听到鸣金声，立刻都是一愣，鸣金就是让收兵，对方不是占了上风吗，怎么忽然又要收兵？正疑惑间，忽然从大道两旁涌上来无数赤眉军装束的强壮士兵，他们个个憋足了劲，生龙活虎地窜到两军阵前。

原来是自己这边来了援兵，怪不得冯异要鸣金收兵，他娘的，不能让他跑了！樊崇带头，迎着援军跑过去，想和他们会合了，继续冲杀。孰料从大道两旁窜出来的赤眉军却并不答话，挥舞着大刀长枪，直向自己这边杀来，由于防不胜防，立刻死伤一大片。赤眉军大惊，吃惊过后才明白上了人家的大当。但此时双方已经混战在一起，谁是自己人，谁是汉军，谁也说不清楚了，许多人惊慌失措地呆立在那里，莫名其妙地让人家给砍翻在地。

冯异哪肯错过这个大好机会？立刻指挥兵马猛追上去，一直穷追到崤底，赤眉军终于彻底土崩瓦解。冯异命令众人高声大喊，投降者可以免死，并且还让回家种地。走投无路的赤眉军很快大批投降，共有八万多人乖乖归附。剩余的几万兵将在樊崇带领下，拼命向宜阳方向狂奔，企图从那里潜回自己老家。

冯异见他们逃窜，冷笑一声，也不再追赶，命令收拾战利品，清点战场，结果缴获的财物堆积得如小山丘般，乐得大家都敞怀大笑。

樊崇没命逃窜，他们还不知道，刘秀早已经安排好了重兵，正养精蓄锐地等着他们自投罗网。听说樊崇残余兵马接近宜阳，刘秀亲自率领汉军主力，盛兵列阵，由大司马吴汉率领的突骑为先锋，严阵以待。

赤眉军如逃出虎口的兔子，惊慌地闷头乱窜，好容易来到宜阳地界，还没等喘口气，忽听一声战鼓敲响，无数汉军威风凛凛，好似天兵下凡，横亘在眼前。樊崇等人慌忙中抬头一看，对方大军中间，一面米黄色的大纛旗下，车驾上分明是汉军皇上刘秀。这下知道人家肯定兵力不弱，硬拼可能死得更快，顿时个个面如土色。

急切间，樊崇和徐宣等人商量一下，都觉得刘恭在自己这边，他是汉室后裔，说不定刘秀能看在他的面子上，饶过这帮人一命。于是众人推举刘恭前去参拜刘秀，表示愿意投降。

刘恭来到刘秀大军前，跪倒叩头，参拜刘秀：“陛下，赤眉军刘盆子若情愿归降，陛下将如何对待这些罪人?”

刘秀冷冷一笑：“能有条活命也就算了，还有其他更高的指望吗?”

刘恭脸色一红，暗想果然是君王，威而不怒，其威自露，赤眉这帮人被打败，看来势在必行了，没什么好遗憾的。忙回去报信，大家想也不想地就决定下来，既然能活命，还愣着干什么?由刘盆子在前头，樊崇和徐宣等三十多员主要将领，跪在地上挪动到刘秀跟前。刘盆子双手捧上传国玉玺。赤眉兵丁见主帅投降，也都自动解除武装，丢下的器械盔甲堆积在一起，如同一个个小山丘。

刘秀这才传令，拿出酒肉，让这群快要饿昏了的兵将饱餐一顿。为了让这帮无法无天缺少管束的赤眉军彻底服气，刘秀特意安排了一次浩大的阅兵仪式。望着如此雄壮的汉军，刘盆子脸色煞白，双腿直打哆嗦，怎么也站不直。刘秀眼角余光看他一眼：“刘盆子，你看看，你们赤眉犯下的罪过，是不是该死?”

刘盆子打个激灵，忽然想起哥哥教给自己的话，忙回答说：“论罪过当然该死，只是陛下饶过了我们一命，还可以勉强活下去，以后为陛下效劳。”

刘秀听他回答得有意思，不禁大笑着拍拍刘盆子肩膀：“看你年龄不大，还挺狡猾。好，好，朕刘家宗室怎么会有痴人？既然已经饶了你们，那朕就不会食言，你放心就是！”说着又转过脸对樊崇等人说，“你们如果后悔不该投降，现在还来得及，朕把兵马器械都还给你们，咱们一决胜负，朕向来以德服人，决不压制！”

樊崇等人忙叩头不迭，口呼万岁，再不敢多说一句话。阅兵完毕，刘秀吩咐下去，分给降兵田地，准许他们回乡安居乐业。有不愿意回去的，可以编入汉军营寨，照常发给军饷。大家无不悦服，齐声高呼万岁，个个感恩戴德。横行中原的赤眉至此终于融入大汉朝廷。

第三十四章　吉凶逆料　祸起边庭

这日天气相当不错，阳光普照，清风徐徐，太阳毫不吝啬地把所有恩泽照在天子刘秀所居住的宣德殿，清风荡漾着，把让人心气舒畅的灵动气息吹到了刘秀正端坐着的内殿。“今天可真是个吉日，连天气也这么好。”刘秀有些心不在焉地想着，整理一下衣衫，缓步踱出去。

宣德殿正厅里，刘秀以隆重的礼仪接见了班彪与刘钧。就在走进正厅的前一刻，刘秀心里还在闷闷地叹息，既然做了皇上，就应该驾驭一个完整的天下，和当初高祖皇帝一样，唯有如此，才能真正实现和大哥春陵起兵时发下的宏愿。也就是说，接下来的日子，自己最大的梦想也就是完成统一大业，建立一个完整的大汉江山。

自从灭掉赤眉后，原先逃回天水的隗嚣就成了心头大患。他在那里召集原先的部众，趁东边大动干戈无暇顾及陇西的时机，迅速壮大起米，俨然成了气候。并且他还和割据蜀地的公孙述互有来往，还不断拉拢更北部的另一个拥兵将领窦融，大有占据半壁江山的气势。作为志在一统天下的君主，刘秀是无论如何也不能容忍的。

可是眼下对于西部的作战，却很让刘秀担心，不由得顾虑重重。西部地区地形复杂，地理位置特殊，交通条件比起当年征战河北来，显得异常不便。而且出征将士们对地形不熟，据说有人到了那里后，连方向都辨不清，东南西北瞎撞一气。似这等情形，即便兵力粮草再充足，又怎么可能打胜仗？古话说得好，若想胜利，天时、地利、人和无比关键。可是，别的不说，首先在地利方面，大队汉军有可能还没打仗，就要落个战败的结果。

一只脚踏上台阶时，刘秀忽然想起，昨天夜里自己夜不能寐，徘徊在大殿外苦苦思索，担心隗嚣向南争取公孙述，往北联合窦融。若是隗嚣这么做了，那他刘秀纵有再大的本事，结局也注定败在他们三方联军之下。

可纵然这是个必然结局，自己又怎么能甘心？多少头都叩拜了，难道这个揖就作不下去？他独自一个人在深宫静院里踟蹰，身后随从们不远不近地紧步跟着，一盏盏灯笼就像天上落下的星星，星空里，连月亮好像都在向他献媚，星星眨着眼睛，好像在向自己称臣服拜，可自己怎么就拿不下区区一个割据势力？刘秀很快理清思路，他知道自己目前最重要最紧迫的任务，是想办法瓦解或者阻止这三股势力的联合。

刘秀顺着这个思路想下去，他听说窦融这个人很善于打仗，并且为人很有主见，做事情向来有比较远大的目光。那么他会同意隗嚣提出的联合吗？刘秀也时不时闪动过争取窦融归附自己，两面夹击隗嚣的计划。如果能做到这一点，战败隗嚣就完全不在话下了，自己的担心自然也就冰融冻消。但要争取窦融又谈何容易？路途遥远交通不便暂且不说，更主要的，从洛阳去联络窦融，必须穿过隗嚣的辖区，这可是个致命的问题。

万一派去的使臣被隗嚣发现，联络不成功不说，必然还会打草惊蛇，引起隗嚣的警觉，他会加大笼络窦融的力度，早日促成联合，那样就等于自己推了对手一把，拱手将主动权让给对方。

可是不这样做，又怎样让窦融臣服自己呢？只要窦融能够臣服自己，那么必定胜利，可这个计划多么可望而不可及。想来想去，刘秀终于决定，派吴汉西征，在平定隗嚣的时候，趁着混乱，让马援想办法潜伏到替隗嚣驻守北边的大将耿定营地，让耿定同意使臣穿过他的地盘，北上说服窦融向自己靠拢。从眼下情形来看，也只能这样了。或许因为想得太过专心，等基本拿定主意后，刘秀感觉脑子有点发闷，头重脚轻地很不舒服，便有意抛开纷乱思绪，抬头望望深蓝苍穹下闪烁不定的星空。这时，只觉得身后有脚步声轻微传来，似乎不是侍卫和宫人的，他刚要回头，一件披风如微风般轻柔地披在自己身上，扭头一看，果然是阴丽华。

"皇上，主人硬朗，家事兴旺。一个家是这样，一个国也是同样道理。不管有千般忧烦，保重龙体要紧。"

话语轻柔体贴，就像一汪清澈潭水忽然蔓延在脚下，扫去了心头难以摆脱的烦热。看着眼前的阴贵人，刘秀忽然觉得她仍如在新野初次见到时一样清纯，就像一泓清泉，让人忍不住想融入进去。若不是宫人们就在不远处，他简直要禁不住拥她入怀了。静静地站着，任她的目光月色一样倾泻到自己身上，刘秀什么忧愁都抛在了脑后，只愿静静伫立在这宁静的星空下，捉摸那种若有若无的微妙感觉。

也许，前一天的一幕上天都看在了眼里，阴丽华就如仙子凌波一般，悄无声息地给自己带来了好运，这不，自己还没想好怎样去联络窦融，窦融却抢在自己前头，派使者来拜见自己了。上门的买卖好做，既然窦融已经有这个念头，那么接下来一切都好说了。这样想着，刘秀信步踏进大殿。

宣德殿内经过精心布置，气势恢宏，又不像别处金碧辉煌地夹杂着俗气。要让窦融的使者知道，大汉江山的威严来自人，而不是借助外物。在正中间的御座缓缓坐下后，刘秀卸下多日的愁眉，满脸悦色，看着刘钧和班彪叩拜见礼，然后虚虚地一抬手，命他们平身，在御案旁边的龙墩上坐下。

刘钧谢恩后，小心翼翼地奉上礼单，口里诉说着窦融让代为转达的敬意。草草看一眼刘钧献上的礼单，刘秀雍容大度地一笑，并不说什么，随手放在一边，接着拆开窦融写给自己的亲笔信。

这次刘秀看得很仔细，信上用隽秀的小楷工整地写着：

远臣窦融拜奉大汉皇帝陛下：臣久闻陛下仁厚治国，大解百姓之倒悬。思慕已久，本欲亲往觐见，无奈关山万里，路途多有不便，每每引以为憾。为表臣之忠心，今特遣臣长史刘钧与班彪前来叩拜皇上，臣对汉室之忠心，天地为证，未能及时效力，臣对此惭愧不已。陛下一统大业，实乃万民之福，乃可与日月争辉之神圣使命，臣会尽自己全部微薄之力来支持陛下统一大业，时时静听陛下吩咐。另外，臣有一罪要请，臣愚钝无知，不识公孙述、隗嚣等人奸邪阴谋诡计，险坠其彀。他们屡次怂恿臣自立，欲成三足鼎立之势，臣暗昧不明，几乎误听小人之言，险些而铸下大错，特此请罪。臣虽愚钝，却也能分清利害得失，臣愿率麾下所有将士在此等候陛下之号令，以便一举歼灭陇西奸佞，臣等在此遥遥叩拜陛下，为陛下统一大业，臣等万死不辞。

信写得很通俗，话语里透着真诚。刘秀一字一顿地看完，轻轻合上书信，对刘钧说："窦将军能为天下百姓苍生着想，能以大局为重，理解朕统一大业的良苦用心，已经相当难得。更可贵的，窦将军能认识到隗嚣等小人的阴谋伎俩，甚好、甚好。最令朕感动的，他千里迢迢遣刘长史和班爱卿来见朕，此番情谊，个中道理，无不合乎大体，朕又有什么不接纳的道理？刘长史与班爱卿这一路太不容易，恐怕吃了很多苦头，朕心里明白。你们在此歇息几日，将养过来，然后再回去奉旨回复窦将军，朕即刻有重任要托付于他。"

刘钧与班彪退下之后，刘秀想一想，又单独召见了班彪。刘秀从长年征战中，最能深切体会取胜之道在乎人，也就特别看重人才的使用。他早已听说班彪这个人文采出众，不同寻常。不是有句话说得好吗，宁犯将军刀，不犯文人笔。有时候文人的作用不可低估，邓禹不就是个文人吗，结果威力比起哪员大将都不逊色。乱世用武，治世用文，班彪这帮人在天下安定后的作用，就更不容小觑。

刘秀想，如果能把班彪留在身边为自己效力，那么对于收复西州定有不小帮助。班彪从小就生长于西州，熟悉那里的地形和人文风物，在地方上也有一定的影响。有他追随在自己身边，对西州士人来说，无疑是树起一面大旗，具有很大的感召力。而这种无形的力量，是任何一支军队都难以达到的。如果一念之间，错过了这样的人才，对于西州之战，岂不可惜？

正想着，班彪已经奉旨来到。君臣客气一下，班彪在御案旁告谢坐了。他们谈起西州的种种情形，刘秀问起班彪自己对征讨西州有什么看法。班彪想一想拱手说："陛下，隗嚣盘踞在西州已经很长时间，在当地可谓根深蒂固，势力很大，影响力也不小。他虽然一度对陛下称臣，但骨子里却是早存有叛逆之心，早有自立门户的想法。由此来看，他与陛下对峙并不偶然，而是形势发展的必然结局。因此，西州一战确实难以避免。不过，臣劝陛下对西州作战前，应做好充分的准备。臣对西州并不陌生，知道隗嚣并非一般草寇。臣以为，西州之战不同于陛下征战河北，事情恐怕不会如此顺利。如果陛下派遣大军直接进攻，就应当做好长期征战的准备，想一鼓作气拿下这块硬骨头，恐怕不大现实。"

听班彪说得神情严肃，刘秀感觉他未免有点夸张，也觉得班彪这人多少有些文人迂腐，没经过战阵，对目前天下大定的局势并不十分清楚。隗嚣的势力固然不可低估，两支大军正面交锋，两败俱伤的可能性也很大，自己也知道最好巧战，先从内部来瓦解隗嚣的势力，争取那些尽可能争取的力量，对于对方，是削弱，对于自己，自然就是强大了。这些想法不仅是想想，而且已经派马援办理此事了。但尽管这样，班彪把隗嚣说得如此厉害，刘秀仍不大在意，嘴角淡淡地一笑，接着问："在先生看来，朕要赢得西州之战，大概需要多长时间？需要动用多少兵力？"

"陛下，以臣看来，即便动用三十万大军，最少也得用五年的时间，而且还要不出什么意外。"班彪一本正经，口气十分肯定地说。

"那以先生之见，怎样才能花费尽量短的时间，用最少的兵力取得胜利呢？"刘秀听他说得越发严重，更是在心里暗笑，脸上不由得显出心不在焉的神色来，也不像刚才那样礼贤下士地微倾着身子了。

班彪看出了刘秀对自己的不信服，却并不松口，依旧认真地解释说："陛下，臣虽然愚钝，但世间事情十有八九不以人的意愿而定，要夺取西州，情况就是这样，臣实在为陛下想不出更高妙的办法。不过，臣还有个提议，陛下要想攻下西州，必须先夺取略阳。略阳虽是个小城池，可是它战略地位非常重要，是西进过程中的一个主要关口。"

这句话提醒了刘秀，关于略阳，他也听说过。略阳的确是座小城，但正是这座小城，却像个钉子一样钉在西去的路口。隗嚣对它也格外重视，不但派出大军驻守，而且把这里当作粮草的中转站，这里储藏着西州大批粮饷，是隗嚣坚守西州的一个门户。班彪能一语中的，看来确实很有见解。

"嗯，嗯，有道理……"刘秀点头答应着，禁不住对班彪另眼相看了。

接着，班彪又谈到关于夺取西州之战时的一些具体巧战计策，指出要缩短用兵时间减少损失，最好还是内外夹攻，想办法从内部瓦解隗嚣的势力，令其不攻自破。至于瓦解的办法，班彪说，自古都是武官为财，文官为名，其实不管文官还是武官，莫不同为名利。若陛下能派人潜入西州军中，游说那些本来就有点动摇的兵将，许给他们官职和利禄，能争取一部分人从内部响应，那拿下西州的时间，或许就能出乎意料地大大提前。

班彪一番见解正和刘秀这几天所想的一拍即合，刘秀立刻放下心来。果然是英雄所见略同，班彪真是个人才，能得到班彪的辅助，自己对西州之战的胜利就又多了几分把握。

见刘秀凝神不语，班彪也就没往下说。微停片刻，刘秀忽然探身靠近班彪一些，格外柔和地说："班爱卿，你方才说的，朕深感卿乃大才，长期蜷缩河西一隅，埋没了平生所学，岂不可惜？朕想请先生留在朝廷，有事情随时商量，尽早夺取西州，还百姓一个完整江山。此乃利国利民的好事，想必先生不会推辞吧？"

班彪似乎早有预料，既没显出意外，也没十分激动，沉吟一下，平静地说："但凡读书人都知道，学成文武艺，货于帝王家。陛下既然如此看得起臣，自是臣的福分，又有什么拒绝的理由呢？臣谢主隆恩！"说着离开座位弯腰叩拜下去。

不但消除了隗嚣联兵的担忧，又收拢了一员能臣在身边，刘秀格外惊喜，当即封班彪为司徒掾，负责诏书拟定和文史编纂，随时跟随在身边，遇事即可商量，算是朝廷顾问大臣。

安排刘钧回去复命后，刘秀心里松快许多，虽然事情刚刚开始，但至少没了后顾之忧，对西州之战就多了许多把握。早朝时分，刘秀在朝堂上一一听取前方战事的最新进展，听着听着，他脸上泛起欣慰的笑意，正如自己所希望的那样，自从争取了窦融之后，战况越来越好转，统一大业似乎已经指日可待了。

快要散朝时，刘秀正准备从御案后边起身到后宫，忽然殿前侍卫高喊一声："启禀陛下，前方又有新战报，刚刚有八百里快骑送进皇城，陛下……"

"快报上来!"刘秀被兴奋所鼓舞着，不免有些激动，也有些紧张。

"陛下，祭遵将军大败隗嚣大将王元，冯异将军大败行巡占领栒邑，征西取得首次大捷!"送信偏将跪在大殿门槛外，努力提高了嗓音禀报。

"好！好!"刘秀禁不住使劲拍了一把龙椅，含笑看看众人，在场的文臣武将自然也都兴奋不已，笑声议论着，跪倒在金砖上纷纷拜贺。

刘秀笑吟吟地开口说："罢了，罢了，这不过是小胜，征战才不过刚刚开始，留着更大的喜以后庆贺吧！诸位平身，赶快传令下去，重重嘉奖前线将士，命吴汉火速派兵攻打略阳，一举摧毁隗嚣的心腹之地，给隗嚣致命一击，让隗嚣再爬不起来！命马援随即领兵前往西州，两面夹击隗嚣!"

"陛下圣明。"文武百官异口同声地大声应和。

从报信偏将口中，刘秀还了解到，北地守将耿定又策动一批将领归顺了自己这边，马援与冯异一同成功攻占了略阳外围，估计命令下达到他们那里时，他们已经占领略阳了。总之一个意思，西州之战胜利在望。

天黑下来，天地都沉睡了，一切都静谧安详。刘秀仍旧心绪难平，徒步走在深宫游廊中，看着四周弥望的花花草草，情不自禁想起当初在太学读书时，与严光情同手足，读书读到精彩处，评头论足，读书读累了，闲暇时节在学堂后边的花园里，浇花灌地。现在回想起来，那时的日子如此闲适、安乐，虽然地位卑微，但活得自在，能品味出一种真实的欢乐。而如今，每日的生活却是另一番滋味，好耶？坏耶？是耶？非耶？却总也说不清。唉，人生真如一场春梦，梦醒之后了无痕迹呀！刘秀感叹着，远眺西征的方向，似乎看见了一股股腾空而起的烟尘，能听见连成一片的战马嘶鸣。和这种陌生而熟悉的场景分别多久了？他暗暗问自己。

徘徊良久，似乎是无意识中，刘秀临幸了阴贵人的寝宫。晕黄的烛光下，他让阴贵人拿来他昔日的战袍，抚摸那身曾沾染血迹的战袍，想想自己为了统一大业所付出的，所经历的……情不自禁地对阴贵人说："朕决定了，明日御驾亲征，驰骋沙场。"

“皇上，西州之战胜利在望，皇上又何必再劳苦费神，做那冒险的事情呢?”

“朕这次亲征，不仅为了鼓舞士气，而且也能给西蜀公孙述和北地卢芳带来不小的震慑，让他们知道朕一统江山的决心，打消他们心存的侥幸，让其早日归顺。现在四处潜伏的危机不少，朕还不到安心稳坐金殿的时候。眼下要善用力者就用力，善用势者就用势，善用智者就用智，善用财者就用财。大家有劲往一处使，这才有希望早日实现舂陵起兵时的誓言。你不是糊涂人，这个道理应该能想明白的。”

阴丽华依顺地点点头：“皇上所言极是，对于政事，我不懂得那么多大道理，只要皇上思虑妥当了，只管放手做就是。我还和以前在新野时一样，等着听皇上的好消息。现在时候不早，皇上还是先就寝吧!”

刘秀说干就干，带上一批文武大臣，由执金吾打前锋，统率了精锐的羽林军，浩浩荡荡地开始御驾亲征。在光武帝亲征期间，申屠刚等许多割据力量都望风披靡，先后归顺了光武帝，还没走到前线，兵力已经越来越强大。

隗嚣眼看自己大势即逝，也是情急生智，听说刘秀御驾亲征，离开了京都，竟然想出了个釜底抽薪的计谋，千方百计收买和挑唆留守洛阳的将领张步、刘扬，让他们给刘秀来个后院起火。打定主意后，他派使者携带大量金银珠宝，悄悄赶到洛阳，去说服张步和刘扬两人投靠隗嚣。

“张将军，刘将军，在下是隗王之臣。两位将军不要吃惊，先收下这些不值钱的玩意儿，听在下慢慢说。我们陛下说了，若两位将军能协助西州一起打败刘秀，那么，将来的天下就一分为二，陛下一半，你们一半。大家称王成帝，井水不犯河水。在下知道两位将军是胸怀大志之人，定不会龌龊在朝中受人指使。况且洛阳朝廷内功臣良将如云，数到几十个也轮不到两位将军出人头地，根本没有时候，哪有自己坐上御座来得痛快？现在刘秀正御驾亲征，京师空虚，无人守城，这正是围攻洛阳，摧毁刘秀的大好机会。两位将军都是明智之人，恐怕就是我不说，两位将军也知道应该怎么办吧?”使者买通了张步的门人，溜进张步宅院，正好刘扬也在厅堂里闲坐，真是个绝妙的机会，使者忙鼓动如簧巧舌，趁了这个机会，眨巴着眼睛娓娓道来。

张步和刘扬二人想想也是这个道理，论能力、论功劳，自己再怎么努力也只能是个二流三流的大臣，地位总归上不到哪儿去，索性就冒险一回。于是，张步和刘扬匆忙合计一下，二人拉起自己手下的人马，起兵谋反，围攻洛阳。

然而他们怎样也没有想到，人算不如天算。刘秀现在已经是皇帝了，御驾亲征的派头很大，加上前方战事不是很紧急，走走停停，又是沿途郡县接待，又是深入民间了解百姓疾苦，并没有走出多远。

当张步和刘扬刚把兵马拉出来，还没来得及大闹京城时，刘秀便已经得知了消息，当即率领大军连夜赶回京师。走在半路上就接连派出大司空李通、横野大将军王常、东光侯耿纯、执金吾雍奴侯寇恂和破奸将军侯进等好几员打过大仗的将军，率兵五路齐头并进，以迅雷不及掩耳之势，围击张、刘二路叛军，没费多大周折，将他们一举歼灭。张步和刘扬没考虑到，如今的刘秀已经成了大气候，西州又和这里隔了几千里，互相照应不得，蚂蚁撼大树，岂是轻易成功的？

刘秀迅速平定叛乱后，见情况有惊无险，安慰一番留守洛阳的众大臣和内宫嫔妃，便再次御驾亲征。刚到前方军中，就碰到一个丧气的事。一次双方对击中，冯异不幸身受重伤，抬入帐内，已奄奄一息，最后死于军中。刘秀凝视着这位忠心跟随自己，为自己拼死在沙场的将士，伤心痛苦不已，即刻令人护送他的灵柩回京，派使者到路上迎接，以示隆重。事后刘秀加封他为颍阳侯，谥号成侯，并任命他的儿子为征虏将军，以慰亡灵。

隗嚣被战事所累，眼见汉军步步紧逼，而自己的地盘越来越小，自知大势已去，无可挽回。想投降了，能勉强保住眼前的富贵，但再进一步思虑，当初和刘秀闹翻了脸，事到如今才归顺，明显是形势所迫，并非出自真意，刘秀能饶了自己吗？不但富贵，就是全家的性命甚至祖坟，能保住吗？想来想去，总找不出好办法，焦躁忧虑无可解脱。正如常言所说，忧能致疾，隗嚣终于撑不住病倒了。没过多久，竟然抛下一个破烂摊子，撒手而去。

隗嚣的儿子出生于富贵家中，自小钟鸣鼎食，哪里懂得世事艰难。父亲死了，反倒少了许多约束，他整日花天酒地，什么战报军情一概不理会，也理会不出头绪。在这样的情况下，西州兵力连连败退。

看看就这样硬撑着迟早得成人家的刀下之鬼，况且也没什么人可效忠了，这仗打得有什么意思？部下将领略微商议一番，很快达成一致，既然终究难逃被掳的命运，何不发动兵变，投靠了刘秀？这样大家不但能保全身家性命，说不定还能混上个一官半职。于是一哄而散，把西州拱手让给了汉军。

刘秀也猜测到隗嚣死后，西州内部一定会发生分化，于是他及时调整策略，对于西州的残余势力，采用了安抚政策，把苟宇、赵恢及隗氏家族这一些西州豪族大姓，迁徙到洛阳一带定居，让他们脱离自己的根基，失去叛乱的条件。对于那些降将，刘秀则把他们分散到各个地方任职，彼此拉开得很远，以免再生事端。

西州战事结束了。在班师回京的途中，刘秀透过轿子前细纱帷幕向西州方向望去，辽阔原野茫茫无边，一片宁静。这片土地终于大定了，接下来，就要督促地方官员让这里尽快开辟出良田牧场，说不定下次再来时，到处绿油油的，就要换天换地了。天马行空地想着，刘秀露着惬意的笑容。转而，刘秀的眼睛盯向西蜀的方向，心头又突地一动，他知道，统一大业的第二步立刻就要开始了。

西蜀地方自古繁华，虽然整个中原乃至遥远的西州狼烟滚滚，这里看上去似乎仍是一片平静。公孙述蜷缩在成都老巢里，依旧歌舞升平，隗嚣的败亡，让他感觉大事不妙。但这也就是瞬间的感觉，眼前的美酒和歌舞却是实实在在的，他侥幸地想，自古蜀道艰险，刘秀恐怕未必对这里大动干戈。最大的可能，他或许派使者来，让自己保证两国互不侵犯。若是那样的话，自己眼前的享乐日子，就能世代持续下去了。

太阳仍旧从东升向西落，生活仿佛一成不变。而和平时相比，不寻常的情况出现了。东北两个方向冒出了两股战马飞驰腾起的烟尘，由来歙、盖延与岑彭、臧宫率领的两路大军纷至沓来，像两只雄鹰凌空而下，扑向一只肥膘的母鸡，直击它的咽喉和心脏。

成都宫殿里，公孙述在殿堂内急得踱着步来回大转。战局的发展简直太出乎意料了，怎么刚听到一点刘秀要动手的消息，人家就逼到了家门口？他耷拉着脑袋，活像一只斗败的公鸡，豆大的汗珠顺着肥胖的脸颊，滚落在地下。见哥哥气急败坏的模样，一旁的弟弟公孙恢双目微闭，静静地站立在大案旁，嗫嚅着不知道该说些什么。

“你倒是想个办法啊，都这个时候了，你可倒好，装起死人来了！”绕着大殿急走两圈儿，公孙述忽然看见公孙恢呆愣着站在原地，有气没处撒，瞪起大眼珠子吼叫。

见哥哥冲自己发怒，公孙恢愣怔一下，随即嘴角露出一丝笑意，不慌不忙地说：“大哥，方才我忽然想起来个主意，但不知道妥当不妥当，就没敢提起。俗话说，擒贼先擒王，将死兵气丧。刘秀他派出的两路大军势力强大，硬碰硬，当然是咱们吃亏，可是如果我们能想办法除了他军中的带头人，他们群龙无首，谁败谁胜，还真不好说呢！”

公孙述听着这话，缓缓停下步子，犹豫一句：“你是说……”

公孙恢忙上前说出自己的想法。

“好！”公孙述气恼一扫而空，跷了跷大拇指，“这倒是个好主意，管他中用不中用，试试再说！他们不让爷爷活，爷爷就先要了他们的命！”

公孙述立刻依照计策操办，他出重金从市井中找来一些亡命无赖又懂些拳脚之徒。向这些人交代一番，让他们溜出城外，找机会混进汉军大营中，伺机刺杀来歙等将领，另一方面，又派人秘密潜入洛阳，让他们仗着银钱活动，看能不能弄个差事混进皇宫，找个机会行刺刘秀。若是能杀了刘秀，那别说西蜀能够保全，说不定还能杀奔洛阳，正儿八经地当他几天皇帝呢！公孙述暗自得意，放宽心又享起乐来。

明枪易躲，暗箭倒确实难防。纵使英雄之力如项羽，又怎么能完全防备这些偷偷摸摸的伎俩？只有千年做贼，没有千年防贼。尽管汉军营寨防守还是很严密，但终究让人钻了空子，没几天，来歙就被刺身亡，凶手趁乱逃脱，跑回成都领赏去了。

这天刘秀正在殿内批着奏折，看到奏折中有关度田的情况。所谓度田，就是重新核查土地丈量，凡是多占的，必须退给当地官府。这当然会激起许多豪强和庄园主的不满，前几年兵荒马乱，哪个庄园没有多占田地，现在要让他们退出来，简直就是饿狼嘴里夺脆骨，乞丐碗里觅残羹，无异于与虎谋皮。所以近来地方奏折中，多是反映地方豪强地主反对度田情况的。看着看着，刘秀心中不免惹起一股火气，他们也不看看如今是什么时候，朕不同于刘玄，不同于刘盆子，朕要还天下百姓一个真正的大汉江山！

正在这时，只见大司马吴汉捧着折子，躬身施礼站在殿内，轻轻叫一声：“皇上。”

“前方战况又出现了新情况？”刘秀调整一下脸上愤愤的神情。

“陛下……陛下，西蜀前线传来了八百里快报，公孙述收买刺客潜入军营，暗杀大将军来歙，大将军已经不幸遭遇毒手，现已……”

“什么！”刘秀身子不由得颤抖一下，扶住大案摇晃着站起来，眼睛茫然地盯向西蜀方向，半晌无语。吴汉离得近些，见两行清泪顺着刘秀的脸颊流到胡须梢，又顺着胡须滴到御案上。失去爱将犹如失去爱子一般痛苦，迷迷尘土，漫漫硝烟的战场，难道这样一个雄壮的身影就此消失了吗？

“皇上，请皇上保重龙体。”

刘秀从悲痛中回过神来，涨红了脸狠狠一拳捣在桌子上，须发怒张地大吼一声：“公孙述，朕不把你千刀万剐，怎么能够解朕心头之气？又怎么能使朕的爱将在九泉之下安息!"

最初的悲痛过后，刘秀命人把来歙灵柩运到京师，以国礼厚葬。

在来歙的灵堂之上，一片白衣，满堂凄凄哀哀。

这时，只见刘秀身穿素服，率领文武百官走进灵堂。全场人见皇上亲自驾临，无不诚惶诚恐，尤其来歙亲眷，更是顿感荣耀，为死者欣慰不已。一起下跪高呼，皇上万岁万岁万万岁!

刘秀并没理会众人，径直走到灵柩前，看着来歙的遗像，情不自已，泪水潸然而下，沉默片刻，命跟随的一位官员下诏致哀：

"中郎将来歙，数年征战，所向披靡，一心报国，忠诚可见，如今不幸被小人伎俩所害，朕一定千刀万剐公孙老儿，踏平他的老巢，让你在九泉之下安息，呜呼哀哉!"

丧礼隆重举行完毕后，刘秀封来歙谥号为节侯，让他的儿子来褒继承父亲征羌侯爵位，加封他的弟弟来由为宜西侯。

夜幕悄悄退却，天色逐渐亮堂起来，东方似乎要泛起微红色的曙光，刘秀像往常一样更衣上朝。轿子在后宫游廊中平稳地挪动，刘秀的心绪却在不平稳地思索着，昨晚上怎么会梦见一颗坠落的流星呢，看到流星一瞬间消失，自己竟在梦里流泪了，他不禁哑然失笑，没想到拼杀战场这许多年，什么都见过了，什么都经历过了，还这样多愁善感。不过叫他略感欣慰的是，梦中的流星轰然坠地后，天空中的群星更加璀璨。

坐在殿堂上，文武百官都已经早早到齐。

太阳虽然还没升起，但从瓦蓝的天空看，今天天气很好，刘秀心情也渐渐好转，忘记了昨夜那个伤感的梦。还没有开始议事，西蜀前线又送来八百里快报，折子呈上殿内，刘秀从黄门郎手中接过折子，粗粗一看，折予写的竟然是这样简单一句话：

征南大将军岑彭不幸遭到公孙述毒手，刺客趁乱逃窜，正在追捕中。

刘秀身子顿时一颤，折子掉落在地上，他脑子里一片空白，只是恍惚中忆起梦里的那一幕，一颗……流星……瞬间……即逝，坠地时的轰响似乎还在耳边回荡。

刘秀半晌无语，殿下肃立的文武百官沉闷无语，宫廷内外一片萧瑟，瓦蓝的天空也顷刻黯然失色。

沉闷了不知有多长时间，刘秀终于缓缓开口说话了。

"朕决定要再次御驾亲征，大司马吴汉赴前线代替岑彭指挥作战，诛虏大将军刘隆、骁骑将军刘歆等人跟随朕，火速召集兵力，朕要率领南阳、武陵、南郡等地兵将，讨伐公孙述，太子刘强留守京师，负责保卫洛阳。”

在这样的情形下，众人没有一个提出异议，立刻下去分头准备。

刘秀率大军踏上漫漫远征路。有皇上在跟前，三军将士士气分外高昂。刘秀再度拿出当年昆阳大捷和平定河北的雄风，亲自临阵指挥。他和众将领制定作战方针，策划一系列攻击方案。按照计划，吴汉领兵以破竹之势，冲破蜀军层层阻碍，直入武阳，这是西蜀扼住长江的一个重要据点。失去了这个屏障，公孙述只得狼狈逃窜，到处借兵，企图扼住吴汉直入成都之势。

吴汉既然攻杀进来，岂能如此轻易抵挡。这支存有满腔怒气、正待宣泄的猛虎般的军队，横冲直撞如入无人之境。吴汉知道哀兵必胜的道理，特意命令全军将士身穿孝服，吴汉也在铁甲外边罩着缟素，场面颇为壮观。

一片悲哀而愤怒的气氛中，全军将士意气风发，进攻队伍如翻滚的潮水，一浪高过一浪，众人边冲杀边高呼：“打破蜀军，攻占成都，活擒公孙述，为中郎将来歙、征南大将军岑彭报仇!”呼声随着狂风吹进蜀军耳膜，他们的心发颤了，步伐紊乱了，面对如此威猛之势，逃命都来不及，何谈胜利？公孙述和公孙恢做梦都没料到，自以为绝妙的计策，却反过来鼓舞了对方的士气，加速了自己的灭亡。

蜀军落花流水败退广都。吴汉则率军乘胜追击，不等他们站稳脚跟，一鼓作气围困住广都。公孙述之弟公孙永眼看自己已成了瓮中之鳖，害怕被汉军活捉后不得好死，又担心部下叛离，把自己活捉了献给刘秀，惶急之下，先保命要紧，孤身一人鼠窜而去。军中本来就乱成一团，现在没了首领，更是散沙一堆，顷刻间土崩瓦解，只好敞开城门，放汉军入城。几乎没动刀枪，汉军轻而易举地攻占了广都，收缴了大量粮饷，整编了不少的军力。

消息传人刘秀耳朵，他一阵欢喜，连忙派人传令，让吴汉就地待命，切不可继续冒进。一边收拾行装，欲率军抵达广都，与吴汉兵力会合，然后再做进一步打算。可是还没有开拔，紧接着前方战报传来，说吴汉已经离开广都，率领得胜兵力开始攻打成都。

闻听消息，刘秀顿时气急败坏，当着众人的面跺脚大叫：“吴汉，切不可冒进，不可冒进，怎么嘱咐你的？唉!”当下传令，立刻快马加鞭，增援吴汉。

吴汉对成都方面的情况并不是十分了解。虽说蜀军接连大败，只剩下成都一座孤城。可吴汉没有想到，成都情形非广都可比。这是公孙述的老巢，经过多年苦心经营，城墙坚固，城池宽深，坚固程度在西南当属第一。并且这里是蜀军主力之师驻扎所在，各路设防非但没有削弱，反而全面加强。城内原有的兵力足有将近二十万之多，加上各路残兵败退回到老巢，又有五万多，这样下来，成都城内屯聚的兵力已经接近三十万。而吴汉仅带领不到八万人马，而且近一段时间连续行军作战，虽说被悲伤所鼓舞，但精力毕竟有限，已成疲敝之众。吴汉还想着和进攻广都一样，一鼓作气地攻破成都老巢，谈何容易？

然而，被一连串胜利鼓动着的吴汉，此刻立功心切，已经顾不上考虑什么系统准确的作战方案。何况现在态势已成，恐怕想撤都难，不知不觉中犯了作战的大忌。

刘秀一边向前行军，一边再写诏书，命令善骑士兵快马加鞭传给吴汉，命令他或者退到广都，驻营扎寨，或者在半路就地停下，耐心等候北路大军前去援助，共同攻打成都。可谁知，吴汉对刘秀火急火燎的诏令根本就没往心里去。吴汉自有自己的想法，他认为皇上远在后方，根本不了解这里士气高涨所向披靡的具体情况。再说，将在外君命有所不受，应当根据具体情况决定战法，岂能拘泥而坐失战机？

吴汉身边的将领见皇上的劝阻都无济于事，便让吴汉很信任的刘尚过去劝告，让主帅遵从皇上旨意。可是刘尚刚刚劝说两句，发现吴汉已显得很不耐烦，根本听不进去。刘尚知道，自己再说下去，吴汉一定会认为自己是嫉妒他，害怕他抢了头功，反而弄出矛盾来，也就只好打住话头。最终，吴汉率领刘尚等全部兵将迅速追赶到成都城下，开始大举进攻。

在成都郊外，汉军跨江扎营，吴汉领兵四万驻扎在江北，刘尚驻扎于江南。驻扎下来后，刘尚马上把这里的情况写成奏折，让人连夜送到大本营。刘秀得知吴汉进军情况后，大吃一惊，坐在椅子上连呼："太冒失，吴汉该杀，吴汉该杀！"急忙伏在案上又写下诏令，并且令刘隆、马成领骑兵五万，火速增援吴汉。

然而刘隆、马成的骑兵尚未赶到，成都方面的情况已经发生了难以逆转的变化。

公孙述见对方兵力相当少，又驻扎分散，心头一阵狂喜，暗叫天助我也！立刻派谢丰、袁吉领兵十万，冲出城外，反过来围攻吴汉营寨。

吴汉兵力太少，冲突几次，竟然没能撼动敌军，反而自己损失不小。此时他才后悔莫及，急忙向驻扎于江南的刘尚求救。谁知刘尚被蜀将史兴牵制着丝毫动弹不得。两边都被困住了，自顾不暇，吴汉只好退入营寨，命令坚守等待援军。

吴汉闭寨不出，利用营寨驻扎的地势阻挡敌军进攻，谢丰、袁吉攻了几次，没占到什么便宜，两军只好对峙着。

吴汉此刻才冷静下来，从眼前局面仔细考虑一下，感觉就这样持续下去也不是办法，早晚自己要被困得人马困乏，粮草用尽。到那时蜀军乘势攻入，自己还有机会回去向刘秀请罪吗？于是，吴汉灵机一动，传令把营寨中所有拉来原本准备庆功时用的牛羊都集中到一起，打得它们高声咩叫不止。营中各处灯火明亮，处处烟火，显得热闹异常。

在外边围困汉军的蜀军看到这种情况，不知对方营寨里要弄什么诡计，都收缩阵势，谁也不敢轻举妄动。而吴汉呢？乘着夜色，悄悄领兵退出江北，赶到江南与刘尚汇合。守在吴汉营寨外的蜀军又怎么知道，对面营寨里虽然牛鸣羊叫，热闹非常，其实竟是空城。

吴汉率军绕过谢丰、袁吉，火速赶往江南，正赶上刘隆、马成、刘尚正与史兴混战，吴汉乘机援助，史兴见汉军大增，不明白其中究竟，不知道这股突然而至的汉军是从哪里来的，也就不敢再坚持下去，转而撤回成都。三路汉军乘胜追击，蜀军大败。

最终，三军汇至一处，在江南岸扎营，吴汉独自回广都向刘秀请罪。

广都营寨内的大厅里。

吴汉双膝跪在地上，头低得快要挨着地。

刘秀板着脸不搭理他，沉默了好一会儿，刘秀才缓缓说："不是朕狠心，作为大将，不顾周围大局，冒失征战，乃兵中大忌，这不仅仅是兵败而归如此简单。一次兵败而归，会有多少将士流血而死在沙场之上，又有多少人家为此要遭遇丧失亲人之痛？朕已失去了两位爱将，深为之痛心不已，从内心来讲，朕怎么忍心再惩罚你？但作为一员将领，应该时刻谨慎，你的每一个决策，不只关系到你自己，更关系着数万个士兵的性命，关系着汉家大业啊！你起来吧，再多的话也不说了，朕只希望你能将功补过，重新调整兵力部署，尽快攻下成都。"

吴汉已经老泪纵横，口里直嘟哝："臣罪该万死，臣罪该万死……"

"好了，好了，起来吧！"刘秀口气渐渐温和起来说，"一将无能，累死千军。你明白了这个道理就好。今后只要吸取教训就行了，如果在大军到达成都后能迫使公孙述投降更好。否则……"

吴汉知道风暴已经过去，心里平稳下来，忙上前一步说："陛下，能有这样的结果当然最好不过，只是公孙述知道自己罪孽深重，得罪陛下过深，怕他会垂死挣扎的。"

"行与不行都可以试上一试，朕已草拟了一份劝降书。你可以派人想办法送至城中，如果能打动他的心，他自会投降。如果达不到目的，再强打硬攻也不为迟。"刘秀摆摆手，黄门郎从大案上拿起一份书信递给吴汉。

吴汉接过劝降诏书，小心地揣在怀里。

就在吴汉回到前线没多久，盖延和臧宫所率的北路大军也一路势如破竹，抵达成都城下。

吴汉亲率三路大军直破成都外围，连战连捷。公孙文、公孙光和公孙述的女婿史兴等蜀军重要将领一一败亡。公孙述看到自己兵败亲死，面对如此惨状，禁不住急火攻心，气急败坏地亲自率兵迎战。可惜公孙述时运不济，刚一出现于沙场，就被吴汉手下偏将高午一箭射中，抢回城内，当天便一命呜呼。

没了主帅，成都残留士兵登时大乱。群雄无首之际，剩下的唯一出路就是投降了。吴汉没费多大力气，便领兵攻下成都。刘秀发布命令将公孙述全家满门抄斩，烧毁其王宫，俘虏其亲随，全被押解起来，等候治罪。汉军意气风发，齐声欢呼："皇上万岁，皇上万岁！"

到此，汉军彻底清除了被公孙述盘踞十二年之久的西蜀这股异己势力，大汉江山进一步接近统一。

北地的卢芳殿内，部下们正相互商议目前局势下如何进行防御部署。卢芳高坐殿上，阴沉着脸沉默无语。不知为什么，他有种预感，自己唯我独尊的割据统治恐怕是快要结束了，耳朵里嗡嗡作响，连部下的说话声也听不大清。

"从兵力上讲，西蜀割据势力最大。可是怎么样，到底被汉军在短短的两年时间里就打败了，凭咱们……又怎么能维持多久呢？"

"我看刘秀这人果然不同凡响，听人说他善于用兵，聪如神明，这样的人，不好对付啊！"

"刘秀现在的兵马已足足增加了十几万，加上各处的俘虏，还有许多原先反对他的势力都一一投靠刘军，我们与之相比，差距就更大了，想获胜我看……"

"好了，不要说了！"卢芳心烦意乱，气恼地大拍桌子。

过了几日，卢芳派出使节到刘秀御驾亲征的营地上去觐见称臣。

刘秀摩挲着降书，看看营帐外悠悠青天白云，发出一声如释重负的长叹。多年征战得以解脱，他感到一种前所未有的舒畅。

至此，统一大业彻底完成。春陵起兵的誓言最终艰难惊险地得以实现。

第三十五章　紫苑惊梦　乱生内宫

刘秀在群臣的簇拥下，班师回京了。原本统一大业已成，刘秀应该满心欢喜，可一路上，他总有些怅然若失，找不到以前想象中的兴奋感觉。斜倚在晃晃悠悠的车轿中，刘秀无法忘记远在广都时被刺杀的那一幕，一闭上眼睛，那情景就在眼前浮现。一路上奔波劳累，让他神情恍惚，短短几天的行程，刘秀却消瘦了好多。

那是在吴汉独自赶往广都请罪的当天，在吴汉接过刘秀写给公孙述的劝降诏书后，这时，奏事黄门郎匆匆进来说：

“有特使从京师赶来，求见皇上，说有要事禀奏，皇上可否召见？”

“既然是京师特使，为何不见？”刘秀毫不思索地说道。

吴汉倒有些谨慎，叫住黄门郎问一句：“哪位特使，受何人之托？”

吴汉心想，既然是京师特使，觐见皇上应该先递奏折，奏折没到，人先到，这不免有些奇怪。再者说，来歙、岑彭二将被刺，公孙述再派人打着各种幌子来刺杀刘秀，这未必不可能。总之，吴汉想，自己刚刚犯了错，还是要多加谨慎，保护皇上要紧。

不过刘秀唯恐洛阳发生意外，并没让他追问下去，催促快让使者进来。这位自称叫刘辑的使者手捧一卷帛绢，弓着腰慢慢走进营帐，他小心地看一眼落座在台阶上的刘秀，叩头参拜说：“刘辑受太子之命来觐见皇上，手捧太子奉上的奏章请皇上过目。”刘秀点点头，军营里非比金殿上，没有那么多黄门郎侍奉，那人跪在地上，向前挪动着要呈上文书，正在这时，吴汉一个箭步跨到跟前：

“且慢，让我来呈给皇上。”说着，吴汉已走到刘辑身边，眼睛一眨不眨地盯住刘辑，把手伸向帛卷。谁知刘辑抬头瞟了一眼，攥住文书，表示要把奏折亲手交给皇上。吴汉也不甘示弱，毫不犹豫要挡他的去路。他俩左右对峙着。

此时，刘秀不耐烦了，也有些生气了，便说：“吴汉，让刘辑自己呈给朕好了。”

"皇上……"吴汉正欲说小心为好，正在这时，刘辑手中的帛绢文书突然在吴汉和使节撕扯中落到地下，发出一声清脆的响声，文书里竟然藏的是一把鱼肠宝剑。在场的人谁都看清了这令人吃惊的场面。

刘辑稍微愣了一下，随即孤注一掷，捡起短剑飞身跃起，刺向刘秀。而吴汉乍看到当啷落地的宝剑，当下也不含糊，抬起胳膊跃身一挡，手腕处的铁护腕挡住了那只刺向刘秀胸膛的短剑。

刘秀虽然也见过各种各样的惊险场面，但他无论如何也不会想到京中使臣会是来谋杀他的刺客。他只是吃惊地坐在那里，竟然没有立刻想起来该闪身躲避。任凭眼前的这个刘辑和吴汉周旋。两旁的侍卫也根本没有想到京中的使节会突然变为刺客来刺杀皇上，一个个呆若木鸡，不知道怎么保护皇上。

此时，只有吴汉在与刺客对阵。在吴汉挡住对方剑锋的那一刻，刘辑身手也颇敏捷，短剑收回，拧身转向另一个空隙，依旧刺向刘秀。吴汉更不含糊，一个后转跃上，握住了刘辑的手腕，吴汉嗨地一使劲，刘辑半条胳膊顿时有些发麻，迫使他不由得手一松，短剑当啷落地。既而，吴汉一掌把刘辑击倒在地，拾起地上那把剑，指向刘辑："说，是谁派你来刺杀皇上的?"

"哈哈哈，想知道啊，是上天派我来的，是梦中的神派我来的！只可惜，老天瞎了眼，算他命大福大，有你保护，要不然，刘秀早已见阎王了！"

说完，刘辑看着指住鼻尖的剑锋，忽然高呼一声："皇上、父亲，我没有刺死刘秀，这是天意，我尽力了，我……"

说着，他忽然迎剑锋撞上去。吴汉本想留个活口继续审问，但事情发生得太突然，他抽剑不及，对方胸口狠狠撞到那支剑刃上，被深深插进心窝，挣扎几下倒地死掉了。

这时，众人才回过神来。几名大臣闻讯赶来，众人一起下跪，口称："臣该死，护驾来迟，幸亏皇上命大福大，有神灵保护皇上，万岁，万岁，万万岁！"几名侍者慌忙上前，扶着呆愣愣的皇上。沉默片刻，刘秀稍微平静下来，长吁一口气说："久在风浪中，哪能没风险？算了。多亏吴汉眼疾手快，办事谨慎，朕才能化险为夷。否则，正如刘辑所说，朕早已见阎王了，又怎么会福大命大呢?"

刚才负责通报的那个黄门侍郎，已经哆嗦成一团，幸好皇上安然无恙，假如皇上略有差失，他一个小小的黄门侍郎就算死上万次，也无法弥补这样的弥天大错。可是即便皇上无恙，是不是怀疑他和那刺客刘辑暗中勾结，合谋皇上呢，总之，臣子不好当啊！

一想到接下来会轮到追究自己，他不寒而栗，不等传唤，慌忙跪在地上，看那姿势近乎整个人都趴于地上，全身发颤，口中机械似的说："奴才该死，奴才该死……奴才有眼有珠……不，奴才有珠无眼……不，奴才差点儿……奴才有罪……"

刘秀深吸了口气，已平静下来。

"这不关你的事，朕一听是宫中御使，也给迷住了，更何况你，下去吧！"

那黄门侍郎似乎不相信这样的大事就这样轻易了结了，呆一呆，才畏畏缩缩地退出殿堂。

刘秀此时才注视到身边的吴汉，不免着急地问他，究竟是什么破绽让他产生怀疑呢？吴汉叉手把刚才自己琢磨的几个念头说出来。刘秀禁不住点头称赞："想不到大司马心思还有如此细的时候，朕自愧弗如啊。"

刺客死了，听那个刺客临死时呼喊的话，似乎就是公孙述派来的刺客，不用审问也没什么悬念，这件事也该暂放放了。

此时，刘秀正在回京师的途中，却又情不自禁地想起这件事，他似乎隐隐约约地感觉到，这件刺杀事件背后还有许多事情没有解决，比如说，那刺客是怎样打起洛阳使臣名义的？他那些装束凭证从哪里得来的？大臣们只是碍予皇上的威严才没敢再提，但他一定要彻底查清事情真相。

虽然刘秀命在场的大臣严禁谈论这件事，但消息还是不胫而走，传到了留守在京师的太子、皇子以及后宫的耳朵里。

太子刘强立刻采取行动，一面上奏折向父皇请安，一面在刘秀车驾行进的沿途增补人员加以保护，在刘秀到达京畿之地时，刘强连忙率文武大臣出城跪驾迎接。

当刘秀看到跪在队伍最前面的刘强时，不知为什么，他忽然很是反感，丝毫没有感觉出刘强对他这个父皇的关心。或许刘强是太子，对于他所做的每一件事，刘秀都感觉他是建立在名利和功勋之上的，而亲情，则淡漠到次要位置。再往这方面想，刘秀似乎有点讨厌刘强了。不知道是因为他的母亲并非自己最喜欢的阴丽华，还是因为儿子多了，分到他身上的爱自然而然地就少了，总之，刘秀不想再盯着刘强，他看着别处。

刘秀的队伍很快接近跪迎的队伍时，刘强率众高喊：

"皇上万岁，万岁，万万岁，皇上能够平安归来，是上天的旨意，是皇上的福寿无疆，有上天的护驾……"

刘秀对这话不免觉得刺耳了，双目微闭，努力不再听下去了。

车子停了，刘强亲自扶持父皇走下车辇，刘秀有些疲惫，也就不再掩饰自己的情绪，他待理不理刘强，就同其他大臣回宫了。路上刘秀似乎无意中，向随身的侍臣问起，宫中有什么新动向，侍臣忙围在刘秀身边喋喋不休，反倒把太子给晾在一旁。

刘强呢，虽说他也感到父皇对自己的冷落，可他是个没什么心计的人，没想到刘秀是因为反感他而不搭理他。他只是觉得，父皇是因为长途奔波有些劳累罢了。再者刚发生的刘辑事件，摊在谁身上都会心有余悸，难怪父皇会有些反常，因此并没有想那么多。

回到宫内，气氛渐渐安定下来后，刘强连续几天前去父皇殿内问安，但都被“皇上身体不适免见外人”如此之类的理由拒之门外。此时，刘强心里才开始觉得有些委屈。自己是太子，又怎么会是外人呢？父皇身体不适，正是需要自己侍奉的时候，怎么连门都不让进？自己满怀孝心来见父皇，父皇有什么不见之理呢？刘强仔细思索一番，难道父皇是怨自己没能替他率兵打仗？若是自己替父皇去了前线，父皇也就不会遭受刺客惊吓了。父皇难道真的是怨儿子无能吗？

刘强根本不会想到，在刘秀心头，刘辑一事尚未结束，他决心要追查个一清二楚。

胡思乱想着，刘强在门外徘徊不愿离去，他真想亲自问问父皇，为何父皇对他这般冷淡，父皇如此怪异究竟是为什么？他甚至想让父皇直接说出来，他到底希望自己能为他承担些什么，然后才会满意？

而刘秀正倚在宽大的软椅上出神地想，刺客刘辑之所以能够畅通无阻地走到自己身边，就因为他拿着宫中令牌以及宫中黄门所用的物品。而一个刺客怎么会有这些东西呢？另外，事后仔细核对才发现，刘辑手中还真有一封太子亲笔写的奏折，这不与太子刘强有关，又与谁有关呢？这其中周折，谁能解释得清楚，谁能解释得圆满？并且，刘辑临死前，高喊对不起皇上，这很明显是指公孙述，那父亲，又指谁呢？这些谜团解不开，刘秀又怎么会轻易释怀？

刘强在门外静静地等待了几个时辰，却终究没能得到皇上的召见。无可奈何中，刘强只好去找母后郭皇后，向母亲诉苦，问问母亲是否知道其中缘由。

刘强见到母后可以畅快地痛诉他的不满与抱怨，而面对父皇则不行，打落牙齿也得和血吞进肚里，这便是皇氏子孙的宿命啊！郭皇后听完儿子的抱怨后，心里闪过这样一个念头，自己也不免替儿子感到委屈，几分抱怨地说：

“哎，我也不知道为什么，自从你父皇回宫这两三个月以来，我还没能见上他一面，我多次派人去请你父皇临幸，都叫他找各种理由推托了。皇上每天都待在阴贵人那边，两个人好得半步也不离开，娘又能怎么办呢？总不能跑到阴贵人房里去抢你父皇吧？这是皇宫，不是普通百姓家中的妻妾争宠。唉，难怪人家说，家家门前千丈坑，得填平处且填平啊！百姓看皇家的日子好像在天宫，其实一家不知一家的苦啊！”

说完，郭皇后那略显苍老的脸颊滑过两行泪珠，泪珠冲刷着粉脂，留下两道浅红色的痕迹。

刘强看到母亲流了泪，心中不免一酸，也跟着满肚怨气，提高了声音说：“娘，你算什么皇后啊，简直就像冷宫深处的妃子。娘，这口气您能忍受得了吗？要不，咱俩找父皇理论去！”

“强儿，你还年轻，正气盛的时候，千万不要信口胡说。现在宫里就好比战场，你争我夺的，尺水狂澜，弄不好一句话就能惹出大祸。再说，娘能怎么办呢？娘虽说是个皇后，可比起那阴贵人在你父皇眼里的地位差得远了。娘知道，你父皇一直以来就很喜欢阴贵人，这也难怪，人家是原配，比什么都珍贵的。不瞒你说，你父皇原本一心想立阴贵人为皇后的，只是因为你父皇想争取兵力，为娘才成了皇后，可这又是一个怎样的皇后呢？有名无实罢了。其实，这样的皇后，为娘不做也罢，只是念在我强儿现在是太子，我要是不坚持做这个皇后，只怕强儿你的太子地位也难保啊，所以，为娘再受多大的委屈，也都是为强儿你啊。”

“娘，以前我也听说过一点风声，但总不大明了，到底因为什么兵力不兵力的原因？”

“说来话长了。当初，你舅外公真定王刘扬刚刚归附汉室，你父皇为统一大业着想，为了免除后患，拉拢你舅外公，所以才会娶娘，才会立娘为后。”

“原来是这样，父皇的目的如今完全达到了，再不用依靠舅外公了，完全没有必要再负阴贵人啊，可以为所欲为。那他为什么不立阴贵人的儿子为太子呢？又为什么不情愿地立我为太子？”

“这里面的道道总是越说越多。话又说回来，立我为后还有强儿你的功劳。不管怎么说，你是长子，尽管你父皇对阴贵人有着万千个承诺和万般爱怜，但对祖制却又万般无奈，他还是不得不立我为后，立你为太子。可你舅外公偏偏再生事端，本已有荣华富贵可享，偏要听信隗嚣那等小人之言，起兵叛乱，最后落个兵败被杀的下场，为娘正因为平时不理会朝中事情，只知深处内宫，安分做个妇道人家，这才没牵连到咱们。要不然，为娘还不知道要因为这件事落个什么下场。”说完，郭皇后长叹一声。

这一声长叹，更勾出郭皇后万般心思，她低着头想，这口气叹出了人生的无奈与苦闷，自己身为皇后，又有什么用呢？仍旧拴不住男人的心。明知道刘秀与阴贵人情深义重，人家又是患难夫妻，自己却偏偏插进这段原本就不属于自己的姻缘。可是自己也是身不由己呀，说白了，自己只是个政治上的交易品。可怜自己如今虽有皇后高贵的身份，却又得不到皇上一丁点儿的爱怜，只能向儿子诉说一下衷肠，可是儿子能做什么呢，他眼下还……想着，想着，泪又流下来了，忙用手帕在脸上沾了沾。

“娘，正因为您这样的性格，对什么都不闻不问，对什么都不争不抢，任他们恣意在您背后玩阴谋诡计，耍手段。娘，叫我说，阴贵人早晚会骑到我们头上的。如今舅家人在朝中已没有什么权势了，咱们缺少了靠山，更没什么拿得出去的资本。您再看看，那阴家，仅封侯的就有三人，还有其他身为将军什么的，再者说，父皇对阴贵人是万般宠爱，咱们的力量要与阴贵人那边相比，已经没法子对抗了。难免某一天，我们就会被贬斥。娘，所以我想，咱们不能再这样沉默下去了，沉默的结果只有继续被欺负。”

“强儿，别说了，娘老了，对一切名利地位都谈不上了，也没那精力去争去抢。娘这一辈子，仅是希望强儿顺顺利利地当着太子，再平安地登上皇位，娘以后享强儿的福就行了。”说完，郭皇后又用手帕擦擦残留的泪痕，是啊，一切都看淡了，就像这脸上的胭脂，泪留过了，胭脂淡了，可淡的结果呢，露出了满脸苍老，权利看淡了，只会招致被众人踩在脚下的结果，就像满脸的苍老，岁月的痕迹。可是明知道结果，又能怎么样？郭皇后暗暗感叹，真是越聪明越受聪明苦，越糊涂越享糊涂福，一点不假啊！

“娘，您说的也未尝没道理。可是就眼下这种情况，我这太子之位哪会坐得稳呢？娘，您知道，父皇现在有十一个儿子，哪一个不对我的太子之位垂涎三尺？特别是阴贵人的儿子刘阳，现在，在父皇眼里，我样样都比不上他。人家长得秀美，说的话处处比我好听，比我会讨好父皇、会笼络朝中大臣，而我呢？在他们看来，简直就一无是处！现在在诸多大臣眼中，我这个太子，样样都比那个刘阳逊色多了。父皇老对我板着阴沉沉的面孔，可对待那个刘阳呢？就大大不同了，总是嬉笑相迎。并且，父皇还老当着刘阳的面训斥我，告诉我要向刘阳学习如何做人。父皇总说刘阳处处都好，什么秀外慧中、什么满腹诗书……叫我说，他就两个字可以概括，马屁。什么秀外慧中、风流倜傥，这只是遗传了她娘的美色，有啥了不起，肚子里满是奸诈的诡计，等哪一天，父皇识破他，一定会后悔莫及，还有满腹诗书，呸，学的都是些见风使舵、拍马屁的烂渣本领。学他什么？我真怀疑父皇的眼光，难道都被那母子俩花言巧语迷惑住了？"

"唉，娘老了，你父皇也老了，娘不可能再学阴贵人那套狐媚的本领去讨好你父亲了，你父皇也许看不大清楚哪些才是真正忠心的人了，当局者迷，也是难免的事。强儿啊，娘一切指望你了，你也别太倔强，索性好好学学那刘阳，讨好你父亲，不管怎么样，也得把太子这个位子坐稳啊，要不……"

郭皇后又一声长叹，叹完之兵，觉得身后有些异样，一扭头顿时呆住。

"啊……"呆愣片刻，她惊讶地叫喊一声，差点儿摔倒在地上。见娘神情不对，刘强连忙扭过头，也是大吃一惊。不知道什么时候，刘秀早已站在他们身后。

郭皇后和刘强惊讶了半天，才想起给刘秀下拜施礼。

"免了，免了，你们带有满肚子怨气行礼，朕如何承受得起？你心里满是不情愿，朕心里又何尝愉悦？"

说完，也不理会他们，径直走到台阶上，在座上坐下。

郭皇后有些发颤，扭头瞅一眼门前侍女，轻轻说一句："皇上来了，怎么也不提前通报，让我们接待不周？"

"你也不用责怪她，一人难伺两主，朕不让她通报，她自然不敢通报。不过这样岂不更好，否则，朕又怎么能够知道你背后在私下里，如此不辞辛苦地教导皇子？朕真想继续听下去，不知皇后还对哪个妃子的狐媚伎俩看穿了，让朕听听，朕也好长长见识。"

郭皇后听出刘秀在责怪自己，不过确实也怪自己，若不是太大意，和自己儿子说这些私心的话，怎么会不小心被皇上听到。不过，郭皇后也想开了，听到就听到吧，反正憋在自己心里太久了，说出来也好，皇上无意听到更好，免得自己想说也碍于皇上威严不敢乱讲，想到这，郭皇后不免有底气了，便又回了皇上一句：

"俗话说得好，柔软莫过溪涧水，到了不平地上也高声。俺娘们儿心里不顺畅，说几句贴己话，也没犯什么国法。皇上是不是在南宫待得久了，闷了，想撒气，又不舍得对阴贵人撒气，就跑过来了？有什么气，皇上尽管撒吧，反正这里总是皇上撒气的地方，而南宫却是皇上诉说衷肠的地方。"

刘秀听到平日里不多言语的郭皇后竟然说出这样的话，顿时感觉皇上威严受到侵犯，心里本来就不顺畅，此刻禁不住腾地蹿上一股怒火，狠狠地瞪了他们母子俩一眼。见他们冷着脸，摆出一副穷人肝火旺的势态，火气更大，脸色变得铁青，犹豫着不想说出来的话立刻想也不想地说了出来，猛拍一下身边的桌子，大声吼道："对，朕就是来撒气的，不仅是撒撒气就了事，而且还要动真格的，朕已经决定了，废了你这个皇后之位！"

这话似乎早有预感，但毕竟只是想想，似乎是很遥远的事情。如今亲口从刘秀嘴里说出来，那就非同小可了。郭皇后和刘强不约而同地打了个冷战，最怕发生的事情终于要发生了，而且这么突然，没有一点心理准备。自己这几年来之所以畏畏缩缩地活着，还不就是为了保住这个地位吗？而如今，听刘秀亲口说要废掉自己的皇后之位，说得那么绝情，没有半点商量的余地。当初你危难的时候，怎么没提到会有今天？

千万心绪顷刻涌上心头，郭皇后恐惧中夹杂着委屈，扑通跪倒在地上哭诉着说："皇上，求求你，别这么狠心对我，皇上千万别吓唬我们母子。皇上知道，妾一向不问政事，谨遵妇道，深居内宫，安守本分，没有做过一件对不起皇上的事。这个不用说，皇上也知道。就是今天，妾虽然说了一些不该说的话，也承认确实是有些嫉妒阴贵人，嫉妒她拥有皇上的宠幸，嫉妒她拥有美丽的容貌，但皇上应该明白，这些都是出自妾对皇上深深的思慕。况且，妾只是心里嫉妒，嘴上说说而已，并没做出一件对不起她和皇上的事情啊……"

"好了，好了，别装委屈了，你看看这是什么？"听她絮絮叨叨诉说起来没完没了，刘秀皱紧了眉头，显然没耐心再听下去。他挪动一下身子，把一份太子亲笔写的奏折扔在郭皇后身边的地上。郭皇后不知道什么事情，战兢兢地拾起，没顾上拆开，先满脸惊奇地问一句："皇上，这……这是什么？"

"这是什么？你是真糊涂还是装糊涂？它怎么会落在那个刺客刘辑的手上，你能不能给朕解释一下……你们见朕平安归来，是不是还不高兴了？是不是失望了？"

虽然还没弄清楚到底怎么回事，皇上怎么会把自己和刺客联系在一起？但不管怎么说，既然皇上把自己和刺客联系在一起，肯定不是空穴来风。若这事解释不清，那可是万劫不复的罪责呀！皇后和太子的位置能不能保住暂且放在一边，单是性命……郭皇后和刘强略微一想，立刻不寒而栗，一起伏在地上齐声高呼："冤枉啊，冤枉啊！皇上怎么说出这种话？自古血浓于水，都是自家亲骨肉，怎么会和刺客联系在一起，我们又怎么会对皇上心怀叵测?！皇上，一定是……”

“哼，别说了，谁都不傻，这些道理谁都会说。你们说血浓于水，但事实却重于泰山！你们仔细看看，罪证全都在这里，你们还想说什么？皇后，你能否给朕解释一下，叛贼刘扬当年满门抄斩，为何还留下一个活在人世?”

郭皇后一下子便明白了事情的缘由，顿时脸色变得煞白，一下子瘫坐在地上，折子从她手中滑落到地上，全身瘫软。努力平稳一下，郭皇后努力振作起精神，抬起恐慌的脸问刘秀：“皇上，皇上是说，难道刺客真的是他?”

“不是他，那就是你派的人了?”刘秀黑着脸没好气地反问一句。

郭皇后彻底绝望了，整个人崩溃下来，浑身颤抖着说不出话，过了许久才嘶哑地哭诉道：“刘豹啊，你当初怎么说的，怎么如此忘恩负义，你为了自己，却为什么要这样狠命置我们母子俩于死地？我好心劝你……”

哭诉几句，郭皇后忽然回过神来，知道眼下不是后悔的时候，应该赶紧想办法应付就要降临的大祸。她挪动双膝，爬到台阶下，伸手拉住刘秀的袍摆，泣声哀哀地变了腔调说：“皇上，皇上，臣妾知道自己犯了大错，皇后之荣是再也无法享受了，臣妾愿意接受任何惩罚，哪怕让我去死，臣妾也没什么可说的。可臣妾只想求皇上一件事，皇上一定要答应。强儿根本不知道这件事，这全是我一个人做的，请皇上千万不要把这件事迁怒到他身上，强儿是个老实孩子，对待皇上从不藏半点奸邪。请皇上千万不要废掉他的太子之位，看在我们夫妻多年的情分上……皇上，太子是国家的根本，没有不可饶恕的大错，是变更不得的啊，皇上……求求你、求求你，为了强儿，我做什么都可……”

语无伦次地说着，郭皇后痛哭流涕，一手拉扯住刘秀的袍摆，一手后悔莫及地在地上乱抓乱拍。后宫之主的尊贵和矜持顷刻威风扫地，转眼间，狼狈得就像一个弃妇，披头散发、老泪纵横，哆嗦着伏在地下，好像一堆破布。

刘强看到母亲这副模样，心中大为不忍，也跪着挪动到母后身边，哭诉着说道：“父皇，儿臣虽然不知道母后做了什么对不起父皇的事情，但母后的为人，父皇总应该相信，不管有什么不对，可总归罪不至死吧？请父皇原谅母后这一次，母后的过错就让儿臣承担好了，父皇，求您原谅母后……”

刘强一边哭诉着一边拉住郭皇后，扶直了她的身体：“母后，您受的委屈太多了。以后不要为了孩儿这么作践自己。孩儿知道，娘嫉妒阴贵人，想办法争父皇宠爱，去争那些名利地位，并非出自母后的本心，全是为了孩儿着想。可孩儿怎么会忍心让母后承担这么多苦楚，就算我拥有了太子之位，可是对母后没尽到孝道，又怎么能服众呢？再说了，母以子荣，子以母贵，一切都不要说了，母后，孩儿只希望母后平安就好了。父皇，母后真的没有什么大罪过呀，一切都是误会……”

刘秀满腹怨恨而来，可看到这对抱头哭泣的母子，虽说对郭皇后的感情并没有那么刻骨铭心，但她毕竟也是自己几个儿子的母亲，和她一同走过了自己人生的重要阶段。刘强呢，毕竟是自己的亲生儿子，况且从内心里来讲，这孩子也并没什么不好，老实忠厚，对自己还算孝敬。刘秀来回想想，本来准备好的一席话，又说不出口了，只好转过脸去轻轻叹息一下，挥挥衣袖，默默地走了。

刘秀走后，侍女们急忙扶起郭皇后，服侍她躺在床上，刘强呆坐在床前，一直没有离去，他挖空脑筋琢磨刚才突然而至的变化，但总也理不出个头绪。待郭皇后情绪稍微平静下来，刘强欠着身子，迫不及待地问道：“娘，这到底是怎么回事，那个刘辑和咱们真有什么关系吗?”

“唉，造孽呀！强儿，所谓的刘辑，就是刘豹，你舅外公刘扬的小儿子。”

“啊！娘，怎么会是这样？舅外公不是被满门抄斩了吗?”

“唉……这都是为娘一时心软，欠下的糊涂账啊！”郭皇后说着冲床边两个宫女使一下眼色，她们立刻知趣地退到门外。

郭皇后这才讲起压在心底的一桩往事：“当初你舅外公虽说答应你父皇，归附于汉军，但是凭他的性格，平日里作威作福惯了，又怎么会就这样甘心委身于你父皇权势之下？你父皇其实也知道你舅外公不会这么轻易顺从。于是，大局定下来后，就把他调派到东郡任太守。可谁知你舅外公到东郡后，就受到隗嚣挑唆，称帝之心顿生。在你父皇西征之际，响应隗嚣起兵叛乱。他也不想想，如今天下局势已经稳定下来，凭他那点力量，能翻了天吗？也是人被名利牵，神魂都颠倒呀！你父皇闻讯后，亲自领兵东征，没费多大劲就把他给打败了，并且下令对你舅外公家满门抄斩。娘也是一心为娘家人着想，不能眼睁睁地看着你舅外公家就此绝后！娘知道你父皇性格，他虽外表宽和，但对待异己的人，却绝不会手软，肯定不会因为这层亲戚关系而给你舅外公留下一点骨血，以免后人记恨在心，将来东山再起，再次叛乱。于是，娘就只好冒险，背着你父皇从狱中救出你舅父的小儿子刘豹，也就是那个刺客刘辑。当时在刑场上的‘刘豹’，只不过是和他长得挺像的一个死囚。我也担心这件事迟早会暴露，于是便让他扮作太监模样，在后宫做些杂务。可没想到，刘豹不听从我的劝告，暗暗把仇恨记在心里，伺机要为家人报仇。这次他不知怎么竟和公孙述的人勾搭起来，做出这样祸灭九族的事。他做下这样的事不要紧，反正你舅外公家就他一个人了，死了一了百了。可他却从没替咱们想想，他这样做，咱们会落得个什么下场。唉，这个刘豹呀，你安分守己延续下去自家的血脉也就是了。咳！没想到为娘搬起石头砸了自己的脚，害得我皇后位子保不住，这还是小事，害得我强儿跟着遭罪……”说着郭皇后又忍不住捂住脸抽咽起来。

刘豹看到父兄全家二百多人被杀，郭皇后把他救出来后，躲在房里偷偷哭了一整夜。自那之后，他几次曾试图刺杀刘秀，都没有找到合适的机会。后来刘豹明白过来，仅靠自己的力量是不够的，于是，他只能趁出宫的机会在江湖上寻找一些懂得拳脚并对刘秀政权不满的豪强侠客，希望他们能协助自己一举成功，以雪灭门之恨。碰巧的是，公孙述也正派人潜入洛阳，寻找帮手，企图混进皇宫刺杀刘秀。一个偶然的机会，以前联络的豪强把公孙述派来的人介绍给刘豹，刘豹想着有公孙述的帮助，自己就更有信心，行事更有把握。而公孙述派来的使者此刻没想到皇宫里还有这样的人，也暗暗惊喜，毕竟刘豹混在皇宫内部，容易下手。

刘豹原本没计划如此唐突地实行刺杀事件，可谁知刘秀率兵西征节节胜利，眼看快要端下成都老巢了。公孙述着急了，传下命令，让刘豹即刻动手，并许下许多好处。刘豹只好匆忙前去广都，冒充太子特使接近刘秀。结果计划不够缜密，让吴汉看出破绽。他的金牌是在宫中窃取的，奏折等物是在太子内室窃取的。

而这些，郭皇后如何能想得到呢？她只能自认命苦。“强儿，这真是闭门家中坐，祸从天上来呀，时运如此，事到如今，为娘的也只好认命了。”末了郭皇后拉住刘强的手，颤巍巍地说。

第二天早朝，满朝文武百官都已到齐，刘秀在御案后边坐稳，刚刚把昨天的事情说个大概，提出要废掉皇后的想法，大臣们便争先恐后地走出班外争相发言。

“启禀皇上，臣窃以为不可废弃郭皇后。皇后乃是一国之母，岂可轻易废弃？自古废后废太子乃国家大不幸，非万不得已才可施行。请皇上三思慎行。”

“启禀皇上，臣不以为然。郭皇后论说起来，根本就不应该立为皇后。当初只是迫于无奈，不得已而为之。如今后患已除，当然应该废后。再者说，郭皇后因为私情，竟敢违抗皇上圣命，私自留下一个祸根，差点儿给国家造成大不幸，继续留下这样的人做国母，岂能服众？”

另外还有人站在大殿中央，高声大气发表见解。

“皇上欲废皇后，此言甚不妥当。郭皇后正是因为有一颗妇人之心，才犯了这等错误，可她万万不会想到刘豹会做出如此大逆不道之事。这些事情谁也无法预见，为此而归罪皇后一人，有失公平。从平日里来看，郭皇后谨谨慎慎在宫内料理后宫之事，可谓人人称颂，再者说，废弃她的皇后之位，那么又有谁能够胜任呢？”

“启禀皇上，臣以为应该废黜郭皇后的皇后之位。至于新皇后人选，阴贵人自可胜任。皇上与阴贵人天生龙凤，阴贵人原本就应该立后，只是由于某种原因，未能实现，正好如今郭皇后铸成如此大错，臣以为不可轻易赦免。废旧立新，乃苍天有意安排。”

“皇上……”

“不要说了！”刘秀摆摆手打断他们，让他们退回班中，显得很不耐烦。

大臣们也都知趣地退下，低了头不再说话。很显然，朝中大臣对于此事已经分两派，一派以阴氏家族为首，抓住这个千载难逢的机会，极力主张废黜郭圣通的皇后之位。另一派是以朝中公正大臣和郭家以前旧部为主，他们反对废黜郭圣通皇后之位。不用问，凭知觉他们就猜测出来，他们认为皇上之所以要废黜郭圣通的皇后地位，毫无疑问是阴丽华唆使的。阴丽华一直以来就觊觎着皇后之位，这是很多大臣都心知肚明的。并且很多人还知道，阴丽华的野心岂止是自己要登上皇后的位置，她还要努力让她的儿子刘阳登上太子之位呢，登上皇后之位只不过是她计划的第一步。从另一方面来讲，皇上也早有立她为后的决心。如今，如果大臣不加以制止，让皇上明白阴丽华的“良苦用心”，一旦她的阴谋得逞，朝堂公正又在哪里？特别是郭家旧部，他们更不能容忍这样的事情发生，否则他们就更难以在朝廷立足。

就这样，反对罢黜皇后的臣僚迅速团结在一起，他们接连呈书，有条件的还当面劝谏。是否罢黜皇后的议论越来越激烈，影响面也越来越大。大将军刘隆从西域传来折子；河南郡守郭伋冒着抗旨的罪名，上书反对废后；光禄勋郭宪身为郭皇后族弟，更是反对。就连刘秀的姐夫也站在郭皇后这一边，大司徒韩歆与太子刘强关系密切，自是强烈反对废后。

刘秀原本以为轻而易举就能完成废后之事，没想到竟有这么强大的反对势力，这让他始料不及，原本坚定的心渐渐犹豫起来。

一连几天，心情分外沉闷，刘秀不自觉地又来到了南宫。阴丽华一见刘秀，没有像往常热情地上前迎接，反而扭身走进内室，坐在床边，撅着嘴巴不吭声。刘秀明白她的心思，在心里苦笑一下，跟着进来，坐在阴丽华的对面。只见阴丽华脸色阴沉，开始密云布雨，稍顿片刻，见刘秀沉默着并没有过来安慰自己，慢慢滑下两行委屈的泪水，嘴里嘟哝着说道："哼，到现在，皇上还在维护她，根本就没把我放在眼里。"

"丽华，你这话就说差了，朕若是不在乎你，这满宫满朝的人，还有谁值得朕在乎呢？"说着，刘秀凑上前来，心疼地擦着阴丽华仍红润如初的双颊。

"说得好听，既然只在乎我，那么十七八年了，怎么还不立我为后？若是以前，说是没机会，也就罢了。可是如今，姓郭的犯下如此大错，违抗圣命不说，还险些酿成大祸，想起来就叫人后怕。皇上仍然庇护着她，皇上自己说，我还能相信皇上平日里说的话是真心的吗？我知道，一定是人家在皇上跟前哭诉求饶了。那又怎么样？皇上一见人家掉下金豆子，就什么都忘了。"

"唉，丽华有所不知，朕一直就想废黜她，实践当初的诺言，让你堂堂正正地成为大汉江山的皇后。可是朝廷当中，各种人事关系错综复杂，并非想象的那么简单。如今反对废黜皇后的人越来越多，朕虽然是皇帝，也不能不管那些大臣的意见而擅自做出决定。如今统一大业刚刚完成，许多战事还余音未绝。擅作主张，往往会引起很严重的后果，你是个明大义的女子，这些道理应该能明白。比如说，天下刚安定下来，朕就急于进行度田之事，结果怎么样，度田进行得相当艰难，不少地方为此还起了争端。如果废后一事不谨慎解决，万一地方再发动叛乱，许多勉强压抑住的矛盾乘机爆发出来，不好收拾啊！"

"好了，好了，别说了，你当皇帝苦，我当贵人就享福？反正你总是有道理，人家说不过你，听你的还不行吗？"说着，阴丽华伏在刘秀的肩上，满脸委屈，又满心欢喜，破涕为笑。

刘秀宽慰地轻轻拍着阴丽华的后背："到底还是患难夫妻，心总是相通的。"说着刘秀把阴丽华扳过来，盯住她依旧娇媚的面孔，柔声说，"郭皇后这次因为包庇行刺一事，不管有千万种理由，已经无法脱罪，她的皇后之位早晚要被罢黜的。你不要心急，这十八年都过来了，还在乎一时半刻吗？再说了，你虽不是皇后，可朕喜欢你的心，你是明白的，你就不用考虑那么多，该干什么就干什么。"

"皇上不说我倒真给忘了，皇上说过，平定叛乱就立我为后。可平定叛乱了，又因为种种原因而推托，十七八年过去了，臣妾也不想再说那过去的岁月了，只是希望皇上心里时刻想着臣妾就行了。”说完，阴丽华又不禁啜泣起来。

“朕对你许下的承诺怎么会忘记呢？不但当初的许诺没有忘记，就是以前你对朕说的那些话，朕没一天忘记过。记得你告诉过朕，一见钟情只是一朵昙花，患难相处才是一朵铁花；一见钟情只能是昙花一现，患难之交却能使铁树开花。这话说得多好，朕几乎每天都会念叨。虽说十几年过去了，朕还没立你为后，可朕对你的感情不比皇后的地位更重要吗？皇后的地位又怎么会高于你在朕心中的地位呢？好了，丽华，别哭了，朕尽力让你早一天做上皇后，了却你的夙愿。”

阴丽华懂得事情如何恰到好处，也就渐渐停止了哭泣，重新换上一副笑颜，淡妆映衬着笑意，如晚霞映芙蓉，让刘秀立刻联想起当年的新野初见时光。温存几句，阴丽华忽然想到皇上刚才提起的度田事情，灵机一动把身子贴上去轻声说：“皇上，臣妾有句话想说，但又不知该不该说。”

“你尽管说来，我们夫妻恩爱，又有什么话不能说呢？”

“臣妾知道自己只是后宫妇道人家，本不该越位谈论政事，可如今，身为皇上的贵人，凡事都该替皇上分忧才是。本着这个念头，臣妾才冒罪说出自己内心的想法，不管是否妥当，臣妾都是为皇上好，别无他意。”

“朕知道，你直言无妨，朕不会怪你的。什么时候学成了这么多礼数？”刘秀心情渐渐好起来，含笑望着阴丽华。

“皇上，您难道没感觉到，你皇帝的威望正逐渐变低，这样下去，只怕有人不把朝廷放在眼里……”阴丽华故意吞吞吐吐。

“你直言就是，朕怎么就没了威信了？”刘秀没想到她说出这种话来，脸色顿时严肃下来，这可是自己最敏感的事情。自己是真正的大汉天子，非刘玄和刘盆子之流可比，皇威自然不能也不容忍受到丝毫侵犯。

“皇上，臣妾虽然从不过问政事，可从人们议论中也了解了一些事情的情况。皇上自实行度田以来已经有两年了，可现在的结果呢？老百姓遭饥饿而死的大有人在，皇上实行度田，本是为穷苦百姓着想，只想把国家土地澄清了，给老百姓减免赋税，同时又不减少国家收入。这个想法当然再好不过。可是，皇上是否知道，真正受到实惠的并不是老百姓，皇上的苦心给奸邪小人钻了空子。那些地方官吏无视皇上的龙威，私自贪污下发于地方救灾的财物。京城某些位极人臣的大员，尚且根本不把皇上的旨意放在眼里，更别说那些身处偏僻郡县、山高皇帝远的地方官吏。至于谁位极人臣，而不把皇上旨意放在眼里，这些大官的名字，臣妾也不便再说，皇上也不必追问，以免有人在背后再说我无故造谣生事，凭空给我加个罪名。远的不说，就拿常常在皇上身边的大司徒来说，皇上早在征战西蜀之际，就命韩歆实行度田，可是，度田之事进行得如何？韩歆在皇上离京之后每天都在做什么呢？臣妾偶然中曾听下人们说，韩歆整日与太子饮酒作乐。他不认真执行皇上所下的诏令，凡事只听从太子的，这难道不是弃皇上的威严于不顾吗？如果皇上再任由他张狂，臣妾真担心大权旁落啊。"

阴丽华唠唠叨叨似乎有口无心地说着，眼光很自然地在刘秀脸上一扫，见刘秀面色凝重，似乎若有所思，便知道刘秀已经开始按照自己的话题反省朝廷里的事情，顿一顿仍如拉家常一般不动声色地说："韩歆这人很有心计，皇上那么多的儿子，为什么他偏偏和刘强那么要好？难道他俩真的就特别对脾气？不过话又说回来了，刘强是太子嘛，是未来的皇帝。韩歆心里清楚得很，倘若皇上有朝一日归天了，将来大汉天下便是刘强的，所以尽早笼络他、讨好他，以便自己将来仕途发达。这就叫饱时一斗，饿时一口，未雨绸缪。用他们文绉绉的话说，就是不弄技巧，以拙为进。不过大臣里边和韩歆一样聪明的，大有人在。除他之外，还有一些开国功臣，他们这些人凭借自己德高望重，骄奢淫逸，在其位而不谋其职，什么时候又认真执行过皇上所下的命令呢？皇上，你睁开眼睛，仔细……"

刘秀听到这里，句句敲打在自己软肋上，已是火冒三丈，霍然站起身来，铁青着脸重重哼一声，目光如两道利剑四下扫射。阴丽华心里一松，表面上却吓得打了个冷战。还没等再说什么，刘秀已经甩袖离开南宫，登登地大步走出门去。望着刘秀怒气冲冲的背影，阴丽华脸上泛起一阵诡秘的笑容，长吁一口气精疲力竭地倒在软榻上。

刘秀本来最讨厌后宫妇女谈论政事，她们每次一提到朝廷的事务，不管是对是错，刘秀总不等她们说下去，便大加呵斥。可是这一次怪了，刘秀觉得自己非但没有责怪阴丽华掺和朝廷事务的意思，还把她的话句句记进心里。他不知道，这正是阴丽华苦心琢磨出来的一番说辞。她知道刘秀是个强人，强人自然有许多刀枪不入的地方，但也必然有许多比平常人更加软弱的死穴。阴丽华正是把握住了这一点。

作为强者，作为一个亲手争夺来天下的皇帝，刘秀听到有人对自己不尊，甚至在等待自己死了后大展拳脚，自尊心受到了严重伤害。皇帝的威严有所践踏，哪怕只是轻微的，也绝不能容忍。

气呼呼地走到殿外游廊上，想起刚才阴丽华说到的韩歆，刘秀更是火冒三丈。原本一心想依靠韩歆把度田这件人事成功解决了，让万人称颂自己是高祖复出的英明天子。可是如今，度田之事一再拖，究其原因，难道真就是韩歆等人故意不执行自己的命令吗？

刘秀不禁想起早在征战西蜀之前，自己就曾问过韩歆关于度田之事的想法。

关于度田政策，是刘秀根据当前各地实际状况而制定的。王莽篡汉前后的争战，促成了众多的豪强地主。这些地方豪强大都有自己的庄园，他们利用在地方上的势力，不断进行土地兼并。几年下来，贫苦百姓的大部分土地，都通过各种方法合并到他们手中。失去土地的百姓无法生活，不得不流离失所。另外许多失去土地的百姓舍不得背井离乡，不得不耕作于庄园里的土地，成了他们的佣人、农奴。在这样的情况下，奴隶买卖日益猖狂，豪强地主势力日渐庞大，他们不但拥有大量土地田产和农奴，还拥有相当数量的家兵。他们聘请教头，舞刀弄枪，俨然成了一个个土皇帝，地方官府都不敢过问。更严重的是，许多豪强地主利用财势，与朝中大臣有着千丝万缕的关系。另外，许多朝中贵族和皇亲国戚本身就是豪强地主出身，他们在地方上发起威风来，更是肆无忌惮。

针对这种情况，刘秀决定实行度田，也是为了加强自己的统治，稳固朝廷在百姓心中的地位。刘秀认为这是利于百姓的好事，度田办法如果成功，天下统一，土地重新回到百姓自己手中，百姓安居乐业，岂不天下乐哉？可刘秀这个美好的愿望迟迟实现不了，不免有些烦躁。

那日，刘秀正看着一份奏折，内容写的是关于百姓暴乱反对度田。刘秀不禁很是纳闷，自己实行度田政策，本意为百姓着想，把土地重新丈量，核实各地庄园所占的土地，多占的要分发给地方没有田地的百姓。按自己想来，豪强庄园主有所怨言是正常，而普通百姓则应该雀跃欢呼，一片歌功颂德才是，为何老百姓也会加以反对呢？大惑不解中，正好看见大司徒韩歆就侍立在旁边，于是招招手让韩歆靠近些，询问其中原因。

韩歆想了想拱手说："皇上实行度田，意图造福普天下的百姓，实为明智之举，臣自然万分支持度田。但是臣也不太清楚，为什么百姓会反对度田呢？也许正如豪强地主一样，度田制度有些危及他们的切身利益吧？"

"朕丈量土地分给百姓，这怎么会是危害他们的利益呢？一派胡言！"刘秀很是气恼，顺手又拿起奏折扬了扬，接着说，“孔子不是说过吗，他最厌恶那些自己不想做什么事情，还不明说，总要找个借口。朕也是如此，最讨厌一些大臣，明明是自己对度田一事不满，但又不敢公然与朕作对，只得借百姓之口达到了自己的目的。”

“皇上，请皇上明示……”

“不要说了、不要说了，你们总有分辨的理由，朕不想和你们打这些无谓的嘴上官司，朕累了，你们退下吧。”

韩歆退下之后，刘秀把奏折在手中掂量掂量，感觉心里有个谜团怎么也解不开，暗自思忖，看来度田一事难以执行啊。以往地方官员供奉一点孝敬银子，送上来后就完事，而且还能借机攀附上朝廷，为以后升官铺路。反正那些银子是搜刮百姓的，借花献佛，谁不乐意做？而度田，是要危害到他们自己切身利益的，而且一危害就是他们几年几十年甚至几代人的利益。他们不惜撕破脸皮表示反对，也是可以理解的。正因为如此，度田要想彻底成功，就不得不得罪更多的大臣。而百姓现在手里没有土地，只能凭借豪强地主的土地生活，他们又怎敢公开欢迎度田呢？所谓的百姓反对度田，大半是豪强地主和地方官员的挟持，他们人在屋檐下，不得不违心地替人家说话。可是他们想过没有，这样替人家说话，就混淆了视听，反倒让自己能得到的利益给拱手丧失了。唉，可怜哪！刘秀不由长叹一声。

从阴丽华的南宫出来，刘秀理了理头绪，就已经下定了决心，要动真格的了。此刻正是上朝时分，刘秀坐在宣德殿里，召集文武百官。看看众人都到齐了，个个眼光游离，似乎正揣摩着自己的心思。刘秀在心里冷笑一声，不管你们再会卖弄乖巧，这次我是铁了心，一定要把度田这件事进行到底，你们不是找出各种借口推三阻四吗，现在我就给你们来个杀一儆百，杀个鸡给猴看，让你们这些猢狲知道朕的朝廷不是刘玄和刘盆子之流，朕要重树皇上的威严！

大殿内寂静得令人有些窒息。刘秀端坐在御案后边，心里思谋着如何把这场戏给唱好，表面上却似乎是在闭目养神，半晌都没开口说话的意思。大臣们互相对视，偶尔交口低声议论一句，都在猜测着，皇上一向痛快，快人快语，今天怎么啦，葫芦里到底装的什么药，是好事还是坏事？不过看他情形，大概凶多吉少。

寂静的大殿开始有点骚动，嗡嗡嘤嘤的议论声此起彼伏。再过一会儿，刘秀终于开口了，声音出奇的平静：“大司徒，朕问问你，度田之事进行得如何?”

这话都问过不止一次了，韩歆并没有太在意，他想，皇上可能只是随便问问，作为上朝议事的一个开场白，根本不会真正刨根问底，于是便上前一步，轻巧地说：“启禀皇上，以臣之见，度田之策还是暂停施行的好。臣看到许多地方官员递上来的实施情况，都不大理想。他们说，立刻全面实行度田，似乎不大符合我大汉长期以来的习惯。自从高祖创下汉室江山，分封裂土，就渐渐形成了个不成文的规矩。土地成了地方士绅们财富与地位的象征，大臣们尚且不说，就是地方上的豪强和庄园主，他们出人出力，跟随皇上拼杀战场，用血汗赢来了这大片土地，理所当然，他们认为自己应该跟随皇上享受荣华富贵，为何又要把土地分给那些百姓？他们实在想不通，自然会产生抵触情绪。再者说，那些原本应成为战俘的贱民，当地士绅也用宽容之心对待他们，让他们在庄园内的土地上劳作，以此赖以生存。大家互相依存，这似乎是上天所注定自然而成的尊卑，人人安居乐业，也就罢了，因此他们对度田都心存疑虑，不知道皇上又为何要极力改变现成的模式？正因为有这些原因，臣认为，度田实行不是特别尽如人意，有些事情还需要慢慢解决……”

听他越说越多，简直是滔滔不绝，刘秀胸中的怒气也一点一点地膨胀，终于忍不住使劲敲敲御案打断他，高声怒斥道：“好了，好了，巧言令色，最让人生厌！什么乱七八糟的言论，朕不想听你那些三天三夜也讲不完的理由。朕只是问你，朕命你负责实行度田，你为何不执行？为何迟迟执行不下去？为何造福万民的好事，总让你们这些人一再拖延?！若是执行有难度，具体难在何处，朕为何没听你说起过?”

见刘秀发怒，而且比平常怒气更大，韩歆不知道自己说错了什么话，也不知道皇上的气是不是冲自己而发，一时语塞，不知说什么好，于是糊里糊涂地搪塞说：“陛下……臣觉得皇上自从完成统一大业后，身心疲惫，并且还要御驾亲征，实在太劳累，为了不至于让皇上过于劳心费神，所以……所以臣没敢打扰皇上，只是与太子殿下商讨了此事的一些具体细节，该怎样做的，就径自做了……”

“韩歆说的，果真如此?”刘秀目光一闪，盯向站在身边的刘强。

刘强自从前天和刘秀在母后宫里见过不愉快的一面后，沉闷了许多，也战战兢兢了许多，他听韩歆如此说，来不及多想，忙躬身赶紧应答一句：“是这样的，父皇。”

见太子发了话，有几位反对度田的大臣便也大着胆子出班说道：“恳请皇上，地方上群议汹汹，继续实行度田一事，只怕……”

“只怕什么？”刘秀大声喊道。

有莽撞些的没看清刘秀脸色，没注意到大殿上不同以往的气氛，顺口回答说：“只怕会激起民变，再度引起天下大乱。”

啪的一声脆响，刘秀猛一拍桌子，腾地站了起来，宽大的御案猛地一哆嗦，龙袍一角打在御案一角的高脚笔筒上，趔趄一下，哐啷掉在地上，摔了个粉身碎骨。破裂声轰然巨响，闷雷一般炸开，仿佛整个大殿都在回荡。所有人都不禁打个冷战，悄悄缩起了脖子，再不敢出声。

有黄门郎赶忙上来，要收拾碎片，刘秀沉着脸摆摆手，叫他们别在眼前碍事。然后挺直了胸膛，看着刚才那几个趁乱进言的大臣，大声下令说“花若不损，蜜不得成，连普通百姓都懂得这个简单道理，偏你们堂堂朝臣就成了呆子！每实行一条制度，总会损害一些人的利益，总会有人反对，这都是自然至极的事情。难道因为一伸腿一动脚而有人反对，就蜷缩起来什么都不干了？你们身为朝廷倚重的大臣，纠缠于一小撮人的利益不放，缩手缩脚，百姓指望你们办事，早就饿死几回了！朕若一味依赖你们，大汉江山真的就要再度大乱了！国以民为本，民以谷为命，而你们，却全然不懂！不是不懂，朕看你们是有意装着不懂！韩歆，你身为大司徒，却抗旨不遵，办事拖拖拉拉，有损朝廷威严，朕今天就革去你大司徒之职，贬为庶民，永不录用！此外，骠骑将军杜藏、建义大将军朱祐、虎牙大将军盖延、尚书令侯霸，这四人罚俸一年，官降一等！”

见自己发布这道旨意时，许多人怕冷似的缩了缩身子，刘秀知道这下终于让他们明白了，天威不可侵犯，要想糊弄自己，不是那么容易的！刘秀语气稍微缓和一点，但仍是非常严厉：“你们身为朝中大臣，却如此鼠目寸光，无法不令朕不失望。要知道，民是国之根本，民乱，国还能存在吗？尔等说起来，都是百姓的父母官，却不思如何为子女着想，一心想着自己贪图享乐，思谋着如何独自享受荣华富贵，这样的父母，称职不称职？你们以为身为功臣，就可以眼中无朕，目中无法了？度田不实行，百姓流离，盗贼又何愁不出现？天下又何愁不会大乱？莫非这就是你们所希望的？”

连珠炮似的说出一大串，刘秀一边狠狠环视四周。大臣们一个个屏气敛息，低下头去不敢朝这边看。

“度田一事必须进行到底，如有违令者，一律当斩！”说完，刘秀甩袖退朝，也不等黄门和宫女们搀扶，脚步通通地走远了。

雷霆之威一浪高过一浪，直到刘秀走开了好大一会儿，朝堂上仍肃穆地鸦雀无声。大臣们似乎还没从噩梦中惊醒过来，一个个目光呆滞，头脑一片空白。以前，他们看到的只是刘秀温和慈祥，好像心胸无边无际，能包容得了世间万物。哪会想到皇上今天如此动怒，又如此对韩歆等交情很深的大臣不留一丝情面。大家倒吸一口冷气的同时，都暗暗对自己说，天威难测，今天算是开眼了。

刘秀一阵大发雷霆，各部官员纷纷行动起来，都赶紧遵诏行事，分工深入到地方上进行度田。被降职的那四名官员也后怕地顺从皇命，比以往什么时候都上心，全国上下都大张旗鼓实行度田。

韩歆因为此事被罢免，而且罢黜得如此绝情，终究心中无法平静，最后竟悬梁自尽。消息传到朝廷，刘秀想起以往开创天下的日夜，不免感到有些内疚，是不是自己有些太过分了？但他很快否定了自己心中一瞬间的软弱，天子就是大臣的父母，自古没有不是的父母，既然是皇上，做什么都是对的。于是他索性绝情到底，颁布诏旨，因为韩歆是罪臣，其家属不能将其厚葬，只能草草入土了事，算是对他最后的一次惩处。

不过看到全国上下度田进行得很顺利，刘秀意识到自己的怒火并没有白发，对于朝臣，不但要拉，更是要压，便略感欣慰。同时也觉得，还是阴丽华好，不但温柔体贴，还能做个贤内助。这样一想，他便对郭皇后充满同情的同时又充满了厌恶，到底是怎样的一种心情，连自己也说不清。

度田的事情以这种方式大规模地开始，各地传上来的奏折，果然和以前互相推诿不同，都是争相表功，说自己这里进展得如何顺利，由此看来，目前已经不是个事情，可以暂告一段落。

然而，度田风波的余澜未息，紧接着新的事情又提上日程。这天百官上朝奏事时，看刘秀心情不错，盼望阴丽华早日为皇后的一方，再次提出废后的事情。这次出乎很多人意料，刘秀不等众人开始理论，自己带头欣然同意。见皇上明确表了态，那些准备为郭皇后争执一番的大臣，联想起皇上上次简直要冲破大殿屋顶的震怒，立刻气馁，即使想保住郭皇后地位的郭家人，也都学会了见机行事，只怕自己万一哪句话说错，就遭到如韩歆那样的下场。结果这次廷议出奇的顺利，谁也没有任何异议。一件大事就这样轻易地决定下来。

刘强面对这种局面，心里难受却无能为力，只能眼睁睁地看着自己的母后被人挤下皇后的位置。因为上次刺客事件和度田这件事情上，自己的作为已经令父皇大为不满，如果自己这次再贸然违抗旨意，孤身替母亲求情，非但于事无补，只怕只有招来被废太子之位这样的结果。

眼花缭乱的争斗胜负终于分明，一切结局似乎早已注定，阴丽华无可置疑地坐上皇后的宝座。十八年的愿望和期待，终于变成了现实。

南宫内，阴丽华刚刚午休起来，懒散地坐在躺椅上，观赏窗外的花木葱茏，倾听小鸟的鸣叫，心里很是舒畅。自己多年的夙愿终于实现了，内心的喜悦无法表达，她忽然想笑，却又笑不起来。她想起新野的时光，想起刘秀在宛城在洛阳忍辱负重的时候，那时怎么会想到真的还能熬到今天？越是想到过去，就越感到如今的美好，诸多感慨也油然而生。

正在思绪万千的时候，刘阳进来给母亲问安。阴丽华看着比自己要高出一头的刘阳，忽然心头突地一动，感到了自己的幸福其实还有一个重要的缺憾，那就是自己的儿子刘阳还未登上太子的宝座。而刘阳能不能登上太子宝座，直接关系到自己眼下的幸福是不是能长久。母子本为一体，两个人的幸福其实就是一回事。不过，对于刘阳登上太子宝座这个问题，因为有了初战告捷的兴奋和经验，阴丽华早已胸有成竹，脸上又多了一丝笑意。

“孩儿来给母后请安，恭喜母后。”刘阳白皙的面孔上洋溢着英俊的年轻气息，口齿伶俐地说着躬身施礼。

阴丽华从躺椅上欠起身，伸出纤纤细手拉住刘阳，让他坐在自己身边，掩饰不住疼爱地说：“我儿快快过来，让娘好好看看你。娘往后成了皇后，你在你父皇跟前说话的机会就更多了，你要多长个心眼，别和那边的呆子一样，要和娘一样，是自己的就抓在手里。”

刘阳一向乖巧，自然知道阴丽华话里的含义，不过她没挑明，刘阳也就不主动提起，只是认真地点点头。

见刘阳没说话，阴丽华怕他没听懂，索性明白地问：“阳儿，你愿意做太子吗?”

“母后，这事怎敢乱说?”刘阳警惕地看看窗外。

“这南宫内殿就你我母子两人，咱娘俩说几句贴心话，有什么害怕的，想什么尽管说就是。”阴丽华有意提高点声音，给刘阳壮胆。

“母后，且不说孩儿想不想当太子，所谓先入为主，现在刘强是太子，他如果不犯什么大错，父皇是万万不会轻易废掉他的太子之位的。废黜皇后就已经吵闹得沸沸扬扬，若是再闹着废太子，父皇他……”刘阳皱了皱眉头，不无担心又有几分绝望地说。

“阳儿，什么先入为主，不是还有后来居上吗？刘强生性憨厚，天生就不是治国做君王的材料，就是皇位落到他手里，他也驾驭不了。而你就不同了，知子莫若母，你从小就行事思虑缜密，文治自然不在话下，又读过兵书，练习过武艺，就是将来需要御驾亲征，领兵打仗，也毫不含糊。不是母后偏爱我儿，我觉得，阳儿确实比那刘强更适合做太子。你没看出来？你父皇也对你万般疼爱，早有把你立为太子的意思。只是你父皇这人，看重情义，心地又太宽容，都是自己的亲生儿子，他不会明显地表现出偏爱谁。不过，从前娘在新野听当地百姓说过一句话，很有道理，‘但有路可上，再高人也行’。只要有机会，咱就不能错过。机会错过了，受罪时后悔就再也来不及。阳儿，以后在你父皇面前，你不但继续和以前一样嘴巴甜些，更主要的，要尽力表现你治国的才能。另外一些事情，母后自会替你打算，不久的将来，我儿一定会成为太子。”

见阴丽华把话说到这份儿上，刘阳知道事情已经成了十之七八，使劲儿点了点头：“娘，孩儿明白了。”

第三十六章　终圆宏愿　遗响绕梁

这天，刘秀召集众大臣在殿内议事，刚在大案后坐定，刘秀便有些着急地开口说："公孙述旧部、蜀郡守将史歆忽然起兵造反，又有人乘势起哄，贼势迅速连成一片，大有公孙述复生之势。朕派吴汉等人前去镇压，谁想不仅没有取胜，反而为贼兵所逼，节节倒退。你们看，昔日公孙述势力强大的时候，都很快平定，现在江山一统了，我们倒斗不过几个蟊贼。到底是贼兵势力强大，还是朕手下的大将年老体衰了？诸位对此有什么见解，倒是说说看。"

见皇上把问题摆出来，群臣开始议论不休，各有说辞，不过大多都赞同重金收买这些叛逆之贼，少动干戈，实行安抚政策。

就在这时，刘阳忽然从人群中站出来，拱一拱手高声说道："启禀父皇，儿臣以为，各位大臣所言并不切合实际。我大汉统一大业已经顺利完成，如今全国上下，大江南北，民生安乐，万心归一。父皇在百姓心中已圣若神明，正如日在中天。如今史歆带头叛乱，破坏国家安定，其罪极大，罪在不赦！若依了诸位大臣所议，我堂堂大汉朝廷，却要重金收买笼络这帮不成器的小贼，岂不成了笑话？这样只会凭空抬高了蟊贼的身价，助长他们的叛逆气焰，并且会使百姓对父皇的权威产生怀疑。倘若哪里反叛，就给哪里重金，这无异于鼓励刁民为非作歹，是不是会成为刁民的一条生财之道？显而易见，如此做法，对于我大汉王朝的统一稳定极其不利。再者说，重金招抚，多少金合适？那些逆贼的无穷欲望又怎么能满足得了？所以，儿臣认为，必须对他们加以武力征服。不但要征服，而且要严惩不贷，对其他蠢蠢欲动者，起到震慑作用！"

刘阳这话说得铿锵有力，又理由充足，一时把众人噎住，谁也说不出别的话来。刘秀心里暗暗高兴，脸色却很平静，只是微微点了点头，稍候片刻才说："吾儿说的在理，好，朕就命刘阳率兵征战成都，讨伐逆贼。"

"儿臣遵命！一定不负圣望，早日凯旋！"刘阳又是一抱拳，干脆利落地回答。

第二天，刘阳就率兵讨伐逆贼。到达成都后，刘阳命令将士把叛军包围在成都城内，但没有趁势攻打，而是采用攻心战，促使叛军内部产生分裂，等到叛军内讧起来，一部分人闹着出城另谋发展，刘阳则趁机率众一举进攻，消灭了叛军，取得了胜利，没费多少兵将就平定了成都叛乱。

正如自己当堂许的愿一样，刘阳很快凯旋，觐见皇上。刘秀爱怜地把刘阳拉在身边，欣慰之情再也掩饰不住："吾儿这次可算立了大功，既没有浪费众多兵力，也没惊动当地百姓，就达到了目的，避免了城中百姓再次遭受战乱之苦。一石三鸟，真是绝妙！吾儿刘阳不愧为大汉栋梁之材啊。倘若你生于为父那个时候，必然也是一代英雄。"

刘强此时正好也站在身边，见父皇只顾大加赞赏刘阳，而完全不顾及自己的感觉，甚至连正眼都没瞧自己一下，心里像打翻了五味瓶，是酸是苦，自己也说不清。想到自己母亲被废掉皇后的名分，想到刚刚被立为后的刘阳的母亲，再看看父皇正大加赞赏的刘阳，是嫉妒，还是羡慕？更多的是一种酸酸的苦。他冥冥中预感到，自己决定何去何从的时候到了。

回到后宫后，刘强照常接受太傅郅恽的教导，听着郅恽之乎者也地吟哦诗文，讲述满口的伦理之学，却一句也听不进去，思绪情不自禁地飘向了窗外。

小时候，自己是长子。父皇总是非常疼爱自己。曾记得自己和父皇在花园内玩捉迷藏的游戏，最后自己找不到父皇，看着天上的白云慢慢飘走了，以为它把父皇给带走了，于是便在草地上拼命狂奔，去追赶那片云。

"强儿，强儿……"咦？是父皇的声音。原来父皇还在身边，他兴高采烈地奔向父皇的怀抱。

"父皇，儿臣还认为父皇不要儿臣了。"

"哈哈哈，怎么可能？"父皇捏捏自己的鼻子，抖动着胡须一直笑个不住。

刘强想到这些，沉浸其中，嘴边情不自禁挤出一丝笑意。

"太子，太子……"刘强突然回过神来，他心里不免有些遗憾，郅恽惊散了他的美好回忆，惊散了父皇在他心中最慈爱的一幕。

郅恽似乎看出了刘强的心思，在刘强身边坐下，慢条斯理地说："太子认为是只做一个普通皇子开开心心地过日子好，还是硬着头皮坚持做太子好呢？"

刘强几乎没想，立刻接过话头说："我宁愿能像从前一样，父皇、母后那样疼我，每天平平静静地过日子就足够了，我再不愿做这个太子，凭空招来许多人的嫉妒，自己也整日提心吊胆。世人都说权势好，其实还是平淡逍遥更现实些。”

“那太子既然决定了，为什么还这样使自己痛苦下去呢?”郅恽意味深长地看他一眼。

“太傅的意思是，我主动辞去太子之位?”刘强抻长了脖子。

“我可没这样说，辞不辞全取决于太子。不过太子应该知道，皇上一向仁慈，同样是亲生儿子，他又怎么舍得伤害其中任何一个呢？如果太子主动请辞，这不仅使皇上内心的矛盾得到解脱，再者，皇上知道太子为人忠厚，也会更加厚爱太子的。同时，太子现在主动请辞，总比某一天被废掉要好出许多吧。倘若把握住主动，在百姓心目中，太子刘强便是一个谦虚宽厚、注重兄弟情谊、淡泊名利的好皇子，皇上自然也会比以前更加疼爱太子的。”

刘强听了这一番话，大为感悟。立刻站起身走出门去，临出门时，转身向郅恽深深一揖：“多谢太傅教诲!”

郅恽看到刘强远去的背影，欣慰地笑了。为官这么多年，经历这么多风雨，他自然深知，皇室内部的争权夺位非常可怕，动辄要以千百人的性命为代价。假如谁可以主动让贤，不但对皇室，对天下也是有益无弊。

即使明白这个道理，郅恽也本不愿对太子说这番话，一个臣子掺和到后宫争斗中，那是十分危险不明智的。只是因为前一天，阴丽华忽然召见了他，劝他多规劝一下太子，让他主动让贤。

阴丽华冲郅恽笑笑说：“太傅一心教导太子，委实辛苦了，我也深知太子非常敬重你。所以，我想，太子对你的话应该看重吧。我想让你劝劝太子，让他主动辞去太子之位。你我都明白，皇上一向心慈手软，他不可能也不忍心废除太子之位。虽然他一直喜欢刘阳，有心要立刘阳为太子，但这话怎么能说出口？所以皇上内心时常很郁闷。就说郭太后吧，她犯了那样的大错，那样伤了皇上的心，尽管皇上已下诏废掉她的皇后名分，可总觉得歉疚，随后又封她为中山太后，在宫中，仅次于我。皇上总是这般仁慈，所以他非到不得已，是不忍废掉刘强的太子之位的。所以，咱们都应该想法子帮皇上解除心头的苦闷。我的意思，太傅是聪明人，你明白吧!”

听完阴丽华一番良苦用心的言语，郅恽也深有感悟，他想，刘强若答应主动退让，这种做法对于他来说，也是一种明智的选择，劝说就劝说吧!

从书房出来，刘强径直走向母亲的处所，想告知母后，自己主动让位这个重要决定。

郭后听刘强说完，眼眶里泪水直打转，勉强忍着没流下来，她盯着刘强哽咽着说：“强儿，娘知道，都是娘连累了你，耽误了你的前程。要不是为娘犯下的过错，又怎么会让你心中有这种负罪感，非要自动辞去太子之位呢？”

“娘，别说了，这一切都不是我的错，也不是你的错，我已经想清楚了，不管娘犯不犯错，这个事情迟早是免不了的。有这样一个结局，已经是上天照顾咱们了。当不当太子，对孩儿来说已经不重要，权力，至高无上的权力，又算什么呢？孩儿时常仰望广阔的天地间，那挺直的树木、天空缥缈的云朵……总会给孩儿带来一种心旷神怡的感觉，一切人世间的权力、地位又算得了什么，春梦一场了无痕迹啊！等孩儿随云飘向另一个世界时，孩儿又能带走什么呢？小时候，孩儿就常常担心浮云会带走孩儿的父爱，可如今，浮云没带走，父爱却也同样不在孩儿身边。孩儿只能停下脚步静静地去感受过去生活的美好。如今，唯有孩儿主动从名利场中退出来，父皇也许还会像孩儿小时候一样出现在身边，高喊孩儿的乳名。孩儿还能时常在娘身边撒娇，这才是孩儿所想要的幸福。孩儿想要家族和睦，一家人和和美美地过日子，像普通百姓一样。娘……”

郭后的泪扑簌扑簌地流了满脸，情不自禁地抱住了刘强，临了，她抚摸着刘强的脸儿分可惜地说：“强儿，像你这样忠厚的好孩子，原本就不该出生在帝王家呀!”

第二天早朝上，刘强主动递折子要求让贤，把太子之位让给刘阳。

奏折递上后，百官立刻凑趣地纷纷进言。

“太子深明大义，与皇上父子情深，与皇子兄弟义重，这都是皇上教子有方，臣等佩服!”

“皇上有这样的皇子，是皇室之福，大汉朝之福，也是臣下之福啊，这段佳话定会令后世传诵效仿。”

刘秀静静地听着，心里感到十分欣慰，没想到如此一个难题就这样轻易解决了，而且解决得如此圆满如此不着痕迹，实在有些出乎意料。等歌功颂德声渐渐弱下来时，刘秀顺着众人的意思，也对刘强大加赞赏，这是以前很少有过的现象。只有刘强自己知道，这赞赏的背后，多少人付出了心思和泪水。

没过几天，诏书颁布，宣告天下臣民，封刘阳为太子。因为刘阳与反叛的真定王刘扬谐音，为了避免不吉利，刘阳改名为刘庄。

一统大业胜利完成，春陵起兵时的愿望终于实现。这几年，从各地报上来的奏章中，刘秀满意地看到，自己的功德可谓人人称赞，度田进行得相当圆满，百姓逐渐安居乐业，国家根基已经非常稳固。刘秀手抚案几，思今追昔，早年的夙愿如今奇迹般地成了现实，后宫各室相处融洽，太子刘庄很有才能，肩上重担似乎可以轻轻放下，但又似乎还有许多想做的事情还没做，有种意犹未尽的感觉。

不知不觉间，距刘秀统一大业胜利完成已有十余年了。京师洛阳首善之区，处处呈现富饶繁荣的景象。破旧的房舍大都不复存在，一排排光亮整齐的楼阁矗立在宽阔的街道两旁，街道宽敞，两边除了典雅的楼阁，星罗棋布地满是各种各样做买卖的小商贩。各式的点心、包子，热气蒸腾，路人闻见其香气就直流口水；还有玉佩、器皿等玩意琳琅满目，吸引着路人驻足观望。来来往往的路人一个个看起来神情安详，衣着整洁，显然生活得很富足，饥民确实少见了。

熙熙攘攘中，从街道尽头走来一位老者。他的衣着很是特别，蓑笠麻衣，一副垂钓人的打扮，一看便感觉与众不同。让人感觉他与众不同的，还不仅仅是这一身异样的服饰，他的神色也很特别。他的脸庞虽然消瘦，但满脸红光，两眼透露出灵气，看人观物，似乎有种大彻大悟的意味，像是一位修养极高的山林隐士。

这位隐士悠闲自在地游逛于洛阳城大小角落。他看过店铺，跨过月桥，嘴里啧啧地发出一连串感叹：想不到刘三竟这般有能耐，想当初他还时常向我请教治国方略，可如今啊，世事变迁，从前那个一心只读圣贤书的公子，竟然变成了恢复汉室的皇帝。自言自语说到这儿，那隐士禁不住摇摇头既而点点头，一副深厚不可捉摸的神情。正在这时，隐士看见不远处聚集着一大堆人，人头攒动着好像在看一张告示。他想一想，也信步走上前跟着凑热闹。

只见墙上贴的是一张求贤告示，皇上颁布圣旨，要从百姓中间求得贤才担任太子傅。众人边看边指画着议论纷纷："皇上真是煞费苦心，不惜从天下百姓中寻找人才辅导太子，这样太子不但学好了诗书，还能顺便了解民情，将来更好地治理国家。好，这个办法好！"

"好当然好，可是这里有个不通的地方，皇上为什么还要张贴告示选贤？难道在皇上眼里，京城那些鸿儒博士都没有资格辅导太子吗？朝廷里的能人不比百姓更懂得治国道理？"

"这你就不懂了，方寸地上生香草，三家店内有贤人。能人也不都在朝廷里，地方上有大能耐的人多着呢！你在街上踩了谁的脚，弄不好那人就是举世无双的大贤人。有没有才能又不在脸上刻着记号，谁能说得清楚？”

隐者含笑听着这些议论，小声嘀咕道：“这个刘三，刚才还认为你无比聪明，怎么这时却糊涂了？张佚与桓荣，这两位都是太学博士，辅导太子绰绰有余，又何必这样大张旗鼓地广招贤才？”

隐者正在想着，忽听一位老者扇着芭蕉扇，大言不惭地在一旁叫嚷：“太子傅其实早已有内定人选，却如此愚弄天下人，不过是想落个爱惜人才的美名。贤才们去了也不会被看中，蠢材们去了倒是长长见识也好。”说完老者不禁被自己的话逗笑了，先扑哧笑了两声，众人也有相信的，应和着哈哈一笑。那老者见自己的话起了作用，这才摇着芭蕉扇缓缓离去。

不过也有不相信的，有人不服气地上前几步，追问那老者：“先生请慢，皇上如此公开、公平地广招天下人才，你又怎么说成是皇上愚弄天下百姓呢？说话这般没凭没据没分寸，不怕招来杀身之祸？你说太子傅早已有了内定人选，那你不妨当众说出来，人选到底是谁？”

老者倔强劲头上来，又折身回到原地，有意显示自己见多识广，满脸得意之色地说道：“这还用问吗，除了国舅阴大爷还能有谁？这可是天子脚下，你们不要乱传，到时候大家自会知道。”说完，老者得意至极地扫视众人一眼，这才满意地大踏步离去。

这下有了话题，看告示的闲人们仰着脖子开始众说纷纭，就听有人恍然大悟地叫喊道：“哎呀，我想起来了，方才那个老头的女婿在国舅爷府中当差，他的话肯定没错，太子傅早已有了内定人选。想想也是，朝廷上那么多有见识的能人，皇上还这样贴告示招贤才，不是多此一举吗？叫我说，这只不过是给阴识担当太子傅找一个光明正大的借口罢了。”

听他这样说，众人全都信服地纷纷点头。不过京城街头上，大家也不敢再往深里说什么。虽然这几年和战乱时候不同，朝廷格外宽厚，说几句不中听的话，也没人来找麻烦。但不管怎么说，议论猜测朝政，终归不是好事。有人生怕说多了，真的招来杀身之祸，到时后悔莫及，便悄悄走开。不大一会儿，人群散开，留下一片空地。这样的求贤告示，大家都知道，再看也是没用的，反正轮不到自己头上。

告示前只剩了隐士一人，隐士又摇着头自言自语地嘟囔起来，刘三，你真的这般糊涂，让这样一个豪强武夫担当太子傅，难道你是想教太子怎样做一个豪强庄园主？时移事易，如今不是你闯荡天下的时候了，用人原则也该变一变啦！我原本打算逛逛洛阳城就走，看来还真应该去会会你了，也好替你擦擦叫人蒙蔽住的眼睛。

想到这里，隐者又嘟囔几句，抖抖破旧宽大的衣袖，上前揭下那张告示。“咱这就前去应征太子傅，以这种方法不费周折地会会刘三。”隐者把告示拎在手里，哈哈一乐。此人非是别个，正是刘秀当年太学同窗严光严子陵。

隐士刚揭下告示，立刻便上来两个羽林军，不由分说，穿街过巷，带领他来到皇城旁边的太学。到了太学大院内，隐者很是自在地四处观望，正巧在走廊尽头碰到了张佚和桓荣握着书卷走出来。领路的羽林军把隐士推到两人面前，由这两位太学博士主持初选。

张佚见严光这般粗俗无理，根本没有读书人的气质，看上去像个村野农夫，心里不免有些反感。况且他觉得凭自己这等人才，却没被皇上直接选上太子傅，还要弄出个什么招贤告示，脸上很是无光，满心的不耐烦，对那隐士也就更加不屑。

隐士看到两人的神情，知道他们在想什么，立刻上前一步莞尔笑笑：“叫我说，凭两位这样的学识，才是真正的太子傅呢，皇上何必掩人耳目，表面上招贤，私下其实已经内定人选？而且选的人并非什么贤能，只能使太子误入歧途罢了。我这次特意前来，只不过想见一下皇上，给他点拨点拨，不要一时糊涂，坏了大事。”

张佚和桓荣听他这样说话，暗想，此人好大的口气，如果精神正常的话，确乎非一般俗人，不过他太胆大妄为了，只怕有点疯癫。张佚想一想试探着说：“谢谢先生如此高看我们，不过先生应该明白，想见皇上，却不是一般人想见就能见的。你可曾上表请求过皇上召见？”

“表倒是没上过，不过我有一首诗，比文武大臣的奏表还要管用，你们只管把这首诗念给皇上听，到时皇上自会召见我。”

说完，隐者也不等两人发话，走进身边的一间屋里，抓起桌子上的笔，蘸上浓墨，唰唰几笔，写下一首诗：严名远俗尘，子亦独垂纶。陵上千秋日，到京有故人。

桓荣看完，便嘲讽着说道：“哼，你还是去大街上愚弄三岁儿童吧，这也能算作诗？”

张佚却看出了门道，愣一下结结巴巴地说：“你，是，原来先生就是严子陵？”

隐者笑着反问一句：“你们还听说过有这样一个叫严光的村夫？”

知道眼前就是皇上下诏书要寻访的贤人高士，桓荣不禁满脸愧色，忙说道："刚才多有冒犯，只怪我有眼无珠，竟不知是严先生光临至此，刚才失礼了，请严先生多多见谅，先生快请上座。"

严光仍很随意地说道："两位博士不必如此客气，实在是老夫拜访甚是省突。"早在刘秀建朝之初，想到昔日同窗，曾三次派人去到会稽请他做太子傅，但都被他拒绝了。严光虽然才学博大，可他宁愿归隐于家乡耕作垂钓，也不愿在仕途上谋取前途。刘秀见实在请不动他，知道老同窗的脾性，也只能听任他过他的农夫日子去。虽然没把严光请到朝廷，但严光这个大圣贤的名声，却吵嚷得天下皆知。没想到这么多年后，他竟然自己跑到洛阳来了。

张佚客气地说："严先生若真是来应聘太子傅的话就好了，不过想来严先生大概不会这样做，二十年前严先生就曾拒绝过了。"

严光笑着说道："原来老夫这点小计，谁也能看得清楚。不过，我来确实是冲着应聘太子傅来的，听说皇上决定要阴识担当太子傅，这也太荒唐吧。"

桓荣佩服地点点头："严先生虽说归隐乡野，可什么也瞒不住先生，莫非先生真有千里眼顺风耳?"

说完，三人不禁相视一笑。顿了顿，严光接过话头说："我只是来太学的路上听老百姓这样说的，叫我说，你们二位才是真正的太子傅呢！我一定要说说皇上，怎么一下子竟这样糊涂。"说完，严光转身朝外走去。

桓荣和张佚追了出来："严先生莫非就这样贸然去见皇上？这样是根本见不了皇上的……"

正说到这里，张佚抬眼看到皇上的车驾就在不远处，忽然想起，昨天黄门郎曾来打过招呼，说皇上近几日怕是要来视察太学，急忙拍了一把桓荣。桓荣也看见了，顾不上多想，两人扑通跪下，迎接圣驾。严光一下子没有回过神来，看他俩样子很奇怪，扭过脸正要说话，有人在自己肩头上轻轻拍了一把，转身一看，惊讶地张大了嘴巴，跟前站的，竟然就是当今的皇上刘秀。

分别了这么多年，乍一相见，两人都百感交集，一时竟说不出活来。从刘秀来讲，自己统一天下，真希望自己敬仰的严大哥能够出山辅佐自己，早晚与他共同议事，仍像以前那样朝夕共处，可以不时回味昔日时光。可严光只身隐归会稽，请也请不动，真不知他是怎么想的。而严光，面对自己昔日的好兄弟，今天已变为九五之尊的大汉皇帝，连见一面都这样难，要想续接上昔日情分，何其之难啊！

两人各自心里都若有所思地旋风般刮过许多东西，还是刘秀先开口说道："子陵，你现在可是朕一直盼望见到的贵人哟。不，不仅是贵人，还是朕一直想请却请不到的天人，朕看再过两年见不到你，只怕你就修炼得羽化而成仙了！路途遥远，既然来京师，为何不告诉朕一下，让朕派车去接你？还要自己这一路辛苦地赶来。”

“皇上，难道皇上还不了解我？我就愿意活得逍遥自在，一路上自个走来，游山玩水，听听鸟语，观观美景，这样多快乐？再说了，我对官场礼节那套一窍不通，自己又总是满口胡话，一不小心就说错，恐怕没到洛阳，小命就先没了，到那时，只怕再也见不到皇上了。还有一层，皇上每天公务繁忙，这点小事再麻烦皇上，我岂不太不知趣，天下百姓又会怎样在背地里笑话我，骂我这个糟老头子哟……”

“好了，好了，子陵兄就是这样，总有万般理由，似铁嘴铜牙，朕说不过你。不过朕知道，子陵兄就是喜欢逍遥自在，这倒是实在话。走，现在就陪朕入宫饮酒，咱兄弟俩好好聚他一聚！”

张佚和桓荣目送皇上和严光远去背影，老远了，还能听见严光和皇上嘴上较劲。

“皇上可别再这样子陵兄子陵兄地叫了，要是被人知道了，都以为我严光是那种巴结皇上，向皇上谋取荣华富贵的小人了，那样，我的声誉岂不毁掉，晚节不保，我这么多年的‘伪装’也就全是白费力气了。”

刘秀禁不住一阵大笑，道：“天下谁不知道你严光清高得很呐，朕给你高官，任你挑选，你都不干，又怎么会向朕套近乎，求得荣华富贵呢？要不，朕替你专门贴张告示出去，宣告天下，告知天下人，严子陵乃是真正的隐士，真正的高人，他的清高，绝非伪装。”

“不用了，不用了，如此一来，我就更装不下去了。”说完，严光和刘秀相视一笑，似乎找回了往日的深深默契。

旁边侍从的黄门郎，听他们这样说话，抿嘴忍住不笑出声来。他们暗自佩服这两位不同寻常的人，严光，一个村农野老，竟是能让一个天子对他如此谦恭；皇上乃当今天子，竟是能如此谦恭对待一个村农野老，真是不可思议。

两人携手来到宫中内殿，也不分尊卑，也不问主客，随意地坐了。刘秀立刻命人备上酒菜，就摆在殿内。几杯酒下肚，两人顿时忘了周围场景，敞开了胸怀尽情叙谈。一下子分别二十年，现在想起来，曾经的离别就像在昨天。

刘秀满脸关切地问严光在家乡过得可好？严光笑着答道：“不错啊，比你这个皇帝过得滋润多了，每天游于山野，钓钓鱼，挖挖野菜，野菜烹鲜鱼，味道美着呢！又悠闲自在，心无杂念，不是神仙，胜似神仙。你呢，日理万机，每天忙着批公文，前殿后宫地来回跑，两头都不能得罪，两头都得讨好，哎，让我过你的生活，不忙也烦死了！"

刘秀眯起眼睛哈着酒气："梅花优于香，桃花优于色，各人有各人的宿命。严兄命好，肩上原本什么担子都没有，命中注定就要比朕自在啊！回想起当年朕喜于浇水种地，想着能安心躬耕一生就很满足了。可是造化弄人，偏偏要走上这条路。不过，这么多年下来，如今渐渐地也习惯于这种生活了。"

严子陵把一个滑鱼丸子塞进嘴里，含糊不清地说："我也没别的意思，只是想劝告皇上，保重龙体啊！"

刘秀欠身隔桌子拍拍严光的肩，嘿嘿一笑："严兄要保重自己才是，咱们转眼都已不是当年那风华正茂的年轻人了。唉，时光过得实在太匆匆！前几天朕还在慨叹，百金买骏马，千金买美人，万金买爵禄，何物买青春？这些年来，何曾如此开心过，严兄能来到洛阳，朕感到非常高兴。"顿了顿，刘秀又想起来问道："严兄千里迢迢赶来京师，莫非有什么要事？怕不单是为了和朕诉说一下衷肠吧？你跑到太学做什么啦？"

"整个洛阳城，太学是我印象里最深刻的地方，故地重游嘛！另外，听说皇上要招贤担当太子傅，所以就去应聘了。"

"果真如此？"刘秀立刻一脸高兴，不过立刻回过神来，又苦笑一下摇摇头说，"不可能吧？严兄若有这份心思，只怕早就来了，还用等到今天？"

严子陵却没接他的话茬儿，沿着自己的思路端正了脸色说："皇上果真像百姓所说，要让阴识做太子傅？难道你不知道阴识的底细，不明白他的出身？他本是地方豪强，若是乱世，还能勉强担当起英雄的名号，但此时不同于王莽乱汉那几年。况且我听说，天下太平后，阴识沉溺于享乐安逸，家中妻妾成群，整日饮酒作乐，像他这样的人，只会把太子引向邪道。老实说，我是听说了这件事后，才打算来见皇上的。"

"有劳严兄替朕操心了。"刘秀并没特别重视，随口应付一句。

严子陵却认真起来："操心倒谈不上，我也是为天下百姓着想。太子就是将来的天子，是国家的根本。所谓一人得道，鸡犬升天，可见领头人多么重要。既然太子地位如此重要，就应该从开头打好根基。如此看来，太子傅怎么能是寻常人担当的呢？"

“朕知道，朕也清楚阴识肚子里的那点东西。这主要是皇后安排的，她唯恐外人教导太子不放心，这自然是妇人之见了。朕也知道，阴识做不了太子傅，让他担当这个名号，只不过是想捧高一下阴识。朕任定他为太子傅，未必就准备让他教导太子，并且朕也确实决定要招天下贤才，选一位真正的贤士来教导太子。”

“没想到皇上为了取悦皇后，竟这般愚弄天下百姓。贤夫呀，贤夫！不过皇上想过没有，即便是挂个空名，选这样一位徒有虚名的太子傅，天下百姓岂不笑掉大牙？他们会笑皇上瞻顾私情，做出这等糊涂决定。再者说，太学里好多博士贤才，又为何苦苦从天下招募什么贤才呢？这难道不是让老百姓看笑话吗？既让百姓看了笑话，反过头来，又在愚弄百姓，百姓们会怎样想？身为一国之君，要为天下百姓着想，而不能只为阴氏家族的脸面着想。”

严光说到这里，似乎意识到自己说得太露骨，就此打住。两人一时沉默，挑挑拣拣地吃开了菜。吃过几口，严光红着脸饮尽面前的一大樽酒。这才接着说：“皇上，巩固大汉皇室，你的每一个决定都不能视为儿戏，御下不宽则人多惧祸，用人有疑则士不尽心。皇上如今在御下方面可谓深得其法，而在用人上，可不能只顾私情啊，皇上。”

这话不但切中肯綮，而且相当尖刻，刘秀登时红了脸，掩饰地举起一樽酒：“千羊之皮，不若一狐之腋，众人之唯唯，不若直士之谔谔。这话用在严兄身上，再恰当不过。今日听了严兄的话，朕甚感惭愧，严兄的话，朕会牢记在心。说实话，朕在这个事上，确实做得有些不够光明磊落，对不起天下百姓。来，严兄为朕挽回了即将走错的一步，朕敬严兄一杯！”说完，两人一饮而尽。

放下酒樽后，刘秀试探着问一句：“听严兄的话音，严兄可否有了太子傅的合适人选？”

严子陵沉吟一下：“太学博士张佚和桓荣就可担任太子傅，这个应该没问题。不过，话又说回来，皇上既然向天下招贤，就要继续进行到底，不要给百姓留下言而无信之君的印象，若真能招到德才兼备之人，胜过张佚和桓荣的，岂不更好？”

“好，好，就这样，严兄确实想得比朕周全，只可惜没有哪个脸面大的，能把严兄请出山，辅佐我大汉的皇室，唉……”

“皇上不要提起什么事情就牵强地转移到我这个草木之人身上，其实我也很愿意助皇上一臂之力，可心性如此，力不从心也勉强不得啊！”

两人的谈话越来越融洽，忆往事，说曾经，直到夜深人静的时候，换了两根蜡烛，刘秀看严子陵连日赶路，确实有点疲惫了，才不得不罢休，命人把满桌子的杯盘狼藉撤下。

严光意犹未尽地打趣说道：“皇上，今晚要幸临于哪个贵人之处呢？应该是去阴皇后那儿吧。记得以前在长安时，皇上不但发过‘娶妻当娶阴……阴皇后’的宏愿，还曾经说过如果能与阴皇后共枕一刻，就是死也心甘。那么现在，皇上岂不死一百次也心甘了！哎呀，玩笑，玩笑，一下子觉得就像同在长安学馆，同床共枕，谈天说地，竟没能想到当时的你已是当今的圣上了。我罪该万死啊。”说着，严光站起来，做出要叩头的姿势。

刘秀一把拉住严光的手，满是真诚与笑容：“严兄怎么会有如此想法呢？要是这样想，咱们就不能平起平坐着喝酒谈心了。我虽说是当今皇上，可我与你的感情亲如兄弟，这个自然不消说。严兄在我面前如此这般多礼，我心里实在不好受。这样，今晚我哪里也不去，就来个你我二人同床共枕，回温一下当年太学馆之情，叙叙旧事。咱们也都是快进花甲之年的人啦，剩下的日子还有多少？世间公道唯白发，王侯将相少不了，这道理我还能不懂吗？你我相聚的日子又还会有多少？你终究不愿出山与我一同治理天下，我不能也不会迫使你远离你的乐土来到京师，今日我们有幸重逢，诸多感慨就不必再说，我现在只是幻想回到当年啊。”

听完刘秀如此深情的话语，严光也动了感慨，但仍犹豫一下：“果然是至诚君子，算我没看错人。只是……只是我这脏兮兮的身子，怕玷污皇上的龙体，招致众人的非议，再说了，你也知道，我睡觉……”

“严兄怎么仍说这般胡话，至于你睡觉……又有什么关系呢？”说完，刘秀携严光的手走向床榻，两人好似真的回到了从前，嬉笑打骂，欢声笑语回荡在内殿。直到很晚，皇上的寝宫才变得安静下来。

第二天一大早，刘秀觉得有点气闷，恍惚中醒来，见严光睡觉的姿势果然还是和以前一样，手脚摊开，四平八稳的一个“大”字形状，一只还沾着泥土的脚，正放自己肚子上。刘秀摇摇头，哑然失笑，轻轻地把他的脚放到一边。今天正好不是上朝的日子，自己轻轻穿衣起床，先到前边批阅昨天送来的奏折。

天渐渐大亮起来，像往常一样，太监宫女进来服侍皇上穿衣洗漱。待他们相继进来时，抬头一看，皇上已穿戴整齐正欲出去。还以为来迟了，顿时吓得连忙下跪求饶，告罪声嗡嗡响起。刘秀反而变得紧张起来，赶紧回头看看躺在床上的严光。

“嘘，小声点，朕不怪你们，只是你们待严光先生醒来之后，好好服侍他起床也就是了。如果有半点不周，朕定饶不了你们。好了，先且退下，不要吵醒严先生。”

“奴婢遵命。”

此时严光已醒来，听见刘秀的这一番话，想到他对自己如此谦恭的态度，心里一阵感叹，刘秀果然是个好皇帝，有这样的皇帝，是天下百姓之福啊。若非亲眼所见，自己是不会相信的，现在心里立刻踏实了，看来不辞艰辛来洛阳一趟，还真没白来。

刘秀因为今天可以不上早朝，轻松许多，批阅几份奏折，又到宫前的空地上打打拳，吟哦几篇诗文，身心舒泰。等刘秀早课回来，严光刚穿戴好衣服。

“严兄，今天陪朕去狩猎吧，咱们痛痛快快地玩一天。”

“皇上不处理国家大事吗？不要因为我耽误了正事。”

“朕今天没有什么要紧的事处理，好，现在就走吧！”

随即，士兵们备马驾车，光武帝刘秀与严光同坐一辇。侍从们正要撑上伞盖，严光却摆手制止住他们，说那样太憋气，就这样敞棚坐在里面，抬头就能看天，又透气，就蛮好。

“可是，那样……陛下抛头露面……”侍从们犹豫一下，看看刘秀。刘秀也摆摆手：“就依严先生。”说着队伍缓缓挪动起来，很快出了皇城，穿行在洛阳街道上。

街道两旁的人群远远地驻足观看，知道皇上出行，顿时议论纷纷。从装束上，大家看到皇上和一个看似村夫的老头并坐一辇，都非常惊奇，免不了纷纷议论：

“坐在皇上身边的那个人是谁啊？”

“一定不是像我们这样的凡夫俗子，能和皇上并坐在一起，肯定是个不简单的人物。只是他那衣服……”

“那个人也太妄自尊大了，就算皇上谦恭，他自己也应该懂得君臣之别，哼！”

“哎呀，当今圣上，想不到有如此宽宏胸怀，这是咱们百姓的洪福啊！”

“……”

百姓的话虽然声音不大，但也时不时地传入严光耳朵，严光闭目养神，泰然处之，沉默片刻，转过脸说道："皇上，想当初我们一起出外郊游，那是多么的自在快活。可如今，我和你并坐一辇，世人都在议论纷纷。"

"严兄，朕也是想起当年太学郊游的痛快洒脱，情不自禁地有些怀念，于是便想今天约你一同去郊外打猎，重温一下美好往事，怪朕想得太少了，惹来老百姓这么多言语。"

"皇上不必自责，皇上是九五之尊，一心想着国家大事，能把心思放在百姓身上，这就足够了，我这个布衣草民，又怎么舍得皇上为我劳心费神呢？又怎么能和皇上关心的事情相提并论呢？原本是闲着无聊，略发感慨罢了，感慨时间的流逝、感慨沧海桑田。其实，我本不愿与皇上共乘一辇的，就像百姓所说，虽然说我是一介草民，可也懂得君臣之别的道理，我只不过想让老百姓更加清楚，当今的皇上是个明君，宽宏大量，能容他人所不能容之事。有这样的皇上，一定会民心所向，国家安泰。"

"严兄原来还有这层良苦用心，朕想的只是如何能够使咱们好好乐一乐，而严兄想的却是怎样使朕的天下稳定，相比之下，朕就应该感到惭愧了。"刘秀心悦诚服地感叹一句，暗暗把严光的手攥得更紧。

转眼间，车马已到了猎场。羽林军兵将纷纷把守住猎场的路口，以便皇上可以安心游玩。刘秀痛痛快快地骑马行猎，心情格外好。打猎的运气也颇佳，比平常猎到的猎物都多。严光不会狩猎，只是在一旁静静地看着刘秀，看他尽情驰骋于猎场，似乎看到曾经那个风流倜傥的年轻人，组织义军反莽起事，经历千难万险，终于成就了一番大业。一个人的一生似乎就浓缩在这一瞬间了。看到刘秀一一射中眼前奔跑的猎物，就好像看到了他率领兵马步步成功，直到打下今天的这大汉江山。直到刘秀笑呵呵地走过来，严光定睛一看，这样一位翩翩公子似乎转眼间已是沉沉暮年。严光悄悄叹息一声。

刘秀今天打猎的兴致十分高昂，从早上行猎，直到天黑才下令集合，猎到的猎物的确不少，可刘秀还是不想离去，仍意犹未尽地恋恋不舍。天色已晚，刘秀在严光的催促下才依依不舍地离开猎场。

早上浩浩荡荡的队伍从皇宫出来，如今天黑了，望着远处京城里，已是万家灯火，一切都变得寂静安详。月光倾泻在身上，刘秀觉得似乎曾经在哪儿欣赏过这美好的月色，而今却别有一番风味，让人浮想联翩。刘秀命令行进的队伍慢行，以便自己和严光能尽情享受这样难得的美景。

庞大的队伍缓慢前行，抵达洛阳西门时，城门早已关闭。刘秀心里油然生起一丝不快，狩猎队伍早晨就是从西门出去的，守城将领又不是不知道，现在就算过了城门关闭时间，可也不能把堂堂一个皇帝关在城门之外啊，严光坐在旁边，他会怎样想？刘秀立刻令护驾御林军上前叫门。冲城头上吆喝几声，等一会儿，城头上有人探身向下说几句话，可是城门仍旧没开。御林军将领无奈，只得返回。

“启禀皇上，守门将官拒绝开城门。”

刘秀原本就有些动怒，现在听他这样说，分明是守门将官故意把皇帝关在城门之外。区区一个守城将官，难道根本不顾及皇上的面子，根本就不怕皇上的威严吗？莫非正如阴丽华说的，自己过于宽容了？这样一想，火气就更大，厉声问道：“核查一下，今日是谁驻守西门。”

“回陛下，是执金吾郅恽。”

“郅恽，好大的胆子，朕要回城，难道竟还回不去了？”

“回陛下，臣说皇上今日去猎场行猎，回来迟了，眼下刚到西门。皇上有口谕，命令他立即打开城门。可他却推托说天黑，看不清楚，假如是刺客或叛军冒充皇上，他放刺客或者叛军进了城门，岂不威胁皇上和百姓的安全？”

“岂有此理，简直是一派胡言！洛阳城一片繁荣，如今天下统一，哪有刺客明目张胆出入城门？这分明是成心找借口刁难朕！再去，就说朕让他立刻开门！”刘秀说着，又令御林军上前喊了几次。然而城门仍是不开。

刘秀在车辇中已经坐不住了，堂堂一个皇上竟也连城门都进不了，还被郅恽当成冒充皇上的刺客。这下自己不仅在严光面前失尽面子，狩猎的随从尚有几千士兵，都亲眼看着他这个皇帝进不去城门，心里会怎样想，会不会回去后当笑话四处宣扬？想到这里，刘秀命人驱车走到城门下，然后对御林军张宗说：“这次，你再上前喊门，叫那个郅恽看清楚，朕这张脸到底是不是刺客的脸。叫他一双鹰眼看清楚了，快点打开城门！”刘秀没好气地高声说。

可是令刘秀没想到的是，张宗把刘秀的话传给城头上时，郅恽在城门楼顶上却大声回答：“你们别用这点小把戏欺骗人了！天下百姓谁人不知道，皇上每天勤于政事，日理万机，哪有时间外出闲游？这且放下不说，当今圣上十分珍惜时间，又怎么会外出打猎半夜还不回来？皇上一向严于律己，带头遵守法纪，自从刘扬叛贼企图袭击洛阳的事情发生后，曾经特意下令说，一旦关上城门，如果没有重大军情，一般不准私开。皇上既然这样下令，又怎么会自己违犯呢？如此说来，城门下的确不是皇上了。虽然有月光，可朦胧中谁也辨不清真假。所以，请诸位从哪儿来再回哪儿去吧！我虽说官职不大，却负责着整个洛阳城的安全，不管怎么说，我的头可掉，但城门是绝不会开的！”

刘秀开始听他仍旧一口一个不开门，气愤地正想亲自上前高喊，以发泄心中这口怨气，可听到郅恽后边这番话，又有点惭愧，一时不知怎么办才好，这时，张宗上前说道：“皇上，看来西门是进不去了，咱们要不就绕道从北门进宫吧？”

刘秀在夜色朦胧中没看清楚严光脸上的表情，点点头没说话。

轰轰隆隆的车马交加中，队伍又到达北门，此时已是深夜时分。张宗担心再碰壁，皇上面前不好交代，上前便气势汹汹地高声喊道：“皇上车驾到此，速开城门！”

驻守北门的崔进一听是皇上在城门等待，立刻慌作一团，没来得及多想，赶忙命令士兵跟随他一同打开城门，带领几个亲随，到城外亲自迎接皇上。刘秀看到崔进那慌忙殷勤的模样，刚才的怒气立刻消了许多，和颜悦色地安慰几句，随即进入城内。自始至终，严光坐在旁边，一直没说话。

直到进了宫城，等众人都依次退下去后，严光这才看一眼刘秀的脸色，不慌不忙地说：“皇上现在心里是不是在想，郅恽这个人孤傲张狂，根本不把皇上的龙威放在眼里，等瞅个机会，一定重重惩罚他，以解今日之气。而皇上怎样看待崔进呢，一定觉得这人年轻有为，会察言观色，并且尊重皇上，为皇上解了今晚的窘境，等有机会了，一定要嘉奖提拔他，是吗？”

“严兄如何这么清楚地知道朕心里的想法？”刘秀扭脸看看严光，见严光少有的严肃。

“这个简单。相书上不是明白地写着‘入门休问荣枯事，观着容颜便得知’。我这是从皇上的脸色看出的。”

“嗯？”

“皇上，我劝告皇上切不要这样行事！相反，皇上应该重奖郅恽而严惩崔进才对。皇上心里的想法只是根据自己的个人情感私人喜好而判断的，这样不能服众，更不能服天下。圣明君主以家为国，以国为家，家国一体，唯有如此，才能本着一颗公道心看待事物。今晚郅恽虽然很令皇上生厌，可他是在谨守职责，确保城内的稳定与安全。从表面上看，他没有听从皇上的命令，可从内里看，他是在坚定执行皇上所下达的旨意，是最大限度地听从了皇上的命令。而崔进呢，趋炎附势，玩忽职守，只要说是皇上或某个高官，他定会开城门，若是我这个草民，即便真有急事，他是否会搭理呢？他重人不重法的心理溢于言表。皇上明明曾经下令不得私自开城门，他却把皇上的旨令当成耳旁风。从表面上看，是遵从皇上，从内里看，阳奉阴违，这样的态度最害人害国。皇上，大权握在手中，秉公执法，说起来简单，真正落到自己身上，却很难不出现偏颇。这就是所谓的非知之难，行之唯难；非行之难，终之斯难。现在，皇上心中大概有数了吧？”

见刘秀连连点头，严光接着说道：“还有一句题外话。皇上虽然戎马大半生，但毕竟也不是铁打的身体，适当地出外狩猎、休养身心，有助于皇上的康健，实为百姓之洪福。可是皇上身为一国之君，如果总是这样对猎场流连忘返，误了回城，而又经常违例入城，这会给天下百姓造成什么影响？贵为一国之君，最应该的就是遵纪守法，为别人做出表率，而不是沉湎于玩乐，耽误国家大事。皇上，俗话说，出门就是受罪，当家就是戴枷。你已不再是从前那个逍遥自在的刘三了。你身为天子，所做的每一个决定，都应该谨慎三思啊。”

刘秀目光灼灼，欣喜地看着严光：“严兄所言极是，朕在这件事上又实在是做错了，明天就向文武百官道歉，朕以后的一言一行，文武百官乃至天下百姓都可以监督，朕一定严格律己。另外，朕听严兄的，大加赞赏执金吾郅恽，赏赐他布匹、良马，大加重用他；惩罚崔进的玩忽职守，撤了他的北门侯。”

“嗯，这样才是明智之举。”

说到这里，刘秀忽然忍不住长叹一声，从激动中垂下头来，情绪有些低落。严光忙奇怪地问：“皇上为何叹气？”

刘秀目光盯着窗外华影婆娑的如水月色，语气深沉地说：“朕忽然想，如果严兄每天都可以在朕的身边监督朕，时时谈论哪处做得好，哪处做得不好，以严兄为镜，时时自照，朕又怎么再会做糊涂之事？朕诚心想让严兄留在洛阳，赐予官职，好好扶朕一把，可严兄宁愿流连于山水，做自己的闲云野鹤。朕怎么也想不明白，子陵为何不愿和朕待在一起共谋天下大事？朕一心为国为民谋福求利，‘齐家治国平天下’，向来是每一个有识之士的最终追求，严兄，你为何就是一个例外呢？若是严兄能留在洛阳，经常来叙谈，不耐烦世俗时，就到城外走走，这样，隐逸和实用两不耽误，名实俱存，不是挺好吗？”

严光也沉闷下来，一改闲散淡薄，幽幽地说：“皇上，别劝我了，我早已习惯于山林的逍遥自在，多少年的岁月早已磨光了我的志向。我现在沉湎于自然的趣味当中，若进官场，我所习惯了的生活，又怎么能与官场的繁文缛节融会贯通呢？自古都是一入公门，便面目可憎。当着皇上的面，说这话虽然不妥，但这确实是个事实。皇上的诚意，我只有愧疚万分。这么多年过去了，如今，如云青丝已成千根白发，虽然还有一口气，但再让我投身于朝堂，恐怕是力不从心了。夕阳总要下山，又为何偏偏硬要把它当成东升的旭日呢？这样只会错过时令，耽误国家大事啊！”

“严兄，从昨天见面朕就发觉，你怎么总这样谦虚？虽说现在都已经不年轻，可二十年前，你的才华，我是知之甚深的。人生所学，又怎么会随着时间的流逝而不适时宜呢？伦理之道，古今通用。朕一想起严兄满腹经纶不为国为民所用，就觉得甚是可惜。如果严兄能够决定屈尊而辅佐朕，朕一定给严兄破例，可以不必遵守烦冗的国家条令，尽量给予严兄自由，只求严兄在朕身边监督。就如今天，如果不是严兄的明智之言，朕就会犯下过错，君王所犯过错，意味着什么，严兄，你最清楚不过。”

“皇上太抬举我了，皇上怎么可以为了我而破坏国家条令？一人不守，又怎么能治天下？此例断不可开。恕我直言，皇上总是把个人感情掺杂在国事的处理中，这样对治理天下是非常不利的。皇上为何一直劝诫我，要我投身于官场呢？也许是由于皇上没有说服于我而觉得这是个遗憾吧，皇上或许为了贴补缺憾才这样做，或是想进一步树立在百姓心中求贤若渴的形象？我也很想助皇上一臂之力，只可惜这不是与皇上共坐一辇那样的简单，实在是违我所愿啊。况且，皇上身边并不乏优秀人才，如郅恽、张佚、桓荣等人，举不胜举。这些都是我大汉的栋梁之材，皇上又为何偏偏把目光投向我这个糟老头子，而不寻求真正的有识之士呢？”严光一口气说了这么多，似乎有些累了，坐在软椅上微闭了双眼。

听严光这样说，刘秀张张嘴欲言又止。严光确实是不给刘秀留一点情面。刘秀也知道，严光说的，确乎是自己内心深处不可告人的想法。严光一眼把自己心胸看透，果然是高人，高得让刘秀打个寒战。

刘秀对着严光摇摇头，随后自己苦笑了一下，与严光一同走向寝宫。

第二天，光武帝上早朝回来，正要派人召见严光，想向他请教一些问题，再抓紧时间聊一聊过去让人依恋的时光。还没等传下话去，恰好严光主动前来拜见。

“严兄，咱俩真可谓心有灵犀啊，朕正想见你，你却不请自来了。”

“皇上，我是来向皇上辞行的。”

“怎么，子陵，你才在皇宫里待了短短两三天，怎么就要走？你我分别二十年，今日重逢，为什么不多待几天？莫非是朕怠慢了你，还是宫里的人对你不敬，宫里的生活让你无法适应，感觉不舒服了？”刘秀睁大了眼睛。

“不是，不是，皇上，我只是离别了会稽这几天，就不禁想念那里山水美景了。皇上接待我如上宾一样，宫中人又怎敢对我不敬，只是在这里待久了，也怕打扰皇上的正事。我啊，闲散惯了，最怕受人当成一回事地热情招待。”

“子陵，你这话说差了，你来后，非但没搅扰朕处理事务，相反，有好多国事，朕都想向你讨教一下呢！你既然喜欢闲逛，皇宫这么大，子陵，朕专门给你安排一乘车子，你随便在宫里走动，不受任何限制。宫里的各式建筑，虽非天然，却也自有特色。你随意观赏，这样可好？”

“皇上，皇上如此做就更让我感觉不安了，还是恳请皇上接受我的辞行。我此来只是想见皇上一面，也就死而无憾了。如今心愿已了，留在京城也没什么可做，所以只愿早点回到会稽，继续我的隐者生活。”

刘秀沉吟半晌，终于长叹一声，点了点头。

严光要走了，刘秀亲自把他送到郊外。两人都默默不语，他们都清楚，也许这是人生旅途中最后一次见面了，既是生离，恐怕也是死别。

送别的路越来越长，严光停下来说：“皇上，请留步吧。”说完就要登车离开。

“子陵！”刘秀叫住严光，“朕确实感到心痛，没能把你留在朕的身边。朕这两天一想起你要离去，就心痛不已。朕最清楚，你如此一个贤达之人，却甘心埋没于山林，唉……”

“皇上不必说了，皇上的诚心我已经心领了。只是我实在不值得皇上如此高看我，皇上，把你的目光投到那些真正的贤才身上吧，汉室定会兴旺。”

“朕知道了。另外，朕还有一事想向子陵讨教。”

“皇上请说。”

“自朕实现大一统以来，不管是实行度田还是其他各种措施，都是为天下百姓考虑。朕很清楚，人民是国家的根本。朕只怕犯下有害天下苍生的错误，会招致神灵的惩罚，所以战战兢兢，小心治理着国家。朕不学秦始皇焚书坑儒，而效仿孝武皇帝（即汉武帝）休养生息。朕常常在私下里细想，朕与秦始皇、孝武皇帝相比，还有什么不及之处？找到不及处，朕就及时弥补，虽力不能逮，而心向往之。因此，今天特想问问子陵，你怎么看待朕的业绩？”

“皇上，莫非想上泰山封禅？”严光一愣。

“子陵，果然有你的，朕早就说过，你有未卜先知之才。哈哈，子陵，朕确实有这样的想法，只是……”刘秀犹豫一下，没有说下去。

不用说，严光也明白刘秀的心思。封禅泰山，固然是每一个有雄心大志帝王的最大向往，但要封禅泰山却并不是想去就能去的，也并不是每个帝王都有资格去的。能登泰山封禅的皇帝，据说业绩必定是要惊动神灵，从而天上会持续出现种种祥瑞的征兆。否则，硬着头皮不自量力地前去，非但不能起到光耀生前后世的效果，还会叫人嗤笑没有自知之明。秦皇汉武两人均到过泰山封禅，后世传为佳话，但他们的功绩有目共睹，没什么可质疑的。刘秀是在犹豫，自己的业绩能和他们相媲美吗？

哪一个皇帝不想告祭天地，表彰自己的功德，赢得一代明君的美名？可又不得不考虑自己的业绩。刘秀又何尝不是这样，所以才迟迟未下决心，他要趁这个最后机会问问严光，让严光帮他出个主意。

严光想了一下，随即在刘秀耳边说了几句，刘秀脸上顿时满是喜色，连连点头。待严光说完，刘秀正要大加夸赞严光。

“子陵，你不愧……”

没等刘秀说完，严光已登车远去，只留下一道烟尘。

刘秀凝望着那渐渐远去的马车，怅然若失地呆立良久。

不过，刘秀对于封禅泰山的夙愿已经有了具体想法，这是他和严光相处几天来最大的收获。

回到宫中，刘秀立刻派几个亲信，细细叮嘱一番，让他们悄悄出了京城，按计划去办理。几天过后，他们顺利地回京城，向刘秀复命。刘秀得知他们已成功地完成了各个计划，满意地点点头，打发他们下去。等他们退下去后，刘秀沉思良久，自言自语地吐出一句没头没尾的话：“秦皇孝武，还有朕……”

第二天早朝上，文武百官跪倒参拜过后，光禄勋梁松正想要递折子参奏，却见刘秀长长伸个懒腰，捂住嘴打了一个哈欠。梁松犹豫一下没有把要奏的事说出来，换了个口气禀奏说：“皇上，是不是因为近日劳累而感到困乏？皇上每天为天下苍生忙碌，臣等看在眼里，痛在心上。皇上，事务再忙，也得注意善保龙体啊。”

听梁松开了个头，全体百官顿时全都下跪，齐声说道：“皇上保重龙体要紧！”

刘秀看到这情景，急忙说道：“各位爱卿快快平身，朕为天下百姓着想，原在情理之中，没什么大碍。朕只是这两天夜里经常做梦，而且是一模一样的梦，朕实在是觉得怪异，因为这梦，弄得朕身心疲惫。”

群臣立即关心起来，问皇上是什么样的怪异之梦。刘秀抬头略想一会儿，慢慢说道：“朕只梦见站在一座特别高的山上，不一会儿，天边出现一片带着五光十色的云彩，慢慢地弥漫过来，顷刻间，朕整个人都处在这色彩鲜艳的烟云中了。朵朵云上忽然出现了各路神仙，这时，朕的身边似乎听见有纶音缭绕，意思是让朕下拜，朕不知道对方是何人，竟然让朕下拜。惊恐万分间正要下拜，却忽然惊醒了。唉，朕每晚都做这样一个梦，起先，朕也没太在意，可这两天，朕为这梦心里直纳闷，不免觉得身心困乏。哪位爱卿懂得周公解梦，为朕解一下心中的困惑？”

听完皇上的话，群臣们面面相觑，还没等反应过来，光禄勋梁松扑通跪在大殿中央，连声高呼：“恭喜皇上，贺喜皇上，这梦是百年不见的好梦啊！”尚书令丁邯也不甘示弱，上前一步高声说：“皇上，这确实是奇异征兆的好梦，臣恭喜皇上！”

刘秀听他们这样说，脸上现出吃惊的神情，忙欠起身子问：“诸位爱卿，这梦搅得朕夜里不能好好休息，只觉得身心疲惫不堪，白天精力不济。朕实在是不明白它好在哪里，爱卿细细说来。”

丁邯抢先禀奏：“皇上，自古以来，历代有过类似梦境的君王实在是少见，或许只有秦始皇与孝武皇帝做过与皇上相类似的梦吧。皇上，能梦见各路神仙，这表示皇上的功德已惊动了神灵，并且神灵在静心等待皇上前去拜谢。这梦预示着皇上能到泰山封禅大典了，这难道不是古今仅有的好事吗？”

要的就是这句话，刘秀不禁暗暗窃喜，脸上却异常平静，似乎不大相信地看看其他人。

群臣正私下里议论纷纷，见皇上向自己这边看，立刻明白皇上的意思，冯鲂、冯勒、赵熹三位大臣前脚跟着后脚走上前，深深弯腰拱手施个大礼，恭敬有加地禀奏：“皇上，皇上的梦确是表明皇上已得到神灵的点化。臣劝皇上能够早日登泰山封禅，这不仅是皇上的荣耀，也是我大汉百姓的荣耀。”

文武大臣看到他们几个奏请皇上登泰山封禅，都不傻，立刻猜出这一定是皇上的意思，于是，谁也不甘落后，呼啦啦跪倒一大片，口中齐声高呼万岁，恭请皇上早日登泰山封禅。

刘秀看到这一切，抑制住内心的兴奋，缓缓说道：“如果不是众爱卿由朕的梦而提起泰山封禅一事，朕还从未想过要去泰山封禅。能登山封禅，固然是留名千古的好事。然而论起功绩来，朕文武皆不及先辈，甚觉惭愧。自古以来，能到泰山封禅的只有秦皇与孝武皇帝，朕与这二位君王比起来，自知政绩平庸，文治武功难抵他们之万一。秦始皇打败六国而统一天下，统一度量衡、货币，修筑长城防御外敌侵犯，才自称始皇帝。虽说史家评论其有苛政凶暴之嫌，不过瑕不掩瑜，他顺应天下一统的大趋势，使天下百姓不再流离失所，总是功不可没啊！再说孝武皇帝，他的功绩更是无人不知，无人不晓，百姓口口声声无不赞叹。朕一想到他们这些功高盖世的帝王，便会自惭形秽，望其项背而兴叹。诸位爱卿，你们执意让朕上泰山封禅，岂不是成心让天下人耻笑朕狂妄吗？"

丁邯两手按地，向前爬动两步，重重磕了头说道："陛下能躬身自省，实在难能可贵。可是陛下太过谦虚了，就凭这一点，古代帝王又有哪个人能比得过？皇上爱才而谦虚，对隐士严光都能厚爱有加，并且与他同饮同睡，这样的皇上，自古以来，何曾有过？谁能说陛下文治武功不及前辈，谁能说陛下登山封禅没有资格？臣冒昧将陛下功业一一数来，请陛下切莫总把不足放在心上。"

说着，丁邯清了清嗓子，跪直了身子，提高声音接着说道："不管是说到皇上的为人，还是谈及皇上的功德，皇上都可以和秦皇孝武相媲美，这一点普天之下，有目共睹。和高祖一样，皇上虽为皇室贵胄，却并没依赖前人，刻苦自励，胸怀天下。陛下当初居住舂陵，家道并不殷实，却在王莽叛乱之时，主动挑起兴复汉室的重担。从那以后，皇上率兵征战，经过了多少沙场浩劫，度过了多少不眠之夜，一心为天下苍生着想，只愿天下统一，百姓可以安居乐业。为了这一远大理想，皇上付出的心血，为此所忍受的苦难，又有谁能说得清楚，又有谁能数得过来？在漫长的征战中，皇上忍受着失去亲人的痛苦，为的是让在外漂泊的百姓能够团聚，那时，皇上又何曾不想守住自己的幸福？为了大汉江山，皇上不能与深爱的人在一起，却不得不与刘扬联姻，另立别人为皇后。即使是建朝之后的次次征战，不管是扫灭隗嚣，还是西蜀之征，又哪一次没有皇上的身影？"

刘秀闭目微微沉思，听着丁邯的话，不禁忆起了曾经的滴滴往事。那些人、那些事、那些屈辱，好像历历在目，刘秀情不自禁地一阵心酸起来，眼睛也不免湿润了。

丁邯接着说道："皇上疼惜将士，当初来歙等不幸被恶贼用奸计害死，皇上是那么的痛苦不堪。皇上谦和仁义，郭皇后犯下那么大的过错，皇上都不忍心太伤她的心，本理应做出废后的决定，可皇上内心还是觉得歉疚，多方加以安抚。皇上果断英明，开展度田政策，下令禁止杀害奴婢、禁止人口买卖，重新丈量土地，让天下漂泊无依的百姓不再流离失所。当今天下太平，百姓安居乐业，有一句话形容现如今的天下，再恰当不过，如今的城市乡村，已经是万家安乐夜，一街太平歌。陛下，您不仅是对文臣武将，还是对家人，更是对天下百姓，都有着一颗宽大仁慈的心，皇上有如此的功德，难道还不足以到泰山封禅吗？况且神灵早已点化，皇上，请早日下定决心，到泰山封禅吧！”

说完，丁邯已激动得泪流满面。其他大臣见状，也全都把眼光盯在刘秀身上，一个个动情地说：“皇上圣明，请皇上早日到泰山封禅吧，臣等万幸，天下苍生万幸！”所有大臣好像都对刚才丁邯说的话深有感触，纷纷抬衣袖擦拭着泪水。

刘秀眼圈儿泛红，却仍沉吟不语。丁邯见皇上好像仍在犹豫，更加激动，把头在金砖上碰得砰砰直响，边磕头边有些嘶哑地说：“请皇上接受臣等的请求，如果皇上仍旧犹豫，臣等就一直跪下去！”

刘秀看到丁邯的额头露出了血迹，心头突地一动，急忙挥手说道：“丁爱卿，朕答应、朕答应，丁爱卿快快请起。”

丁邯这才作罢，但大家还是跪着不起来。刘秀看众人一眼，遗憾而欣慰地说：“诸位爱卿偏爱朕的美意，朕自然明白。但不管怎么说，朕还是认为自己的功德不高。天下能够大一统，都是因为那些逝去的诸将，还有那些舍命追随朕拼杀疆场的兵士。汉室能够如此兴旺，都是因为你们这些良臣的齐心协力，天下稳定，这又与普天下百姓对朕的拥护分不开了。下情上达，天下罔不治；下情上壅，天下罔不乱。自古一个道理。所以说，天下本为一体，所有功德，朕绝不敢自专。不过，既然神灵提醒朕登泰山封禅，众爱卿也一致劝朕去封禅，朕也只有被迫同意了。但是有一句话说在前头，朕登泰山封禅，不会只为表彰自己的功德，朕此去泰山，要告诉上天神灵，追悼那些为大汉江山逝去的将士和亲人，还有祝祷你们这些为民谋福的忠臣，那些拥护大汉江山的天下百姓，是你们，才让天下稳定，才使汉室兴旺啊。这些道理，朕时刻不会忘怀。”

刘秀还没说完，满朝文武百官，就连皇上身旁的侍从、侍卫等人，无一不动情，刘秀更是不觉间泪流满面。殿上殿下，欷歔一片。

正沉浸在追忆往昔感慨万千的时候，有黄门郎跪倒在殿门口禀报，说南阳郡白水乡突然有五色奇石伴随大雨从天而降，奇石上刻有图谶，这图谶上的文字，经许多术士研究之后，得出结论，神灵早在数百年前就命定皇上要去封禅泰山。大家更加有了理由，七嘴八舌地说，现在就可以更清楚地知道，皇上的梦，便是神灵再次提醒，要皇上尽快登泰山封禅。

除此以外，接连几天，会稽郡出现鱼腹呈书，东海郡有鹦鹉暗语，代郡有一牛三犊等奇异征兆，经方士们引经据典地解释，无非都是表明要皇上尽快封禅泰山。

势已造成，刘秀用勉强的口气颁布诏书："既然上天执意朕这样做，朕也只得服从上天的安排，此去封禅，一方面为了不违背神灵意旨，也借这个机会为天下苍生祈福，为我大汉忠臣祈福。"诏令颁下后，刘秀紧接着任命梁松、丁邯、冯鲂等人负责封禅的具体事宜，以尽快去泰山封禅。

经过一段时间的准备，刘秀终于率领文武要员，声势浩大地向东而去，登泰山，举行封禅大典。

庞大的队伍蜿蜒镶嵌在泰山身上，缓缓向前蠕动。一路上，上至刘秀及众大臣，下到羽林军官兵，都心怀万分虔诚，一次次地停下来跪拜山神、河神，又一次次地起身前行，历经将近一个月，刘秀才得以登到泰山顶上。此时刘秀心里激动万分，心潮澎湃、思绪万千，想想古代的圣人、想想今朝，感慨颇多。

随后，光武帝刘秀便为封禅做准备，沐浴斋戒五天，在二月二十二正式举行封禅大典。光武帝无比虔诚地跪拜着上天，祷告大汉江山永固。一些官员负责刻石记功，让光武帝的功德流芳百世。封禅的最后一项，刘秀宣布要更改年号大赦天下，改建武三十二年（57）为建武中元元年（57）。

至此，泰山封禅已圆满结束，刘秀心愿也已实现。此时，刘秀再也掩饰不住笑容，缓缓站起身，面对苍莽莽的群山，似乎与青天融为一体。文武百官从没见如此壮观的情景，都呆了一呆，随即黑压压地跪下参拜，异口同声高喊："皇上万岁，万万岁！"余音在群山回荡，就像整个天地都在呼喊，皇上万岁，万岁，万万岁！

从泰山回来，刘秀心情格外轻松，但兴奋之后，或许年岁大了，又经过将近半年的奔波劳累，身体时好时坏。不过戎马半生的刘秀并没特别在意，更加勤奋于政务。建武中元二年（57）的正月，头一次上朝时候，刘秀刚起床就觉得不怎么对劲，眼皮沉重得似乎要费很大劲儿才能抬起来，浑身软绵绵的打不起精神。不过想着文武大臣都在前殿等着，他还是硬撑着让人扶到南宫的前殿。不料勉强走到御案前，还没等坐下，忽然觉得身上一软，两腿再站不住，竟扑通跌倒在金殿台阶上。

恍惚中，他听见有人高喊："皇上，皇上！"接着是一群声音在连绵起伏地高喊："皇上，皇上……"他张了张嘴却发不出声音，但他心里是高兴的。往昔一幕幕闪电般从眼前晃过，自己所追求的不就是这声呼喊吗？既然该得到的都得到了，就这样飘然而去，还不是应该高兴的事情吗？他努力地笑笑，感觉自己正慢慢和金殿上方飞腾在云雾中的雕龙融为一体。

这一次倒下，就再也没有起来。虽然太医多方医治，但建武中元二年（57）二月戊戌，开创又一个全新汉室江山的君王刘秀，终于离开他为之奋斗为之付出爱恨的人间，时年六十三岁。

纵观刘秀一生，处乱世乘势而起，虽身处群小夹缝间，但能忍辱负重，文武并用，始终坚持以宽容待人，以柔道治国，开创了一代崭新河山。皇太子刘庄即位称帝后，即汉明帝，召集群臣商定谥号时，众人一致认为，建武皇帝能绍兴前业为之光，能克定祸乱为之武，定号为光武，当之无愧。光武中兴，青史垂英。

千年黄尘古道，碑痕残存，追寻这个曾经惊心动魄的灵魂，令人感慨，更有借鉴。正如后人所评价的那样，刘秀虽号光武而尽力避免用武，胸怀宽厚而善于养晦，能容天下所不能容，能忍世人所难以忍，最终成就一番大业，偶然中更多的是必然。世事悠悠，白云苍狗，远望那个飘逝远去的身影，给人留下的，除了一段波荡起伏的往事，还有对人生无尽的思索……